Über dieses Buch »Renate Wagner hat auf Grund genauer Materialkenntnis (Tagebücher, Briefe) ein Buch geschaffen, das genau das ist, was es sein will: eine Geschichte von Arthur Schnitzlers Leben, das stets auch im Zusammenhang mit seinen Werken gezeichnet wird ... Das Buch ist um größte Genauigkeit bemüht und deshalb in einem wohltuend sachlichen Stil geschrieben; Spannung kommt in das Erzählte von selber durch den Stoff, eben Schnitzlers spannungsvolles, an äußeren und inneren Konflikten reiches Dasein ...

Renate Wagner widerlegt, ohne das bisherige Bild Schnitzlers zu verändern, zahlreiche Klischees. Sie korrigiert den fälschlicherweise erhobenen Vorwurf von Schnitzlers beschränktem Themenkreis, weist nach, wie für ihn das Schreiben zu einem Akt der Befreiung wurde. Schnitzler, der sich selbst gegen den Vorwurf, der Dichter einer ›versunkenen Welt‹ zu sein, wehrte, war keineswegs ein Verklärer der von ihm geschilderten Zeit, sondern entlarvte vielmehr ›die totale Fassadenhaftigkeit der Epoche‹.« Neue Zürcher Zeitung

Die Autorin Renate Wagner, geb. 1946 in Wien, Studium der Theaterwissenschaften und der Germanistik in Wien, Dissertation über Arthur Schnitzler. Seitdem Journalistin; diverse Publikationen. Im Fischer Taschenbuch Verlag liegen vor: ›Frauen um Schnitzler‹ (Bd. 5614) und ›Adele Sandrock und Arthur Schnitzler. Geschichte einer Liebe in Briefen, Bildern und Dokumenten‹ (Bd. 5609).

Renate Wagner

Arthur Schnitzler

Eine Biographie

Fischer Taschenbuch Verlag

Die Abbildungen im Buch stammen aus dem Archiv von
Prof. Heinrich Schnitzler †, Wien.
Die Zitation der bereits veröffentlichten
Tagebuchstellen von Arthur Schnitzler erfolgte mit
freundlicher Genehmigung der Österreichischen Akademie
der Wissenschaften, Wien.

Fischer Taschenbuch Verlag
März 1984
Fischer Taschenbuch Verlag GmbH, Frankfurt am Main
Lizenzausgabe mit freundlicher Genehmigung des
Molden Verlags, Wien

Druck und Bindung: Clausen & Bosse, Leck
Umschlaggestaltung: Jan Buchholz / Reni Hinsch
Printed in Germany
1280-ISBN-3-596-25623-2

INHALTSVERZEICHNIS

Für meinen Vater,
der nur noch die Fertigstellung,
nicht das Erscheinen dieses Buchs erlebte:
RUDOLF WAGNER
31. 1. 1908–9. 5. 1981

VORWORT

Es mag als altmodische Art, eine Biographie zu schreiben, angesehen werden, wenn man ganz einfach in chronologischer Folge das Leben eines Menschen erzählen, geradezu nacherzählen will. Dennoch wurde im Fall von Arthur Schnitzler hier dieser Weg gewählt. Der Hauptgrund dafür besteht darin, daß es bereits eine überaus große Menge interpretierender Sekundärliteratur gibt, die sich vor allem mit den einzelnen Werken, aber auch mit Schnitzlers Zeit, seiner Umwelt, den soziologischen und geistesgeschichtlichen Bedingungen seiner Epoche auseinandersetzt. Der Mensch Schnitzler ist darin stets irgendwie verlorengegangen. Seine überaus detailfreudige Autobiographie, die unter dem Titel „Jugend in Wien" herausgegeben wurde, enthebt den Biographen allerdings einer an Einzelheiten allzu reichen Schilderung der von Schnitzler selbst behandelten Jahre zwischen 1862 und 1889. Für die Zeit von 1890 bis 1931 aber gab es bislang keine Möglichkeiten, das Leben dieses Menschen in einer geschlossenen Darstellung zu verfolgen.

Dieses Buch ist der Versuch, dem Menschen Schnitzler aufgrund der Primärquellen nachzuforschen. Da sind vor allem die Tagebücher, seit 1879, dem Jahr seiner Matura, erhalten, anfangs eher sporadisch und chaotisch geführt, später immer ausführlicher, um am Ende eine breite Schilderung jedes einzelnen Lebenstages zu werden. Als weitere Quelle kommen die Werke und zahllose Briefe hinzu. Die Resonanz der Zeitgenossen ist für das Bild des Menschen Schnitzler wichtiger als die Sekundärliteratur, die Zeugnisse der Freunde und Mitmenschen, wenn auch persönlich gefärbt, aufschlußreicher als die hervorragendsten Analysen. Diese reich fließenden Quellen sollen hier erstmals vereinigt werden, um das Leben Schnitzlers nachzuzeichnen. Auch wenn die von der Akademie der Wissenschaften edierten Tagebücher einmal der Öffentlichkeit vorliegen, setzen sie die Berechtigung einer erzählten Biographie doch nicht außer Kraft: Die Chronik aus des Dichters Hand schließt die Notwendigkeit einer großen Übersicht, wie sie hier geboten werden soll, nicht aus.

Wie nahezu alle Arbeiten, die über Arthur Schnitzler geschrieben wurden, verdankt auch dieses Buch der Hilfe seines Sohnes, Professor Heinrich Schnitzler, Unschätzbares. Der Einblick in die Tagebücher, in den unveröffentlichten Nachlaß, in schwer zugängliche Sekundärliteratur ist der Beitrag, den er seit Jahrzehnten für die Schnitzler-Forschung leistet und auch diesem Werk in reichem Maße zuteil werden ließ – ebenso wie zahlreiche Auskünfte, die nur er geben konnte, da es keinen Menschen gibt, der seinen Vater besser gekannt hat und kompetenter zu berichten weiß. Weiterer Dank gilt Hans Weigel für Material über Schnitzler (darunter die einst von Elisabeth Pablé begonnene Biographie, aus der manche Anregung zu gewinnen war) und tätige Ermutigung sowie meinem Mann Heiner Wesemann für die Übersetzung französischer Sekundärliteratur.

1. DER SOHN DES BERÜHMTEN
1862–1879

Als sich Arthur Schnitzler im Kriegsjahr 1915 entschließt, seine Erinnerungen – die posthum unter dem Titel „Jugend in Wien" veröffentlicht werden – niederzuschreiben, hat er keinesfalls das Bedürfnis, dabei formal etwas Neues zu vollbringen. Er bleibt in den vorgezeichneten, geradezu klassischen Bahnen der Autobiographie und beginnt: „Zu Wien in der Praterstraße, damals Jägerzeile geheißen, im dritten Stockwerk des an das Hotel Europe grenzenden Hauses, kam ich am 15. Mai 1862 zur Welt."[1]

Ein Kind wird in eine Umwelt hineingeboren. Arthur Schnitzler hat sich vor allem für die Familie stets in hohem Maße interessiert, für Verwandtschaft nicht nur im engeren Kreis, sondern bis in weite Verzweigungen. Zwar hat er unmittelbar nur mit Eltern, Geschwistern und später natürlich mit seinen Kindern verkehrt und entferntere Onkel, Tanten und Cousins nur bei gelegentlichen Treffen sowie des öfteren bei Begräbnissen gesehen, aber ein gewisses Gefühl der Zusammengehörigkeit war durchaus präsent. Immer wieder hat er sich auch mit Verwandten und Bekannten über die Familie unterhalten – so verdankte er etwa Raoul Auernheimer über dessen Mutter mancherlei Informationen über seine eigenen Eltern, die er dann in die Autobiographie einfließen ließ.

Wenn der Dichter immer wieder in seiner Familiengeschichte stöbert und die einzelnen Mitglieder in mannigfaltigen Aufzeichnungen auflistet, so kommen vor allem interessante Männer zum Vorschein – Ärzte und Bankiers, Juweliere, Offiziere, Gelehrte, sogar ein baronisierter Zweig findet sich in der Familie seiner Großmutter mütterlicherseits. Einem Teil dieser Figuren begegnet man in farbiger Schilderung in der „Jugend in Wien".

Am faszinierendsten sind jedoch zweifellos seine beiden Großväter, Josef Schnitzler und Philipp Markbreiter. Die Polarität könnte kaum ausgeprägter sein – der eine ein Handwerker aus einer ungarischen Kleinstadt, vielleicht ein Künstler, gewiß ein Trinker;

der andere ein wohlhabender, erfolgreicher Wiener Arzt, vielleicht ein verhinderter Musiker, gewiß ein Spieler. Die beiden, verstorben 1863 bzw. 1892, haben im Leben des Enkels zwar unmittelbar keine Rolle gespielt. Aber der arme Ungar vererbt ihm das Künstlerische, der reiche Wiener nicht nur die musikalische Begabung, sondern auch „Spielerisches" durchaus im schlimmen Sinn – nicht nur in der Thematik von „Liebe, Spiel und Tod", die man dem Dichter als Etikett anhängt: Lange Jahre ist Arthur Schnitzler so vom Spieltrieb besessen, daß ihn Poker, Kaffeehausbillard und vor allem die Pferderennen mehr als einmal an den Rand der finanziellen Möglichkeiten bringen. Wenn ihn auch eine gewisse Ausgeglichenheit seines Temperaments vor den Extremen der Spielleidenschaft und deren Folgen bewahren wird – die Geschichte des Leutnants in der Novelle „Spiel im Morgengrauen" ist zumindest in der psychologischen Grundsituation ein Produkt ureigenster Erfahrung.

Was die beiden Großväter betrifft, so erweist der Schmelztiegel Wien seine integrierende Kraft, um die Nachkommen des Tischlers zu bedeutenden Ärzten und Dichtern zu „veredeln" – wenn man den Verfeinerungsprozeß von handwerklicher Geschicklichkeit über ärztliche Kunst zu dichterischer Subtilität als Veredelung anerkennen mag. Und ein Emporkömmling wie Johann Schnitzler, der Vater des Dichters, vermag sich so klaglos in das jüdische Großbürgertum der Kaiserstadt einzufügen, daß man noch zu seinen Lebzeiten seine Herkunft vergißt.

Es ist interessant, den Lebensweg dieses am 10. April 1835 in Groß-Kanizsa in Ungarn geborenen Johann Schnitzler zu verfolgen. Daß sein Vater „Quartalsäufer und eigentlich ein Lump"[2] ist, der die Familie in desolate Zustände bringt, hindert den Jungen nicht, in seiner Heimatstadt nach der Grundschule das Gymnasium zu besuchen und sich sein Geld sehr bald mit Stundengeben zu verdienen. Von Johann Schnitzlers frühen dichterischen Versuchen kennt Sohn Arthur nur das Drama „Bar Kochba", das ihm keinen besonderen Eindruck hinterläßt. Dennoch dürften die dichterischen Ambitionen des Jungen bekannt geworden sein, denn ein Lehrer prophezeit: „Der Judenbub wird euch alle überflügeln. Das wird einmal der ungarische Shakespeare."[3] Zunächst trägt er, schon als Junge dem Theater hingegeben (wie später sein Sohn), Theaterzettel aus.

Freiwillig liest er in den Ferien in den Anatomie-Lehrbüchern des berühmten Josef Hyrtl, einer der Leuchten der Wiener medizinischen Schule, und beschließt, Medizin zu studieren. Nachdem er nach viertägiger Fahrt auf einem Leiterwagen in Budapest angekommen ist, finanziert er auch dort sein Studium als Privatlehrer. Der Tochter eines Buchhändlers, in die er sich verliebt, die ihn aber verschmäht, hat er Grund, dankbar zu sein: Denn diese unglückliche Liebe treibt ihn nach Wien, wo er vielleicht nicht sein Glück, aber doch die große Karriere macht, die seinem ausgeprägten Ehrgeiz angemessen ist.

1860 promoviert Johann Schnitzler zum Doktor der Medizin, und am 2. Juni 1861 macht er eine hervorragende Partie, die ihm seinen Schritt in den Erfolg und in ein wohletabliertes, assimiliertes Judentum höherer gesellschaftlicher Prägung entscheidend erleichtert: Er heiratet Louise Markbreiter, die Tochter eines ebenso bedeutenden wie gutsituierten Arztes, und kann gleich die Leitung der „Wiener Medizinischen Presse" übernehmen, die der Schwiegervater einst gegründet und an der Johann Schnitzler schon als Student zielstrebig mitgearbeitet hat.

In einem Wien, das damals – wie auf manchem anderen Gebiet – vor allem in der Medizin eine Hochblüte erreicht, spezialisiert sich Johann Schnitzler auf das junge Fach der Laryngologie, der Lehre von den Kehlkopferkrankungen. In dem damals tobenden Prioritätenstreit zwischen den Professoren Johann Nepomuk Czermak und Ludwig Türck um den Kehlkopfspiegel ist er auf Türcks Seite. Überhaupt gilt Johann Schnitzler als einer der fortschrittlichen, allen neuen Methoden aufgeschlossenen Vertreter seines Fachs.[4] In der „Wiener Medizinischen Presse" veröffentlicht er zahlreiche Fachartikel zu seinem Thema, darunter auch 1866 eine Geschichte der Laryngologie.

1865 wird Dr. Johann Schnitzler, damals seines Zeichens Assistent des berühmten Johann von Oppolzer und selbst schon Inhaber einer ansehnlichen Privatpraxis, Dozent. Aus seiner Ehe mit Louise Markbreiter stammen vier Kinder, von denen drei am Leben bleiben. 1862 wird der Sohn Arthur geboren, 1863 Emil, der bald stirbt, 1865 Julius und 1867 die einzige Tochter, Gisela. Die Familie bewohnt eine Wohnung in der damals noblen Jägerzeile (später Praterstraße genannt), die bald gegen eine auf der Schottenbastei, 1868 gegen eine in der Giselastraße 21 (später Bösendorferstraße genannt) und im Herbst 1871 gegen eine auf dem Burgring Nr. 1 vertauscht wird – der Aufstieg läßt sich durchaus an den zunehmend teureren Domizilen ablesen. Zwar bringt der Börsenkrach von 1873 auch Johann Schnitzler um sein Erspartes, jedoch ohne den Lebensstandard der Familie spürbar zu beeinträchtigen –

andernfalls wäre der elfjährige Sohn Arthur nicht gerade aus diesem Anlaß zur Dichtung humoristischer Szenen inspiriert worden.

1872 ist Johann Schnitzler unter jenen zwölf jungen Dozenten, die sich zur Gründung der Poliklinik zusammenfinden – aller Anfeindungen ungeachtet. Schnitzler übernimmt dort die laryngologische Abteilung, die unter seiner Führung zur dritten Lehr- und Lernstelle dieses Fachs in Wien wird und dabei solche internationale Bedeutung erlangt, daß sich unter seinen Hörern Studenten aus Deutschland, Amerika, Rußland, sogar Asien und Australien finden. Das führt er an, als er 1878 um seine Ernennung zum Titularprofessor einkommt, die ihm gewährt wird und auf die zwei Jahre darauf die außerordentliche Professur folgt.[5]

Johann Schnitzler ist in Theorie und Praxis gleich erfolgreich. So erlebt etwa sein Werk über „Die pneumatische Behandlung der Herz- und Lungenkrankheiten" innerhalb von drei Jahren drei Auflagen. Seine Privatpraxis, die sich rasch ausgedehnt hat, umfaßt neben bürgerlichen auch adelige und vor allem Schauspielerkreise – Sohn Arthur spielt mit dem Sohn von Burgschauspieler Adolf von Sonnenthal ebenso wie mit dem des Fürsten Couza, die beide Patienten seines Vaters sind. Der kleine Judenjunge aus Groß-Kanizsa hat es zwar nicht zum ungarischen Shakespeare, aber doch zu einer bedeutenden gesellschaftlichen Stellung gebracht, und Arthur Schnitzler verdankt dem Vater mehr, als aus seiner Autobiographie klar wird: den Start im Leben, die gesicherte Existenz der ersten Lebensjahrzehnte, die gepflegte Umwelt (wenn auch mit den bourgeoisen Nachteilen des Großbürgertums) sowie sicher das ärztliche Talent. Selbst die Hypnose, die den Arzt-Sohn und Mediziner später so interessiert, hat schon der Vater davor in seiner Praxis angewandt.

Daß Johann Schnitzler, der es 1884 zum Direktor der Poliklinik bringt, in den letzten Jahren seines Lebens zahlreiche Anfeindungen, vor allem aus dem antisemitischen Lager, erdulden muß, zählt zu der Tragik seines Lebens. Dem Sohn gibt er damit für sein Stück „Professor Bernhardi" die authentische Atmosphäre und die intime Kenntnis spitalsinterner Intrigen.

Dieser Johann Schnitzler ist für seinen ältesten Sohn Arthur Leitfigur und Trauma zugleich. Wenn es in der Familie stets heißt, der Papa sei der größte Arzt nach Oppolzer, so darf das kaum ironisch aufgefaßt werden – Johann Schnitzler ist von seiner eigenen

Bedeutung überzeugt. Nicht zu Unrecht übrigens, um ihm Gerechtigkeit widerfahren zu lassen. Aber Sohn Arthur hat von Anfang an vor allem einen scharfen Blick für die Schwächen der Menschen, und dieser macht auch vor dem Vater nicht halt. Sein Protest entzündet sich zuallererst an dessen Snobismus, der unschwer als der des Emporkömmlings zu erkennen ist. Beispielhaft dafür mag sein, wie sehr Johann Schnitzler sich dagegen wehrt, seiner Tochter Gisela die Heirat mit einem armen Arzt namens Marcus Hajek zu gestatten – wobei er zu gern vergißt, daß auch er einmal in dieser Situation war und die Ehe mit einer Louise Markbreiter ihm nicht unwesentlich weitergeholfen hat.

Als Arthur Schnitzler die Schriftstellerei immer deutlicher zu seiner Berufung macht, werden Johann Schnitzlers geradezu verstockt bürgerliche Ansichten zum natürlichen Angriffspunkt des Autors, dieser scheinbare Liberalismus, der vor allem in privatem Wohlergehen das Behagen findet und eine unreflektierte Zukunftsgläubigkeit in sich schließt, in die ihm der Sohn nicht folgen kann.

Der Satz, den der junge Schnitzler seinem Vater nie verzeiht, lautet: „Man tut es ab." Problemen, die unangenehm, unbequem oder peinlich sind, stellt man sich erst gar nicht, sondern ignoriert sie (etwa wie die „Neue Freie Presse" die Judenfrage). Man tut sie eben ab. Schnitzler, zum „Abtuer" nicht geboren, wohl aber zum Bewältiger, ist nicht zuletzt aus diesem Punkt heraus zu verstehen, wenn es um seine unbarmherzige Beurteilung des Vaters geht. Als charakteristisch für das liberale Regime, als dessen bequemer Exponent ihm der Vater gilt, bezeichnet Schnitzler: „Guter Wille, Neigung zur Pose, Gerührtheit über sich selbst, Hochachtung vor allem Äußerlichen, kein eigentlicher Sinn für Wahrheit, kein rechtes Verständnis für Diskretion. Minderwertige Eigenschaften werden als Tugenden hingestellt." [6]

Seltsamerweise kommt dieser so wichtige Vater in Schnitzlers Werken kaum vor. Als Kind genießt der Junge unbefangen die mannigfaltigen Vorzüge der väterlichen Popularität. Als er als junger Arzt notgedrungen in dessen Fußstapfen tritt und die Schattenseiten der Tatsache erfährt, „der Sohn des Berühmten" zu sein, schreibt er 1880/81 eine Novelle dieses Titels. In der Erstfassung läßt er den Vater allerdings Schauspieler und den Sohn Dichter sein, in der Zweitfassung beide Maler. [7] In der Folge wird ihm das Phänomen „Vater" kaum zum Gegenstand dichterischer Bewältigung. Der verstehende Weiring in der „Liebelei" und der tyrannische Moser im „Ruf des Lebens" haben nichts mit seinen eigenen

Erfahrungen zu tun. Der Vater, unverkennbar als er selbst, tritt nur in dem unvollendeten „Theaterroman" Schnitzlers auf, als Vater des Helden, als der Medizinalrat mit dem „liebenswürdigen, immer etwas ironischen Lächeln", dessen besondere Fähigkeit darin besteht, mit den Patienten umzugehen, „denn zu beruhigen war seine Kunst, fast sein Genie, und gerade der Ängstlichkeit, ja der Verzweiflung gegenüber wußte er sein freundliches Wesen zur heitersten Laune, seine Überredungsgabe zu einer wahren Meisterschaft der Lüge, ja bis zum Glauben an die eigene Wunderkraft zu steigern"[8]. Man sieht, der Dichter Schnitzler hat über den Vater nichts anderes zu sagen als der Memoirenschreiber.

Was Schnitzlers Mutter betrifft, so wurde immer wieder festgestellt, daß sie in seinem Leben kaum eine Rolle gespielt haben müsse, da sie in der Autobiographie keinerlei Konturen gewinnt.[9] Das stimmt nicht ganz. Sie war in dem Sinn vorhanden, daß ihr Dasein eine Selbstverständlichkeit der Art darstellt, über die man nicht mehr reflektiert. In Schnitzlers Tagebuch taucht sie auch erst in ihren letzten Lebensjahren und kurz vor ihrem Tod verstärkt auf, als ihr Verhalten Abweichungen von der Norm erkennen läßt. Für den jungen Schnitzler ist die „Mama", die sich völlig dem Gatten fügt, jede Eigenpersönlichkeit willig aufgibt, um sich unterzuordnen, gewiß ein „schlechtes" Beispiel, das seine eigene patriarchalische Weltanschauung zur Folge hat, unter der viele Frauen an seiner Seite zu leiden haben werden. Nicht nur die stärkeren Persönlichkeiten unter seinen Gefährtinnen werden sich dagegen auflehnen, auch er selbst wird in besserer Einsicht (und diese Einsicht dann in seinen Dichtungen verarbeitend) dagegen protestieren. Aber die Prägung durch das Bild der Mutter besteht doch fast bis zu seinem Ende, und er wird es im tiefsten Inneren nicht verstehen, daß seine Frau Olga einmal mehr verlangen kann als Gatten, Kinder und Heim.

Zweifellos ist es der durch die Existenz der Mutter genährte, bequeme männliche Egoismus, der Schnitzler erst mit 41 Jahren, als seine spätere Frau schon ein Kind von ihm hat, dazu bringt, zu heiraten. Wozu auch? Nach dem Tod des Vaters lebt er weiter mit der Mutter zusammen, findet in ihrem Haushalt jegliche Bequemlichkeit, wobei es durchaus nicht nur um Äußerlichkeiten wie Essen und saubere Wäsche gehen mag, sondern auch um das gemeinsame Klavierspiel, um eine gewisse Behaglichkeit – und gänzliches Freisein von Verantwortung. Denn die Mutter vergällt ihm nicht mehr, wie der Vater, durch Fragen seine nächtlichen Bummeleien und seine ständig wechselnden Frauen-Beziehungen.

Johann und Louise Schnitzler repräsentierten eine Lebensform, die überwunden werden mußte, nicht zuletzt von ihrem Sohn. Aber dieser steckt so sehr in dieser ererbten Welt, daß er keinesfalls der stolze, unbefangene Rebell sein kann, sondern den Kampf erst einmal (und immer wieder) in sich selbst austragen muß.

Arthur Schnitzler, am 15. Mai 1862 geboren, wird als Neugeborener auf des Vaters Schreibtisch gelegt, was man ihm später, ebenso wie die Tatsache, daß er als Kind ein Opernglas aus der Loge fallen läßt, als untrügliche Zeichen schriftstellerischer beziehungsweise theaterdichterischer Vorbestimmung auslegt. Er und seine Geschwister werden ungewöhnlich behütet, so sehr, daß er anfangs in der Schule als Muttersöhnchen gilt, weil ihn der Hauslehrer auf allen Wegen begleitet. Das Zurverfügungstellen von materiellen Gütern ist allerdings nicht identisch mit wahrer Herzlichkeit. Schnitzler wird daraufhin lebenslang Probleme haben, seine Gefühle – sofern sie nicht Frauen gelten – auch auszudrücken (was sich beispielsweise an der Distanz zeigt, die er dem Bruder oder seinem Sohn gegenüber wahrt, so außerordentlich er beide auch liebt).

Aus dem Abstand eines Mannes, der sein eigenes Leben und seine Entwicklung beurteilen kann, wird Schnitzler in seiner Autobiographie feststellen, was an seiner Erziehung durch den Lebensstil der Eltern vernachlässigt wurde – ganz abgesehen von seinen nicht ganz korrekten Tischmanieren. Später muß er in Gesellschaft manche Gewohnheit aus dem elterlichen Haus stillschweigend in peinlicher Selbsterkenntnis korrigieren.

Da ist einmal die Beziehung zur Natur, die sich Schnitzler ebenso wie jene zur bildenden Kunst in seinen späteren Jahren selbst erarbeiten muß, weil er in seinem Elternhaus keinerlei Anregung dieser Art empfängt. Die Beziehung zur Literatur schafft er sich selbst durch frühkindliche Lesewut und dank der preiswerten Reclam-Heftchen; die zur Musik wird durch eine ungemein musikalische Mutter und einen konsequenten Klavierunterricht gefördert. Wenn Schnitzler sich auch später immer diesbezüglich als Dilettanten bezeichnet, so steht doch fest, daß er imstande ist, die schwierigsten Werke vierhändig (zu ihren Lebzeiten stets mit der Mutter) zu spielen, und daß er es sogar zur Komposition von einigen Walzern und anderer Tanzmusik bringt. Wenn er auch kein

Meister ist, so überragt sein musikalisches Niveau das des Durchschnitts immerhin beträchtlich.

Was den Sport betrifft, so übt Schnitzler in der Jugend nicht einmal den Turnunterricht in der Schule aus, weil dem Vater jeglicher Sinn dafür fehlt. Im Fechten, um das er später nicht herumkommt, ist er nicht mehr als Durchschnitt, hoch zu Roß ist er bestenfalls ein „Sonntagsreiter“. Später, als das Radfahren aufkommt, wird sich Schnitzler in Eigeninitiative diesem Sport ebenso widmen wie dem Tennis und ausgedehnten Bergpartien, die mit der erwachenden Liebe zur Natur Hand in Hand gehen.

Ein Aspekt der Erziehung wird total vernachlässigt: der religiöse. Religion spielt im Leben von Johann und Louise Schnitzler so gut wie keine Rolle, also auch nicht in dem des Sohnes. Ein religiöser Mensch ist Johann Schnitzler, dieser Prototyp eines assimilierten Juden, nie – ebensowenig wie sein Sohn, der sich auch die Abwesenheit des metaphysischen Elements in seinem Werk oft genug vorwerfen lassen muß. Die einzige fromme Jüdin in der Familie, die Großmutter Amalia Markbreiter, wird von der Familie darob belächelt, wenn man auch ihr zuliebe pro forma den Bußtag feiert. Aber das sind schon die einzigen Rituale, die Arthur Schnitzler vom Judentum mitbekommt. Sein dreizehnter Geburtstag geht ohne „Bar Mizwa“ vorbei. Die Rabbiner in der Schule vermögen sein Interesse an ihrem Fach in keiner Weise zu wecken. Wenn ihn später, zwischen dem achtzehnten und zwanzigsten Lebensjahr, religiöse Fragen dann doch stark beschäftigen, so im philosophischen, nicht im mystischen Sinn. Gläubigkeit kann er nicht begreifen, muß sich daher von Katholiken immer wieder attackieren lassen, weil er sie anzweifelt. Wenn Schnitzler von Gott spricht, so ist es gewiß nicht der Gott der Religionen und folglich auch nicht der jüdische. Jude zu sein ist für Schnitzler einzig und allein eine Rassenfrage, der er sich weder entziehen kann noch will. Weder schließt er die Augen davor, wie manche seiner Zeitgenossen, noch treibt sie ihn nach Palästina, wie andere. Er wird die Judenfrage im „Weg ins Freie“ behandeln, das Religionsproblem in „Professor Bernhardi“. Er geht in den Tempel, um selbst zu heiraten und um anderer Leute Trauzeuge zu sein. Sonst setzt er keinen Fuß hinein. Die Haltung der Eltern hat den Grundstein zu dieser Indifferenz im Religiösen – die sich im späteren Leben dann zur engagierten Ablehnung jeden religiösen Eifers steigert – gelegt.

Obwohl so vieles vernachlässigt wird, ist die Erziehung, die man den Schnitzler-Kindern angedeihen läßt, die beste und konventionellste. Arthur ist etwa fünf Jahre alt, als der erste Hauslehrer in sein Leben tritt, dem noch andere folgen, bis er sich an der Hand des Herrn Maximilian Lang, der zu dieser Zeit dieses Amt bekleidet, ins Akademische Gymnasium begibt, um dort eingeschrieben zu werden. Noch heute kündet eine Gedenktafel von seiner Zugehörigkeit zu diesem Institut. Dem Direktor gegenüberstehend, hat der damals Neunjährige einen seltsamen Anfall von Distanz zu sich selbst, da er sich – wie in der Autobiographie nachzulesen ist – plötzlich dabei ertappt, sich selbst in devoter Haltung hier stehen zu sehen, leicht geneigt, wohlgesittet, den Strohhut in der Hand.

Für Arthur Schnitzler spielt die Schule eine durchaus normale, nicht allzu wichtige Rolle in seinem Leben. Sie fällt ihm nicht sonderlich schwer, und die Lehrer (die er in seinen Erinnerungen höchst anschaulich und ausführlich schildert) sind ihm zwar großteils zuwider, tun ihm aber soweit nichts an, um irgendeine Schülertragödie heraufzubeschwören, die das Problem Schule in ihm fixiert oder zu einem Werk verdichtet hätte.

Schnitzler weicht als Schüler in keiner Weise von der Norm ab, ist auch – was man von ihm als Studenten nicht mehr behaupten kann – soweit „brav", wobei ihn allerdings in früh erwachtem psychologischen Interesse die „schlimmen" unter seinen Mitschülern am meisten anziehen. Er selbst dokumentiert seine tadellosen, den Erwartungen entsprechenden Verhaltensformen unter anderem in seinen Kinderbriefen, von denen einige erhalten sind und in denen er beispielsweise als Zehnjähriger dem Vater einen formvollendeten Geburtstagsbrief schreibt. „Mit frohem Herzen" begrüßt er darin „den heutigen festlichen Tag", artikuliert Gefühle des Dankes und der Liebe und wünscht: „Auf Deinen Lebensweg, der sich noch lange, lange und immer durch lachende Fluren hinschlängeln möge, soll die Freude unvergängliche Rosen der Heiterkeit streuen."[10] Man könnte es als erste „dichterische" Ambition betrachten, sich so blumig auszudrücken, doch scheint es sicher, daß hier der Hauslehrer mitgeholfen hat, das damals durchaus übliche Pathos niederzulegen.

Im Akademischen Gymnasium lernt Schnitzler wirklich nur für die Schule. Was den späteren Dichter betrifft – der hat eine andere Lehrstätte: das alte Burgtheater. Er selbst hat in seiner Autobiographie die Bedeutung dieser Institution für seine Entwicklung betont. Sie bietet ihm nicht nur die Anregung, Theaterstücke zu schreiben, sondern reflektiert auch die so wienerische Faszination durch den Schauspieler, die Arthur bewegt, von allem Anfang an Stücke für bestimmte Künstler zu verfassen (etwa „Perlen“ für Stella Hohenfels und Ernst Hartmann, den er so trefflich kopiert). Ob die Burgtheaterkultur Schnitzler wirklich so stark geprägt hat, wie manchmal behauptet wird, sei dennoch dahingestellt – „Märchen“ war bestimmt kein Stück für die Burgschauspieler von damals und „Liebelei“ genaugenommen auch nicht, denn der Geruch der Vorstadt (wenn es auch ein Duft ist wie von dem Flieder, den Weiring pflückt, und nicht der Gestank der Toilette, auf die Hans Hollmann in einer modernen Inszenierung die Christine gehen ließ) war auf Burgtheaterbrettern nicht unbedingt zu Hause. Es sind später Schnitzlers historische Stücke, erst der „Schleier der Beatrice“, dann vor allem der „Junge Medardus“ sowie die Versdramen der Spätzeit („Die Schwestern“ und „Der Gang zum Weiher“), die tatsächlich nach dem Burgtheater und der spezifischen Kultur seiner Schauspieler rufen.

Denn das Burgtheater, damals noch (bis 1888) im Haus am Michaelerplatz und seit 1871 unter der Leitung von Franz von Dingelstedt, ist eine Hochburg der Schauspielkunst, für die unter anderem Namen wie Charlotte Wolter, Stella Hohenfels, Katharina Schratt, Adolf von Sonnenthal, Bernhard Baumeister, Ernst Hartmann, Hugo Thimig und Josef Lewinsky stehen. Diese zu sehen, bedeutet damals nicht nur für Schnitzler, sondern auch für andere theaterinteressierte junge Leute ein zentrales Erlebnis. Unzählige Memoiren bestätigen das. „Ich bin auf der vierten Galerie geboren“, schrieb etwa Max Reinhardt. „Dort erblickte ich zum ersten Mal das Licht der Bühne, dort wurde ich genährt (für 40 Kr. altösterreichischer Währung pro Abend) mit den reichen Kunstmitteln des Kaiserlich-Königlichen Instituts, und dort sangen an meiner Wiege die berühmten Schauspieler jener Zeit ihre klassischen Sprecharien.“ [11] – „Was aber am stärksten auf mich wirkte, war das Burgtheater, in das ich mich oft, zuweilen Tag um Tag, nach mehrstündigem ‚Anstellen‘ drei Treppen hochstürzte, um einen Platz auf der obersten Galerie zu erbeuten“ [12], erinnert sich Martin Buber, und man könnte noch andere Zeugnisse über die Ausstrahlung dieses Hauses benennen.

Der junge Schnitzler muß sich, dem Vater sei Dank, nicht auf die Galerie stürzen, er ist ein Kind der Logen. Privater Verkehr mit Schauspielern, durch die ärztliche Praxis des Vaters ermöglicht, räumt ihm von Kindheit an einen eigenen Status ein – als gehöre er dazu. Wenn man ihm von der Bühne heraufwinkt, dann weiß er schon in jungen Jahren, daß da unten nicht eine zaubrische Wirklichkeit, sondern die Welt der Kulissen ist. Und nicht die Illusion verlangt das Kind, es interessiert sich vielmehr dafür, wie's gemacht wird – einer, der dazugehört von Anfang an. Und einer, der später als Dichter notwendigerweise zum Theater strebt. Er mag Gedichte schreiben wie seine Altersgenossen, Erzählungen, was technisch natürlich einfacher ist – aber vor allem Dramen, Dramen in großer Zahl. Er hat das Theater im Blut, die Wirkungsmöglichkeiten der Bühne im Gefühl, und er wird sich später in seinem Leben stets ganz unbeschreiblich wohl fühlen, wenn er im halbdunklen Zuschauerraum, neben dem Regisseur sitzend, seine eigenen Stücke „mitinszeniert".

„Dichter" wird der junge Arthur Schnitzler anfangs eher aus einer selbst eingestandenen Geltungssucht denn aus innerem Drang. Wenn er sich nämlich vor Eltern oder Verwandten mit Gedichten produziert, kann es sein, daß die Großmutter angesichts eines „Rom in Brand"[13] genannten Werkes des Elfjährigen in den Ausruf „Ein zweiter Schiller!" ausbricht – nichts Geringeres also, was man einst dem mit „Shakespeare" verglichenen Vater prophezeit hat. Sorgliche Germanisten haben, weniger dem Dichter zu Ehren als der Wissenschaft zuliebe, die frühen Zeugnisse von Schnitzlers lyrischen Ergüssen gesammelt – „Rom in Brand" erweist sich als fünfstrophiges Gedicht, von dem je vier Zeilen in der Folge A-A-B-B gereimt sind und von einer fünften Zeile mit dem Ausruf „Rom in Brand!" gekrönt werden. Nero singt darin angesichts der brennenden Stadt – unbeholfen genug, was nicht verwundert, ist Schnitzler doch gewiß kein Wunderkind. Auch Gedichte aus den Jahren 1875 („Nacht im Gasteiner Tal"[14]) und 1877 („Wandernde Musikanten") prophezeien keinesfalls einen Lyriker – der er ja auch nicht geworden ist.

In der Folge werden sich Gedichte aus konkreter Thematik ergeben: an die Geliebte, über das Kaffeehaus, selbst über das Medizinstudium („Lebt wohl, ihr Leichen"). Ein Ton von Skeptizismus und Ironie, der an Heine gemahnt, läßt Schnitzler nie zu einer undistanzierten, emotionellen Haltung gelangen, und es bedarf später gar nicht des Beispiels wahrer Lyriker – etwa Hofmannsthals –, um ihn von der eigenen Unfähigkeit auf diesem Gebiet zu überzeugen und die Gedichte aufzugeben. Seine Schwierigkeit mit Versen wird ihn wieder erreichen, wenn er seine Alterswerke, vor allem den „Gang zum Weiher", damit beschwert.

Arthur gibt bald seiner Neigung zu Dramatischem nach und

verfaßt in jugendlichen Jahren allerlei Tragödien und Märchen, deren Titel er noch zu nennen weiß, als die Werke selbst schon wieder in Verlust geraten sind. Im Nachlaß findet sich von 1873/74 das Märchen in 4 Aufzügen „Gold und Ehrlichkeit" und das von 1875 bis 1878 entstandene Römerdrama „Tarquinius Superbus", in dem er vier Jahrzehnte später, als er es 1915 wiederliest, keine Spur von Talent findet.

Der Vater fördert die frühen Versuche des Sohnes, sich schriftstellerisch zu betätigen, – vielleicht in Erinnerung an einstige eigene schon verschüttete Ambitionen – noch weit wohlwollender, als er dann die ernsthaften Bemühungen zur Kenntnis nimmt. Damals honoriert er Berichte über Sommerreisen noch mit zehn bis zwanzig Kreuzern, je nach Gelingen, und später legt er Talentproben des Sprößlings auch ihm bekannten Journalisten und Schauspielern vor. Übrigens werden Johann Schnitzler und seine Gattin dem Sohn ahnungslos zum Gegenstand satirischer Dichtung. Als sie ihn 1872 im Sommer in die Schweiz mitnehmen (ein oder zwei Jahre davor war er erstmals mit ihnen im Salzkammergut), registriert er ihre Art des oberflächlichen Reisens, das nirgends zu verweilen und zu schauen vermag, und legt es später (1878 bis 1880), nach weiteren Erfahrungen, in der Komödie „Vor der Welt" nieder, in denen Papa und Mama als „Makarius und Genoveva Rastlos" von einem Ort zum anderen hetzen.

Als Arthur sich in die gleichaltrige Fanny Reich – seine Jugendliebe „Fännchen" – verliebt, kommt bald auch sie in seinen Werken vor, wie er eben damals noch Schlüsseldichtung „naivster Abart" [15] schafft – neben traditionellen Stoffen wie etwa einem „Raub der Sabinerinnen", den er ebenfalls gestaltet.

Den ersten Kontakt mit der Weiblichkeit empfängt der junge Arthur Schnitzler zwar nicht – wie mancher junge Herr, ähnlich jenem im „Reigen" – durch das Dienstmädchen des Hauses, aber früheste Informationen über zwischenmenschliche Beziehungen verdankt er tatsächlich dem Personal. Es ist seine Bonne, Fräulein Lehmann, die ihn zu ihren Rendezvous mit einem Infanterieleutnant mitnimmt, da sie nicht weiß, was sie mit dem ihr anvertrauten Jungen sonst anfangen soll. Nachdem der Knabe so in die Existenz von Herzensangelegenheiten eingeführt ist, besorgen den Rest die Altersgenossen, in diesem Fall der Vetter Ludwig Mandl, der dem damals elf- oder zwölfjährigen Arthur auf einer Bank im Vöslauer

Kurpark erklärt, was man in diesem Alter zu diesem Thema eben weiß oder zu wissen glaubt. Eigenständige Regungen des Herzens werden ihm dreizehnjährig durch die gleichaltrige Fanny Reich bekannt, die einige Zeit lang sein Gefühlsleben regiert, bevor er als Student in jene Epoche seines Daseins eintritt, wo ihm Quantität vor Qualität geht.

In die ersten 17 Lebensjahre von Arthur Schnitzler fallen Österreichs Krieg mit Preußen, der Ausgleich mit Ungarn, die Wiener Weltausstellung und der Börsenkrach. Seit 1864 wird an der Ringstraße gebaut, und in jahrzehntelanger Arbeit wächst eine konzipierte Großstadt heran. All das berührt ihn kaum. Bis zu seiner Matura führt er ein geselliges, im ganzen positiv geprägtes, äußerst egozentrisches Dasein, in das die Umwelt nur einbezogen ist, soweit sie ihn unmittelbar betrifft. Große Konflikte werden von ihm ebensowenig wahrgenommen wie schwelende soziale Probleme. Die stolze Beschränkung auf sich, die er vielleicht braucht, um ein Dichter zu werden, ist damals schon ganz ausgeprägt. Was diesen seinen Weg anbelangt, ist er damals allerdings, den Massen von Geschriebenem zum Trotz, noch kaum am Anfang.

2. „WARTE, KERL, ICH MUSS DIR NOCH AUF DEN GRUND KOMMEN!“ 1879–1885

Am 8. Juli 1879 besteht der siebzehnjährige Arthur Schnitzler seine Matura mit Auszeichnung. Vier Tage später hört er sich bei der Schlußkneipe noch die Reden seiner Lehrer an – dann ist das Kapitel Schule für ihn erledigt. Selbst ein Jahr später sind seine Erinnerungen negativ, und er schätzt sich glücklich, die Zeit hinter sich zu haben, da er Lehrern, die er für Schwachköpfe hielt, hilflos ausgeliefert war.

Am 30. August 1879 verläßt die Familie Schnitzler Wien. Der Professor reist zu einem medizinischen Kongreß nach Amsterdam, zu dem er Gattin und Kinder mitnimmt, wobei der Älteste als angehender Medizinstudent gleich den Duft der Wissenschaft atmen soll. Arthur ist allerdings keineswegs besonders beeindruckt. Im Tagebuch hält er bloß die Reiseroute fest, die über Frankfurt, Koblenz, Ems, Bonn und Köln nach Amsterdam führt, wo man vom 6. bis zum 11. September bleibt und dann über Haag, Scheveningen und München zurückreist. In seiner Autobiographie vermerkt er später, daß er die allgemein zugänglichen Sitzungen und die festlichen Veranstaltungen mitmacht, und erinnert sich vor allem daran, bei einem Dampferausflug auf die Zuidersee den Präsidenten des Kongresses mit einer jungen Dame beobachtet zu haben.

In Wien versucht der Vater sofort, den Sohn in seine Richtung – den Medizinjournalismus – zu lenken, und läßt ihn einen Bericht für die „Wiener Medizinische Presse“ schreiben. Er erscheint, ohne Namensnennung, am 21. September 1879 unter dem Titel „Von Amsterdam bis Ymuiden: Reiseeindrücke“. Es ist das allererste Mal, daß Schnitzler etwas von ihm Verfaßtes gedruckt sieht.

„Schon als kleiner Bub hatte ich den Traum genährt, Doktor zu werden wie der Papa“ [1] – damals allerdings aus den naiv-kindlichen Überlegungen, daß man da den ganzen Tag mit dem Fiaker herumfahren und bei jedem Zuckerbäcker Naschwerk kaufen könnte. Tatsache bleibt, daß für Professor Johann Schnitzler die ärztliche

Laufbahn der Söhne so festgelegt ist, daß es für diese kaum eine Möglichkeit gibt, sich dagegen zu wehren. Und da Arthur außer dem Hang zur Schriftstellerei, die ja keinen Beruf im erlernbaren Sinn darstellt, keinerlei Neigung zeigt, die ihm eine Alternative zum väterlichen Gebot bedeuten würde, immatrikuliert er ohne Widerstand an der medizinischen Fakultät der Wiener Universität – um allerdings schon knapp einen Monat später zu der Erkenntnis zu kommen, die Wissenschaft könne ihm nie dasselbe bedeuten wie die Kunst.

Der Zwiespalt zwischen Künstler und Wissenschaftler, zwischen Dichter und Arzt, in der Seele des Siebzehnjährigen aufgerissen, soll tatsächlich zu einem Lebensproblem Arthur Schnitzlers werden, bis der Dichter, der nie aufhören kann, Arzt zu sein, später die produktive Synthese zweier Berufungen findet, deren Diskrepanz ihn zuerst einmal auf Jahre hinaus belastet: Es gilt ja immerhin, die Weichen für ein ganzes Leben zu stellen.

In diesem Herbst und Winter 1879 folgen die „großen" Ereignisse im täglichen Leben rasch aufeinander: Am 2. November besucht Arthur erstmals die Tanzstunde (steter Treffpunkt mit Fännchen), am 5. November steht er im Seziersaal erstmals vor einer menschlichen Leiche. Eine „Frühlingsnacht im Seziersaal" gestaltet er 1880 sowohl als Gedicht wie auch als Novellette[2], und am Thema der Prosektur stellt er Lebensgenuß dem Angesicht des Todes gegenüber – „Will spielen und trinken und küssen heut nacht, da der Mensch nur einmal lebt. Die Zeit ist doch keinem allzu fern, da man ihn in den Staub begräbt."[3] Dieses memento mori, später in Schnitzlers Werk so immanent („Gibt es einen anständigen Menschen, der in irgendeiner guten Stunde in tiefster Seele an etwas anderes denkt?" fragt Herr von Sala im „Einsamen Weg"[4]), hat damals allerdings noch einen eher oberflächlichen Anstrich: Man wäscht sich das Blut von den Händen und geht ins Kaffeehaus – was als Thema für ein Gedicht seltsam anmutet.

In seiner Autobiographie bestätigt Schnitzler, was auch aus seinem Tagebuch hervorgeht – wie lax er seine Studien bei Professoren betreibt, die zwar berühmte Kapazitäten ihres Faches sind, aber in ihm nicht die Liebe zur Medizin erwecken können. Es wird auch dem Vater bald klar, daß der Sohn den Erwartungen nicht entspricht, und so kommt es zu Spannungen, die in einer permanenten Unzufriedenheit des Professors Ausdruck finden.

Der Vater versucht später, Arthur an die Kandare zu nehmen, indem er ihn ab Juli 1880 mit einem Gehalt von 20 Gulden als Korrektor der „Wiener Medizinischen Presse“ anstellt, aber auch das hat weiter keine Wirkung. Alles an dem Achtzehn-, Neunzehnjährigen ist unterschwelliger Protest, gewiß auch, wenn er sein Äußeres damals „in nicht ungewollter Nachlässigkeit“ präsentiert – „Rembrandthut, flatternde Krawatte, lange Haare“[5] sollen seine leise Verachtung gegen alles, was man Eleganz nennt (und worin sich der Vater zweifellos auszeichnet), bekunden.

Da das Studieren für Schnitzler nur unbefriedigender Alltag ist, hat er auch keinerlei Neigung zu den üblichen Formen des „Studentenlebens“. Die Kneipe wäre für ihn keine Alternative zum Kaffeehaus, und einer „Couleur“, einer Studentenverbindung, beizutreten, vermeidet er, wie er auch zeit seines Lebens jeder Vereinsmeierei tunlich aus dem Weg gehen und Organisationen nur angehören wird, wenn er es wirklich nicht vermeiden kann (etwa dem PEN-Club). Um sich öffentlich für etwas zu engagieren, bedarf es bei ihm schon sehr starker Motivationen, wie es später etwa der Kampf um das Urheberrecht ist. Wenn er aber den Juden Theodor Herzl inmitten einer deutschnationalen Burschenschaft sieht (ein Irrweg, der diesem allerdings bald klar wird), dann weiß er, daß das für ihn nicht in Frage kommt.

Was den „Hochschulantisemitismus“[6] betrifft, so analysiert ihn Schnitzler später in seiner Autobiographie sehr klar – seine Tagebücher geben aber keinen Hinweis darauf, daß ihn die Problematik damals in seinem täglichen Leben stark betroffen hätte. Er entflieht allem, was Universität heißt, am liebsten ins Kaffeehaus, eine Institution, die er sogar lyrisch verewigt, das Behagen reflektierend, das ihn darin überkommt. Damals ist noch das Café Central in der Herrengasse, im Gebäude der Österreichisch-Ungarischen Bank, sein bevorzugter Aufenthaltsort.

Als er dort den „Poeten“ Julius von Ludassy kennenlernt, ergibt sich für ihn die faszinierende Möglichkeit, „Dichtergespräche“ zu führen. Ludassy, der später Schnitzlers Kusine Olga Mandl heiratet, erzählt ihm von seinem Plan einer fünfaktigen Tragödie, und Schnitzler findet in ihm einen verständnisvollen Gesprächspartner für die Problematik seines „Ägidius“.

Dieses im Nachlaß erhaltene Drama, das die religiösen Überlegungen Schnitzlers in dieser Zeit widerspiegelt, muß thematisch durchaus als Produkt einer Gymnasiastenphantasie bezeichnet werden. Formal uneinheitlich – Prosa, gereimte und ungereimte Verse wechseln einander ab –, erzählt das Stück die Geschichte eines von Zweifeln geplagten Mönchs, den das Leben in der Gestalt der dämonischen Faustina lockt, der aber in den Armen der reinen Felicitas ein vorübergehendes Glück findet, bevor er durch allerlei Intrigen (die überhaupt die Handlung beherrschen) ins Kloster zurück muß.

Das Werk war für Interpreten Anlaß zu tiefgründigen Auseinandersetzungen, ob Schnitzler schon anhand dieses Jugendwerkes als Impressionist im Sinn des Philosophen Ernst Mach zu betrachten sei. Dessen Theorie eines nirgends verweilenden Lebensgefühls (für das Anatol ja dann tatsächlich der Repräsentant wird) scheint hier dem einen Kommentator[7] schon vorgeprägt, während der andere[8] die ethische Problematik, die in der Anschauung vom einzig wahren, flüchtigen Augenblick liegt, hier positiv für erledigt hält, als „Überwindung der impressionistischen Skepsis durch die Wiederbelebung gewisser Elemente der klassisch-humanistischen Tradition“[9]. Die Streitfrage nach Schnitzlers Nihilismus entzündet sich schon an dem Frühwerk.

Die zentrale Stelle des „Ägidius“ ist die sogenannte „Predigt“, die der Mönch über „Des Menschen Freiheit“ zu halten hat und in der er natürlich zu Schlüssen kommt, die einem Abt nicht behagen können. Schnitzler liest die Predigt Ludassy vor, der meint, sie enthielte neben Trivialem auch geniale Stellen. Genau das will ein junger Poet hören, der ganz euphorisch ist, als keine Geringere als Charlotte Wolter sich bei seinem Vater nach dem „Stück“ erkundigt, der aber dann doch wieder starke Zweifel an sich hegt.

Wie erlebnisfähig der junge Schnitzler in bezug auf Dichtung ist, erweist sich etwa daran, daß ihn die Lektüre von Gottfried Kellers „Romeo und Julia auf dem Dorfe“ in eine solch gehobene Stimmung versetzt, daß diese bis in sein Gespräch mit Fanny weiterwirkt, mit der er dann ein Rendezvous hat. Überhaupt Fanny! Die „Liebe“ der beiden Halbwüchsigen, in der Tanzstunde und bei zahlreichen Begegnungen genährt, steht damals in voller Blüte. Ihr gelten Schnitzlers erste Liebesgedichte, im Gedanken an sie bekennt er sich im Tagebuch als rasend verliebt, ihrer gedenkt er in der Silvesternacht 1879/80 in glühender Liebe.

Da diese Beziehung aber nur ein unverbindliches Geplänkel ist, beschließen die Eltern Reich, der Sache ein Ende zu machen, und bestimmen der Tochter kurzerhand einen Gatten. Dennoch gelingt es Fanny weiter, Abendspaziergänge mit Arthur zu arrangieren, der bei aller Leidenschaftlichkeit doch die Gewohnheit hat, in seinem

Tagebuch ganz kühl in Distanz zu sich selbst zu gehen. Nachdem sie sich wieder einmal unter heißen Küssen getrennt haben, meint er, er hätte wohl selbst über sein weinerliches Gesicht lachen müssen.

Wenn die beiden auch einander langsam entgleiten, erkennt er doch angesichts der vielen Mädchen, die er auf Bällen trifft, daß ihm keine so viel bedeutet wie Fanny. Was ihn allerdings rasend macht, ist die unabänderliche Tatsache, daß er sie nie völlig besitzen kann, und er erwägt ein Theaterstück, in dem der Ehebruch als gerechtfertigt dargestellt wird – schließlich muß er ja annehmen, daß Fanny bald die Ehefrau eines Herrn Jakob Lawner sein wird, dem sie übrigens ihre Zuneigung zu dem Medizinstudenten Arthur Schnitzler offen eingesteht.

Schon damals hat Schnitzler die Gewohnheit, zu Beginn eines neuen Jahres die Bilanz des alten zu ziehen. 1879 charakterisiert er als Jahr des Sturms und Drangs. Er hat versucht, seine inneren Konflikte im „Ägidius" darzulegen, aber sein Weltbild, meint er, werde doch zunehmend pessimistisch. Was ihn am meisten stört: die Langeweile. Fast immer, wenn er sich zu Bett legt, empfindet er eine gewisse Angst vor der Leere und Gleichförmigkeit des folgenden Tages. Vom Studium keineswegs gepackt, von der Muse nicht wirklich geküßt, in der Liebe zu Fanny in seinen realen Wünschen frustriert, empfindet er Zerfahrenheit und Nüchternheit. Vielleicht ist für sein „impressionistisches" Gleiten von einem Tag zum anderen nichts charakteristischer als die Systemlosigkeit, mit der er sein Klavierspiel betreibt: Anstatt an seiner Technik zu arbeiten, gefällt er sich vielmehr darin, immer wieder lange vor sich hin zu phantasieren, obwohl er die Ergebnisse dieser Art des Musizierens selbst als unbedeutend klassifizieren muß.

Für das Jahr 1880 faßt er erst gar keine Vorsätze, denn er weiß, er ist kein Mensch, der zum Studium taugt, hält sich jedoch unbedingt für eine „Künstlernatur"[10] und tröstet sich selbst – fast rührend – mit der Feststellung, ja noch so jung zu sein. Auch weiß er nur allzugut, daß er ein unsäglich versplitterter Mensch ist.

Der junge Mann ist Stimmungen unterworfen, die sich von Tag zu Tag ändern können. Jugend werde mehr versehnt als genossen, resümiert er ein andermal, und dieses Wissen wird ihm bleiben. In dem Stück „Das weite Land" wird Friedrich Hofreiter auf die Bemerkung, er sei lange genug jung gewesen, sagen: „Ja, aber ich war's zu früh. (. . .) Mit vierzig Jahren sollt' man jung werden, da hätte man erst was davon."[11] Manchmal scheint ihm, als fingen das Leben und die Liebe erst jetzt an.

Für Schnitzler sind diese Jahre tatsächlich Vorstudium für alles, was ihn später unverändert bewegt: Die Qualen von Liebe und Lust (er ist zu dem Schluß gekommen, wahre Liebe sei ohne Sinnlichkeit undenkbar), die gesellschaftlichen Begebenheiten, die Folter durch den Zweifel, die Verzweiflung am Unabänderlichen, etwa an der Unausrottbarkeit des Egoismus – alles, was einmal in sein Werk einfließen wird, zeichnet sich schon im Leben des Studenten ab.

Der „larmoyante Kerl von 18 Jahren"[12], wie er sich in seinem Tagebuch (das eine getreue Chronik seiner schwankenden Stimmungen ist) nennt, hat einen nicht zu unterdrückenden Hang zum Dichten. Kaffeehausfreund Ludassy hat ihm zwar den Stoff zu dem Drama „Die Unzufriedenen" ausgeredet, worin Schnitzler einmal von den historischen Stoffen weg und ins volle, problematische Alltagsleben hinein wollte: Seine Skepsis über Weltverbesserer sollte am Beispiel eines Helden dargestellt werden, der Kommunist ist – allerdings nicht aus Überzeugung. Gibt Schnitzler jedoch eine Idee auf, so hat er Dutzende andere bereit, und im Café notiert er emsig seine Pläne.

Einem Hang zu Ordnung und Statistik folgend, unternimmt er eine große Aufstellung seiner bisherigen Schöpfungen und kann zehn Tage nach seinem 18. Geburtstag 23 vollendete und 13 begonnene Dramen vermerken. Außerdem meint er, daß er Jahre brauchen werde, um alles auszuführen, was nun in seinem Hirn aufgespeichert sei, denn der Stoff quillt ihm überall entgegen. Also „dichtet" er, ob Roman, Komödie oder bürgerliches Trauerspiel, gilt ihm gleich. Nur, daß er alle Nuancen seines Seelenlebens im Tagebuch wiedergeben könnte – dafür erscheint ihm die Sprache zu arm!

In dieser Periode einer „Diem perdidi"-Stimmung unternimmt Schnitzler im Sommer 1880 mit seinem Bruder eine kleinere Reise über Klagenfurt–Toblach–Zell am See–Salzburg–Aussee und Ischl, auf der er zwar keine besonderen Eindrücke empfängt, die er aber doch soweit als Zäsur empfinden möchte, um danach sein Leben ein wenig zu ändern – mehr Studium neben Amüsement, ernsthaftere schriftstellerische Tätigkeit, interessantere Menschen. Schnitzler, achtzehnjährig von der Frage nach dem Sinn des Lebens geplagt, zweifelt an seiner Daseinsform: Die Frage, wozu man lebe, kann er nicht beantworten.

Immerhin darf er als „Dichter" erstmals die Genugtuung erleben, eines seiner Werke gedruckt zu sehen. Sein Freund Eugen Deimel, der Vertraute in Fanny-Herzensangelegenheiten, reist nach München, um dort eine journalistische Karriere zu machen, und bald erreicht Schnitzler die Aufforderung, dem klerikalen Blatt „Der freie Landesbote" etwas einzusenden. Am 13. November 1880 erscheint dort das „Liebeslied der Ballerine", aus dessen Tonart, wie Schnitzler später sarkastisch schreibt, „gewissenhafte Forscher den späteren Verfasser von ‚Reigen', ‚Ruf des Lebens' und anderen pornographischen Schriften leicht erkannt hätten"[13]. Denn die Ballerine interessiert sich nur für das Geld des Bankiers.

Zwei Tage später, am 15. November, druckt der „Freie Landesbote" noch „Über den Patriotismus", das Thema für einen Essay, von Schnitzler aber erzählerisch aufgelockert. Hier läßt er den Ich-Erzähler mit seinem Freund Balduin über das Thema diskutieren, in einer Weise – um nochmals den späteren Schnitzler zu zitieren –, aus der „für die Kundigen schon die anarchistisch vaterlandsfeindlichen Flammen entgegenschlagen dürften, die dann in Produkten wie ‚Leutnant Gustl' und ‚Freiwild' so staatsgefährlich emporgelodert haben"[14]. Tatsächlich verficht Schnitzler schon als Achtzehnjähriger skeptische Ansichten über Patriotismus und Heldentum, die er im Lauf seines Lebens nicht geändert hat, große Begriffe immer kritisch auf ihre Hohlheit abklopfend.

Diese ersten Versuche, an die Öffentlichkeit zu treten, gehen gänzlich unbemerkt vorbei und finden auch keine Fortsetzung, da die Zeitung bald darauf eingestellt wird. Und falls ihm das Gedrucktwerden auch nur das geringste Hochgefühl eingetragen hat, so wird ihm sein dichterisches Selbstbewußtsein wenig später nachdrücklich vergällt. Denn Professor Johann Schnitzler zeigt das von seinem Sohn im November 1880 begonnene Lustspiel „Aus der Mode" ein halbes Jahr später dem großen und von Arthur auch so bewunderten Hofschauspieler Adolf von Sonnenthal. Und dieser kann, so gewunden er sich auch ausdrückt, dem jungen Mann nicht einmal ehrlichen Herzens raten, sich weiter als Dramatiker zu betätigen – ein Urteil, das er erst mehr als ein Dutzend Jahre später revidieren wird, wenn er als Weiring in der „Liebelei" des Arthur Schnitzler auf der Bühne des Hofburgtheaters steht.

Als Schnitzler im Juli 1881 auf sein zweites Studienjahr zurückblickt, hat der Neunzehnjährige trotz bestandener Prüfungen ehrlich Grund, mit sich unzufrieden zu sein. Er fühlt sich im Zustand permanenten Katzenjammers, dem kein Rausch vorangegangen ist. Im Sommer 1881 reist er mit seinem Freund Fritz Kapper nach Berchtesgaden, dann mit den Eltern nach Ischl und findet sich im Herbst in Wien in einer Stimmung, die er in Zukunft immer wieder als „hypochondrisch" bezeichnen wird. Immerhin erkennt er sich selbst – denn Einsicht ist seine Stärke – als sehr verwöhnt auf die Welt gekommen.

So wenig sich der Arbeitsalltag in seinen Tagebüchern niederschlägt (er notiert ein bestandenes Rigorosum aus Anatomie am 8. November 1881 nur ganz beiläufig), so schlagartig scheint er aus seinem ausführlich beachteten Weltschmerz zu erwachen, als plötzlich das erste „süße Mädel" auf der Bildfläche erscheint. Sie heißt Gusti, und Schnitzler hat wenig Glück bei ihr, da sie ihm seinen Bekannten Leo Ebermann vorzieht. Aber er zeigt sich von dem Typ elektrisiert, berauscht, und er scheint, wenn auch nur für kurze Zeit, tatsächlich etwas zu „empfinden", worauf er ja immer gewartet hat. Danach hat er allerdings die ihm wohlbekannte Angst, er werde sich wieder langweilen.

So fließt dem noch nicht Zwanzigjährigen das Leben dahin. Im Jänner 1882 darf er seinem Klavierlehrer Anton Rückauf umblättern, als dieser in einem öffentlichen Konzert den berühmten Schubert-Sänger Gustav Walter begleitet. Manche Rigorosen besteht er nur knapp, weil er mit diesem oder jenem Mädchen beschäftigt ist, während sein armer Kollege Marcus Hajek (von dem damals noch niemand ahnt, daß er einmal Schnitzlers Schwager sein wird) eine Auszeichnung nach der anderen heimträgt. Arthur amüsiert sich auf Bällen, wirkt bei Theaterliebhaber-Vorstellungen mit, braucht ungemein viel Zeit und Geld fürs Kaffeehaus und das Billardspielen, für Derby und Soupers, für Oper, Theater und Konzerte. Und während er seine Studien nebenbei absolviert, nimmt er sich immer wieder vor, doch mehr darein zu investieren, um von neuem zu resignieren, daß aus ihm nie ein fleißiger Mensch werde. Sein mißgelaunter Vater stellt sich zum 20. Geburtstag des Sohnes mit Geld, Tabak und Zigarren nicht eben reichlich ein, da er keinerlei Lust hat, diese Art von Lebenswandel auch noch zu fördern.

Mitte Juli 1882 meldet sich Schnitzler zum letzten Rigorosumtermin, schneidet jedoch recht gut ab, was ihn mehr erfreut als die

Schweizer Sommerreise mit den Eltern, deren gewohntes Tempo, an allen Schönheiten von Kunst und Natur vorbeizurasen, ihm bekanntlich nicht behagt.

Im Herbst arbeitet der Student Schnitzler an der Poliklinik, teilweise bei seinem Vater, und ab dem 1. Oktober 1882 nimmt sein Leben dann äußerlich eine Wendung – wenn auch nicht viel anders als durch die Uniform, die er als Einjährig-Freiwilliger anlegen muß. So wenig er für Militärisches übrig hat bzw. im Lauf seines Lebens je übrighaben soll (und in seinem Militärjahr verschärfen sich alle vorhandenen Abneigungen durch hinzugewonnene Erfahrung auf das tiefste), so kann er sich doch dem „Zauber der Montur" nicht ganz entziehen und widmet von da an seiner äußeren Erscheinung gesteigerte Aufmerksamkeit: „Der Snob in mir erwacht und entwickelt sich aufs lächerlichste. Freude, im Fiaker zu fahren und darin gesehen zu werden. (. . .) Ich wechsle meinen Schneider, trage keine weichen Hüte mehr. Gehe zu Stehkrägen über. (. . .) Ehrgeiz, elegant zu werden."[15]

Wie entzückt sich die Weiblichkeit über einen eleganten jungen Herrn – und gar in Uniform – zeigt, kann man später in der „Liebelei" an der Begeisterung der Schlager-Mizi nachlesen. Auf Theodors Bemerkung, er sei auch beim Militär, zeigt sie sich hingerissen: „Ja, warum sagt Ihr einem denn das nicht . . .", was er bezeichnenderweise mit „Ich will um meiner selbst willen geliebt werden"[16] pariert. Auch Schnitzler schreibt es in seiner Autobiographie der Uniform zu, daß er sich nun entschlossen aufmacht, um beim weiblichen Geschlecht endgültige Eroberungen zu setzen. Und im Tagebuch wimmelt es nur so von Frauennamen, bis er am 15. Jänner 1883 von Else von K. berichten kann: „Sie ward mein."

Es ist dies der erste konkrete Hinweis auf sexuellen Verkehr, wenngleich es durchaus möglich ist, daß Schnitzler auch schon unter den „allerhand Zärtlichkeiten" einer Marie im Jahr davor solches erlebt hat. Details sind hier um so weniger von Interesse, als diese Frauen selbst in seinem Leben keine Rolle mehr spielten. Wichtig daran ist nur, daß die jahrelangen sexuellen Frustrationen, denen ihn eine Fanny Reich aussetzte, aufgrund ihrer Situation aussetzen mußte, nun überwunden sind. Für den Rest seines Lebens hat Schnitzler zwar manchmal Mühe, Partnerinnen zu finden, für die er ein großes Gefühl hegen könnte, aber er wird stets solche parat haben, die seine sexuellen Bedürfnisse befriedigen. Jedenfalls geht es auf das Konto der Frauen, daß der junge Mann, der sich vor nicht allzu langer Zeit noch tödlich gelangweilt hat, im Februar 1883 in sein Tagebuch notiert, die Zeit gehe hin, und man wisse nicht, wie. Mit dem Studium jedenfalls nur bedingt.

In diesem Frühjahr und Sommer bricht auch ein Erbteil seines Großvaters Philipp Markbreiter ganz entschieden in Schnitzler durch. Er hat immer schon im Kaffeehaus Karten, Domino und Billard gespielt und auch im privaten Kreis größere Summen verloren. Aber nun verbringt er Stunden um Stunden im Wiener Prater beim Derby, dessen „ganz wunderbare Atmosphäre von Leichtigkeit, Eleganz und Spiel“ [17] seinen Sinnen schmeichelt. Die Spielleidenschaft packt ihn, die Idee, vielfaches Geld zu gewinnen, jetzt endlich Glück haben zu müssen – er hat das Prickelnde der Situation ungemein farbig in seiner Autobiographie niedergelegt. Und Geld bedeutet in diesem Stadium extremer Vergnügungssucht „Havannazigarren und ein Souper bei Leidinger und einen Fiaker, einen Orchestersitz im Wiedner Theater erste Reihe und eine köstliche Krawatte und – vor allem einen Fond für das nächste Mal. Das blieb das Wichtigste.“ [18] Aber er gewinnt natürlich nur selten, und später bleibt es ihm selbst ein Rätsel, wie er diese Lebensperiode finanziert hat.

Privat hat sie ihr Gutes, da er mit seinem jüngeren Bruder Julius durch gemeinsames Interesse für das Rennen öfter zusammenkommt. Sonst sind sie ganz verschiedene Naturen, die einander erst in einer späteren Periode ihres Lebens näherkommen werden. Im übrigen ist Schnitzler wieder recht gut in der Lage, sich über seine Lebensweise keinen Illusionen hinzugeben: Wenn er wieder tagelang kein Rennen ausgelassen und Stunden im Kaffeehaus mit Billard und Zeitunglesen verschwendet hat, möchte er sich selbst ohrfeigen.

Als die Familie im Sommer 1883 nach Ischl reist, genießt Schnitzler das Alleinsein in Wien. Im Herbst muß er beim Militär manchen Marsch und manches Manöver mitmachen, studiert fast aus Langeweile, versucht, ein Mädel namens Toni zu gewinnen, das sein pathologisches Mißtrauen erweckt, entschließt sich, einige seiner „Werke“ an Zeitschriften einzusenden, mit keinem anderen Erfolg, als sie mit den üblichen Floskeln zurückzuerhalten. Der Einundzwanzigjährige, von einem Lebensplan weit entfernt, fühlt das Episodische seines Daseins genau.

Im Oktober zieht Schnitzler die Uniform aus, ohne vom militärischen Leben andere als negative Eindrücke empfangen zu haben.

Einen Versuch, ihn und andere jüdische Militärärzte („Mosesdragoner“ genannt) zu schikanieren, hat er entschieden abgewehrt. Seine Kritik an der Haltung und am Verhalten der Offiziere wird er am schärfsten in der Novelle „Leutnant Gustl“ niederlegen.

Schnitzler kehrt in die Poliklinik zurück, und immer wieder findet sich in seinem Tagebuch das Gefühl artikuliert, er sei neugierig, wie es mit ihm weitergehe – als läge es nicht in seiner Hand, als liefen die Dinge automatisch. Jetzt fragt er sich, ob er wohl die Medizin ernsthaft betreiben werde, da doch der Schriftsteller in ihm nicht schweigen will. Wie stark manche Themen in Schnitzler sein können, zeigt sich etwa am Beispiel der kleinen Erzählung „Welch eine Melodie“, die er zwar erst 1885 schreibt, die er aber inhaltlich bereits 1883 ausführlich im Tagebuch skizziert – und wieder verwirft. Aber wenn ihn eine Idee sehr fesselt, holt sie ihn früher oder später ein. Das macht es so unendlich schwer, eine Chronologie seines Schaffens zu erstellen, weil er Stoffe über Jahre, Jahrzehnte hinziehen kann und die Diskontinuität für ihn charakteristisch ist. Schon in der Stoff-Fülle seiner Jugend ist das genau vorgezeichnet.

Schnitzler, der nun bei den Professoren Hermann Nothnagel (Internist) und Salomon Stricker (Histologe) studiert, knüpft engere Freundschaften mit Gustav Frieberger, den er um sein Schriftstellertum beneidet, mit Louis Friedmann (dem Vorbild zum Hofreiter im „Weiten Land“) und Richard Tausenau (der ausführlich in der Autobiographie behandelt wird) an. Im Fasching 1884 holt er nun als Mann alles nach, wonach er sich noch vor wenigen Jahren gesehnt hat, und fragt sich selbst, ob er in seinem Tagebuch eigentlich von nichts anderem mehr schreiben kann als von den Weibern, die er reizende, dumme, verächtliche, süße Geschöpfe nennt. Es wird der Begegnung mit Olga Waissnix bedürfen, um dieses seit der Jugendliebe zu Fanny Reich erheblich verflachte Frauenbild zu korrigieren.

In dieser Zeit findet sich der erste Hinweis auf Schnitzlers nahezu pathologische Abwehr, sobald es um die Ehe geht. Mit 22 Jahren könnte er nun durchaus allmählich ans Heiraten denken. Es sind ihm genügend junge Damen der Gesellschaft begegnet, die dafür in Frage kämen, wie etwa Helene Herz, für die er mehr als nur Interesse hegt. Aber er hat inzwischen aus eigener reicher Erfahrung zu viel über die Unbeständigkeit der Frauen gelernt, er hat etwa erlebt, daß er mit einem Mädchen spazierengeht, seine Hand unmerklich in der ihren, ihr Liebesworte zuflüsternd – und auf der anderen Seite spaziert ihr Bräutigam, ahnungslos, schon vor der

Hochzeit beinahe betrogen, unentrinnbar einem Hahnrei-Schicksal entgegengehend. „Man will doch nicht der Hopf sein"[19], wird Friedrich Hofreiter in Schnitzlers Stück „Das weite Land" über das Betrogenwerden sagen. So ist es begreiflich, daß der junge Schnitzler, als die hübsche, dunkelblonde, einigermaßen wohlhabende Kaufmannstochter Charlotte Heit, eine mögliche „Partie" für ihn, mit ihm ein Gespräch über die Ehe beginnt, entschieden erklärt, nicht heiraten zu wollen. Er sei viel zu eifersüchtig, und er könne von keiner Frau voraussetzen, daß sie ihm länger als zwei Jahre die Treue hielte. Charlotte Heit widerspricht, aber er hält daran fest, obwohl er diese Einstellung schon damals selbst als seine „fixe Idee" erkennt: „Vielleicht bin ich ein Narr."[20] Die fixe Idee sorgt jedenfalls dafür, daß er bis zu seinem 41. Jahr Junggeselle bleibt, so viele Frauen sich auch bemühen, ihn zu einer Ehe zu bringen.

Allem inneren Widerstand zum Trotz neigt sich Schnitzlers Studienzeit dem Ende zu. Im Oktober 1884 absolviert er das Praktikum aus pathologischer Anatomie, am 22. November das aus interner Medizin, am 28. November das zweite Theoretikum „mit zum Teil ausgezeichnetem Erfolg"[21]. Im Frühjahr 1885 legt er die praktischen Prüfungen aus Gynäkologie, Augenheilkunde und Chirurgie (bei Billroth) ab. Nachdem er am 28. Mai sein drittes, letztes theoretisches Rigorosum bestanden hat, promoviert der eben Dreiundzwanzigjährige, der wenige Tage davor noch in seinem Tagebuch notiert hat, er habe mit seinem Medizinstudium „ethisch einen Blödsinn begangen"[22], zwei Tage später, am 30. Mai 1885, zum Doktor der gesamten Heilkunde.

Es scheint, als stünde nun dem vom Vater vorgezeichneten bürgerlichen Lebensweg nichts mehr entgegen. Die Medizin hat den Kampf um den jungen Mann zumindest äußerlich erst einmal gewonnen. Aber da steckt noch unausrottbar das Gefühl in ihm, zu etwas anderem geboren zu sein. Ist es Größenwahn aus der „Poetasterzeit"[23], sich mehr zu dünken als andere Leute? Fünf Studienjahe lang ist er ausgezogen, sich selbst zu suchen, und hat sich als fertiger Arzt noch nicht gefunden. Nach wie vor beherrscht ihn das Gefühl: „Warte, Kerl, ich muß dir noch auf den Grund kommen!"[24]

3. DER „ARZT AM SCHEIDEWEG“
1885–1892

Es mutet wie eine Ironie des Schicksals an, daß Schnitzlers Leben als Arzt damit beginnt, daß er zwei Tage nach der Promotion – krank wird. Das nicht eben gefährliche, aber äußerst lästige Leiden dauert drei bis vier Wochen, dann macht Arthur mit seinem Bruder Julius Ende Juni einen kurzen Ausflug nach Budapest und an den Plattensee, was er leidlich amüsant, aber anstrengend findet. Und als er am 5. Juli 1885 mit seiner Familie in Reichenau eintrifft, konstatiert er an sich selbst eine Cystitis (Harnblasenentzündung). War er mit Ausnahme von etwas empfindlichen, während des Studiums manchmal überanstrengten Augen bis dahin so gut wie nie krank gewesen, so scheint es, als ob sich alle überwundenen Spannungen nun in längeren Krankheiten niederschlügen.

Dieser Umstand hindert ihn auch daran, sich hier in Reichenau mit vollem Elan in eine Liebesaffäre zu engagieren, die einer verheirateten Frau namens Betty gilt und die ihn Qualen kostet, wie er sie schon überstanden glaubte, ohne zu ahnen, daß die wahren Qualen für ihn noch gar nicht angefangen haben. Und doch weiß er, daß er die Reichenauer Gefühle bald überwinden wird. Und so ist es schon, als er im August dann mit dem Kollegen Max Weinberg, einem späteren Gymnasialprofessor, seine „Doktorreise“ antritt, die ihn nach Mailand und zu den italienischen Seen führt. Davor hat er noch, wie das Tagebuch lapidar vermerkt, im Salzkammergut, am 8. August „Dr. Th. Herzl“ getroffen und zwei Tage später Charlotte Wolter besucht.

Für den jungen Doktor Schnitzler ändert sich das Leben als fertiger Arzt vorerst noch nicht wesentlich. Im September 1885 tritt er als Hospitant in die Abteilung für Innere Medizin des Allgemeinen Krankenhauses ein, im Oktober wird er Aspirant an der Nervenpathologie, die ihn wohl am meisten interessiert. Gelegentlich übernimmt er auch die Privatpraxis für den Vater.

Im übrigen verkehrt er weiter in der Kaffeehausgesellschaft und darf sich, nachdem er wieder zu schreiben begonnen hat (seit Oktober entsteht die Novelle „Menschenliebe“, die Schnitzler mit ihrer Ibsen- und Hauptmann-Thematik über erbliche Belastung für wichtig genug hält, um sie in seiner Autobiographie ausführlich zu schildern), gleichsam „offiziell“ als Dichter betätigen: Zum fünfundzwanzigjährigen Doktorjubiläum seines Vaters verfaßte er ein „Festspiel“, das am feierlichen Tag, dem 6. Jänner 1886, aufgeführt wird. Schnitzler hat es in seiner Autobiographie so lang und breit dargelegt, daß sich eine Wiederholung hier erübrigt. Wesentlicher jedoch als die dramatische Darstellung seines Lebens durch seinen Sohn sind für das Selbstgefühl des Professors vielleicht die Glückwunschadressen, die ihm feierlich überreicht werden, und die Tatsache, daß tags darauf auf der ersten Seite des Morgenblatts der „Neuen Freien Presse“ in der „Kleinen Chronik“ des Ereignisses gedacht wird. Auch die „Wiener Zeitung“ vermerkte es auf Seite 2 in derselben Rubrik und zählte vor allem die Glückwünsche gekrönter und adeliger Häupter wie der Königin und der Prinzessin von Hannover, des Herzogspaares von Cumberland, des Herzogs von Württemberg, des Herzogs von Nassau und des Prinzen von Coburg auf. Mehr vermag ein Mann wie der Professor sich nicht zu wünschen.

Sein Sorgenkind allerdings würde als junger Arzt mit vergeblichen Vorsätzen zu ernster medizinischer Tätigkeit sein Leben weiter verbummeln, wenn nicht wieder eine Krankheit dazwischenkäme, die für ihn doch manches ändert. Sie macht für den unter einer Lymphdrüsenschwellung leidenden, knapp Vierundzwanzigjährigen einen Aufenthalt in Meran erforderlich. Hier begegnet er Olga Waissnix, und die Liebe zu ihr wird „das Süßeste und Traurigste, was mein Herz bisher ausgestanden“ [1].

Olga Waissnix, ein halbes Jahr jünger als Schnitzler, Mutter von drei Söhnen, verheiratet mit Charles Waissnix, dem Besitzer des renommierten „Thalhofs“ in Reichenau, wo Schnitzler und seine Eltern (wie auch viele andere Repräsentanten des eleganten Wien bis hinauf zum Kaiser) gelegentlich einige Sommerwochen verbracht haben, ist eine unglückliche, in ihrer Ehe geradezu erstickende, geistig hochstehende Frau. Sie und Schnitzler verlieben sich ineinander, nicht ohne jede Sekunde um die totale Aussichtslosigkeit dieser Beziehung zu wissen. „Moral“ und Angst vor den Folgen lassen einen Ehebruch für Olga Waissnix nicht in Frage kommen. So bleiben die Gefühle der beiden „romantisch“ unerfüllt – und vielleicht gerade darum lange Zeit um so stärker. Die Beziehung währt, auf ihrer Seite überaus intensiv, von Schnitzler her allmählich wieder abflauend, bis zu ihrem Tod 1897 und dokumentiert sich in einem (veröffentlichten) Briefwechsel, der beiden viel bedeutet. Olga Waissnix ist es, die in Schnitzler den Dichter sieht und mit diesem Glauben, mit ihrem unaufhörlichen Lob und Ansporn wichtig für die seelische Stabilisierung seines diesbezüglichen Bewußtseins wird.

Nachdem Schnitzler im April 1886 wieder nach Hause zurückgekehrt ist und mit ausgesprochenem Widerwillen seinen Spitalsdienst versieht, beherrscht ihn die Sehnsucht nach Olga noch monatelang. Die Enge seines Daseins erscheint ihm nun, da er wieder schreibt, besonders bedrückend. „Oh, ich möchte frei, ganz einfach: ich möchte reich und ein Künstler sein"[2], notiert er in seinem Tagebuch, und ohne die Ironie, mit der er sonst emphatische Ausbrüche selbst zu relativieren pflegt, fügt er hinzu: „Wenn ich heute, beinahe an der Schwelle meines 25. Jahres das ausspreche, so ist es der Kern meines Wesens, meine heilige Überzeugung, die in diesen Worten liegt." Und die Muse dieses wachsenden künstlerischen Selbstverständnisses ist – Olga Waissnix.

Zwar gibt es andere Frauen, Abenteuer, die einander in schneller Folge ablösen, bis er im Jahr darauf Jeanette Heger zu seiner ersten ständigen Geliebten macht. Die Beziehung dauert immerhin zwei Jahre, bis 1889, und verschafft ihm, ehe sie dann lautstark und anstrengend auseinandergeht, für einige Zeit die gewisse verantwortungslose Behaglichkeit, die junge Herren seiner Art damals bei den „süßen Mädeln" finden.

Noch in diesem „Olga-Waissnix-Jahr" 1886 gelingt es Schnitzler (nach nicht weniger als sechs Jahren, die seit den Veröffentlichungen im „Freien Landesboten" vergangen sind!), in bescheidenem Umfang wieder an die Öffentlichkeit zu treten. Nachdem die Zeitschrift „An der schönen blauen Donau" das von ihm eingesandte Gedicht „Geheimnis" („Wie wir so still an einem Tische saßen") einfach in ihrer Rubrik „Briefkasten" mit einem satirischen Kommentar abgedruckt und sich damit jedes Honorar erspart hat, hat er bei der „Deutschen Wochenschrift" mehr Glück. Bei diesem 1883 von Heinrich Friedjung gegründeten Blatt findet er in dem Herausgeber Neisser einen Mann, der sich von seinen Arbeiten sehr angetan zeigt. So erscheinen im 49. Heft des IV. Jahrgangs einige seiner Aphorismen, im 50. die kleine satirische Kaffeehaus-Erzählung „Er wartet auf den vazierenden Gott". Dann reißt die Beziehung (mit Ausnahme von ein paar weiteren Aphorismen, die noch

1888 erscheinen) ab, nicht zuletzt, weil das Blatt zwei Jahre später sein Erscheinen einstellt.

Die medizinische Laufbahn geht weiter. Ab 1. November 1886 ist Schnitzler Sekundararzt auf der psychiatrischen Klinik von Theodor Meynert, einem großen Gelehrten, der ihm allerdings als Mensch keinerlei Bewunderung abringt. Ab 1. Jänner 1887 fungiert er, wenn auch nur als Strohmann des Vaters, als Redakteur der neugegründeten „Internationalen Klinischen Rundschau", die einer Ungeschicklichkeit ihr Dasein verdankt: Bei seiner Geburtstagsfeier hatte Professor Schnitzler die Verleger der „Medizinischen Presse" unabsichtlich brüskiert, was zur Folge hatte, daß diese den Vertrag mit ihm nicht erneuerten. Die Abfindungssumme schloß die Verpflichtung ein, daß der Professor keine andere medizinische Zeitschrift leiten dürfe, was für Johann Schnitzler, dem viel an einem publizistischen Organ lag, geradezu unmöglich war. So müssen Sohn Arthur und ein unbedeutender Dr. Weiss als Strohmänner herhalten, um die „Internationale Klinische Rundschau" zu ermöglichen. Und wenn Schnitzler die medizinische Zeitungsarbeit auch gar nicht freut (viel lieber verarbeitet er das Olga-Waissnix-Erlebnis in der Novelle „Gabrielens Reue"), so erscheinen zwischen 1886 und 1892 (nach dem Tod des Vaters gibt Schnitzler die Arbeit sofort auf) doch nicht weniger als 25 Artikel aus seiner Feder, hauptsächlich Buchbesprechungen.

Sigmund Freud fungiert damals noch vornehmlich als Übersetzer der Werke von Charcot und Bernheim und wird in dieser Eigenschaft in Schnitzlers Rezensionen beachtet, während die großen, eigenständigen Freud-Werke (die „Studien über Hysterie", zusammen mit Breuer, 1895, und die „Traumdeutung", 1899/1900) in eine Zeit fallen, als sich Schnitzler von jeder medizinisch-publizistischen Tätigkeit zurückgezogen hat. Seine erste und letzte eigenständige, größere medizinische Arbeit, „Über funktionelle Aphonie und deren Behandlung durch Hypnose und Suggestion", erscheint 1889 in vier Folgen in der „Internationalen Klinischen Rundschau" und reflektiert seine eigenen Forschungsergebnisse auf dem Gebiet der Hypnose. Aber zeit seines Lebens wird Schnitzler alles, was er als Arzt weiß, lieber als Dichter niederlegen (die Hypnose also in dem „Anatol"-Einakter „Die Frage an das Schicksal" und im „Paracelsus") – woraus klar wird, warum sich vor allem unter seinen Prosaarbeiten so viele ausgesprochene „Krankengeschichten" finden.

Professor Schnitzler ist bemüht, den Sohn, der seit 1. April 1887 auf der Abteilung von Prof. Isidor Neumann (Syphilis und Hautkrankheiten) als Sekundararzt tätig ist, mehr und mehr für die medizinische Tätigkeit zu interessieren. So nimmt er ihn im Herbst 1887 auf den Naturforscherkongreß nach Wiesbaden mit. Später erinnert sich der Sohn in seiner Autobiographie jedoch nur noch daran, daß er in einem Wirtshausgarten in Rüdesheim sowohl Briefe an Jeanette wie auch an Olga („an diese natürlich einen viel schöneren"[3]) geschrieben hat.

Am 1. Jänner 1888 tritt Schnitzler in die chirurgische Abteilung von Professor Joseph Weinlechner ein, drückt sich aber nach Möglichkeit davor, selbst zu operieren. Der Professor hat für den jungen Arzt, der meist verschlafen und zu spät zur Visite kommt, wenig übrig, und Professor Johann Schnitzler hält es für günstig, den Sohn für etwa ein halbes Jahr ins Ausland zu schicken, um ihn in Berlin und London neue Eindrücke – allerdings medizinischer Art! – sammeln zu lassen.

Prinzipiell hätte Schnitzler nichts dagegen, den Schauplatz zu wechseln („. . . es ist gut, daß ich wegreise. Aber es ist nicht gut, daß ich mit gebundener Marschroute und ohne eine Million abziehe!"[4] schreibt er an Olga Waissnix), aber noch ist er närrisch verliebt in Jeanette, und neuerdings hat er in Rudolf Spitzer, der sich Lothar nennt, einen Freund, der ihn in seinen dichterischen Ambitionen wieder sehr unterstützt. Von den beiden zum Bahnhof begleitet, wo er sie angesichts der Eltern wieder wegschicken muß, macht sich Schnitzler am 5. April 1888 nach Berlin auf, die Taschen voll von Empfehlungen an „Professoren, Magister, Doktoren, Schriftsteller, Künstler, ich könnte sagen: Magister, Doktoren, Schreiber, nur keine Pfaffen"[5], wie er halbwegs in Laune an Olga Waissnix schreibt. So geht er seinem ersten und (mit Ausnahme eines siebenwöchigen Paris-Aufenthalts 1897) einzigen längeren Auslandsaufenthalt entgegen: Abgesehen von Reisen hat Schnitzler den Rest seines Lebens ausschließlich in Wien gelebt.

Bei seinem Eintreffen in Berlin steigt Schnitzler zuerst im neueröffneten Hotel Continental ab, wo er zum ersten Mal ein Zimmer mit elektrischer Beleuchtung bewohnt. Tags darauf nimmt er sich eine Privatwohnung und führt nun dasselbe Leben wie daheim: Er steht spät auf, geht ins Kaffeehaus (hier ist es das Café Bauer), liest Zeitungen, besucht oft das Theater. Wieder einmal ist ihm alles andere wichtiger als die Medizin – zum Beispiel, wenn er im Haus des Schriftstellers Julius Rodenberg, des Begründers der

„Deutschen Rundschau", erstmals Josef Kainz trifft, jenen Schauspieler, der für ihn (und für den er) noch eine so bedeutende Rolle spielen soll.

Auch kann Schnitzler seine „Dichterkarriere" schon verfolgen, hat er doch dank Rudolf Lothars Mithilfe erreicht, daß sein Einakter „Das Abenteuer seines Lebens" von den übel beleumundeten Verlag Eirich als Bühnenmanuskript gedruckt wurde. So hat er ein Stück, das er vorlegen kann, und dem Schauspieler Franz Tewele gefällt es sogar, während Sigmund Lautenburg, der Intendant des Residenztheaters, es „schrecklich" findet.

Weitere Bekanntschaften ergeben sich in der Person des Schriftstellers Karl Emil Franzos, des Schauspielers Siegwart Friedmann, den er neben Kainz und Agnes Sorma in den Klassiker-Vorstellungen des Deutschen Theaters bewundert – und auch Berlin hat „süße Mädel", die ihn vor der Einsamkeit bewahren. Was Schnitzler natürlich nicht hindert, mit Jeanette einen leidenschaftlichen Briefwechsel zu führen.

Da er im übrigen, was er leicht zu vergessen geneigt ist, der Medizin wegen in Berlin weilt, belegt er – nachdem er bei den bedeutendsten Professoren seine Karte abgegeben hat – auch einen laryngologischen Kurs bei Bernhard Fränkel, den er einigermaßen regelmäßig besucht, um sich gleichfalls in des Vaters Domäne zu spezialisieren. Nachdem er die Charité, Berlins berühmtestes Krankenhaus, sowie das Friedrichshauser Krankenhaus besichtigt und sogar einer Sitzung der Gesellschaft für interne Medizin beigewohnt hat, fühlt er sich den Verpflichtungen dem Vater gegenüber ledig.

Im übrigen aber geht es ihm in Berlin trotz der Abwechslung nicht viel anders als in Wien, und der Sechsundzwanzigjährige verspürt wieder die pubertäre Anwandlung, über sein verfehltes Leben am allerliebsten weinen zu wollen. Über Dresden, das er genießt – wie er überhaupt ein höchst begabter Reisender ist –, kehrt er am 13. Mai nach Wien zurück, wo Jeanette ihn empfängt und er zwei Tage später, erst mit ihr, dann im Kreis seiner Familie, seinen 26. Geburtstag feiert.

In Reichenau sieht er kurz Olga Waissnix, beide ganz verliebt, einander Leidenschaft vorgaukelnd, und schon geht sein kurzer Wiener Aufenthalt zu Ende: Am 20. Mai verläßt er in Gesellschaft seines Onkels Felix und dessen Gattin Julie Wien in Richtung Paris, wo er einen Abend, eine Nacht und einen Tag lang hastig Eindrücke in sich einsaugt, bevor er für längere Zeit nach London geht.

Schnitzlers Onkel hat in Honor Oak, acht Minuten mit dem

Schnellzug vom Zentrum Londons entfernt, ein behagliches Landhaus, wo der junge Arzt die ersten Tage absteigt. So sehr ihn Paris fasziniert hat, so ernüchtert ihn London, „großartig und schauerlich zugleich“[6], wie er an Olga Waissnix schreibt. Er macht dem berühmten Laryngologen Felix Semon seine Aufwartung, merkt aber bald, daß er es auch hier mit dem Studium nicht viel weiterbringt, vor allem deshalb, weil die Patienten keinesfalls so willige Studienobjekte für Ärzte abgeben wie in Wien.

So kann Schnitzler, der nach einer Woche ein freundliches Zimmer in einem Boarding-House in South Kensington nimmt, geradezu guten Gewissens auch hier sein übliches Leben führen, Londons Galerien, Theater- und Konzertleben genießen – und sogar in Ruhe schreiben. Der Einakter, dessen Hauptfigur damals noch Richard heißt, der aber später als „Anatols Hochzeitsmorgen“ bekannt wird, ist noch von französischen Schwänken beeinflußt, bedeutet aber einen weiteren Schritt in Richtung eines Lebens, das sich von der Medizin loslöst und zögernd auf die Literatur zugeht.

Als Schnitzler nach mehr als zweimonatigem Aufenthalt aus London abreist, um über Ostende nach Wien zurückzukehren, läßt er wieder mehrere Affären hinter sich – und stürzt sich gleich in eine neue. Adele Spitzer, die schöne Frau eines reichen Mannes, möchte als dämonische Mondäne die Männerherzen am liebsten im Dutzend brechen, selbst aber in jeder Hinsicht unbeschädigt aus dem eleganten Spiel hervorgehen. Schnitzler macht das eine Zeitlang mit, schon weil er mit Interesse ihren Typ studiert, den er später vielfach literarisch verarbeiten wird, aber er läßt, als sie das kokette Scharmützel in Wien fortsetzen will, keinen Narren aus sich machen.

Seine Familie ist am 13. August nach Ostende nachgekommen, und Schnitzler fügt sich in die Rolle des braven Sohnes, wenn ihm auch die Bemühungen seiner Eltern, ihn in eine bürgerliche Ehe zu drängen, äußerst unangenehm sind. Nichtsdestoweniger nimmt er nach seiner Rückkehr am 25. August in Wien seine Beziehungen zu Jeanette unverzüglich wieder auf – in der für ihn üblichen Weise: Er quält, beschimpft, tyrannisiert sie und macht ihr und sich das Leben unleidlich. Diese zwiespältige Haltung wird noch lange seine Beziehung zu Frauen prägen, es ist, als brauchte er sie als Objekt, um an ihnen anderswo unterdrückte Triebe abreagieren zu können.

Die Reisen haben Schnitzler nicht weitergebracht, im Gegenteil. Im September resümiert er, die Zeit vergehe, das Jünglingsalter sei vorbei. Er ist nun ein Mann, ein gereifter Mann – und nichts hat sich gefestigt, zu nichts ist er gekommen.

Von allen Seiten steht er unter Druck. Sein Bruder Julius, der gleichfalls Medizin studiert, stellt ihn ebenso in den Schatten wie Marcus Hajek, der arme ungarische Judenbub, der es jetzt, als aufstrebender junger Arzt, erreicht, sich mit Gisela Schnitzler verloben zu dürfen. Arthur ist nun Assistent seines Vaters an der Poliklinik und beschäftigt sich neben seinem Spezialfach Laryngologie mit den ersten hypnotischen Versuchen. Außerdem eröffnet er eine Privatpraxis – er erhält im gleichen Haus (Burgring 1), direkt neben der Wohnung des Vaters, nun gleichfalls eine kleine Praxis, in der er selbständig ordiniert. „Ab und zu erscheint sternschnuppenartig ein Patient: meine zwei ersten seit ich hier bin, waren zwei polnische Gräfinnen. In meiner Ordinationsstunde schreibe ich Lustspiele“ [7], berichtet er Olga Waissnix.

Das Schreiben wird zur Rettung. Schnell nacheinander beendet er den in London begonnenen „Hochzeitsmorgen“, verfaßt in drei Wochen den Einakter „Episode“. Nun ist er endgültig in Anatols Welt, in der „eigentümlichen Atmosphäre“ [8], die die Stücke des Zyklus kennzeichnet. In plötzlichem Schaffensdrang schreibt er den früher entstandenen Dialog „Erinnerungen“ um und bietet nun vier fertige Einakter (er verfügt ja noch über das erfolglose „Abenteuer seines Lebens“) dem Verleger S. Fischer in Berlin an.

Dessen Antwortbrief vom 27. November 1888 lautet: „Sehr geehrter Herr! Von ‚dramatischen Plaudereien‘ versprechen wir uns kein Geschäft. Sollten Sie event. geneigt sein die Herstellungs- und Vertriebskosten des Werkchens auf eigene Kosten zu übernehmen, so wären wir nicht abgeneigt, Ihrem frdl. Anerbieten näher zu treten. Hochachtungsvoll S. Fischer, Verlag.“ [9]

Das Jahr 1889, das mit dem Polterabend von Gisela und Hajek einsetzt (sie heiraten am 6. Jänner), bringt für Schnitzler Unannehmlichkeiten. Er wird persönlich mit einem Problem konfrontiert, das er später immer wieder gestalten wird: das Duell. Die Ursache ist nicht, wie man in Zusammenhang mit seinen mannigfaltigen Frauengeschichten annehmen könnte, eine Dame – sondern Politik. Der Anlaß: das Kränzchen der Poliklinik, das ein antisemitisch eingestellter Assistent des Instituts im christlichsozialen „Deutschen Volksblatt“ hat ankündigen lassen.

Sowenig sich Schnitzler in allgemeinen um solche Dinge kümmert – in diesem Fall bekundet er als Sohn des Direktors seine Abneigung „gegen die politische Färbung und den ignoblen Ton des Organs"[10], das sich als deutschnational und antisemitisch deklariert und in seinem Inseratenteil „Kauft nur bei Christen" postuliert, obwohl auch jüdische Inserate angenommen werden.

Schnitzlers Mißtrauensvotum gegen diesen Kollegen wird angenommen, aber nach dem Kränzchen am 12. März 1889 folgen die Vergeltungsmaßnahmen der Gegner, die Schnitzler als Organisator des Balls völlig lächerliche Dinge (etwa Verstöße gegen die Tanzordnung!) vorwerfen. Es kommt zu einer heftigen Szene, die möglicherweise in der Stimmung jener im dritten Akt des „Professor Bernhardi" geähnelt haben mag, wobei ein Mißtrauensantrag gegen Schnitzler nur knapp abgewendet werden kann.

Damit ist die Angelegenheit aber nicht erledigt. Sein Freund und Kollege Louis Mandl erklärt ihm, daß er sich das nicht gefallen lassen dürfe. Schnitzler dagegen hält es, wie er später in seiner Autobiographie schreibt, für die „heilloseste Albernheit (...), um einer solchen Lappalie willen Leben, Gesundheit oder auch nur den Nagel des kleinen Fingers zu riskieren"[11]. Und wie er seine eigenen Erfahrungen immer wieder in seine Stücke einbringt, so läßt er später den Paul Rönning in „Freiwild" dieser Meinung sein. Bloß wird auch dieser, wie Schnitzler selbst in diesem Augenblick, das Gefühl nicht loswerden, „zu größerer Schneidigkeit verpflichtet"[12] gewesen zu sein. Selbst wenn man nach außen hin gegen den Strom zu schwimmen vermag und die Sinnlosigkeit von Konventionen vollkommen erkennt – im Inneren trägt man nach einer so „angepaßten" Erziehung, wie Schnitzler sie genossen hat, ja doch immer noch die zu überwindenden Ansichten. „Es sind nicht alle frei, die ihrer Ketten spotten", heißt es in Lessings „Nathan".

Was Schnitzler später in seiner Autobiographie schreibt, ist auch aus seinen Tagebüchern zu erkennen: „... es hatte ja fast den Anschein, als wenn ich langsam, sehr langsam freilich, bald auf diesem, bald auf jenem Weg vorwärtskommen sollte."[13] Das bezieht sich einerseits auf ernstere medizinische Studien auf dem Gebiet der Hypnose und die schon erwähnte wissenschaftliche Arbeit „Über funktionelle Aphonie", die im März/April 1889 in der „Internationalen Klinischen Rundschau" erscheint. Das bezieht sich aber auch auf das Schreiben – und darauf, daß er nach Jeanette, die ihn schon mehr Nerven kostet, als sie ihm Annehmlichkeiten bringt, bereit ist für eine wirklich tiefe Beziehung. Diese wird ihm durch die sechzehnjährige Mizi Glümer zuteil, die im Juni 1889 in sein Leben tritt und von der er später, viel später, bei der Nachricht ihres Todes, sagen wird, daß sein Dichtertum keinem Wesen so viel verdanke wie ihr. Betrachtet man die Beziehung aus der Distanz, kann man sagen: Keine hat er so geliebt wie sie. Keine hat er so gequält. Keine hat er so zerstört.

Diese angehende Schauspielerin, die Schnitzler von seinem Freund Theodor Friedmann gleichsam „erbt" – im Kaffeehaus haben die beiden jungen Herren einen Tausch ihrer ihnen jeweils langweilig gewordenen Partnerinnen erwogen –, ist nach den Regeln der damaligen Gesellschaft eine „Gefallene", hat sie sich doch bereits zwei Männern hingegeben. Als Schnitzler im Juli ihr dritter Geliebter wird, müßte er sich weiter gar nicht verpflichtet fühlen. Bloß – er hat sich in Mizi verliebt. Und mehr als das – zum Sterben verliebt. Leicht schlagen allerdings seine Leidenschaft, sein angeborenes Mißtrauen, seine Eifersucht in Raserei um. Mizi Glümer soll es leidvoll erfahren.

Schnitzlers an Mizi Glümer zu erprobende neue Fähigkeit, sich einer Beziehung nun dauerhaft zu widmen, geht als Zeichen des Reifens Hand in Hand mit einer echten Kontinuität des Schaffens. Seine rein hedonistische Lebensanschauung, das Hetzen von einem Vergnügen zum anderen, mag langsam als überwunden gelten. Schon im Jahr davor hat er Olga Waissnix geschrieben, daß er im Fasching erst dreimal getanzt habe – „Ich werde alt – mir fangen die Bücher und meine Schreibereien an lieber zu werden als die Welt." [14] Und nun berichtet er ihr: „In meiner Mappe liegt gar manches Plänchen, mancher Plan." Manchmal überkommt es ihn, „daß ich schreiben muß, es fliegt nur so dahin – plötzlich, oft nach Minuten schon, zuweilen auch nach Stunden, ist mir, als wenn etwas in mir erstarrte. Und die Wellen versickern im öden Sande. Mich ergreift ein gelinder Schauer vor dem geschriebenen Zeug; ich getraue mich nicht, es wieder zu lesen." [15]

Das sind Schaffenskrisen ganz anderer Art als früher, wo sich Schnitzler oft genug zum Schreiben zwingen mußte. Nun steht das Schreiben an sich außer Frage, das Schreiben selbst wird zum Problem. Zwar bummelt er noch immer, aber er produziert so viel wie nie zuvor.

Und nun trifft er auch die richtigen Leute, um – diesmal endgültig – den Weg in die Öffentlichkeit finden zu können. Auf Rudolf Lothars Vermittlung, der so gern sein literarischer Mentor sein möchte, haben sich Beziehungen zu der Zeitschrift „An der schönen blauen Donau" (jene, die sein Gedicht vor Jahren so schmählich im

„Briefkasten“ ertrinken ließ!) ergeben. Der Redakteur Fedor Mamroth lädt Schnitzler zu einem Besuch ein, und bei dieser Gelegenheit lernt er dessen Vetter, einen überaus verständnisvollen Menschen kennen: Dr. Paul Goldmann, drei Jahre jünger als Schnitzler, ein vierundzwanzigjähriger, liebenswürdiger Herr „in Lodenrock und Nachthemd mit Quasten, untersetzt, beleibt, ein ganz klein wenig bucklig, mit Kraushaar und mit hellen, schönen, blauen Augen“[16]. Goldmann, anfangs ehrlicher Freund und Förderer, später bissiger bis bösartiger Kommentator des Schnitzlerschen Werkes, wird eine der problematischen Freundschaften im Leben des Dichters.

Also erscheinen in der „Schönen blauen Donau“ im Jahr 1889 die Erzählungen „Mein Freund Y: Aus den Papieren eines Arztes“, „Amerika“ und „Der Andere: Aus dem Tagebuch eines Hinterbliebenen“ sowie der „Anatol“-Einakter „Episode“. Professor Johann Schnitzler ist schlechthin entsetzt darüber. Wer soll, meint er, den Sohn als Arzt noch ernst nehmen, wenn er als Dichter auftritt? So zeichnet Schnitzler die Gedichte, die in der Zeitschrift erscheinen, mit einem Pseudonym: Anatol. Auch sein einaktiges Versdrama „Alkandis Lied“ erscheint noch 1890 in der „Schönen blauen Donau“. Allmählich bieten sich mit der wachsenden Popularität auch andere Möglichkeiten, seine bis dahin noch kleinen Werke erscheinen zu lassen.

Unter den Gedichten, Erzählungen und Stücken, die damals entstehen, kündigt sich der spätere Schnitzler nicht in dem in Versen und Thematik an Grillparzer gemahnenden „Alkandi“ an, viel eher in der geglückten Exposition des unvollendet gebliebenen Stückes „Die Blasierten“. Hier findet man schon die dem Leben abgelauschten Dialoge der halben, hingeworfenen Sätze, die sich so stimmungshaft verdichten, und den Kontrast zwischen den blasierten, „todesmüden“ Gesellschaftsmenschen, nur Stimmungen untertan, und den sozialbewußten Zeitgenossen.

Man wünschte fast, Schnitzler hätte damals schon das Talent gehabt, die Geschichte vom Rollentausch des Weltmanns und des Einsiedlers auszuführen, das Thema von der Enttäuschung beider an einem Leben, das nur erstrebenswert scheint, wenn man es nicht kennt. Das dekadente Lebensgefühl, das er in der kleinen Form der „Anatol“-Einakter bannen konnte, ist ihm hier abendfüllend ein zu schwieriges Gestaltungsproblem.

Ganz seinen Stil findet Schnitzler auch schon in der Erzählung „Der Andere“, in der es (ebenso wie in der davor entstandenen, zu seinen Lebzeiten nicht veröffentlichten „Erbschaft“) darum geht, daß ein Mann seine Frau (beziehungsweise Geliebte) durch den Tod verliert. Als hätte er es schon am eigenen Leib erfahren, grübelt Schnitzler in „Der Andere" (hier übrigens eine Art „inneren Monolog" verwendend, den er dann im „Leutnant Gustl" zu vielgerühmter Meisterschaft bringen wird) über die Vergänglichkeit von Gefühlen nach, auch der tiefsten, etwa des Schmerzes um eine Tote. Schnitzler versetzt sich in die Situation des Hinterbliebenen, bevor er sie – durch Marie Reinhard – selbst erleben wird. Das Motiv des Witwers kehrt bei ihm immer wieder („Der Witwer", „Die Gefährtin") – und stets geht es um die Zerstörung von Gefühlen. Schon in seinen Anfängen vermag er die Qual durch nagendes Mißtrauen meisterlich zu gestalten.

Zu Beginn des Jahres 1890 notiert Schnitzler in seinem Tagebuch Ansätze zu einem literarischen Verein namens „Jung Wien". Bei Hermann Bahr wird es 1921 in seinem „Tagebuch" etwas großspurig heißen: „. . . dreißig Jahre werden's heuer, daß ich (. . .) zurück nach Wien kam, von einem jungen Brünner, E. M. Kafka, dem Herausgeber der ‚Modernen Dichtung', dringend eingeladen, das ‚junge Wien' zu ‚gründen', das Material sei schon vorhanden: ein junger Arzt, Dr. Arthur Schnitzler, der durch die Pracht seiner Krawatten schon stadtberühmte Dr. Richard Beer-Hofmann und ein Gymnasiast, der unter dem Namen Loris schrieb: Hugo v. Hofmannsthal. Ich sah sie mir an, wagte die ‚Gründung' . . ." [17]

Ganz so ist es nicht gewesen. Zu Beginn gibt es außer Schnitzler und Goldmann in der Runde keinen, der später von Bedeutung sein wird: Poestion, Lauermeyer, Steiner, List, Wodick, Ludassy, Klein, Breitenstein. Aber schon im Herbst vermerkt Schnitzlers Tagebuch neue Leute. Die Namen Leo Vanjung, Richard Beer-Hofmann, Robert Hirschfeld erscheinen zuerst, dann Friedrich Schick und Felix Dörmann, um nur jene zu nennen, die einigermaßen Bestand haben sollen, und schließlich „Loris, siebzehn, dichterisches Talent" [18] – Hugo von Hofmannsthal. Der Name Felix Salten taucht auf, der sich später erinnert, Schnitzler bei der Ebner-Eschenbach kennengelernt zu haben: „Wir gingen zusammen fort, und von diesem Tag an begann unsere Freundschaft." [19] In der „Demolirten Litteratur" wird Karl Kraus sieben Jahre später noch andere Mitglieder dieses Kreises, der sich im Café Griensteidl trifft, aburteilen: Leopold von Andrian-Werburg, die Brüder Leo und Viktor Hirschfeld, die ihre Werke unter den Namen Leo Feld und Viktor Leon veröffentlichen,

Leo Ebermann, Ferry Beraton und natürlich den „Herrn aus Linz", Hermann Bahr, den Schnitzler allerdings erst Ende April 1891 kennenlernt.

Innerhalb weniger Monate entwickelt sich der Zusammenschluß dieser jungen Männer, die nur eines gemeinsam haben: sie schreiben. Sie treffen einander nicht nur im Kaffeehaus, sondern auch bei dem einen oder dem anderen zu Hause (so liest Schnitzler bei Beer-Hofmann „Alkandis Lied" vor – und Vorlesungen eigener Werke im Freundeskreis werden fast bis zu seinem Lebensende zum festen Bestandteil seiner Dichterexistenz gehören). Sie setzen sich dem Lob und der Kritik der anderen aus, sie diskutieren bei größeren und kleineren Zusammenkünften. Schnitzler, der so dringend Resonanz benötigt, vermag im März 1890 endlich den langsamen Beginn literarischer Anerkennung in einem kleinen Kreis zu konstatieren.

Man hat auch eine Zeitschrift, „Moderne Dichtung", die seit dem 1. Jänner 1890 erscheint und die im Mai „Die Frage an das Schicksal" und im Juli „Anatols Hochzeitsmorgen" abdruckt. Die Zeitung ändert zwar jedes Jahr den Namen, ist 1891 die „Moderne Rundschau" und 1892 (mit einer nach Berlin verlegten Redaktion) die „Freie Bühne für den Entwicklungskampf der Zeit", druckt aber Schnitzler unter jedem Titel: 1891 den „Anatol"-Einakter „Denksteine" und die Erzählung „Reichtum", 1892 die Erzählung „Der Sohn" (aus deren Grundidee Jahrzehnte später der Roman „Therese" hervorgehen wird).

„Jung Wien", das „Junge Österreich" oder die „Griensteidl-Gesellschaft", sind plötzlich ein Begriff, und als Paul Goldmann ein Feuilleton über die junge österreichische Literatur schreibt, kann Schnitzler feststellen, daß er sogar schon zitiert wurde. Einem Mann wie ihm, der unter dem ärztlichen Beruf als schwerer Last stöhnt („Kein Mensch ahnt, was für eine Lüge das ‚Glück der Pflichterfüllung' ist"[20], schreibt er an Olga Waissnix), bedeutet dieses literarische Leben, das ihn sehr ausfüllt, eine Dichterexistenz im Dichterkreis, überaus viel.

Vor allem zieht es ihn zur Bühne – er will seine Werke begreiflicherweise gerne aufgeführt sehen. So schickt er „Alkandis Lied" dem Burgschauspieler Sonnenthal, sich wieder einmal dessen Urteil stellend, das ja früher bereits einmal so vernichtend ausgefallen ist. Dieser hält eine Aufführung für denkbar, wenn Schnitzler sich zu „wahnsinnigen"[21] Änderungen entschließen könnte. Er kann nicht, obwohl die Entscheidung sich für ihn zu einer Gewissensfrage auswächst – immerhin, man könnte auf die Bretter des Burgtheaters gelangen! Und doch bekennt sich Schnitzler Olga Waissnix gegenüber als „ehrlicher Literat, der nie etwas andres sagen wird als er sagen will und nie aus einem andern Grund schreiben wird, als weil es ihn von innen heraus dazu drängt“ [22]. So sehr er auch von einer Besetzung mit Hartmann und der Hohenfels träumen würde – „Alkandi“ bleibt unaufgeführt. Der Wiener Verein „Neue Bühne“, der als Pendant zur Berliner „Freien Bühne“ gegründet wird und nach deren Vorbild ein Forum der Moderne sein soll, erwägt zwar eine Aufführung dieses Stückes, aber auch dazu kommt es nicht, wie Schnitzler mit dem „Alkandi“ überhaupt kein Glück hat: Es ist ausgerechnet am 15. Mai 1891, seinem 29. Geburtstag, als ihm der Verleger Reclam das Werk zurückschickt.

Zu diesem Zeitpunkt hat Schnitzler dennoch seine erste Aufführung schon hinter sich, wenn der ganzen Geschichte auch ein wirklich grotesker Irrtum zugrunde liegt. Er hat den Einakter „Das Abenteuer seines Lebens“ wie erwähnt als Bühnenmanuskript drucken lassen. Der Verlag Eirich, bei dem dies geschieht, bietet das Stück daraufhin unter Hunderten von anderen zur Aufführung an. Leo Friedrich, Leiter einer nach ihm benannten Schauspielschule, sieht den Namen „Schnitzler“ und nimmt das Stück für eine Schüleraufführung an.

Ob Arthur Schnitzler zu diesem Zeitpunkt schon in ein paar Zeitschriften gedruckt ist oder nicht – er ist noch immer „der Sohn des Berühmten“: Leo Friedrich glaubt selbstverständlich, daß Professor Johann Schnitzler, dessen Namen er einzig kennt, der Verfasser ist, wobei die Frage offenbleibt, wie er dem berühmten Laryngologen ein so frivoles kleines Stück zutrauen kann, in dem ein Lebemann namens Anatol beim Rendezvous mit seinem „süßen Mädel“ von einer „Mondänen“ gestört wird, die offenbar gekommen ist, um sich ihm hinzugeben (wohl ein Wunschtraum Arthurs in bezug auf Olga Waissnix). Jedenfalls erhält Professor Johann Schnitzler in die Poliklinik einen Brief mit der Einladung, der Probe „seines“ Stücks beizuwohnen, den er an die richtige Adresse seines Sohnes weiterleitet. Als folglich der junge Dr. Arthur Schnitzler erscheint, zeigt sich Leo Friedrich leicht enttäuscht.

Dessen ungeachtet findet am 11. April 1891 im Rudolfsheimer Theater, das sich in Schwenders Vergnügungsetablissement in der Mariahilfer Straße befand, die erste Aufführung eines Schnitzler-Stückes statt. Das Publikum besteht, wie es bei halbprofessionellen Darbietungen von Schauspielschülern schon so ist (Schnitzler wird später die Atmosphäre solcher Abende in dem ersten Kapitel seines unvollendeten „Theaterromans“ festhalten), aus Angehörigen, Schauspielern und – Vorstadtpublikum. Weshalb Schnitzler, der sich selbst wundert, wie ruhig er dem Ereignis gegenübersteht, feststellen muß, daß die feinsten Sachen natürlich wirkungslos blieben, während das Blödeste gefiel.

Tags darauf muß der junge Dichter, bei aller mühsam zur Schau getragenen Gelassenheit, doch verärgert feststellen, daß seine Familie sich für dieses Ereignis – das für ihn immerhin höchst bedeutsam ist! – so gut wie gar nicht interessiert. Ihm dürfte es ja wurst sein, will er im Tagebuch resignieren, aber das kann er doch nicht. Immerhin sind, als das „Abenteuer seines Lebens“ am 13. Mai 1891 im Theater in der Josefstadt wiederholt wird, seine Eltern diesmal in der Loge, und sein Papa ist sehr erfreut über den Erfolg. Damit beendet „Das Abenteuer seines Lebens“ für alle Zeiten seine Bühnenkarriere und ist damit der einzige „Anatol“-Einakter, der nicht mehr gespielt werden soll.

„Anatol“ ist der Name, der mit Signalwirkung über dem Leben und dem Schaffen des jungen Schnitzlers steht, wobei die Mitwelt und die Interpreten der Figur dieses Wiener Lebemanns möglicherweise mehr Bedeutung eingeräumt haben, als sie für Schnitzler selbst hatte. Als er 1886 den Einakter „Das Abenteuer seines Lebens“ schrieb (ein Gedankenexperiment verfolgend, indem er sich zwischen die Frauen seines damaligen Lebens, Jeanette und Olga, stellte), hatte er vermutlich Spaß daran, diese kleine dramatische Form einigermaßen in den Griff zu bekommen. Und als ihm 1888 in London der „Hochzeitsmorgen“ einfiel, dessen männliche Hauptfigur „Richard“ heißt, so erkannte er wohl, daß es sich um denselben Typ handelt wie bei dem Anatol des „Abenteuers“ (der auch schon in Max den Freund zur Seite hat).

Allerdings schätzt Schnitzler diese beiden Einakter selbst nicht hoch ein und wird seine Abneigung gegen den ausgelassenen „Hochzeitsmorgen“ nie verlieren. Die „Episode“ erst, die gleichfalls noch 1888 entstanden ist, anerkennt selbst er als „Anatol“-Einakter. Die „Frage an das Schicksal“ schrieb Schnitzler 1889, angeregt von seinen eigenen hypnotischen Versuchen, und im Jahr darauf entstanden die schwächeren „Denksteine“ sowie die gleichfalls nicht allzu starke „Agonie“ (zwei Stücke, die zu Recht auch sehr selten gespielt werden). 1891 glücken ihm dann die beiden Meisterwerke des Zyklus: „Abschiedssouper“, das er innerhalb von drei Tagen, teilweise im Café Griensteidl, gutgelaunt niederschreibt, und die „Weihnachtseinkäufe", die überzeugend genug sind, um im gleichen Jahr in der Weihnachtsnummer der „Frankfurter Zeitung" abgedruckt zu werden (wobei Anatol und Gabriele als „Er" und „Sie" figurieren). Dazwischen schreibt er noch „Anatols Größenwahn" und 1892 folgt – unmittelbar nach einem Gespräch mit Mizi Glümer, das er darin verarbeitet – das „Süße Mädel", das aber erst 1962 aus dem Nachlaß veröffentlicht und 1974 erstmals gespielt wird.

Trotz mancher Einzelabdrucke findet sich für die „Anatol"-Stücke als Zyklus kein Verleger. S. Fischer hat schon abgelehnt, als es noch vier Stückchen waren, und tut es erneut, trotz Intervention von Hermann Bahr. Außerdem bekommt Schnitzler die Einakter von den Verlegern Pierson, Fontane, Minden und Weiss zurück. Im September 1891 führt ihn eine Reise auch nach Leipzig, wo er Wilhelm König kennenlernt, über dessen Person das Tagebuch zwar keinen näheren Aufschluß gibt, der ihm aber das nötige Geld leiht, um „Anatol" auf eigene Kosten drucken zu lassen. Außerdem vermittelt er ihn an das Bibliographische Bureau, das für 500 Mark die damals als frivol geltenden Szenen herausbringt. Hofmannsthal hat dazu eine Einleitung geschrieben, die als eines seiner schönsten Gedichte gelten darf und in einzelnen Formulierungen immer wieder zitiert worden ist – „Also spielen wir Theater, spielen unsre eignen Stücke, frühgereift und zart und traurig, die Komödie unserer Seele, unsres Fühlen Heut und Gestern, böser Dinge hübsche Formel . . ."[23] Mit der Jahreszahl 1893 hält Schnitzler das Buch im Herbst 1892 in Händen; es enthält sieben der insgesamt zehn Einakter. „Das Abenteuer seines Lebens", „Anatols Größenwahn" und „Süßes Mädel" hat er in den Zyklus nicht aufgenommen.

Schnitzler beginnt, das Stück an Freunde und Bekannte zu verschicken, darunter an den zur Griensteidl-Runde gestoßenen Karl Kraus, der überschwenglich dankt. Bald beginnen die ersten Kritiken einzulaufen, wobei es Schnitzler peinlich ist, wenn seine Freunde, die sich ja zum Großteil journalistisch betätigen, ihn allzu enthusiastisch loben, Ludassy ihn beispielsweise über Maupassant stellt. Sonnenthal freilich lehnt aus seiner Höhe des Hofburgschauspielers den „Anatol" entschieden ab und identifiziert, nicht als einziger, den Dichter mit der Figur, worauf es dieser für nötig hält festzustellen:

„Ich möchte nicht Anatol sein – aber ich kann es durchaus nicht bedauern, einige Plaudereien geschrieben zu haben, in welchen dieser Herr vorkommt. Wenn die Grenzen meines Wesens mit den inneren Erlebnissen und Resultaten jenes Buchs umschrieben wären, so täte mir das selber leid, aber ich hoffe, den Beweis weiterer Grenzen erbringen zu können ...“[24]

Die Einakter setzen sich zögernd durch – auf eine Privatvorstellung im Salon des bekannten Berliner Schauspielers Emanuel Reicher in Berlin folgen einige auf die Initiative des Wiener Schauspielers Josef Jarno zurückgehende Aufführungen. Ab 1910 wird der Zyklus immer wieder gespielt, bis in unsere Zeit, da nun Anatol nicht nur in Wien, sondern auch in den deutschen Theaterstädten heimisch geworden ist.

„Anatol“, Lieblingskind der Bühnen, Lieblingskind der Interpreten, wurde um so leichter mit seinem Schöpfer identifiziert, als dieser ja unter dem Pseudonym „Anatol“ seine Gedichte veröffentlicht hatte. Anatol, nach eigener Aussage der „leichtsinnige Melancholiker“, einer, der sich selbst immer zusieht, wehleidig, sentimental, aber liebenswert, war vielen unsympathisch, was der Dichter später selbst am besten verstanden hat. Am liebsten wirft man Anatol vor, daß er nichts arbeitet und sich für nichts interessiert als für sich selbst und die Frauen. Inhaltliche Kritik solcher Art, die auf dem Umweg über die Figur deren Schöpfer selbst tadelt, bleibt aber an der Qualität der Szenen hängen. Was immer Anatol tut oder nicht tut – es geschieht auf höchstem Niveau, mit Geschmack, mit fein differenziertem Humor, der im „Abschiedssouper“ wahre Höhen erreicht und selbst im possenhaften „Hochzeitsmorgen“ nie abrutscht, es geschieht in dialogischer Meisterschaft, die vielschichtig und mit dem Unausgesprochenen operierend immer lebendige Menschen hervorbringt.

Fast jede Figur der Stücke ist eine Meisterleistung der Charakteristik, natürlich Anatol selbst, der so stark im Kontrast zu dem trocken-kommentierenden Max wirkt (wie es überhaupt Schnitzlers Stärke ist, Menschen und Meinungen dialektisch aufeinanderprallen zu lassen). Fast alle Frauen des Zyklus geben begehrte Rollen ab, die unglückliche Gabriele und die freche Annie, die kaltschnäuzige Bianca und die nett-verlogene Cora, die vor Temperament platzende Ilona ebenso wie Else und Emilie, die alle genügend Möglichkeiten haben, sich auf der Bühne ins rechte Licht zu setzen. Schnitzler, berühmt für seine Frauengestalten, steht hier durchaus schon auf der Höhe seiner Charakterisierungskunst. Daß diese Frauen, ähnlich wie jene des „Reigen“, aus dem Typenreservoire des Wien vor 1900 stammen und mit einer Lebensechtheit gezeichnet sind, die jeweils ihren ganzen sozialen Hintergrund mitbringt, macht die Stücke reicher, als wenn man sie nur in Hinblick auf die Hauptperson betrachtet.

„Anatol" hat einen weiteren Typus berühmt gemacht, der wie ein Bumerang zu Schnitzler zurückkehrt und ihn bis an sein Lebensende ebenso klischeehaft verfolgt wie der des Lebemannes: das süße Mädel, das in persona gar nicht auftritt, von dem Anatol Gabriele in den „Weihnachtseinkäufen" bloß erzählt. Damit wird ein Typ verklärt, der dem Dichter im Leben immer wieder (wenn auch wohl nicht so „rein") begegnet ist. Dieses „süße Mädel" stammt aus der Vorstadt und ist eigentlich schon von Nestroy in die Wiener Literatur eingebracht worden, es kulminiert in der Christine der „Liebelei" (die, das darf nie vergessen werden, ursprünglich „Das arme Mädel" hieß! Das arme süße Mädel!), und es wird von einsichtslosen Kritikern als Etikette so gut wie allen Schnitzler-Frauen angeklebt, auch wenn es sich um eine hochfahrende französische Aristokratin handelt wie die Helene im „Jungen Medardus". Dieses „süße Mädel" ist poetischer als alle Gedichte aus Schnitzlers Feder, es hat den Zauber, den Duft, der sein Werk so reizvoll macht, und den Mangel, so berückend zu sein, daß das Atmosphärische die harte Realität überdeckt, die in dieser Figur steckt.

Anatol selbst ist vielleicht am besten zu verstehen, wenn man seine durchaus klägliche Existenz nicht als die einer Lustspiel-Kunstfigur nimmt, sondern als Ergebnis einer Lebensanschauung, die Schnitzler, indem er „Anatol" schreibt, überwindet. Früher mag er, wie Anatol auch, nur „genossen" haben – und ist dabei nicht weitergekommen. Seit er ernsthaft schreibt, bewältigt er den Anatol in sich selbst, den er als gültigen Typus seiner Zeit der Nachwelt hinterläßt, die ihn dafür nicht diffamieren soll.

Neben einigen Erzählungen – „Reichtum", „Der Sohn", „Die drei Elixiere" – entsteht zwischen November 1890 und März 1891 Schnitzlers erstes abendfüllendes Theaterstück. „Das Märchen". Es ist das Produkt seiner Liebe zu Mizi Glümer, an der er so hängt, daß er eine Bemühung seines Onkels Edmund Markbreiter, ihn fast gewaltsam mit Helene Herz zu verheiraten, in geradezu peinlicher Weise durchkreuzt. Im September 1890 jedoch muß das Paar sich trennen – Mizi ist Schauspielerin und nimmt aus finanziellen Gründen ein Engagement in Salzburg an. Die einzige Möglichkeit, sie aus dieser ökonomischen Zwangslage zu befreien, bestünde darin, daß Schnitzler sie heiratet. Aber wenn er sich auch über Duellpflicht und andere bürgerliche Zwänge wie angemessene Eheschließungen hinwegsetzt – der Widerstand gegen die Ehe mit einer „Gefallenen" ist in ihm selbst zu stark. Er kann Mizis Vergangenheit nicht verwinden und opfert so, trotz leidenschaftlichster Liebe, die gemeinsame Zukunft. Daß er sie über kurz oder lang verlieren wird, ahnt, spürt, weiß er. Das Bewußtsein, daß Offiziere und reiche Herren in kleinen Städten das Theater als ihr Bordell zu betrachten pflegen und daß er Mizi dem aussetzt, quält ihn unsagbar und wird später als Thema in seinem Stück „Freiwild" behandelt – aber er kann wider besseres Wissen nicht über seinen Schatten springen. Er begleitet sie nach Salzburg, muß rasch wieder nach Wien, quält sie und sich bei ungemütlichen Kurzbesuchen und bekommt das Bewußtsein der Vergänglichkeit nicht aus dem Sinn. „Es ist positiv eine Art Krankheit, an der ich leide; generell gehört sie zu derselben, an der Menschen laborieren, die in jedem Gesicht den Totenkopf sehen"[25], klagt er Olga Waissnix. Seine Zwangsvorstellungen werden im Lauf der Zeit schlimmer und vergällen ihm Jahre seines Lebens durch ihre bisweilen krankhafte Intensität.

Als er am 24. November notiert, daß er ein Stück namens „Märchen" begonnen hat, ist er dabei, seine Seelenpein zu bewältigen. Das Schreiben wird zum Akt der Befreiung. Bis zum März gestaltet er, diesmal den Stoff voll bewältigend, Mizis Schicksal. Auch die Figur der Schauspielerin Fanny Theren hatte zwei Liebhaber, bevor sie Fedor Denner begegnet, der – wie Schnitzler – in seinem Innersten weiß, daß Männer angesichts des Lebens, das sie selber führen, nicht das geringste Recht haben, von einer Frau zu verlangen, für sie der erste und einzige zu sein. Und wie Schnitzler kann Fedor mit dieser Erkenntnis nicht leben, kann sich nicht über den Hohn der Gesellschaft, über das wissende Lächeln der anderen hinwegsetzen, kann das „Märchen von den Gefallenen" nicht als solches entlarven. Er bleibt der Gefangene der Konventionen, die er so stolz überwinden wollte, er wird als theoretischer Schwätzer entlarvt. Fanny, die von ihm Verlassene, nimmt in der Erstfassung ihr Schicksal noch als „verdient" hin, wehklagt in der Zweitfassung über ihre Wehrlosigkeit und wird in der Drittfassung schließlich von Schnitzler zur Siegerin gemacht, die imstande ist, sich den Schwächling aus dem Herzen zu reißen.

Ein ungeheures Thema für die damalige Zeit, auch wenn die Naturalisten wie Ibsen, Hauptmann und der höchst wirkungsvolle

Sudermann (dessen Stück „Ehre" von 1889 auch um eine „Gefallene" geht) Probleme auf die Bühne gebracht haben, die man sich früher nicht hätte träumen lassen. Aber die kompakte Majorität reagiert doch wie Charlotte Wolter auf Ibsens „Gespenster", indem sie sich darüber alteriert, daß darin ein „Rückenmarkleidender" vorkommen soll, oder wie Schnitzlers Vater, der sich zuerst bereit erklärt hat, die Druckkosten für die Bühnenmanuskriptausgabe des „Märchens" zu tragen, dann aber mit brutaler Verständnislosigkeit über das Stück schimpft und dem Sohn erklärt, er könne ihm beim besten Willen nicht viel Erfreuliches darüber sagen. Am schlimmsten vergreift sich der Professor im Ton, indem er Arthur anrät, er möge nun das Kapitel über Lues für den geplanten medizinischen Atlas schreiben: Sein Stück hätte ja ein ähnliches Thema ... Schnitzler kann nur bedauern, daß sein Vater trotz seiner großen Güte, Liebe und Intelligenz von ihm keine Ahnung hat.

Die Freunde freilich sind begeisterr, als Schnitzler ihnen das Stück präsentiert, der junge Hofmannsthal stellt es neben die Werke Hauptmanns. Aber als Schnitzler Mizi, die nun wieder in Wien ist, das „Märchen" vorliest, spürt er selbst, wie unendlich indiskret ihr gegenüber die Darstellung auf der Bühne wäre.

Die Gefahr besteht übrigens ohnedies nicht. Die Wiener „Freie Bühne", die eine Aufführung erwägt, geht schnell zugrunde. Max Burckhard, seit Mai 1890 Direktor des Burgtheaters und der Moderne gegenüber aufgeschlossen, schickt das „Märchen" ebenso zurück wie davor „Alkandi" (und doch wird er derjenige sein, der Schnitzler für die „Liebelei" das Burgtheater öffnet). Sowohl Direktor Blumenthal vom Berliner Lessingtheater wie Angelo Neumann vom Prager Theater wollen das „Märchen" erst annehmen, zeigen sich aber bald sittlich entrüstet. Sonnenthal, den Schnitzler unverdrossen damit aufsucht, hält das Stuck für eine wahre „Cloake", erklärt die Mitwirkenden für lauter „Strizzi" und meint, im Hause Theren werde gesprochen wie in einem Bordell. „Schreiben Sie was Vornehmes!" empfiehlt er. Gewiß, ein Emanuel Reicher engagiert sich begeistert für dieses Werk des Dichters. Und Theodor Herzl, der das Stück zufällig kennengelernt hat, äußert sich in einem enthusiastischen Schreiben aus Paris, dem sich ein freundschaftlicher Briefwechsel anschließt. Herzl wird Schnitzler später bitten, ihm behilflich zu sein, für sein Stück „Das neue Ghetto" ein Theater zu finden, was dieser auch ehrlich versucht. Aber im Moment scheitert er noch daran, sein „Märchen" auf die Bretter irgendeiner Bühne zu bringen.

Das dritte bedeutende Werk aus Schnitzlers Frühzeit neben „Anatol“ und „Märchen“ ist seine bisher längste Novelle: „Sterben“. Sie festigt den Künstler in ihm mehr als alles andere, was er bisher geschrieben hat. Sie ist ein Produkt der Spät-„Anatol“-Zeit und geeignet, deren sämtliche Klischees zu zerstören. Dennoch hat sie, obwohl immer gebührend bewundert, doch nicht – wie es gerechterweise der Fall hätte sein müssen – das Gleichgewicht zu „Anatol“ hergestellt und die Spannweite von Schnitzlers Kunst und Thematik im allgemeinen Bewußtsein fixiert.

Bis dahin hat Schnitzlers Prosaschaffen einiges Lesenswertes, aber nichts Außerordentliches hervorgebracht: Parabelartiges („Welch eine Melodie“, 1885, und „Die drei Elixiere“, 1891); Kaffeehausgeschichten („Er wartet auf den vazierenden Gott“, 1886, „Mein Freund Ypsilon“); eine Erzählung, deren Thema an die Szene zwischen Fritz und dem Herrn in der „Liebelei“ gemahnt („Erbschaft“, 1887); eine Gelegenheitsskizze, auf einem Erlebnis mit Jeanette basierend („Amerika“, 1887); eine gern sozialkritisch interpretierte Geschichte, die Schnitzler allerdings eher vom Psychologischen her interessiert haben dürfte („Der Fürst ist im Hause“, 1888); eine Erzählung, deren besonderer Aspekt darin besteht, daß Schnitzler damals schon Eindrücke aus den ersten Lebensmonaten eines Kindes für prägend erachtet („Der Sohn“, 1889); die schon erwähnte Erzählung „Der Andere“ (1889) und schließlich das bis dahin umfangreichste Werk: „Reichtum“ (1889), eine von Hofmannsthal sehr geschätzte Erzählung, die in ihrer geheimnisumwitterten Thematik an die Romantik gemahnt, eine runde Geschichte, spannend in der Handlung wie in der Psychologie, aber völlig konventionell und wenig von Schnitzlers Eigenart erkennen lassend.

Hat er sich auch mehr dem Dramatischen gewidmet, so sind doch von Mitte 1891 bis Anfang 1892 zwei thematisch interessante Erzählungen entstanden: In „Die Braut“ (1932 posthum veröffentlicht) artikuliert er die urmännliche Befürchtung, von einer Frau möglicherweise nicht als unverwechselbares Ich geliebt, sondern als männliches Prinzip gebraucht zu werden, das, austauschbar, nur den Trieb zu befriedigen hat (die Umdrehung einer Situation, in der sich für gewöhnlich Frauen befinden). Und in „Das Himmelbett“ (1977 aus dem Nachlaß veröffentlicht) scheint er die Goethesche Erkenntnis, Gott möge einen vor seinen Erfüllungen schützen, abzuwandeln: Ein Liebespaar wünscht sich für seine himmlische Liebe ein „Himmelbett“, bringt alle Opfer, um es zu bekommen – und merkt, als das Himmelbett da ist, daß die Liebe sich verloren hat.

Anschließend beginnt er die Arbeit an einer Novelle, die er „liebhaben“[26] wird und die seinen Ruhm als Erzähler etabliert: „Sterben“, am 4. Februar 1892 unter dem Titel „Naher Tod“ in Angriff genommen, im Juli beendet. Diese Erzählung kann möglicherweise nur ein Dichter geschrieben haben, der Arzt ist und das Verhalten von Sterbenden, von zum Sterben Verurteilten aus vielfacher eigener Anschauung kennt. Mit der ihm eigenen, klaren Schonungslosigkeit, die unerbittlich, aber nie brutal ist, zeigt Schnitzler, wie Felix, ein verhältnismäßig junger Mann, auf den Tod zugeht, wie die philosophische Pose des Anfangs in nackter Todesangst zerbröselt und schließlich in den Versuch mündet, durch eine Mordtat nicht allein „hinüber“gehen zu müssen; und wie seine Geliebte Marie, anfangs enthusiastisch zum gemeinsamen Ende bereit, innerlich langsam von dem immer unerträglicher werdenden Kranken abrückt, wie sie am Ende dem „Ruf des Lebens“ folgt und, ihrer Schwüre ungeachtet, nur eines will: leben.

Dieses „Sterben“ soll es schwer haben. Nachdem die „Weihnachtseinkäufe“ in der Frankfurter Zeitung abgedruckt worden sind, bietet Schnitzler diesem Blatt seine Novelle an, erntet höchstes Lob und sogar Vergleiche mit Tolstoi – aber um es zu veröffentlichen, findet man das Werk leider zu traurig. Später wird es allerdings den Beginn der lebenslangen, nicht ungetrübten, aber unendlich wichtigen Zusammenarbeit mit dem Verleger S. Fischer bedeuten.

„Loris, Salten, Beer-Hofmann und ich werden nämlich schon als Clique betrachtet“, notiert Schnitzler am 8. Oktober 1891 in seinem Tagebuch[27], und ein paar Monate später heißt es dort, daß es solche Leute gäbe, sei doch schön. Schnell haben sich die Begabtesten aus dem Kreis von „Jung Wien“ freundschaftlich zusammengefunden, geben Schnitzler innerlich Halt, ermöglichen ihm Vergleiche (so kann er angesichts der Schöpfungen Hofmannsthals seine bescheidene lyrische Begabung endgültig abschreiben), sind für den Menschen und den Künstler gleich wichtig. Leider hält die gewisse Unbeschwertheit von damals nicht an. Jede einzelne Beziehung zu diesen Freunden von damals wird für Schnitzler im Lauf seines Lebens mehr oder minder problematisch.

Der Bedeutendste neben ihm ist Hugo von Hofmannsthal, zwölf Jahre jünger als Schnitzler, den er folglich auch im Akademischen Gymnasium noch nicht vorfindet, der aber dort noch in die Schule geht, als er bereits im Literatencafé mit seinen Gedichten und lyrischen Dramen Verblüffung erregt. Hofmannsthal, Sohn eines Bankdirektors, studiert später Jus und Romanistik und wird, wie Schnitzler, versuchen, als freier Schriftsteller zu leben. Was für Schnitzler der Berliner Theaterdirektor Otto Brahm ist, wird für Hofmannsthal – weit spektakulärer – Max Reinhardt, mit dem zusammen er den Ruhm der Salzburger Festspiele und des alljährlichen „Jedermann“ vor dem Dom begründet. Schnitzler vermag später Hofmannsthals Betriebsamkeit, der er persönlich ganz fernsteht, ebensowenig zu schätzen wie die meisten seiner Libretti für Richard Strauss (den „Rosenkavalier“, findet er beispielsweise trivial). Der vielbewunderte „Schwierige“ ist ihm Ausdruck jenes Hofmannsthalschen Snobismus, jener Pose, an der er selbst in jüngeren Jahren gelitten hat und die er dann im Alter an anderen nicht mehr verträgt.

Schnitzler hat über einige seiner Mitmenschen Auszüge aus seinen eigenen Tagebüchern zusammengestellt, die sogenannten „Charakteristiken“, und jene über Hofmannsthal[28] sind besonders interessant, geben sie doch Schnitzlers so ambivalente Gefühle diesem gegenüber wieder: Er schwankt zwischen geradezu liebevoller Bewunderung für das überragende Künstlertum des Freundes und Ärger über Distanz, Mißverständnisse, über seinen späteren Katholizismus und das aristokratische Verhalten, das vergessen lassen möchte, daß er Halbjude ist. Zur großen Auseinandersetzung zwischen den beiden wird es dann anläßlich Schnitzlers Roman „Der Weg ins Freie“ kommen. Aber bis dahin vergehen noch fast zwei Jahrzehnte. Damals, zu Beginn der neunziger Jahre, beherrscht Schnitzler vor allem das Gefühl der Freude, daß sie sich überhaupt gefunden hätten.

Der liebste der Freunde ist Schnitzler lebenslang der um vier Jahre jüngere Richard Beer-Hofmann, und er ist nicht frei davon, einmal sogar etwas wie Eifersucht zu empfinden, als er den Eindruck hat, Hofmannsthal und Beer-Hofmann seien miteinander intimer als mit ihm. Richard, unter den Juden des Kreises der gläubigste, setzt sich in seinen raren, von Schnitzler sehr bewunderten Werken mit der religiösen Problematik des Judentums auseinander (während Schnitzler nur die psychologische und soziale Frage des Problems sieht). Beer-Hofmann macht später als Regisseur so etwas wie Karriere, obwohl er als einziger im Freundeskreis wohlhabend genug ist, um sich ohne drückende Sorgen ausschließlich seinem Dichtertum zu widmen. Schnitzler, dem Neid fremd ist, kann angesichts des so begabten Freundes oft seinen Ärger über dessen Unentschlossenheit zur Arbeit, Hypochondrie und Gejammer nicht unterdrükken – vor allem, weil er findet, daß er selbst für Klagen aufgrund seiner eigenen, sehr oft unsicheren finanziellen Situation weit mehr Grund hätte.

Was Schnitzlers Beziehung zu Felix Salten, die in der Jugend kameradschaftlich gut ist (auch als Salten Adele Sandrock als Geliebte von Schnitzler „erbt"), in späteren Jahren problematisch macht, ist dessen Beruf als Journalist und eine gewisse künstlerische Rivalität. Salten, sieben Jahre jünger als Schnitzler, als Siegmund Salzmann in Budapest geboren, kommt aus den unsichersten Verhältnissen unter den Freunden, denn der Vater, Ingenieur und Kohlengrubenbesitzer, ist verschuldet und zwingt den Sohn damit, sich früh den Lebensunterhalt zu verdienen, was dieser durch seine Tätigkeit als Journalist tut. An Salten und Bahr sieht Schnitzler, wieviel Kraft der tägliche journalistische Beitrag von der inneren Substanz des Schreibenden verbraucht, so daß er selbst nie Gefahr läuft, die immer wiederkommenden, oft recht lukrativen Anträge, sich journalistisch zu betätigen, anzunehmen.

Salten gehört also – wie Goldmann, wie Bahr, wie später Auernheimer – zu jenen Männern, mit denen Schnitzler befreundet ist, die sich aber auch öffentlich in Zeitungen über sein Werk äußern. Das muß notgedrungen zu Spannungen führen, und so wenig sich Schnitzler im allgemeinen auch auf die dümmsten und verlogensten Kritiken anderer einlassen wird – die Freunde zieht er für Klischees, Oberflächlichkeiten und Mißverständnisse zur Verantwortung, und er ist auch imstande, sich über sie zu ärgern, wenn sie seiner Meinung nach an seinem Werk nicht genügend Anteil nehmen. Bei Salten kommt noch dazu, daß dieser in seinen eigenen dichterischen Ambitionen (die zwischen „Bambi" und der „Josefine Mutzenbacher" durchaus breit gefächert sind) immer wieder Schnitzler – wenn auch möglicherweise unbewußt – nachahmt, so daß etwa ein Stück wie „Der Gemeine" ohne die Welt der „Liebelei" fast nicht denkbar scheint.

Nach außen hin ist damals Hermann Bahr, ein Jahr jünger als Schnitzler, der wichtigste im Freundeskreis, denn als reger Publizist, prinzipiell stets der „Mann von übermorgen", vermag er am meisten für sie alle zu tun – und tut es auch. Allerdings hat er gerade über Schnitzler im Lauf seines Lebens unendlich vieles geschrieben, das die großmütige Haltung eines Mannes reflektiert, der dem anderen immer wieder wohlwollend „auf die Schulter klopft". („So gewähre, daß ich Dir sagen darf, was mit Dir ist: laß mich Dich Dir deuten!"[29] erbietet er sich in der Pose des wissenden Interpreten 1912 zum 50. Geburtstag des Dichters.) Was Schnitzler an Bahr – dem einzigen von allen Freunden übrigens, mit dem er (gegen seinen Willen!) Bruderschaft trinkt – so schlecht verträgt, ist dessen „Ungerechtigkeit; seine Manier, die Wahrheit der Stimmung, der Laune, Antipathie, Sympathie, Rhythmus eines Satzes aufzuopfern"[30], was er ihm alles ins Gesicht sagt. In späteren Jahren trennt die beiden nicht so sehr die räumliche Distanz (als Bahr in Salzburg lebt), sondern auch Schnitzlers Abneigung gegen dessen Wendung zum Katholizismus, die seiner Meinung nach penetrante Auswüchse annimmt. Im Grunde aber geht es um das Problem, das Schnitzler in dem Drama „Das Wort" behandeln wird – er selbst ist der Mann, dem Worte etwas bedeuten, während gerade die Journalisten unter seinen Freunden auf, wie er meint, unzulässige Art und Weise mit Worten spielen und manipulieren.

Zu den Freunden von damals, die in Schnitzlers Leben noch weiterhin eine Rolle spielen sollen, zählen außerdem noch der interessante Musiker und Mathematiker Leo Vanjung und der Schriftsteller Gustav Schwarzkopf, denen Schnitzler später in dem Roman „Der Weg ins Freie" in den Figuren des Leo Golowski und des Nürnberger ein Denkmal setzt. Später gesellen sich dem Freundeskreis als wichtige Persönlichkeiten noch Jakob Wassermann und Raoul Auernheimer hinzu, Siegfried Trebitsch und Stefan Zweig zählen zu Schnitzlers Bewunderern. Damit ist der Kreis der Menschen, mit denen er im Lauf seines Lebens gut bekannt sein wird, fast erschöpft. „Freunde? Freunde sind wir ja eigentlich nicht – wir machen einander nur nicht nervös"[31], soll Richard Beer-Hofmann, wie Felix Salten überliefert, einmal gesagt haben, und er hat damit jene seltsame Distanz charakterisiert, die diesen lebenslangen Freundeskreis auszeichnet.

1892 ist für Schnitzler, abgesehen von der Novelle „Sterben", mit der ihm Großes gelingt, ein Jahr der Vergeblichkeiten und Enttäuschungen, in denen er für seine Werke keine Verleger und keine Direktoren findet. 1893 wird dann das Jahr der großen Tragödien – er verliert Mizi Glümer durch ihre Untreue, seinen Vater durch den Tod, und seine erste richtige Theaterpremiere wird ein Skandal, der ihm brutale Beschimpfungen einträgt.

Im Sommer 1892 ist Mizi Glümer noch im Lande, Schnitzler fährt ihr oft in die Sommerfrische nach. In der zweiten Augusthälfte tritt sie dann ein Engagement in Wiesbaden an – zu weit entfernt, um sie auch nur gelegentlich wiederzusehen. Er begreift, was es heißt: Mir bricht das Herz. Wenn er dennoch bald anfängt, sie mit diesem oder jenem „süßen Mädel", das leicht und ohne weitere Verantwortung für ihn in der Vorstadt zu finden ist, zu betrügen, so ist es doch unmöglich, echtere Briefe zu schreiben als er an Mizi. Was er damals noch nicht weiß: Auch sie schreibt ihm die echtesten Briefe, und auch sie . . .

Am 28. Jänner 1893 hält er eine anonyme Postkarte aus St. Gallen, wo Mizi mittlerweile engagiert ist, in Händen, die ihm verrät, daß seine Geliebte ihn betrügt. Anfangs ist er unsicher, zerrissen, läßt sich in der ersten März-Hälfte in Abbazia in eine Romanze mit einer verheirateten Frau ein (als sie sich später scheiden läßt, munkelt man in Wien, es sei Schnitzlers wegen) – aber dann ist Mizi in Wien, und an ihrer „Schuld" kann kein Zweifel bestehen. Nun beginnt Schnitzler in einem Ausmaß zu toben, wie es schwer vorstellbar wäre, könnte man es nicht in seinen Briefen nachlesen. War er einst toll vor Liebe, so ist er jetzt toll vor Haß und Verachtung, ungeachtet der ihm selbst wohl bewußten Tatsache, daß er Mizi schließlich auch betrogen hat. Wochenlang dreht er in seinem Tagebuch (das ja nur die Spitze des Eisberges seiner Gefühle darstellt) das Problem hin und her. Er kann sich nur abreagieren, indem er Mizi vernichtende Briefe schreibt. „Ich möchte sie am liebsten langsam zu Tode martern; – das ist mein aufrichtiges Gefühl." [32]

Die traurigen Zeiten kulminieren, als am 2. Mai die zweite Katastrophe eintritt: Schnitzlers Vater, der in letzter Zeit mehr und mehr gekränkelt hat, so daß der Sohn immer öfter für ihn die Ordination übernehmen mußte, stirbt. Schon im Jahr davor ist Schnitzler erstmals am Totenbett eines nahen Verwandten gestanden, als sein Großvater Philipp Markbreiter am 13. Juni 82jährig gestorben ist, was den Enkel allerdings nicht weiter aus der Fassung gebracht hat. Der Tod des Vaters aber ist eine Tragödie für Schnitzler, so schlecht er mit ihm auch gestanden ist, so sehr sie einander enttäuscht, so schonungslos jeder den anderen gesehen und beurteilt haben mag. Selbstvorwürfe verschlimmern die Situation: Schnitzler mußte in der letzten Lebenszeit des Vaters mitansehen, wie dessen Stellung in der Poliklinik durch verstärkte antisemitische Strömungen ins Wanken geriet, wie er sich aber auch durch Vertrauen in falsche Freunde in die Isolation manövrierte, wie er von den Kindern nicht verstanden und auch nicht so geachtet wurde, wie er es gewünscht hätte. Das gibt diesem Tod auch noch die Tragik der Vergeblichkeit und der unwiederbringlich versäumten Gelegenheiten.

Später stellt sich der Tod des Vaters für Schnitzler doch als Erleichterung heraus. Eine unbarmherzige Kontrollinstanz fällt weg, er kann endlich ungehindert die medizinisch-journalistische Arbeit aufgeben und auch aus der Poliklinik ausscheiden. Da einstweilen noch nicht daran zu denken ist, von der schriftstellerischen Tätigkeit zu leben, eröffnet er eine neue Privatpraxis in der Frankgasse 1. Dort bezieht er auch mit seiner nun verwitweten Mutter eine Wohnung. Sein Anteil am väterlichen Vermögen wird ihm einige Zeit hindurch den Hintergrund leidlicher finanzieller Sicherheit geben. Die Poliklinik, die dortigen Zustände und bis zu einem gewissen Grad auch die Figur des Vaters werden knapp zwei Jahrzehnte später in dem Stück „Professor Bernhardi" auferstehen.

Nachdem Schnitzler am „Märchen" erprobt hat, daß er auch die größere dramatische Form beherrscht, gibt er seiner Neigung nach, Theaterstücke zu schreiben. Er konzentriert seine Fülle von Entwürfen auf drei Themen, die er alle ausführt: „Familie", mißlungen und nie aufgeführt, „Freiwild" und „Armes Mädel", die spätere „Liebelei". Die steckengebliebenen „Blasierten" nimmt er nicht mehr auf.

Als Schnitzler im Juni 1893 „Familie" den Freunden vorliest, bestätigt sich an ihrem Urteil, was er ohnedies gewußt hat: Das Stück ist nicht gut. Wie im „Märchen" hat er auch hier seine private Mizi-Glümer-Problematik verarbeitet, diesmal weniger autobiographisch, aber im Ansatzpunkt genau zu erkennen, denn er reflektiert daran seinen Abscheu vor einem „Milieu", das die Menschen prägt. Dabei geht er mit seiner eigenen bürgerlichen Umwelt, der sein Held Ernst angehört, nicht minder hart ins Gericht als mit jenem vorstädtischen Kleinbürgertum, das seine Töchter in Glümer-Schicksale (und schlimmere) treibt. Ernst verkündet außerdem jene Maxime, nach der Arthur Schnitzler gerne leben würde: „Mir macht das Arbeiten absolut kein Vergnügen", sagt er und tadelt die Intoleranz der Umwelt: „Wenn aber ein Mensch unter Tausenden zufällig in der glücklichen Lage ist, sich sein Leben so einrichten zu können, wie er will, darf er es auch nicht tun. Da muß man sich eben künstliche Pflichten konstruieren." Und auf den Einwand, jeder Mensch habe Pflichten, sagt er: „O ja; so glücklich zu sein, als er nur kann, ohne andern zu schaden. Damit genügt er vollkommen.“[33] Aber in der Realität kann weder Ernst noch Schnitzler so leben, und es kommt die Zeit, wo er vom Traum der Pflicht- und Verpflichtungslosigkeit abkommt, nicht nur um die bürgerlichen Gegebenheiten zu akzeptieren, sondern auch weil er in seiner schriftstellerischen Arbeit seinen Lebenssinn erblickt.

In der „Familie“ stellt Schnitzler dem Ernst dessen Geliebte Anna zur Seite, der gegenüber er sich der Illusion hingibt, sie zu sich emporgehoben zu haben. Das Paar ist auf Reisen, und losgelöst von der gewohnten Umgebung ist Anna die vollendete Gefährtin. Wieder heimgekehrt, muß sie in den Schoß ihrer Familie zurück, und die negative Wirkung des Milieus (die Schwester, mit Hilfe der Abfindung eines Grafen als „gute Partie“ verheiratet, die Freundin, eine leichtfertige Schauspielerin) kommt voll zum Tragen. Anna fühlt sich würdig, die Frau von Ernst zu sein, wird von dessen Familie aber hohnlachend abgewiesen (so wie Professor Johann Schnitzler über eine Mizi Glümer nur mißbilligend den Kopf schütteln konnte). Da schreit Anna aus Rache einen früheren Fehltritt von Ernstens Mutter heraus, worauf er sich – die Motivation ist nicht sehr überzeugend – das Leben nimmt. An diesem Ende, wo nichts mehr stimmt, wird die Schwäche des Stückes evident.

Seine Stärke ist der zweite Akt, der in der Vorstadt spielt, wo Schnitzler mit dem Gatten von Annas Schwester eine seiner effektvollsten Figuren auf die Bühne bringt, einen „echten Weana“, einen vor Selbstgefälligkeit platzenden, subalternen Beamtentyp mit lauten Wirtshausmanieren. So wenig man das Stück vermißt – um diese Figur ist schade, denn Schnitzler hat keine andere dieser Art geschaffen. Erst im „Jungen Medardus“ wird es Verwandtes geben, wenn er die negativen Wiener Typen auf die Bühne bringt.

Gewisse thematische Ähnlichkeiten mit der „Familie“ hat später das „Vermächtnis“, das allerdings in den (dort auch viel sorgfältiger ausgeführten) großbürgerlichen Kreisen verbleibt und hier Kritik anbringt, die Kleinbürgersphäre aber, die in der „Familie“ so ausgezeichnet getroffen ist, unbeachtet läßt. Später veredelt Schnitzler etwa in der „Liebelei“ das Kleinbürgertum in der Figur des Weiring, und gegen die in der „Familie“ gezeichneten Typen nimmt sich selbst die klatsch- und tratschhafte Frau Binder verhältnismäßig liebenswert aus. So geht mit „Familie“ ein Stück Milieu verloren, als dessen Meister sich Schnitzler erst wieder zeigen wird, wenn er sich in der letzten Epoche seines Lebens für die Person der „Therese“ interessiert.

Im Sommer 1893, als Schnitzler „Bicycle"-Fahren lernt, was ihm jahrelang große Freude bereiten wird, kommt er dem Traum, seine Stücke aufgeführt zu sehen, um einen Schritt näher. Zwar nicht mit dem „Märchen", sondern nur mit einem „Anatol"-Einakter, auch nicht an einem großen Theater, sondern nur an einer Sommerbühne. Und doch neigt sich für Schnitzler, den „Arzt am Scheideweg", die Waage mehr und mehr zugunsten der Dichtung. „Abschiedssouper", von dem Schauspieler Josef Jarno in Ischl aufgeführt, gibt Schnitzler manche Ahnung von Künftigem: Ärger mit der Zensur, Proben-Leiden und -Freuden, Klischees der Kritik und schließlich der Ärger wegen des Geldes (man will ihm die sechs Gulden Tantiemen nicht zahlen, die ihm zustehen). Einige dieser Erfahrungen werden den Dichter ein Leben lang begleiten.

Ende Juli ist Schnitzler in Ischl und fährt selbst nach Gmunden, um den Bezirkshauptmann Baron von Aichelburg aufzusuchen, der für Zensurfragen zuständig ist. Diese seit Metternichs Zeiten perfektionierte Institution der Monarchie wird für Schnitzler eine stete Quelle von Konflikten. Der Staat maßt sich an, Kunstwerken den Maulkorb umzuhängen, Änderungen zu verfügen oder Werke gar zu verbieten. Daß Aichelburg die Aufführung von „Abschiedssouper" gestattet, wird ihm nach der Premiere sofort Schwierigkeiten bereiten, da von klerikaler Seite heftige Vorwürfe kommen, er habe einem „jungen Naturalisten" den Weg zur Bühne geebnet.

Rund um die Aufführung gibt es allerlei Intrigen, und als sie nach minimaler Probenzeit dann doch stattfindet, zeigt sich das Publikum „angenehm entrüstet"[34], wie Schnitzler später festhält. Minnie Benedict, eine junge Dame der Wiener Gesellschaft, die manchmal in Schnitzler, manchmal auch in Hofmannsthal verliebt ist, schickt eine Notiz an die „Neue Freie Presse", worin sie vom „glänzenden Erfolg" des „reizenden Einakters" berichtet. Josef Jarno, der Schnitzler ein Leben lang bewundern und umwerben wird (vor allem, als er Direktor des Theaters in der Josefstadt in Wien ist), verspricht Schnitzler nach der Aufführung, in der er selbst die Rolle des Max verkörpert, ehrenwörtlich, er werde sich bei Direktor Lautenburg am Berliner Residenztheater, wo er damals engagiert ist, für das Stück einsetzen.

Warum es zu dieser Zeit nicht so leicht ist, die Geschichte von Anatol und der Ballettratte Annie auf die Bühne zu bringen, schildert Richard Beer-Hofmann, der dem Abend beiwohnte, in einem Brief an Hugo von Hofmannsthal: Der Ministerialvizesekretär im Handelsministerium „Paul Schulz erklärt, sittlich entrüstet, das Stück sei das frivolste, das er jemals auf einer Bühne gesehen, etc. etc. – ekelhaftes Pack – die anständigen Leute, die bei solchen Anlässen, ihre Moral entdecken"[35].

Schulz ist nicht der einzige. Der Aufschrei der Sittenwächter angesichts Schnitzlerscher Werke hat bis über dessen Tod hinaus eine Art von Automatik. Wenn er an die Moral nur im Sinne französischer Schwänke mit schlüpfrigem Augenzwinkern anstieße, um am Ende die bestehende Gesellschaftsordnung zu bestätigen – man hätte sich über ihn nicht erregt. Aber daß er mit fast allem, was er schreibt, an dieser Ordnung rüttelt, das macht den Dichter zum Störenfried, der von „Anatol" über „Leutnant Gustl" und „Professor Bernhardi" bis zum „Reigen" immer wieder alles in Frage stellen wird: die Moral, den soldatischen Ehrenkodex, die Religion und wieder die Moral, kurz, alle heiligen Güter. Der Arzt hat sich entschlossen, als Dichter seinen Finger auf die Wunden der Zeit zu legen.

4. VOM ERSTEN SKANDAL ZUM ERSTEN ERFOLG 1893–1895

Schnitzler reicht das „Märchen" dem Deutschen Volkstheater ein. Das Haus ist 1889 mit einem Stück von Ludwig Anzengruber eröffnet worden, kann aber der Ambition seiner Gründer, neben dem Volksstück, dem klassischen Repertoire und der Posse auch das moderne Schauspiel zu pflegen, nicht voll nachkommen. Denn modern sind damals Ibsen und Hauptmann, die großen Naturalisten, und auf diese hat Max Burckhard, der für einen Beamten so fortschrittliche Direktor des Burgtheaters, seine Hand gelegt. Damals, 1893, hat der unbequeme Herr den Wienern seit seinem Amtsantritt 1890 schon je drei Stücke dieser beiden Dramatiker vorgesetzt, während das Volkstheater bis dahin nur drei Ibsen-Stücke inszeniert hat. Zur Ambition kommt der Alltag: nicht nur Klassiker, sondern auch Lustspiele und billige Boulevardkomödien stehen auf dem Programm.

Doch zeigt Direktor Emmerich von Bukovics auch für das „Märchen" von Arthur Schnitzler Interesse und lädt den Dichter zu einer persönlichen Aussprache ein. Von einer kurzen Südtirolreise heimgekehrt, macht Schnitzler am 1. September 1893 also seinen Besuch – und sieht sein Stück angenommen. Wieder einmal – aber diesmal wirklich. Was für ihn erneut einige Erfahrungen über den praktischen Theaterbetrieb mit sich bringen soll.

Alle sind hier bestechlich: der berüchtigte Theatersekretär Müller, der ebenso Prozente verlangt wie die rivalisierenden Agenten Eirich und Entsch, die ihren Einsatz für ein Stück von dem Anteil abhängig machen, den der Autor für sie abfallen läßt. Alle müssen zahlen, lernt Schnitzler, nicht nur die Autoren, sondern auch die Schauspieler – die Damen unter ihnen meist nicht mit Geld. Für einen Mann, der noch immer so wenig verdient und von Zeit zu Zeit so unverhältnismäßig viel Geld beim Pokern verliert wie Schnitzler, ist die finanziell unsichere Seite des Dichterdaseins belastend, hat er doch keinerlei Möglichkeit, vom Schreiben zu leben.

Am Deutschen Volkstheater zögert man nun nicht länger. „Das Märchen“ wird bei der Zensur eingereicht und mit 20 Strichen beziehungsweise Änderungen (wobei sowohl Polizei wie Statthalterei ihr Urteil abzugeben haben) bewilligt. Adolf Weisse, Schauspieler und späterer Direktor des Hauses, der schon damals viele administrative Aufgaben übernimmt, verhandelt mit Schnitzler über Vertrag und Besetzung. Damals ist noch Bertha Hausner als Hauptdarstellerin in Aussicht genommen. Aber dann erfährt Adele Sandrock von dem Stück – vielleicht durch Hermann Bahr, der damals mit ihrer Schwester Wilhelmine liiert ist. Sie liest „Das Märchen“ und erkennt mit ihrem unfehlbaren Instinkt in der Fanny Theren eine großartige Rolle für sich. Und damit bekommt Arthur Schnitzler die spektakulärste Schauspielerin, die Wien in dieser Zeit zu bieten hat. Denn die damals 30jährige gebürtige Holländerin ist seit etwa vier Jahren der große Star von Wien, die moderne Schauspielerin für moderne Stücke, die Frau, um derentwillen man ins Deutsche Volkstheater geht.

Durch Adele Sandrock bahnt sich nun auch privat eine Wendung in Schnitzlers Leben an. Lange Zeit noch hat er die Affäre mit Mizi unbewältigt mit sich geschleppt, Mizi, die wieder vor seiner Tür stand, weinend, jammernd, kniend, anbetend. Er verhält sich abwehrend, erbittert, schmerzlich, bewegt, enerviert. Mag er manchmal einsichtig genug sein, zu erkennen, daß sie ein armes Geschöpf ist, so gibt es doch keinen Weg zurück. Er tröstet sich erst mit einem Mädel namens Fifi, die er bald an Felix Salten abtritt, dann mit Jenny, deren nur bis K reichendes Lexikon er in der Szene zwischen Fritz und Christine in der „Liebelei“ verewigt. An diesem Stück schreibt er seit September 1893.

Nun geschieht es ihm erstmals, daß eine Frau ihn wählt. Die Sandrock, sowohl durch ihren Status als Star wie durch ihre überwältigende Persönlichkeit jenseits aller Moralgesetze, wünscht sich Schnitzler zum Geliebten. Wenn ihr Bild für die Nachwelt auch von der komischen Alten des deutschen Films geprägt ist, so ist sie doch damals eine höchst attraktive Frau – und Schnitzler wäre nicht er selbst, könne er ihr widerstehen. Auch erwartet er auf geistiger Ebene von dieser Beziehung anfangs mehr, als sie dann hält.[1]

Als Ende November im Deutschen Volkstheater die Proben zu „Das Märchen“ beginnen, erlebt Schnitzler erstmals in vollem Ausmaß den Zauber des halbdunklen Theaters am Vormittag, wenn oben auf der Bühne langsam eine Aufführung entsteht. Schon damals nimmt er selbst Einfluß auf die Inszenierung (und die zum

Großteil nicht allzu profilierten Regisseure dieser Zeit lassen es geschehen) – er habe auch „mancherlei dreinzureden"[2], kann er der Seelenfreundin Olga Waissnix berichten. Daß ein Stück wie „Das Märchen" leicht als Verherrlichung der „freien Liebe" verstanden werden kann und folglich die potentielle Möglichkeit eines Skandals in sich trägt, wissen alle: „Im Theater haben sie ein bißchen Angst; sie behaupten, so starke Dinge sind noch nie auf der Bühne gesagt worden."[3]

Tatsache ist, daß hier ein latentes Problem der Zeit, über das man im allgemeinen nicht spricht („Man tut es ab", hat Professor Schnitzler gesagt und damit durchaus die Meinung der kompakten Majorität artikuliert), hier in aller Offenheit auf der Bühne diskutiert wird und daß der Dichter es sogar wagt, die herrschende Moral als verlogen und ungerechtfertigt zu brandmarken. Das ist eine „Publikumsbeschimpfung", und als solche wird „Das Märchen" durchaus verstanden, als es am 1. Dezember 1893 erstmals in Szene geht.

Wenn nach dem dritten Akt das „starke Zischen eines entrüsteten Publikums" (wie es in der „Presse" heißt)[4] das Durchfallen des Stücks besiegelt und Schnitzlers ersten wirklichen Schritt in die Öffentlichkeit zu einem Skandal macht, dann heißt das nichts anderes, als daß das von Bahr, Richard Specht (der sich später, 1922, in seinem Buch über Schnitzler ausführlich des Abends erinnert[5]) und anderen Schnitzler-Freunden so beschimpfte Publikum und auch jene Kritik, die sich empört, den Dichter versteht. Man setzt sich zur Wehr, wenn man das, woran man glaubt (und „Emanzipation", das Recht der Frau auf ihr Leben, ihren Körper, ist einfach noch kein Gedanke, mit dem sich das Bürgertum von 1893 abzufinden vermag), solcherart attackiert sieht. Da hilft auch keine Sandrock. Und Emmerich von Bukovics ist nicht der Mann, hier stolz und kühn an der Seite eines Dichters zu stehen – er setzt das „Märchen" nach der zweiten Vorstellung ab. „Um Reinlichkeit wird gebeten", hat die Kritik ausgerufen. Schnitzler kann ihnen den Gefallen nicht tun. „Das Märchen" ist nur der erste Skandal im Leben eines Dichters, der noch des öfteren zur Provokation der Umwelt antreten wird.

Zu Beginn des Jahres 1894 findet sich Schnitzler in seiner Eigenschaft als Liebhaber der Adele Sandrock bald frustriert. Seine Tagebücher und seine nicht immer ganz ehrlichen Briefe an sie reflektieren steigendes Unbehagen an einer doch hauptsächlich auf das Sexuelle ausgerichteten Partnerschaft. Dennoch läßt ihn Adele erst Monate später aus ihren Krallen, als sie selbst der Beziehung müde ist. Damals, zu Beginn des Jahres 1894, beansprucht sie seine Zeit noch sehr. Obwohl er nebenbei in seiner Privatpraxis arbeitet („Von 3–5" verkündet das Schild in der Frankgasse 1, sei Sprechstunde bei Dr. Arthur Schnitzler[6]) und sehr im Kreis seiner Kaffeehausfreunde engagiert ist, ist er damals als Dichter fleißig wie selten.

Adele Sandrock, zärtlich „Dilly" genannt, wird die „Muse" des Einakters „Halbzwei", in dem er sich und sie in einer typischen Szene (als sie ihn nachts nicht weglassen will) porträtiert. Er schließt damit an den lockeren, heiteren Ton an, den er im Jahr davor schon in zwei Erzählungen gefunden hat. Schnitzler, begabt als Erzähler wie Dramatiker, erweist sich damit als ein Künstler, dem neben dem zutiefst Ernsten ebenso auch das auf unbeschwerte Art Fröhliche gelingt. So hat er „Die kleine Komödie" geschrieben, eine Briefnovelle, an der vor allem bemerkenswert ist, wie er bereits hier die typischen Schnitzler-Klischees parodiert. Aus den Briefen, die der junge Lebemann Alfred an seinen Freund und die unternehmungslustige Luxusdame Josefine an ihre Freundin schreiben, geht hervor, daß beide zur gleichen Zeit Lust verspürt haben, ein wenig Komödie zu spielen – und so gibt er sich als armer Künstler, sie (im Kostüm eines Stubenmädels, das sie einmal auf der Bühne getragen hat) sich als armes süßes Mädel aus. Und beide sind in ihrer Rolle so gut, daß sie einander das Theater abnehmen und jeder über die Einfachheit des anderen ins reinste Entzücken gerät. Als sie am Ende die Karten auf den Tisch legen müssen, tragen sie's mit Würde.

Die Unbeschwertheit und Frechheit dieser durch und durch lockeren Geschichte ist bestrickend, eines der besten Zeugnisse der Schnitzlerschen Heiterkeit. 1900 schreibt Schnitzler übrigens eine weitere Briefnovelle, „Der Leuchtkäfer", in der er die Ferialkorrespondenz zweier Jünglinge schildert und die, obwohl durchaus geglückt, erst im Nachlaßband veröffentlicht wird. Daß er, wie in der „Kleinen Komödie" so meisterhaft gelungen, eine „Doppelnovelle" schreibt, die Geschichte der Frau und des Mannes parallel führt, diesen Kunstgriff wird er – allerdings an einem ernsten Sujet – in der „Traumnovelle" wieder anwenden.

Auch die Geschichten von „Helene" und „Fritzi", die Schnitzler anschließend unter dem Titel „Komödiantinnen" zusammenfaßt, sind heiter, aber in anderer Art vorausweisend. Denn am Beispiel dieser beiden Frauenschicksale behandelt er nochmals, tiefergehend, das Problem vom „Theater im Leben", versucht sich also in jener Technik, die er im „Grünen Kakadu" dann so vollendet beherrscht – die Frage von Schein und Sein, die Pirandello als seinen Nachfolger erscheinen läßt. Schon damals verschachtelt Schnitzler kunstvoll die Handlung. Richard liebt Helene leidenschaftlich und glaubt sein Gefühl erwidert, bis sie ihm mitteilt, alles sei nur Theater gewesen, um ihre Schauspielkunst zu testen. Am Schluß läßt der Dichter den Leser im Zweifel, ob diese Erklärung nicht wiederum Spiel gewesen sei, um Richard die Trennung zu erleichtern, und ob sie ihn nicht dennoch liebe. Mit Gewißheit wird man von Schnitzler nicht versehen. In „Fritzi" bringt Schnitzler, was er sehr selten tut, ein konkretes Ereignis ein, den Ringtheaterbrand von 1888. Damals ist Fritzi ihrem Freund auf rätselhafte Weise „abhanden gekommen". Jahre später sieht er sie wieder, als großen Star, der dramatisch die Nacht des Brandes erzählt – alles erfunden, aber längst wahr geworden, von ihr selbst geglaubt. Sie hat die Geschichte so oft reproduziert, daß sie wahrer wurde als die Wirklichkeit. Das sind Aufgaben, wie sie auch den Techniker in Schnitzler reizen – je vielschichtiger, je komplizierter die Seelenschwingungen einer Geschichte sind, um so näher ist er seinem tiefsten Interesse an den Menschen.

Nach „Halbzwei" schreibt er auch noch – heiter, aber gleichfalls mit Tiefgang – den Einakter „Die überspannte Person", worin ein Mann seiner Geliebten vorschlägt, das Kind, das sie von ihm erwartet, doch ihrem Ehemann unterzuschieben. Sie reagiert, indem sie ihn ohrfeigt – aber mit jenem Zynismus, der Schnitzler in Liebesdingen leicht überkommt, beläßt er dem Liebhaber am Ende doch die beruhigte Überzeugung: „Und folgen wird sie mir ja doch!"[7]

Die kleineren Erzählungen „Der Spaziergang" (Nachlaßband) und „Blumen" entstehen auch um diese Zeit, und Schnitzler selbst erkennt, daß er zu viele Werke schreibt, die ihm zu süßlich und kleinlich sind. Er möchte etwas Herbes und Tiefes schaffen. Und das tut er schließlich auch. „Das arme Mädel", das er im Vorjahr begonnen und liegengelassen hat, wird Mitte Februar 1894 wieder hervorgenommen. Und nun setzt das Ringen mit dem Stoff ein. Was später das formvollendete Meisterstück „Liebelei" ist, wird von Schnitzler mit einer bis dahin noch nie gezeigten Ausdauer erarbeitet. Immer wieder beginnt er das Stück neu, formt um, findet schließlich die Dreiaktigkeit und läßt den anfangs geplanten ersten Akt, der in einer Tanzschule die erste Begegnung von Fritz und

Christine zeigen soll, weg. Nachdem er das Stück im September 1894 zum fünften Mal begonnen hat, beendet er es am 4. Oktober.

1894 ist auch das Jahr, in dem Schnitzler „seinen“ Verleger findet. Wer den Namen S. Fischer sagt, denkt an Thomas Mann und Gerhart Hauptmann, gleich danach aber an Schnitzler und Hofmannsthal. Dieser bedeutende Mann[8], keine drei Jahre älter als Schnitzler, wird für die österreichischen Dichter durch seinen 1886 gegründeten Verlag zu einer zentralen Figur. Gewiß, erste Kontakte anläßlich des „Anatol“ sind gescheitert. Aber nun nimmt sich Hermann Bahr, der Unermüdliche, der Sache an. Er vermittelt für Hofmannsthal und Schnitzler, der an S. Fischer „Sterben“ schickt. Zwar ist auch der Verleger nicht ganz sicher („aber – das Publikum“[9]), wie dieses anspruchsvolle Werk im Buchhandel ankommen könnte, nimmt es aber für seine Zeitschrift „Neue Deutsche Rundschau“ an, wo es im Oktober, November, Dezember 1894 erscheint. 1895 legt Fischer 1 000 Stück der Buchausgabe auf.

Der literarische Erfolg des Werkes ist bedeutend, es wird auch (als erstes) ins Französische übersetzt („Mourir“, 1895). Als Fischer nach einem neuen Werk fragt, bietet Schnitzler ihm die „Kleine Komödie“ an – und bekommt mit dem Verleger seinen ersten Streit, der nicht der einzige bleiben soll. Denn so sehr die beiden Männer einander schätzen, so sehr hat Schnitzler doch immer das Gefühl, materiell nicht nach Gebühr an den Veröffentlichungen zu verdienen, und er läßt dies Verleger, Agenten und Direktoren zeit seines Lebens in langen, recht scharf formulierten Briefen wissen. So schreibt er auch Fischer auf das Angebot, für den Abdruck der „Kleinen Komödie“ in der „Neuen Deutschen Rundschau“ 25 Mark zu zahlen, „mit jenem leicht verletzenden Sarkasmus (. . .), der in Wien von jeher für Ironie gilt“[10]. Immerhin ist Schnitzler noch nicht berühmt genug, um auf einen vergleichsweise viel berühmteren Verleger verzichten zu können – also erscheint die Novelle im August 1895, und der Dreijahresvertrag, den Autor und Verleger nun schließen, wird praktisch bis zu Schnitzlers Lebensende verlängert, wenn es auch noch viel zu viele Meinungsverschiedenheiten geben wird (und Schnitzler sich später noch anderen Verlagen wie Zsolnay oder Ullstein zuwendet). Samuel Fischer nimmt auch das dramatische Werk Schnitzlers in seinen Bühnenvertrieb, erwirbt nun den früher abgelehnten „Anatol“ und wird sich nur zu einem Werk jahrzehntelang nicht entschließen können: dem „Reigen“.

Mitte des Jahres 1894 ist Arthur Schnitzler noch in der schwülen Atmosphäre von Adele Sandrocks Welt gefangen. Das schlichte „süße Mädel", das er sich – in die Dichtung fliehend – in der „Liebelei"-Christine schafft, begegnet ihm auch im Leben. Marie Reinhard, eine damals 23jährige Gesangslehrerin, die am 12. Juni 1894 in die Praxis des Laryngologen Dr. Schnitzler kommt, weil sie Probleme mit ihrer Stimme hat, wird für ihn die wichtigste Frau seit Mizi Glümer. Marie Reinhard, bald „Mizi II" im Tagebuch, aus dem gehobenen christlichen Wiener Bürgertum kommend, interessiert ihn vom ersten Augenblick an. Sie ist keine jener Frauen, die man im Handumdrehen haben kann wie die „süßen Mädel" aus der Vorstadt, deren eine – die Handschuhverkäuferin Minni – Schnitzler damals die Abende versüßt. Von Rechts wegen „bekommt" man eine Marie Reinhard nur, wenn man sie heiratet.

Bevor sie einander im Herbst wiedersehen, verbringt Schnitzler noch einen Salzkammergut-Sommer mit den Freunden, wo er auch Theodor Herzl öfter sieht, schreibt im August in zehn Tagen die Novelle „Der Witwer" und skizziert im September ein Szenarium mit dem Titel „Suggestion", das liegenbleibt und aus dem vier Jahre später sein berühmter Einakter „Paracelsus" wird. Im Herbst beendet er „Liebelei". Später wird man als Vorbild für die Christine jene Mizi Reinhard vermuten – die er jedoch noch gar nicht kannte, als er das Stück begann.

Am 14. Oktober 1894 liest Schnitzler Hofmannsthal und Salten die „Liebelei" vor. Die Freunde sind tief beeindruckt und raten ihm, das Stück dem Burgtheater einzureichen. Es mutet wie ein Treppenwitz an, daß Burgtheaterdirektor Max Burckhard im gleichen Haus wohnt wie Schnitzler, ein Stockwerk über ihm, und daß der Dichter ihm das Stück auf der Straße überreicht. Zwei Tage später telegrafiert Burckhard seine Glückwünsche und die Annahme. Das ist einer jener seltenen Augenblicke, in denen Arthur Schnitzler wirklich glücklich ist. Was nicht heißt, daß ihm nicht schon bald darauf wieder Todesgedanken seine Stimmung schwer beeinträchtigen, wie er überhaupt gerade damals besonders anfällig dafür ist, das Leben nur als Galgenfrist bis zum Tode zu betrachten.

Bis ein Stück am Hofburgtheater tatsächlich gespielt ist, dauert es seine Zeit. „Haben Sie einen Weg zum Bezecny?" [11] fragt Burckhard Schnitzler, denn dieser, der Generalintendant, ist noch vor dem Direktor die Instanz für die Aufführung eines Stückes. Auch ist es wichtig, daß eine der großen Schauspielerinnen des Hauses ihr Interesse an dem Werk kundtut – in diesem Fall sollte die damals siebenunddreißigjährige Stella Hohenfels, nach Burckhards Meinung die einzige, die dafür in Frage käme, die Christine zu spielen. Aber sie will nicht, und der Direktor vermutet, daß sie sich den dramatischen letzten Akt nicht zutraut. Als andere Besetzung zeichnet sich am Horizont Adele Sandrock ab. Sie soll in der nächsten Spielzeit vom Volkstheater ins Burgtheater hinüberwechseln. Im Jänner 1895 kommt das Gerücht auf, sie habe die Bedingung für ihren Übertritt gestellt, daß das Stück ihres Geliebten am Burgtheater gespielt werde, was den daran gänzlich unschuldigen Schnitzler zu seinem großen Ärger in den Ruf eines „geschickten Strebers“ [12] bringt. Und das gerade jetzt, wo das Verhältnis zu Dilly mit dem ihr eigenen Theaterdonner endlich zu Ende geht. Obwohl Schnitzler längst nichts Gutes mehr für sie empfindet, ist er doch in seiner Eitelkeit erheblich verletzt, und es dauert einige Zeit, bis sich seine Wut legt und er zu dem Schluß kommt: „Welch göttliche Komödie eigentlich in dem allen . . .“ [13]

Einen kleinen Ausgleich für den Ärger gibt es, als Schnitzler ein Telegramm aus Berlin erhält, in dem Otto Brahm telegrafisch das Aufführungsrecht für die „Liebelei“ erbittet. Es ist dies eine der ersten Taten des großen Mannes, seitdem er mit Herbst 1894 Direktor des Deutschen Theaters in Berlin ist. Und in diesem um sechs Jahre älteren Otto Brahm (1856–1912), dem Freund Fontanes und Hauptmanns, gewinnt Schnitzler den wichtigsten Theaterdirektor seines Lebens, jenen Mann, der – selbstloser, uneitler und von weit noblerer Gesinnung als Schnitzler je einen anderen trifft – sich bis zum Ende seines Lebens für das Werk des Wieners einsetzt und über Berlin für den Weg des Arthur Schnitzler in den gesamten deutschen Theaterraum sorgt.[14] Brahm, der geborene Kämpfer, der sich für Ibsen engagierte, der den Berlinern in der „Freien Bühne“ zu deren Entsetzen Hauptmanns „Vor Sonnenaufgang“ vorführte, vermag an Schnitzler allerdings nur das zu lieben, was an ihm „modern“ ist. Dort, wo der Dichter den historischen Faltenwurf sucht (im „Schleier der Beatrice“, im „Jungen Medardus“), muß Brahm aus Überzeugung ablehnen. Er macht aus Schnitzler einen „Naturalisten“, aber er schadet ihm damit nicht, im Gegenteil. Und über den künstlerischen Gewinn hinaus, den Schnitzler durch die Aufführungen seiner Werke bei Brahm genießt, gewinnt er noch eines: einen Freund.

„Richard [Beer-Hofmann] konstatierte den wunderbaren Lebensmoment: eine Geliebte los sein – ein Mädel lieb haben und sich nach ihrem Besitz sehnen – ein Mädel, die einem ganz sympathisch ist, besitzen – vor der Aufführung eines Stückes an den zwei ersten Theatern deutscher Zunge Wien und Berlin stehn – Und doch!"[15] Dieses „Und doch!" schließt all die Vorbehalte ein, die Schnitzler dem Leben immer entgegenbringt.

Adele Sandrock ist er noch nicht ganz los, aber ihre Entscheidung, Schnitzler doch lieber zu mögen als Salten, kommt zu spät: Er reagiert auf ihre flehenden Briefe nicht. Bei dem Mädel, das ihm ganz sympathisch ist, handelt es sich um besagte Minni, die in ihrer Vorstadtnaivität weit mehr davon beeindruckt ist, daß die Sandrock in Schnitzlers Stück spielen soll, als davon, daß er überhaupt ein Stück geschrieben hat. Auch ein anderes süßes Mädel spaziert zu dieser Zeit immer wieder einmal in die Biographie: Fifi, die es gelüstet, ihren jetzigen Geliebten zu betrügen. Mit einem Fremden fände sie das nicht nett. Aber mit Schnitzler, den sie so lange kennt . . . Und er tut ihr natürlich den Gefallen!

Das alles aber bedeutet nichts im Vergleich zu Marie Reinhard, jene Mizi, die für ihn den größten Reiz besitzt, weil sie noch keinem gehört hat. Denkt man an seine Parabel von den „drei Elixieren", mit deren Hilfe ein Mann die Vergangenheit, Gegenwart und Zukunft einer Frau auslöschen möchte, sofern sie sich nicht auf ihn bezieht (ein für den Liebes-Monomanen Schnitzler sehr bezeichnender Wunsch) – so muß er in diesem Fall einmal das erste und das zweite Elixier nicht bemühen. Daß das dritte, der Tod, sie darin hindern wird, nach ihm je noch einen anderen zu lieben, das weiß damals glücklicherweise noch niemand.

Die Erschütterungen des Glümer-Erlebnisses haben Schnitzler allerdings besonnener gemacht. Er denkt nicht daran, eine Ehe einzugehen, weiß aber, daß Marie Reinhard eine Frau zum Heiraten ist. So zögert er, die Verantwortung für diese Beziehung zu übernehmen. Und doch, obwohl sie weiß, was sie riskiert (wenn er sie nämlich nicht heiratet), wird Marie Reinhard am 13. März 1895, ihrem 24. Geburtstag, Schnitzlers Geliebte. Sie geht in den wenigen Jahren, die ihr noch verbleiben, einer komplizierten, schwankenden Beziehung mit einem eminent schwierigen Mann entgegen, der damals innerlich noch viel zu unstet und noch immer nicht reif genug ist, um seine Gefühle auf eine einzige Frau konzentrieren zu können. Sobald Mizi Glümer wieder in Wien auftaucht, wird sein innerer Zwiespalt aufgerissen. Diesmal reist sie nach zwei Wochen wieder ab. Später wird sie wiederkommen, länger bleiben und Schnitzler durch ihr Dasein in seiner Nähe in vieler Hinsicht peinigen.

In der Zeit um seinen 33. Geburtstag darf sich Schnitzler – vor allem durch positive Resonanz auf „Sterben" – als ziemlich bekannter Dichter fühlen. Die faszinierend-schillernde Schriftstellerin Lou Andreas-Salomé, die damals in Wien ist und neben Beer-Hofmann besonders Schnitzler zu ihrem Begleiter durch Kaffeehäuser und Praterrestaurants erkoren hat, meint, Richard und er müßten eigentlich glückliche Menschen sein: sie wären nicht ehrgeizig, lebten in Wien und hätten einander. Immerhin ist sie einsichtig genug zu erkennen, daß unter diesen „Glücklichen" Schnitzler doch der Unglücklichste, weil am grüblerischsten Veranlagte sei. Und liest man in seinen Tagebüchern immer wieder die Andeutung über schauerliche Krankheits- und Todesgedanken, die ihn quälen, so weiß man, daß er zumindest in dieser Periode seines Lebens nicht in der seelischen Disposition ist, „glücklich" zu sein. Auch wenn die äußeren Umstände noch so günstig sein mögen – „Und doch!"

Mitte des Jahres 1895 verliert Schnitzler beim Pokern im Kaffeehaus wieder weit mehr, als er sich leisten kann. (Nun aber aus damit, versucht er in seinem Tagebuch zu beschließen.) Geldsorgen gehören ja auch immer wieder zu seinen liebsten (und ehrlichsten) Motiven, wenn er Marie Reinhard erklärt, daß er sie nicht heiraten könne. Daß er seit dem Tod des Vaters mit seiner Mutter zusammenlebt, entlastet ihn finanziell, bringt aber seelische Spannungen mit sich und die Unannehmlichkeit, alle Liebesaffären und -beziehungen in Hotels, Absteigquartieren und Untermietzimmern absolvieren zu müssen.

Im übrigen hat er das richtige Gefühl, daß er zu wenig arbeitet. Die Prosa tritt in dieser Periode zurück: Zwar entstehen die Erzählungen „Der Empfindsame" und „Abschied", und an der Novelle „Die Frau des Weisen" wird er jahrelang mit Unterbrechungen schreiben. Aber das Hauptanliegen ist ihm damals das Stück „Freiwild". Die Idee reicht längere Zeit zurück. Im Oktober 1894, als Schnitzler noch an „Liebelei" feilte, hat sie sich erneut gemeldet, Ende des Jahres begann er zu schreiben. Das Stück beschäftigt ihn lange, aber bei weitem nicht so glücklich wie die „Liebelei". Mehrmals schläft er beim Schreiben darüber ein, und im ganzen kommt er nur mühsam vorwärts.

Bevor er in die Sommerfrische fährt, gehen im Burgtheater die Wellen hoch, weil man Burckhard, dessen Stellung als Direktor ohnedies höchst gefährdet ist, mitteilt, daß er sich mit der Aufführrung der „Liebelei" das Genick brechen könne. Ob ihn nicht vor den vielen Rücksichten grause, die er zu nehmen habe, fragt ihn Schnitzler. Ja, es sei „zum Speiben", antwortet Burckhard. Als wahre Luxusbesetzung für den einen Auftritt des „Herrn" im ersten Akt verschafft er Schnitzler den größten Star, den das Burgtheater seiner Ära zu bieten hat: Friedrich Mitterwurzer. Dafür will ein anderer Großer, Bernhard Baumeister, den Weiring nicht spielen. Ein persönlicher Besuch Schnitzlers bei Sonnenthal hat Erfolg. Obwohl dieser, gelinde gesagt, Angst vor dem Stück hat, erklärt er sich bereit, die Rolle zu übernehmen. Daß aus dem Vorstadt-Musikus auf diese Art ein Père noble wird, ist natürlich nicht zu vermeiden.

Den Sommer verbringt Schnitzler, teils mit Marie Reinhard, in den böhmischen Bädern, sieht in Nürnberg Mizi Glümer wieder, ist in Ischl, in Tirol, in Mündchen und findet Anfang September in Wien die Nachricht vor, daß „Liebelei" als erste Novität der neuen Spielzeit herausgebracht werden soll. Trotz dieser frohen Botschaft ist für ihn diese wie jede Rückkehr in den Wiener Alltag schwierig. Er, der auf Reisen oft so viel leichter und unbeschwerter lebt und empfindet, sieht sich zu Hause allen seinen (im Tagebuch nie genau definierten!) Ängsten und Neurosen wieder viel stärker ausgesetzt, fast ausgeliefert: Alle seine Nervositäten sind wieder da. Als Arzt und potentieller Hypochonder kann er sich auch keinen Illusionen darüber hingeben, daß seine beginnende Ohrenkrankheit immer schlimmer werden muß – was dann leider auch der Fall ist.

Am 18. September 1895 sieht Schnitzler den kühnen Traum verwirklicht, als Dichter ins Burgtheater einzuziehen. Es ist die erste Leseprobe der „Liebelei". Wieder wohnt Schnitzler, der sich seine Zeit ja weitgehend einteilen kann, den Proben bei, auch wenn ihm die Exaltationen der Adele Sandrock, die vor aller Welt in ihrer üblichen Hemmungslosigkeit auf die vergangene Intimbeziehung mit dem Dichter hinweist, auf die Nerven gehen. Immerhin hat er in ihr eine faszinierende Hauptdarstellerin, wenn ihr auch der „dramatische" letzte Akt besser zu Gesicht steht als das schlichte „süße Mädel". Schnitzler wagt es übrigens, zum fassungslosen Ärger der Sandrock, den Chef der Claque abzuweisen. Er will einen echten Erfolg oder gar keinen, während die Darsteller, die einen Skandal fürchten (voran Sonnenthal), gern eine Applaus-Rückversicherung hätten.

Die Bedenken der alten Burg-Stars sind einzusehen. Schließlich sind die Liebesgeschichten, die in „Liebelei" behandelt werden, höchst unehelich und folglich höchst unsittlich. (Daß damals ein Werk wie Wedekinds „Lulu"-Stück „Erdgeist", gegen das sich „Liebelei" mehr als harmlos ausnimmt, schon geschrieben ist, hat das Wiener Bewußtsein noch nicht erreicht.) Was wird geschehen, fürchtet Sonnenthal, wenn zwei unverheiratete Mädchen das Zimmer eines jungen Mannes betreten? Wird ein Sturm der Entrüstung losbrechen? Was werden die Hüter der Moral dazu sagen, daß ein Dichter – schon zum zweiten Mal – nicht nur darstellt, daß sein kann, was nicht sein darf, sondern das auch als moralisch keineswegs für verdammenswert erklärt? Christine, das Mädel, das einen Liebhaber hat, als Heldin auf den Brettern des Burgtheaters? Wenn diese Christine nicht mit großer Geste verurteilt wird, werden sich die zur Keuschheit verdammten Komtessen fragen, warum sie eigentlich nicht auch Liebhaber haben dürfen, vermutet Burckhard.

Und so kommt der Premierenabend heran, der 9. Oktober 1895. Schnitzler sitzt mit seiner Familie in einer Loge, in der Hofloge haben sich Erzherzog Karl und Erzherzogin Maria Theresia eingefunden, und die Zeitungen halten es für nötig zu vermerken, daß die hohen Herrschaften bis zum Schluß bleiben. Der effektvolle erste Akt geht ohne Störung vor sich, und wenn der zweite auch weniger wirkt, so darf Schnitzler doch vor den Vorhang.

Schnitzler hat nach der Premiere den Eindruck von nicht mehr als einem Achtungserfolg. Alfred von Berger, Gatte jener Stella Hohenfels, die sich selbst um die Rolle der Christine gebracht hat, reflektiert den Premiereneindruck und die zu erwartenden Einwände gegen dieses Stück an diesem Haus: „Das Publikum fühlte sich vielfach befremdet, ja verletzt, bisweilen interessiert, belustigt, gerührt. (. . .) Mancher alte Burgtheaterbesucher dürfte die Aufführung eines derartigen Stückes im Burgtheater geradezu als Skandal empfunden und sich entrüstet gefragt haben, durch welchen Zufall sich dieses Vorstadtstück auf die Bühne verirren konnte, auf der Schiller und Grillparzer heimisch sind . . ."[16]

Dennoch sind die Kritiken mit wenigen Ausnahmen positiv. Männer wie Ludwig Speidel und Max Kalbeck er- und anerkennen sofort die Bedeutung des Stückes, während Hermann Bahr seltsames Vergnügen daran findet, die Leistung des Freundes zu verkleinern: Dem Lob, „geschickt" zu sein oder mit Details zu „ergötzen", steht der Vorwurf des Undramatischen gegenüber, und das Urteil, es sei eine „saubere, anständige und brave Arbeit"[17], wirkt einigermaßen von oben herab. Schließlich muß Bahr ja seine eigene erste Voraussage stützen, keiner werde sagen, der Prophet sei gekommen. Immerhin, selbst die antisemitische „Reichspost" lobt, und als erklärte „Feinde" bleiben nur Emil Granichstaedten in der „Presse" („ekle Komödie") und der Kritiker des „Deutschen Tagblatts" („um eine Dirne mehr, was liegt daran . . .").

Weder damals (noch zum Großteil später) erkennt man allerdings, daß die „Liebelei" in ihrer Aussage um nichts milder ist als das „Märchen". Der ursprüngliche Titel „Das arme Mädel" sagt am meisten über die Intention des Stückes aus. Die Doppelbedeutung des Wortes „arm" kommt voll zum Ausdruck: Christine ist arm, weil seelisch mißbraucht durch die Tatsache, daß ihre große Liebe von Fritz nur mit einem tändelnden Liebelei-Verhalten beantwortet wird – man wagt nicht zu denken, wie er sie (bei aller eleganten Wehmut, die er mit seinem Schöpfer teilt) über kurz oder lang enttäuschen würde, wenn er nicht für eine „Dame in Schwarz" in einen sinnlosen Tod gehen müßte. Und Christine ist materiell arm, was Schnitzler an den Schauplätzen des Stückes augenfällig demonstriert: im ersten Akt die Plüschbehaglichkeit in der Stadtwohnung des jungen Herrn aus reichem Haus, im zweiten und dritten Akt das Zimmer bei Weirings, irgendwo im letzten Stock eines Vorstadthauses. Unten lärmt ein Schuster, und jederzeit kann eine Nachbarin bei der Tür hereinstürzen, weil es keine Diener gibt, die das Privatleben vor Störungen schützen. Fritz hat ein Klavier (mit Sicherheit einen Flügel), Christine eine Büste von Schubert. Dafür sieht sie auf den Kahlenberg. „Oh, wie schön ist es bei dir, wie schön!"[18] sagt Fritz, aber es ist zu bezweifeln, ob er ohne den sicheren Tod vor Augen auch zu dieser Erkenntnis käme, die endlich das Wesentliche begreift. Christines Liebe, die ihm bis dahin sogar ein bißchen lästig war, offenbart ihm nun ihren Wert, und er fragt sich, ob er nicht falsch gelebt hat. Aber dann, als er morgens zum Duell fährt, hat er an tausend Dinge zu denken. Immerhin, er spricht „auch" von ihr.

Daran erkennt Christine, was sie ihm war, vielmehr nicht war. Weil sie „arm", das heißt nicht aus seinen Kreisen ist, hat sie weder Anspruch noch Hoffnung auf eine echte gegenseitige Beziehung. Sie begeht Selbstmord, weil sie ihre eigene große Liebe nicht durch Wiederholbarkeit zur Liebelei degradieren will, wie es ihre Freundin Mizi gemacht hat. Nicht Verzweiflung über den Tod von Fritz läßt Christine das Leben nicht mehr lebenswert erscheinen, sondern die gesellschaftlichen Zustände, unter denen sie weiterleben müßte und die sie nicht akzeptieren will. Christines Tod ist der Protest des „armen Mädels", der einzige, zu dem sie fähig ist, der aber nicht minder provokant ist als das stolze Aufbegehren der Fanny Theren im „Märchen". Aber nur indem sie diesen Selbstmord als sentimentalen Liebestod interpretiert, kann die durch das Theaterpublikum repräsentierte Gesellschaft von 1895 dieses Stück hinnehmen. Und bis heute besteht die Gefahr, angesichts der „Liebelei" über eine traurige Liebesgeschichte ergriffen zu weinen, statt über eine erstarrte, tödliche Gesellschaftsform zornig zu sein, zu deren Überwindung letztlich Stücke wie dieses beigetragen haben. Denn wie hoch man den poetischen, volksstückhaften Ton auch anschlägt – letztlich zeigt „Liebelei" Mißstände auf.

„... wagte er es auszusprechen, daß die unbegreiflich festgerammten Begriffe unserer Eltern keine Geltung mehr hatten für uns, die nun heranwuchsen?"[19] empfindet ein junges Mädchen namens Olga Gussmann, später Schnitzlers Frau. Weil hier endlich einer von den „Jungen" ins Burgtheater eingezogen ist, zeigt sich auch bald der Erfolg des Stückes, an den Schnitzler selbst nicht so recht geglaubt hat: „Liebelei" ist andauernd ausverkauft. Was übrigens sicher auch an den vordergründigen Qualitäten des Stücks liegt, das einfach gut gemacht ist, das in Mizi–Theodor geschickt ein „Buffo"-Paar zu Christine–Fritz kontrastieren läßt, das in dem gütigen Weiring, dem gespenstischen Herrn und der tratschhaften Frau Binder unendlich lebendige Nebenfiguren bietet.

Nach der Premiere hat Schnitzler plötzlich das Gefühl, daß er Weirings Schwester noch auf die Bühne bringen muß, läßt diesen Einfall aber nach einigem Herumprobieren glücklicherweise sein und stört die Harmonie des Stückes nicht. „Liebelei" wird bis zum Ende der Spielzeit von allen im Repertoire befindlichen Werken am öftesten, nämlich vierzehnmal, gespielt (wofür Schnitzler 2 218 Gulden an Tantiemen bekommt) und auch in der darauffolgenden Saison wieder aufgenommen. Im ganzen bleibt die „Liebelei" bis 1910 bei wechselnden Besetzungen auf dem Spielplan. Katharina Schratt, die sich persönlich über die Unsittlichkeit des Werkes alteriert hat, weiß allerdings nichts von kaiserlichem Mißfallen zu berichten, nachdem Franz Joseph den Abend tatsächlich besucht hat. Später wird der Kaiser, wie Schnitzler natürlich hinterbracht wird, den Ausspruch von sich geben: „Wundere mich überhaupt, daß man solche Stücke im Burgtheater aufführt ..."[20]

Der Erfolg der „Liebelei" bringt eine Zeitschriftengründung gleichen Namens hervor, was nachhaltig beweist, wie der Titel eines Stücks (übrigens ähnlich wie bei „Anatol") über den konkreten Anlaß hinaus zum Begriff zu werden vermag. Diese Wiener

Wochenschrift erscheint zwar nur vom 4. Jänner bis zum 20. März 1896, aber sie bringt in dieser Kurzlebigkeit immerhin Texte von Männern, die in der Literatur- und Literatenszene eine Rolle spielen: von dem Lyriker Felix Dörmann, von dem späteren Kritiker der „Neuen Freien Presse" Paul Wertheimer, von dem späteren Beinahe-Freund Schnitzlers Raoul Auernheimer und von Peter Altenberg und Karl Kraus, der hier, noch vor seinen „Fackel"-Zeiten, unter einem Decknamen seine Bosheiten verbreitet.

Mit „Liebelei" hat Schnitzler es geschafft. Im Jänner 1896 folgt er der Einladung, der Premiere seines Stücks in Frankfurt beizuwohnen – der Erfolg ist enthusiastisch. Im Februar ist er in Berlin, wo er Otto Brahm und Samuel Fischer persönlich kennenlernt und am 4. Februar 1896 im Deutschen Theater den starken Erfolg der „Liebelei" erlebt. Agnes Sorma, damals 31, eine der großen Virtuosinnen der deutschen Bühne, spielt die Christine, und schon damals zeichnet sich ab, was viel zu Schnitzlers Erfolg auf dem Theater beiträgt: Er kann nicht nur Stücke, sondern auch Rollen schreiben. Eine Christine, aber auch eine Schlager-Mizi sind Herausforderungen für jede Schauspielerin, von seinen damaligen und späteren großen Männerrollen (Anatol und Max, Fritz und Theodor und Weiring, Sala, Hofreiter, Bernhardi) ganz zu schweigen. An Schnitzler-Interpretationen kann man Ruhmesblätter der deutschsprachigen Theatergeschichte schreiben.

Zum ersten Mal ist ein Berlin-Aufenthalt für Schnitzler eine wundervoll-anregende Sache, und mit wenigen Ausnahmen soll das für immer so bleiben. Es gibt kaum eine Stadt, die er so oft besucht. Immer sucht er dort Samuel Fischer und den Verlag auf, meist in Verhandlungen, meist freundschaftlich, bis 1912 ist Otto Brahm lebendiger Bezugspunkt, der später durch andere Direktoren (vor allem Viktor Barnowsky) nicht zu ersetzen ist, hier sind Schriftstellerkollegen wie Hermann Sudermann und Georg Hirschfeld, Journalisten wie Maximilian Harden, Paul Schlenther (der in Schnitzlers Leben eine noch recht verhängnisvolle Rolle spielt), hier ist die Riege von Otto Brahms großen Schauspielern, damals Rudolf Rittner, Emanuel Reicher, Josef Jarno (später kommen noch glanzvollere Namen hinzu, vor allem der von Albert Bassermann).

Damals in Berlin begegnet Schnitzler auch dem um fünf Jahre jüngeren Alfred Kerr, dem für Brahm und die Moderne engagierten Journalisten und späteren Kritiker-Papst, der von S. Fischer den Auftrag bekommen hat, einen Schnitzler-Beitrag für die „Neue Rundschau" zu schreiben. Kerr, mit Unterbrechungen lebenslang mit Schnitzler befreundet und von diesem geschätzt, produziert in seinem gewohnten Stil schlechthin Hymnisches – und zeigt damit, daß Klischees durchaus nicht kleinen Schreibern vorbehalten sind. So schwärmt er von der „schmerzlichsüßen Welt, voll traurig-schalkhafter Grazie, voll ironischer Melancholie, voll leiser, lachender Innigkeit". Er spricht vom „zarten Leichtsinn", vom „holden Betrug", vom „süßesten Elend" und vom „stummen Schluchzen", von „sterbenden Liebesworten" und „toter Seligkeit" (was immer das sein soll). Indem er Christine, die „blasse Violinspielerstochter", zu einem „süßen Denkmal einer besonderen, heutigen Liebespoesie" macht, verkitscht er nicht nur die Gestalt, er liefert damit auch Floskeln, die seitdem an Schnitzler kleben und von seinem Bild fast nicht mehr abzuwaschen sind.[21]

Als Schnitzler von Berlin nach Wien zurückkehrt, findet er die Buchausgabe der „Liebelei", erschienen bei S. Fischer, vor. Das Stück wird noch im gleichen Jahr in Köln (mit Mizi Glümer als Schlager-Mizi), in Graz, München, Mailand, Prag und Preßburg gespielt, und es folgen nahezu alle Bühnen des deutschen Sprachraums und darüber hinaus die Theater bis Athen und Sofia. Es ist Schnitzlers erstes Stück, das mit der großen Darstellerin Vera F. Komissarzevskaja[22] Rußland erobert (wo er lange Zeit einer der meistgespielten deutschsprachigen Dramatiker ist), es wird, gleichfalls als sein erstes Werk, 1897 in deutscher Sprache in New York gezeigt (1905 erscheint es als „Flirtation", 1907 als „The Reckoning" nochmals in englischer Sprache[23]). Es ist wahrlich ein Welterfolg.

Schnitzler registriert in Wien bald ein geändertes Verhalten der Leute ihm gegenüber. In dieser Stadt, wo das Theater eine ungleich größere Rolle spielt als die Literatur an sich, erlebt ein Dichter seinen „Durchbruch" auf der Bühne. Daß er Schnitzler nach dem „Märchen" bereits mit dem zweiten Anlauf geglückt ist, mag aufholen, was er in seinen Zwanzigerjahren versäumt hat. Mit 33 Jahren kommt der Ruhm – und die Verpflichtung. Was auf die „Liebelei" folgt, vermag sich nicht damit messen, weder an rein objektiver Qualität noch an Bühnenwirksamkeit und -erfolg. Sein nächstes Meisterwerk, „Reigen", kann lange nicht gespielt werden. Bis, wie bei der „Liebelei", wieder die äußeren und inneren Glücksfälle in gleicher Weise zusammentreffen, vergehen 16 Jahre – bis zum „Weiten Land", 1911.

5. RUND UM DAS BURGTHEATER 1896–1899

Ende des Jahres 1895 hat Schnitzler, des „Liebelei"-Erfolgs ungeachtet, ein Gefühl innerer Unzufriedenheit: Er braucht neue Kreise, neue Menschen und auch neue Frauen. Doch als er die Möglichkeit erhält, sich in neuen Kreisen zu versuchen, lehnt er ab. Man bietet ihm das Burgtheaterreferat der „Presse" an (ein Blatt übrigens, das an ihm bis jetzt kein gutes Haar gelassen hat). Aber er scheut vor der Doppelfunktion Kritiker und Dramatiker, Journalist und produzierender Künstler zurück – zu Recht, wie sich zeigt. Seine Interessen sind weit vom Tagesjournalismus entfernt, und sich in die intrigante Welt der Redaktionen zu begeben, interessiert ihn nicht. Auch behält er so saubere Hände, kommt also nie in die Situation etwa eines Hermann Bahr, Journalist und Dramatiker, dem Karl Kraus im Zusammenhang mit dem Deutschen Volkstheater schwere Korruption nachweisen will.

Schnitzler bleibt Dichter mit dem Brotberuf Arzt, wobei ihn das ärztliche Wissen beim unbefangenen Leben stört. Wer so zur Hypochondrie neigt wie er und von Berufs wegen so gut über Krankheiten Bescheid weiß, kann sich das Dasein selbst schwer vergällen. Vor allem, wenn nicht immer genügend neue Eindrücke und Reize seine monomanischen Gedanken vertreiben. Übrigens auch ein Grund für Schnitzler, so viel Zeit im Kaffeehaus zu verbringen: dort muß er nicht mit sich und seinen Zwangsvorstellungen allein sein.

Auch die Beziehung zu Marie Reinhard befriedigt Schnitzler nicht. Schnell ist sie festgefahren, schnell nimmt sie quälende Züge an, weil die junge Frau natürlich ein Ziel vor Augen haben muß: geheiratet zu werden. Kurze Reisen, wie jene nach Frankfurt und Berlin zu den „Liebelei"-Vorstellungen, befreien ihn nur kurzfristig. Er spürt, daß er schon wieder für ein neues Erlebnis mit einer Frau reif ist. Ein Gelegenheitsabenteuer wie jenes mit der kleinen Magda, die dann später im „Reigen" auftaucht, bietet ihm nicht das große

Gefühl, das er braucht. Dabei ist die Welt voll von jungen Mädchen, die ihm gefallen, auch wenn Helene Herz, verletzt von seinem Benehmen, geheiratet hat. Aber da ist Minnie Benedict, die mit Geschick zwischen ihm und Hofmannsthal laviert; da ist die kleine Risa Strisower, die nach allen Regeln der Kunst flirtet und auch – natürlich in Grenzen! – zu kleinen handgreiflichen Zärtlichkeiten zu haben ist; und Clara Loeb mit ihren blitzenden Augen, die selbst „dichtet" (und gar nicht einmal so schlecht) und, wie alle, in Schnitzler verliebt ist – bis sie aber eine Rolle in seinem Leben spielen wird, muß sie noch ein Vierteljahrhundert warten. Und keine könne man haben, resigniert Schnitzler angesichts dieser Bürgertöchter, die (wie auch etwa seine Schwester) zu den Frauen gehören, die man heiraten muß. So feiert er, ausweglos, mit Marie Reinhard am 13. März 1896 einen matten ersten Jahrestag ihres moderierten „Glücks".

Die Abwechslung, die Schnitzler sucht, findet er, als er im Juli 1896 zu Schiff eine große Nordlandreise unternimmt. Diese schlägt sich in nahezu täglichen Briefen an die Geliebte nieder[1], in denen er eine Sehnsucht nach ihr artikuliert, die er meist gar nicht wirklich empfindet. Stimmungen unterworfen, wie er nun einmal ist, ändern sich seine Gefühle oft von Tag zu Tag. Das Auseinanderklaffen zwischen ehrlicher innerer Biographie, wie man sie dem Tagebuch entnimmt, und der gleichsam offiziellen in den Briefen, wird im Vergleich nur allzu deutlich. Es wäre allerdings nicht gerechtfertigt, Schnitzler für einen bewußten Heuchler zu halten, nur weil man aus den Tagebüchern manches anders zu wissen glaubt. Schließlich steht nicht fest, ob er sich beim Schreiben der Briefe nicht so weit auf die Empfängerin einstellte, daß Liebesbeteuerungen in diesem Moment auch wirklich ehrlich waren. (Mit der Erklärung, daß alles nur „in diesem Augenblick" Gültigkeit hat, macht ja auch Fritz in der „Liebelei" seine Christine unglücklich.) Und außerdem ist Marie Reinhard ein Wesen, das er nie verletzen will (wenn er es auch immer wieder tut).

Schnitzler ist auf dieser Schiffsreise innerlich teilweise so gelöst, daß ihm nicht einmal die ziemlich dummen Mitreisenden (die er Marie Reinhard launig schildert) etwas ausmachen. Zu einem ganz tiefen Eindruck wird ihm die Natur, der gewaltige Anblick der norwegischen Fjorde. Wenn er sich in die Kabine zurückzieht, um an seinem Stück „Freiwild" zu arbeiten, hat er Angst, er könnte draußen etwas versäumen. Arbeitet er allerdings zu lange nicht, quält ihn wiederum das schlechte Gewissen. Es ist ihm nicht gegeben, je ohne innere Spannung zu leben. Das ist ein Grundfehler seines Wesens, weiß er. Er wird des Augenblicks nicht froh.

In gewissem Sinn ist der Besuch bei Henrik Ibsen in Christiania der Höhepunkt von Schnitzlers Reise. Obwohl er sich selbst nie als „Naturalist" fühlt, sind auch seine Stücke ohne das Vorbild von Ibsen nicht zu denken. Der große Norweger ist in den siebziger Jahren des 19. Jahrhunderts mit seinen schonungslos-sozialkritischen Dramen der Bahnbrecher der Moderne – seine „Nora" rüttelt an den Konventionen wie Schnitzlers Fanny Theren, sein Dr. Stockmann steht in dem Drama „Der Volksfeind" so einsam gegen eine Welt von Feinden wie später Schnitzlers Professor Bernhardi. Der junge Wiener Autor pilgert zu einem Großmeister und findet einen sehr entgegenkommenden alten Herrn, der „schon sehr greisenhaft" aussieht und „mild, freundlich", sozusagen von der Ferne zuhörend[2], an Wiener Schauspielern Interesse zeigt. Über Schnitzler ist er informiert, eine Aufführung der „Liebelei" in Christiania hält er für wünschenswert, und er sagt dem Besucher „einiges besonders Liebenswürdige"[3].

Dann begibt sich Schnitzler in den dänischen Badeort Skordsborg, wo er mit Richard Beer-Hofmann und dessen späterer Gattin Paula Lissy relativ unbeschwerte Tage verbringt. Ursprünglich wollte er auch Marie Reinhard hier haben, aber sie hat stolz abgelehnt, in einem abgelegenen Ort als versteckte Geliebte zu figurieren.

Auf dem Rückweg hat Schnitzler in Kopenhagen Gelegenheit, eine briefliche Bekanntschaft in eine persönliche umzuwandeln. Er besucht den berühmten dänischen Literaturhistoriker Georg Brandes, mit dem er seit 1894 gelegentlich korrespondiert, seitdem dieser sich für die Zusendung von „Anatol" und „Das Märchen" bedankt und für den jungen Dichter achtungsvolle Worte gefunden hat.[4] Kurz vor der Reise hat er noch einen liebenswürdigen Brief von Brandes über die „Liebelei" erhalten. Nun besucht er ihn zusammen mit Beer-Hofmann: „Er sieht seltsam aus; mittelgroß, mager, Gesicht – ich lasse mich doch lieber nicht auf schriftliche Schilderung ein; es gäbe kein Bild."[5] Sie verstehen einander gut, und der Eindruck der „Welttratschen"[6], den Brandes im persönlichen Gespräch macht, entsteht keineswegs im Briefwechsel zwischen ihm und Schnitzler, der bis zu Brandes' Tod 1927 in warmem, freundschaftlichem Ton geführt wird und – vielleicht bedingt durch die räumliche und zeitliche Trennung – stets wesentliche Aussagen enthält.

Von Kopenhagen fährt Schnitzler nach Berlin. Dort liest er sein neuestes, nun beendetes Drama „Freiwild" Otto Brahm vor, der es für das Deutsche Theater annimmt. Mit S. Fischer verhandelt er über einen Novellenband, der allerdings erst zwei Jahre später erscheint, und von Alfred Kerr läßt er sich nicht ungern sagen, daß dieser eine „förmliche Liebe und Zärtlichkeit"[7] für seine Sachen habe. Über München kehrt Schnitzler nach Wien zurück.

In Wien denkt Schnitzler daran, für „Freiwild" eine Bühne zu finden. Max Burckhard hat ihn schon im Frühjahr nach seinem neuen Stück gefragt. Das werde gewiß nichts fürs Burgtheater, hat Schnitzler damals gesagt, denn es kämen Offiziere darin vor. „Können S' nicht einen Briefträger daraus machen?" fragte ihn Burckhard.

Schnitzler kann nicht. Das Problem des Duells, um das es in seinem Stück vordringlich geht, wird sogar ungemein lebendig, als Hermann Bahr plötzlich direkt damit konfrontiert wird. Da seit den sogenannten „Waidhofner Beschlüssen" die Juden für satisfaktionsunfähig erklärt worden sind, bleibt es dem Nicht-Juden Bahr, sich deshalb zu schlagen. Er wird verwundet, und Schnitzler gibt kurzfristig alle Vorbehalte dem Freund gegenüber auf und findet ihn direkt sympathisch. Nicht viel später gehört Felix Salten zu jenen Juden, für die es nun eine Justament-Sache wird, sich dennoch zu duellieren.

Schnitzlers Weg, sich dem Problem zu stellen, besteht jedenfalls darin, ein Stück darüber zu schreiben. Zwar ist der Tatbestand des Duells so unausweichlich, daß er in seinem Werk immer wiederkehrt – in „Liebelei", „Das weite Land", „Ritterlichkeit", „Fink und Fliederbusch", in der Novelle „Leutnant Gustl" und noch in seinem letzten Prosawerk, „Der Sekundant" –, aber außer in dem Fragment „Ritterlichkeit", wo er den Sachverhalt so differenziert aufsplittern will, daß er sich schließlich einer Darstellung auf der Bühne entzieht, hat er die Frage sonst nie in den Mittelpunkt gestellt.

Der Titel „Freiwild" hat doppelten Bezug auf das Stück. „Freiwild" für Offiziere und reiche Herren sind die Schauspielerinnen eines Sommertheaters: Mizi Glümers leidvolle Erfahrungen werden wieder einmal, wieder aus anderer Perspektive, eingebracht (im „Märchen" gestaltete er ihre Problematik im Rahmen der herrschenden Moralvorstellungen, in „Familie" bezüglich der schädigenden

Milieueinflüsse, und hier geht es um die Rechtlosigkeit inmitten einer Umwelt, in der die Bühne nur der Ort ist, an dem die Offiziere ihre Damen für die Nacht begutachten). Das ist aber nur das Seitenthema. „Freiwild" sind vor allem jene Zivilisten, die mit dem „Ehrenkodex" und dem eisernen Duellzwang der Offizierskaste in Berührung kommen.

Mag Schnitzler im ersten Akt noch so köstlich das Schmierentheatermilieu gestalten – „Freiwild" ist doch ein Stück über das Duell. Wie grausam es über allen männlichen „Standespersonen" der franzisko-josephinischen Ära lastet, hat – wie schon geschildert – Schnitzler ja einst selbst erfahren, als von ihm erwartet worden ist, einen „feindlichen" Kollegen aus der Poliklinik zu fordern. Damals wurde die Sache nicht auf die Spitze getrieben und blieb intern genug, um keine weiteren Folgen für ihn nach sich zu ziehen. Aber in der „Leutnant Gustl"-Affäre wird Schnitzler nicht seine „Beleidigung" des Offizierstands seinen militärischen Rang kosten, sondern die Tatsache, daß er einen Journalisten, der ihn beleidigt hat, nicht fordert! Und was jeden treffen kann: sobald eine Forderung ausgesprochen ist, hat der Geforderte keine Möglichkeit, sich ihr zu entziehen, will er nicht mit Schimpf und Schande aus der Gesellschaft gestoßen werden.

In diese Situation bringt Schnitzler in „Freiwild" seinen unheldischen Helden Paul Rönning, seines Zeichens Privatier und Verehrer der Schauspielerin Anna Riedl. Oberleutnant Karinski provoziert ihn aus schlechter Laune und bloßem Mutwillen, indem er Anna beleidigt. Rönning, der Karinski daraufhin mit einer verdienten Ohrfeige züchtigt, macht den Beleidiger damit zum Beleidigten, der ihn zum Duell fordert. Damit hat Karinski – ein schießgewohnter Berufssoldat mit Waffenwahl und erstem Schuß – die damals völlig legitime Möglichkeit, Rönning einfach umzubringen. Denn wenn Duelle auch offiziell verboten sind, so ist es dennoch folgenschwerer, sie zu verweigern, als sie auszufechten: Ersteres kostet den Offiziersrang (und der Witwe die Pension), letzteres bringt auch bei tödlichem Ausgang meist Freispruch oder kurze, bald ausgesetzte Haft und – vor allem – die gerettete „Ehre". Und Zivilisten, die sich hier nicht fügen, sind gleichfalls gesellschaftlich unmöglich.[8]

Rönning verhält sich nun so wie sein Schöpfer Schnitzler – er lehnt das Duell als unsinnig ab. „Ist denn meine Ehre in jedermanns Hand, dem es gerade Spaß macht, sie anzugreifen? Nicht auf das, was uns geschieht, auf das, was wir tun, kommt's doch an!"[9], meint er mit gesundem Menschenverstand. Aber das läßt die Umwelt nicht gelten – sie besteht auf ihrem Duell- und Verhaltenskodex, und Rönning macht sich selbst „rechtlos". Was Schnitzler nun zu zeigen gelingt, ist der Druck der Verhältnisse. Auch derjenige, der sich distanzieren will, ist nicht davor gefeit, unter die Räder der gesellschaftlichen Mechanismen zu geraten. Die Problematik dreht sich wieder: Da Rönning nicht die Absicht hat, sich von Karinski (dem gar nichts anderes übrigbliebe, geht es doch auch um seine „Ehre") durch die Welt jagen zu lassen, beschließt er, nicht zu fliehen, sondern sich dem unvermeidlichen Schuß zu stellen – und nimmt damit jene „Ehrenmann"-Haltung ein, die ihm aus Überzeugung völlig fernliegt.

Trotz dieses gedanklich etwas abstrusen Endes ist „Freiwild" ein anständiges Theaterstück ohne Niveau, wie Schnitzler selbst viel später feststellt, dessen Stärke in der Milieuschilderung des ersten Akts und in der dialektisch ausgefeilten Diskussion über das Duell steckt. Bloß vermochte Schnitzler nicht, wie es ihm manchmal passiert, die angeschnittenen Themen wirklich theatergerecht befriedigend aufzulösen. „Der Held erfriert in seiner Theorie" [10], hat er schon voll Selbsterkenntnis an Marie Reinhard geschrieben.

Dieser Schwäche ungeachtet, ist „Freiwild" – nach der viel unterschwelliger kritischen „Liebelei" – wieder ein Stück, in dem sich Schnitzler offen in Widerspruch zu seiner Zeit und ihren Konventionen stellt. Daß er das Duell an sich als Privatsache zweier Männer gelten läßt, die sich in gegenseitiger Übereinstimmung duellieren, und daß er nur gegen den Duellzwang ist (der Versuch, „zu einem Duell zu zwingen" [11], sei seiner Meinung nach mit Schärfe zu ahnden), ist in einer „Rundfrage über das Duell" nachzulesen, die allerdings zu seinen Lebzeiten nirgends erschienen ist. Aber so genau wollen die Zeitgenossen gar nicht differenzieren. Schnitzler, der auch nicht die Absicht hat, sich wegen „Freiwild" zu duellieren, muß viele persönliche Attacken und Beschuldigungen persönlicher Feigheit über sich ergehen lassen.

Burckhard freilich, Schnitzlers wahrer Geistesgenosse, findet, es sei ein schönes, edles Tendenzstück, gratuliert Otto Brahm, daß dieser so etwas aufführen dürfe, und bedauert, daß es am Burgtheater natürlich unmöglich sei. Aber auch der Direktor des Deutschen Volkstheaters, Emmerich von Bukovics, schickt „Freiwild" in seiner Eigenschaft „als alter Offizier" zurück. Die Zeitungen melden, das Stück könne in Wien wohl nicht gespielt werden, und Schnitzler wünscht allmählich, seinen Namen nicht so oft in der Presse finden zu müssen. Auch bedrückt es ihn, daß er zu Recht das Gefühl hat, alle, denen er „Freiwild" zu lesen gibt, hielten es für schlechter als „Liebelei". Das ist der Druck des Erfolges.

Es ist keinerlei Aufführung in Wien in Aussicht, als Schnitzler sich Ende Oktober 1896 nach Berlin aufmacht, um der Uraufführung des Stückes am Deutschen Theater beizuwohnen. Damals lernt Schnitzler Gerhart Hauptmann kennen, der dem jungen Kollegen aus Wien – und „Rivalen" in der Gunst Otto Brahms – mit viel Sympathie entgegenkommt, und den jungen Musiker Richard Strauss, auf den der Weltruhm noch wartet. Schnitzler begegnet Brahms Starschauspieler Josef Kainz und dem Starkritiker Paul Schlenther, die beide in ihrer Burgtheaterzeit für ihn noch wichtig werden sollen. Leider spielt in Berlin nicht Kainz den Karinski, sondern Oscar Sauer; Rudolf Rittner gibt den Rönning (den Kainz wiederum gern verkörpert hätte), und in der im ganzen exzellenten Besetzung, die fast Brahms ganzes Männerensemble erfordert, finden sich auch Namen wie Hermann Nissen, Emanuel Reicher, Paul Biensfeldt und – Max Reinhardt, der später für Schnitzlers Freund Hofmannsthal von so entscheidender Bedeutung werden soll, in seiner Eigenschaft als Theaterdirektor jedoch Schnitzler manchen Ärger bereitet.

Die Premiere von „Freiwild" findet am 3. November 1896 statt. Nach dem dritten Akt gibt es leichten Widerspruch, was den Beifall nur noch anheizt. Die Kritiken sind soweit gut, aber die zweite Vorstellung ist recht leer, und Brahm setzt das Stück bald ab.

„Schreiben S' doch einmal was Anständiges, damit die Leut nicht sagen können, Sie können nichts anderes."[12] Dieser gute Rat stammt von Max Burckhard, der erkennt, wie sehr Schnitzler schon gegen sein Klischee zu kämpfen hat. Da erscheint etwa in der Wiener Zeitung „Figaro" (April 1896) eine Karikatur, die Schnitzler zeigt, wie er aus dem Fenster des Kaffeehauses auf ein paar Grisetten blickt: „Kunststück, der hat uns einfach abgeschrieben", sagen sie. Als der Dialog „Überspannte Person" im „Simplicissimus" erscheint, wird die Zeitschrift daraufhin konfisziert – Schnitzler gilt einfach als der „unmoralische" Dichter. Aber was man von ihm will, ist wieder – „Anatol". Direktor Lautenburg in Berlin möchte das Stück nun wagen, mit dem großen Burgtheaterstar Friedrich Mitterwurzer. „Warum soll so ein Roué nicht sterben?"[13] fragt Mitterwurzer Schnitzler und fordert ihn auf, zum Abschluß des Zyklus einen Einakter über Anatols Tod zu schreiben, wozu sich der

Dichter nicht entschließen kann. Das ganze Projekt scheitert aber an einem noch unglücklicheren Ereignis: Mitterwurzer stirbt und mit ihm eine der stärksten Stützen von Max Burckhards Burgtheater.

Dieser Max Burckhard will Schnitzler an seinem Haus möglich machen (mit „Freiwild", das auch an diversen anderen Bühnen gespielt wird, gelingt es ihm nicht) und fordert ihn auf, doch ein historisches Stück zu schreiben. Das ist eine starke Saite in Schnitzlers Wesen, die allerdings erst später zum Klingen kommt. Damals jedoch beginnt er wieder Szenen im „Anatol"-Stil, die durchaus nicht dazu geeignet sein werden, das Klischee vom „unmoralischen" Schnitzler zu zerstreuen, im Gegenteil: der „Liebesreigen", später nur „Reigen" genannt, wird dieses Vorurteil bis heute zementieren.

Damals kann Schnitzler noch kontinuierlicher bei einem Werk bleiben als später. Er schreibt die zehn Dialoge zwischen dem 23. Dezember 1896 und dem 24. Februar 1897. Sie enthalten alles, was er über die Art von „Liebe" weiß, die nichts will als Sexualität. Er, der schon Anatol darüber seufzen ließ, wie „typisch" alle seien, begibt sich nun endgültig zu den Typen, die keine Namen mehr haben. Er führt zehn Personen paarweise vor, wobei er die soziale Stufenleiter empor- und wieder hinabsteigt: Die Dirne läßt sich vom Soldaten nehmen, keinem schneidigen Offizier, sondern einem ganz ordinären Kerl, für den es einen Aufstieg bedeutet, ein Stubenmädchen zu bekommen. Dieses wiederum ist nicht unwillig, es auch mit dem jungen Herrn zu treiben, der seinerseits eine dieser aufregenden und anstrengenden Liebschaften mit einer verheirateten Frau hat. Diese kann gar nicht anders, als gelegentlich auch ihren ehelichen Pflichten nachzukommen, wobei das eigentliche Interesse des Ehemanns allerdings bei dem süßen Mädel liegt. Dieses wiederum findet es ganz lustig, sich mit einem Dichter einzulassen, auch wenn sie keine Ahnung hat, wovon dieser eigentlich redet. Der Dichter pflegt aus Prestigegründen ein Verhältnis mit einer Schauspielerin (und in dieser Szene kann man die Typen personalisieren und ihnen die Namen Arthur Schnitzler und Adele Sandrock geben), während die Dame es darauf anlegt, einen eher ungeschickten Grafen zu verführen, der sich am Ende in den Armen der Dirne wiederfindet – der Kreis hat sich geschlossen.

Vom Dirnen- und Soldatenproletariat hat Schnitzler über die aus dem Kleinbürgertum stammenden Bediensteten ins Großbürgertum geführt, zurück zum kleinbürgerlichen süßen Mädel, das ins Künstlermilieu überleitet, von wo es zum Adel nicht weit ist – die sozialen Schichten der Kaiserstadt sind durchschritten, die Schranken fallen dort, wo der Mensch am menschlichsten ist, im Sexus. Begierde bis Gier treibt sie zueinander, die gesellschaftlich Gleichstehenden und jene, die sich herablassen oder hinaufgeholt werden: Vor dem Eros sind alle gleich. Die Gedankenstriche, die ihre Vereinigung anzeigen, kennen keinen Unterschied. Nur das Davor und das Danach.

Schnitzler differenziert mit Meisterschaft das gesellschaftsbedingte Verhalten der einzelnen Charaktere – von der Hemmungslosigkeit der Dirne (die mit der Direktheit der Schauspielerin verwandt ist) bis zur durch und durch verlogenen Geziertheit der jungen Frau, von der Brutalität des Soldaten bis zur affektierten Egozentrik des Dichters, die ihn auch in diesen Momenten nicht verläßt. Der penetrant moralisierende Ehemann und der ungeschickt philosophierende Graf, das naiv-raffinierte süße Mädel und der nervöse junge Herr, dem es so leicht fällt, das Stubenmädel zu verführen, und der bei der Dame von Stand so gehemmt ist – jeder bleibt ganz er selbst, sucht keine Sekunde lang den anderen, findet sich nachher folglich allein. Wie unendlich gnadenlos von Schnitzler, daß die einzige Person, der er inmitten dieses „Totentanzes" so etwas wie menschliche Regungen einräumt – die Dirne ist.

Es ist wohl der „Reigen", an den gedacht wird, wenn Schnitzler immer wieder als Meister der „kleinen Form" bezeichnet wird. Tatsächlich ist hier, vom Monolog abgesehen, die höchste dramatische Ökonomie gegeben: zwei Personen im Dialog, dessen Meister Schnitzler ist. (Auch „Halbzwei", „Überspannte Person" und später „Silvesternacht" sind übrigens Dialoge, und einer von Schnitzlers überhaupt besten Einaktern, „Literatur", kommt mit drei Personen aus.) Der überzeugendste Beweis für die absolute Gelungenheit des „Reigen" besteht wohl darin, daß es im Grunde zehnmal um letztlich dasselbe, den Geschlechtsakt, geht und daß es doch nie das gleiche ist. Dazu kommt ein durchaus satirischer Humor, der allerdings nie zur Verzerrung führt. Bei aller Neigung Schnitzlers zum Puppen- und Marionettenspiel, bei allen Verwandtschaften mit dem „Totentanz", der im Zusammenhang mit dem „Reigen" immer wieder zitiert wird, bei aller Typisierung – sie sind doch alle Menschen, ungemein plastische Individuen.

Tatsache bleibt, daß dieses Stück allerdings nicht deshalb so viel von sich reden machte, weil es zu dem objektiv Besten gehört, was Schnitzler je geschrieben hat, vollkommen in Form, Stil und Gehalt, sondern weil man den Dichter dafür verantwortlich gemacht hat, etwas zu zeigen, was als „unmoralisch" galt. Niemand kann die absolute Lebenswahrheit des Dargestellten abstreiten. Aber nicht daran, daß es wahr ist, wird man Anstoß nehmen, sondern daran, daß es gezeigt wird, mehr noch: daß Schnitzler es zeigt. Darum weiß er auch genau, was er tut, als er den „Reigen" schreibt (und später lange Zeit nicht spielen läßt): „... etwas Unaufführbareres hat es noch nie gegeben"[14], berichtet er an Otto Brahm.

Das Jahr 1896 ist für den Griensteidl-Kreis bewegt ausgeklungen. Von Karl Kraus, „dem bekannten Lausbuben"[15], der sich von den anderen absentiert hat (zwischen 1892 und 1895 hat Kraus zwanzig eher unbedeutende Briefe an Schnitzler gerichtet, dann bricht die Beziehung abrupt ab), erscheint ein tückischer Angriff in der „Wiener Rundschau". Zwei Wochen später ohrfeigt Felix Salten Kraus im Kaffeehaus, was allseits freudig begrüßt wurde. Es kommt zu einem Zeitungskrieg, der mittendrin einen Abschied enthält: Am 20. Jänner 1897 ist der letzte Abend im Café Griensteidl, das in der Folge „demoliert" wird; dabei setzt Felix Salten wiederum eine Ohrfeige frei. Am 25. Februar begleicht er sie gerichtlich mit einer Summe von 20 Gulden. Die Rache des „kleinen Kraus" trifft alle. Noch im gleichen Jahr erscheint die „Demolirte Litteratur", schon in der „Wiener Rundschau" vorabgedruckt, in Buchform – und weniges von Kraus ist so populär geworden wie seine bösartig-witzig-brillanten Formulierungen über die Dichter des Griensteidl-Kreises. Was Schnitzler betrifft, so heißt es da (und eines ähnlichen Tons wird sich Kraus zeit seines Lebens gegen ihn befleißigen):

„Der am tiefsten in diese Seichtigkeit taucht und am vollsten in dieser Leere aufgeht, der Dichter, der das Vorstadtmädel burgtheaterfähig machte, hat sich in überlauter Umgebung eine ruhige Bescheidenheit des Größenwahns zu bewahren gewußt. Zu gutmütig, um einem Problem nahetreten zu können, hat er sich ein- für allemal eine kleine Welt von Lebemännern und Grisetten zurechtgezimmert, um nur zuweilen aus diesen Niederungen zu falscher Tragik emporzusteigen. Wenn dann so etwas wie Tod vorkommt –, bitte nicht zu erschrecken, die Pistolen sind mit Temperamentlosigkeit geladen: Sterben ist nichts, aber leben und nicht sehen! ..."[16] Darüber hinaus benützt Kraus auch Schnitzlers „Märchen", um in einer fingierten Kritik von Hermann Bahr darüber mit dessen Manierismus und geistiger Prätention ins Gericht zu gehen. Und natürlich kommen alle anderen des Kreises – Hofmannsthal, Beer-Hofmann, Andrian, Dörmann – auch an die Reihe, um sich mit spitzer Zunge Böses bis Niederträchtiges sagen lassen zu müssen. Die Begeisterung der Nachwelt für Karl Kraus ergötzt sich an den Formulierungen und vergißt zu gern die Niedrigkeit des Inhalts – aber für die Mitwelt, für die Betroffenen ist es schwer zu ertragen, solches über sich lesen zu müssen. Schnitzler jedenfalls weiß von sich selbst, daß ihm hundert Lobeshymnen nicht so viel bedeuten wie der Ärger darüber, daß ihn der kleine Kraus talentlos nennt.

Doch zu Beginn des Jahres 1897 hat Schnitzler neben einigem Erfolg – seine Novelle „Die Frau des Weisen", die er nach dreimaligem Anlauf nun abgeschlossen hat, erscheint in der Zeitschrift „Zeit", „Freiwild" wird an einigen Bühnen nachgespielt – andere Sorgen: Mitte Jänner ist klar, daß Marie Reinhard ein Kind erwartet. Nach dem ersten Schreck findet er sich damit ab, stellt sich sogar positiv dazu ein, ohne die weitgehend normale Konsequenz einer Ehe zu ziehen. Er schafft es sogar, in dieser seelisch turbulenten Zeit zu arbeiten, den „Liebesreigen" fertigzuschreiben, die düsteren Erzählungen „Ehrentag" und „Die Toten schweigen" in nicht allzu langer Zeit zu vollenden. Aber als im April, dem vierten Monat der Schwangerschaft, Marie Reinhards Zustand peinlich sichtbar wird, beschließt Schnitzler, sie wegzubringen, um sie dem Wiener Klatsch zu entziehen.

Über München (wo er am Deutschen Theater „Freiwild" sieht) und Zürich reist er mit ihr nach Paris, wo Paul Goldmann sie erwartet, der als Korrespondent der „Neuen Freien Presse" hier lebt. Mit dem besten Freund und der besten Geliebten, wie er in einer guten Stunde meint, in einer anregenden Stadt, fern von der Wiener Alltäglichkeit, ist er froh, sieben Wochen hier zu verbringen. Er unternimmt viel, ist begeistert dabei, alles mögliche zu besichtigen, trifft viele Leute, geht in Galerien, Theater, Konzerte, macht Ausflüge. Und es ist ein Spaß für ihn, wenn es ihm gelingt, bei einem Bücherstand am Seine-Ufer „Mourir", die Übersetzung seiner Novelle „Sterben", von 75 auf 50 Centimes herunterzuhandeln.

Damals arbeitet Schnitzler nichts, aber ein Lustspiel geht ihm im Kopf herum, das „Die Entrüsteten" heißen soll. Darin will er die tragische Situation der Marie Reinhard, nämlich ein „verführtes Mädchen" zu sein, aus der komischen Perspektive ihrer „entrüsteten" Umwelt betrachten. Es existieren viele Entwürfe[17], aber das Stück als Ganzes wird nicht geschrieben. Seine Figuren gehen später in den Roman „Der Weg ins Freie" ein, der – mitnichten komisch – eine von Schnitzlers stärksten Leistungen wird.

Trotz ihres sanften, gefügigen Wesens beengt es Schnitzler, mit

Marie Reinhard ehegleich in einer Wohnung zusammenzuleben. Noch immer haben Frauen für ihn den Stellenwert, daß er sich eigentlich einen Harem wünscht – sexuelles Vergnügen, ohne sich darüber hinaus durch die Existenz des weiblichen Wesens weiter stören lassen zu müssen. Obwohl gewiß sehr klug, kann Marie Reinhard mit ihm nicht jene geistigen Höhenflüge unternehmen, mit denen Olga Waissnix ihn gefesselt hat und Olga Gussmann ihn später gewinnen wird. Der Gedanke an eine Ehe erfülle ihn mit Grausen, stellt er ehrlich fest. Und an seinem in Paris gefeierten 35. Geburtstag resigniert er, sich ans Älterwerden zu gewöhnen. Daß er sich selbst bereits als alten Junggesellen sieht, schreckt ihn nicht so sehr, daß er eine Ehe vorziehen würde.

Ende Mai schickt Schnitzler Marie Reinhard in die Schweiz und besucht noch seine Verwandten in London, bevor er im Juni nach Wien zurückkehrt. Noch sind die „Entrüsteten" in seinem Kopf, aber sie treten hinter einem Einfall zurück, der sich als stärker erweist: „Das Kind", später „Das Vermächtnis" genannt. Schnitzler entschließt sich damit doch, das Problem des verführten Mädchens von der ernsten Seite zu behandeln. Er sieht in „Märchen", „Liebelei" und „Kind" eine klare Linie, in der er die Liebe zwischen Mann und Frau in Hinsicht auf Vergangenes, Gegenwärtiges und Zukünftiges behandelt. Die „Entrüsteten" sollen dann, wie er damals noch annimmt, den heiter-überlegenen Ausgleich und Abschluß des Themas bilden, während er „Freiwild" als Seitenweg von seinen eigentlichen Interessen weg betrachtet.

Einen großen Teil des Sommers verbringt Schnitzler in Ischl, und da begegnet ihm nun eine Frau, die in ihm jene wilden Gefühle erregt, nach denen er sich schon so gesehnt hat. Ihr Name ist Rosa Freudenthal, sie lebt in Berlin, ist verheiratet und Mutter von zwei Kindern. Dennoch läßt sie sich in eine leidenschaftliche Affäre mit Schnitzler ein. Dieser fährt zwischendurch nach Wien und nimmt eine Wohnung in dem Vorort Mauer, wo sich Marie Reinhard bis zur Geburt des Kindes aufhalten soll. Seine Sehnsucht nach Rosa Freudenthal, die als „Y" in seinem Tagebuch erscheint, ist jedoch so stark, daß er sich von ihr wieder nach Ischl holen läßt. Erneut nach Wien zurückgekehrt, bewertet er selbst als possenhaft, was der Nachwelt eher tragisch vorkommt – daß er zugleich ein Absteigequartier für sich und „Y" und einen Kostplatz für sein ungeborenes Kind sucht. Denn daß er es zu fremden Leuten geben wird, ist ihm so selbstverständlich, wie es uns heute unverständlich erscheint.

Tatsächlich ist es schwer, Schnitzlers Beweggründe in dieser

Periode seines Lebens zu entschlüsseln. Warum er seelisch nicht imstande ist, Marie Reinhard zu heiraten, warum er das Kind dem Schicksal ausgesetzt hätte, bei fremden Leuten aufzuwachsen – wir wissen es nicht. Weil er zu fühlen glaubte, daß Marie Reinhard nicht die Richtige für ihn wäre? Weil er, der theoretisch so kühne Vorkämpfer gegen verlogene Moral, sich des unehelichen Kindes geschämt hätte? Bedenkt man, daß er inmitten dieser Situation vor allem „Y“ im Kopf hat, daß er mit ihr zusammen ist, bevor er nach Mauer fährt, und zu ihr eilt, wenn er zurückkommt – dann muß man schon seinen eigenen Satz von der Seele, die ein weites Land ist, bemühen.

Der Zwiespalt seines Gefühls ist diesmal besonders stark, da Schnitzler (zum ersten Mal seit langer Zeit!) für Rosa Freudenthal auch wirklich etwas empfindet. Aber so sehr er auch leidet, als sie im September endgültig abreist, so klar weiß er, daß es jedoch zu Ende sei. Und so ist es auch. Als er sie auf den Tag genau ein halbes Jahr später wiedersieht, ist sie ihm absolut gleichgültig.

Wenige Tage später erfüllt sich der erste Teil der Tragödie der Marie Reinhard. Nach mehrtägigen Wehen bringt sie am 24. September 1897 unter grauenvollen Schmerzen einen toten Sohn zur Welt. Schnitzler ist erschüttert wie noch nie, schlimmer als beim Tod seines Vaters, als er dieses Kind vor sich sieht und sich des Gedankens nicht erwehren kann, sein persönliches Desinteresse an ihm hätte diesen Tod in höherem Sinn verschuldet. Später, viel später, als auch Marie Reinhard in der Dichtung auferstehen soll, wird er dieses entsetzliche Gefühl in dem Roman „Der Weg ins Freie“ gestalten. In diesem Sommer hat er übrigens das „Kind“ – jenes Stück, das von einem unehelichen Kind handelt, das am Ende stirbt – vollendet.

Und wenige Wochen später erleidet Schnitzler einen weiteren Verlust: Olga Waissnix, schon längere Zeit leidend, stirbt am 5. November 1897, nachdem er in der Nacht davor von ihr geträumt hat und sie ihm in einem schwarzen Gewand erschienen ist. Er hat sie während ihrer Krankheit noch ein paarmal besucht, und ganz war der „Funke“ zwischen ihnen nie verglommen. Schnitzler verliert in ihr mehr als eine Gesprächspartnerin; sie war ein Stück seiner Jugend.

„Freiwild“ ist nach der Uraufführung in Berlin von mehreren Bühnen inszeniert worden. In Breslau haben Offiziere während der

Aufführung demonstrativ das Theater verlassen. Im Juli 1897 hat die österreichische Erstaufführung in Schnitzlers Anwesenheit in Gmunden stattgefunden, und nun, im Herbst 1897, meldet das Wiener Carltheater, das von Franz Jauner, dem früheren Direktor der Hofoper, geleitet wird, sein Interesse an. Bevor sich die Wiener Aufführung realisiert, wird das Stück noch in Schnitzlers Anwesenheit in Prag gespielt. „Viele Offiziere applaudieren fast demonstrativ“[18], notiert Schnitzler, und das mag als Beweis dafür gelten, daß es auch unter den Militärs Männer gibt, die einzugestehen bereit sind, wie schwer ihnen der Duellzwang und die damit verbundene stete Lebensbedrohung auf dem Herzen liegt.

Als das Stück aber am 4. Feburar 1898 im Carltheater aufgeführt wird, ist die Kritik „im ganzen wenig wohlwollend“, wie Schnitzler an Georg Brandes schreibt. „Sie wissen, daß ich selbst eine geringe Meinung von dem künstlerischen Wert dieses Stücks habe; aber davon war wenig die Rede. Dagegen ist bei der Besprechung der angeblichen Tendenz so viel Borniertheit und Verlogenheit aufgeflogen – wie Staubwolken, wenn ein galoppierendes Roß über die Landstraße jagt. Insbesondere die antisemitischen Blätter leisteten Unglaubliches in Denunziationen.“[19]

Tatsächlich wird Schnitzler mit seinem Helden identifiziert (was bezüglich der Anschauungen nicht so falsch ist) und zusammen mit ihm beschimpft. Rönning wird als „elender Kerl, eine wahre Jammerfigur“ bezeichnet, „ein Feigling allererster Klasse“, und „das Machwerk ist eine plumpe Spekulation auf die verächtlichste Menschengattung, auf die Memmen und Auskneifer“[20]. Die antisemitischen Blätter benützen dabei auch die Gelegenheit, Theodor Herzl eines auszuwischen, dessen Stück „Das neue Ghetto“ gleichfalls im Carltheater gespielt wird und neben der Juden- auch die Duellfrage berührt.

Nach sieben Aufführungen wird „Freiwild“ im Carltheater abgesetzt. Unter der Hand will man Schnitzler über den offiziellen Druck von oben informieren, aber er lehnt ab. Außerdem bedarf es ja weiter keiner Erklärungen . . . Zudem kommt Schnitzler gerade in diesem Fall die Zeit zu Hilfe. Er muß nur ein paar Jahre abwarten. Am 28. Jänner 1905 wird das Deutsche Volkstheater „Freiwild“ dann doch spielen, und in diesen sieben Jahren hat sich das Klima so weit geändert, daß die Stimmung allgemein gegen das Duell ist. Nun klatscht das Publikum „wie in einer Volksversammlung . . . den verwegenen Reden der gesunden Vernunft begeistert zu“, wie Hermann Bahr schreibt. Obwohl Schnitzler zu diesem Zeitpunkt das

Stück gar nicht mehr mag, behauptet es sich dann auf dem Spielplan, und nach der Premiere wird er mit Hochrufen empfangen.

Die Wiener „Freiwild"-Aufführung von 1898 hat für Schnitzler übrigens noch einen „privaten" Aspekt: Mizi Glümer ist wieder in Wien und am Carltheater engagiert. Sie drängt darauf, die alte Beziehung wieder aufzunehmen, und trotz Marie Reinhard geht er halbherzig darauf ein. Im übrigen möchte er mit ihr die Hauptrolle, die Anna Riedl (die ohnedies in vielen Zügen ihr Schicksal hat), besetzen, aber am Theater nimmt man ihr die Rolle wieder weg, weil man ihr die geforderte Unschuld nicht glaubt. So muß sie die leichtfertige Soubrette spielen, mit der man sie klischeehaft identifiziert, vor allem, da ihre einstige Beziehung zu Schnitzler bekannt ist. „Daß sie viel Geschmack hat, hat sie durch eine kleine Affäre mit einem großen Wiener Schriftsteller bewiesen", darf sie über sich in der Zeitung lesen.

Überhaupt tauchen damals wieder einige seiner einstigen Geliebten in Schnitzlers Leben auf: Im Jänner 1898 ist es Adele Sandrock, die im Rahmen einer Wohltätigkeitsveranstaltung sowohl die Gabriele in den „Weihnachtseinkäufen" wie die Annie in „Abschiedssouper" spielt und es genießt, sich in diesen beiden „Anatol"-Einaktern von so total verschiedenen Seiten zu zeigen. Dabei ist sie in der Wahl ihrer Mittel nicht zimperlich. Als sie instinktiv spürt, daß die Stimmung des Publikums zu Ende des „Abschiedssoupers" nachläßt, beginnt sie zum allgemeinen Gaudium nicht nur ihre Partner, sondern auch die Zuschauer im Parkett mit Vanillecreme zu bespritzen, was den lärmenden Erfolg sichert. Daraufhin nimmt Adele Sandrock „Abschiedssouper" in ihr Gastspielrepertoire auf. Als sie wenig später in Berlin Schnitzlers „Liebelei" spielt, hängt sie den Einakter als heiteres Nachspiel an und erringt für sich und den Ex-Geliebten einen großen Erfolg.

„Das Vermächtnis", wie das „Kind" nun heißt, ist ein Stück, auf das Schnitzler große Hoffnungen setzt – und Burgtheaterdirektor Max Burckhard desgleichen. Er ist von dem Werk höchst angetan, und trotz unehelicher Verhältnisse (die man ja von einem Schnitzler mittlerweile gewohnt ist) scheint eine Aufführung auf der Bühne des Burgtheaters möglich, sind seine gesellschaftskritischen Attacken ja (wie in der „Liebelei") wieder weit unterschwelliger als in „Freiwild". Im „Vermächtnis" kann man, wenn man will, nur den edlen Appell zur Menschlichkeit sehen und sich persönlich nicht betroffen fühlen. Schließlich kommt es ja nicht so häufig vor, daß ein sterbender Sohn seine Familie bittet, man möge seine Geliebte mit ihrem Kind in das Haus aufnehmen; und schließlich kommen die Losattis dem Wunsch auch nach. Allerdings wollen sie nur das Kind als „Vermächtnis" des Verstorbenen, nicht die als lästig empfundene Mutter, die man bald spüren läßt, wie überflüssig sie ist. Als am Ende das Kind stirbt, geht auch Toni, die Heldin, die Schnitzler im Gegensatz zu seiner Christine (der sie im Wesen durchaus ähnlich ist) nicht recht mag. Er selbst erkennt ihre „Blässe"[21]. Besteht in seinen geglückten Werken seine Kunst darin, etwas auszusagen, ohne es auszusprechen, muß er im „Vermächtnis" am Ende die Moral direkt ins Publikum sagen lassen: Gut hätte man sein müssen, statt Gnaden zu erweisen[22] – eine Weltanschauung, die im Grunde gar nicht die seine ist.

Doch kann man sich auch hier an Gelungenes halten, und das ist in diesem Fall eine Figur – Adolf Losatti, der höchstens um Nuancen überzeichnete Familienvater, Abgeordneter und einer jener Politiker, die (wie später auch der Flint im „Professor Bernhardi") im hohlen Brustton der Überzeugung alles und dessen Gegenteil vertreten und deren Liberalität zwischen standpunktlosem „Tout comprendre" und letztlich eingefahrenen bürgerlichen Vorurteilen schwankt. Wie großartig fühlt er sich, als er Toni etwas „verzeiht" (die Idee, daß er ihr wahrlich nichts zu verzeihen hat, kommt seiner an resolute Ibsen-Frauen erinnernden Schwägerin Emma, wird aber von ihm nicht begriffen) – und wie tief fühlt er sich enttäuscht von Tonis scheinbarem Undank: Das hat er nun davon, sich so mutig über die Vorurteile hinweggesetzt zu haben. In Losattis unreflektierter, selbstgefälliger Heuchelei steckt, wenn schon nicht ein anderes Stück, so doch ein scharf beobachteter Mensch.

Burckhards Wunsch, das „Vermächtnis" zur Uraufführung zu bringen, geht nicht in Erfüllung. Seine letzte Großtat ist es, Josef Kainz an das seit Mitterwurzers Tod an „Stars" verwaiste Haus zu binden – dann scheitert er an der Mißgunst seiner Umwelt, die sein Stück „Die Bürgermeisterwahl", das allerhand politische Wahrheiten sagt, zum Vorwand nimmt, seine Absetzung zu erwirken. Burckhard verläßt das Burgtheater im Jänner 1898. Am Tag seines Amtsantritts, dem 1. Februar, sagt der neue Direktor Paul Schlenther zu Schnitzler: „Sie können sich denken, daß ich meine Tätigkeit am liebsten mit Ihnen beginnen würde."[23] Schöne Worte für einen Mann, der einmal an der Seite Otto Brahms für die „Freie Bühne" und dann als Kritiker für die Moderne gekämpft hat. Ein

Mann, von dem Schnitzler allen Voraussetzungen nach viel zu erwarten haben würde. Vielleicht rät er ihm darum, mit dem „Vermächtnis" zu warten und sich nicht gleich zu Beginn seiner Tätigkeit die Antisemiten auf den Hals zu hetzen. Aber solche Erwägungen lehnt Schlenther stolz ab.

Allerdings vergehen keine zwei Wochen, als dem neuen Direktor doch die Bedenken kommen. Er wolle nicht gleich ein Stück spielen, das eine Verherrlichung der freien Liebe sei. Und so verschiebt er das „Vermächtnis" auf die nächste Saison. Damals mag Schnitzler zu ahnen beginnen, daß Schlenther kein Burckhard und kein Brahm für ihn sein wird. Den Schaden allerdings, den er unter dessen Direktion nehmen soll, kann er noch gar nicht ermessen.

Schnitzler bleibt nichts übrig als abzuwarten. Im Februar nimmt er sich, vermutlich ohne gezielte Absicht, den Rat des abgedankten Burckhard zu Herzen, einen historischen Stoff zu wählen. In rund zwei Wochen schreibt er die erste Fassung des „Grünen Kakadu", an dem sich beweisen läßt, daß er damals die knappe, konzentrierte Form des Einakters besser beherrscht als die des abendfüllenden Stücks. Diese haben meist einen so starken ersten Akt, daß die nachfolgenden abfallen müssen. Anschließend nimmt Schnitzler den früheren Einfall wieder auf, aus dem der Einakter „Paracelsus" wird. Den Stoff der Erzählung „Der Witwer" hat er in zwei Anläufen schon 1896 und 1897 zu dem Einakter „Die Gefährtin" geformt, an dem er nun erneut feilt. Damit hat er drei Einakter, die später zugleich ihre Uraufführung erleben werden. Auch arbeitet er parallel immer wieder an einem historischen Stoff, damals „Shawl" genannt, aus dem der „Schleier der Beatrice" wird. Zu dieser Zeit glaubt er selbst, ein deutliches Wachsen seines Talents zu fühlen.

Rund um seinen 36. Geburtstag verläuft sein Leben verhältnismäßig ruhig. Bei Fischer ist unter dem Titel „Die Frau des Weisen" ein Novellenband erschienen, der außer der Titelerzählung noch „Ein Abschied", „Der Ehrentag", „Blumen" und „Die Toten schweigen" enthält, also seine verstreut in Zeitschriften erschienenen letzten Erzählungen zusammenfaßt. Interessant, wie er in diesen Werken der Thematik des Ehebruchs verpflichtet ist und wie sehr die Handlung auf diese oder jene Art vom steten Bewußtsein des Todes unterwandert wird. Der „Ehrentag" verlagert das Schwergewicht allerdings und liefert eine ungemein intensive Studie menschlicher Niedertracht. Im übrigen aber ist die Dominanz des Todes ein für Schnitzler typischer thematischer Schwerpunkt dieser Werke.

Schnitzler ist damals der Prosa ganz abhanden gekommen, er

arbeitet in dieser Zeit viel an seinen verschiedenen Stücken, immer wieder ändernd und feilend. Er unterhält mit Mizi Reinhard und Mizi Glümer nebeneinander Verhältnisse, sieht zu, wie Richard Beer-Hofmann Paula Lissy und Clara Loeb einen gewissen Otto Pollaczek heiratet, ohne für sich selbst Analoges in Erwägung zu ziehen. Er unternimmt einige Radpartien und erkundigt sich bei Schlenther von Zeit zu Zeit nach dem „Vermächtnis". Die sommerlichen Reisen führen ihn diesmal nicht allzu weit, ins Salzkammergut, an die bayerischen Seen, mit Hofmannsthal per Rad in die Schweiz, schließlich nach Italien. Er gibt viel Geld aus, pokert er doch noch immer gern – und seine ärztliche Privatpraxis ist offenbar kein großer Erfolg (sonst hätte er nicht soviel Zeit für sich).

Im September 1898 sieht es allerdings tatsächlich so aus, als stünde eine Aufführung des „Vermächtnis" am Burgtheater vor der Tür. Die Zensur hat das Stück ohne Striche passieren lassen, aber Schnitzler merkt, daß man auch noch auf andere Wünsche Rücksicht zu nehmen hat. Lotte Medelsky, die während der des öfteren abwesenden Sandrock schon mit bestem Erfolg die Christine in der „Liebelei" gespielt hat, wäre die ideale Besetzung für die Toni. Aber Frau Katharina Schratt, als Geliebte des Kaisers die graue Eminenz des Burgtheaters, muß dringend wieder einmal eine große Rolle spielen. Ganz gegen seine Überzeugung stimmt Schnitzler zu, daß die überreife Frau Schratt (sie zählt damals immerhin schon 43 Jahre) die Rolle des „süßen Mädels" erhält.

Aber mit der Uraufführung kommt Otto Brahm, der allzeit Getreue, Schlenther zuvor. Wie schon im Fall von „Freiwild" hat sich der Berliner Direktor als idealer Partner des Dichters erwiesen, als sensibler Dramaturg, auf dessen Verbesserungsvorschläge Schnitzler teilweise durchaus eingeht. Er weiß so sehr, was er an Brahm hat, daß auch lukrativere Angebote von Berliner Direktoren (etwa Neumann-Hofer vom Lessingtheater) ihn gar nicht in Versuchung bringen können, „seinen" Direktor, mit dem er im regsten und herzlichsten Briefwechsel steht, zu verlassen. Auch hat Brahm damals ein hervorragendes Ensemble, und Schnitzler verzichtet gern auf das „Wienerische" der Toni, wenn er Else Lehmann, die große Hauptmann-Darstellerin, für die Rolle haben kann. Den Losatti spielt Emanuel Reicher, nach dem Weiring schon seine zweite Vater-Rolle in einem Schnitzler-Stück, die Emma die später so bedeutende Louise Dumont. Auch Brahms große Schauspieler Rittner, Sauer, Winterstein und – noch immer bei ihm – Reinhardt sind eingesetzt. Und eine junge Schauspielerin ist mit von der Partie, die im Leben Schnitzlers später eine kurze Rolle spielen und seiner Beatrice einige Züge verleihen wird: Marie Elsinger.

Schnitzler trifft am 2. Oktober 1898 in Berlin ein und erlebt am 8. Oktober die Uraufführung, deren Erfolg ihn selbst überrascht, der aber nicht anhält. Der Beifall scheint gewissen rührenden Qualitäten zu gelten, dann spricht sich jedoch herum, daß die Sache nicht sonderlich interessant ist, und die Kassenrapporte weisen trotz ganz guter Kritiken bald starken Schwund auf. Worauf Brahm, bei allen freundschaftlichen Gefühlen, Theatermann genug ist, um das Stück nach zwei Wochen und nur 6 Vorstellungen wieder vom Spielplan zu nehmen. Dafür ist er von den drei Einaktern, die Schnitzler ihm gleichfalls gebracht hat, vor allem vom „Grünen Kakadu", sehr angetan und will sie sofort im nächsten Jahr spielen.

Wieder in Wien, laufen am Burgtheater schon die Proben für das „Vermächtnis". Adele Sandrock, die Schlenther haßt, was von ihm herzlich erwidert wird, hat die Rolle der Emma Winter zugeteilt bekommen, an sich eine wirkungsvolle Partie, aber eben eine Nebenrolle, was sich eine Sandrock nicht bieten läßt. So geht sie mit Krach vom Burgtheater ab (was sie später noch bitter bereuen wird) und produziert sich als „Befreite" den Wienern im Raimundtheater – in Schnitzlers „Abschiedssouper".

Im Burgtheater übernimmt Hedwig Bleibtreu die Sandrock-Rolle. Neben der Schratt hat sich nun auch Stella Hohenfels zu Schnitzler bekehrt und wagt es, die „modernen" Ansichten der Franziska zu vertreten. Die Rolle des Losatti will der von Schnitzler so verehrte (und so meisterlich kopierte) Ernst Hartmann zuerst nicht übernehmen, entschließt sich aber dann doch dazu und belohnt sich selbst, indem er sich, vierundfünfzigjährig, damit ein neues Rollenfach erobert.

Am 30. November 1898 findet im Burgtheater die Premiere des „Vermächtnis" statt. Der Erfolg ist stark, der Applaus hat demonstrativen Charakter, denn es gilt als modern, am „Modernen" Schnitzler die Mitwelt wissen zu lassen, daß man nicht von gestern ist. Burgschauspieler Lewinsky kommt nach dem ersten Akt vor den Vorhang, dankt für den „Autor" und entschuldigt sich ein paar Tage später bei Schnitzler, daß er nicht „Dichter" gesagt habe – Burgtheater-Stil! Als dann die Galeriebesucher beharrlich nach Schnitzler rufen, zeigt er sich selbst – der Dichter, der der „freien Liebe" den Eintritt in diese heiligen Hallen verschafft und sie damit ein wenig gelüftet hat.

Wie in Berlin zeigt sich der Premierenerfolg, mit durchaus

lobenden Kritiken für Stück und Darstellung dokumentiert, als nicht haltbar – als ob das Publikum einen Instinkt für das schwächere Werk hätte: Nach zehn Vorstellungen verschwindet das „Vermächtnis" vom Spielplan, wobei Schnitzler den Verdacht hegt, Schlenther habe dies durch ungünstige Placierung im Repertoire herbeigeführt.

Die Theaterkarriere des Stückes ist damit – im Gegensatz zur ewig jung und lebendig gebliebenen „Liebelei" – fast zu Ende. Das „Vermächtnis" wird vereinzelt noch gespielt und taucht in späteren Jahren ein paarmal in Wien auf, unter anderem deshalb, weil Volksschauspielerin Hansi Niese gern die Toni spielt (die ihrer Tränenseligkeit entgegenkommt). Das Theater in der Josefstadt besinnt sich 1976 des Stückes, erbringt damit aber nur den Beweis, daß seine Kenntnis von eher akademischem Interesse ist, auf dem lebendigen Theater aber zurecht gut ein halbes Dutzend anderer Schnitzler-Stücke regiert.

Unter den Premierengästen des „Vermächtnis" ist auch Otto Brahm, der allerdings eine unerfreuliche Nachricht für Schnitzler hat: Die Berliner Zensur hat den „Grünen Kakadu" verboten. In Wien sind die Chancen für das Stück seltsamerweise günstiger. Man kann das im nachhinein nur damit erklären, daß das historische Milieu – Frankreich beim Ausbruch der Revolution – so ablenkend wirkt, daß man Schnitzlers beißende Satire auf die Aristokraten nicht wirklich merkt. Denn dieses Element der Handlung macht das Stück eigentlich bis in unsere Tage interessant – daß hier eine Endzeit-Gesellschaft vorgestellt wird, die perverses Vergnügen daran findet, den eigenen Untergang vorgespielt zu bekommen. Daneben steht die Figur des Schauspielers Henri – die jedem Interpreten eine Virtuosenleistung abfordert –, der den Liebhaber seiner Frau getötet hat; sein Geständnis dieser Tat wird aber von den Besuchern der Wirtsstube „Zum grünen Kakadu", wo normalerweise Theater gespielt wird, als „große Szene" aufgefaßt. Selbst dem Zuschauer im Parkett unten entgleitet manchmal die Unterscheidungsfähigkeit darüber, was eigentlich wirklich und was Theater ist.

Dieses Stück, das nun mit „Anatol" oder „Liebelei" gar nichts mehr gemeinsam hat, bewirkt allerdings nicht, daß man den Begriff Schnitzler nun weiter faßt, sondern beschert ihm nur ein weiteres Klischee, ebenso wie der Einakter „Paracelsus", der mit dem „Grünen Kakadu" und der „Gefährtin" zusammen uraufgeführt wird: Aufgrund des Revolutionsstückes ist Schnitzler dann „der Meister von Sein und Schein", nach dem „Paracelsus" der „Kenner der Menschenseelen" – was natürlich beides stimmt, aber nicht im Sinn einer klischierenden Phrase, sondern indem es auf besondere und teilweise nur ihm eigene Aspekte seines Werkes hinweist (wenn der „Kakadu" in seiner Gestaltung und Intention auch dem späteren Pirandello verblüffend ähnlich ist).

Auch „Paracelsus" ist ein Stück in historischer Verpackung, spielt in Basel zu Beginn des 16. Jahrhunderts und stellt zum erstenmal bei Schnitzler (und mit Ausnahme des Casanova auch zum einzigen Mal) eine historische Persönlichkeit auf die Bühne: Theophrastus Bombastus von Hohenheim, genannt Paracelsus. Dessen historische Wirklichkeit ist für den Dichter aber in keiner Weise interessant. Paracelsus ist für ihn der Außenseiter, der sich an einer überheblichen Bürgerwelt rächt, indem er seine (Schnitzler aus eigener Praxis so wohlbekannte) Kunst der Hypnose anwendet und in eine reine Frauenseele das Bewußtsein einer Schuld senkt, von der niemand weiß, ob er nicht nur Verschüttetes hervorgeholt hat. (Freuds Methode, Verdrängtes bewußtzumachen, wird hier von Paracelsus spielerisch ausgesprochen.) Der Schlußmonolog des Paracelsus gipfelt in den Worten „Sicherheit ist nirgends" und „Wir spielen immer, wer es weiß, ist klug"[24], die seitdem immer wieder gleichsam als Maxime über Schnitzlers Schaffen gestellt werden. Kaum ein anderer Dichter wurde so mit seinem Werk identifiziert – Schnitzler „ist" Anatol, weil er einen Lebemann dieses Namens erfunden hat, Schnitzler wird als feig beschimpft, weil die Figur des Paul Rönning das Duell verweigert, Schnitzlers Lebensanschauung wird als „Wir spielen immer" deklariert, weil er Paracelsus dieses aussprechen läßt. Er fühlt sich später genötigt festzustellen, daß Paracelsus, nicht er, diese Worte sage.

Der im Vergleich zu diesen beiden spektakulären Stücken weniger populäre Einakter ist „Die Gefährtin", obwohl er es an Vielschichtigkeit durchaus mit den anderen aufnehmen kann: Professor Pilgram hat vom Verhältnis seiner verstorbenen Frau mit seinem Assistenten gewußt, ohne daß sie es ahnte. Als er hört, daß dieser heiraten will, wähnt er seine Frau in ihrer Liebe betrogen, muß aber von deren Freundin hören, daß auch diese durchaus nur ein Abenteuer gesucht hat und folglich er es ist, der sich über die Natur ihrer Gefühle zu dem anderen betrogen hat, daß er leidvoll tolerierte, was er für eine wertvolle Beziehung hielt und den anderen nur Spaß war.

So hängen auch diese drei Einakter, für die Schnitzler nicht (wie im Fall der „Lebendigen Stunden“, der „Marionetten“ und der „Komödie der Worte“) einen gemeinsamen Titel gefunden hat, zusammen. In allen drei Fällen erweist sich vieles, was für wirklich und wahr gehalten wurde, als Illusion, als Schein. Wollte man die Einakter (alle drei meisterlich in sich geschlossene Werke, Schnitzlers Fähigkeit zur Konzentration und Verdichtung erweisend) unter ein gemeinsames Motto stellen, müßte man tatsächlich auf die vom Dichter angebotenen Paracelsus-Worte zurückgreifen: „Sicherheit ist nirgends“ und „Wir spielen immer ...“ Schnitzlers Klugheit besteht darin, zu wissen, daß die Menschen natürlich durchaus nicht immer spielen; aber in den Fällen, wo sie es tun, ist er der Mann, es zu erkennen – und zu gestalten.

In einem Land, wo ein Kaiserhaus herrscht und Aristokraten die Crème der Gesellschaft darstellen, ist natürlich nur der „Grüne Kakadu“ von einiger politischer Brisanz und für die Zensur interessant (da die anderen Stücke zwar den thematischen Aspekt des Ehebruchs enthalten, doch im Vergleich zu anderen Schnitzler-Produkten „moralisch“ keinesfalls besonders provokant wirken). Aber man macht dem „Grünen Kakadu“ kaum Schwierigkeiten. Schnitzler darf den Zensor Hofrat Jettel besuchen und den Einakter am 26. Jänner 1899 höchstpersönlich einer illustren Gesellschaft vorlesen: Neben Direktor Schlenther sind noch Hoftheater-Intendant Plappart, Kanzleirat Wlassak und Jettel anwesend, der sich mit wirklich geringfügigen Änderungen zufriedengegeben hat: Aus dem Herzog von Chartres wurde ein Herzog von Cadigan, und den Ruf „Es lebe die Freiheit!“ hat Schnitzler ein paarmal eliminiert. Man legt ihm auch nahe, die Figur des Kommissars zu streichen, der am Ende des Stückes die Vorstellung in der Schenke verbieten will, aber nur verlacht wird (wahrhaft eine eindeutige Übergehung staatlicher Autorität). Schnitzler erklärt jedoch, nicht auf ihn verzichten zu können, und setzt sich damit durch. Schon am 8. Februar beginnen im Burgtheater die Proben für die drei Stücke.

Damit kann sich Schnitzler endgültig als Burgtheaterautor fühlen. Innerhalb von dreieinhalb Jahren erlebt er an diesem erlauchten Haus seine dritte Premiere, davon die zweite Uraufführung. Man gibt ihm erstrangige Schauspieler – leider steht Josef Kainz Wien damals nicht zur Verfügung, aber er wird die beiden Rollen, die ihm wie auf den Leib geschrieben sind, den Paracelsus und den Henri, bei Otto Brahm in Berlin spielen. In Wien sind Emmerich Robert und Adolf von Sonnenthal dafür eingesetzt, ersterer wohl eine zu schwache, letzterer (immerhin der „Liebelei“-

Weiring!) eine falsche Besetzung. Doch mit Katharina Schratt als Justina („Paracelsus"), Hedwig Bleibtreu als Olga Merholm („Die Gefährtin") und Reimers, Paulsen, Tressler, Hartmann, Römpler, Hugo Thimig in diversen Rollen des „Grünen Kakadu" bietet das Burgtheater erste Namen des Ensembles auf.

Aber Erfolge sind nicht programmierbar. Am 1. März 1899, dem Premierenabend, stellt sich heraus, daß das stillste Stück, „Die Gefährtin", am stärksten wirkt (wohl weil Sonnenthal als Professor Pilgram natürlich völlig richtig eingesetzt ist), daß „Paracelsus" nicht so sehr ankommt und die Resonanz auf den „Grünen Kakadu" weit unter dem liegt, was Schnitzler erwartet hat. Doch die Kritiken sind gut, während es auch in der schwachbesuchten zweiten Vorstellung nur mäßigen Beifall gibt. Zweifellos enttäuscht Schnitzler mit diesen Stücken die in ihn gesetzten Erwartungen des Publikums: Man will von ihm Zeitgenössisches, man will ihn, wie man ihn kennt. Der Erfolg des „Grünen Kakadu" – die „Gefährtin" wird manchmal, „Paracelsus" kaum mehr gespielt – zeigt sich erst, als er, immer wieder einmal hervorgeholt (und am besten mit Schnitzlers „Literatur" kombiniert), seinen Platz auf den deutschen Bühnen behauptet.

6. „IN DEN FURCHTBAR TRAURIGEN TAGEN ..." 1899–1901

Nach der Burgtheater-Premiere der drei Einakter beginnt für Schnitzler eine krisenhafte Periode seines Lebens, die sich über Jahre erstreckt. Am Anfang steht der für ihn unendlich schwere Verlust von Marie Reinhard; es folgen seine Auseinandersetzungen mit dem Burgtheater – Schlenther läßt den „Grünen Kakadu" vom Spielplan verschwinden, spielt den „Schleier der Beatrice" trotz Zusage nicht; und die Feindseligkeiten gegen seine Person kulminieren schließlich in der „Leutnant-Gustl"-Affäre, die ihn seinen militärischen Rang kostet und ihn den schlimmsten Beschimpfungen aussetzt.

Der Tod von Marie Reinhard vollzieht sich als Folge eines Blinddarmdurchbruchs so atemberaubend schnell, daß er Schnitzler wie ein Keulenschlag trifft. Am 16. März 1899 notiert er in seinem Tagebuch, sie sei krank, am 17., sie sei sehr krank. Tags darauf ist sie tot, und er hat sie sterben gesehen.

Für einige Zeit steht das Leben still, was man auch daran ablesen kann, daß es erst gar keine, dann lapidar-kurze, nur notizkalenderartige Eintragungen in das Tagebuch gibt. Daß Schnitzler am 27. März den Bauernfeld-Preis „für Novellen und dramatische Arbeiten" erhält, kann ihn kaum berühren. „In den furchtbar traurigen Tagen, die Sie jetzt verleben"[1], wie Otto Brahm schreibt, bleibt alles liegen, woran er bis dahin gearbeitet hat, gilt es doch, seelisch mit Schuldgefühlen und dem Bewußtsein fertig zu werden, daß sie nie wiederkommt: „Eine ungeheure Gleichgültigkeit gegen alles, was mir auch Inhalt des Lebens schien"[2], wie er an Hofmannsthal schreibt, beherrscht ihn.

Fünf Wochen nach dem Tod von Marie Reinhard fährt Schnitzler nach Berlin. Otto Brahm hat den „Grünen Kakadu" doch bei der Zensur durchgeboxt. Am 29. April 1899 haben die drei Einakter im Deutschen Theater Premiere, und das Berliner Publikum erweist sich als sensibler, hellhöriger als das Wiener: Hier wird der „Grüne Kakadu" stürmisch aufgenommen. „Die Gefährtin" findet anständige, der „Paracelsus“ trotz Kainz nur mäßige Resonanz – das so direkte Spiel mit den Seelen scheint nicht zu verfangen.

Ist Schnitzler in Berlin zumindest so weit aufgelebt, um eine nähere Beziehung zu der anmutigen Schauspielerin Marie Elsinger anzuknüpfen (was sicher nicht Verrat an der Toten ist, sondern ein schlichtes Ergebnis der Tatsache, daß Schnitzler nicht längere Zeit ohne eine Frau sein kann), so überfällt ihn in Wien wieder die Todestraurigkeit. Rund um seinen 37. Geburtstag fühlt er sich wie vernichtet. Immer wieder träumt er von Marie Reinhard. Einsam, einsam, einsam ist ein stets wiederkehrender Refrain in seinem Tagebuch.

Erst im Juni, ein Vierteljahr nach der Tragödie, beginnt er wieder zu arbeiten. Längere Zeit hat er keine Prosa geschrieben – nun vollendet er die Erzählung „Die Nächste“, in der er kühl und sachlich, wie eine klinische Aneinanderreihung von Symptomen, darstellt, wie ein Witwer die Frau, mit der er nach dem Tod der Gattin schläft, tötet. Aber das entscheidende Werk in dieser Phase seines Lebens – die vom Schaffen her entschieden eine „dramatische“ ist – ist das Drama „Der Schleier der Beatrice“, das erst als Pantomime geplant war, dann, unter dem Titel „Shawl“, in Wien zu Beginn des Jahrhunderts spielen sollte und sich, wie von selbst, in die Renaissance verlegt hat. Nun vollendet er es zwischen dem 23. Juli und dem 9. September.

Kaum vier Monate nach dem Tod von Marie Reinhard hat Schnitzler ein Verhältnis mit Marie Elsinger und nimmt seine sexuellen Beziehungen zu Mizi Glümer wieder auf. Als er damals mit seinem Freund Gustav Schwarzkopf am Grab der Verstorbenen steht, sprechen sie darüber, was alles nebeneinander bestehen könne. Es gibt im menschlichen Leben nichts Ausschließliches. Am Tag darauf, es ist der 11. Juli 1899, kommt zum ersten Mal eine interessante Achtzehnjährige in Schnitzlers Praxis: Sie nennt sich Dina Marius, heißt in Wirklichkeit Olga Gussmann und wird in wenigen Jahren Mutter seines Sohnes und dann seine Frau sein.

Olga, durch den frühen Tod der Mutter und einen an den Töchtern völlig desinteressierten Vater mit ihrer Schwester Lisl ganz auf sich gestellt, will Schauspielerin werden. Sie verdient Hochachtung für die Zielstrebigkeit, mit der sie den bewunderten Schnitzler kennenlernt und an sich fesselt. Später wird sie ihr Schicksal nicht mit der gleichen Souveränität meistern wie das schier unglaubliche Kunststück, den eheunwilligsten aller Männer dazu zu bringen, sie zu heiraten.

Den Sommer 1899 verbringt Schnitzler in Kärnten, Südtirol und im Salzkammergut und beendet ihn, indem er seinen Stücken nachreist: In München sieht er im Residenztheater seine drei Einakter und die Premiere von „Vermächtnis". Dann fährt er über Nürnberg nach Frankfurt, wo er Paul Goldmann trifft, und reist über Wiesbaden nach Berlin, wo Schnitzler Otto Brahm den „Schleier der Batrice" vorliest.

Es ist dies sein erstes abendfüllendes und sein erstes Selbstzweck-Kostümstück – die Einakter „Der grüne Kakadu" und „Paracelsus" haben den historischen Schauplatz unbedingt benötigt, um stattfinden zu können. Die „Beatrice", die ja ursprünglich in Wien um 1800 (später die Welt des „Jungen Medardus") hätte spielen sollen, braucht die Renaissance nicht zwingend, wenn es dem Dichter auch gelungen ist, sie notwendig zu machen. Vielfach wird die Meinung gehegt, Schnitzler sei hier dem Zeitgeist erlegen: „Er beschließt das Jahrhundert des Historismus mit dem historischen Drama ‚Der Schleier der Beatrice' (1899), als wollte er in Konkurrenz zu Makarts aufwendigen Historienbildern treten."[3] Doch fällt es schwer, das Stück als Geschmacksverirrung anzusehen. Schnitzler hat nun einmal eine tiefe innere Affinität zu historischen Dramen, woraus auch seine Bewunderung für Grillparzer resultiert. Sein unausgeführter, niemals gewagter Plan wird es sein, ein Stück über Kaiser Joseph II. zu schreiben.

Was seinen historischen Werken das Überleben auf dem lebendigen Theater verbaut, sind entweder die Dimensionen (wie im Fall des in Prosa geschriebenen, überaus gelungenen „Jungen Medardus") oder die Sprache. Daß Schnitzler Verse nur unzureichend beherrscht, weiß er seit seinen Gedichten, seit „Ägidius" und „Alkandis Lied", seit den Schöpfungen Hofmannsthals. Und doch hat er für den „Paracelsus" Verse gewählt, braucht sie für die „Beatrice" und wird sie auch in den Einaktern „Die Frau mit dem Dolche" und „Zum großen Wurstel" teilweise, in den Alterswerken „Die Schwestern" und „Der Gang zum Weiher" ganz verwenden. Obwohl die Sprache auch bei der „Beatrice" nicht vollendet gemeistert wird, ist das Versmaß doch nötig, um die Handlung in eine Zeit auszurichten, in der angesichts des Todes (die Stadt Bologna, in der die Ereignisse stattfinden, soll am nächsten Tag gestürmt werden) noch Rauschhaftes möglich ist. (Auch der „Ruf des Lebens", worin Schnitzler gleichfalls eine Nacht vor dem Tod darstellt, ist ein Kostümstück, wenn auch nur in Österreich zur Mitte des 19. Jahrhunderts.)

Während Sigmund Freud an seiner „Traumdeutung" schreibt, zentriert Schnitzler das Schicksal seiner Heldin Beatrice um einen Traum. Sie ist die Geliebte des Dichters Filippo Loschi, aber sie hat sich selbst in den Armen des Herzogs geträumt. Loschi verstößt sie, weil ihm der geträumte Betrug so wahr ist, als hätte er stattgefunden, denn sie muß ihn gewünscht haben. („Denn Träume sind Begierden ohne Mut . . ."[4]) Wieder einmal, wie Schnitzlers Paracelsus es schon so formvollendet ausgedrückt hat, „fließen ineinander Traum und Wachen". Beatrice, von Filippo, dem Künstler, in die Arme des Herzogs, des Machtmenschen, geworfen, ist die verkörperte unschuldige Triebhaftigkeit. Ihr Handeln, außerhalb jeder Moral, außerhalb jeder Logik, stellt sie neben die andere Kindfrau des Zeitalters: Wedekinds Lulu.

„Der Schleier der Beatrice" ist im ganzen kein so schlechtes Stück, wie man heute vielfach meint. Dächte man sich eine Inszenierung, die das Milieu darzustellen wagt (etwa wie Zeffirelli bei Shakespeares „Romeo und Julia"), könnte eine Aufführung von eigenem Reiz sein. Gewiß ist Hermann Bahrs allzu hymnisches Urteil vom „reifsten und reichsten Werk", vom „Schönsten, das jemals einem Dichter unserer Zeit geschenkt worden ist"[5] kaum zu unterschreiben. Aber wenn man nicht an dem ungewohnten „Faltenwurf" und an manchem holprigen Vers hängenbleibt, so ist es in der Thematik echtester Schnitzler.

Otto Brahm freilich muß, auch wenn er den echten Schnitzler im Renaissancegewand erkennt, ablehnen: Dieses Stück kann er an seinem Theater, mit seinen Schauspielern, mit seinem Glauben an nüchternen Naturalismus nicht spielen. Aber Schnitzler weiß ohnedies, daß dafür so gut wie nur ein Haus in Frage kommt: „sein" Burgtheater.

Wieder in Wien muß Schnitzler jedoch die ersten Anzeichen dafür zur Kenntnis nehmen, daß er mit „seinem" Burgtheater nicht mehr rechnen kann. Was er schon im Juli geahnt hat, zeichnet sich nun deutlich ab: die „Kakadu"-Affäre. Damals hat ihm Schlenther mitgeteilt, man intrigiere gegen das Stück. Angeblich habe die jüngste Tochter des Kaisers, Erzherzogin Valerie, ihr Mißfallen daran ausgedrückt – was nur bewiesen hätte, daß sie intelligenter war als ein Beamtenstab und die Revolutionäre des Stücks nicht als rein historisch aufgefaßt hat. Jahre später hört Schnitzler noch eine andere Version, nach der die andere Kaisertochter, Erzherzogin

Gisela, sich indigniert gezeigt haben soll, weil die Darstellerin der Michette sich an den Dessous der Marquise zu schaffen machte. Wie auch immer – Schlenther ist ein Mann der großen Worte (lieber will er seine Stellung verlieren, als dem Druck zu weichen!), aber keinesfalls der großen Taten. Ohne weitere Erklärung erscheinen die drei Einakter in der neuen Spielzeit nicht auf dem Spielplan. Schnitzler, in Rechtsfragen unerbittlich und diese oft in Kohlhaas-Manier bis zu Ende fechtend (auch wenn er sich erheblich damit schadet), verlangt brieflich „mit aller Entschiedenheit"[6], Schlenther möge von seiner vorgesetzten Behörde entweder ein offizielles Verbot verlangen oder die Stücke wieder ansetzen. Schlenther versucht nun im persönlichen Gespräch mit Schnitzler zu handeln – er dürfe das Stück nicht mehr spielen, aber er bekäme kein offizielles Verbot. Wenn Schnitzler nicht weiter auf der Sache bestehe, würde man ihm bei seinem nächsten Werk umso mehr entgegenkommen. Auch wird er gebeten, journalistisch nichts zu unternehmen, denn es wäre doch unangenehm – und so weiter.

Damit kommt Schlenther allerdings an den Falschen. Schnitzler ist empört über solche beamtete Winkelzüge, die sich über moralisches Recht und geistige Leistung einfach hinwegsetzen. Er führt nun einen so formvollendeten Briefwechsel in der Sache, daß Schlenther ihm nur ziemlich pikiert erklären kann: „Sie hätten Jurist werden sollen."[7] Natürlich vermag Schnitzler gegen die allmächtigen Behörden nichts auszurichten, aber er erreicht zumindest, daß er das Verfügungsrecht über das Stück wieder zurückerhält. Er tritt sofort diesbezüglich mit dem Deutschen Volkstheater in Verhandlungen, wo er aber auch keine Gesprächspartner trifft, wie sie ein Dichter erträumen würde – es dauert bis 1905, bis der „Grüne Kakadu" dort gespielt wird. Am Burgtheater erscheint „Die Gefährtin" am 19. Dezember (wie sich später zeigt, zum letzten Mal) mit „Paracelsus", erstmals mit Josef Kainz, wieder auf dem Repertoire; „Der grüne Kakadu" ist durch Grillparzers „Esther" ersetzt worden. Schlenthers Rache für alle ihm bereiteten Unannehmlichkeiten folgt noch – er wird in Kürze anläßlich des „Schleiers der Beatrice" Gelegenheit haben, Schnitzler empfindlich zu schaden.

Trotz allen Ärgers über die „Kakadu"-Affäre ist Schnitzler im November 1899 imstande, sich Hals über Kopf in ein ziemlich leichtfertiges, aber bildhübsches süßes Mädel namens Poldi Müller zu verlieben – die ihn schlecht behandelt und ihm mancherlei Ärger bereitet – und die heitere Novelle „Der Leuchtkäfer“ zu beginnen. Weihnachten verdirbt er sich selbst, als er der „Neuen Freien Presse“ für den 24. Dezember die kurze Erzählung „Um eine Stunde“ überläßt, die eindeutig im Zusammenhang mit dem Tod von Marie Reinhard entstanden ist und das lebenswahre, aber in diesem Zusammenhang eher peinliche Resümee zieht, daß man auch dem liebsten Menschen nicht eine Stunde seines Erdendaseins schenken würde.

Der wichtigste neue Mensch in Schnitzlers Leben ist damals „Dina Marius“, also Olga Gussmann. Das ambitionierte Geschöpf hat seine Intelligenz entschlossen eingesetzt, um den verehrten Dichter kennenzulernen. Der Brief, den sie ihm mit der Bitte um ein Bild geschickt hat, muß bemerkenswert genug gewesen sein, daß er sie zu einem Besuch auffordert. Sie kommt in die Wohnung in der Frankgasse, wo sich seine Ordination befindet: „Blauseidene Polstermöbel, ein schwarzes Bouleschränkchen, schwarze Tische, eine Guercino-Kopie an der Wand, Venezianerspiegel, ein Kristalluster, das etwas steife Mobiliar eines Professorenhauses“ [8], beschreibt sie die Umgebung, in der er damals lebt.

Einer anderen Dame, der Möchtegern-Schriftstellerin Hermine Hanel, verdankt die Nachwelt eine Schilderung des achtunddreißigjährigen Schnitzler aus subjektiv-weiblicher Sicht: „Seine mittelgroße, zur Fülle neigende Gestalt, das Gesicht mit dem weichen Mund und den schwermütigen Augen, die Bewegungen, alles behutsam zögernd, verschleiert, schüchtern, leicht feminin.“ Im Gespräch ist er, wie sie ihn kennt, „schüchtern und zurückhaltend, kein Salonheld, gab sich (. . .) nicht unbefangen, sondern beobachtete sich und andere und machte seine Studien“ [9].

Trotz dieser gar nicht so ansprechend wirkenden Schilderung (die von einer Dame, deren literarische Versuche er hart kritisierte, cum grano salis genommen werden muß) ist Schnitzler für Dina Marius der Mann ihrer Träume, und zweifellos ist sie es, der Karl Kraus unter den Initialen „Dina M.“ auf ihren Leserbrief in der „Fackel“ antwortet, er hätte nie an Schnitzler „mißmutig herumgezerrt“ und: „Ich bin bereit, mit ihnen ‚schrecklich zu streiten‘.“ [10]

Noch eine andere Frau hat zu dieser Zeit versucht, sich einen Platz in Schnitzlers Leben zu erobern – allerdings vergeblich. „Fännchen“, die Jugendliebe Fanny Reich, mittlerweile verwitwet, hat bei einem Wien-Besuch nachgeholt, was sie als junges Mädchen versäumen mußte, findet jedoch in Schnitzler natürlich nur einen recht desinteressierten Liebhaber, der sich um weitere Begegnungen herumdrückt. Aber die Sache beschäftigt ihn doch, und am 1. Jänner 1900 beginnt er eine Novelle, die dieses Erlebnis behandelt und zuerst „Jugendliebe", später „Frau Berta Garlan" heißt.

In dieser Zeit der Unlust über den Theaterbetrieb verlegt sich Schnitzler wieder mehr auf das Erzählen. Seit „Die Toten schweigen", 1897, hat er nichts Größeres auf dem Gebiet der Prosa mehr geschrieben. 1900 setzt er da drei seiner Großleistungen – nach der „Berta Garlan" den „Leutnant Gustl" und den „Blinden Geronimo", außerdem, wie als Draufgabe, noch „Andreas Thamayers letzter Brief", „Ein Erfolg" und das Fragment „Legende".

An diesen Prosastücken des Jahres 1900 erweist sich, wie grundfalsch der Vorwurf von Schnitzlers beschränktem Themenkreis ist. Diese Prosaarbeiten sind alle untereinander thematisch und formal so verschieden, daß sie nun schon den großen inneren Reichtum ihres Schöpfers reflektieren. „Frau Berta Garlan", sein bis dahin längstes Werk (die Buchausgabe, die 1901 bei S. Fischer – nach Vorabdruck in der „Neuen Deutschen Rundschau", Jänner bis März 1901 – erscheint, hat 256 Seiten), ist der erste Fall, in dem Schnitzler auch titelmäßig ein Frauenschicksal in den Mittelpunkt des Geschehens stellt. (In der „Frau des Weisen" ist der Liebhaber der Titelheldin der Ich-Erzähler, und es geht mehr um sein Problem als um ihres.) Mit einer Geduld, die er sich bis dahin für seine Figuren noch nicht genommen hat, zeichnet er – teils auf Wissen, teils auf Intuition basierend – das Schicksal einer Frau nach, die wie Fanny Reich an einen ungeliebten Mann verheiratet wurde, verwitwet ist und in einer Provinzstadt ihr völlig ereignisloses Leben dahingehen sieht. Die sehr moderiert erzählte Studie wird etwas lebendiger, als es darum geht, daß Berta Garlan versucht, ihre Jugendliebe zu dem inzwischen berühmt gewordenen Geiger Emil in eine lebendige Beziehung umzuwandeln. Schnitzler geht in der Abfuhr, die er Berta erleiden läßt, keineswegs schonungsvoll mit sich selbst und den faulen Ausreden, die er Fanny gegenüber gebraucht hat, um.

Noch bevor „Berta Garlan" im April abgeschlossen wird, schreibt Schnitzler die kurze Erzählung „Andreas Thamayers letzter Brief" in drei Februar-Tagen nieder. Darin verteidigt ein Mann in seinem Abschiedsbrief vor seinem Selbstmord seine Frau, die ein farbiges Kind zur Welt gebracht hat. Bevor er bereit wäre, an ihre Untreue zu glauben, befragt er lieber wissenschaftliche Literatur aller Art, um seine Ansicht zu stützen, der erschreckende Anblick eines Negers im Prater und nicht ein Ehebruch sei an dem Ereignis schuld. Schnitzler hält meisterlich in Schwebe, wie „wahnsinnig“ Thamayer ist – nie hat man das Gefühl, daß er sich über seinen unglücklichen Helden lustig macht.

Und schon drei Monate später beginnt Schnitzler den „Ehrgeizigen Sicherheitswachmann“ (späterer Titel: „Ein Erfolg“), die durch und durch humoristische, reichlich mit Dialekt-Dialogen aufgelokkerte Geschichte eines Sicherheitswachmanns, dem es nie gelingt, eines Missetäters habhaft zu werden. Als er endlich einmal „amtshandeln“ kann, ist das Opfer ausgerechnet – seine so sehr geliebte Kathi.

Im Sommer 1900 schreibt Schnitzler im Kurhaus von Reichenau innerhalb von sechs Tagen – vom 14. bis zum 19. Juli – den „Leutnant Gustl“ nieder, seine wahrscheinlich berühmteste Novelle. Der Ruhm hat viele Gründe: die Form, den Inhalt, die Folgen. Die Form: Zum ersten Mal wird diese Art des „inneren Monologs“ so dezidiert in der Literatur verwendet. Schnitzler selbst hat schon, vor allem im „Witwer“ und auch zuletzt in der „Berta Garlan“, wo er über lange Strecken (allerdings in indirekter Rede) den Gedankengängen seiner Heldin folgt, Neigung dazu gezeigt, gleichsam in den Kopf seiner Figuren hineinzukriechen. Im „Leutnant Gustl“ erfährt man nun in direkter Rede den Gedankenstrom eines jungen Mannes, in lockeren Assoziationen aneinandergefügt, ungemein echt und vor allem so lebendig und temperamentvoll wirkend wie noch kein Stück Schnitzlerscher Prosa. Eine Nacht lang, von einem Konzert an, in dem er sich langweilt, bis zu dem berühmt gewordenen Wort „Krenfleisch!“, ist man bei ihm.

Als Gustl sich bei der Garderobe des Musikvereins ungehörig aufführt und von einem gewöhnlichen Bäckermeister – einem „satisfaktionsunfähigen“ Menschen also – beleidigt fühlt, gibt es nach seinem Ehrenkodex nichts als den Selbstmord. Wie wahnsinnig rasen nun seine Gedanken durch das Hirn, aber nichts deutet darauf hin, daß dieser oberflächliche, etwas dumme, sehr überhebliche junge Mann angesichts des Todes geläutert würde. Im Gegenteil – als der Zufall, der Tod des Bäckermeisters, ihn des eigenen Todes enthebt, ist er am Ende noch aufgezogener als sonst und voll Tatendrangs, einen Gegner im Duell zu „Krenfleisch“ zu hauen.

Das Meisterliche an dieser Novelle ist, daß die Person des Gustl in seinen eigenen Worten so ungemein lebendig wird. Man erfährt so gut wie alles von ihm, vor allem die völlige Leere seines Daseins, die zu erkennen er selbst nicht imstande ist. Begeistert hat er den soldatischen Formalismus in Denk- und Redeweise übernommen, was ihn enthebt, selbst auch nur einen originellen Gedanken haben zu müssen. Vor allem aber erweist sich am „Leutnant Gustl" – der in dieser Hinsicht seltsam dem „Reigen" verwandt ist – weltanschaulich die totale Fassadenhaftigkeit der Epoche. Denn obwohl Gustl meint, sich wegen der vom Bäckermeister verletzten Ehre unbedingt umbringen zu müssen, so sieht die Sache ganz anders aus, sobald dieser tot ist. Es weiß ja keiner davon, also kann er ruhig weiterleben! Und sein eigenes Argument, daß er selber es ja wisse und folglich vor seinem eigenen Angesicht nicht weiterbestehen könne – wie schnell ist es vergessen!

Was Schnitzler im „Leutnant Gustl" und im „Reigen" zeigt, sind Menschen, deren Existenz und absolute Lebenswahrheit innerhalb der damaligen Gesellschaft niemand leugnen kann. Aber man stößt sich ja nicht daran, daß es die stur-dummen Leutnant Gustls gibt, man hat nichts dagegen, daß das Sexualleben im Stil des „Reigen" abläuft – man beschimpft Schnitzler nur dafür, daß er darstellt, worüber man nicht spricht. Es gilt, daß nicht sein kann, was nicht sein darf – vielmehr, daß nichts ist, was nicht ausgesprochen wird. Indem nun gerade der junge Schnitzler seiner Epoche mit provokanter Beständigkeit den Spiegel ihrer eigenen Schäbigkeit vor Augen hält, wird er zum dauernden Ärgernis.

Letzte Frucht des Prosa-Jahres 1900 (in dem er auch zwei Einakter schreibt, eine Kunstform, der er sich im Jahr darauf wieder verstärkt zuwendet) ist „Der blinde Geronimo und sein Bruder", wieder eines seiner Meisterstücke und von ihm oft genannt, wenn er – ungern – auf die Frage nach seinen eigenen Lieblingswerken antwortet. Diese Erzählung ist wiederum in nichts mit den vorherigen zu vergleichen, schon weil keinerlei Liebe und Erotik hineinspielt. Das Thema ist die Beziehung zweier Brüder, das Vertrauen des Blinden zu dem Sehenden, das durch einen Dritten böswillig gestört wird, die Verzweiflung des sehenden Carlo über den giftigen Wurm des Verdachts in Geronimos Seele. Schließlich begeht Carlo sogar einen Diebstahl, um den Bruder wiederzugewinnen – und erst angesichts dieser Tat überkommt diesen die Erkenntnis. Bei aller Ausbalanciertheit der verschiedenen seelischen Zustände, die Schnitzler wieder in bewährter Art in den Griff bekommt, ist das eine seiner wenigen Erzählungen, die eher konventionell und auf die Schlußpointe hingearbeitet erscheinen (wie auch „Das Schicksal des Freiherrn von Leisenbogh" oder „Die Weissagung", die später entstehen).

Dieses Jahr 1900 ist für Schnitzler überhaupt reich an Ereignissen. Um einen Skandal kommt er dabei gerade noch herum. Zwar entschließt er sich, den in der Lade ruhenden „Reigen" zumindest teilweise bekanntzumachen, aber die 200 Stück, die er „Als unverkäufliches Manuskript gedruckt" an seine Freunde verteilt, schlagen noch keine Wellen. Man hält sich daran, was der Dichter als Vorbemerkung schreibt: „Ein Erscheinen der nachfolgenden Szenen ist vorläufig ausgeschlossen. Ich habe sie nun als Manuskript in Druck gegeben; denn ich glaube, ihr Wert liegt anderswo als darin, daß ihr Inhalt den geltenden Begriffen nach die Veröffentlichung zu verbieten scheint. Da jedoch Dummheit und böser Wille immer in der Nähe sind, füge ich den ausdrücklichen Wunsch bei, daß meine Freunde, denen ich dieses Manuskript gelegentlich übergeben werde, es durchaus in diesem Sinn behandeln und als ein bescheidenes, ihnen persönlich zugedachtes Geschenk des Verfassers aufnehmen mögen."

Und so geschieht es auch. Die „Reigen"-Skandale – ein kleiner bei Erscheinen des Buches 1903 und ein großer bei den Aufführungen in Berlin und Wien 1920/21 – sind vorerst aufgeschoben. Dieses Stück würde er aufführen (!), sagt Schlenther großspurig zu Schnitzler, denn damit setzt er sich nicht der Gefahr aus, beim Wort genommen zu werden.

Schlenther aber ist es, der dafür sorgt, daß 1900 für Schnitzler ein besonders unersprießliches Jahr wird. Dabei geht es um den „Schleier der Beatrice"[11], der nach des Dichters Ansicht natürlich nirgendwo anders gespielt werden kann als am Burgtheater. Schlenther ist ganz seiner Meinung, und anfangs sieht es auch so aus, als würde nach starken Strichen, die Schnitzler auch liefert, einer Aufführung nichts mehr im Wege stehen. Schlenthers Zusage steht am 13. Februar 1900 fest.

Doch dann ruht die Angelegenheit wochen- und monatelang. Schnitzler erkundigt sich nachdrücklich nach seinem Stück und erinnert Schlenther auch an jenes „Entgegenkommen – das ich nie verlangt, das Sie mir aber einmal in einer schönen Aufwallung anläßlich der Kakadu-Sache versprochen haben?"[12]

Am 18. Juni erhält Schnitzler daraufhin einen Brief, der einer gewundenen Ablehnung gleichkommt und in dem Schlenther plötzlich das Stück geradezu zerzupft, die Figur des Dichters Filippo „nicht zu retten" und die der Beatrice nicht zu besetzen findet. Schnitzler weint vor Zorn, sicher gleichermaßen über die Enttäuschung wie über die Anmaßung und die Ungerechtigkeit. Aber noch hat Schlenther nicht offen nein gesagt, sondern nur vage verschoben. Und Schnitzler ist nicht der Mann, das hinzunehmen. Mit einer Schärfe, die ihm im Rahmen solcher Argumentationen zueigen ist, fordert er Schlenther auf: „. . . nehmen Sie, verehrtester Herr Direktor, dieses Stück an oder weisen Sie es zurück? Ich bitte um ein Ja oder ein Nein.“ [13] Am 2. September erhält Schnitzler also Schlenthers „Nein“.

Nun hat der Dichter nicht die Absicht, angesichts des „Übermuts der Ämter“ zu resignieren. Schlenther hat sich schon zu viele Willkürakte ihm gegenüber geleistet – das sang- und klanglose Verschwinden des „Vermächtnisses“, die tückische „Kakadu“-Affäre und dann die Annahme der „Beatrice“, die der Direktor sich so ohne weiteres wieder überlegt. Das erscheint Schnitzler ein unstatthaftes Vorgehen. Er berät sich mit Felix Salten und dem Journalisten Robert Hirschfeld, die zusammen einen öffentlichen Protest gegen Schlenther verfassen. Schnitzlers Bruder Julius ist entsetzt und dagegen, und fast verläßt den Dichter die Courage, aber schon ist die Sache im Rollen – außer ihnen unterzeichnen noch Hermann Bahr, Julius Bauer, der sich besonders dafür einsetzt, Jakob Julius David und schließlich, zu Schnitzlers großer Freude, der renommierte Kritiker Ludwig Speidel. Am 14. September erscheint dieser „Protest“ in nahezu allen Wiener Zeitungen.

Der Protest bestreitet dem Direktor des Burgtheaters keinesfalls das Recht, Stücke nach seinem Ermessen anzunehmen oder abzulehnen. Wogegen sich die Unterzeichneten wenden, sind die Willkürakte, denen sich Autoren hilflos ausgesetzt sehen. Man erklärt es für unstatthaft, daß ein Direktor – wie Schlenther es am 13. Februar sogar mit der Forderung nach der Erstaufführung getan hat – einem Autor erst die Aufführung zusichert, die Angelegenheit dann monatelang verschleppt und schließlich mit der einzigen Begründung eines nicht zu findenden Termins (was Schlenther zum Vorwand genommen hat) das Stück ablehnt.

Schon am darauffolgenden Tag erscheint Schlenthers jesuitische Gegenerklärung, die Schnitzler, wieder am Tag darauf, kurz, aber treffsicher beantwortet: „Um am 17. Juni ein Erstaufführungsrecht zurückzugeben, mußte daher Direktor Schlenther logischerweise selbst vier Monate lang der Ansicht gewesen sein, dieses Recht zu besitzen, denn es ist vollkommen unerfindlich, wie man die Ansprüche auf das Erstaufführungsrecht eines Stücks aufgeben kann, das man überhaupt niemals angenommen haben will.“ [14]

Aber was nützt es, moralisch recht zu haben, wenn man seinen

Feinden soviel Handhabe gegeben hat? Die antisemitischen Blätter protestieren in Leitartikeln gegen den „Terrorismus der jüdischen Presse" zu Schnitzlers Gunsten. Der Dichter, der sich zu dieser Zeit begreiflicherweise in einem ganz unerhörten Nervenzustand befindet, merkt bald, daß die allgemeine Sympathie keineswegs auf seiner Seite ist. Dabei wäre hier die Gelegenheit, sich einem grundlegenden Kampf anzuschließen, da ja sein Stück nur der Paradefall dafür ist, „wie nach den heute am Burgtheater geltenden amtlichen Bestimmungen die dramatischen Schriftsteller jeder wie immer gearteten direktorialen Entscheidung gegenüberstehen" und „daß es einem Schriftsteller, der nur die nötige Geduld aufbringt, gelingen kann, im Wechsel der ‚Konstellationen' binnen wenigen Jahren ebenso oft angenommen als abgelehnt zu werden".[15]

Aber, wie es oft geschieht, wenn es gilt, simple Zivilcourage zu beweisen – Schnitzler findet keinerlei Fürsprecher, aber zahllose Widersacher, die über ihn herfallen. Karl Kraus zeichnet sich in der „Fackel" besonders aus, beschimpft die Unterschreiber („Herr Ludwig Speidel, der die Entwicklung des Burgtheaters durch dreißig Jahre mit schönen Inhaltsangaben begleitet hat"), unterstellt Männern wie Bahr und Bauer, die ja auch Theaterstücke schreiben, bloß urpersönliche Interessen, erklärt den Kampf um die „Wahrung der Autorenrechte" für eine „abgeschmackte Lüge" und kann dem „harthörigen" Schnitzler gegenüber nur in höchsten Tönen Lob für Schlenther finden.[16]

Die „Kakadu"-Affäre, so empörend sie war, ist dank Schnitzlers Diskretion mehr oder minder unbemerkt über die Bühne gegangen. Nun hat die Öffentlichkeit Anteil, und Schnitzler, dem es durchaus über den konkreten Fall hinaus um Überpersönliches gegangen ist, wofür er sein Leben lang kämpfen wird (nämlich die Rechte der Autoren), erntet nur Hohn. Langsam beginnt er Angst davor zu empfinden, eine Zeitung zu lesen. Und er weiß, daß er sich mit dieser „Beatrice"-Affäre, in der er Schlenther nicht nochmals erlaubt hat, seine Willkürakte in aller Stille zu begehen, aus dem Burgtheater verbannt. Tatsächlich wird es fünf Jahre dauern, bis es in diesem Haus wieder eine Schnitzler-Premiere gibt – und seine im Repertoire befindlichen Stücke werden in den folgenden fünf Spielzeiten an ganzen fünf Abenden gespielt.

Jahre später erfährt Schnitzler von Felix Speidel, dem schriftstellernden Neffen des Kritikers Ludwig Speidel, daß ihn Schlenthers Feindschaft noch mehr gekostet hat: den Grillparzer-Preis. Man wollte ursprünglich den „Schleier der Beatrice" dafür nominieren, sah aber davon ab, um Schlenther nicht zu brüskieren. Schnitzler muß auf den Preis also noch warten.

In diesem so überaus ereignisreichen Jahr 1900 festigt sich auch die Beziehung zwischen Schnitzler und Olga Gussmann. Im Sommer in Reichenau, wo er noch so relativ unbeschwert die „Leutnantsgeschichte", später „Leutnant Gustl" genannt, schreibt, ist er viel mit ihr und ihrer frühreifen Schwester Lisl zusammen. Damals hegt er Olga gegenüber noch keine anderen als freundschaftliche Gefühle. Daß er sich der um 20 Jahre Jüngeren gegenüber zu alt vorkommt, läßt sich am analogen Fall der jungen Dora Speyer ablesen, die ihm deutlich ihre Gefühle zeigt und der gegenüber er bewußt eine „Sonnenthal-Rolle", also die des verzichtenden alten Mannes, spielt. Genaugenommen reizt ihn als Mann damals nur Poldi Müller.

Dora Speyer ist übrigens eine von vier Schwestern, Töchter des Hofrats Dr. Albert Speyer, die Schnitzler alle nicht mehr aus dem Auge verliert. Dora heiratet später den Berliner Rechtsanwalt Dr. Karl Michaelis, Spezialist für Patentangelegenheiten, und Schnitzler wird in Berlin stets bei ihnen zu Gast sein. Agnes wird 1910 die Frau des Malers Emil Ulmann und lebt mit ihm in München, wo es (ebenso wie bei ihren Wien-Besuchen) stets Kontakte mit Schnitzler gibt. Paula heiratet den Geschäftsmann Hugo Schmidl und wohnt in der Türkenschanzstraße, also ab 1912 in Schnitzlers unmittelbarer Nachbarschaft. Sie und ihr Mann zählen zu den besten Freunden. Und Julie schließlich, gewiß die exaltierteste der Schwestern, heiratet 1901 Jakob Wassermann.

Dieser ist 1898 nach Wien gekommen und hat schnell Eintritt in Schnitzlers Kreis gefunden. „Ich war ein kleiner Niemand, er bereits ein hochberühmter Autor, sein Name war in aller Mund."[17] Dennoch nimmt Schnitzler den jungen Mann sozusagen freundlich auf, und wenn es auch seine erste Tat ist, Wassermann zu sagen, er möge das eben geschriebene Drama ins Feuer werfen, so tut er das doch so achtungs- und schonungsvoll, mit der „bezauberndsten Mischung von Schalkhaftigkeit und Ironie, die ich je bei einem Mann getroffen"[18], daß daraus eine lebenslange Freundschaft erwächst. Beide spielen passioniert Billard und sind einander trotz des Altersunterschieds von elf Jahren, ausgezeichnete Gesprächspartner. Doch stellt auch Wassermann Schnitzlers Verschlossenheit seiner Umwelt gegenüber fest: „Er war eine eigentümlich zugeschlossene Natur, stolz, etwas argwöhnisch, und über eine selbst gezogene Grenze ließ er sich nicht nahekommen." Was Wassermann besonders an ihm erstaunt, war „bei dem Ruhm, den er damals genoß, und der Bewunderung, die ihm die Umwelt entgegenbrachte, (...) seine Bescheidenheit oder besser gesagt die illusionslose, melancholische Nüchternheit, mit der er seinem Werte und seiner Wirkung gegenüberstand". So sagte er einmal zu Wassermann: „Ich bin kein Schriftsteller, ich bin ein Herr, der schreibt" und „ich habe zu wenig Talent",[19] wobei er meinte, gar nicht definieren zu können, worin Talent eigentlich bestehe.

Auch die Beziehung zwischen diesen beiden hat ihre Krisen, Schnitzler vermißt an Wassermann die letzte Aufrichtigkeit, meint einmal, er sage Gerechtigkeit und meine, wieviele Auflagen? Aber Wassermann, der deutsche Jude, der in Österreich so heimisch wird, ist der einzige in dem Kreis, der die Form des großen Romans in den Griff bekommt (so wie in Deutschland Thomas Mann), und wo er bewundern kann, tut Schnitzler es gern und ehrlich. Damals, um die Jahrhundertwende, liest er eben beeindruckt Wassermanns Roman „Die Geschichte der Renate Fuchs".

Die Frau, die mit Schnitzler im Herbst alle Aufregungen rund um die „Beatrice"-Affäre teilt, ist Olga Gussmann. Sie wächst klug und beharrlich erst einmal in die Funktion einer Gesprächspartnerin auf hohem Niveau hinein. Es ist wohl eher ihre Initiative, daß sie am 11. November 1900 in der Wohnung in der Gentzgasse, die sich Schnitzler (der nach wie vor bei seiner Mutter wohnt) nebenbei genommen hat, seine Geliebte wird.

Ende November fährt Schnitzler, der in acht Tagen die „Hieronymus"-Novelle („Der blinde Geronimo und sein Bruder") vollendet hat, nach Breslau. Am dortigen Lobe-Theater findet nun die Uraufführung des vom Burgtheater abgelehnten „Schleiers der Beatrice" statt – für Schnitzler, den Erfolgsdramatiker, ein harter Rückschlag, der ihm zeigt, daß weder Wien noch Berlin noch Hamburg (auch Intendant Alfred von Berger refüsierte) sein Stück wollte. Dabei kann er nicht umhin, es zu mögen, als er es auf der Probe sieht. Zur Premiere am 1. Dezember kommen aus Wien die Kritiker-Freunde Bahr und Salten sowie Direktor Emmerich von Bukovics, der das Werk für das Deutsche Volkstheater in Erwägung zieht. Die Aufführung ist schlecht, erhält also neben viel Beifall auch viel Widerspruch.

Kaum in Wien zurück, hat Schnitzler nur eine kurze Atempause, um diese Niederlage zu verdauen, den brillanten Einakter „Literatur" fertigzustellen und „Geronimo" am 22. Dezember in der

„Zeit" zu lesen. Am 25. Dezember erscheint in der „Neuen Freien Presse" die Novelle „Leutnant Gustl". Damit endet das 19. Jahrhundert für Schnitzler mit einem weiteren Skandal.

Den ersten Ärger über „Leutnant Gustl" hat Schnitzler in seiner Eigenschaft als Autor, denn in einer Anzahl der Weihnachtsnummern fehlen die letzten drei Spalten der Novelle. Dennoch gibt es genug Leute, die das „Krenfleisch" zu Gesicht bekommen und das Werk verstehen. Denn es ist ja keinesfalls ein Mißverständnis, wenn militärische Kreise sich schwer attackiert fühlen – unverbindlich hat Schnitzler sein Werk ja nicht gemeint, auch wenn er später, nach den Skandalen, äußert, wenn er den „Leutnant Gustl" nochmals schriebe, fiele er „nicht mehr so liebenswürdig aus"[20]. In den Ringstraßencafés sitzen jedenfalls die Offiziere beisammen und streichen gewisse Stellen rot an.

Die Gegner verlieren keine Zeit. Schon drei Tage nach dem Erscheinen der Novelle wird in der „Reichswehr", dem hauptsächlich in Offizierskreisen gelesenen konservativen Blatt, ein Artikel des Chefredakteurs Gustav Davis abgedruckt, mit dem dieser, wie Schnitzler mutmaßt, seine gestörten Beziehungen zum Kriegsministerium durch einen Angriff auf die Novelle wieder verbessern will. Dann herrscht gespannteste Erwartung, ob Schnitzler Davis zum Duell fordern werde, wie man es von ihm als Reserveoffizier erwartet, aber er denkt natürlich – getreu seiner Überzeugung – nicht daran.

Während die Angelegenheit in Schwebe ist, beschließt das „Neue Wiener Tagblatt", den Dialog „Silvesternacht", der für die Silvesterausgabe erworben worden ist, nicht zu bringen. Man will Vorsicht walten lassen, solange die Dinge unklar sind. Schnitzler hat ja die Möglichkeit, die Angelegenheit durch eine Vorsprache beim Chef der Landwehr, Erzherzog Rainer, der früher über die Poliklinik gute Beziehungen zu Schnitzlers Vater hatte, zu bereinigen.

Aber Schnitzler, der das Jahr 1901, den Widrigkeiten zum Trotz, mit sehr großer Arbeitslust beginnt, wobei das schwächliche Lustspiel „Die Quellen des Nils" nie das Licht der Öffentlichkeit erblickt, denkt natürlich nicht daran, in der Sache etwas zu unternehmen. Auch nicht, als ihn am 5. Jänner 1901 der Befehl des k.k. Landeswehrergänzungsbezirkskommandos Nr. 1 erreicht, er habe bekanntzugeben, ob er der Verfasser der Novelle „Leutnant Gustl" sei.[21]

Nun hat Schnitzler es nicht weit zu Max Burckhard, der ja im selben Haus mit ihm wohnt, gelernter Jurist und seit seiner Abdankung als Burgtheaterdirektor Journalist ist. Mit ihm berät er alle weiteren Schritte und faßt seine Antworten in jenem juristischen Ton ab, an dem sich schon Schlenther bei anderer Gelegenheit gestoßen hat.

Seine Antwort am 6. Jänner kreuzt sich mit einer weiteren, in schärferem Ton gehaltenen Aufforderung, sich zu „rechtfertigen", die von einer gewissen gehässigen Nervosität zeugt, Schnitzler nun zu provozieren, in die Enge zu treiben und zu einer Reaktion zu zwingen. Schnitzler antwortet auf diesen Brief nicht, war ihm doch die erste Antwort erschöpfend genug: „Ich erachte mich in keiner Weise verpflichtet, dienstliche Meldungen oder Auskünfte über meine literarische Tätigkeit zu erstatten, da ich als Oberarzt im Verhältnis der Evidenz im Sinne des § 62 des Wehrgesetzes nur mehr jenen Beschränkungen unterworfen bin, welche für die Evidenzhaltung erforderlich sind. Nach dieser Feststellung nehme ich selbstverständlich keinen Anstand zu erklären, daß ich der Verfasser der am 25. Dezember 1900 in der ‚Neuen Freien Presse' erschienenen, mit meinem vollen Namen gezeichneten Novelle ‚Leutnant Gustl' bin. Dr. Arthur Schnitzler."

Im Jänner ist Schnitzler damit beschäftigt, an seinen diversen Einaktern (darunter auch die „Familienszene", die später „Haus Delorme" heißt) zu feilen und sie den Freunden vorzulesen, als ihn am 26. Jänner eine Aufforderung zur ehrenrätlichen Verhandlung erreicht. Er habe sich, mit Rock und Kappe adjustiert, am 30. Jänner um neun Uhr vormittags vor dem ehrenrätlichen Ausschuß I für Landwehroffiziere und Kadetten Wien (Siebenbrunnenweg 37, Landwehrkaserne), Dienstzimmer des 1. BO.K., einzufinden.

Schnitzler ist nicht sicher, ob ihn sein Rang als „k.u.k. Oberarzt im Verhältnis der Evidenz" dazu verpflichtet, dieser Aufforderung Folge zu leisten, aber als Burckhard ihm abrät, ist er nur zu gern willens, nicht zu erscheinen. Er sieht nicht ein, warum er sich wegen seiner literarischen Produkte von einer militärischen Stelle zur Verantwortung ziehen lassen soll. Dennoch gibt er Burckhard für den Fall einer Hausdurchsuchung, die dieser ebenso für möglich hält wie eine zwangsweise Vorführung durch eine Militärpatrouille, wichtige Papiere zur Aufbewahrung.

Schnitzler lehnt das Erscheinen mit folgendem Brief ab: „Ich nehme zur Kenntnis, daß gegen mich eine ehrenrätliche Vorverhandlung angeordnet ist. Da ich im Sinne des § 62 des Wehrgesetzes in militärischer Hinsicht dermalen nur jenen Beschränkungen unterworfen bin, die für die Evidenzhaltung erforderlich sind, kann ich die an mich gerichtete Vorladung, am 30. Januar behufs Einvernahme zu erscheinen, nur dahin verstehen, daß mir Gelegenheit zur Aufklärung oder Verteidigung eröffnet werden soll. Ich gedenke jedoch von diesem Rechte keinen Gebrauch zu machen und erkläre mich daher einverstanden, daß jenes ehrenrätliche Verfahren, von dessen Einleitung ich mit Zuschrift etc. etc. verständigt wurde, ohne meine Einvernehmung durchgeführt wird."

Zu dieser Zeit hat Schnitzler privat genügend Probleme. Von Poldi Müller hat er sich getrennt, Olga Gussmann erwartet ein Kind. Er entläßt bei dieser Gelegenheit auch einige seiner anderen Geliebten. Eine neuerliche Aufforderung, zu der „Offiziersversammlung in Ihrer ehrenrätlichen Angelegenheit" am 22. Februar (sie wird dann auf den 23. verschoben) zu erscheinen, lehnt er erneut ab.

An diesem Tag findet man Schnitzler zwar tatsächlich vor Gericht, aber in einem Prozeß, den Hermann Bahr gegen Karl Kraus angestrengt hat. In seiner eigenen Sache erhält er ein mit 2. März datiertes Schreiben, daß der ehrenrätliche Ausschuß am 13. März noch einmal zusammentreten werde und man ihn wieder einmal zum Erscheinen auffordere. Schnitzler antwortet nicht und reist nach Berlin, wo am 8. März in „Wolzogens Überbrettl" sein Einakter „Marionetten" uraufgeführt wird.

Am 13. März ist er zwar in Wien, aber nicht vor dem Ehrenrat, sondern auf dem Friedhof, am Grab der nun seit zwei Jahren toten Marie Reinhard. Am Tag zuvor hat er die Novelle vom „Sterbenden Journalisten" abgeschlossen, aus der später der Einakter „Die letzten Masken" wird. Am 27. März bricht er, mit einem Rundreisebillett versehen, allein auf und läßt die schwangere Olga zurück.

Diese Reise, die Schnitzler über Frankreich nach Italien führt, ist für ihn vielleicht die bis dahin wichtigste. Noch nie fand man ihn so reich an Eindrücken, so aufgeschlossen für alles wie diesmal, wo er in Olga jene Partnerin zurückgelassen hat, für die sich ausführliche briefliche Reflexionen auch lohnen.

Schnitzler besichtigt zuerst die französische Riviera, wo er im Spielsaal des Casinos von Monte Carlo feststellen kann, daß er von seiner Spielleidenschaft weitgehend geheilt ist. („Es ist das einzige absolut Unmoralische auf der Welt"[22], schreibt er an Olga.) Er sieht sich in Nizza und Cannes um und ist vom Meer nicht sehr beeindruckt. („Es war zu sehr so, wie ich es mir vorgestellt hatte.“[23]) Von da geht es nach Genua, von wo er nach ausführlicher Erwanderung der Stadt über Pisa nach Rom weiterreist, ein Erlebnis, das ihm den Begriff „unbeschreiblich“ entlockt: „Ein schlimmes Wort für einen Dichter.“[24]

Dabei stellt er fest, daß Architektur auf ihn stärker („absolut“) wirkt als Bilder, wo er immer vom Stofflichen abhängig ist – Raffael und selbst die Sixtinische Kapelle lassen ihn weit kühler als das Forum und die Zeugnisse der Antike. Auch Kirchen bedeuten ihm wenig. Der Dichter in ihm wird freilich angerührt durch die Vorstellung, daß oben auf den Gerüsten Michelangelo stand, wieder herabstieg, „ein Mensch wie ich – und daß er die sonderbarste aller Fähigkeiten hatte: was er innerlich sah – für seine Nachfahren aufzuzeichnen – bis in meine Zeit“[25]. Daran knüpft er in den Briefen an Olga kunsttheoretische Überlegungen, die bei ihm sonst nicht häufig sind. Auch werden ihm angesichts der Stadt Rom historische Fragen lebendig, etwa der Sieg des Christentums, der ihm dennoch nicht recht erklärbar scheint.

Was ihn an Rom so fesselt, sind die zahllosen Kulturstufen „untereinander“[26]. Scherzhaft skizziert er Olga ein Ausstattungsstück um einen Gelehrten, der im ersten Bild auf Trümmern einschläft, sich im zweiten Bild im 17. Jahrhundert wiederfindet, im dritten Bild in der Renaissance, im vierten in der Kaiserzeit. „Sehr belehrend“[27], ironisiert er, aber er wird diese Zeitverschiebung bald darauf in dem Einakter „Die Frau mit dem Dolche“ (wenn auch nur von der Gegenwart in die Renaissance) realisieren.

Was Schnitzler anwidert, darin manchen Touristen von heute gleich, ist das große Geschäft, das mit den Fremden und den „Souvenirs“ gemacht wird, wenn er sich auch selbst durchaus für Nachbildungen antiker Statuen interessiert. In späteren Jahren wird in seinem Arbeitszimmer in der Sternwartestraße eine Gipskopie der Venus von Milo stehen.

Hier in Rom ist Schnitzler gelegentlich mit Jakob und Julie Wassermann zusammen, die am 6. Jänner 1901 geheiratet haben und nun auf Kosten des wohlhabenden Schwiegervaters Speyer hier leben. Wassermann, einer der wenigen, denen wir eine Art von „Schnitzler-Anekdoten“ verdanken, erlebt hier in Rom ein Beispiel für die Ungeduld des Freundes, die ihm fast „wie ein Schlüssel zu seinem Wesen und Charakter“ erscheint: „Nachdem er unermüdlich von morgens bis abends durch Kirchen, Museen und Theater gestürmt war, hatte er genug und fuhr auf und davon.“[28] Wassermann besitzt die Fähigkeit, sich auch anderswo als in Wien „niederzulassen", die Schnitzler abgeht. Hier mag der Grund dafür liegen, daß Schnitzler seine Geburtsstadt nie für längere Zeit verlassen hat. Angesichts seiner Unfähigkeit, anderswo zu leben, ist es ein Glück, daß ihm die Emigration erspart geblieben ist.

Am Beispiel Wassermanns, der an dem Roman „Moloch" schreibt, überkommt auch Schnitzler die Sehnsucht nach Arbeit. „Es ist sonderbar", heißt es in einem Brief an Olga, nachdem er wieder akribisch und reflektiv Besichtigungen hinter sich gebracht hat, „ich habe hier meist das Gefühl, als wenn ich eine Vorarbeit besorgte – aber wofür? Für einen künftigen Aufenthalt mit Dir? – oder für ein historisches Trauerspiel? – Für Julian?"[29] Was immer erst die Nachwelt weiß: Schnitzler wird nicht mit Olga nach Rom kommen; er wird keinen „Julian Apostata" schreiben; Rom wird in seinem Werk nicht wiederkehren.

Am letzten Tag von Schnitzlers Aufenthalt trifft Max Burckhard ein, und wieder einmal erkennt der Dichter, wie sehr er diesen Mann im Grunde beneidet: „Vielleicht fühl ich, daß mir eigentlich nur diese Leichtigkeit fehlt, um zu sein, was ich sein möchte."[30] Er bewundert an dem anderen „die kolossale Intelligenz – und dabei (in höherm Sinn) Naivität . . . Und was bleibt schließlich von einem Menschen übrig, wenn er nicht zufällig Herzog ist oder wenigstens Minister? – nichts. Da steckt auch irgendwo ein Unrecht."[31] Will Schnitzler später dieses „Unrecht" gutmachen, indem er wenigstens dem Hofrat Winkler in seinem „Professor Bernhardi" Burckhards Züge verleiht?

In Briefen an Olga überkommt ihn immer wieder die Neigung zu schonungsloser Selbstanalyse. Wie er schon Marie Reinhard geklagt hat, so schreibt er nun dasselbe: „Es steckt ein tiefer Lebensschaden in mir, ich spür es immer; ich habe nicht die Gabe, rein den Moment zu genießen. Es ist, als wenn immer unruhige Wolken schwebten, manchmal nur blasse, weiße, dünne, aber ich kenne den klaren Himmel sozusagen nicht."[32] Wie sehr er geradezu zwanghaft auch tiefe Erlebnisse relativieren muß, ergibt sich etwa aus seiner Schilderung des Kolosseums im Mondschein: „Unerhört! – Man begreift die Gottheit – und die Ansichtskarten."[33]

Auch sind da immer wieder die Zweifel an seiner Schaffenskraft. „Ich möchte einen Savonarola schreiben", fühlt er angesichts von Florenz, aber es fehlt ihm an Selbstvertrauen: „Werd ich je ‚meine' großen Stoffe ausführen? Werd ich je die Ruhe? – werd ich je das Talent haben? Werd ich mich überhaupt noch entwickeln? – Die

Wirklichen haben immer und immer gearbeitet; ihr Leben war Arbeit – ihre Arbeit war Leben – ich bin doch eigentlich ein Quartalsdichter (sowie es Quartalssäufer gibt). Und wenn ich etwas wäre, müßte ich doch eigentlich schon was Wirkliches zusammengebracht haben. Im übrigen ist das so wichtig? – Na, gut."[34] Und wenn er schon dabei ist, mit sich selbst ins Gericht zu gehen, dann wird er unbarmherziger, als es je ein anderer sein könnte: „Ich bin nachlässig, verbummelt, oberflächlich, schlecht erzogen – und ich bin nicht jung genug, um noch etwas Ordentliches zu werden. So sollte man wenigstens eine Million haben oder die Courage, sie zu rauben."[35]

Am 11. April 1901 reist Schnitzler nach Florenz, wo er seine Mutter trifft. Er ist froh, daß sie die Reise unternommen hat – aus psychologischen Gründen. Weniger der neuen Eindrücke wegen, die ihr vermutlich nichts bedeuten, sondern weil sie das Gefühl haben kann, doch noch jung und agil zu sein. Für ihn selbst wird in dieser Periode der schonungslosen Selbstanalysen auch die Mutter zum Anlaß, über sich selbst nachzudenken: „Es ist sonderbar zu beobachten (. . .), wie meine Unruhe in ihr ins Maßlose gesteigert und ins Zwecklose gerichtet ist. Es ist vollkommen krankhaft und macht mich nicht nur nervös, sondern tut mir weh, schmerzlich weh."[36] Und auch scheut er sich nicht niederzuschreiben, was manchem, bei gleicher Erkenntnis, durchaus nicht über die Feder kommen würde: „Ich fühle, wie wenig man einander bedeuten kann, auch bei der größten gegenseitigen verwandtschaftlichen Liebe."[37]

Als am 15. April die englischen Verwandten eintreffen, ist Schnitzler, der schon nach Hause will, ärgerlich über die Verzögerung. Man nachtmahlt also mit Onkel Felix, Tante Julie und Cousin Gustav, die er von seinem Londoner Aufenthalt her gut kennt, aber Schnitzler läßt sich nicht abhalten, am 17. in Bologna auf den Spuren seiner Beatrice (in dieser Stadt hat er den „Schleier der Beatrice" angesiedelt) zu wandeln.

„Es kommt mir ganz unwahrscheinlich vor, daß jemand auf mich wartet, der mich liebt"[38]: Am 19. April ist Schnitzler wieder in Wien, und während dieser Reise, dieser Trennung haben sich seine Gefühle für Olga geklärt. Jetzt weiß er, daß er sie liebt. Bald kann er die Intensität seiner Empfindungen nur mit jenen zu Mizi Glümer vergleichen. In diesem Fall kommt dazu, daß es so allmählich geworden ist, daß sie Mädchen war und daß sie auf dem gleichen Niveau mit ihm steht. Und er resümiert, er möchte irgend etwas finden, um sie sicher zu halten für ewig.

Das ist ein völlig neues Gefühl für ihn, den stets das von Fritz in der „Liebelei“ artikulierte Bewußtsein „Sprich nicht von Ewigkeiten“ beherrscht hat. Daß die menschliche Gesellschaft eine Institution gefunden hat, um einander zu halten (wenn auch ohne Garantie), nämlich die Ehe – zu dem Gedanken wird er sich dennoch erst zwei Jahre später bequemen.

Die junge Beziehung erfährt ihren ersten großen Schmerz, als Olga am 10. Mai das zu erwartende Kind verliert. Und sehr bald wird Schnitzler klar, daß er noch nie eine so problematische Gefährtin hatte. An seinem 39. Geburtstag notiert er in seinem Tagebuch, daß sie einander lieben und zerfleischen. Dennoch wird diese Beziehung die tiefste, längste und bedeutendste seines Lebens sein.

Die „Leutnant Gustl“-Affäre, der sich Schnitzler durch seine Reise so praktisch entzogen hat, ist allerdings noch nicht ausgestanden. Bei seiner Heimkehr hat er eine Verständigung vorgefunden, daß die Schlußverhandlung nun am 26. April stattfinden würde. Man fordert ihn erneut auf, persönlich zu erscheinen, wobei es ihm freigestellt wird, einen Verteidiger mitzubringen. Konsequenterweise lehnt Schnitzler erneut ab, sich einzufinden, da er einem militärischen Gericht keinerlei Urteil über seine literarischen Werke zugesteht. Da er also am 26. durch Abwesenheit glänzt, erfährt er nichts vom Ausgang der Schlußverhandlung, und die Angelegenheit ruht für ihn fast zwei Monate lang.

Im Juni reist Schnitzler mit Olga nach Salzburg. Am 21. liest er in der „Neuen Freien Presse“, daß er laut Beschluß des Ehrenrates die Standesehre verletzt habe und folglich seines „Offizierscharakters für verlustig erklärt“ worden sei. Dabei wird nicht nur begründet, daß die Novelle „Leutnant Gustl“ im Inhalt „die Ehre und das Ansehen der österreichischen und ungarischen k.u.k. Armee“ herabsetze, sondern auch, „daß er gegen die persönlichen Angriffe der Zeitung ‚Reichswehr‘ keinerlei Schritte unternommen hat“.

Besagte „Reichswehr“ behauptet tags darauf zu diesem Thema, daß Schnitzler, dem „Niedertracht der Gesinnung“ angekreidet wird, selbst bei passender Gelegenheit „Federhut, Säbel und Portepee“ trage. Dazu schreibt Schnitzler an Hermann Bahr: „Ich wollte einen Preis von einer Million ausschreiben für den, der mich seit meinem letzten Hauptrapport in Uniform gesehen – aber wer weiß – unter diesen Leuten findet sich am Ende auch einer, der es beschwören kann.“ [39]

Die sozialdemokratischen Blätter und natürlich die „Neue Freie Presse“ (das „Judenblatt“) treten für Schnitzler ein, die antisemitischen und konservativen überbieten einander in Beschimpfungen. Selbst ihm Wohlwollende billigen sein Verhalten nicht und meinen, er hätte als Offizier vor dem Ehrenrat erscheinen müssen, während ihm andere zur Aberkennung der Charge geradezu gratulieren.

Schnitzler findet sich am Ende der Angelegenheit doch noch zu einer Geste bereit: Als man sein Offiziersdiplom abholt, gibt er es bereitwillig zurück. Dafür erhält er einen Militärpaß als gewöhnlicher Sanitätssoldat des k.k. Landsturms, „als welcher ich noch bis zu meinem 42. Lebensjahre im Militärverbande verblieb“.

Damit ist die Angelegenheit um „Leutnant Gustl“ endlich erledigt – und das Sündenregister des Dr. Arthur Schnitzler um eine weitere Affäre reicher.

7. DIE „UMBRUCHSPHASE“ 1901–1904

Schnitzler verbringt den Sommer 1901 mit Olga in Vahrn und Welsberg, wo er sich sehr wohl fühlt und unermüdlich arbeitet. Seine Begabung für Einakter, die er selbst ganz genau erkennt – „Der Einakterzyklus sitzt tief in meinem Wesen“ [1], schreibt er an Otto Brahm –, kommt voll zum Vorschein. „Haus Delorme“ ist vollendet, spielt aber in seiner Gedankenwelt im Moment keine Rolle. „Die Frau mit dem Dolche“, „Lebendige Stunden“, „Die letzten Masken“ und „Der Puppenspieler“, die kreuz und quer (und neben noch anderen Dingen) damals entstehen, fügen sich mit dem im Dezember 1900 geschriebenen Einakter „Literatur“ thematisch zusammen.

Im Oktober schickt er die fünf Stücke an Otto Brahm, der schon seit August bereit ist, einen Schnitzler-Einakter-Abend zu spielen. Er will allerdings nicht fünf, sondern nur vier Stücke, und ist bei seiner schon am „Schleier der Beatrice“ gezeigten Abneigung gegen Kostümwerke naturgemäß gegen die „Frau mit dem Dolche“, die er verschroben nennt. Schnitzler wehrt sich – irgendwie hängt er an diesem Einakter und nimmt lieber den „Puppenspieler“ aus dem Zyklus. Bemerkenswert bleibt dabei, wie sowohl er als auch Brahm bei Meinungsverschiedenheiten ihren guten Ton wahren.

Die Einakter stellen, vor allem weil sie künstlerisch so hochwertig sind, tatsächlich einen Schwerpunkt in Schnitzlers Schaffen dar, wenn er auch nicht zuletzt ihnen das Etikett vom Meister der „kleinen Form“ verdankt: dem Einakterzyklus „Anatol“, dem Dialogzyklus „Reigen“, ferner den drei thematisch zusammengehörigen, wenn auch nicht unter einem Titel zusammengefaßten Einaktern „Paracelsus“, „Die Gefährtin“ und „Der grüne Kakadu“. Dazu kamen bisher noch die Dialoge „Überspannte Person“, „Halbzwei“ und „Silvesternacht“ sowie das Familienstück „Haus Delorme“. Nun faßt er vier Einakter unter dem gemeinsamen Titel „Lebendige Stunden“ zusammen, später wird der übriggebliebene

„Puppenspieler“ mit dem „Tapferen Cassian“ und „Zum großen Wurstel“ zu dem Zyklus „Marionetten“ verbunden. Eines von Schnitzlers wahren Meisterstücken, „Komtesse Mizzi“, steht für sich allein, während der Zyklus „Komödie der Worte“ wieder aus drei Einaktern („Stunde des Erkennens“, „Große Szene“, „Bacchusfest“) besteht.

Das ist schon von der Fülle her eine reiche Ernte. Die Frage, warum Schnitzler so gern diese Form wählt, ist vielleicht nicht zuletzt aus seiner Ungeduld zu erklären, die mit einer großen Fähigkeit des Verdichtens Hand in Hand geht. So hätte beispielsweise der „Grüne Kakadu“ Handlung genug, um zu einem Dreiakter ausgewalzt zu werden – aber indem Schnitzler Geschehnisse komprimiert, gewinnt er eine Art von „heißem Atem“, den manche seiner Mehrakter nicht haben. Auch entspricht es seinem „dialektisch“ ausgerichteten Interesse, ein Problem von verschiedenen Seiten her zu beleuchten: Seine Einakterzyklen sind nie gewaltsam, sondern thematisch zwingend zusammengefügt. In den „Lebendigen Stunden“ geht es letzten Endes um Literatur, um die Beziehung zwischen Leben und Umsetzung in der Kunst. In den „Marionetten“ wiederum geht es um das „puppenspielende“ Element, um die Freiheit und die Determination des Menschen. Und die „Komödie der Worte“ ist tatsächlich eine solche, der Tanz der Menschen um Worte, die Möglichkeit, damit zu lügen, zu manipulieren. Das Element des In-Frage-Stellens ist gerade in den Einaktern Schnitzlers ganz besonders stark ausgeprägt und gibt ihnen einen gewissen Reiz, eine Lockerheit, die dem einen oder anderen abendfüllenden Werk abgehen mag.

In den „Lebendigen Stunden“ stellt Schnitzler die Frage, ob Leben oder Kunst wichtiger sei, ganz präzise: Der Dichter Heinrich akzeptiert den Selbstmord seiner Mutter als ihm gebrachtes Opfer, weil sie ihm damit ein unbeschwertes Schaffen ermöglicht. Als Dichter kann er den „Lebendigen Stunden“, auf die seine Mutter seinetwegen verzichtet hat – was ihm sein Gegenspieler Hausdorfer nicht verzeiht –, eine Art „Ewigkeit“ verschaffen.

In der „Frau mit dem Dolche“, deren Rahmenhandlung in der Gegenwart und die Rückblende in der Renaissance spielt, vollendet ein Maler ein geniales Bild erst, als der Liebhaber seiner Frau vor seinen Augen gestorben ist – Leben wird Stoff.

In den „Letzten Masken“ liegt ein Mann im Sterben, möchte mit großer Geste noch einmal mit einem, der ihm Unrecht getan hat, abrechnen und erkennt, wie nichtig angesichts des Todes die Idee von Rache ist. Wo nur mehr der Tod ist, hat das Lebensspiel seinen Sinn verloren.

„Literatur" – oft allein gespielt, weil zweifellos ein Meisterwerk des heiteren Theaters – ist schließlich das Satyrspiel. Schlimmer ist Schnitzler nie mit den Literaten, von denen er sich umgeben fühlt, ins Gericht gegangen. Wenn „sie" und „er" ihre Beziehung gleicherweise nur dazu benützt haben, um „Literatur" daraus zu machen, hat der Dichter kein Mitleid mit ihnen und setzt sie dem schrankenlosen Gelächter aus.

Otto Brahm hat den Zyklus also angenommen (das Deutsche Volkstheater reagiert vorläufig nur lau bezüglich der Wiener Erstaufführung), und Schnitzler fährt Ende Dezember 1901 nach Berlin, wo am 13. Oktober der Einakter „Anatols Hochzeitsmorgen" von der Studentenvereinigung „Akademische Bühne" uraufgeführt worden ist. An diesem Abend ist Schnitzler zwar nicht anwesend, aber er sieht die letzten Proben zum Zyklus „Lebendige Stunden". Olga gegenüber klagt er brieflich, daß die ganz naturalistisch ausgerichtete Regie von Brahms Hausregisseur Emil Lessing sich über die Verse der „Frau mit dem Dolche" einfach hinwegsetzt. Schnitzler ändert während der Proben noch vieles und steht wieder als absoluter Praktiker inmitten der Theaterarbeit.

Menschlich ist Berlin für ihn in mancher Hinsicht interessant und anregend, abgesehen davon, daß „Fräulein Glümer" beabsichtigt, in wenigen Tagen den Regisseur Paul Martin zu heiraten und damit auch einen äußeren Schlußstrich unter ihre so schicksalhafte Beziehung zu Schnitzler zu setzen.

Während dieses Aufenthaltes begegnet Schnitzler erstmals einem Künstler, der für seine Werke noch von entscheidender Bedeutung sein wird: Albert Bassermann. Fünf Jahre jünger als Schnitzler ist der gebürtige Mannheimer über das Meininger Hoftheater nach Berlin gekommen, wo er nun bei Otto Brahm am Deutschen Theater engagiert ist. Das „Deutsche Theaterlexikon" nennt ihn den „bedeutendsten Schauspieler seiner Zeit"[2], und auch Schnitzler erkennt auf Anhieb das Besondere dieses Mannes. Seit Mitterwurzer scheint ihm kein Mime den Typ des „Komödianten" so rein verkörpert zu haben.

So kommt es Bassermann auch entgegen, daß er in drei der Einakter drei so verschiedene Rollen verkörpern kann – Remigio, den dämonischen Maler in der „Frau mit dem Dolche", den hohlen Fassadenmenschen Weihgast in den „Letzten Masken" und den leicht dümmlichen Baron Clemens in „Literatur". Schnitzler findet ihn vor allem als Weihgast „unbeschreiblich“[3]. Max Reinhardt dagegen, der den Hausdorfer und den Rademacher spielt, kann er für keinen bedeutenden Schauspieler halten. Die beiden großen Frauenrollen, die Paola („Die Frau mit dem Dolche“) und die Margarete („Literatur“), sind mit Irene Triesch besetzt.

Wie immer ist Berlin voll von interessanten Leuten – Schnitzler verbringt den Silvester bei dem Lustspieldichter und Molière-Übersetzer Ludwig Fulda, den er für einen besonders netten und klugen Menschen hält, ist wie immer viel mit Brahm zusammen, stellt sich bei Fischer ein, trifft Kerr und den Kritiker Maximilian Harden.

So vergehen die Tage schnell, und die Generalprobe am 3. Jänner 1902 hinterläßt einen günstigen Eindruck. Zur Premiere reist auch Schnitzlers Bruder Julius mit Gattin Helene an. Die Aufführung wird ein großer Erfolg, und die überwältigende Wirkung von „Literatur“ läßt Paul Goldmann, der als Kritiker der „Neuen Freien Presse“ in Berlin lebt, von Schnitzler wieder einmal „das Lustspiel“ fordern. Der Dichter, der sein Leben lang dumme Kritiken über sich lesen muß und später sogar eine große Studie über Kritik planen wird, findet schon anläßlich dieser Besprechung Goldmanns Ursache zu grundsätzlichen Überlegungen: „Ist es nicht sonderbar, daß selbst sehr kluge Leute, ja selbst solche, die man nicht eigentlich unproduktiv nennen kann, so wenig Ahnung von dem Wesen des Schaffens haben? Ich denke, der Kritiker hat den Künstler diese zwei Dinge zu fragen: ‚Kannst Du das, was Du willst?‘ und ‚Willst du auch alles, was Du kannst?‘ Aber er hat keineswegs das Recht, von jemandem, dem es beliebt, ein Schauspiel zu schreiben, ein Lustspiel zu fordern, und von einem, dem es gefällt, einen Einakter zu schreiben, ein ‚abendfüllendes Stück‘ zu verlangen.“[4]

Nichtsdestoweniger ist Schnitzler, der am 7. Jänner 1902 wieder in Wien eintrifft, der Erfolg der „Lebendigen Stunden“ vorausgeeilt und zeitigt sofort Folgen. Hermann Bahr bemüht sich, den Grillparzer-Preis für Schnitzler zu erlangen, und das Deutsche Volkstheater schickt nun den Dramaturgen Heinrich Kadelburg vor, um nach den glänzenden Berichten sehr ernsthaft wegen der Einakter zu verhandeln. Aber Schnitzler zieht es vor, daß Otto Brahm sie beim Gesamtgastspiel des Deutschen Theaters in Wien spielen soll.

Zu Olga Gussmanns 20. Geburtstag am 17. Jänner steht fest, daß sie wieder ein Kind erwartet. Wie einst für Marie Reinhard sucht

Schnitzler auch für sie eine Sommerwohnung außerhalb Wiens, wo sie fern aller bösen Zungen die Geburt erwarten soll. Trotz ihres Drängens kann er sich noch nicht zu einer Heirat entschließen. Im Februar ziehen Olga und ihre Schwester Lisl vorläufig in ein Kurhaus in Mödling. Schnitzler verbringt sehr viel Zeit mit dem Wohnungsproblem und findet die ewige Villensuche sehr enervierend.

Erst im März kommt er wieder dazu, sich mit dem einen oder anderen seiner Pläne zu beschäftigen. Er entwöhne sich des Schreibens zu leicht, erkennt er. Die kontinuierliche Arbeit wird durch seine „tiefsten Fehler" gestört: Unaufmerksamkeit und Unfähigkeit der Sammlung. Er ist jetzt schon gar nicht mehr imstande, ein Werk in einem Zug durchzuschreiben, wie es ihm noch mit dem „Leutnant Gustl" gelungen ist. Alles überschneidet sich vielfältig.

Mit Ausnahme des Puppenspiel-Einakters „Der tapfere Cassian" verlegt sich Schnitzler jetzt wieder auf Kurzprosa. Unter dem Arbeitstitel „Theoderich" – der sich auf die Figur unter den „schwarzen Mandern" bezieht, die Maximilians Grabmal in der Innsbrucker Hofkirche umgeben – schreibt er eine Novelle, die als „Dämmerseele" fertiggestellt und am 18. Mai unter diesem Titel in der Pfingstbeilage der „Neuen Freien Presse" gedruckt wird. Als das Werk 1907 in einem Novellenband bei S. Fischer erscheint, heißt es „Die Fremde", und der einstige Titel wird, leicht modifiziert („Dämmerseelen"), dem ganzen Band verliehen. Es folgt „Bettler", woraus die seltsame Erzählung „Wohltaten, still und rein gegeben" wird, die erst posthum herausgegeben wird. Dann schreibt er die „Duldende Frau", aus der die „Griechische Tänzerin" wird, die im September in der „Zeit" erscheint (wo schon im Juli „Andreas Thamayers letzter Brief" veröffentlicht worden ist). Dann beginnt er den „Fluch", später „Das Schicksal des Freiherrn von Leisenbogh" genannt, anschließend „Hexerei", aus der die „Weissagung" wird. Erst als Schnitzler beginnt, seinen Roman „Der Weg ins Freie" zu schreiben, hört er auf, in größerer Anzahl kleine Stücke zu produzieren.

Zweifellos gibt es Schwerpunkte in Schnitzlers Prosa, die sich aber (etwa im Fall des Themas „Tod", das sich dann auch in vielen Titeln wiederfindet) nur querschnittartig verfolgen lassen. Bei chronologischer Betrachtung ist immer wieder festzustellen, wie sehr ihn Verschiedenartiges interessiert, daß er den Kontrast geradezu braucht, um den Elan nicht zu verlieren. „Die Fremde" ist die Geschichte einer Frau, deren Verhalten von dem Mann, der sie liebt, nicht zu begreifen ist; auch der Dichter schlüsselt es nicht näher auf. Der Reiz besteht darin (was übrigens auch stilistisch glückt), ein Ausnahmewesen, eine „Dämmerseele“ zu schildern, die sich in genormtes Verhalten nicht einordnen läßt – ebenso wie der Held der „Wohltaten“.

Hier verweigert Schnitzler die deutlich ausgesprochene Erklärung, warum Franz den Mann, der ihm am Tag zuvor zehn Kronen geschenkt hat, handgreiflich attackiert. Aber in dieser Geschichte, einer der wenigen, in der Schnitzler die Hauptfigur aus der unteren sozialen Stufe wählt, fühlt er mit großer Sensibilität die Demütigung der Armen durch die Reichen nach.

Die von ihm selbst geschätzte „Griechische Tänzerin“ zeigt die Frau wieder einmal als bedauernswertes Opfer des Mannes. Wie ihm „Andreas Thamayer“ geht es um die Treue des Partners – Mathilde, die Gattin des Bildhauers, tut verzweifelt so, als glaube sie daran. Hier verschachtelt Schnitzler die einfache Geschichte, indem er Mathilde ihr Schicksal einem in sie verliebten Freund anvertrauen läßt.

Neben Erzählungen wie den genannten, die in ihrer Eigentümlichkeit vom Leser die Bereitschaft voraussetzen, dem Dichter auch in seltsame Bereiche der Menschenseele zu folgen, ist Schnitzler aber auch imstande, sozusagen Herkömmliches, Pointiertes zu schreiben. Das erst 1904 vollendete „Schicksal des Freiherrn von Leisenbogh“, der die überraschende Gunst einer Dame nur empfängt, um einen Fluch von einem anderen Geliebten abzuwenden, ist dafür ein Beispiel. Ein anderes wäre die „Weissagung“, worin es auch um einen Art Fluch geht und wo sich die wahre Spannung nicht einstellen will, weil es – neben einer gewissen Weitschweifigkeit der Erzählweise – auch allzu klar ist, daß sich die Prophezeiung erfüllen wird.

Privat fühlt sich Schnitzler in diesem Jahr 1902 in düsterster Stimmung. Als er im Burgtheater Shakespeares Königsdramen-Zyklus sieht, empfindet er es angesichts der Größe des Hauses und seiner Darsteller als besonders schmerzlich, daß seine „Beatrice“ infolge der Schlenther-Intrigen hier nicht gespielt werden kann. Aber man sei froh, daß man die Juden von dort draußen habe, hört er. Dieses Bewußtsein permanenter Anfeindungen veranlaßt ihn vermutlich, die ganze entscheidende „Kakadu“-Affäre zu rekapitulieren und einer Schreibkraft zu diktieren (was er nun überhaupt des öfteren tut). Diese Tendenz, das eigene Leben gleichsam „statistisch" aufzuarbeiten, ist bei ihm nicht neu und begleitet ihn lebenslang.

Während Olga in der Hinterbrühl auf die Geburt des Kindes wartet, ändert sich auch in den persönlichen Verhältnissen der Freunde einiges – nach Wassermann ist auch Hugo von Hofmannsthal, mit Gerty Schlesinger verheiratet, Vater geworden, und Felix Salten heiratet die Schauspielerin Ottilie Metzl. Schnitzler ist Trauzeuge, zusammen mit Siegfried Trebitsch, der neu im Freundeskreis ist – und den Schnitzler weder als Übersetzer von George Bernard Shaw noch als Dramatiker wirklich akzeptieren kann.[5]

Als Otto Brahm am 6. Mai 1902 im Carltheater sein Gesamtgastspiel des Deutschen Theaters mit den „Lebendigen Stunden" eröffnet und den Zyklus in Wien elfmal zeigt, wird das für Schnitzler ein Triumph. Die Kritik würdigt die Werke, die wenige Tage davor auch am Deutschen Theater in Prag aufgeführt worden sind.

Kritiker-Ärger beschert Schnitzler wieder einmal Freund Paul Goldmann, der sich über die „Dämmerseele" in Vorwürfen ergeht, wie sie nur zu üblich werden sollen, nämlich daß Liebe und Tod in Schnitzlers Werk eine zu große Rolle spielen. Die Entfremdung von Goldmann ist tiefgehend, und Schnitzler, sehr geneigt, sich von düsteren Stimmungen beherrschen zu lassen, findet bei dieser Gelegenheit, daß er eigentlich zu keinem seiner Freunde in einem geraden Verhältnis stünde, auch zu dem geliebten Beer-Hofmann nicht . . .

Wassermann wiederum lobt zwar die „Dämmerseele", schimpft aber zugleich über die „Lebendigen Stunden", wie Schnitzler bei ihm überhaupt stets das Gefühl hat, er sage ihm gern Unangenehmes. Und als er von Hugo von Hofmannsthal hört, Brahm hätte sich abwertend über den „Schleier der Beatrice" geäußert, weil er zu viel Sex enthalte, ist er völlig verärgert. Aber als er mit Raphael Löwenfeld, dem Direktor des Schillertheaters, über eine Berliner Aufführung des Stückes verhandeln will, mag Brahm allen Einwänden zum Trotz seinen „Hausdichter" nicht ziehen lassen. Allerdings will er zuerst „Monna Vanna" von Maeterlinck versuchen, ein der „Beatrice" ähnliches Stück. Gelingt ihm diese, so glaubt er, für Schnitzler die Courage aufbringen zu können – ein Vorbehalt, der den ohnedies zur Empfindlichkeit neigenden Dichter natürlich stört.

Ende Juni fährt Schnitzler nach Salzburg. Von dort aus unternimmt er mit Hofmannsthal eine Radpartie, die ihn über Innsbruck, den Brenner, Welsberg und Lienz wieder nach Wien führt. In dieser

Zeit hat er an einem „Abenteurerstück" in Versen geschrieben, das er wieder liegenläßt, nie vollendet und endlich nur als fragmentarische Novelle hinterläßt, während seine ersten Ideen zu einem „Altwiener Stück" den Kern zu „Der junge Medardus" bilden. An Brahm schreibt er damals ironisierend, das Werk sei für ihn wie geschaffen: „17 Verwandlungen . . . und was für welche!"[6], auf des Direktors Abneigung gegen szenischen Aufwand anspielend.

So hat Schnitzler in der ersten Hälfte des Jahres 1902 mit mannigfaltigen inneren Problemen zu kämpfen, zu denen auch noch die familiären kommen. Die Geburt des Kindes rückt näher, und er muß seiner Familie schließlich von den veränderten Umständen berichten. Zuerst erzählt er seiner Schwester Gisa von Olga und dem Kind; diese berichtet es wiederum der Mutter, die klagt, daß er sich nie ausspreche. Aber gerade diesbezüglich sitzen seine Hemmungen sehr tief.

Am 9. August 1902, um vier Uhr nachmittags kommt ein Bub zur Welt. Olga Gussmann schenkt einem Sohn das Leben, der Heinrich genannt und „Heini" gerufen wird. Eine Stunde später beginnt Schnitzler zwei Werke von neuem, an denen er sporadisch immer wieder einmal gearbeitet hat: den Roman „Der Weg ins Freie", der sich aus dem Lustspiel „Die Entrüsteten" entwickelt hat, und das Stück „Der einsame Weg", das sich in höchst komplizierten Selektionsprozessen aus einem Stoffkomplex schält, der als „Junggeselle" (1900), „Herbst" (1901) und „Egoisten" (April und Juni 1902) durch sein Schaffen gegeistert ist.

Wenn es auch vorläufig noch nicht zu erkennen und zu ermessen ist, so beginnt an diesem 9. August 1902 für den Vierzigjährigen manches neu. Arthur Schnitzler wird durch die Existenz des Kindes sein Privatleben umgestalten und den Egoismus des Junggesellendaseins gegen das Familienleben vertauschen; er wird seinen ersten großen Roman schreiben, in dem er nicht nur private Probleme aufarbeitet, sondern auch die Atmosphäre seiner Zeit – vor allem bezüglich der Judenfrage – geradezu dokumentarisch festhält und manchem seiner Zeitgenossen ein Denkmal setzt; und er beginnt als Dramatiker seine Reife- und Meisterperiode, die zweifellos mit dem „Einsamen Weg" anhebt und dann in dem Dreigestirn „Der junge Medardus", „Das weite Land" und „Professor Bernhardi" kulminiert.

In der Zeit nach der Geburt des Sohnes, als Schnitzler zwischen

Wien und der Hinterbrühl pendelt, arbeitet er sehr viel, vollendet die diversen noch unfertigen Erzählungen und schreibt an Roman und Stück. Ende September zieht Olga mit dem Kind nach Wien, und Schnitzler fährt im Oktober überraschend nach Berlin, erstmals seit langer Zeit nicht, um ein eigenes Stück, sondern die Aufführung der „Monna Vanna" zu sehen und die „Beatrice"-Angelegenheit voranzutreiben. Brahm ist nach dem unerwarteten Maeterlinck-Erfolg nun zu Schnitzlers Stück bereit – aber jetzt bezweifelt wiederum der Dichter, ob der Freund es auch besetzen könne.

Damals lebt Schnitzlers Schwägerin Lisl Gussmann als nicht sehr erfolgreiche Schauspielerin mit ihrem liebenswerten Freund Paul Marx in Berlin. Trotz gespannter Beziehungen sieht Schnitzler Paul Goldmann, trifft die Dramatiker Georg Hirschfeld und Ludwig Fulda, Freund Hermann Bahr, dessen „Wienerinnen" eben hier gespielt werden, S. Fischer, Löwenfeld vom Schillertheater, der sich sehr um die „Beatrice" bemüht, Gusti Glümer, die ihm erzählt, daß ihre Schwester Mizi leidend sei. Max Reinhardt hat sich von Brahm getrennt und ein Theater namens „Schall und Rauch" eröffnet. Schnitzler sieht dort Strindbergs „Rausch" und bewundert darin Gertrud Eysoldt als eine der besten Schauspielerinnen, die er im Lauf der letzten Jahre gesehen hat. Die Eysoldt wird später, im Jahr 1920, in ihrer Eigenschaft als Theaterdirektorin Schnitzlers „Reigen" aus der Taufe heben.

Otto Brahm ist zu Gerhart Hauptmann nach Agnetendorf gefahren und hat angeregt, daß auch Schnitzler dorthin kommen möge. Dieser ist der Idee, den ihm überaus sympathischen Dichter, den er soweit nur flüchtig kennt, im Riesengebirge zu besuchen, durchaus nicht abgeneigt. Dazu kommt ein sehr herzliches Einladungstelegramm von Hauptmann persönlich, und Brahm schreibt ihm vorsorglich die Zugsverbindungen.

Über Breslau kommend trifft Schnitzler also in Agnetendorf ein, von Brahm erwartet, von Gerhart Hauptmann und Grete Marschalk, die dieser als seine „Freundin" vorstellt, herzlich begrüßt. Frau Marschalk ist eine gute Geigerin, und Schnitzler spielt mit ihr eine Beethoven-Sonate. Zu Hauptmann selbst fühlt sich Schnitzler immer mehr hingezogen. Dazu kommt, daß er den Jahrgangskollegen (Hauptmann ist genau ein halbes Jahr jünger) auch als Künstler liebt und schätzt. Als Dramatiker hat dieser mit „Vor Sonnenaufgang" einen noch spektakuläreren Einstieg in die deutsche Theaterszene erlebt als Schnitzler mit der „Liebelei". Seitdem versorgt er die deutschen Bühnen mit einem Werk des naturalistischen Theaters nach dem anderen – den „Webern" im schlesischen Dialekt, dem „Biberpelz", dem „Fuhrmann Henschel" und vielen anderen. Bei Schnitzlers Besuch liest er abends den dritten Akt des „Armen Heinrich" vor, der Schnitzler sehr gefällt; tags darauf macht man noch gemeinsam einen Ausflug.

Schnitzler war Hauptmann bisher nur 1896 bei Brahm in Berlin und 1899 auf dem Semmering begegnet. Mit Ausnahme seines Besuchs bei Henrik Ibsen – die Aufwartung, die man einem greisen Meister macht – ist dies sein erster gleichsam „offizieller" Besuch bei einem Kollegen. Damals ist noch nicht voll zu ermessen, wie gerade Hauptmann und das hohe Lob, das dieser vielfach bei der Kritik findet, für Schnitzler einen Stachel im Fleisch darstellen wird – nicht so sehr aus Neid, der nicht zu seinen Eigenschaften gehört, als aus dem Gefühl heraus, im Vergleich zu diesem großen deutschen Dramatiker, an dem man ihn immer wieder mißt, nicht gerecht gewürdigt zu sein.

Ende November sind Hauptmann und Brahm dann in Wien, und Schnitzler ist Zeuge des großen Erfolges des „Armen Heinrich" mit Josef Kainz am Burgtheater. Der Direktionssekretär des Hauses, Dr. Richard Rosenbaum, mit dem sich Schnitzler über Jahre hinaus besser verstehen wird als mit den verschiedenen Direktoren, wünscht ihm einen ebenso großen Erfolg an diesem Theater. Aber Schnitzler hat alle seine Stücke vom Burgtheater zurückgezogen, worauf man ihm mitteilt, man wolle „Liebelei" und „Die Gefährtin" im Spielplan behalten.

Diese „Liebelei" wird als einmalige Wohltätigkeitsmatinee am 7. Dezember 1902 im Theater in der Josefstadt gespielt. Schnitzler bleibt dem Ereignis fern. Hansi Niese, Wiens große Volksschauspielerin, erobert als Christine mit heftiger Tränendrüsenbetätigung das Publikum, ihr Mann Josef Jarno, nun Direktor der Josefstadt und seit langem glühender (und recht vergeblicher) Schnitzler-Verehrer, gibt den Theodor, und Adolf von Sonnenthal, der als Gast vom Burgtheater natürlich besonders reüssiert, zeigt seinen berühmten Weiring. Im „Abschiedssouper", das als – für unser Gefühl nicht unbedingt passendes – Satyrspiel der Tragödie folgt, ist die Niese dann die Ballettratte Annie, wienerisch-derb bis in die Fingerspitzen. Zweifellos ist diese Reprise des alten Erfolges kein Ereignis, das Schnitzler über den Mangel eines neuen trösten kann. Otto Brahm hat ihn auch schon in aller Freundschaft wissen lassen, daß er lieber ein neues Stück hätte als die „Beatrice".

Im Zuge des bei Schnitzler üblichen Ordnens seiner Papiere liest er „Freiwild" und „Vermächtnis" wieder und ist unangenehm berührt, schon so viel Auseinanderfließendes, Schwächliches, Kraftloses geschrieben zu haben. Er ist ungemein kritisch mit sich selbst geworden, und „Der einsame Weg", an dem er mit einer Ausdauer arbeitet wie noch an keinem seiner Stücke, ist ein Werk der Reifezeit, in das eigene hohe Forderungen an sich selbst eingehen. Seine Arbeitsweise analysierend, findet Schnitzler den Terminus „Gestaltenhüpfen" für das Phänomen, daß manche seiner Figuren von einem Stück ins andere hinübergleiten und -springen. Das zeigt sich am besten daran, daß „Der einsame Weg" und „Professor Bernhardi", zwei Stücke, die in der Endphase nichts mehr miteinander zu tun haben, aus demselben „Egoisten"-Plan entstanden sind.

In Gesprächen mit Olga über sein Schaffen erkennt Schnitzler, daß er sich in einer Umbruchsphase befindet. Aber auch privat sind grundlegende Änderungen kaum mehr zu vermeiden. Olga, die sich als ledige Mutter begreiflicherweise nicht wohlfühlt, zwingt Schnitzler immer wieder zu Gesprächen über die Zukunft, die ihn zu einer Heirat bringen sollen. Der moralische Druck, der durch die Existenz des Sohnes auf Olgas Seite ist, tut schließlich auf Schnitzler seine Wirkung. Olga führt den psychologischen Kampf – vielleicht bewußt, vielleicht auch bloß aus Instinkt und Kenntnis seines Wesens – sehr geschickt, indem sie seine Eifersucht auf ihre Zukunft schürt. Schließlich ist sie um 20 Jahre jünger als er, spricht von einer Karriere als Schauspielerin, als Sängerin, weist auf nötige Trennung hin – Auseinandersetzungen, die Schnitzler enervieren und in seiner Schaffenskraft beeinträchtigen. Im übrigen mengt sich nun auch seine Familie mit Ratschlägen in seine Privatangelegenheiten, und Schnitzler, in die Enge getrieben, resümiert am letzten Tag des Jahres 1902 in seinem Tagebuch, daß ein weibliches Wesen, das er heftig liebe, ihm offenbar mehr Unruhe als Glück bringe.

Otto Brahm entschließt sich nun doch, Schnitzlers „Schleier der Beatrice" am Deutschen Theater zu spielen. Am 9. Februar 1903 wird der Probenbeginn angesetzt. Da der „Makart"-Stil des Werkes den üblichen Naturalismus an Brahms Bühne sprengt, will man für die Ausführung der Dekorationen den Bühnenbildner Gilbert Lehner vom Burgtheater verpflichten, was sich dann zwar zerschlägt, aber doch zeigt, daß Brahm es mit der Realisierung wirklich ernst meint.

Schnitzler fährt am 22. Februar allein nach Berlin, wohnt den Proben bis zur Premiere bei und durchlebt dabei alle Leiden eines Dichters, der sich unverstanden und ungeliebt fühlen muß. Irene Triesch, die für die Titelrolle eingesetzt ist (Schnitzler wäre Else Heims lieber gewesen), mißfällt ihm über alle Maßen. Schon bei der ersten Probe muß er sie ersuchen, „gehört" statt „gehehrt" und „kühn" statt „kihn" zu artikulieren. Erstmals kann man Schnitzler dabei entdecken, sich gegenüber Schauspielern ausgesprochen schlecht zu benehmen – Irene Triesch rächt sich für seine Bemerkung, sie müsse sich die Rolle abringen, damit, daß sie wenig später „erkrankt" und nicht zur Probe erscheint. Sie hält es nicht für nötig, sich von Schnitzler heruntersetzen zu lassen, wurde sie doch erst kürzlich von Hauptmann für ihre Ottegebe im „Armen Heinrich" gelobt.

Diese Überreiztheit bei einem Mann, der sonst mit den Schauspielern seiner Stücke ausgezeichnet umgehen kann und Zuckerbrot und Peitsche so dosiert, daß er normalerweise das von ihm gewünschte Ergebnis erzielt, reflektiert Schnitzlers schlechten Seelenzustand in dieser Zeit. Darum vermag er auch nichts an dieser mehr oder minder erzwungenen Vorstellung gut zu finden.

„Es wird eine bläßliche, zuweilen ordinäre, in keiner Rolle bedeutende und in der Hauptrolle versagende Vorstellung sein"[7], prophezeit Schnitzler – und behält recht. Ein Streit, den er mit Regisseur Lessing hat, wobei beide miteinander zu schreien beginnen und alles hinschmeißen wollen, verbessert die Sache und die Stimmung nicht gerade. Im ganzen dünkt Schnitzler: „. . . in dieser Probenarbeit kommen alle Schwächen des Stücks unerbittlich heraus – ein paar schöne, ja vielleicht hohe Stellen – als Ganzes – unzulänglicher wie alles, was der von mir doch gewiß sehr geschätzte Autor geschrieben."[8] Immer wieder stolpert er über seine Selbstkritik: „Immerhin sind die Menschen noch gut dran, die für eine Sache ‚kämpfen' oder sich einsetzen, an die sie glauben – und wäre sie die schlechteste – als ich – der wieder einmal eine Fahne hochhält, deren Löcher er besser sieht als der ärgste Feind."[9]

Am 4. März trifft Olga in Berlin ein, am 5. ist die erste Generalprobe, die schlecht ausfällt, am 6. die zweite, am 7. März die Premiere. Obwohl der Abend ein gesellschaftliches Ereignis ist, bei dem sich außer Schriftstellern und Kritikern auch noch der Bürgermeister und diverse Honoratioren einfinden, wird nach dem ersten Akt gezischt, und Schnitzler registriert die Stimmung eines gelinden Durchfalls. Freilich, Alfred Kerr – mit dem er diesmal „viel klarer und künstlerischer verstehend"[10] sprechen konnte als mit Goldmann – lobt „Beatrice" als stärkste von Schnitzlers bisherigen Dichtungen.

Schnitzler ist besonders über die finanziellen Auswirkungen des Mißerfolgs verärgert. Denn natürlich setzt Brahm weiterhin lieber „Monna Vanna" an, die auch nahe der 100. Vorstellung noch immer ausverkauft ist. Trotzdem kann Brahm später einiges Publikumsinteresse an der „Beatrice" vermelden, so daß das Stück nicht gleich vom Spielplan verschwindet. Schnitzler und Olga verlassen Berlin am 9. März.

In Wien ist jeder schon informiert – Goldmanns Bericht in der „Neuen Freien Presse" hinterläßt allgemein das Gefühl: Wie schrecklich muß das Stück sein, wenn der beste Freund so schreibt ... Ärger mit dem Theater verfolgt Schnitzler damals permanent. Kaum in Wien eingetroffen, ist er schon mitten in den letzten Proben zu „Lebendige Stunden" im Deutschen Volkstheater. Obwohl Otto Brahm die Einakter im Mai 1902 in Wien gezeigt hat, nimmt das Volkstheater die Aufführung im Jänner 1903 ernsthaft in Angriff. Adele Sandrock ist nach Wien zurückgekehrt – nicht an das Burgtheater, das ihr verschlossen bleibt, sondern an das Deutsche Volkstheater. Sie ist nicht mehr der glanzvolle Star von einst, sondern eher eine Gestrandete. Ursprünglich nur als Paola in der „Frau mit dem Dolche" besetzt, hat sie durch persönliche Vorsprache bei Schnitzler auch die Margarete in der „Literatur" zugeteilt bekommen. Die Bassermann-Rolle besetzt man in Wien mit Leopold Kramer.

Was Schnitzler von den Proben zu sehen bekommt, findet er katastrophal, aber im Gegensatz zur „Beatrice" ist dann bei der Premiere alles halb so schlimm. Besonders die immer umstrittene „Frau mit dem Dolche" wird ein Erfolg, und die Kritik registriert, um wieviel besser gerade dieser Einakter von den Wienern gespielt wird als von den Berlinern. Das erste Werk, die „Lebendigen Stunden", wirkt nicht so sehr, das dritte, die „Letzten Masken", dagegen stark. In allen Aufführungen des Zyklus wird „Literatur", zumindest was das Gelächter anlangt, die stärkste Resonanz zu verzeichnen haben. So auch bei der Premiere, wo Adele Sandrock (wie auch schon als Annie in „Abschiedssouper" und später in ihren Filmen) ihr ausgeprägtes Talent für Komik unter Beweis stellen kann.

Es gibt viel Beifall, und Schnitzler stellt dabei fest, daß es ihm immer peinlicher wird, sich als Autor vor den Zuschauern zu verbeugen. „Nach jedem Akt verlangte das Publikum immer wieder den Dichter zu sehen. Er zögerte lange, sich zu zeigen, aber nach dem dritten und vierten Stück leistete er oft den einstimmigen Hervorrufen Folge", steht im „Neuen Wiener Tagblatt".[11]

Die Kritiken sind alle gut. Hermann Bahr schreibt ein Feuilleton, das Schnitzler sogar ergreifend findet, und von Dilly Sandrock erhält er einen „kostbaren" Brief, in dem sie ihm in ihrer überschwenglichen Art berichtet, die Leute im Auditorium hätten ihn als „Genie von Gottes Gnaden"[12] bezeichnet. Dennoch wird der Zyklus, der allgemeinen Erfolgsstimmung zum Trotz, nur neunmal gespielt.

Drei Tage nach der Premiere, am 17. März, kann Schnitzler in der „Neuen Freien Presse" lesen, daß ihm mit Zustimmung des Unterrichtsministers Dr. von Hartl für die „Lebendigen Stunden" der mit 2000 Kronen dotierte Bauernfeld-Preis verliehen worden ist. Die Freude darüber dauert genau einen Tag. Denn dann erreicht Schnitzler, als er vom Friedhof zurückkommt, wo er das Grab von Marie Reinhard besucht hat (es ist ihr vierter Todestag), ein Anruf von Felix Salten. Dieser berichtet ihm, daß der Abgeordnete Dr. Pattai, der in der Christlichsozialen Partei für das Ressort der schönen Künste zuständig ist, beim Unterrichtsminister eine Interpellation betreffs der Preisverleihung an den „jüdischen Literaten" Arthur Schnitzler eingebracht hat. Es ist nämlich eine der „wichtigsten Funktionen seines Amtes, aufzupassen, ob nicht um Gottes willen irgendwo ein Jude Talent hat", ironisiert Hermann Bahr in der „Zeit". Die Rechte der nichtjüdischen Schriftstellerwelt würden durch die Bevorzugung der Juden geschmälert, ist Pattais Begründung, und er nennt die Namen Leo Hirschfeld, Felix Dörmann, Leo Horner, Viktor Leon. Tags davor erst hat Schnitzler mit Bahr ein Gespräch über das „Recht" der Juden, Wiener Stücke zu schreiben, geführt. Wie konnte ein Jude, so hat Bahr zum Thema „Leutnant Gustl" gehört, es wagen, einen österreichischen Leutnant zu schildern!

Schnitzler versucht, sich in der Sache nicht treffen zu lassen. Er gibt dem „Neuen Wiener Journal" ein Interview, in dem er erklärt, er wolle von einem so „nebensächlichen Zwischenfall" keine Notiz nehmen. Dennoch ist er Feindseligkeiten gegenüber sehr empfindlich, auch wenn ein österreichischer Beamter wie Hofrat Minor ehrenvollerweise erklärt: „Man kann bei der Beurteilung von Dichterwerken doch nicht erst ein konfessionelles Register anlegen!"[13]

Besonderes leistet sich in dieser Sache wieder Karl Kraus, der in der „Fackel" zwar scheinbar Schnitzlers Partei nimmt, aber dabei wieder betont, wie wenig er von ihm hält, wenn er „die engen Grenzen, innerhalb deren seine bourgeoise Gedankenwelt eingefriedet ist"[14], bedenke. Was helfe alle Vernunft, schreibt Schnitzler in sein Tagebuch, alle Gleichgültigkeit in der Tiefe der Seele gegen die Angriffe, Bosheiten, Bübereien, wenn man immer wieder solchen Angriffen ausgesetzt sei. Wie wird das erst beim „Reigen" werden!

Was diesen „Reigen" betrifft, so hat sich Schnitzler mittlerweile entschlossen, das Stück zu veröffentlichen. Finanzielle Gründe spielen dabei eine Rolle, wenn der Dichter etwa für das Jahr 1902 errechnen muß, daß er mit 35 000 Gulden um 3 000 mehr ausgegeben als eingenommen hat. Die Papiere, die er besitzt, fallen, das Vermögen schmilzt. Daß er ans Verdienen denken muß, bedrückt ihn sehr.

Daß mit dem „Reigen" zu verdienen sein wird, ist klar – wenn sich ein Verleger findet. S. Fischer, bei dem Schnitzler zuerst diesbezüglich anklopft, wagt es nicht. Zwar findet er das Werk nach neuerlicher Lektüre „künstlerisch gewiß zu rechtfertigen"[15], bezweifelt aber, daß es in Deutschland und auch in Österreich unbeanstandet von der Zensur erscheinen könne. Kurz, er zieht sich zurück und empfiehlt, Schnitzler möge die Sache mit seinen Freunden beraten.

„Lieber Pornograph", beginnt der Doppelbrief, den Hugo von Hofmannsthal und Richard Beer-Hofmann ihm in dieser Frage schreiben. „Wir denken, es käme darauf an, was für ein Verlag Ihr Schmutzwerk herausgibt." Denn, so meinen sie, „schließlich ist es ja Ihr bestes Buch, Sie Schmutzfink! Weder ist es so konfus wie das Vermächtnis, noch so glatt wie die Liebelei, noch so snobistisch wie die Beatrice, noch so unsäglich langweilig wie Ihre läppischen Novellen ..."[16] Und weiters raten sie, Schnitzler solle im vorhinein viel Geld dafür verlangen, denn im nachhinein würde das Buch ohnedies konfisziert.

Der Verleger Freund vom Wiener Verlag ist es, der „Reigen" herausbringt. Das Buch erscheint am 2. April in einer Auflage von erst 27 000 Stück, die im gleichen Jahr auf 40 000 klettern. Und – niemand schreitet dagegen ein. Aber Schnitzler verspürt eine ähnliche Panik, eine Zeitung aufzumachen oder jemandes Meinung zu hören, wie zur Zeit der „Beatrice"-Affäre am Burgtheater. Als ihm sein Bruder Julius vom „Entsetzen" der Bekannten berichtet und Salten bedauert, daß er in der „Zeit" nicht über das Buch schreiben dürfe, wird Schnitzler so nervös, daß er plötzlich verreist, um der allgemeinen Entrüstung, die er rund um sich zu spüren glaubt, zu entgehen. Am 8. April 1903 setzt er sich in den Zug und fährt nach Linz und von dort weiter nach Gmunden. Er hat den „Observer", der ihm sonst Zeitungsausschnitte über ihn schickt, abbestellt, aber die Flucht gelingt nicht ganz, die Nachricht von einem wütenden Angriff in der „Deutschen Zeitung" erreicht ihn doch. Als er sich am 11. April wieder nach Wien wagt, wundert er sich, im Zug Bekannte zu treffen, die normal mit ihm sprechen.

Es ist schwierig, diese Art von „Schuldbewußtsein" bei einem Dichter zu begreifen, der so stolz zu seinen Werken zu stehen pflegt. Aber man muß wohl Schnitzlers schlechten Seelenzustand in dieser schwierigen Übergangszeit in Rechnung stellen. Er weiß genau, was er mit dem „Reigen" riskiert. Man liest das Buch gleichsam heimlich unter der Bank. Mehr als ein Jahrzehnt später, anläßlich der Aufführung von „Fink und Fliederbusch" am Deutschen Volkstheater, wird ein Schauspieler Schnitzler erzählen, daß er als Gymnasiast Karzer dafür bekommen hat, weil man ihn bei der Lektüre des „Reigen" ertappte.

„Reigen" wird von den Feinden verhöhnt, von der seriösen Presse totgeschwiegen und ist doch, des „pornographischen" Anstrichs wegen, das große Geschäft. Im Spätherbst 1903 kommt das Buch wieder ins Gespräch, weil Hermann Bahr die Absicht hat, öffentlich daraus zu lesen. Schnitzler ist natürlich gern dafür, fürchtet aber, was die bis dahin schweigende Zensur dazu sagen würde.

Als Bahr das Stück einreicht, kommt es natürlich unverzüglich zu einem Verbot, und auch Bahrs persönliche Vorsprache bei Ministerpräsident Ernest von Koerber, der als Befürworter einer Lockerung der Zensur gilt, bringt kein Ergebnis. Nun ersucht Bahr Max Burckhard, den alten Schnitzler-Freund, um einen sogenannten „Rekurs", den dieser in seiner Eigenschaft als Jurist zwar verfaßt, aber nicht genannt sein will. Schnitzler ist von diesen Ausführungen, die er als „prachtvoll"[17] bezeichnet, entzückt (er würde den Rekurs „mit Freuden vor die nächste Auflage des Reigen drucken lassen – wenn er nicht so viel Lob über mich enthielte"[18]) – aber es nützt nichts. Bahr, der in der ganzen Sache viel Ärger hat – im Journalistenverein findet man, er verletze mit seinem Eintreten für den „Reigen" die Standesehre –, kann den Rekurs nicht einmal in einem Wiener Blatt unterbringen.

All das hat Schnitzler erwartet und ist daher wohl kaum überrascht. Was ihn persönlich trifft, ist Felix Saltens Feuilleton, das nun doch am 7. November 1903 in der „Zeit" erscheinen darf. Hier sind in hohes Lob ein paar niedrige Seitenhiebe verpackt, die man einem Karl Kraus durchgehen läßt, nicht aber einem Freund. Schnitzler ist so erregt, daß er noch am gleichen Tag einen seiner großen Abrechnungsbriefe schreibt, in dem er vehement gegen Klischees und Begriffe wie „Kleinkunst“ zu Felde zieht. Leute, die ihm einer Auseinandersetzung, einer Attacke wert erscheinen, bekommen bisweilen solche Briefe von ihm – der Theaterdirektor Max Reinhardt später ebenso wie der Literaturwissenschaftler Josef Körner. Die Krise in der Beziehung zu Salten löst sich wieder, aber ganz rein wird die Freundschaft nicht mehr. Wenn Schnitzler in „Professor Bernhardi“ in dem großen Dialog zwischen Bernhardi und Flint von der Freundschaft einer Jugend schreibt und davon, was daraus geworden ist, wird er an Felix Salten denken.

„Reigen“ bleibt Zündstoff für Jahrzehnte. Schnitzler selbst wünscht keine Aufführung, aber niemand hat ihn gefragt, als im Juni 1903 die vierte, fünfte und sechste Szene von Mitgliedern des Dramatischen Vereins in München vorgelesen werden. Als aber dann Studenten die Idee haben, den „Reigen“ mit verteilten Rollen zu lesen, kommt es zu einer Untersuchung. In Breslau wiederum geht eine Lesung ohne Beanstandung vorbei. 1904 wird das Buch in Deutschland beschlagnahmt, 1912 spielt man das Stück in Budapest, 1917 in Moskau und Leningrad – stets unautorisiert. Die Aufführungen in Berlin und Wien 1920 und 1921 werden dann die „Skandal“-Geschichte von Arthur Schnitzler um das vielleicht lauteste Kapitel bereichern.

Zu dieser Zeit, Mitte 1903, ist sogar Schnitzler bereit zu akzeptieren, daß sein Privatleben der äußeren Ordnung, sprich bürgerlichen Regelung, bedürfe. Wenn er über seinen Papieren sitzt – er nennt dieses Ordnen, dem er sich liebevoll hingibt, „papierln“ – und seinen Erinnerungen nachhängt, etwa jenen an Mizi Glümer, dann hat er Olga gegenüber ein Bewußtsein der Schuld, weil er sich mit seinen 42 Jahren plötzlich so alt fühlt. Wenn Olga die Ehe als ihr zustehend immer nachdrücklicher fordert, hat er nun nicht mehr die Kraft, Widerstand zu leisten.

Auch wird im 18. Bezirk, in der Spöttelgasse, eine Wohnung gefunden. Das Einrichten beschäftigt Schnitzler sehr, und er ist ärgerlich, mit solchen Anforderungen des äußeren Lebens seine Zeit verbringen zu müssen; im Elternhaus ist ihm Organisatorisches dieser Art ja doch stets abgenommen worden. Obwohl er und Olga fast täglich über irgend etwas streiten, ist die Ehe nun eine beschlossene Sache. Und bereits vor der Legitimierung ihrer Beziehung beklagt Olga einen Umstand, der später zu einem Hauptproblem ihres Daseins werden soll: daß die Umwelt sie jetzt schon gleichsam nur im Zusammenhang mit Schnitzler beachtet und nicht als selbständiges Wesen. Er wiederum ist wütend über den Papierkrieg, den jede Heirat erfordert, und da er das Gefühl nicht loswird, hier zu etwas gezwungen zu werden, das er im Grunde nicht will, läßt er seine schlechte Laune an der naheliegendsten Person, an Olga, aus. Es sei eine traurige Zeit, notiert er im Mai 1903 in sein Tagebuch.

Ende Mai bis Mitte Juni nehmen sie ihre Hochzeitsreise durch Italien vorweg, füttern auf dem Markusplatz von Venedig die Tauben, besuchen Padua, Vicenza, Verona, Mailand und landen in Lugano, wo sich Schnitzler wieder seinen Werken (vor allem dem „Einsamen Weg“) zuwendet. Die Stimmung der beiden wechselt, vor allem die einundzwanzigjährige Olga ist höchst nervös. Über Bozen kehren sie am 16. Juni nach Wien zurück, wo in der alten Wohnung Olgas in der Gentzgasse das stärkste Band ihrer Beziehung auf sie wartet: Sohn Heini.

Am 9. August, dem ersten Geburtstag dieses Sohnes, notiert Schnitzler ein leicht getrübtes Verhältnis zu Olga. Mitte August reist er noch allein für ein paar Tage nach Südtirol, und am 26. August 1903 findet dann im Tempel die Hochzeit statt. Sein Traum in der Nacht davor offenbart die elementare Angst des älteren Mannes, der eine um Jahrzehnte jüngere Frau heiratet: Sie wird ihn betrügen.

Rabbiner Feuchtwang hält bei der Trauung eine kurze und gute Rede. Richard Beer-Hofmann und Gustav Schwarzkopf sind die Trauzeugen. Ein paar Tage verläuft das Leben noch in den alten Bahnen, dann beginnt im September die zweifache Übersiedlung in die Spöttelgasse: Olga löst ihren Haushalt in der Gentzgasse auf, Schnitzler verläßt endgültig seine Mutter und die Wohnung in der Frankgasse. Er braucht tagelang, bis er alles in das schöne neue Heim, das einen Blick auf den Sternwartepark freigibt und im Vergleich zum Stadtdomizil wunderbar ruhig ist, geschafft hat.

Obwohl Schnitzler gefühlsmäßig gar nicht so sehr an seine Mutter gebunden ist, vermag er sich doch nicht völlig von ihr zu lösen. Vielleicht ist es Mitleid, vielleicht ist es Anstand – jedenfalls besucht er sie oft oder bittet sie auch zu sich. Dennoch hat er nun sein Leben gravierend geändert, hat die Verantwortung eines Familienvaters auf sich genommen. In einer Zeit der Übergänge ist ein Fixpunkt gefunden.

Als man erstmals mit einer „Bestellung", mit Auftragswerken an Schnitzler herantritt, kann er es sich aus finanziellen Gründen nicht leisten, nein zu sagen. Vielleicht würde er es auch nicht tun, wenn er nicht von dauernden Geldsorgen geplagt wäre, denn das Angebot klingt ganz reizvoll. Karl Wallner ist seit einem Jahr zusammen mit Wilhelm Karczag Direktor des Theaters an der Wien und ein höchst ambitionierter Mann – 14 Jahre später wird er in seiner kurzen Direktionszeit am Deutschen Volkstheater Schnitzlers „Fink und Fliederbusch" uraufführen. Damals sucht er drei Einakter, die von Alexander von Zemlinsky, Richard Heuberger und Raoul Mader vertont werden sollen. Schnitzler überlegt, ob das Puppenspiel „Der tapfere Cassian" ein Operettenstoff wäre, liest seinen Vers-Einakter „Alkandis Lied" wieder und ebenso den „Marionetten"-Einakter, die Vorversion des „Großen Wurstel". Wallner, höchst interessiert, bringt die drei Komponisten zu Schnitzler. Zemlinsky gefällt der „Cassian", Heuberger die „Marionetten", nur für Mader müßte noch etwas anderes gefunden werden.

Das bereitet Schnitzler einiges Kopfzerbrechen. Er nimmt den alten Einakter „Die Quellen des Nils" erneut hervor, verwirft ihn wieder und greift auf die alte Pantomime von „Schleier der Pierrette" zurück, aus der sich dann der „Schleier der Beatrice" entwickelt hat. Olga ist entzückt von dem Gedanken und sieht sich in ihren immer lebendigen künstlerischen Träumen selbst in der Rolle der Pierrette – und Alexander Girardi, dem Schnitzler bei Wallner begegnet, möchte sofort den Pierrot spielen. „Wie, Sie schreiben was für uns?" hat ihn der große Komiker erstaunt gefragt. „Das kommt mir vor, wie wenn einer dem Schiller eine Watschen herunterhauen tät'."

Nun sind es drei kurze Stücke, und ein neuer Komponist ist dazugekommen: Ernst von Dohnanyi. Schnitzler liest ihm den „Schleier der Pierrette" vor, hat aber nicht den Eindruck, daß Dohnanyi diesen vertonen werde. Und genau damit behält er unrecht. Die Einakter für das Theater an der Wien sterben lautlos wie so viele Projekte zuvor und danach – aber der „Schleier der Pierrette" kommt, wenn auch viel später (Uraufführung 1910) zustande. Und auch der „Tapfere Cassian" wird noch komponiert, allerdings von einem damals noch nicht in Aussicht genommenen Komponisten: Oscar Straus (Uraufführung 1909).

Bedenkt man die Umsetzung seiner Stücke in andere Kunstformen so wird klar, daß Schnitzler als „Libretto-Lieferant" („Liebelei", „Der grüne Kakadu", „Die Frau mit dem Dolch" und „Die

Schwestern" werden vertont) lange nicht dieselbe Bedeutung wie später als Film-Autor erlangt hat. Dennoch verwirft er – vielleicht davon inspiriert, daß Hugo von Hofmannsthal als Librettist von Richard Strauss Weltruhm erntet – keinesfalls den Gedanken, auch das musikalische Genre zu pflegen. Später wird er eigenhändig eine Operettenfassung des „Anatol" versuchen, und Richard Strauss wird ihm bei jeder Begegnung scherzhaft sagen, daß er gern eine Oper von Schnitzler hätte.

1903 ist auch das Jahr, in dem Schnitzler sein bis dahin wichtigstes Stück beendet, jenes, das den Übergang von seiner Früh- in die Reifezeit markiert, wenn solche Einteilungen eines Künstlerlebens zulässig sind: „Der einsame Weg".

Die Entstehungsgeschichte dieses Stückes ist besonders interessant[19], weil man hier feststellen kann, wie Schnitzler aus einer Fülle von Motiven zwei Stücke herausflicht (den „Einsamen Weg" und „Professor Bernhardi"), die im Endeffekt völlig unabhängig voneinander sind.

Zu Anfang, im August 1900, ist da ein Stoff („Der Junggeselle"), von dem Schnitzler nicht weiß, ob eine Novelle oder ein Stück daraus werden soll. „Zu schildern: einer, der sich immer lieben ließ, nichts hergab und die Menschen nur verbrauchte"[20] – das ist die Figur des Stefan von Sala, von dem Schnitzler während seiner Italienreise an Olga schreibt: „Der harte Lyriker kann eine merkwürdige Gestalt werden."[21] In die Parallelhandlung (Felix – Fichtner – Wegrat: der Sohn zwischen dem echten und dem vermeintlichen Vater) ist die Frage der Tötung aus Mitleid eingefügt, die später aber ganz herausfällt; die Ärzteproblematik geht in den „Professor Bernhardi" über.

Der „Junggeselle" erhält 1902 den Titel „Egoisten" und wird nach Heinis Geburt mit neuem Elan angepackt, doch fühlt Schnitzler im November, daß das Stück mißglückt ist, was ihn – so sehr beschäftigt es ihn – bis in seine Träume verfolgt. Als er es im Februar 1903 Olga und Gustav Schwarzkopf vorliest, ist er direkt froh, durch deren Urteil bestätigt zu bekommen, daß es in der jetzigen Fassung unmöglich sei. Aber er hat den Grundfehler gefunden – daß es nämlich zwei Stücke sind. So kann er das Werk, vielmehr beide, retten. Im Juni 1903, auf der vorweggenommenen Hochzeitsreise mit Olga in Lugano gelandet, sieht er den „Junggesellen" in neuer Gestalt. Im Juli arbeitet er weiter daran und beendet das Stück am 23. unter dem Titel „Einsame Wege oder Der einsame Weg oder Wege ins Dunkle“.

Im Oktober diktiert Schnitzler die endgültige Fassung von „Der einsame Weg“, und dann kommt es zu den für ihn so wichtigen Vorlesungen. Zuerst hören es wieder Olga und Gustav, dann die Freunde. Jakob Wassermann hat überliefert, wie wichtig ihm persönlich diese Präsentationen neuer dichterischer Werke im Freundeskreis waren: „Ich habe diesen Zusammenkünften viel zu verdanken, es waren lauter Männer, die das Metier gründlich verstanden und die Kunst ungeheuer ernst nahmen, sie ließen einander nichts durchgehen, keine Flüchtigkeit, keine Mache, keine Banalität und vor allem nicht das, was sie Schwindeln nannten, den Leerlauf erworbener Fertigkeit und Mißbrauch von leeren Formeln und Worten. In dieser Hinsicht konnte niemand hoffen, Gnade vor ihnen zu finden, und so war es auch für mich eine Schule, wie ich sie mir strenger und nützlicher nicht wünschen konnte.“ [22] Wassermann ist es auch, der an jenem 2. November 1903, als die Freunde unter dem Eindruck des Werkes gebannt dasitzen, mit der Bemerkung „Eigentlich ist es ein Moralbesen“ [23] das Schweigen bricht.

Es ist wirklich ein „Moralbesen“, ein Stück wie es ernster, trauriger und bitterer gar nicht gedacht werden kann. Und wieder einmal ist es, nicht zum ersten und nicht zum letzten Mal, Schnitzlers Abrechnung mit sich selbst. Auch wenn sich Hugo von Hofmannsthal in der Gestalt des Sala wiedererkennen will und Hermann Bahr meint, mit dem Julian Fichtner gemeint zu sein, so steckt doch in beiden dieser „Egoisten“ Schnitzlers unmittelbarstes Erleben, in Salas ewigem Bewußtsein seines Ich und seiner Einsamkeit, in Fichtners tragischem Erlebnis mit Irene Herms, in der Mizi Glümer ihre Bühnen-Verklärung erlebt.

Über das Problem „egoistischer“, das heißt allzu autobiographischer Schöpfungen hat sich Schnitzler (angesichts der Erkenntnis, seine frühen Werke seien nur aus der Vorstellung, wie er in bestimmten Situationen reagiert hätte, entstanden) dahingehend geäußert: Egoistische Produkte könnten nur versöhnen, wenn in dem Egoisten eine große Persönlichkeit zum Ausdruck komme. Und das ist bei dem Arthur Schnitzler von 1903 der Fall, darum wahrscheinlich ist der Egoist Stefan von Sala seine faszinierendste Gestalt geworden, noch vor dem Hofreiter im „Weiten Land“ und dem Professor Bernhardi. Diesen geht es um Eros oder um Gerechtigkeit, aber Sala, den Dichter, läßt Schnitzler noch tiefer in die Menschenseelen hinabsteigen als den Glühlichterfabrikanten oder den Arzt und die allerletzten Erkenntnisse hervorholen. Da ist kein Hauch mehr von Illusion, nur mehr das schonungslose, immer gegenwärtige Wissen vom Ende und von der Unüberwindlichkeit der Einsamkeit.

Da das Bewußtsein des Todes und die Beziehung zu den Mitmenschen, die Suche nach dem Nächsten grundsätzlich Zentralprobleme des Menschen sind (und Schnitzler nur solche Probleme anerkennt, die in seelischen Bereichen liegen), ist „Der einsame Weg" das Schlüsselstück zum Verständnis Schnitzlers. Hier sagt er am deutlichsten, worum es ihm letztlich geht, selbst auf die Gefahr hin zu dozieren, was sowohl Sala wie auch Dr. Reumann gelegentlich passiert – was aber dann das Interpretieren mit Hilfe von einschlägigen, schon perfekt vorformulierten Weltanschauungen erleichtert. Übrigens erweist sich „Der einsame Weg" in seiner offenen Verteidigung der „Lebenslüge" als ausgesprochener Gegenpol zu Ibsens Werk.

Was die Handlung betrifft, so ist es Schnitzler auch hier passiert, daß er eigentlich zwei Stücke geschrieben hat, die für sich allein stehen könnten – eines rund um Sala (und seine Beziehung zu Johanna), eines rund um Fichtner (und seine Beziehung zu dem Sohn Felix). Locker verbunden sind die Handlungen nur dadurch, daß Johanna und Felix Geschwister, Sala und Fichtner sozusagen „Freunde" sind. Schnitzler rechtfertigt die Doppelgleisigkeit Brahm gegenüber, indem er meint, das werde „hoffentlich als Mangel nicht empfunden werden, wenn es herauskommt, wie zum Schluß die beiden Handlungen zusammengefaßt werden und in einem tiefen Sinn verglänzen und verdämmern". Auch kann Schnitzler durch die Gegenüberstellung von Fichtner und Sala auf seine bewährte Art mit dialektischen Kontrasten arbeiten: Einige Interpreten haben ganz richtig darauf hingewiesen, daß die Konfiguration der beiden die Beziehung Anatol–Max fortsetzt[24] – auf viel höherer Ebene allerdings. Und letztlich sind beide Figuren, beide Lebenshaltungen – der gewissenlose Genießer und der distanzierte Beobachter – ja in Schnitzler selbst vorhanden.

Aber nicht die Handlung, die übrigens nicht mehr konkrete gesellschaftliche Gegebenheiten dokumentiert (die „kritische" Periode ist vorbei), sondern sich mehr oder minder auf Geistes- und Gefühlsebene abspielt, ist beim „Einsamen Weg" entscheidend, sondern die „Sonderintensität": Dieses Wort findet Schnitzler 1912, beim neuerlichen Lesen des Stücks, und auch Otto Brahm urteilt, nachdem er es durchgelesen hat, daß es ihm „dichterisch wertvoll und neuartig"[25] erscheint, wobei er allerdings von der Bühnenwirksamkeit nicht ganz überzeugt sei. Gerade diese hat sich aber immer wieder erwiesen, weil die Figuren des Stückes – vor allem Sala und Fichtner, Johanna und Irene Herms – als ganz besondere Aufgaben für ganz besondere Schauspieler erkannt worden sind.

Schnitzler kann es sich nicht versagen, angesichts seines Herrn von Sala von Josef Kainz zu träumen, doch er ist zu stolz, um von sich aus den Kontakt mit dem Burgtheater aufzunehmen. Aber außer an Brahm schickt er das Stück noch an S. Fischer (wo im Jahr darauf die Buchausgabe erscheint), mit der Auflage, dem Burgtheater eine Abschrift einzusenden. Brahm stimmt dem Werk postwendend zu, macht jedoch – als erster, nicht als einziger – Einwände gegen die Figur der Johanna, die ihm zu knapp entwickelt scheint. Auch Schnitzlers Rollenvorschlägen („Sala ist die Rolle schlechtweg, Bassermann ist der Schauspieler schlechtweg, die beiden werden sich unschwer finden"[26]) stimmt er zu und dankt für das Werk, „dessen feine und seltene Schönheit ich warm empfinde"[27].

Ganz anders Burgtheaterdirektor Schlenther. Brahm, der kurz nach Wien kommt, will zwischen den „Feinden" vermitteln, aber die Zwischenträgerei unfreundlicher Aussprüche macht alles noch schlimmer. Schlenther würde prinzipiell im Namen des Burgtheaters, nicht in seinem eigenen (denn persönlich ist er noch immer „verletzt"), ein Stück von Schnitzler aufführen. Nicht aber den „Einsamen Weg", von dessen Bühnenwirksamkeit er sich nichts verspricht. Was Brahm mit der Bemerkung kontert, daß er durchaus Stücke spiele, von deren Erfolg er nicht viel erwarte. „Aber doch nur von Autoren, von denen Sie was halten", antwortet Schlenther.

Als Schnitzler das hört, erklärt er, das sei nur mehr als Frechheit zu bezeichnen, worauf Brahm Schlenther Schnitzlers Entrüstung rapportiert. Von Siegfried Trebitsch wiederum erfährt Schnitzler einen Ausspruch von Richard Rosenbaum, dem artistischen Sekretär des Burgtheaters: „Schlenther hat was übrig für das neue Stück von Schnitzler. Er wird es schon nehmen, um zu zeigen, daß er einen Unterschied zwischen dem Künstler und dem Menschen macht."

Aber Schlenther nimmt den „Einsamen Weg" nicht – der Fischer-Verlag schickt Schnitzler einen Brief zu, in dem das Burgtheater erklärt, man reflektiere nicht auf das Stück.

Brahm entschließt sich dagegen schnell zur Uraufführung (nachdem er bereits im September, ohne Schnitzlers Anwesenheit, die Uraufführung des einsam übriggebliebenen Einakters „Der Puppenspieler" herausgebracht hat). Schon am 4. Februar 1904 fährt Schnitzler nach Berlin, um tags darauf, zu Brahms 48. Geburtstag, auf der Probe zu sein. Obwohl er den Probenarbeiten fast täglich beiwohnt, findet er wie immer noch Zeit für viele Menschen. Bei seiner Schwägerin Lisl lernt er den Schauspieler Albert Steinrück kennen. Dieser ist der neue Mann in ihrem Leben. Er wird die junge Frau, der bald Krankheit und lebenslanges Siechtum bevorstehen, heiraten und ihr auch in schwerer Zeit eine Stütze sein. Schnitzler trifft – wie immer – Fischer, Goldmann, Kerr, der diesmal eben aus Palästina zurückgekommen ist (eine Reise, zu der sich der Jude Schnitzler nie entschließt), er trifft Mirjam Horwitz, Lisls Freundin, die früher eng mit Felix Salten befreundet war und nun mit dem späteren Theaterdirektor Erich Ziegel zusammen ist. Als Schnitzler zu Glümers kommt, trifft er zwar Mizi nicht an, sieht aber erstmals ihren sechs Monate alten Sohn Hans und hört von ihrer Schwester Gusti, wie schlecht Mizis Ehe mit Paul Martin sei. Einen anderen Ausflug in die Vergangenheit macht er, als er Rosa Freudenthal besucht. Und Dora Michaelis, die ihn als Dora Speyer einst so angehimmelt hat, erwartet bereits ihr zweites Kind. All das spricht dafür, daß Schnitzler seinerseits gut daran getan hat, das Ende der Jugend (und der Unabhängigkeit) zu akzeptieren.

Was die Proben zum „Einsamen Weg" betrifft, so gibt es einige Komplikationen. Bassermann findet den Zugang zur Figur des Sala nicht gleich. Schnitzler sagt ihm eine Menge, und er läßt es sich auch sagen, aber bis zwei Tage vor der Generalprobe gibt es zwischen den beiden solche Differenzen, daß der Star die Rolle zurücklegen will. Schließlich erklärt ihm Schnitzler eine Stelle aus dem vierten Akt, was wie eine „Erleuchtung" auf Bassermann wirkt. Und dann ist er „außerordentlich". Ein bißchen Maskenzauber spielt da mit – Bassermann ist etwas blasser geschminkt, die Falten um die Mundwinkel scheinen tiefer, die Augen dünkler umschattet, wie es Augenzeugen beschreiben, und schon wirkt seine Persönlichkeit noch „bestrickender", unterstrichen von der aristokratischen Haltung und der melancholischen Stimme.

Er bleibt die einzige Idealbesetzung. Regisseur Lessing strömt, vorsichtig geworden, vor Liebenswürdigkeit über, aber das macht noch keine gute Aufführung. Schnitzler spöttelt in einem Brief an Olga, wie sich „Der einsame Weg" ausnimmt: „Auch Bacchanten nützen nix, wenn man schlimm war"[28] – die Paraphrase eines stehenden Ausspruchs im Hause Schnitzler, der in schönem Jiddisch zu lesen ist: „As ma brav is, darf ma alles."

Obwohl also die vorgeschlagene Besetzung auf der Bühne steht, trifft bei der Uraufführung am 13. Februar 1904 im Deutschen Theater nichts und niemand Schnitzlers Geschmack. Die Kritiken konstatieren einen schwachen oder einen Mißerfolg, sind aber für den Dichter ehrenvoll. Nur Goldmann läßt Schnitzler wissen, sein Feuilleton werde ihn nicht freuen. Emmerich von Bukovics ist nach Berlin gekommen und erbittet, da man ja Schnitzlers Ausschluß aus dem Burgtheater kennt, das Stück für sein Deutsches Volkstheater. Eingedenk der Erfahrungen mit den „Lebendigen Stunden" lehnt Schnitzler ab.

Es ist ein Detail am Rande, das Schnitzler lächeln macht, als er mit Olga bei Mizi Martin-Glümer zu Gast ist (die Frauen lernen einander kennen) und Mizi sich über Hofmannsthal genauso äußert wie Irene Herms über Sala, sich die Vorbilder also rollengerecht verhalten. Dann kehrt er, mit dem Umweg über Dresden, am 19. Februar nach Wien heim, wo er eines seiner Hauptwerke beginnt: den Roman „Der Weg ins Freie".

8. ZWISCHEN ZWEI STÜHLEN
1904–1906

Je älter er wird, um so charakteristischer muß man es für Schnitzlers Schaffen ansehen, daß er stets an mehreren Werken zugleich arbeitet, Ideen oft jahrelang liegenläßt, um sie dann wieder hervorzuholen, und schließlich mit einer Konsequenz, die angesichts seines unruhigen, ungeduldigen Springens von einem Werk zum anderen erstaunt, doch vieles fertigstellt.

Jedesmal, wenn Schnitzler tatsächlich etwas vollendet hat, wendet er sich seinen Entwürfen zu und wühlt ausgiebig darin. Nach dem unter Schmerzen geborenen „Einsamen Weg" ist es das „Journalistenstück", zu dem ihm die ersten Ideen im Sommer 1901 kamen und das ihm nun wieder in die Hände fällt. Ein Sohn von Moriz Benedikt, dem Chefredakteur der „Neuen Freien Presse", schwebt ihm seltsam als Hauptgestalt vor, ein junger Mann, den er persönlich nie kennenlernt und von dessen Tod er später erfährt. Nachdem er vom November 1903 bis zum Jänner 1904 daran gearbeitet hat, nimmt er das Journalistenstück nach seiner Rückkehr aus Berlin jedoch nicht mehr auf. Erst 1909 wird sich Schnitzler wieder mit diesem Stoff beschäftigen, und 1915/16 wird dann endgültig „Fink und Fliederbusch" daraus werden.

Anschließend wendet sich Schnitzler dem „Jungen Medardus" zu, den er auch schon seit einiger Zeit mit sich herumträgt – im Sommer 1901 hat er ein „Altwiener Stück" begonnen, im Sommer 1903 wieder daran gearbeitet. Aber auch dabei bleibt er nicht, und es vergehen Jahre, bis er dieses Monsterwerk 1908 und 1909 fertigstellt.

Im Februar 1904 beschäftigt sich Schnitzler einige Zeit mit einem Dialog zwischen einem Mann namens Gandolf und einer Frau namens Clementine, deren Ehepartner miteinander ein Verhältnis haben und die daraufhin erwägen, es den anderen gleichfalls miteinander heimzuzahlen. Aber diese Geschichte (der Einakter „Die Gleitenden", der daraus entsteht, wird erst posthum uraufgeführt) kann Schnitzler ebensowenig fesseln wie der Stoff der „Ritterlichkeit", das unvollendet gebliebene Gesellschafts- und Duell-Stück. Also wendet er sich dem Projekt zu, das auf Jahre hinaus seine wichtigste Arbeit bleiben wird: dem Roman, später „Der Weg ins Freie" genannt. Am Geburtstag seines Sohnes hat er ihn (nach ersten Dramenplänen „Die Entrüsteten" genannt) zu schreiben begonnen, nun nimmt er ihn wieder auf und läßt, von einigen Pausen abgesehen, die Arbeit bis zur Vollendung im Jahre 1908 nie wieder ganz ruhen.

„Von Ihnen möcht' ich einen Roman lesen"[1], wird Hugo von Hofmannsthal sagen, nachdem er Schnitzlers Erzählung „Die Weissagung" kennengelernt hat. Irgendwie wird dieser Roman von ihm erwartet, da er in der Prosa neben manchem Beiläufigen immerhin Meisterwerke wie „Sterben", „Frau Berta Garlan" und „Leutnant Gustl" geschaffen hat. Inmitten eines Kreises, wo außer Jakob Wassermann, der der geborene Romancier und dafür ein schwacher Dramatiker ist, noch keinem ein großes Romanwerk gelungen ist, richtet Schnitzler diesbezüglich auch eine hohe Forderung an sich selbst. Wenn das nicht der große Wiener Roman schlechthin wird, fühlt er, will er ihn gar nicht schreiben.

Vieles an der Handlung von „Der Weg ins Freie" ist eingestanden autobiographisch. Gewiß ist nur teilweise die eigene Problematik in die Figur des Georg von Wergenthin eingegangen, aber die Liebesgeschichte, die Erschütterung angesichts des toten Kindes und die Suche nach dem Künstlertum sind eigene Erfahrung. Und Georgs Geliebte Anna Rosner ist ganz und gar Marie Reinhard. So beginnt Schnitzler seine Briefe an die tote Geliebte zu lesen, um sich selbst in diese Zeit und diese Beziehung einzustimmen. Er holt auch seine alten Tagebücher hervor, und je mehr er darin liest, um so stärker hat er das Gefühl, etwas schreiben zu wollen, worin er selber ist, so ganz wie in seinem Leben, das für ihn etwas seltsam Ergreifendes hat.

Dennoch ist für die Nachwelt die „private" Seite des Buches, die Liebesgeschichte zwischen Georg und Anna, der konventionellere und uninteressantere Teil des Romans. Am 3. Juli 1904 stirbt Theodor Herzl, zu einem Zeitpunkt, da Schnitzler stark mit dem Roman beschäftigt ist. Es scheint durchaus möglich, daß der Tod dieses Mannes Schnitzlers Intention, die Judenfrage, wie sie sich in Wien kurz vor 1900 präsentiert, darzustellen, noch verstärkt hat. Er tut es auf seine Weise – nicht theoretisch, sondern indem er das Wiener Judentum in seinen typischen Vertretern vorführt.

Schnitzler und Herzl – das war eine eigentümliche Beziehung. Der Dichter hat sie im Rahmen der „Charakteristiken" aufgezeichnet, sie findet sich im Nachlaß[2]. Alle Bewunderung und alle Skepsis, die Schnitzler für den Zeitgenossen empfand, sind darin enthalten. Schnitzler erinnert sich an gegenseitige Antipathie aus den Frühzeiten, als Herzl sich an eine deutschnationale Studentenverbindung angeschlossen hatte – ein Irrweg, aus dem er viel lernte. Er und Schnitzler trafen einander in der Doktorkneipe, auf einem Ball, auf Reisen. Auch als Herzl, der um zwei Jahre ältere, nach Paris ging, wo ihm der Dreyfus-Prozeß zum entscheidenden Erlebnis wurde, herrschte zwischen den beiden noch keinerlei Sympathie. Bis Herzl sich mit Begeisterung über das „Märchen" äußerte und Schnitzler für ihn als Freundschaftsdienst das Drama „Das neue Ghetto" bei diversen Bühnen anbot.

„Ich habe die Judenfrage gelöst"[3], sagte ihm Herzl, als er von Paris heimkehrte. Schnitzler las 1896, sofort nach Erscheinen, den „Judenstaat", vermerkte aber in seinem Tagebuch nur ironisch, daß Herzl, seit er dieses Buch geschrieben, mit einem gewissen Gefühl der Verpflichtung, offiziell sowohl zu den „Makkabäern" in die Burg wie auch ins jüdische Restaurant Tonello gehe. Ernst zu nehmen vermochte Schnitzler die Idee, in Palästina eine nationale Heimat für die Juden zu suchen, nicht. Rührend Herzls „Dichterargument", man würde Schnitzlers Stücke dort besser spielen als am Burgtheater – und in allen Kultursprachen. Denn daß man in Palästina einst hebräisch sprechen würde, daran dachte Herzl damals noch nicht, vielmehr an einen Staat „als eine Art Föderalismus nach österreichischem Beispiel"[4]. Dennoch machte Herzl auf Schnitzler weit weniger den Eindruck eines großen Propheten und Staatengründers, als den eines Mannes, der sich seiner Position als Redakteur der „Neuen Freien Presse" wohl bewußt war und sich vor allem für die Aufführung seiner – schwachen – Theaterstücke interessierte. Außerdem schien Herzl nach Schnitzlers Meinung seine Mitmenschen nach ihrer Einstellung zum Zionismus zu beurteilen, und da Schnitzler keinerlei Hehl daraus machte, daß er diesbezüglich nicht zu überzeugen wäre, fanden sie zu keinem ungetrübten Verhältnis.

Dennoch ist Schnitzler über die Nachricht von Herzls Tod sehr erschüttert, und so sehr er sich vor der Teilnahme an Begräbnissen sonst zu drücken pflegt, zu diesem geht er. Und später notiert er in seinem Tagebuch, daß Herzl ihn nie leiden mochte und keine Ahnung von ihm hatte, während er ihn wirklich bewunderte.

Darum vielleicht läßt Schnitzler jene Figur in seinem Roman, die er als dezidierten „Zionisten“ bezeichnet (obgleich diesen ein Lokalaugenschein in Palästina enttäuscht), so besonders sympathisch erscheinen: den alten Oskar Ehrenberg, einen reichen Fabrikanten, der für die künstlerischen Ambitionen, mit der seine Frau und seine Tochter das Industrie-Geld aufwerten wollen, nur ein Lächeln übrig hat. Das Gegenteil von ihm ist sein Sohn: der junge Oskar Ehrenberg zählt zu jenen Juden, die ihr Judentum einfach nicht wahrhaben wollen, der am liebsten konvertierte, wenn ihn das nicht seine Erbschaft kostete.

Unterschiedliche Positionen nehmen auch Vater und Sohn Dr. Stauber ein: der Vater ein Arzt mit großer Praxis in bürgerlichen Kreisen und einer sozusagen passiven liberalen Weltanschauung, der Sohn einer von jenen, die gelernt haben, daß man sich aktiv politisch engagieren muß, der aber nach seinen Parlamentserfahrungen als sozialdemokratischer Abgeordneter („Jud halts Maul“[5], ruft man ihm zu) doch resigniert. In der jüdischen Familie Golowski gehört die junge Generation gleichfalls den Radikalen an. Mit diesem Beispiel beweist Schnitzler (der persönlich immer noch den „Liberalen“ zugezählt werden muß, wenn auch schon in einer viel bewußteren und kritischeren Form als einst sein Vater), daß bei den Juden der Bruch zwischen den Generationen durch die Verschärfung des Antisemitismus in einem Land, wo zwar noch Franz Joseph regiert, aber Lueger seit 1897 (dem Jahr des Zionistenkongresses in Basel) Bürgermeister ist, notwendig sein muß. Folglich zählt Leo Golowski zu jenen rabiaten Juden, die gerade wegen des Duellausschlusses jeden vor die Pistole fordern, der sie schief ansieht, und seine Schwester Therese engagiert sich im Rahmen der 1889 gegründeten Sozialdemokratischen Partei als Rednerin vor Arbeiterversammlungen.

Die jüdischen Künstler des Romans betrachten das Problem ihres Judentums, dem keiner entkommt, mehr von der psychologischen Seite. So sind Vater und Sohn Eißler – der Alte ein berühmter Walzerkomponist und sozusagen der „alte Wiener“ par excellence, der Sohn ein so vollendeter Kavalier, daß man nicht auf die Idee käme, diesen Repräsentanten österreichischer Eleganz für einen Juden zu halten – Beispiele für jene Assimilation, die den Juden im Rahmen eines Milieus, das sie aufnimmt, gelingt. Unter den beiden Schriftstellern ist Heinrich Bermann derjenige, der nie vergessen kann, daß er Jude ist, während Nürnberger zu jenen zählt, die sich eigentlich nicht so fühlen oder fühlen wollen.

Damit hat Schnitzler, mit Ausnahme der orthodox-religiösen

Juden und des jüdischen Proletariats (Menschen, die er aus eigener Erfahrung nicht kennt), die diversen Spielarten des Judentums der Kaiserstadt in seinem Roman eingebracht und läßt diese ihre divergierenden Ansichten vortragen. Der spätere Vorwurf, dadurch erhalte das Buch „eine einseitig tendenziöse Färbung, die es nichtjüdischen Lesern verdächtig – und peinlich macht“[6], ist zu erwarten, gilt aber nur für die Zeitgenossen, die inmitten der geschilderten Problematik stecken, nicht aber für Nachgeborene, die im „Weg ins Freie“ nachlesen können, wie der Boden beschaffen war, aus dem Adolf Hitler kam.

Was Schnitzler im „Weg ins Freie“ noch behandeln will, weil es ihn im täglichen Leben immer wieder beschäftigt, ist das sogenannte „Esoi-Problem“ (er schreibt es auch „Äsoi“). Worum es geht, schildert er in folgender Anekdote im Roman: „Sie kennen doch die Geschichte von dem polnischen Juden, der mit einem Unbekannten im Eisenbahnkupee sitzt, sehr manierlich – bis er durch irgendeine Bemerkung des andern darauf kommt, daß er auch ein Jude ist, worauf er sofort mit einem erlösten ‚ä soi‘ die Beine auf den Sitz gegenüber ausstreckt.“[7]

Das ist es: daß kein Jude vor dem anderen Respekt hat. Inmitten einer „feindlichen“ Umwelt lebend, werden sie alles tun, um nach außen hin die Fassade zu wahren, um der Welt das Bild des gebildeten, souveränen, aufgeklärten, anständigen Juden zu geben. Kaum sind sie untereinander, seufzen sie erleichtert auf: „Esoi.“ Das bedeutet ungefähr: „Ach so, du bist ja auch e Jud. Na also, jetzt können wir uns ja gehen lassen, von gleich zu gleich Tachles reden.“

Dieses Übermaß an Vertraulichkeit, von Schnitzler als zutiefst taktlos empfunden, hat neben dem kleinen positiven Aspekt der Zusammengehörigkeit einen gewaltigen negativen. Denn der in der Minorität lebende Jude verrät nicht selten seinen Artgenossen, um sich mit den anderen gutzustellen. Da findet er nicht einmal etwas dabei, deren Antisemitismus zu unterschätzen. Ein Jude, der einen Juden angreift, ist für die Christen der gute, der einsichtige, der anständige, der objektive Jude, der, mit dem man verkehrt. Denn der Wiener Antisemitismus ist verabscheuungswürdig selektiv, „wer ein Jud' ist, bestimme ich“ war damals schon erfunden. Aus dieser Einstellung erklärt sich Schnitzler das Verhalten der jüdischen Kritik ihm gegenüber. Ihn zu loben, trägt dem Juden den Vorwurf des Vorurteils ein – na eben, die Juden untereinander! Gegen ihn zu sein und den Tiroler Dichter Schönherr zu verehren, ist opportuner.

Es verwundert nicht, daß „Der Weg ins Freie" auch für die Juden von heute ein so wichtiges Buch ist. In diesem Wien um 1900, das darin geschildert wird, sind auch die Wurzeln des Gegenwärtigen. Damals leben hier zwei der berühmtesten und vor allem in ihrer Nachwirkung bedeutendsten Juden der Weltgeschichte: Theodor Herzl, ohne den es vielleicht den Staat Israel in der heutigen Form nicht gäbe, und Sigmund Freud, ohne den man vielleicht nicht von der Weltmacht der Psychoanalyse sprechen könnte. Gleichzeitig aber gibt es in diesem Wien um 1900 auch Zeugnisse so schrecklichen jüdischen Selbsthasses, wie sie Karl Kraus oder Otto Weininger liefern. Inmitten der Extreme der bedeutenden Juden, die ihr Judentum voll annehmen, und jener, die es am liebsten nicht wahrhaben würden, steht Schnitzler als Musterbeispiel des objektiven Juden. Für ihn hat die Frage von gut und böse nichts mit Christ und Jude zu tun. Im Sinn Nathans des Weisen sind sie ihm nicht eher Christ und Jude als Mensch. Nur deshalb kann er ein so ausbalanciertes Werk wie den „Weg ins Freie" schreiben, über den ein jüdisches Urteil von heute voll Achtung sagt:

„Juden sind untereinander ebenso verschieden wie Menschen überhaupt. Das macht ja gerade den Reiz und Reichtum des Lebens aus. Schnitzler sah diese Mannigfaltigkeit; er war dem jüdischen Problem gegenüber, wie auch in anderen Fragen und menschlichen Begegnungen, vornehm und tolerant, verstehend und skeptisch, was man weder von Kraus noch von Weiniger sagen kann. Er sah nicht den Juden, einen angeblich bestimmten Typus, sondern die Juden. Mit großer Unparteilichkeit läßt er die jüdischen Gestalten des Romans die verschiedenen Anschauungen dieser Zeit darlegen. Er steht ihnen allen mit Sympathie gegenüber. Er verzerrt und entstellt keinen. Als Künstler, als Bürger und als Jude wahrte Schnitzler immer Würde. Er nahm an der jüdischen geistigen Wirrnis und Not der Zeit vollen Anteil, und die Wirrnis und Not waren in Wien und in Mitteleuropa im allgemeinen viel größer, als man das unter den völlig anderen Bedingungen westlichen Lebens verstehen kann." [8]

Angesichts von „Der Weg ins Freie" ist der Vorwurf, Schnitzler schildere darin mit Ausnahme des Liebespaares nur Juden (er zeigt auch die christliche Familie Rosner und die Bindung von Annas Bruder an die antisemitischen Parteien), ebensowenig zu halten wie jener, Schnitzler interessiere sich nicht für Politik. Sowenig sie in seinem Alltag eine Rolle zu spielen scheint, weil er in seinem Tagebuch damals kaum diesbezügliches vermerkt, weil er weder den

Aufbruch der Sozialdemokratie noch den von Schönerers Deutschnationalen notiert, weil der Selbstmord des Kronprinzen Rudolf bei ihm ebensowenig Niederschlag findet wie die Erste-Mai-Feier 1890, weil er nicht registriert, daß 1895 endlich die Kinderarbeit für alle unter 14 verboten wird und was das Riesengefüge der Doppelmonarchie in diesen aufgewühlten Jahren noch alles bewegt – daß keiner der Politik entkommt, das hat er im „Weg ins Freie" gestaltet, ebenso allerdings den unausrottbaren Ekel, den er vor der Art, wie sie betrieben wird, empfindet. Das wird sich später im „Professor Bernhardi" noch einmal niederschlagen, das wird er auch in seinen theoretischen Aufzeichnungen immer wieder niederlegen.

Aus dem Jahr 1904 stammt ein von Schnitzler so genanntes „Bekenntnis", das seine Weltanschauung darlegt und für sein ganzes Leben gilt. Es zeigt ihn als Mann, der keinerlei vorgegebene Bindungen, Denkformen, Traditionen anerkennt, als Individualisten, der das Recht postuliert, alles für sich neu zu entscheiden. Es ist vermutlich als Nebenprodukt von „Der Weg ins Freie" zu werten, als Standortbestimmung eines Dichters, der in diesem Buch sämtliche Meinungen zu Wort kommen läßt:

„Ich liebe mein Vaterland nicht, weil es mein Vaterland ist, sondern weil ich es schön finde. Ich habe Heimatgefühl, aber keinen Patriotismus.

Ich bin nicht stolz auf irgend jemanden, weil er der gleichen Rasse angehört.

Ich trete für niemanden ein, weil er zufällig derselben Familie entstammt wie ich.

Ich habe auch gewiß kein Standesbewußtsein und bin gar nicht beschämt, weil es auch unter den Dichtern Lumpen (und Heuchler) gibt.

Ich war niemals der Kamerad von irgendwem, weil er zufällig dieselbe Charge bekleidet hat, nie der Kollege von jemandem, weil er auf derselben Schulbank saß wie ich.

Ich liebe auch nicht die Menschheit als Ganzes; nur einige wenige einzelne Menschen.

Ich fühle mich mit niemandem solidarisch, weil er zufällig derselben Nation, demselben Stand, derselben Rasse, derselben Familie angehört wie ich. Es ist ausschließlich meine Sache, mit wem ich mich verwandt zu fühlen wünsche; ich anerkenne keine angeborene Verpflichtung in dieser Frage. Ich habe Mitbürger in jeder Nation, Kameraden in jedem Stand und Brüder, die keine Ahnung von meiner Existenz haben."[9]

Dieses Frühjahr 1904, in dem Schnitzler die Arbeit an dem Roman ernstlich wieder aufnimmt, ist allerdings nicht unbedingt dazu geeignet, an einem solchen Riesenprojekt kontinuierlich weiterzuarbeiten. Schnitzler fehlt, wie er selbst immer wieder feststellt, die „Unbeirrbarkeit", das heißt, er ist allzu ablenkbar, von anderen Stoffen, von äußeren Ereignissen – etwa, daß das „Reigen"-Buch in Deutschland beschlagnahmt wird; daß Hugos Mutter, Frau von Hofmannsthal, stirbt; daß er immer wieder von seinen Erfolgen in Rußland hört, durch das Fehlen von Urheberrechtsbestimmungen finanziell aber gar nichts davon hat, was ihn mehr und mehr verbittert; daß Kerr ihn in einer Besprechung von „Der einsame Weg" mit Hauptmann vergleicht, was ihn ärgert wie alle Versuche, ihn an anderen Dichtern zu messen (die Ausnahme ist da wirklich nur Tschechow, mit dem verglichen zu werden ihn freut); daß Besuche kommen, etwa Salten, der von einer Ägyptenreise zurückkehrt. Das Tagebuch reflektiert einen so vollen Alltag, daß es verwunderlich erscheint, wie Schnitzler trotzdem das erste Buch des Romans am 4. April 1904 abschließen kann.

Im Mai unternimmt Schnitzler mit Olga eine Reise nach Italien, feiert melancholisch seinen 42. Geburtstag an Bord des Schiffes „Marco Polo" zwischen Neapel und Palermo und verbringt ein paar Tage in Taormina, wo er „ein paar Komödienakte" entwirft, „die so wie sie sind, gar nichts zu bedeuten haben"[10], wie er an Brahm schreibt. Es handelt sich wieder um „Ritterlichkeit", und Schnitzler hat recht. Aus dem Nachlaß herausgegeben[11], kann man erkennen, daß dieses Stück eine Rückkehr zu den gesellschaftskritischen Dramen ist, in denen sich Schnitzler wieder mit Konventionen und ihrer Manipulierbarkeit auseinandersetzt, wobei es vor allem um Ehebruch, Ehrenkodex und Duell geht. An der spannendsten Stelle bricht die Sache ab, weil Schnitzler den Konflikt nicht auflösen kann. Es wird ihm zwar später noch um das Stück leid tun, aber trotz mehrerer weiterer Versuche ist es nicht zu retten.

Alle wollen Theaterstücke von ihm – zum Beispiel Brahm, der das Deutsche Theater an Max Reinhardt abgegeben hat und jetzt das Lessingtheater führt (Reinhardt leitet nun das Deutsche Theater und das Kleine Theater und tritt in offenen Konkurrenzkampf zu Brahm). Wallner pocht noch immer auf die drei Einakter, und Schnitzler tut es des Geldes wegen leid, daß er sie nicht zusammenbringt. Für Reinhardt möchte er um Agnes Sormas willen, die nun bei diesem engagiert ist, den „Jungen Medardus" fertigstellen, Brahm könnte er die „Taormina"-Komödie („Ritterlichkeit") geben, und auch das „Journalistenstück" ist noch in seinem Bewußtsein.

Aber Schnitzler fehlt zu allem der Elan: Er spielt mit den Sachen, skizziert, freut sich vielleicht sogar aufs Arbeiten – aber daß er ein paar Stunden mit Intensität ernsthaft an etwas tätig wäre, kommt gar nicht mehr vor. Das letzte, worin er sich selbst „Talent" zugesteht, sind die Sala-Szenen von „Der einsame Weg". Seitdem hat er nicht ernsthaft gearbeitet: Ungeduld, Zerstreutheit, Unfähigkeit, sich anzupassen, konstatiert er als seine ewigen Übel, desgleichen Faulheit, Zerstreutheit, Zersplittertheit, Hypochondrien. Einige seiner Charakterfehler, vor allem den Mangel an Konzentration, kann er auf Vererbung und schlechte Erziehung zurückführen. Aber, wie er selbst nur zu gut weiß: Einsicht hat noch keinem geholfen.

Dabei packt ihn diese Schaffenskrise nach dem geistigen Höhenflug des so schwer errungenen „Einsamen Weges" in einer Periode, da ihm das äußere Leben durchaus erfreulich erscheint. Die Ehe mit Olga entwickelt sich trotz relativ vieler Auseinandersetzungen gut, er liebt den kleinen Sohn, die Wohnung ist angenehm. Was sein unentrinnbares Ohrenleiden betrifft, so entwickelt es sich nur langsam weiter. Doch ist es immerhin tief genug in seinem Bewußtsein, daß er in der „Volkssänger-Novelle", die er vom Juli bis zum November 1904 schreibt und die später „Das neue Lied" heißt, ein körperliches Gebrechen schildert: allerdings nicht die Taubheit, die ihn bedroht, das vermag er nicht, aber zum zweiten Mal, nach dem „Geronimo", die Blindheit.

Was Schnitzler in diesen Jahren fehlt, ist die finanzielle Sicherheit. Sein Lebensstil ist zwar nicht luxuriös, aber doch von jenem Zuschnitt, der einer Frau des Hauses nur organisatorische Probleme, keine Putz- und Küchenarbeit zumutet. Die ärztliche Praxis ist, wenn auch offiziell nie aufgegeben, doch ganz stillgelegt, und damit sieht sich Schnitzler auf die bekannten Nöte eines freischaffenden Künstlers zurückgeworfen. Und die heißen unter anderem: Produktionszwang. Bis jetzt hat er es sich geleistet, Projekte, in die er viel Zeit und Arbeit investiert hat, liegenzulassen, wenn er nicht damit zurechtkam – zum Beispiel „Ritterlichkeit". Sein nächstes Drama („Zwischenspiel") wird er zu Ende zwingen, obwohl er selbst nicht davon überzeugt ist, er aber ohne die Einspielergebnisse eines neuen Stückes finanziell nicht durchkommen kann.

Schnitzler kann nicht umhin (und er ist nicht der einzige Künstler, dem diese Erkenntnis immer wieder schmerzlich bewußt wird), dieses System für unmoralisch zu erachten. Sein Traum: eine Rente, jene finanzielle Sicherheit, die das „Erzeugen" eines Stückes, eines Romans, einer Novelle nicht unter dieselben ökonomischen Gesetze stellt wie die Produktion von Glühlampen.

Die Notwendigkeit, immer an das Geld zu denken, bringt Schnitzler dann auch in peinliche Situationen. Als beispielsweise ein Wohltätigkeitsabend mit seinen Stücken stattfindet (Jarno bringt bei dieser Gelegenheit den „Puppenspieler" zur Wiener Erstaufführung), meint Schnitzler, seinerseits genug dazu zu tun, wenn er eine Loge kauft. Dann muß er aber merken, daß die Initiatoren des Abends, darunter der Vater Hugo von Hofmannsthals, erschüttert sind, als er wider Erwarten auf seine Tantiemen Anspruch erhebt. Schnitzler denkt im Augenblick nicht weiter darüber nach, aber als er wenige Tage später in der Zeitung von einem Sänger liest, der sich seine Mitwirkung bei einem Wohltätigkeitskonzert bezahlen ließ, sieht er sein Verhalten plötzlich mit den Augen der anderen – und nun kommen ihm doch die Zweifel.

Noch hat der Name Max Reinhardt nicht jene Magie wie ein Jahr später nach der „Sommernachtstraum"-Inszenierung von 1905, aber dennoch will Schnitzler schon damals die Gelegenheit, daß Reinhardt ein Stück von ihm will, nicht vorübergehen lassen – auch auf die Gefahr hin, Brahms Berliner Schnitzler-Monopol zu brechen und den alten Freund und Gönner zu verärgern. Er denkt an „Marionetten", deren Umarbeitung ihm vorschwebt, und (unbegreiflicherweise) an das seit 1901 fertige, ungespielte „Haus Delorme".[12] Dazu könnte er sich den „Grünen Kakadu" als für die spezifischen Regiekünste des Reinhardtschen Theaters geeignet vorstellen. Jedenfalls macht er Lisl und Albert Steinrück in dieser Sache zu seinen Vermittlern und ahnt nicht, daß er sich damit nur Ärger und einen seiner unangenehmsten Theaterskandale einhandelt.

Reinhardt zeigt sich von dem Angebot angetan, und Schnitzler schließt unter dem Gesichtspunkt dieser Aufführung am 24. September die Neubearbeitung der „Marionetten" unter dem Titel „Zum großen Wurstel" (der eigentlich ein neues Stück ist) ab. Da stellt sich heraus, daß Reinhardts Vorstellungen von einem „burlesken Abend"[13] (wie Schnitzler ihn nennen will) sich durchaus nicht mit jenen des Dichters decken. Er möchte am liebsten nur „Haus Delorme", gekoppelt mit Wedekinds „Kammersänger" (stilistisch eine durchaus richtige Entscheidung) spielen. Schnitzler lehnt das ab und besteht auf einem Abend, der nur aus seinen Stücken besteht – aus finanziellen ebenso wie aus Prestigegründen.

Nun mag man aber an Reinhardts Theater den „Großen Wurstel" nicht. Als Schnitzler am 13. November 1904 in Berlin eintrifft – erstmals, um einer Premiere seiner Stücke beizuwohnen, die nicht bei Otto Brahm stattfindet –, nimmt er an, daß nach letzten Abmachungen sein Abend aus „Der tapfere Cassian", „Haus Delorme" und „Der grüne Kakadu" bestehen wird. Schon am Tag seiner Ankunft schreibt er an Olga: „Ich ahne wüste Schlampereien"[14], denn er hat in der Repertoire-Ankündigung des „Berliner Abendblatts" nur den „Grünen Kakadu" und den „Tapferen Cassian", nicht aber auch „Haus Delorme" gelesen. Im Neuen Theater findet er keinen Menschen vor, wohl aber im Hotel eine ganz exakte Nachricht von Otto Brahm, wann er wo zu finden sei.

Schnitzler ist jedenfalls von Anfang an „erbittert"[15] und überlegt, „Haus Delorme" Reinhardt wegzunehmen und es Brahm zu geben, „wenn er's jetzt nur noch nimmt", wie er richtig hinzufügt. Denn Brahm hat das Stück sehr wohl gewünscht, als er hörte, daß Schnitzler es Reinhardt geben wolle, und ist nur mit der Zusicherung eines baldigen neuen Stücks („Zwischenspiel") zu vertrösten gewesen. „Ich freue mich der Aussicht, Sie hier zu sehen, beinahe noch mehr als über den Anlaß Ihres Kommens"[16], hat Brahms letzte Nachricht vor Schnitzlers Eintreffen in Berlin gelautet und wieder einmal gezeigt, daß der Freund seinen Seelentakt nie einbüßen wird.

„Diesmal geht alles schief", schreibt Schnitzler am 14. November 1904 an Olga. „Haus Delorme" ist angeblich wegen Überlänge des Abends abgesetzt worden. Der wahre Grund aber bestand darin, daß die Schauspieler gegen das Stück eine Art solidarischen Grimms entwickelten, meldeten die Zeitungen doch ganz offen, daß darin unzweideutig die Familienverhältnisse der Adele Sandrock behandelt würden (was nicht zu leugnen ist). „Nun soll man also diesem übelriechenden Sturm ästhetisch-sittlich-ethischer Entrüstung entgegensehen, der, da alles so gut vorbereitet ist, anläßlich der braven (...) Familie Delorme losbrechen wird"[17], erwartet Schnitzler, dem damals offenbar noch keine Zweifel an dem Stück kommen, das er erst später und zu Recht als ordinär empfinden wird.

Auf Schnitzlers Bestehen kommt es also zur ersten Probe von „Haus Delorme", wobei er nun erkennen muß, daß vieles tatsächlich peinlich wirkt und der Schluß total unmöglich ist. „Leider fällt mir kein anderer ein. Es muß aber ein anderer gemacht werden."[18]

Zwei Tage später kommt Reinhardt erstmals persönlich auf die Probe und findet die Aufführung so schlecht, daß er Schnitzler ersucht, den Schauspielern das Stück vorzulesen, was auch geschieht. Von Olga kommt aus Wien die briefliche Bitte, „Haus Delorme" doch zurückzuziehen. „Es ist wohl hauptsächlich Julius' Geschoß?"[19] mutmaßt Schnitzler, den vorsichtigen Bruder kennend. Aber da erledigt sich die ganze Affäre durch den Eingriff höherer Gewalt: am 19. November kommt ein Zensurbescheid, der das Stück verbietet.[20]

Die Uraufführung läßt dann tatsächlich bis 1979 auf sich warten[21], und man stellt bei dieser Gelegenheit die Überflüssigkeit dieser Ausgrabung fest. Man ist nicht imstande, Schnitzlers bösartige, in eine Groteske gefaßte Reflexionen über Adele Sandrock, ihre Mutter und ihren Bruder komisch zu finden. Alles, was an dieser Familie peinlich war, hat nur peinliche Form gefunden, anstatt die zweifellos vorhandene Komik wiederzugeben.

Mit Max Reinhardt versteht sich Schnitzler damals recht gut. Zwar hat er gegen dessen Geschäftsgebaren viele Vorbehalte, aber er stellt doch fest: „Reinhardt ein kluger, eigentlich angenehmer Mensch. Die Schwierigkeiten im Verkehr zweier Juden bleibt immer, sich gegenseitig über das innere und äußere Esoi hinwegzuschwindeln."[22] Die Atmosphäre in dessen Theatern nimmt ihn seltsam gefangen. Zwar konstatiert Schnitzler, es werde „wohl viel gearbeitet (...), aber noch mehr Zeit vertrödelt, und die ganze Wirtschaft macht den Eindruck eines Traumlebens mit genialen Zügen"[23]. Dennoch: „Es ist ein komisches Theater, aber wenn man einmal mitten unter den Leuten steckt, kann man sich nicht mehr recht ärgern."[24]

Von der Rivalität zwischen Brahm und Reinhardt ist Brahm-Freund Schnitzler natürlich voll betroffen. „Brahm redet meist über Reinhardt und Reinhardt über Brahm", konstatiert er. „Menschen sind beide – es ist trübselig, sich die entsprechenden Schlenther und Bukovics vorzustellen."[25] Allerdings wird er schon bei nächster Gelegenheit seine positive Meinung über Reinhardt einigermaßen revidieren.

Am 22. November 1904 findet im Kleinen Theater die Premiere der beiden verbliebenen Stücke statt, wobei Schnitzler darauf bestanden hat, trotz Ausfall des dritten Stückes seine vollen zehn Prozent Tantiemen zu bekommen. Das Puppenspiel „Der tapfere Cassian" fällt schlicht durch, während „Der grüne Kakadu" ein stürmischer Erfolg wird. Der neue Star Reinhardts heißt Alexander

Moissi, ein geborener Italiener und noch nicht ganz akzentfrei, der in den Kritikern doch Hoffnungen auf einen neuen Mitterwurzer oder Kainz erweckt. Schnitzler erachtet ihn als „ganz auffallendes Talent", wie er an Olga schreibt, „sehr wild, sehr komödiantisch, in seinen Tugenden und Fehlern schwelgend. Die Rolle ist für ihn sozusagen noch glücklicher gewählt als er für die Rolle."[26] Auch Gertrud Eysoldt (Leocadie) gefällt Schnitzler, am besten jedoch Tilla Durieux (Séverine), „die einen Weg vor sich hat" – eine Prophezeiung, die sich bekanntlich glanzvoll bewahrheiten soll. „Das Stück ist ein Schmiß!" meint der kritische Schnitzler selbst. „Wenn mir so was einmal fünfaktig gelänge, könnt ich und die Literatur froh sein."[27]

Nach der Premiere feiert Schnitzler erst mit Brahm, Fischer, Trebitsch und Lisl, dann stößt er zur Reinhardt-Gesellschaft. Am meisten freut ihn, daß er nun endlich abreisen kann, denn die Angriffe der Zeitungen und die Feindseligkeit der Schauspieler anläßlich des „Delorme"-Stückes haben ihn doch sehr enerviert. Allerdings wird er schon bei allernächster Gelegenheit wieder mit Reinhardt zu tun haben und voll in dessen Rivalität mit Brahm aufgerieben werden.

Das Stück, mit dem Schnitzler Brahm vertröstet hat, ist „Zwischenspiel", damals noch „Neue Ehe" genannt. Der biographische Unterbau ist deutlich wie selten – die Geschichte einer Künstlerehe, die Frau Sängerin (dieselben Lieder singend, dieselben Partien studierend wie Olga), der Mann Kapellmeister. Schnitzler analysiert den Fall, daß man sich endgültig auseinanderlebte. Wieviel Freiheit darf man einander zugestehen, wieviel Aufrichtigkeit ist erträglich?

Es fällt schwer, dieses Stück als „Komödie" anzusehen. Es handelt, ganz in der „Puppenspieler"-Tradition des Dichters, von einem Experiment mit Seelen. Amadeus Adams hat – wie später Erasmus in der Novelle „Die Hirtenflöte" und noch mehr wie der Hofreiter im „Weiten Land" – starke Lust, die Reaktionen seiner Frau zu testen. Bloß verhält sie sich nicht vorhersehbar, und er kann seelische Prozesse, die er in Gang gesetzt hat, nicht mehr rückgängig machen. Die „Neue Ehe", in der jeder seine sexuelle Freiheit zurückbekommt, damit man einander in tieferem Sinn erhalten bleibe, erweist sich als formalistischer Versuch eines Künstlers, bürgerliche Konventionen zu durchbrechen, um schließlich in den eigenen Vorurteilen hängenzubleiben.

Dieses in der seelischen Balance unendlich heikle Stück, das nur von Virtuosen gespielt werden kann, entbehrt letztlich der Leichtigkeit, die eine Komödie daraus machen würde – auch die satirisch gesehene Figur des Schriftstellers Rhon (der auch den dritten Akt des „Weiten Landes“ noch auflockern wird) vermag da die Stimmung nicht ausreichend von der Strenge des Stückes, in dem zwei Menschen letztlich zum Leiden verurteilt werden, wegzusteuern. Schnitzler ist später selbst mit „Zwischenspiel“ nicht sehr glücklich und erkennt richtig, daß man „das Knarren der Maschine beinahe immer“ [28] hört.

Am Anfang, ab August 1904, allerdings schreibt er flott darauf los und beendet in einer schon lang nicht erreichten Kontinuität am 21. August, also nach nur drei Wochen, die Niederschrift der „Neuen Ehe“ in guter Stimmung. Daneben würde es ihn interessieren, rund um die Figur von Peter Altenberg ein „Literatenstück“ zu schreiben, und danach liest er in den historischen Werken von Eduard Vehse, die ihm so richtig Lust machen, ein Habsburger-Drama zu versuchen, wie er überhaupt mehr und mehr meint, daß er einmal zum Historischen hinneigen werde.

Als Schnitzler aber nach einigen Unterbrechungen die „Neue Ehe“ wieder durchsieht, ist er durchaus unzufrieden mit dem Stück. Er bastelt, zu seiner bekannten Unbeständigkeit des Arbeitens zurückkehrend, zwischendurch wiederum an dem „Clementine-Dialog“ („Die Gleitenden“), versenkt sich in den Roman, denkt an die Novelle „Verführung“, die Jahrzehnte später zur „Komödie der Verführung“ wird, skizziert ein „Marie-Lang-Stück“ (das Altenberg-Thema – Marie Lang war jene Frau, deren Sohn sich wegen Lina Loos umgebracht hat) – seine Zersplitterung erreicht wieder einen Höhepunkt. Dabei spürt er genau, daß es seine Hauptaufgabe ist, ein bestehendes Stück zu retten. Im Oktober schreibt er die zweite Fassung der „Neuen Ehe“. Als er Frau Grünwald, seiner damaligen Sekretärin, das Stück diktiert, sagt sie ihm offen, noch nie hätte sie etwas aus seiner Feder so wenig interessiert.

Schnitzler, der nun den Titel „Ein leichtes Leben“ erwägt, erschrickt angesichts seiner Ausgaben aus dem Jahr 1904 (mit rund 30000 Kronen Einnahmen kommt er zur Not auf gleich) vor der Idee, daß er von einem Stück wie diesem die Existenz der nächsten Zeit abhängig machen muß. Er wendet sich dann doch wieder dem Roman zu, vollendet am 27. Februar 1905 dessen drittes Kapitel, begibt sich im März allein auf eine Seereise, die ihn von Genua über Ajaccio, Neapel, Pompeji, Palermo, Messina, Korfu, Ragusa,

Spalato, Abbazia nach Fiume führt, und beschließt danach, als er am 18. März wieder in Wien ist, daß die „Neue Ehe" im Mai fertig sein müsse.

Da entwirft er am 29. März plötzlich und unvermittelt eine Dramenskizze mit dem Arbeitstitel „Die Vatermörderin". Dieser Stoff wird ihn nicht loslassen, zum „Ruf des Lebens" gedeihen und ein Stück werden, von dem Schnitzler immer weiß, daß es mißlungen ist, an dem er aber so hängt, daß er noch ein Vierteljahrhundert später, am Ende seines Lebens, eine Neufassung des dritten Aktes zur Rettung versuchen wird.

Der neue Stoff erweckt in ihm ein solches Hochgefühl, daß er plötzlich meint, die Komödie („Neue Ehe") und das Drama („Vatermörderin") in wenigen Wochen fertigstellen zu können. Jedenfalls beginnt er die „Vatermörderin" schon am nächsten Tag und arbeitet längere Zeit täglich und ausschließlich an diesem Stück. Tatsächlich hat er in weniger als einem Monat, am 28. April 1905, eine erste Fassung vorläufig abgeschlossen, denkt an den Titel „Stimmen des Lebens" und wendet sich dann der „Neuen Ehe" zu, um sie endlich zu vollenden.

Periodisch verdüstert Schnitzler, wenn ungünstige äußere Umstände konzentriert auftreten, was sich dann negativ auf seine Schaffenskraft auswirkt. Zu dieser Zeit sind es sowohl die Geldsorgen von Olga wie auch die ihrer Schwester Lisl, die er unterstützt. Dazu kommt, daß sein Verhältnis zur Gattin starken Schwankungen unterworfen ist – durch ihre Unzufriedenheit (die Aussichtslosigkeit der Sängerinnenkarriere, die sie anstrebt) ebenso wie durch seine Neigung, seine schlechte Laune an ihr auszulassen. Und als im Mai 1905 der erste Volks-Schillerpreis an Gerhart Hauptmann und Richard Beer-Hofmann vergeben wird, ist Schnitzler tagelang von grollender Schwermut beseelt – sicher nicht aus einem Gefühl des Neides für zwei Männer, die er liebt und schätzt, und dennoch mit Sicherheit innerlich getroffen, daß man den Preis nicht ihm zugesprochen hat.

Am 12. Mai beginnt Schnitzler die „Neue Ehe" bereits zum vierten Mal. Er arbeitet interesselos an dem Stück – die Lektüre der eigenen Tagebücher fesselt ihn viel mehr, die er teils wegen der unklaren Idee von „Memoiren", teils wegen des Romans wiederliest. Als er die „Neue Ehe" am 31. Mai 1905 wieder einmal als beendet weglegt, nimmt er sich dann die „Vatermörderin" vor, an der auch noch einiges zu tun ist.

Im Mai 1905 gastiert Max Reinhardt mit seinem Berliner Theater in Wien. Schnitzler sieht Hofmannsthals „Elektra“ und Beer-Hofmanns „Graf von Charolais“, ist tief beeindruckt ebenso von Reinhardts gerühmter „Sommernachtstraum“-Inszenierung wie auch von der „Minna von Barnhelm“. Zweifellos bietet Reinhardts Theater, Schnitzlers schlechter Erfahrungen mit dem Einakterabend ungeachtet, derzeit für einen Dichter größeren Anreiz als das von Brahm. Bei Reinhardt spielen nun Agnes Sorma, Lucie Höflich, Gertrud Eysoldt, Friedrich Kayssler, Eduard von Winterstein, Alexander Moissi und entwickeln unter seiner Regie eine darstellerische Sensibilität, wie sie auf Brahms Theater in dieser Form – nämlich über das Naturalistische hinausgehend – nicht zu erleben gewesen ist. Gewiß ist Schnitzlers Loyalität zu Brahm, dem Mann, dem er in Berlin alles verdankt, groß – aber er denkt doch daran, seine beiden Stücke zwischen Brahm und Reinhardt zu verteilen. Daß er sich dabei zwischen zwei Stühle setzt, ist das ärgerliche Endergebnis einer versuchten „Intrige“, für die er nicht sehr begabt ist.

Als Brahm erkennen muß, daß er nicht beide Stücke bekommen soll, vielmehr eines dem schlimmsten Rivalen zugedacht ist, beginnt er einen zähen Kampf. Reinhardt wiederum, dem Schnitzler um der Sorma willen die „Vatermörderin“ überlassen hat, will lieber die „Komödie“, weil ja meistens das, was man nicht bekommen soll, den größeren Reiz hat. Schnitzler kommt aus den Zweifeln nicht heraus. Im August bringt er letzte Korrekturen an der „Neuen Ehe“ an und entscheidet sich nach den erwogenen Titelvarianten „Cäcilie Adams“, „Nicht mehr zu dir zu gehen“ und „Adagio“ schließlich für die endgültige, zweifellos beste Bezeichnung „Zwischenspiel“. Hofmannsthal hält, nachdem Schnitzler ihm beide Stücke vorgelesen hat, zwar den ersten und den zweiten Akt der „Vatermörderin“ für das Beste, was Schnitzler je geschrieben hat, mag „Zwischenspiel“ aber lieber. Schnitzler selbst kann sich hingegen mit diesem Stück nicht recht anfreunden.

Brahms Schachzug, beide Stücke zu bekommen, besteht nun in dem Angebot, zwischen Schlenther und Schnitzler vermitteln zu wollen und dem Dichter damit wieder das Tor zum Burgtheater zu öffnen. Das Angebot ist reizvoll, macht die Zustände aber vollends chaotisch. Sowohl Brahm wie auch Reinhardt und Schlenther wollen nun beide Stücke, aber niemand entscheidet etwas definitiv. Ein Brief-Krieg beginnt, der Schnitzler aufreibt und zermürbt und schließlich alle verärgert.

In Wien ist die Sache einfach. Schlenther will über die „Vatermörderin" entscheiden, sobald ihm der dritte Akt vorliegt, an dem der Dichter feilt und feilt, aber er nimmt das fertige „Zwischenspiel" an, für das das Burgtheater die Idealbesetzung hat: Josef Kainz. „Ist schon gespielt", sagt dieser, als Schnitzler ihm das Stück bringt.

Otto Brahm sendet nun auch einen Vertrag über „Zwischenspiel" und hat mittlerweile die Option auf das Stück „Ruf des Lebens" (wie die „Vatermörderin" nun endgültig heißt), da sich Reinhardts Theater durch laxes Geschäftsgebaren wieder einmal Schnitzlers Gunst verscherzt hat. Katastrophal wird die schlechte Atmosphäre, als Brahm von dem Gerücht erzählt, Reinhardt rühme sich, den „Ruf des Lebens" zurückgewiesen zu haben, was den empfindlichen Dichter begreiflicherweise erregt, von Reinhardts Seite aber später entschieden dementiert wird. Zu spät allerdings. Beide Stücke sind schon vorher bei Brahm gelandet.

Die „Heimkehr" an das Burgtheater wird für Schnitzler zu einem Ereignis, das ihn nicht unbewegt läßt. Am 29. September 1905, zehn Jahre nach der Uraufführung, sieht er auf den Brettern dieses Hauses wieder seine „Liebelei", zusammen mit der „Gefährtin". Lotte Medelsky spielt die Christine, Arnold Korff (später ein bedeutender Schnitzler-Interpret) den Herrn, und Schnitzler fühlt, wie schwer es doch war, all die Jahre auf das Burgtheater zu verzichten.

Wieder ist er während der Proben zum „Zwischenspiel" oft anwesend und erlebt den großen Josef Kainz hautnah in seiner Genialität und Reizbarkeit, einmal übellaunig, einmal die Liebenswürdigkeit selbst, und er ist von dessen Gestaltung des Amadeus hingerissen. Da er selbst nach wie vor von seinem Stück nicht viel hält, muß Schnitzler es ehrlicherweise schade finden, daß der Schauspieler seine große Kunst an eine, wie er meint, verhältnismäßig unbeträchtliche Sache verschwendet.

Die anderen Schauspieler – Lotte Witt als Cäcilie, Otto Tressler als Rhon – entsprechen vor seinem kritischen Auge nicht den Idealvorstellungen. Else Haeberle, die Gattin von Felix Speidel, die als Marie Rhon eingesetzt ist, meint, sie selbst wäre eine bessere Cäcilie.

Mit dem Ehepaar Speidel (er ist ein Neffe des großen Kritikers Ludwig Speidel, selbst aber ein wenig erfolgreicher Schriftsteller, sie kommt am Burgtheater über Nebenrollen nie hinaus) verkehrt das Ehepaar Schnitzler damals nicht nur am Tennisplatz, wo man einander häufig und zwanglos trifft, sondern auch privat, wobei „Elschen", Frau Speidel, eine ergiebige Quelle für internen Burgtheater-Klatsch darstellt.

Bei der Generalprobe zum „Zwischenspiel" sagt Intendant Plappart zu Schnitzler: „Wir freuen uns sehr, Sie wiederzuhaben." Im gleichen Sinn äußert sich Hofrat Jettel. Nachdem man froh war, den Juden los zu sein, ist er nun heimgekehrt. Die Uraufführung des Stückes findet am 12. Oktober 1905 im Burgtheater statt. Aber es ist nicht mehr derselbe unumschränkte Erfolg von einst. Mag es auch vor dem Bühneneingang turbulenten Jubel geben und Schnitzler Gefahr laufen, wie ein Opernsänger auf den Schultern der Begeisterten durch die Straßen getragen zu werden – nach dem letzten Akt hat er doch deutliches Zischen gehört, und er kann nach wie vor nicht umhin, das Stück trotz Kainz schwach zu finden. Er ahnt, auch nach den gerade leidlich und respektvoll gebliebenen Kritiken, daß ihm dieses Werk nicht viel eintragen wird.

Unter den „Zwischenspiel"-Kritiken ist allerdings eine, in der „unendlich geschickt" über das Stück geschimpft wird. Der Verfasser ist Alfred Polgar; er wird für Schnitzler als der erste seiner Feinde, der Talent hat[29], zum wütenden Ärgernis. Während Karl Kraus zu seinen Werken schweigt und sich nie wieder herablassen wird, sich mit dem Künstler Schnitzler auseinanderzusetzen, wird Polgar keine Gelegenheit auslassen, diesen herunterzumachen. Es ist ganz die gehässige Schule des Karl Kraus, wenn Polgar damit beginnt, Schnitzler einen vielgeliebten Dichter zu nennen, weil er „so geschmackvoll und angenehm" als solcher „funktioniere". Von dem Gejammer, man spiele und schätze Schnitzler nicht genug, will er nichts hören: „Ich weiß kein Beispiel in der Weltliteratur, daß einem Dichter so gerecht zugemessen worden wäre, was ihm an Ruhm und Erfolg gebührt, wie Herrn Schnitzler (...) jeder Federstrich, den er tut, wird vergoldet von der Zärtlichkeit der Freunde." Um so mehr kritisiert Polgar das „Zwischenspiel" und kommt zu dem Schluß: „... eine arme Komödie. Fast könnte man zu einer schlimmen Diagnose des Schnitzlerschen Talents kommen."[30] Schnitzler vergilt seinen grollenden Ärger böse und nennt Polgar einmal in seinem Tagebuch sogar „ein neidzerfressenes, wanzenhaftes Subjekt"[31]. Es hätte eines temperamentloseren Menschen bedurft als Schnitzler, um diese Art von in Wien gepflegter Kritik, deren Freude im hinterhältigen persönlichen Angriff und in der brillant-vernichtenden Formulierung bestand, stets gelassen hinzunehmen.

Wie kraftvoll ist im Vergleich zum „Zwischenspiel" Schnitzlers alter Einakter „Der grüne Kakadu"! Er hat zwei Tage später, am 14. Oktober 1905, nun endlich am Deutschen Volkstheater Premiere. Leopold Kramer ist eine interessante Besetzung des Henri, die Wirksamkeit des Stückes ungebrochen. Sieben-, achtmal muß sich Schnitzler unter dem stürmischen Jubel des Publikums vor dem Vorhang verbeugen, und Direktor Weisse kann die spitze Bemerkung nicht unterdrücken: „Sie seh'n, wir können auch was ..." Nun dürfen sich die Kritiker ungehindert begeistern, und Plappart, der einst für die Eliminierung des Stückes aus dem Burgtheater-Spielplan sein mußte, findet nichts dabei, Schnitzler von eben demselben Werk vorzuschwärmen.

Nach beiden Premieren fährt Schnitzler mit Otto Brahm, der nach Wien gekommen ist, auf den Semmering. Dort ist auch Hugo von Hofmannsthal, später kommen Kainz, Salten und Wassermann dazu. Da „Zwischenspiel" wider Erwarten ausverkauft ist, Brahm sich zudem zur Uraufführung von „Ruf des Lebens" entschlossen zeigt, findet sich Schnitzler in einem seltsamen Hochgefühl. Heuer, so meint er, ginge ihm alles gut.

Am 18. November reist Schnitzler dann nach Berlin, wo „Zwischenspiel" an Brahms Lessingtheater aufgeführt wird. Leider hat Albert Bassermann in der letzten Zeit eine deutliche Abneigung gegen Schnitzler-Rollen entwickelt und will den Amadeus eigentlich gar nicht spielen. Er tut es doch, erringt aber nicht des Dichters Beifall.

Zu Schnitzlers Ärger hat sich, von den Premierenberichten ausgehend, mittlerweile in Berlin die Kunde von einem Wiener „Mißerfolg" verbreitet, während „Zwischenspiel" hier tatsächlich (wenn auch wohl vor allem wegen Kainz) ein enormer Kassenerfolg geworden ist. Auch in Berlin sind die Kritiken für das Stück nur leidlich – kaum jemand, der es für gelungen erachten würde.

Schnitzler führt mit Brahm noch Gespräche über die Aufführung von „Ruf des Lebens" und kehrt dann nach Wien zurück, wo man sich am Burgtheater wegen dieses Stückes nicht entscheiden will und Schnitzler letztlich noch froh darüber sein kann, daß das Deutsche Volkstheater im Hintergrund wartet. Auch glaubt Schnitzler, wohl nicht zu Unrecht, daß Schlenther ihm trotz des Waffenstillstands übel will. Daß „Zwischenspiel" am traditionsgemäß schlechtesten Theatertag, dem Montag, angesetzt wird, nimmt er als Zeichen dafür – denn der schwächere Kassenrapport liefert den Vorwand, das Werk aus dem Spielplan verschwinden zu lassen. Ein Direktor könne ein Stück immer noch ruinieren, sagt Sekretär Rosenbaum bedauernd zu Schnitzler.

Was Schnitzler zum Arbeiten braucht, ist auch zeitliche Kontinuität. Premieren, die in Wien viele Wochen lang Probenbesuche, in Berlin Reisen bedingen, zerreißen ihm den Alltag und die Produktion. Nach der Wiener „Zwischenspiel"-Premiere hat Schnitzler, vom Semmering kommend, vergeblich versucht, sein „zerstreutes Leben" zu sammeln. Er konzipiert ein „Ärztestück" (später „Professor Bernhardi"), das aus demselben Ureinfall kommt wie der „Einsame Weg"; er interessiert sich nach wie vor für das Journalistenstück (später „Fink und Fliederbusch") und denkt immer wieder an das Peter-Altenberg-Stück (später „Das Wort"). Tatsächlich beginnt er im Oktober 1905 die Novelle „Der tote Gabriel", worin die Figur des Anastasius Treuenhof vorkommt – unter diesem Namen wird Altenberg auch in „Das Wort" erscheinen.

Unterbrochen durch die Reise zur Berliner „Zwischenspiel"-Aufführung, fühlt sich Schnitzler im Dezember 1905 in Wien von seiner Arbeit entfremdet. Außerdem leidet er damals wieder an schweren Angst- und Zwangsvorstellungen, deren Existenz, nicht aber deren Inhalt er im Tagebuch niederlegt. So extrem ehrlich er auf diesen Blättern zu sich selbst sein mag, so bringt er es doch nie über sich, die Natur der Qualen, die er nicht niederschreiben kann, preiszugeben. Aber sie rasen wie Gift durch sein Leben.

Schnitzler will den Roman wieder aufnehmen, verzettelt sich an Kleinigkeiten (die Szene „Die Gouvernante", ein zu böser Einakter, um damals gespielt werden zu können; den Dialog „Abendspaziergang", den Olga als seiner nicht würdig ansieht), bringt aber um diese Zeit doch das dritte Kapitel des Romans fertig, wird aber wieder von einer Reise unterbrochen. Im Februar 1906 fährt er nach Berlin, um der Feier von Otto Brahms 50. Geburtstag beizuwohnen und bei den Vorbereitungen zur Uraufführung von „Ruf des Lebens" dabeizusein.

Angesichts dieses Stückes, dem außer von seinem Schöpfer kaum je Sympathie entgegengebracht wird, ergibt sich die – von Schnitzler nie exakt beantwortete – Frage, was ihn selbst daran so fasziniert hat. Das Thema? Im ersten Akt erlebt man, szenisch ungemein dicht, den Terror eines alten Mannes. Dieser Moser ist böse, verbittert, sadistisch und vergällt seiner Tochter das Dasein. Der „Ruf des Lebens", die Sehnsucht, die Nacht mit ihrem Geliebten zu verbringen, der tags darauf auf Nimmerwiedersehen ins Feld muß, läßt sie zu Gift greifen. Am Ende des Aktes steht ein Vatermord.

Der zweite Akt ist eigentlich ein neues Stück. Maries Geliebter hat Ehebruch mit der Frau seines Obersten begangen. Dieser entdeckt die Untreue, erschießt seine Frau und zwingt den jungen Mann, die Tat auf sich zu nehmen. Marie, die versteckt alles mitangehört hat, verzichtet dennoch nicht auf ihre Liebesnacht mit dem Todgeweihten. Selbst ein so getreuer Schnitzler-Bewunderer wie Richard Specht kann da nur spotten: „Diese gute Marie scheut keine Kosten, um zu ihrem bißchen Entjungferung zu kommen. Man muß ja auch von diesem vielseitigen Leutnant sagen: ward je in solcher Laun' ein Weib entehrt?"[32]

Marie, mit deren Hilfe die beiden Akte notgedrungen zusammengebunden werden, ist auch die Heldin des dritten, wo es Schnitzler nicht gelingen kann, die zwei verschiedenen Handlungs- und Problemwelten zu vereinigen. Daß Marie der Mord an ihrem Vater moralisch vergeben, daß das Leben mild verzeihend als der Güter höchstes gepriesen wird, entspricht Schnitzlers Weltanschauung, die stets vernünftige Menschlichkeit vor jeden Moralkodex stellt, ist aber keine dramaturgisch befriedigende Auflösung für ein Werk, das aus zwei starken Einaktern ohne Konsequenz besteht – aus Akten überdies, deren starke, fast grelle Theatralik schwer mit dem zu vereinbaren ist, was man bisher als Schnitzlers Kunst kennengelernt hat.

Hier in Berlin bekommt Schnitzler, nachdem die anfängliche Stimmung dafür „vorzüglich" war, erste Einwände gegen sein Stück zu hören, allerdings „moralischer" Natur: Else Lehmann, einst seine wunderbare Irene Herms, die nun Maries Tante spielen soll, zeigt sich besorgt, wie das Publikum es wohl aufnehmen werde, daß die weiblichen Figuren des Stückes den Männern auf so unsympathische Weise nachlaufen. Bassermann ist wieder Schnitzler-unwillig und mag den Oberst nicht spielen. Regisseur Lessing hat nach Meinung des Dichters ohnedies keinerlei Verständnis für das Werk.

Als Schnitzler nach kurzem Zwischenaufenthalt in Wien dann am 18. Februar 1906 zu den letzten Proben in Berlin eintrifft, ist die volle Feindseligkeit der Schauspieler gegen das Stück endgültig ausgebrochen. Bassermann gibt nun zwar den Oberst, weil Else Schiff, seine spätere Frau, die Irene erhalten hat. Rudolf Rittner zeigt sich der Rolle des Adjunkten so abgeneigt, daß er sie zum

Vorwand nimmt, um Brahms Theater zu verlassen und zu Reinhardt zu gehen.

Am 21. Februar 1906 erreicht Schnitzler ein Telegramm, in dem man ihm mitteilt, „Der Ruf des Lebens" habe seine Uraufführung in russischer Sprache in St. Petersburg erlebt und sei ein großer Erfolg gewesen. Tatsächlich hat Schnitzler das Stück der damals berühmten Schauspielerin Vera Komissarzevskaja überlassen.

Die deutschsprachige Uraufführung bei Brahm findet am 24. Februar 1906 im Lessingtheater statt. Der erste Akt, der auch der überzeugendste ist, erringt enthusiastischen Erfolg. Der zweite, von dem Schnitzler selbst zu gut weiß, daß er „an sich gewiß ein glücklicher Wurf – doch eigentlich einen Einakter vorstellt, ein in sich geschlossenes Drama, das auch durch ein anderes zu ersetzen wäre"[33], bricht in dem Augenblick zusammen, als Else Schiff auftritt und sich der Rolle der Irene nicht gewachsen zeigt. Das Publikum bekundet Mißfallen, und auch nach dem dritten Akt kommt es zu Widerspruch, wozu nach Schnitzlers Meinung die schlechten und teilweise unwilligen Schauspieler das ihre beitrugen.

Die Kritiken sind schlecht, vor allem von einer für Schnitzler unerwarteten Verständnislosigkeit. Wenn Freund Felix Salten sehr schön über den „Ruf des Lebens" schreibt, so ist er die Ausnahme. Seit seinen Anfängen ist Schnitzler nicht mehr so durchgefallen – und mittlerweile ist er immerhin der Meister von „Der einsame Weg". Man kann sich denken, daß alle jene, die das „Zwischenspiel" nicht gänzlich zu verreißen wagten, nun anläßlich dieses Effektdramas die Gelegenheit um so lieber ergreifen.

Zwei der wichtigsten Kritiker, die Grund hätten, Schnitzler verbunden zu sein, verlieren angesichts dieses Stückes jeglichen zivilisierten Ton: Siegfried Jacobsohn und Maximilian Harden. Dabei stellte Schnitzler, als Harden ihn Ende 1904 im „Fall Jacobsohn", der des Plagiats beschuldigt worden war, um ein ärztlich-psychologisches Gutachten bat, diesem ein solches zur Verfügung, in dem er das Plagiat auf „unbewußtes Vergessen" zurückführte. Harden druckte den Brief in seiner Zeitschrift „Zukunft" ab, Jacobsohn erschien persönlich bei Schnitzler, um sich zu bedanken, und der Dichter mußte sich dafür von dem ihn sonst so verehrenden Kritiker Alfred Kerr (einem rabiaten Feind Hardens) sagen lassen, daß er sich als Arzt eine komische Blöße gegeben hätte.

Die Sache liegt über ein Jahr zurück. Nun liest Schnitzler von Jacobsohn, der sich ihm gegenüber gesprächsweise so enthusiastisch über den „Ruf des Lebens" geäußert hat, in der „Schaubühne" einen solchen Verriß des Stückes, daß sich der Dichter nur angeekelt fühlen kann. Und von Harden erscheint eine tobende Vernichtung in der „Zukunft". Obzwar Schnitzler wohl weiß, daß bei Harden alles „Politik" ist, vermag er doch nicht ungerührt zu bleiben, wenn er hier lesen muß, sein Stück sei ein „ekler Fraß". „Freund" Paul Goldmann kann wiederum nicht umhin festzustellen, daß auch der „Ruf des Lebens" nichts weiter sei als eine „Anatol"-Geschichte, was er in leicht mitleidigem Ton tut. Die Frage, ob das Stück in Reinhardts Theater – besser gespielt – anders gewirkt hätte, ist müßig. Schlenther lehnt den „Ruf des Lebens" nun endgültig für das Burgtheater ab. Die Krise des Dramatikers Schnitzler ist evident, aber die Feindseligkeit, die man ihm sofort entgegenbringt, überrascht doch.

Wenn man die Behauptung, der Roman „Der Weg ins Freie" habe auf Jahre hinaus Schnitzlers dramatische Kraft paralysiert, auch nicht beweisen kann, so gibt es doch zumindest Indizien für diese Interpretation. Schnitzler beginnt den Roman so richtig, nachdem er den „Einsamen Weg" – auf seine Art ein Meisterwerk – abgeschlossen hat. In den Jahren, die er am Roman arbeitet (bis 1908), mißlingt ihm „Ritterlichkeit", das er aufgibt, ist „Zwischenspiel" ein schwaches und „Der Ruf des Lebens" ein mißlungenes Stück, gibt er „Das Wort" gleichfalls auf. In der ganzen Zeit kommt aus seiner Feder nur ein Meisterstück – die „Komtesse Mizzi", bezeichnenderweise ein Einakter, also sein bestes Genre. Sobald er aber den „Weg ins Freie" fertiggestellt hat, gelingt es Schnitzler, hintereinander seine drei Meisterdramen der Reifezeit zu vollenden: den „Jungen Medardus", „Das weite Land" und „Professor Bernhardi".

Davon ist aber im Februar 1906 noch wenig zu ahnen. Schnitzler befindet sich damals zweifellos auf einem Tiefpunkt: Er ist seelisch so heruntergekommen, so von Ekel geschüttelt, daß er selbst noch nicht weiß, wie es nun weitergehen soll.

9. DER WEG INS FREIE
1906–1908

So unerwartet, wie der „Ruf des Lebens“ Schnitzlers vielleicht heftigster Mißerfolg wurde, gibt es ein paar Wochen später einen Uraufführungserfolg: Josef Jarno hat mit Begeisterung den Einakter „Zum großen Wurstel“, den Schnitzler ursprünglich für Reinhardts burlesken Abend geschrieben hat, übernommen. Neben dem Theater in der Josefstadt, für das er sich bis dahin vergeblich um Schnitzler-Stücke bewirbt, leitet Jarno noch eine kuriose Bühne: das Lustspieltheater, mitten im Wiener Wurstelprater gelegen, so daß die Drehorgel-Musik von draußen bis in den Zuschauerraum dringt. Der absolut ideale Ort, um ein Stück zu spielen, das ebenda, nämlich im Prater, angesiedelt ist.

„Zum großen Wurstel“ ist einer von Schnitzlers meisterlichsten Einaktern. Die Erkenntnis, wieviel Typisches seinen Figuren – dem süßen Mädel, dem Dichter, dem Herzog, der Herzogin – innewohnt, ist dramatisiert: Die Gestalten erscheinen als Puppen eines Marionettentheaters, an Drähten hängend, scheinbar Geschöpfe des Dichters, am Ende aber in einer irrealen Schlußwendung, die ins absurde Theater hinüberweist, als Untertanen eines „Unbekannten im blauen Mantel“ dargestellt, der die Marionettendrähte durchschlägt. Vom Dichter, der personifiziert mitspielt, gefragt, wer er sei, antwortet er ironischerweise: „Ich weiß es nicht“, rätselnd: „Bin ich ein Gott? . . . ein Narr? . . . bin euresgleichen? Bin ich es selber – oder nur ein Zeichen?“ [1]

Um das mit einem Schwertstreich beendete Puppenspiel herum, das wieder das Motiv der Liebesnacht vor dem Tod behandelt, hat Schnitzler aber auch das Praterpublikum der Marionettenbühne gestaltet, die Bissigen, die Wohlwollenden und die Naiven, den Direktor und den Dichter – und zwei Figuren aus Werken seiner Freunde: den „Grafen von Charolais“ von Richard Beer-Hofmann und den „Meister“ von Hermann Bahr. Die Rahmenhandlung ist übrigens so lebensecht in der Zeichnung der Typen, daß es immer wieder passierte, daß der von Schnitzler erdichtete skandalmachende „Herr im Parkett“ – der mitten im Publikum saß – für echt genommen wurde. Besser hätte man ihm die perfekte Meisterschaft, mit den Möglichkeiten des Theaters Schein und Sein virtuos durcheinanderzuwirbeln, gar nicht attestieren können.

Gewiß ist es für Schnitzler nach dem Debakel von „Ruf des Lebens“ kein wirklicher Trost, nun auf einer Praterbühne eines seiner Stücke zu sehen, besonders, da er sich auf den Proben wie in der Provinz fühlt. Aber er muß doch selbst anerkennen, daß sein Stück sehr lustig ist, selbst wenn er bei der Generalprobe den Eindruck hat, daß das Publikum eigentlich nicht versteht, worum es ihm geht. Aber der Erfolg nach der Premiere ist enorm, und die Kritiken sind enthusiastisch; sehr gut auch jene für die etwa gleichzeitig erscheinende Buchausgabe der „Marionetten“ („Der Puppenspieler“, „Der tapfere Cassian“ und „Zum großen Wurstel“ enthaltend) bei S. Fischer. (Der Verleger hat übrigens auch die Buchausgaben von „Zwischenspiel“ und „Ruf des Lebens“ herausgebracht.)

Jarnos Aufführung des „Wurstel“ muß, den Kritiken nach zu schließen, sehr gut gewesen sein, nachdem der Zensor Hofrat Habison bei den Proben eifrig darauf geachtet hat, daß keine der Figuren etwa mit Masken von Personen der Wiener Gesellschaft ausgestattet würde. Neben Jarno, der in der Rolle des Unbekannten keinen Effekt scheut – so hat er an seiner Brust eine Lampe angebracht, damit er sein totenkopfartig geschminktes Gesicht von unten her gespenstisch beleuchten kann –, ist der Name Hans Moser der interessanteste in der Besetzungsliste. 48 Jahre müssen vergehen, bevor er vom „heiteren Freund“ zum alten Weiring, einer der größten Rollen seines Lebens, findet.

Noch eine Versöhnung Schnitzlers mit dem Theater steht bevor. Als Otto Brahms Wiener Gastspiel mit dem Lessingtheater näherrückt, nimmt der Direktor den „Einsamen Weg“ wieder in den Spielplan auf. Anfang Mai kommt Brahm nach Wien, am 4. wird im Theater an der Wien (zusammen mit Gerhart Hauptmanns „Elga“) Schnitzlers „Puppenspieler“ mit Albert Bassermann in der Titelrolle gezeigt. Josef Kainz, von dem Schnitzler hofft, er möge sich für die Rolle interessieren, ist in der Loge – aber es geschieht dasselbe wie so oft: Schnitzler gefällt sein eigenes Stück nicht, er hält es für ein schwaches Ding.

Nach ein paar Tagen in der Hinterbrühl, wo er in Ferienstimmung Hofmannsthal im Tennis schlägt, kommt Schnitzler zu seinem 44. Geburtstag nach Wien zurück, um abends die Aufführung von „Der einsame Weg“ zu erleben, die für ihn zu einem persönlichen Triumph wird: 25mal ruft man ihn vor den Vorhang. Und dieses sein Stück gefällt ihm sehr . . .

Was ungeachtet aller anderen äußeren und inneren Ereignisse diese Jahre durchwebt, ist Schnitzlers Arbeit an dem Roman. Als er im Jänner 1906 seiner Frau Olga in einer Marathonvorlesung die ersten drei Kapitel vorgestellt hat, ist er selbst von dem Buch überzeugt und hegt die Hoffnung, daß es einmal auf einer Linie mit den großen deutschsprachigen Werken (er nennt unter anderem die „Buddenbrooks“ von Thomas Mann) liegen wird. Damals plant er noch zwölf Kapitel im ganzen, hat also das erste Drittel fertig. Im vierten Kapitel, das auch schon vorhanden ist, findet er vorerst noch das Gespräch über die Judenfrage mißlungen. Aber er ist zuversichtlich: Wenn der Himmel die Angst von ihm nehme, schreibt er in seinem Tagebuch, auf die permanenten Zwangsvorstellungen anspielend, könnte er in einem Jahr fertig sein. Hochgefühle dieser Art sind allerdings wie weggeblasen, sobald ihm Schwierigkeiten begegnen, und an denen ist sein Leben damals ja reich.

Anfang März 1906, nach der Niederlage von „Ruf des Lebens“, macht Schnitzler sich wieder an den Roman, allerdings einige Zeit ohne wahres Animo. Die Stimmung beeinträchtigt die Arbeit: Er ist nun einmal verbittert und wird das Gefühl nicht los, in diesem Jahr stark zurückgeworfen zu werden. Die Melancholie des Alterns packt ihn. Daß die materiellen Sorgen ihn möglicherweise zwingen werden, sein Talent zu einer lebensnotwendigen Produktivität zu schinden, unterminiert seine Arbeitskraft. Beim Spazierengehen meditiert er über einen Aufsatz: „Wie sich die Leute das Dichten vorstellen.“ Immerhin meint er Anfang April, die erste Hälfte des Romans sei fertig. Das Weitere scheint ihm nun beträchtlich leichter.

Am 9. April 1906 beginnt er das sechste Kapitel. Als er tags darauf zufällig Minnie Benedict begegnet, wundert er sich, wie vertraut ihm die Bekannte aus längst vergangenen Zeiten plötzlich wieder ist – durch seinen Roman, worin sie die Else Ehrenberg „spielt“, ist sie ihm plötzlich wieder so nah.

Als Schnitzler am 23. Mai die Nachricht von Ibsens Tod erhält, bedrückt ihn das eigene Altern (das er Mitte 40 weit stärker empfindet als später, da er nach landläufigen Begriffen wirklich alt ist) sehr. Infolge der lastenden Wolken erscheint ihm in dieser wiederum so depressiven Phase alles, was er schreibt, skizzenhaft, er tröstet sich aber damit, daß er ja umschreiben wird. Am 6. Juni stellt er das sechste Kapitel fertig.

Damit ist seine Geduld für Prosa wieder erschöpft, und Schnitzler wendet sich erneut Dramatischem zu. Tatsächlich wird er damals von einer Fülle von Stoffen, die ihn reizen (und von denen er auch einen Großteil ausführt), bedrängt: Er findet mit seinem Talent für die beträchtliche Fülle seiner Eingebungen kein Auslangen. Und daß er damals immer mehr zögert, etwas zu beginnen, begründet er selbst mit permanenten Todesgedanken.

Da interessiert ihn also der Entwurf zu einem „Schauspielerstück" (später „Große Szene"), das er sofort angehen würde, hätte er nicht Angst, daß man ihm die Ähnlichkeit mit „Zwischenspiel" vorwerfen werde. Aus dem „Einsamen Weg" ist neben dem „Ärztestück" („Professor Bernhardi") auch ein „Landsknecht"-Stoff herausgefallen (nur skizzenhaft ausgeführt). „Ritterlichkeit" muß er verloren geben, aber „Wespennest", wie er das „Journalistenstück" („Fink und Fliederbusch") damals nennt, ist noch lebendig, ebenso wie das „Altenberg-Stück" (das unvollendete „Wort"). Außerdem ist da noch der „Medardus" (später „Der junge Medardus") und der „Abenteurer", den er jetzt in fünf Akte gliedert (später als „Abenteurernovelle" Fragment geblieben). Es ist interessant, wie lange er seine Stoffe in sich trägt, wie er mit ihnen spielt (lieber noch, als er ernsthaft an ihnen arbeitet).

Plötzlich beginnt Schnitzler am 18. Juni 1906 ein einaktiges Lustspiel, eine Familienszene, die er bereits am 29. Jänner als „aristokratischen Einakter" notiert, aber seither im Tagebuch nicht mehr erwähnt, mit der er sich folglich (da er seine Arbeitsprozesse zunehmend genauer notiert) auch nicht weiter beschäftigt hat. In einer durchaus düster gestimmten Periode seines Lebens schreibt er eines seiner heitersten Stücke: die „Komtesse Mizzi", die er am 4. Juli, auf einer Nordlandreise, vorläufig abschließen wird.

Zu den Sommergewohnheiten der Schnitzlers, die sich nicht damit begnügen, nur in Ischl oder Altaussee wochenlang Aufenthalt zu nehmen (was sie zwar auch tun), gehören Reisen, die sie in ganz Europa herumführen. Die Palästina- und Ägyptenfahrten, die damals modern werden, machen sie allerdings nicht – vielleicht aus Mangel an Neigung, sicher auch aus Gründen des ihnen gesteckten finanziellen Rahmens, der immerhin einen großbürgerlichen Lebensstil garantiert, aber keinen Luxus.

In diesem Jahr 1906 reisen Arthur und Olga Schnitzler mit ihrem vierjährigen Sohn am 26. Juni von Wien nach Berlin, wo sie die kranke Lisl besuchen, und von dort in das dänische Seebad Marienlyst, wo es Schnitzler sehr gefällt.

Zwei Tage nachdem er die „Komtesse Mizzi" weggelegt hat, wird das Altenberg-Stück übermächtig, und er arbeitet daran „frisch und frei, einigermaßen fröhlich, aber gar nicht fromm"[2]. Er ahnt auch schon die Einwände der Kritik: wieder ein „Literatenstück". „Natürlich werden sich Stimmen erheben", schreibt er an Brahm, „die sich indigniert äußern, daß ich ‚schon wieder' Künstler schildre (statt Schornsteinfeger, Brillantschleifer und Schweinezüchter)."[3] Aber die Idee setzt sich fest, einen Zyklus unter dem Titel „O du mein Österreich" zu schreiben – auch das Journalisten- und das Ärztestück scheinen ihm zu dieser Thematik gegenwartsbezogener Österreich-Stücke zu gehören, die er damals (parallel zum Roman, der ja auch in dieser Welt spielt) im Sinn hat.

An diesem „P. A.-Stück" rund um die Person von Peter Altenberg, der als schmarotzender Literat namens Anastasius Treuenhof auftritt und biographisch ziemlich exakt behandelt wird, arbeitet Schnitzler mit neu gewonnener, starker Intensität. Daß das Werk, das letztlich von der Verantwortlichkeit der Sprache handeln wird, unvollendet bleibt, erklärt Schnitzler später aus seiner zu großen Sympathie für diesen Mann, der ihm dieses Gefühl nicht vergilt.

Der Karl-Kraus-Freund und Kaffeehausliterat pflegte sich, wie Stefan Großmann in seinen Memoiren berichtet, in „wildesten Kampfreden"[4] gegen Schnitzler zu ergehen, wobei er ihm weder die romantische Stirnlocke noch den schönen Spitzbart verzeiht, am wenigsten aber, daß er als Junge in Samtanzüge gekleidet wurde. Olga Schnitzler berichtet in ihren Erinnerungen jene Episode, die für das „Altenberg"-Stück, das „Wort", zum zentralen Erlebnis wurde. „Sie haben aber vor fünf Minuten genau das Gegenteil vertreten", machte Schnitzler Altenberg einmal in einem Gespräch aufmerksam. Altenberg antwortete: „Ich bin ein kranker nervöser Mensch – mich darf man nicht so festnageln!" Worauf Schnitzler erwiderte: „Dann könnten wir aber ebensogut bellen."[5]

In diesem Stück wendet sich Schnitzler entschieden gegen Sprache als leeres Gerede. Wenn Treuenhof einem jungen Mann rät, sich umzubringen, dann bedeuten ihm diese Worte nichts als eine Pose – aber (der Fall hat sich zugetragen) der junge Mann tötet sich tatsächlich. So verbrecherisch, wie ihm dieser Treuenhof vorkommt, kann Schnitzler jedoch den wahren Altenberg (um den er sich Jahre später, als dieser in der Nervenheilanstalt liegt, kümmern wird) nicht finden. Darum mißlingt ihm das Stück, das er am 8. Juli beginnt und in das er den so geschätzten Max Burckhard (als Onkel des jungen Selbstmörders) einbringt. Das Scheitern stellt sich allerdings erst später heraus. Damals vollendet der Dichter am 15. Juli den ersten, am 18. den zweiten, am 23. den dritten, am 29. den vierten und am 31. den fünften Akt. Solchen „Schwung" (mit dem er auch eben erst die Erstfassung der „Komtesse Mizzi" fertiggestellt hat) gab es bei ihm lange nicht. Anschließend nimmt er die Novelle vom „Toten Gabriel" vor, in der Treuenhof auch vorkommt, darauf schreibt er eine kleine Sache, die Parabel vom Schmetterling (später „Die Geschichte eines Genies"). Dann reißen ihn äußere Umstände aus dieser glücklichen Kontinuität des Schaffens.

Anfangs hat Schnitzler sich in dem dänischen Seebad wohl gefühlt. Natürlich nur relativ, soweit es ihm eben möglich ist: Kämen nicht gewisse Ängste über ihn, so ginge es ihm gut. Ein Besuch des immer amüsanten Georg Brandes bringt Abwechslung, und auch Felix Salten kommt vorbei. Am 10. August schicken die Schnitzlers den eben vierjährigen Sohn Heini nach Wien und reisen allein weiter, über Berlin, Weimar, Eisenach und Nürnberg nach Wien, wo sie am 21. August 1906 eintreffen.

Schnitzler findet einen Artikel aus der „Times" vor, der ihn schlagartig in schlechteste Laune versetzt. Darin wird Gerhart Hauptmann das einzige originale Talent der Deutschen genannt und weiters gemeldet, daß von Hermann Sudermann nicht weniger als sechs Stücke in London gespielt werden. Eines von beidem sollte einem doch gegeben sein, der große Ruhm oder das viele Geld, meint Schnitzler. Und nachdem er die Kosten der Reise mit 5820 Kronen errechnet hat, resümiert er, daß Leichtsinn und Hypochondrie im selben Haus einander die Augen auskratzten . . .

Es passiert Schnitzler oft, daß eine Rückkehr nach Wien ihn in hypochondrische Zustände stürzt. Das Ergebnis ist eine Tatenlosigkeit, die er als in höherem Sinn unmoralisch erachtet. Seine depressive Arbeitsunlust nennt er, immer wieder, Faulheit, Zerstreutheit, Mangel an Konzentration.

Das sind immer dieselben Klagen eines Menschen, der das Schreiben als alleinige Tätigkeit – und zur Bestreitung seines Lebensunterhaltes – gewählt hat. Dabei ist Schnitzler kein Mann, der sich in seiner Stube verkriecht und über der Arbeit zu leben vergißt, im Gegenteil. Er räumt seinem Alltag breiten Raum ein. An Vormittagen, die ihn in die Innere Stadt führen, geht Schnitzler des öfteren in das „Panorama“, wo in Form von laufenden Bildern fremde Städte und Landschaften zu besichtigen sind – er interessiert sich für San Franzisko und Moskau ebenso wie für Indien.

Neben der Lektüre klassischer Romane, Biographien und Briefe ist Schnitzler auch meist dazu bereit, jene Manuskripte, mit denen ihn junge „Dichter“ belästigen (und nicht immer werden sie später so berühmt wie Max Mell), zu lesen und oft sogar schriftliche Urteile abzugeben. Er widmet ihnen auch Zeit, wenn sie persönlich kommen, um seine Meinung zu hören.

Mittags ist er immer wieder bei seiner Mutter zu Tisch und spielt nachher mit ihr vierhändig Klavier, nicht nur Klassisches, sondern auch neue Musik von Mahler oder Dohnanyi. Abends geht er zuweilen mit Olga in die Oper, in Konzerte oder ins Theater.

Das Radfahren wird damals von einem anderen Sport abgelöst: Schnitzler spielt viel Tennis (das er dann auch in seinem Stück „Das weite Land“ so dramaturgisch wirksam einsetzen wird). Seine Partner sind oft die Ehepaare Felix und Else Speidel, Jakob und Julie Wassermann (deren Tüchtigkeit er bewundert, bevor ihre später daraus resultierende Betriebsamkeit ihn enerviert), Julies Schwester Agnes Speyer, die Journalistin Alice Schalek (die Karl Kraus später durch seine „Letzten Tage der Menschheit“ negativ berühmt machen wird) – und Arthur Kaufmann.

Dieser Mann, der in Arthur Schnitzlers Leben bis zuletzt eine wenn auch nicht äußerlich, so doch innerlich bedeutende Rolle spielt, ist wohl am ehesten als „Privatgelehrter“ zu bezeichnen. Sein Name ist in keinem Lexikon zu finden – er hat seine hochfliegenden und äußerst komplizierten philosophischen Gedankengänge doch nie zu dem großen Werk zusammengefaßt, das Schnitzler von ihm erhofft. Kaufmann arbeitet jahrelang daran, will seine Ideen auch einmal in die Form eines „Märchens“ kleiden, verliert sich aber ins Unverständliche.

Schnitzler ist von diesem Mann tief beeindruckt. Er hält ihn für ein Genie – er ist der einzige, dem gegenüber er sich selbst als eine Art „Jünger“ fühlt. Einmal vergleicht er das Verhältnis zu ihm mit dem Schillers zu Kant. Mit Kaufmann auf dessen hohem Niveau diskutieren zu können, erfüllt Schnitzler mit tiefer Befriedigung. Es bestätigt ihm, der gegen allzu graue Theorie entschieden mißtrauisch ist, gleichsam, daß er intellektuell „mitkommt".

Damals wird ein großer Teil von Schnitzlers privater Aufmerksamkeit auch von seiner Frau in Anspruch genommen. Sosehr er sich innerlich dagegen wehrt (vor allem angesichts der Unannehmlichkeiten, die es ihm bringen würde), sowenig kann sich Schnitzler gegen Olgas Ambitionen aussprechen, ihre Sängerinnenkarriere voranzutreiben. Sie hat Gustav Mahler vorgesungen, nicht sehr überzeugend offenbar, da er die Verantwortung an Bruno Walter weitergab. Dieser rät ihr nun, es sei an der Zeit, sich einem Agenten vorzustellen. Einem solchen singt Olga im Herbst 1906 im Hotel Bristol, von Schnitzler begleitet, die „Hallenarie" der Elisabeth („Tannhäuser") sowie Arien der Gräfin („Figaros Hochzeit") und der Mignon vor. Der Agent zeigt sich angetan, spricht aber von einem möglichen Engagement in der deutschen Provinz, in Dessau oder Karlsruhe. Olga, die sich schon den Künstlernamen „Seume" ausgedacht hat, ist glücklich, Schnitzler dagegen verschlossen und versperrt, wenn er an das damit verbundene Zerreißen der Familie denkt. Aber all das stellt sich als nur eine von vielen Aktionen Olgas heraus, die mit großem Elan angegangen werden und dann ohne weitere Folgen ins Leere verpuffen.

Zu Schnitzlers Hang, sich das Leben selbst schwerzumachen, kommen allerdings auch konkrete Anlässe für sein Unbehagen. Einer hängt mit der schon erwähnten fixen Idee zusammen, die ihn seit zwei Jahren quält. Vielleicht fürchtet er ein Krebsleiden, wahrscheinlich ist es aber die Angst, völlig zu ertauben. Sein Ohrenarzt Gomperz konstatiert Verschlechterungen, Behandlungen vermögen ihn kaum aufzumuntern, da er als Arzt zu gut weiß, daß sein Leiden nicht besser werden kann, sondern schlimmer werden muß. Kopfweh, Reizbarkeit, Hypochondrien und Arbeitsunlust sind die unabdingbare Folge und durchziehen sein Tagebuch wie auch seinen Alltag geradezu leitmotivisch.

Eine andere Sorge bezieht sich, wie ebenfalls schon erwähnt, auf die finanzielle Seite seines Daseins. Bisweilen mag der Spieler in ihm durchbrechen und er sich selbst „quasi gespannt" fragen, wie es weitergehe. Aber es nimmt ihm doch seine Bewegungsfreiheit. Wenn Otto Brahm (den er zusammen mit Gerhart Hauptmann im November 1906 auf dem Semmering trifft) dringend das Altenberg-Stück will, darf ihm das ebensowenig egal sein wie die Berliner Angebote, den „Schleier der Beatrice" zu spielen. Wobei Schnitzler

Eugen Robert, den Direktor des Hebbeltheaters, hinhält, weil Reinhardt wegen der Titelrolle für Lucie Höflich das Stück eventuell spielen will. Unnötig fast zu erwähnen, daß daraus nichts wird.

Was Schnitzlers gedruckt vorliegende Bücher betrifft, so bringt nur der „Reigen" Geld, obwohl der Dichter mit dem Wiener Verlag, dem er dieses Buch (und den Novellenband „Die griechische Tänzerin") überlassen hat, in dauerndem Rechtsstreit liegt. Wenn man nur hätte, um was man in Rußland und Amerika bestohlen wurde – ist sein ewiger, keinesfalls unberechtigter Klagegesang. Sein „Vermögen" schmilzt von Tag zu Tag. Für das Jahr 1906 errechnet er später Ausgaben von 39 000 Kronen, denen zwar doch Einnahmen gegenüberstehen, die ihn selbst überraschen, ohne ihn jedoch der Zukunftssorgen zu entheben.

Nach der Sommerpause, die den beiden Stücken gewidmet war, hat Schnitzler im Herbst 1906 den Roman wiederaufgenommen. Er liest das schon Existierende, findet manches schlecht geschrieben, feilt daran herum, wie er das noch- und nochmalige Redigieren seiner Manuskripte nennt. Als er den Eindruck hat, das Buch werde doch gut, als er nach der Lektüre des sechsten Kapitels selbst angenehm überrascht ist, stellt sich das bekannte Gefühl ein, er könnte den Roman ganz rasch fertigmachen – aber als er sich dabei ertappt, daß er in diesem Stadium gar schon an die Verwertung denkt, bremst er sich selbst.

Das siebente Kapitel wird vorläufig am 22. Oktober 1906 fertig. Dann will er sich dem Schauspielerstück zuwenden, holt sich aber selbst zu dem Roman zurück, beschäftigt sich einige Zeit mit dem vorhandenen Material und beginnt am 4. November 1906 das achte Kapitel, das er schon am 10. vorläufig beendet. Er läßt sich so leicht von Kleinigkeiten ablenken, daß er das neunte Kapitel dann erst am 26. November angeht.

Das Tagebuch vermerkt ein interessantes Eingreifen des Unbewußten in den dichterischen Schaffensprozeß. Schnitzler spürt Anfang Dezember, daß der Roman ihm blasser wird. Warum er zu der Novellette „Um eine Stunde" greift, die ihm einst so unangenehme Gefühle bereitet hat, weiß er wohl selbst nicht: Es kann nur eine unbewußte Regung gewesen sein, gerade daran „feilen" zu wollen. Aber kurz darauf hat er einen lebhaften Traum von Marie Reinhard und meint selbst zu fühlen, daß dieser Traum ihm zu Hilfe kommen will, um die Stimmung des Romans bannen zu können. Am folgenden Tag begegnet er zufällig der alternden Minnie Benedict (seiner Else Ehrenberg) auf der Straße. Fünf Tage später, am 16. Dezember 1906, beendet er vorläufig das neunte Kapitel und beginnt am 19. das zehnte und letzte.

Die Arbeit an dem Roman gewinnt einen neuen Akzent, als er am 2. Jänner 1907 nach vielen Jahren wieder einmal Clemens Franckenstein, damals Opern- und Konzertdirigent, begegnet, nach dem er die Figur seines Helden Georg von Wergenthin gestaltet hat. Franckenstein erzählt ihm von seinem Engagement nach Wiesbaden (eine Parallele zu Georgs Schicksal), Schnitzler berichtet ihm von dem Roman – und muß merken, daß der andere gar nicht entzückt ist, darin vorzukommen.

Plötzlich wird Schnitzler klar, daß er sein Buch der unangenehmen Spekulation aussetzt, ein „Schlüsselroman" zu sein, da ja in den meisten Personen mühelos ihre Vorbilder zu erkennen sind. Das Problem irritiert Schnitzler ungemein. In theoretischen Aufzeichnungen „Zur Frage des Schlüsselromans" erklärt er, was einen Dichter dazu bringt, einen solchen zu schreiben: „der unwiderstehliche Drang, ein persönliches Erlebnis dichterisch zu gestalten und sich von ihm zu befreien."[6] Wirkliche Menschen als Vorbild zu benützen, vergleicht er mit dem Vorgang des Photographierens, und der skandalisierende Mißbrauch, der mit Schlüsselromanen getrieben werden kann, fällt seiner Meinung nach nicht ins Gewicht im Vergleich zu dem „allgemeinen Vorteil, der in der ungehinderten Freiheit des Schaffens liegt"[7].

Am 20. Jänner 1907 schließt Schnitzler den Roman vorläufig zum ersten Mal ab und beschließt, ihn ein, zwei Monate, besser noch ein halbes Jahr lang liegenzulassen.

In dieser Periode seines Lebens fühlt sich Schnitzler wieder menschlich und künstlerisch verlassen, einsam und verkannt. Die Theater spielen ihn nicht, die Freunde scheinen ihm gleichgültig, finanzielle Sorgen drohen. Er ist leicht reizbar damals, was sich auf seine Beziehung zur Umwelt niederschlägt. Wenn er ein schwaches Werk von Hauptmann liest, ärgert er sich über dessen Alleinherrschaft, die ihm konsequent aufgebaut vorkommt. Angesichts eines immer strahlend-selbstbewußten Jakob Wassermann fühlt er sich deprimiert. Und Josef Kainz gegenüber, der ausgesprochen um seine Freundschaft wirbt, kann er nicht aus sich heraus.

Felix und Else Speidel sind es, die Schnitzlers Beziehung zu Josef

Kainz immer wieder herstellen. Am 31. Dezember 1906 trägt ihm dieser, nachdem Schnitzler ihm Blumen und ein Buch geschickt hat, feierlich seine Freundschaft an. Am 31. Jänner 1907 kommt es im Hotel Sacher zur Verbrüderung. Kainz, leicht betrunken, seine Frau Grethe, Speidel und seine Frau werden mit Schnitzler und Olga per „du" – zweifellos nicht auf Initiative des Dichters und seinerseits nur, um nicht zu verletzen.

Seit dem Silvester 1894, als er sich bei einem feuchtfröhlichen Fest bei Adele Sandrock mit Hermann Bahr duzte, ist ihm das nicht mehr passiert – und keinesfalls zufällig. Daß Schnitzler seine besten Freunde (und Beer-Hofmann und Hofmannsthal kann man trotz aller innerer Einschränkungen durchaus als solche bezeichnen) bis zu seinem Lebensende siezt, entspricht einem tief in ihm sitzenden Gefühl nach Distanz.

Kainz ist ganz bezaubernd zu Schnitzler, und es ist anzunehmen, daß er es ernst meint. Aber der Dichter will nicht umworben sein, will nicht die rein äußerliche Form freundschaftlichen Verkehrs, sondern innerliches Verstandenwerden, gerade von einem Künstler, den er so schätzt und bewundert. Und dazu ist Kainz, wie Schnitzler fühlt, nicht imstande.

Im Kreise der Freunde, von denen einige wohlhabender sind als er (zum Beispiel eben Kainz), kann Schnitzler ein Gefühl der Erbitterung nicht unterdrücken, wenn dieser sich höchst naiv wundert, daß die Schnitzlers im nächsten Jahr nicht nach Ägypten mitfahren wollen, weil sie kein Geld haben. Und sein Bruder Julius erwägt, sich ein Automobil zu kaufen, während es Schnitzler als erbitternd und beschämend zugleich empfindet, daß er es sich überlegen muß, für eine Fahrt einen Wagen zu nehmen – oder doch lieber die Tramway zu benützen. Er diagnostiziert dann an sich bisweilen Regungen von einer Kleinlichkeit, als wäre er ein hungriger Literat.

Eine echte Überraschung ist es, als im März 1907 bei S. Fischer der Erzählband „Dämmerseelen" erscheint: Innerhalb der ersten drei Wochen verkaufen sich drei Auflagen, und der Verlag druckt zwei neue. Das kommt völlig unerwartet. Der Band enthält „Das Schicksal des Freiherrn von Leisenbogh", „Die Weissagung", „Das neue Lied", „Die Fremde" und „Andreas Thamayers letzter Brief" und ist seit dem beim Wiener Verlag 1905 erschienenen und dort nicht sehr erfolgreichen Sammelband „Die griechische Tänzerin" die erste Prosasammlung Schnitzlers seit längerer Zeit. Noch im Erscheinungsjahr kann Fischer zehn Auflagen herausgeben, was von der Popularität des Dichters zeugt. Es ist anzunehmen, daß das Interesse an seiner Prosa auch nicht ohne Einfluß darauf ist, daß er nun an der Novelle „Der tote Gabriel“ weiterarbeitet und „Der Tod des Junggesellen“ beginnt.

Daß die Freunde – vor allem Hofmannsthal – sich über die „Dämmerseelen“ positiv äußern, freut Schnitzler. Daß Jakob Wassermann, den er mittlerweile für den vollendetsten Typ des Literaten hält, darüber schreiben will, schätzt er weniger. Charakteristisch für seine Stellung erscheint ihm jedoch eine jener Kritiken, in der herabsetzend das schon so oft Gelesene steht: Mischlingsliteratur, Wiener Plauderer, Einseitigkeit und dergleichen mehr.

Schnitzler ist tief getroffen. Zwar weiß er genau, daß in ein paar Stunden der unmittelbare Ärger verraucht sein und er dann Dinge dieser Art als nichtig und nebensächlich erkennen wird. Aber die, wie er meint, doppelte Ungerechtigkeit, für seine Leistungen weder viel Geld (wie Sudermann) noch allgemeinen Ruhm (wie Hauptmann) zu ernten, bohrt in ihm.

Gerhart Hauptmann ist zu dieser Zeit für ihn überhaupt ein Reizobjekt. Bei aller persönlicher Vorliebe für ihn als Menschen, bei aller Bewunderung für manches seiner Werke kann er doch nicht umhin, ihn überschätzt und sich daher vergleichsweise unterschätzt zu finden – eine sehr subtile Art des Neides, die dem anderen nichts wegnehmen will, bloß auch haben will, was dieser hat, weil er aus Gerechtigkeitsgefühl heraus meint, er verdiene es ebenfalls.

Hauptmann ist der Dichter, hinter dem Schnitzler sich zurückgesetzt fühlt, und das nimmt er ihm irgendwie persönlich übel, obwohl er doch glaubt, eine Clique dafür verantwortlich machen zu müssen. Sobald er etwas von ihm liest, das ihm nicht gelungen scheint, kommt ihm der Ärger hoch, daß dieser dennoch von ganz gewissen Leuten als Größter postuliert wird. Und nun, angesichts der gehässigen „Dämmerseelen“-Kritik, hat Schnitzler wieder Ursache, sich gerade gegenüber Hauptmann unterschätzt zu fühlen. Olga prophezeit zwar, seine große Zeit werde noch kommen, aber Schnitzler würde sich froh schätzen, auch nur sorgenlosen Zeiten entgegensehen zu können . . .

Wenn er in solchen Stimmungen ist, dann führen ihn auch an sich positive Ereignisse zu negativen Überlegungen. Daß etwa „Liebelei“ unter dem Titel „The Reckoning“ seit drei Monaten in New York auf dem Broadway läuft, kann ihn nicht freuen, wenn er daran denkt, daß er dafür nur 25 Dollar Tantiemen angekündigt bekommen hat und daß in dieser Saison in Wien und Berlin von ihm nichts gespielt wird. Angstgefühle überkommen ihn.

In dieser durchaus krisenhaften Situation hat Schnitzler nur einen einzigen Halt: seine Frau Olga. Zwar ist die Beziehung zu ihr auch schwierig, da sie eine sehr selbstbewußte und wohl auch egozentrische Persönlichkeit ist. Aber sie steht zu Schnitzler, und er weiß es. Das starke Gefühl der Zusammengehörigkeit gibt ihm Halt. Sie ist es, die als erste seine Werke kennenlernt, sie ist es, deren Ratschläge er ehrlich schätzt (etwa, wenn er ihr im März 1907 sein verunglücktes „Wort" vorliest): Ihr Urteil, ihre Einsicht seien wahrhaft bewunderungswürdig, gesteht er der Fünfundzwanzigjährigen zu.

Seine Familie, von der er doch meint, Verständnis erhoffen zu können, provoziert ihn eher durch ihren Mangel an Begreifen. Als er sich demzufolge zurückzieht, beklagen sich die Geschwister bei Olga über seine Unzugänglichkeit. Aber wie soll er mit Menschen reden, die eine Art beengender Bürgerlichkeit repräsentieren, in die er sich – zumindest innerlich, bei aller äußeren Anpassung – nicht fügen kann und will? Rät man ihm doch allen Ernstes, er möge eine journalistische Brotarbeit annehmen, die sich leicht finden würde. Schnitzler ist fassungslos über diese Verständnislosigkeit, die nicht begreift, daß damit sein Talent ruiniert würde. Auch könnte er, dem schon privat durch die Existenz von Frau und Kind die für ihn so nötige „Freiheit" eingeschränkt wird, wahrscheinlich gar nicht unter dem Druck leben, Feuilletons für den Alltag zu produzieren.

Es ist für Schnitzler klar, daß ihn sein Schwager Marcus Hajek nicht verstehen kann. Bei aller Bewunderung für diesen als Arzt, ist er für den Dichter doch der Inbegriff des unkünstlerischen Menschen. Schon sein Geschmack, der sich wie jener der breiten Masse gern am seichten Produkt orientiert, ist für Schnitzler ein Dorn im Auge. Als Hajek wieder einmal sein Behagen an einem minderen Stück ausgedrückt hat, sagt ihm Schnitzler: „An solchen Leuten wie du gehen die Dichter zugrunde."

Schlimmer ist es für ihn, daß sein Bruder Julius, den er so hoch schätzt und auf höchst komplizierte Art liebt, ihn offenbar auch für einen Faulenzer hält. Denn Leute mit einem geregelten Beruf können sich nicht vorstellen, was ein „Dichter" eigentlich tut. Sie alle vermögen nur in den Kategorien eines „fixen Einkommens" zu denken. Sein Bedürfnis, „Werke zu schaffen", ist ihnen fremd.

Schnitzler kann nicht umhin, erschüttert darüber zu sein, wie wenig die Seinen von ihm wissen. Wie kann er dann von Außenstehenden Einsicht verlangen? Am Ende bleibt ihm stets nur Olga als vollkommene Gefährtin dieser Zeit – aber auch sie hat neben ihm noch anderes im Kopf, nämlich sich selbst und ihre Karriere.

In der zweiten Aprilhälfte 1907 hat Schnitzler das Gefühl, er müsse wieder nach seinem Roman sehen, scheut aber davor zurück, weil er sich dem materiellen Zwang nicht beugen will, ihn fertigstellen zu müssen. Denn es sieht so aus, als ob das Buch für die nächste Zeit seine einzige Hoffnung wäre. Nicht einmal Bahr, der bei Max Reinhardt engagiert ist, kann etwas für Schnitzler tun.

Als Brahm im Mai in Wien ist, liest Schnitzler ihm das immer und immer wieder umgearbeitete „Wort" vor, das bei dieser Gelegenheit so durchfällt, daß er eine Aufführung ausschließt.

An Werken, die reif sind, der Öffentlichkeit übergeben zu werden, hat Schnitzler also außer Kleinigkeiten („Der tote Gabriel", den er unbedeutend findet, erscheint in der Pfingstbeilage der „Neuen Freien Presse") nur den Roman. Bei erneuter Durchsicht aus der Distanz von Monaten zeigt sich, daß an diesem doch noch manches getan werden muß. Am 4. Mai 1907 hat er die revidierende Lektüre beendet. Obwohl er große Schönheiten, vor allem im sechsten und neunten Kapitel, feststellt, gedenkt er, noch einige Zeit daran zu feilen.

Aber langsam kann doch an die Veröffentlichung gedacht werden. Oscar Bie, der für S. Fischer „Die Neue Rundschau" redigiert, die grundsätzlich Romane vorabdruckt, meldet – als er eines Abends mit Schnitzler, Salten und Trebitsch zusammen ist – sein Interesse an und erklärt, er hoffe, das Honorar auf 10 000 Mark treiben zu können. Otto Brahm wiederum erbietet sich, beim „Berliner Tagblatt" wegen eines Vorabdrucks anzufragen. Fest steht, daß vor der Buchausgabe eine Zeitung oder Zeitschrift den Roman abdrucken muß, weil er das Geld braucht.

Damals hält Schnitzler es auch noch für möglich, daß er sein Buch der „Neuen Freien Presse" anbieten wird. Im Winter jedoch muß er Raoul Auernheimer, der seit einiger Zeit neu im Freundeskreis ist und bei der NFP arbeitet, bitten, Chefredakteur Moriz Benedikt zu erklären, daß diese Zeitung und sein Buch nicht zusammenpassen.

Wenn Stefan Zweig später in seinem Erinnerungsbuch „Die Welt von Gestern" schreibt, daß die offizielle Meinung des Wiener Bürgertums von der „Neuen Freien Presse" gemacht wurde[8] (eine

Meinung, der sich auch Schnitzler in seiner Autobiographie anschließt), so stimmte das zweifellos – sonst hätte Karl Kraus den Chefredakteur Moriz Benedikt nicht so gehaßt, daß dieser für ihn geradezu zur Inkarnation des Verabscheuungswürdigen geworden war, sonst hätte Moriz Benedikt nach dem Ersten Weltkrieg nicht buchstäblich um Leib und Leben bangen müssen. Denn er repräsentierte, was später (und für Kraus schon früher) so verbrecherisch schien: die jüdiche Presse als meinungsbildende Macht.

Moriz Benedikt weiß jedoch, was sich später Schnitzlers Professor Bernhardi sagen lassen muß: daß man in Österreich in einem christlichen Staat lebt. Die jüdische Presse in Kaiser Franz Josephs Österreich ist eine mehr als heikle Institution, deren Ergebnis die von Schnitzler so verabscheuten „Esoi-Juden" sind. Auch in der „Neuen Freien Presse", die Schnitzler überaus wohlgesinnt ist, versinkt man vor Ehrfurcht, wenn Karl Schönherrs knorrige Tiroler die Bühne des Burgtheaters betreten, sind sie doch so schön deutsch und christlich. Als Zeichen höchster Objektivität gilt es, als Jude einen Juden anzugreifen, was aus Opportunismus immer wieder geschieht.

Die „Neue Freie Presse" allerdings wählt einen anderen Weg. Ebenso logisch wie Theodor Herzl gerade im „Judenblatt" kein Forum für seinen „Judenstaat" findet, kann ein Roman, der das Judenproblem behandelt, hier nicht veröffentlicht werden. Moriz Benedikt führt sein Blatt nicht projüdisch und nicht antijüdisch, sondern ajüdisch. Das wird sich auch in der Kritik zeigen, die Auernheimer in der „Neuen Freien Presse" schreiben muß.[9] Wenn Schnitzler also dem geschätzten Benedikt seinen Roman verweigert, so tut er ihm eigentlich einen Gefallen – er erspart ihm Gewissensqualen und die Notwendigkeit, ihm „nein" zu sagen.

Es hängt mit dem leidigen Geld zusammen, daß Schnitzler sich in diesem Sommer Ende Mai 1907 mit den Seinen zuerst im Hotel „Radetzky" in der Hinterbrühl, unweit von Wien, niederläßt. Er schreibt viel am Roman, macht gelegentlich Ausflüge in die Umgebung, wobei er Jugenderinnerungen nachhängt, und ist oft mit Kainz zusammen. Wieder in Wien, schreibt er weiter an dem Buch, obwohl er ein Absinken seiner Arbeitskraft zu spüren glaubt, das ihn beängstigt. Auch ist das gesellschaftliche Leben nun zu rege, lenkt ihn zu sehr von der Arbeit ab. Er wünschte, er hätte die moralische Kraft, sich für einige Zeit in die völlige Einsamkeit zurückzuziehen.

Die Sommerreise führt die Schnitzlers über Kärnten in die Dolomiten. Vom 4. Juli bis 26. August lassen sie sich in Welsberg im Pustertal nieder, wo sich Schnitzler schon einmal (1901) sehr wohl gefühlt hat und wo er diesmal die zehn harmonischsten Tage seiner Freundschaft mit Hugo von Hofmannsthal erlebt. Die beiden verstehen einander so gut wie nie zuvor. Es ist anzunehmen, daß Schnitzler bei dieser Gelegenheit auch sehr offen über seine finanziellen Probleme gesprochen hat, denn im Herbst taucht im Briefwechsel der beiden mehrmals die Frage der „Vermarktung" von „Der Weg ins Freie" auf, wofür sich Schnitzler bei Hofmannsthal Rat holt.

Hier in Welsberg erlebt Schnitzler noch mehr Positives, das ihn nach den durchlebten Krisenzeiten stärkt. Die Arbeit am Roman ist von lange nicht erlebter Kontinuität. Und Spaziergänge bringen ihm reine Freude. Eine tiefe Beziehung zur Natur scheint diesmal stärker zu sein als jene Ängste, die ihn in Wien zu überfallen pflegen, wenn er mit sich allein ist und nicht arbeiten kann. Freilich spricht er gern von seinem Altern und jagt der noch so jungen Olga damit Angst ein. Aber im ganzen ist der Sommer sehr schön.

Am 25. August wird der Roman erneut vorläufig abgeschlossen und danach, während eines Aufenthalts in Meran, Olga innerhalb von sieben Tagen vorgelesen. Er macht auf sie zum Teil einen außerordentlichen Eindruck, scheint sie stellenweise aber auch sehr zu enttäuschen. Schnitzler will noch sechs Wochen daran arbeiten. Da zu diesem Zeitpunkt an Abdruckanträgen für das Buch auch kein Mangel herrscht und ein Ende der unmittelbaren Geldmisere abzusehen ist, hat Schnitzler nur – nur! – über sein Ohrenleiden zu klagen, von dem er das Gefühl hat, es verschlimmere sich von Tag zu Tag.

Wieder in Wien, sind auch in der Theaterszene Bewegungen zu seinen Gunsten festzustellen – interessanterweise aber sind es seine Erstlingsstücke, die wieder gespielt werden. „Freiwild" wird an der Berliner Volksbühne, „Liebelei" an den Berliner Kammerspielen gegeben. Josef Jarno will das „Vermächtnis" für seine Gattin Hansi Niese hervorholen, und am Bürgertheater steht eine Aufführung des „Märchens" bevor und beschert Schnitzler eine interessante Begegnung. Denn an diesem Theater ist Gustav Davis tätig, einst in der „Leutnant Gustl"-Affäre Schnitzlers militantester Gegner, nun in der Erkenntnis einstigen Unrechts von zerfließender Höflichkeit. Davis hat das Stück für 1500 Kronen und zehn Prozent der Einspielergebnisse erworben, und Schnitzler nimmt an den Proben teil, mit dem Ergebnis, daß er innerhalb kürzester Zeit so gut wie allein Regie führt. Dieses „Märchen" bedeutet ihm den Weg in seine eigene Vergangenheit, in eine Schaffensperiode, als er menschlich noch am intensivsten beteiligt war. Das Stück erhält von ihm noch Änderungen im dritten Akt und wird am 27. September 1907 ein umjubelter Erfolg.

Die Presse reflektiert diesen nach Schnitzlers Gefühl allerdings nur unzureichend, und er ertappt sich nicht nur dabei, abgespannt und angeekelt zu sein, sondern sich auch darüber zu ärgern, daß ihn das Geschmeiß noch immer ärgert. Das geht so weit, daß er von psychosomatischen Reaktionen, Übelkeit und Erbrechen, geplagt wird – was er Polgar und seinen anderen Kritikern nicht verzeiht. Ein zweitägiger Ausflug (diesmal nach Puchberg am Schneeberg) ist nicht zum ersten Mal der fluchtartige Versuch, zwischen sich und das leidige Wien auch etwas räumliche Distanz zu legen, um die innere Distanz leichter zu erwerben. Immerhin kann er sich in diesem Dichterärger von Kollegen verstanden wissen: Hermann Sudermann erzählt ihm, jede Berliner Premiere koste ihn zwei Monate Ärger und Arbeitsverlust. Es geht also auch den andern so.

Noch steckt Schnitzler zu tief mitten drin im „Weg ins Freie", um sein Werk beurteilen zu können. Die Zweifel haben ihn wieder, und bisweilen vermag er nicht an das Buch zu glauben. Dennoch macht er das erste Kapitel des Buches druckreif, nicht ohne dieses Wort in seinem Tagebuch mit einem Fragezeichen zu versehen.

Wie sehr ihm die „Unbeirrbarkeit" des Schaffens fehlt, merkt er wenig später, als er zu der Behandlung der Judenfrage kommt und er die Gesellschaftsszenen im Salon der Ehrenbergs fast mit „polgarischen" Augen sieht, wie er es nennt. Dann gibt es keinen mißgünstigeren Kritiker seiner Werke als ihn.

Er weiß, daß die Judenfrage für sein Buch von absolut zentraler Bedeutung ist. Die Freunde wie etwa Richard Beer-Hofmann erwarten von ihm, daß sein Roman das „Esoi-Thema" endgültig erledige, und Olga rechnet damit, daß die Judenstellen wie eine Bombe einschlagen werden.

Inzwischen sind die Angebote zweier großer Verlage für den Roman eingetroffen. Ullstein bietet Schnitzler 20 000 Mark Garantie, S. Fischer 10 000 plus garantierte zehn Auflagen im voraus, was 25 000 ergäbe. Nicht nur des höheren Honorars wegen, sondern auch aus Verbundenheit zu Fischer und in Hinblick auf den

Vorabdruck in der „Neuen Rundschau" entschließt sich Schnitzler für seinen Stammverlag. Seine Bedingungen lauten: 12000 Mark für die „Neue Rundschau" und acht garantierte Auflagen, womit sich der Verleger einverstanden erklärt.

Damit steht Schnitzler nun unter dem Zwang, das Buch fertigzustellen, was zu melancholischen Gedanken Anlaß gibt, wie schön ihm einst, im Frühjahr 1901, der Stoff erschienen ist. Nun, in der endgültigen Ausführung, macht ihn jede Kleinigkeit zweiflerisch und erregt. Und als ihm Fischer gar nach der Lektüre des ersten Kapitels andeutet, dieses könne für den Vorabdruck in der „Neuen Rundschau" doch eigentlich weggelassen werden, erleidet er angesichts dieser Verständnislosigkeit seines Verlegers wieder einmal einen hypochondrischen Anfall. Natürlich bleibt er hart und erklärt sich zwar zu kleinen Änderungen, keinesfalls aber zur Weglassung des Kapitels bereit, worauf Fischer einen Rückzieher macht und zugesteht, es sei „natürlich etwas sehr Mißliches, Kürzungsvorschläge zu machen, ohne das ganze Werk zu kennen" [10].

Überhaupt macht Fischers Verhalten Schnitzler ziemlich kopfscheu. Da erhält er beispielsweise den „Waschzettel" des Verlags, also den projektierten Werbetext, den er nicht akzeptiert, denn, wie er am 16. November an Fischer schreibt: „Wieder die Grazie und die Anmut und der Geist! Ich halt es wirklich nicht mehr aus." Um den Klischees zu entfliehen, beschließt er, die Ankündigung lieber selbst zu verfassen, denn „wenn aber schon trompetet sein muß, doch wenigstens nicht in falschen Tönen". Fischer muß schnell wieder beschwichtigen, daß jeder Eindruck, er stehe dem Werk mit Skepsis gegenüber, unberechtigt sei und Oscar Bie und er jede Fortsetzung „mit größter Neugierde" [11] erwarteten.

Gerade seine Unsicherheit macht Schnitzler noch empfindlicher und jagt ihn von einem seelischen Problem ins andere. So weiß er diesmal nicht, ob er das Werk, wie es sonst selbstverständlich ist, vor dem Erscheinen den Freunden vorlesen soll. Dann zweifelt er wieder, ob es richtig sei, das Buch in Fortsetzungen erscheinen zu lassen (und tatsächlich werden manche Kritiker schon nach wenigen Kapiteln ihre fertige Rezension über das Ganze in der Schreibtischlade haben).

Schnitzlers Sensibilität steigert sich zu höchster Gereiztheit, ja Verfolgungswahn. Als er die Bogenkorrektur des zweiten Kapitels erhält, regt sich in ihm das Gefühl der Beschämung, des Sichversteckens, Fliehenwollens. Wenig später erwacht er eines Morgens mit einem dumpfen Gefühl, es sei ein Malheur geschehen: Ja, er habe einen lächerlichen Roman geschrieben, der nun unrettbar erscheinen müsse. Als er sich das vierte Kapitel wieder vornimmt, gerät er in wahre Verzweiflung und erwägt panisch Änderungen. Olga kann seinen Zustand nur krankhaft finden. Schnitzlers eigener Versuch der Therapie, sich mit etwas anderem zu beschäftigen und Pläne durchzusehen, ist erfolglos.

Aus einer so tiefen Krise kann nur ein ebenso tiefgreifendes Erlebnis helfen. Es kommt, ist allerdings eine Erschütterung negativer Natur: Anfang Dezember 1907 erkrankt Olga so schwer an Scharlach, daß das Leben im Hause Schnitzler gleichsam stillsteht. Sohn Heini wird bei seiner Großmutter untergebracht, und Schnitzler selbst geht mit Ausnahme einiger einsamer Spaziergänge gar nicht außer Haus. Erst am 17. Jänner 1908 kann er die Gattin auf dem Gemeindeamt als genesen melden. Und dann erst hat ihn der Alltag, haben ihn „die Polgars", wie er nun die mißgünstigen, ihm schlecht gesinnten Menschen zu nennen pflegt, wieder. Denn in der Jänner-Nummer der „Neuen Rundschau" hat der „Weg ins Freie" zu erscheinen begonnen.

Am 15. Jänner 1908 taucht unvermutet ein Redakteur der „Zeit" bei Schnitzler auf und gratuliert ihm zur Verleihung des „Grillparzer-Preises". Diese alle drei Jahre verliehene Dramatiker-Auszeichnung, die Schlenthers wegen anläßlich von „Der Schleier der Beatrice" an ihm vorbeigegangen ist, erreicht ihn nun für „Zwischenspiel", ein Stück, zu dem er mittlerweile längst nicht mehr steht (falls das überhaupt je der Fall war) und von dem er fühlt, daß er den Preis gerade dafür nicht verdient. Dennoch ist Schnitzler nach den mannigfaltigen Tiefpunkten der letzten Wochen und Monate fast zu Tränen erregt, was sich aber schnell wieder verliert.

Später erfährt er, wie er den Preis bekommen hat. Anfangs hat das Preisgericht das Drama „Die Rabensteinerin" von Wildenbruch diskutiert, aber keine Einigkeit erzielt. Dann kam Paul Schlenther, in seinem ewigen Bemühen, Karl Schönherr zu fördern, mit dessen „Familie", erlangte aber gleichfalls keine volle Zustimmung. Da schlug Hofrat Minor (der sich schon anläßlich des Bauernfeld-Preises 1903 für Schnitzler eingesetzt hat) „Zwischenspiel" vor. Max Burckhard als alter Schnitzler-Förderer war ebenso dafür wie der Kritiker des „Fremdenblattes", Ludwig Hevesi, also bequemte sich auch Schlenther, wohl aus schlechtem Gewissen, und Schnitzler wurde der Preis zuerkannt.

Der Dichter macht im Zusammenhang mit dieser Ehrung einen sozusagen gesellschaftlichen Fehler, gewiß nicht aus Arroganz, wie man es ihm gern auslegen möchte, sondern weil es ihm zeitlebens peinlich ist, im Mittelpunkt der Aufmerksamkeit zu stehen. Aber er vergißt, daß die Akademie der Wissenschaften mit der Verleihung des von ihr vergebenen Preises nicht nur einen Dichter, sondern auch sich selbst ehrt. Als Schnitzler das Festbankett, das man für ihn geben will, dankend ablehnt, muß er bald erkennen, daß er viele (und vor allem Hofrat Minor) damit vor den Kopf gestoßen hat. Schnitzler ist genötigt, einen Brief zu schreiben, in dem er versichert, nach Verhallen des Preisrummels würde er gern privat mit den Herren der Akademie zusammenkommen. Aber dazu kommt es nicht, und es war nicht klug, das gleichsam „offizielle Österreich", wenn es sich ihm schon einmal zuwendet, zu verärgern, wenn nicht sogar damit zu brüskieren.

Vorläufig allerdings gibt es viele Glückwünsche, und Schnitzler ist dagegen nicht unempfindlich. Wenn die antisemitischen Blätter „schimpfen", so ist er weit genug, um das nicht persönlich zu nehmen – so geht es den Juden im damaligen Österreich nun einmal. Das erlebt er auch am Beispiel anderer.

Als im Oktober des vorigen Jahres sein Bruder Julius, sein Freund Louis Mandl und noch einige Juden zu Professoren ernannt worden sind, habe die Antisemiten sofort im Parlament dagegen interpelliert. Schlimm erachtet Schnitzler wieder nur, daß auch die Juden in dasselbe Horn stoßen. Als wenig später Karl Schönherrs „Erde" (mit Josef Kainz als altem Grutz) im Burgtheater Premiere hat, machen die jüdischen Journale selbstverständlich ihren Kotau. Und die anderen können sich bei dieser Gelegenheit gehässige Ausfälle gegen Schnitzler nicht verbeißen.

Später wird sich Schnitzler, als er Karl Schönherr (der Wiener und der Tiroler Arzt-Dichter kennen einander nicht sehr gut, sind einander aber sehr sympathisch) einmal zufällig trifft, den Spaß machen, ihm vorzuschlagen, jeder von ihnen möge ein Stück unter dem Namen des anderen veröffentlichen – zur Blamage der Kritik. Schönherr, viel zu charaktervoll, um an dem Ausspielen seiner Tiroler Heimatverbundenheit gegen Schnitzlers „jüdische Dekadenz" den geringsten Gefallen zu finden, zeigt sich von der Idee sehr angetan.

Vergällt werden Schnitzler alle Glückwünsche, die er erhält, durch Notizen der Art, wie er sie etwa im „Berliner Tageblatt" findet. Dort ist zu lesen, der Preis treffe ihn in einer Epoche schwächeren dramatischen Schaffens und „unentschiedener Romanentwürfe". Und das gerade jetzt, wo eben sein erster Roman erscheint, mit dem er sich nun letztlich doch innerlich so sehr angefreundet hat, wie er während des Schreibens und Vollendens von Krisen geschüttelt worden war. Denn nun gefällt er ihm wirklich, und manches daran findet er außerordentlich schön. Und als er später die Korrekturen zum letzten Kapitel liest, ist er selbst ergriffen und fühlt er, daß dieses Buch sich durchsetzen muß.

Private Probleme ergeben sich damals, als die Freundschaft mit Josef Kainz, falls man die Beziehung so bezeichnen kann, zerbrökkelt. Kainz hat Ende Februar 1908 Schnitzlers Novelle „Die Frau des Weisen" öffentlich vorgelesen, und der Dichter war nicht dazu erschienen. Kainz erklärt sich als verletzt: „Da sagt der Arthur, er liebe mich ‚unglücklich', und bei jeder Gelegenheit stößt er mich ab", erklärt er, als er nach der Vorlesung im Sacher eintrifft, und läßt sich nur schwer beruhigen. Als die Schnitzlers wenig später dennoch bei Kainz eingeladen sind, stellt sich bald heraus, daß Felix Salten seine Freundschaft mit dem Künstler sehr forciert und sich wie ein Keil zwischen diesen und Schnitzler geschoben hat. Auch kommt es dann zwischen einigen Damen des Kreises – Olga Schnitzler, Grethe Kainz und Else Speidel – zu einem unerfreulichen Klatsch, weil die Damen untereinander im Vertrauen allerlei über Abwesende zu erzählen pflegen, was natürlich prompt weiterberichtet wird und die Stimmung nach allen Richtungen vergiftet.

Wichtiger als dergleichen ist für Schnitzler aber das Problem, woran er nach der Vollendung des Romans nun arbeiten soll. Von seinem Ohrenleiden schwer beeinträchtigt – er fragt sich manchmal, ob er ein anderer Mensch wäre, wenn es in seinem Ohr nicht unaufhörlich zwitscherte –, kostet es ihn ungeheure Energien, etwas anzufangen. Als Otto Brahm bloß erwägt, den „Ruf des Lebens" wieder aufnehmen zu wollen, stürzt er sich geradezu auf sein geliebtes Sorgenkind, um den dritten Akt neu zu versuchen – aber vergeblich: Es ist ein „wurzelkrankes" Stück.

Schnitzler überlegt wieder einmal seinen Plan vom „Verführer und den drei Jungfrauen" (aber es dauert noch lange, bis die „Komödie der Verführung" wirklich geschrieben wird), sieht sich dann aber durch die „Wahrmund-Affäre" zu seinem Ärztestück inspiriert.

Damals hat der Kirchenrechtslehrer Ludwig Wahrmund mit seiner Publikation „Katholische Weltanschauung und Wissenschaft" solch unliebsames Aufsehen erregt, daß man ihn von

Innsbruck nach Prag versetzte. Und Schnitzler plant ja in seinem Ärztestück, das er damals erstmals „Professor Bernhardi" nennt und an dem er einige Tage schreibt, bis er es wieder fallenläßt, einen ähnlichen Fall von „Religionsstörung". Aber noch packt ihn das Thema nicht ausreichend, und er gibt es wieder auf, um sich den „Medardus" vorzunehmen und den „Verführer" doch zu beginnen, was sich nach kaum drei Wochen als Sackgasse herausstellt.

Zwei Pläne kommen ihm in die Hände, die er damals „Verlokkung" und „Selbstmörder" nennt. Aus „Verlockung", deren erste Notizen auf 1902 zurückgehen, soll die Novelle „Die Hirtenflöte", aus dem „Selbstmörder", der mit der „Frieberg-Novelle" identisch ist, sein Stück „Das weite Land" werden.

Die „Komtesse Mizzi" nimmt Schnitzler wieder vor, weil ihn Moriz Benedikt um einen Beitrag für die Osterbeilage der „Neuen Freien Presse" gebeten hat, aber diesmal gibt es zwischen den Herren Ärger. Denn Benedikt kombiniert sein Entzücken über das Stück mit dem Wunsch, statt der geforderten 1 500 nur 1 000 Kronen zahlen zu wollen. Schnitzler erklärt sich ärgerlich damit einverstanden, merkt aber an, man möge ihm nächstens sein Werk einfach zurückschicken, wenn man mit dem gewünschten Honorar nicht einverstanden sei. Als Benedikt die 1 500 Kronen schließlich doch zahlen will, weist Schnitzler dies mit höchster Liebenswürdigkeit zurück.

Das Stück erscheint dann tatsächlich in der „Neuen Freien Presse" und wird ein so großer Erfolg, daß Schnitzler wieder einmal, statt sich zu freuen, Gelegenheit findet, sich zu ärgern, daß eine freche Komödie den Applaus findet, den er sich für andere Werke wünschte. Als das Deutsche Volkstheater sofort um das Uraufführungsrecht des Stückes ansucht, zögert Schnitzler, weil er für seine „Komtesse" Eingang ins Burgtheater erhofft – aber er kann doch nicht im Ernst daran glauben, daß diese so liberale Adelige mit einem unehelichen Kind auf den Brettern von Schlenthers Bühne erscheinen wird.

Damals ist für Schnitzler auch publizistisch Hochsaison. In der April-Nummer der „Österreichischen Rundschau" ist die Novelle „Der Tod des Junggesellen" erschienen, in der Osternummer der „Zeit" wird die Pantomime „Die Verwandlungen des Pierrot" abgedruckt. Und nebenbei läuft der Roman.

Vom 25. April bis zum 4. Mai 1908 geht Schnitzler mit Olga auf Reisen. Sie begeben sich nach Riva an den Gardasee, nach Südtirol und München (wo Schnitzler letzte Korrekturen an der Buchfassung des Romans vornimmt) und finden nach ihrer Heimkehr in der Wiener Wohnung eine neue Veranda vor, die sie während ihrer Abwesenheit anbauen ließen.

Schnitzler, dessen 46. Geburtstag ohne weiteres Ereignis vorbeigeht, wendet sich erneut dem „Bernhardi" zu und schließt am 25. Mai die Skizze des ersten Aktes ab. Als er tags darauf im Pötzleinsdorfer Wald spazierengeht, findet er sich wieder einmal in der glücklichen Stimmung, über eines seiner Stücke zu meditieren. Aber sozusagen reines Glück zu empfinden, liegt, wie man angesichts seiner Lebensgeschichte immer wieder feststellen muß, nicht in seiner Natur. Seit Monaten erfüllt ihn zu gewissen Tagesstunden eine bestimmte Hypochondrie, die er wieder nicht nennt, die ihn aber ganz unerträglich verfolgt.

Seitdem der „Weg ins Freie" erscheint, ist es für Schnitzler entscheidend wichtig, was wohl seine Freunde davon halten werden. Wie sehr ihn das beschäftigt, zeigt, daß durch den Traum der Neujahrsnacht 1908 der Gedanke geistert, was Hugo wohl dazu sagen werde.

Mit Felix Salten, dessen Urteil Schnitzler zu Recht gefürchtet hat, unterhält er sich während einer langen Fahrt auf den Semmering über das Buch. Beider Verhältnis ist ja immer wieder gespannt, derzeit gerade deshalb, weil Schnitzler über Saltens Schweigen zum Grillparzer-Preis verstimmt ist. Das anerkennende Feuilleton von Auernheimer in der „Neuen Freien Presse" hätte nach seiner Meinung von Salten geschrieben werden müssen.

Was den Roman betrifft, so kritisiert ihn dieser nach Lektüre des ersten Kapitels so schonungslos, daß sich Schnitzler beinahe ärgert. Später wird Salten in scheinbarem Wohlwollen, das Schnitzler für Mißgunst erachtet, den Rat geben, einiges „unbedingt" stilistisch zu ändern. Mehr über den Roman zu sagen, vermag er sich nicht abzuringen. Das überrascht Schnitzler nicht, denn er vermeint, Saltens Neid zu spüren. Immerhin ist dieser der erste, der sich (am 30. Mai in der „Zeit") zu dem Buch äußert, wofür ihm Schnitzler brieflich dankt.

In der „Neuen Freien Presse" ist es Raoul Auernheimer, dessen nach Schnitzlers Meinung oberflächliche Kritik am 3. Juni dort erscheint. Da er Auernheimer wirklich mag, was er immer wieder betont, ist er auch bereit, sich brieflich mit ihm darüber auseinanderzusetzen, vor allem, da er ja dessen Situation kennt. Auernheimer hat sich fast einer Verfälschung schuldig gemacht, da er von dem

Roman nahezu nur die Wergenthin-Handlung berücksichtigt und im Bereich der jüdischen Problematik einzig und allein die Liebesgeschichte zwischen Else Ehrenberg und Georg andeutet. Alles andere Jüdische fällt absichtlich unter den Tisch, was Schnitzler einsichtig so interpretiert, daß „der Kritiker der ‚Neuen Freien Presse' nur von fern andeuten durfte, wo Raoul Auernheimer manches starke und klare Wort gefunden hätte"[12].

Was Hermann Bahr später im „Morgen" über den „Weg ins Freie" schreibt, findet Schnitzler nur dumm. Da kann er etwa lesen, die Juden mögen sich über ihre Unterdrückung nicht so aufregen, den Tschechen, Ruthenen, Kroaten, Rumänen und Italienern gehe es auch nicht besser. „Die Juden sitzen da und denken traurig nach, warum man sie nicht gern hat"[13], spöttelt Bahr. Schnitzler diskutiert mit ihm nicht darüber, denn das Verhältnis zu diesem Freund der Jugend, den er kaum mehr sieht, ist von seiner Seite ohne Emotionen.

Verärgert sind jene Freunde, die Schnitzler als Vorbilder für seine Figuren genommen hat. Gustav Schwarzkopf gefällt sich in der „Rolle" des Nürnberger nicht und erklärt im übrigen, die Judenfrage sei zusammenhanglos behandelt. Jakob Wassermann findet sein Ebenbild, den Heinrich Bermann, höchst unsympathisch und sagt soviel Abträgliches, daß Schnitzler sich genötigt sieht, ihm zu erwidern, er lasse sich sein Werk von ihm nicht vermiesen.

Wassermann wird sich später, posthum, für seine Haltung entschuldigen und erkennen, daß er sich damals Schnitzlers Vertrauen durch eine falsche Einstellung zu dessen Werk weitgehend verscherzt hat: „Man darf einen reifen Mann und fertigen Künstler nicht in seinem Bestand anzweifeln, darf nicht sein Grundverhältnis zur Welt erschüttern wollen, und das tut man, wenn man ein Werk, das er selber für wesentlich hält, für eine Art Gesamtaussage, ein Lebensdokument, unter ein ästhetisches oder formales Kriterium bringt, zumal wenn es einen Freund betrifft, der voraussetzt, daß wir vor allem seine innere Haltung, den Antrieb, die sittliche Kraft der Konfession würdigen."[14]

Die größte Krise aber, die Schnitzler nachhaltig verstört, ruft der Roman in seiner Beziehung zu Hugo von Hofmannsthal hervor. Schnitzler schenkt dem Freund selbstverständlich das Buch, erntet aber bei seinem nächsten Besuch kein Wort des Dankes, nicht einmal eine Erwähnung. Hofmannsthal macht nur einen Spaß über die Figur des Stanzides. Schnitzler muß „innerlich lachen"[15] über die Sprachlosigkeit des Freundes einem Werk gegenüber, das er selbst für gelungen genug erachtet, um ein Wort dazu erwarten zu dürfen.

Zwei Tage später macht Hofmannsthal Schnitzler über den „Tapferen Cassian" ein Kompliment, worauf dieser scherzhaft, aber ernst gemeint, grob wird. Schwägerin Lisl kann sich schließlich nicht zurückhalten zu bemerken: „Arthur hat einen schönen Roman geschrieben", worauf Hofmannsthal unerklärlicherweise antwortet: „Ja, Caspar Hauser von Wassermann." Schnitzler notiert in seinem Tagebuch: „Komisch".

Im Juli legt Hofmannsthal brieflich die Karten auf den Tisch und erklärt, daß er sich zu Schnitzlers Roman innerlich in keinem „glücklichen Verhältnis"[16] befinde. Darüber reden zu müssen, wäre für ihn „qualvoll" gewesen, so wie es ihm peinlich war, darüber zu schweigen. Schnitzler ist über dieses Ausmaß der Entfremdung erstaunt.

Über ein Jahr später hat die Geschichte noch ein seltsames Nachspiel, in dem die Macht des Unbewußten eine Rolle spielt: Hofmannsthal erbittet ein zweites Exemplar des Romans, weil er das Buch „halb zufällig, halb absichtlich"[17] in der Eisenbahn liegengelassen hat. Schnitzler reagiert darauf so heftig, daß es einer brieflichen Aussprache gleichkommt. Allerdings entwickelt Hofmannsthal dabei so viel Charme („Also seien Sie mir wieder gut, mein lieber Arthur"[18]), daß Schnitzler nicht widerstehen kann.

Der Dichter ist von den Freunden menschlich enttäuscht, und auch fast jede Kritik, die ihn erreicht, macht ihm Ärger, da er sich nirgends verstanden fühlt und stets das Gefühl hat, man verkleinere seine Leistung. Einer schreibt, sein Roman bestehe aus Gesprächen im jüdischen Jargon, ein anderer findet alle Juden als Engel, ein dritter, alle Juden seien unangenehm dargestellt. Die jüdischen Zeitgenossen erachten das Buch je nach ihrer Einstellung nicht für scharf genug (die Zionisten) oder sind mit der Behandlung des Themas überhaupt unzufrieden (die Assimilierten). Aber auch in christlichen Kreisen erregt es Ärgernis.

Nur die Besten reagieren so, wie Schnitzler es erwartet – Georg Brandes und Otto Brahm. Brandes schreibt: „Ich bin traurig, daß ich Ihnen nie ein Buch von ähnlichem Interesse von mir hätte schicken können" und begreift: „Die Zerrissenheit einiger Juden, die unruhigen Begierden einiger junger Jüdinnen, der Snobismus eines jüdischen Jünglings, der Mut und die Innigkeit eines anderen, die Keckheit, der Leichtsinn und der Ernst der Therese bilden aber zusammen den Kern des Buches, nicht wahr?"[19] Gewiß kann auch er nicht an der Erkenntnis vorübergehen, daß Schnitzler eigentlich zwei Bücher, zwei Handlungen nebeneinander geschrieben hat, aber sein Resümee ist doch uneingeschränkt positiv: „Wenige Bücher fesseln mich wie die Ihrigen. Ich glaube immer etwas Verwandtes zu spüren. Ich habe Sie, kurz gesagt, außerordentlich lieb.“ [20]

Und Otto Brahm liest den Roman, als er im Sommer 1908 mit Schnitzler in Südtirol zusammen ist, und der Dichter wie auch Olga haben das Gefühl, als hätte Brahm durch das Buch wirklich neue Erkenntnisse, besonders über das Verhältnis Jud und Christ, gewonnen.

So mannigfaltig die Urteile und Reaktionen auch sind – sie bestätigen jedenfalls eines: Das Buch wird gelesen. Am 10. Juni 1908 kann Schnitzler in seinem Tagebuch vermerken, Fischer habe eben die fünfte Auflage herausgebracht und drucke bereits an einer weiteren. Schon im Juli erscheint „Der Weg ins Freie“ in russischer Sprache. Und ein Jahr später, 1909, findet Schnitzler den Roman nach einer Leihbibliothekumfrage an zehnter Stelle unter den meistgelesenen Büchern des Jahres 1908. Wie viele von diesen Büchern werde man nach zehn Jahren noch lesen, so fragt er sich, und wie viele in 25 Jahren? Unter Namen wie Sudermann, Hermann, Ganghofer, Heer ist seiner der lebendigste geblieben.

10. DER ERFOLGSDRAMATIKER
1908–1910

Am 9. Juni 1908 fahren die Schnitzlers in die Sommerfrische, zuerst nach Aussee – wo er die „Frieberg-Novelle" überdenkt –, dann über Innsbruck nach Seis; hier quartieren sie sich am 26. Juni ein und lassen den Sohn Heini nachkommen. Die „Frieberg-Novelle" ist für Schnitzler mittlerweile ein Theaterstück geworden, wobei er daran denkt, es als epische Szenenreihe auszuführen.

Daneben interessiert ihn die Novelle „Verlockung" sehr stark. Obwohl in dieser Zeit die Ehekrisen gewitterhaft wiederkehren und hypochondrische Zwangsvorstellungen, die sich um eine ungenannte Krankheit drehen, Schnitzler bedrücken, sind „Das weite Land" und „Die Hirtenflöte" doch stark genug in ihm, um in diesem Sommer sehr weit zu gedeihen.

Als Otto Brahm, der auch drei Wochen in Seis weilt, Schnitzler nach seinem neuesten Stück fragt (Brahm will nämlich nur Neues spielen), nennt er ihm das „Frieberg-Stück" (also das „Weite Land") an erster Stelle, gefolgt von seinen mehr oder minder gediehenen Plänen: Verführer, Bernhardi, Schauspielerstück, Medardus, Landsknecht, Abenteurer. (Mit Ausnahme der letzten beiden Stoffe hat er alle ausgeführt, der „Landsknecht" bleibt Skizze, der „Abenteurer" eine unvollendete Novelle.) Außerdem denkt er zwischendurch an ein Lustspiel, was Brahm – der wie viele Leute dieses immer wieder von Schnitzler erwartet – besonders freut. Überhaupt ist die Beziehung der beiden Männer zueinander herzlicher denn je, während Brahm von Hauptmann und dessen Hohenpriestertum innerlich ein wenig abgerückt ist.

Nachdem Schnitzler „Das weite Land" am 18. Juli 1908 in fünf Akte geteilt hat, ist seine Konzentration darauf allerdings den fast täglich wechselnden Gemütsschwankungen unterworfen und von Ungeduld beherrscht. Diese könnte ihn dazu bringen, das Stück erst einmal hinzuschleudern, aber er versucht, es gleich von Anfang an möglichst sauber zu schreiben.

Der Zufall kommt ihm in der Person eines Herrn Eckstein aus dem Griensteidl-Kreis um 1890 zu Hilfe. Mit ihm spricht er viel über seinen Jugendfreund Louis Friedmann, der ja das Vorbild des Hofreiter ist, und empfängt wertvolle Anregungen zur Durchleuchtung von dessen Wesen. Er erinnert sich nun auch an die mittlerweile gänzlich aus den Augen verlorenen Freunde von einst, und, wie er später in seiner Autobiographie schreibt, die Atmosphäre seiner Jugend ersteht in ihm wieder auf, während er dieses Stück schreibt[1] – ein Beweis dafür, wie auch der Schnitzler der Reifezeit eigenes Erleben als den Boden benötigt, auf dem seine gelungensten Werke wachsen.

Schnitzler arbeitet am dritten Akt, als er am 2. September mit Olga von Seis abreist und über Bozen nach München kommt. Dort treffen sie Lisl und Albert Steinrück, die heiraten wollen. Im Residenztheater sieht Schnitzler „Zwischenspiel", das ihm bis zur Beschämung mißfällt. In Wien beendet er „Das weite Land" endlich am 18. Oktober 1908 vorläufig und hat einige Hoffnung, es gleichsam vom Schluß her noch einmal schreiben zu können.

Wie immer, wenn er etwas – auch noch gar nicht definitiv – abgeschlossen hat, muß er sich bereits mit dem nächsten beschäftigen. Schon am 20. Oktober sieht er den „Jungen Medardus" durch, den er 1907 zuletzt in der Hand gehabt, damals aber aus praktischen Erwägungen weggelegt hat. Plötzlich hegt er doch die Hoffnung, daß er ein Stück daraus machen kann, und beginnt gleich, allerlei Sekundärliteratur über die Napoleonzeit dafür zu lesen. Denn hier bleibt er ja nicht in seiner eigenen Welt, sondern macht nach langer Pause wieder einen Ausflug in die Gefilde des historischen Dramas.

Rund um dieses Stück erscheint in Schnitzlers Tagebuch immer wieder das Wort „nachsinnen". Er weiß genau um die mannigfaltigen äußeren und inneren Probleme dieses Monsterwerkes, das ihm während des Schreibens ins Überdimensionale ausufert, aber „Der junge Medardus" gehört (wie auch „Der Ruf des Lebens") zu jenen Stücken, an denen er mit ganzem Herzen hängt: Er findet es zwar großteils irrsinnig, aber doch hoffnungsvoll. Zwar beendet er es am 10. Jänner 1909 ohne Glauben daran, aber immerhin ist es zunächst einmal fertig.

Zu dieser Zeit werden Schnitzlers Stücke in und um Wien wieder öfter gespielt. Als er im Lustspieltheater sein altes „Vermächtnis" sieht – mit Hansi Niese, die er außerordentlich findet, in der Rolle der Toni –, spürt er manchmal ein Anatol-Odeur, von dem er nun begreift, daß es vielen so unerträglich war. Angesichts dieser Erkenntnis zieht er den Schluß: Verzeihe deinen Feinden hieße nichts weiter als: Werde nur ein paar Jahre älter.

Ein Ausflug nach Budapest zwischen 17. und 20. Dezember 1908 läßt ihn seine „Liebelei" erstmals in einer fremden Sprache erleben (mit dem Komponisten Toldy plaudert er bei dieser Gelegenheit über dessen geplante Vertonung des „Grünen Kakadu"), und nach Weihnachten beginnen am Deutschen Volkstheater die Proben zur Uraufführung von Schnitzlers „Komtesse Mizzi", gekoppelt mit der „Liebelei". Schon vorher ist unter den Damen des Hauses ein wahrer Rollenkrieg ausgebrochen, wobei Elsa Galafres – nicht zum ersten Mal – bittend bei Schnitzler erschienen ist. Statt der gewünschten Christine hat er ihr allerdings die Komtesse Mizzi übertragen.

Die Premiere am 5. Jänner 1909 wird ein großer Erfolg, und Direktor Weisse ist besonders stolz, daß die Aufführung der „Liebelei" über jene des Burgtheaters gestellt wird (was möglicherweise durchaus an der vom Autor geleisteten Regiehilfe gelegen sein mag). Auch die „Komtesse Mizzi" wird vom Publikum des Deutschen Volkstheaters unbeschwert als Lustspiel hingenommen, während sie im Burgtheater möglicherweise immer noch einen Skandal erregt hätte. Dennoch fühlen sich die Kritiker bemüßigt, den Adel in Schutz zu nehmen.

Robert Hirschfeld im „Neuen Wiener Tagblatt" findet das Stück in seiner „grellen Deutlichkeit" von allen „guten ästhetischen Geistern verlassen"[2], während Feind Polgar in der „Wiener Allgemeinen Zeitung" (er kann ja seiner ganzen Einstellung nach schwerlich für den Adel sein) es einen „hitzig-heiteren, grimmig überlegenen Impetus gegen die Aristokraten"[3] nennt.

Für die Nachwelt zählt die „Komtesse Mizzi" tatsächlich zu den funkelndsten Zeugnissen des heiteren Schnitzler, aber die Aristokraten stolpern damals noch über zahlreiche Unterstellungen, die ihnen nicht so angenehm sein können: daß die Komtesse Mizzi mit dem Fürsten Ravenstein, als dieser noch verheiratet war, ein uneheliches Kind hatte, das sie vielleicht mit Schmerzen, jedoch ohne mit der Wimper zu zucken, weggegeben hat. Daß die Komtesse nun vielleicht eine alte Jungfer, aber kein Kind von Traurigkeit ist, sondern ganz offen mit ihrem (ebenfalls verheirateten) Mallehrer ein Verhältnis hat. Daß ihr fürstlicher Vater seine Geliebte, ein spätes „süßes Mädel", aus Vernunftgründen an einen Kutscher verliert, ist zwar auch nicht sehr ehrenvoll, aber doch weniger inkriminierend als das Verhalten der Titelfigur.

Und doch ist es 1909 schon möglich, über das Privatleben des Adels im k. u. k. Österreich-Ungarn des Kaisers Franz Joseph herzlich zu lachen – ein untrügliches Zeichen dafür, daß das stolze Gebäude abbröckelt. Dabei kann von Schnitzlers Seite her als sicher gelten, daß er keinen Angriff gegen die Aristokraten (die ihm privat völlig gleichgültig sind) geplant hat, sondern einfach ein Lustspiel, das ihm voll gelungen ist. Der Reiz des Einakters besteht darin, daß der Zuschauer die durchaus subtile Möglichkeit bekommt, das ganze Netz von Beziehungen zu durchschauen. „Der Familientag" ist der zweite Titel des Stückes, und daß es zum aufklärenden Familientreffen eben nicht kommt, macht den erhöhten ironischen Reiz des Ganzen aus.

Wenige Tage später gibt es eine weitere, wenn auch kleine Schnitzler-Aufführung: Im Rahmen einer Wohltätigkeitsvorstellung für den Journalisten- und Schriftstellerverein „Concordia" wird „Anatols Hochzeitsmorgen" (von Schnitzler als Unerträglichkeit empfunden) erstmals in Wien gespielt. Es agiert eine Besetzung des Deutschen Volkstheaters mit Leopold Kramer (später lange Zeit „der" Anatol Wiens), und der Einakter wird anschließend auch in den Spielplan des Hauses übernommen.

Nachdem Schnitzler Mitte Jänner den „Jungen Medardus" weggelegt hat und wie üblich in Plänen wühlt, kehrt er zu den fast vollendeten Werken zurück. Die Novelle „Die Hirtenflöte" findet er doch nicht so schlimm, wie er gedacht hat, sie wird dann im März fertiggestellt. „Das weite Land" liest er Olga vor, und beide sind sich einig, daß er erst dieses Stück und dann den „Jungen Medardus" vollenden soll. Am 2. Februar 1909 beginnt er, „Das weite Land" neu zu schreiben, arbeitet täglich daran und beendet es am 24. Februar.

Dann liest er Olga den „Jungen Medardus" vor. Sie finden, daß die Bürgerszenen weitgehend fertig sind, an den Fürstenszenen, wo ihm das alte Burgtheater ins Genick schlägt, aber noch viel zu ändern sei. Daß außer dem Burgtheater keine andere Wiener Bühne dieses Stück spielen kann, ist Schnitzler klar; daß er an Schlenthers Burgtheater keine Chance hat, weiß er auch. Dennoch liebt er dieses Werk so sehr, daß er es trotz der Aussichtslosigkeit einer Aufführung wieder überarbeitet. Er besucht sogar nach langer Zeit wieder einmal Schönbrunn, um sich in die Atmosphäre einzustimmen. Und er beginnt, was er sonst kaum je getan hat, bis in die Nacht zu arbeiten. Er ist sehr erfüllt von dem Stück, obgleich er selbst gegen dessen romantische Szenen (die Liebesgeschichte Medardus–Helene erscheint ihm zu puppenhaft) Vorbehalte hat. Jedenfalls schließt er den „Medardus" am 29. Mai erneut ab.

Damals, im Frühjahr 1909, wird das Wohnungsproblem der Familie akut. Nicht nur der Ärger mit dem Hausherrn vergällt ihnen die Wohnung in der Spöttelgasse. Olga Schnitzler ist wieder schwanger, und die bald größere Familie braucht ein Haus. Es kostet Schnitzler viel Zeit und Überlegungen, bis es so weit sein wird. Er besichtigt dies und jenes, erwägt sogar, sich in Baden bei Wien niederzulassen, findet aber nichts Rechtes – auch nichts, was er sich leisten kann. Trotz des Verkaufserfolgs von „Der Weg ins Freie" hat sich seine finanzielle Situation nicht grundlegend gebessert, und die Ausgaben des Jahres 1908 kann er – wieder einmal – nur erschütternd finden.

Immerhin: Schnitzler wird gespielt. Der „Grüne Kakadu" wird in Budapest erfolgreich aufgeführt, eines der Zeichen dafür, daß sich seine Werke auf den Bühnen des deutschsprachigen Raumes und der Monarchie durchgesetzt haben – ganz abgesehen davon, daß fast alle seiner Stücke kurz nach oder auch schon vor der deutschsprachigen Uraufführung in Rußland gespielt wurden. In Prag findet am 23. April 1909 die erfolgreiche Premiere von „Der Ruf des Lebens" statt. Nicht ohne Hintergedanken hat Schnitzler den Direktor des Deutschen Volkstheaters, Adolf Weisse, aufgefordert, ihn dorthin zu begleiten. Dann fragt er ihn unumwunden, ob er das Stück spielen wolle, und Weisse sagt zu. Schnitzler ist dies natürlich noch lieber als die Idee, das Werk bei Brahms Gastspiel gezeigt zu wissen. Erstens ist im Repertoire eines Theaters mit mehr Aufführungen zu rechnen, und zweitens hat sich Schnitzlers Einstellung zum Deutschen Volkstheater nun geändert. Noch immer aus dem Burgtheater ausgesperrt, hat er dort eine Heimstatt, viel Entgegenkommen und schließlich ein qualitativ hochwertiges Ensemble gefunden. Gewiß gibt es Stücke (wie den „Schleier der Beatrice" oder den „Jungen Medardus"), die er diesem Theater nicht anvertrauen würde. Aber die Erfolge der „Komtesse Mizzi" und der „Liebelei", verbunden mit den steten Bemühungen des Hauses um ihn, haben ihn zu dem Entschluß gebracht, sein Lieblingsstück, den „Ruf des Lebens", dort herauskommen zu lassen. Dennoch geht das auch von finanziellen Erwägungen geleitete Bedürfnis, seine Stücke aufgeführt zu sehen, nicht so weit, daß er alle Vorschläge annehmen würde: Schon damals muß er immer wieder „Reigen"-Anträge ablehnen, und als die Neue Wiener Bühne „Haus Delorme" herausbringen will, sagt er gleichfalls nein.

Rund um Schnitzlers 47. Geburtstag am 15. Mai ist Otto Brahm mit seinem Theater (ohne den „Ruf des Lebens" zu spielen) in Wien, immer wieder nach neuen Stücken fragend. Und nun hat Schnitzler ja tatsächlich zwei so gut wie fertig, Meisterwerke, die er in weniger als einem Jahr geschrieben hat. Brahm sagt er offen, daß der „Junge Medardus" nur ein Stück für das Burgtheater – oder für Max Reinhardt sei. „Das weite Land" will er erst hervorholen, wenn es mit dem „Medardus" nicht klappt. Dabei ist sich Schnitzler nicht im klaren darüber, daß er mit zwei Stücken wieder (wie bei „Zwischenspiel" und „Ruf des Lebens") zwischen zwei Stühle geraten könnte, was ihm bei Reinhardt dann auch prompt passiert.

„Das weite Land", das Schnitzler jedenfalls Brahm zugedacht hat, liest er diesem am 31. Mai vor, ohne sich selbst dafür zu erwärmen. Er träumt allerdings davon, die Rolle des Hofreiter mit Josef Kainz zu besetzen, der ohnedies vom Burgtheater weg will. Der andere dafür geschaffene Schauspieler wäre Albert Bassermann (obwohl Schnitzler in einer „Nora"-Aufführung dessen beginnende Manieriertheit konstatiert), der allerdings Brahms Ensemble verlassen wird, um zu Max Reinhardt zu gehen.

Schnitzler führt seinen Entschluß, auf jeden Fall erst den „Jungen Medardus" spielen zu lassen, durch. Am 12. Juni 1909 sucht er Dr. Richard Rosenbaum im Burgtheater auf und bringt ihm das Stück. In seinem Tagebuch notiert er, wie um einer Enttäuschung vorzubeugen, es sei natürlich total aussichtslos.

Zwei Tage später reist er mit Olga nach St. Gilgen, wird aber von beunruhigenden Nachrichten über seinen Sohn, der an Keuchhusten erkrankt ist, zurückgeholt. Während er noch die Exposition zu „Das weite Land" ändert, wird er am 18. Juni völlig unvermutet von Schlenther ins Burgtheater gebeten, wo man ihm zu seiner größten Überraschung mitteilt, „Der junge Medardus" sei angenommen, was er zuerst gar nicht glauben kann. Doch schon zwei Tage später hat er dort mit den Ausstattern Lefler und Frank sowie mit Lehnert, der für die Bühnenmusik verantwortlich sein soll, eine Besprechung. Plötzlich scheint es, als müßten nur noch die 70 000 Kronen bewilligt werden, die diese Inszenierung kosten wird, und es

Arthur Schnitzler (Mitte) mit seinen Geschwistern Julius und Gisela. Anfang der 70er Jahre. *Photographie von Carl Strempel's Nchf., Wien.*

Arthur Schnitzler als Gymnasiast. Um 1879.
Photographie aus dem Atelier Dr. Székely, Wien.

Arthur Schnitzler als Einjährig-Freiwilliger. 1882/83.
Photographie von J. Löwy, Wien.

Arthur Schnitzler. 1890.
Photographie von J. Löwy, Wien.

Arthur Schnitzler. 1894.
Photographie.

Arthur Schnitzler. 1910. *Photographie von d'Ora, Wien.*

Arthur Schnitzler. 1915. *Photographie von d'Ora, Wien.*

Arthur Schnitzler. August 1927. *Photographie von Heinrich Schnitzler, Wien.*

Eine der letzten Aufnahmen Arthur Schnitzlers. Juli 1931.
Photographie von Walter Firner, Berlin.

könne losgehen. Erst später wird sich herausstellen, daß Schnitzlers Mißtrauen gegen Schlenther wieder einmal nur zu berechtigt ist.

Im Juli pendelt Schnitzler zwischen Edlach, wohin er die schwangere Olga bringt, und Wien, wo er Sohn Heini bei seiner Schwester Gisa Hajek läßt. Er vereinfacht noch einige Szenen am „Medardus" und gibt am 9. August den letzten Akt in Druck, melancholisch sein Werk entlassend. Da trägt ihm der Klatsch zu, daß Schlenther auf Druck von oben – der wieder einmal von der Erzherzogin Valerie ausgegangen sein soll – das Stück abgesetzt habe.

Eine konkrete Auskunft ist in der Eile kaum (und prinzipiell von Schlenther, dem Ausflüchte-Künstler, überhaupt nicht) zu erhalten. Schnitzler ist auch in Eile, denn er fährt am 24. August nach München: Siegfried Trebitsch hat vermittelt, und Schnitzler beschließt, Max Reinhardt den „Jungen Medardus" selbst vorzulesen, um den aufreibenden Briefwechsel, die Verzögerungen und halben Zusagen zu vermeiden (was ihm allerdings nicht gelingt).

In München trifft er Lisl und Albert Steinrück, die seit November 1908 verheiratet sind, Mizi Glümer, deren Leben trotz ihrer erst 35 Jahre am Verdämmern ist und die er um seine Briefe bittet, sowie allerlei Bekannte. Am 26. August liest er einer größeren Gesellschaft bei Reinhardt von sieben Uhr abends bis ein Uhr früh den „Jungen Medardus" in rasendem Tempo vor. Dabei hat er das Gefühl, den Widerstand der Dramaturgen, die Angst vor der Länge und den Kosten des Stückes zu verspüren. Aber Reinhardt hätte in Alexander Moissi den in Schnitzlers Augen idealen Hauptdarsteller und will den „Medardus" auch spielen, allerdings nur mit Strichen. Trotzdem hält Schnitzler, als er abreist, die Sache der Aufführung für total hoffnungslos.

Als er wieder in Wien ist, gibt Schlenther eben bekannt, welche Stücke er demnächst zu spielen gedenkt. „Der junge Medardus" ist nicht darunter. Die vielen Schlenther-Schnitzler-Affären finden ihre würdige Fortsetzung: Wieder hat Schnitzler eine Zusage erhalten, wieder muß er völlig wehrlos zusehen, daß sie (zudem ohne Begründung) nicht eingehalten wird. Und das geschieht ihm schließlich nicht als irgendeinem Anfänger, sondern als voll arriviertem Mann, akzeptiert unter den ersten Dichtern Österreichs.

Daß Schnitzler am 13. September 1909 zum zweiten Mal Vater wird, bedeutet für ihn als Menschen die nächsten 18 Jahre lang eine große seelische Bereicherung, denn er liebt seine Tochter Lili, die

Olga um fünf Minuten nach neun Uhr abends zur Welt bringt, über alle Maßen.

Dennoch vermag ihn selbst ein Ereignis wie dieses nicht aus seiner düsteren Stimmung zu reißen. Als er zwei Tage nach Lilis Geburt zu seinem „Professor Bernhardi" greift, hat er nur deshalb einige Lust dazu, weil er meint, man könne in das Stück viel Ekel hineindichten – und damit aus sich heraus . . . Doch ist sein Ärger damals weniger grundsätzlicher als praktischer Natur und bezieht sich auf die Theaterdirektoren: auf Schlenther, der keine Erklärung gibt, auf Weisse, der dem Dichter nur 2 000 statt 3 000 Kronen Garantie für den „Ruf des Lebens" gibt, auf Reinhardt, der doch lieber „Das weite Land" statt des „Jungen Medardus" möchte, und sogar auf Brahm, der Schnitzlers „Komtesse Mizzi" spielen wird, sich aber mit dem Dichter nicht über die Garantiesumme einigen kann.

Brahm ist es auch, der ihn bei einem gemeinsamen Aufenthalt auf dem Semmering mahnt, sich doch endlich zu disziplinieren und bei einer Sache zu bleiben – neben dem „Bernhardi" hat Schnitzler eine „Tagebuch"-Novelle (später „Das Tagebuch der Redegonda") begonnen, kann sich zwischen Abenteurer-, Schauspieler- und Journalistenstück nicht entscheiden und bietet das Bild der völligen Unentschlossenheit. Das sei leicht gesagt, kontert Schnitzler bitter Brahms Aufforderung zur Konzentration, denn Unstetheit ist seine unentrinnbare Charaktereigenschaft, und die ersehnte Kontinuität bleibt ein Wunschtraum.

Während Sorgenkind „Medardus" nach der Vorlesung vor den Freunden von diesen gnadenlos kritisiert wird und Schnitzler über das Zustandekommen der Wiener Aufführung nur einander widersprechende Gerüchte zu Ohren kommen, hat er in diesem Jahr doch noch zwei Premieren, davon eine als „Librettist": Am 30. Oktober 1909 wird am Neuen Stadttheater Leipzig „Der tapfere Cassian" in der Vertonung durch Oscar Straus (dessen Filmmelodie für den „Reigen" Jahrzehnte später weltberühmt wird) uraufgeführt.

Straus' „Cassian" und das Ballett „Der Schleier der Pierrette" aus der Feder von Ernst von Dohnanyi sind von den diversen Plänen, Schnitzler-Stücke zu komponieren, übriggeblieben. Ursprünglich sollten beide Stücke bei Reinhardt herauskommen, was sich bald zerschlagen hat – nicht zuletzt wegen Dohnanyis Hochmut, dem die

Kombination nicht behagte. Dann allerdings ist es Straus, der schneller eine Bühne für sein Werk findet, während Dohnanyi bis 22. Jänner 1910 warten muß, bis sein Ballett am Königlichen Opernhaus in Dresden uraufgeführt wird. Gleichfalls 1910 ist dann am Opernhaus in Frankfurt am 18. Oktober die Uraufführung der Oper „Liebelei", komponiert von Franz Neumann, an der Reihe. Von allen Intentionen, Schnitzlers Werke in Musik zu setzen, bleiben diese drei die wichtigsten – ohne daß Schnitzler dadurch als „Librettist" auch nur von einiger Bedeutung wäre.

Eine große Freude bedeutet es allerdings für den Dichter, als am 11. Dezember 1909 „Der Ruf des Lebens" am Deutschen Volkstheater eine Art Sensationspremiere wird. Schnitzler hat allen Proben beigewohnt und dabei wieder seine starke innere Beziehung zu dem Stück entdeckt. Selbst den dritten Akt will er in der bestehenden Form nicht mehr ganz verwerfen. So ist es ihm eine besondere Genugtuung, nicht nur die Aufführung, sondern auch das Stück gelobt zu finden – eine Rehabilitierung, die im Gegensatz zu den Beschimpfungen nach der Berliner Uraufführung besonders wohltun muß.

Nicht nur Freunde wie Salten und Auernheimer schreiben positive Feuilletons, auch Stefan Großmann, als Polgar-Freund sonst durchaus nicht auf Schnitzlers Linie, empört sich in der „Arbeiter-Zeitung", daß diese „musikalische Dichtung" in Berlin ausgezischt worden sei (was sich aber für ihn programmatisch günstig den „Sinnlosigkeiten des bourgeoisen Theaters"[4] anlasten läßt). Selbst Polgar äußert sich positiv, und nur von der „Reichspost" kommt der völlig unbegründete Verdacht, der so große Erfolg ginge auf die „überaus zahlreichen Freunde des Dichters"[5] im Publikum zurück. Das stimmt schon deshalb nicht, weil sich die Begeisterung über den Premierenapplaus hinaus hält und das Werk zum ausgesprochenen Zugstück des Hauses wird.

Schnitzler aktuellstes Problem bleibt „Der junge Medardus". Die Reinhardt-Bühnen versuchen wieder einmal zu handeln und wollen das Stück nur spielen, wenn Schnitzler ihnen ein Vorrecht auf „Das weite Land" einräumt. Derartige Taktiken sind ihm zu ärgerlich, und er fragt bei Brahm an, ob dieser den „Medardus" spielen wolle. Das offene „Nein" des anderen wirkt nicht bedrückend, sondern in einer Atmosphäre der allgemeinen Unaufrichtigkeit eher erfrischend.

Wohl wissend, daß er lieber auf eine Berliner Aufführung

verzichtet, als sich noch länger hinhalten zu lassen, verlangt Schnitzler sein Stück zurück und verbringt den Weihnachtstag 1909 damit, Reinhardt einen langen Abrechnungsbrief[6] zu schreiben, in dem er nochmals die frustrierende gegenseitige Beziehung aufrollt. Er schätzt es, von Zeit zu Zeit tabula rasa zu machen, was seinem Ordnungs- und seinem Gerechtigkeitssinn entspricht, der zwar gelegentlich in Rechthaberei ausartet, aber im allgemeinen die Dinge höchst sachlich beurteilt.

Was die Wiener Aufführung des „Medardus" betrifft, verändert sich die für Schnitzler so ungute Burgtheater-Situation, als Ende Dezember bekannt wird, daß Freiherr Alfred von Berger ab 1. März 1910 zum neuen Direktor des Burgtheaters ernannt worden ist. Und damit ist für Schnitzler nach langer Zeit der Weg in dieses Haus wieder frei. Seine beiden großen Stücke können hier optimal uraufgeführt werden, ohne daß die persönliche Antipathie eines Direktors es verhindert.

Daß Schnitzler Schlenther sein Verhalten nie verzeihen kann, zeigt sich noch, als er fast sechs Jahre später von dessen Tod erfährt. Dann notiert er in sein Tagebuch, Schlenther sei zwar ein feiner Geist, aber eine schwache, hinterhältige Persönlichkeit gewesen, die ihm viel geschadet hätte.

Alfred von Berger, der typische österreichische Beamte (und im übrigen auch ein klassischer Literatentyp), ist für Schnitzler ein alter Bekannter, sowohl aus seinen Zeiten als Kritiker wie auch als Direktor des Deutschen Schauspielhauses in Hamburg, das er seit dem Jahr 1900 geleitet hat. Während es die „Reichspost" dem scheidenden Schlenther noch als Hauptverdienst anrechnet, Schnitzlers „Schleier der Beatrice" zurückgewiesen zu haben, versichert Rosenbaum, Berger würde den „Jungen Medardus" ganz sicher spielen. Auch Salten berichtet, Berger hätte sich positiv geäußert, und als Schnitzler ihn am 3. Februar 1910 in der Burg besucht (wo dieser, streng getrennt von Noch-Direktor Schlenther, bereits amtiert), sagt ihm Berger: „Den Medardus nehm ich natürlich an!" Und nicht nur das – er will auch noch die „Lebendigen Stunden" mit Kainz aufführen, die „Liebelei" wieder aufnehmen und am liebsten sogar die von Schlenther verratene „Beatrice" zu Aufführungsehren bringen.

Nachdem Schnitzler im Jänner in Dresden die von Ernst Schuch hinreißend dirigierte Uraufführung des „Schleiers der Pierrette" in Dohnanyis Vertonung erlebt (er hält die Musik für ein wahres Meisterwerk), im Februar auf dem Semmering mit Fischer (über die

Buchausgabe des „Jungen Medardus“) und Brahm (über „Komtesse Mizzi“) positiv verhandelt hat und die ganze Zeit an einer „Mutter und Sohn“-Novelle schreibt (später „Frau Beate und ihr Sohn“), wendet sich im März auch das Problem des Hauskaufs zum Guten.

Als am 19. Dezember 1909 Burgschauspieler Alexander Römpler, einst Lehrer der Schauspielschülerin Olga Gussmann, stirbt, ahnt niemand, daß dieses traurige Ereignis den Schnitzlers ihr schönes Haus bescheren wird. Seine Witwe Hedwig Bleibtreu beschließt, ihre Villa in der Sternwartestraße 71 zu verkaufen. Die Schnitzlers besichtigen diese am 26. März, von der großen Burgschauspielerin persönlich geführt. Schnitzler, der von den zahlreichen Häusern, die er schon angesehen hat, noch nie eines ernsthaft zu kaufen erwogen hat, ist aufs angenehmste überrascht. Trotz seiner finanziellen Situation (1909 hat er um 10 000 Kronen mehr ausgegeben als eingenommen) erwägt er sofort den Erwerb.

Als Schnitzler Hedwig Bleibtreu fragt, ob ihr die Aussicht ins Grüne nicht abgehen werde (zum Haus gehört ein Garten), antwortete sie: „Es fehlt mir so viel, daß es darauf nicht mehr ankommt“ und Schnitzler denkt – den „Jungen Medardus“ im Sinn –, wie wunderbar sie die Frau Klähr spielen wird. Als Hedwig Bleibtreu „in Gottes Namen“, wie sie sagt, dann auch noch 5 000 Kronen nachläßt, geht das Haus für 95 000 Kronen in Schnitzlers Besitz über. Die Hälfte des Geldes leiht er sich von seinem Bruder Julius. Es dauert allerdings bis Juli, bis die Familie einziehen kann.

Freiherr von Berger verliert nicht viel Zeit, sein erstes Schnitzler-Projekt anzugehen: Rosenbaum fordert den Dichter auf, zusammen mit Max Devrient bei der Wiederaufnahme der „Liebelei“ Regie zu führen, was dieser gern tut. Auch Berger liebt es, bei Proben dabeizusein und auf der Bühne „herumzuschmusen“, wie Schnitzler es nennt: Daß den Direktor das Theater freut, ist ihm die Hauptsache.

Gleichfalls im April beendet Schnitzler „vorläufig“ die Novelle „Frau Beate und ihr Sohn“ und verkündet Brahm, nachdem er noch einige Umarbeitungen vorgenommen hat, daß „Das weite Land“ nun abgeschlossen sei. „Es scheint mir nicht übel“[7], urteilt er selbst. Worauf Brahm geradezu stürmisch begehrt, das Stück zu lesen – „Wie lange machen Sie mir nun schon den Mund damit wäßrig?“[8]

Schnitzler träumt außerdem davon „Das weite Land“ am Burgtheater aufgeführt zu sehen – natürlich mit Josef Kainz in der

Rolle des Hofreiter. Aber da bringt ihm am 15. Mai, seinem 48. Geburtstag, Julius eine Schreckensnachricht: Josef Kainz ist todkrank, er leidet an Mastdarmkrebs. Zwar operiert Julius den Schauspieler zwei Tage später erfolgreich, und die Öffentlichkeit erfährt, es habe sich nur um harmlose Polypen gehandelt, aber für Schnitzler, der die Wahrheit weiß, überschattet das Wissen um Kainz' nahendes Ende seine nächsten Monate. Als er vom 18. Mai bis 2. Juni mit Olga in der Schweiz weilt, läßt er sich Berichte über dessen Befinden nachsenden.

Seltsam, daß Schnitzler, der es doch als Arzt besser wissen muß, nicht bereit ist, etwas anderes zu erwägen als eine Aufführung des „Weiten Landes" mit Kainz. Er besucht den Schauspieler oftmals, findet ihn voll Herzlichkeit, fest entschlossen, bald wieder zu spielen (Hugo Thimig berichtet gar, er sprühe vor „Leben und Temperament"[9]). Am 17. Juni muß Julius eine Nachoperation vornehmen, und im Juli reist Kainz auf den Semmering, wo Schnitzler ihn wieder trifft. Inzwischen hat der Schauspieler auch „Das weite Land" gelesen und ist fest entschlossen, den Hofreiter zu spielen, aber sein Zustand verschlechtert sich merklich.

Überhaupt erntet Schnitzler für „Das weite Land" im voraus viel Lob – Otto Brahm schreibt, er erachte es als Höhepunkt in Schnitzlers Schaffen, Hofreiter als eine seiner besten Gestalten und durchaus neuartig im Stil[10], und auch die Freunde, denen Schnitzler das Stück am 29. Juni vorliest, erkennen es als Meisterwerk. Der Dichter hat das seltene Gefühl, an einem seiner Werke Freude zu haben, und Freiherr von Berger, dem er es einreicht, nimmt es sofort an.

Anfang Juli übersiedeln die Schnitzlers von der Wohnung in der Spöttelgasse in das Haus in der Sternwartestraße – was mehrere Tage in Anspruch nimmt –, wo sie wenig später eine Schreckensnachricht erreicht: Lisl Steinrück ist in Partenkirchen, wo sie sich jetzt hauptsächlich aufhält, schwer erkrankt. Da Schnitzler damals auch einige Auseinandersetzungen mit Olga hat, kommt er zu dem Schluß, es fange nicht gut im neuen Haus an.

Am 20. August 1910 reisen Schnitzler und Olga nach Partenkirchen, wo sie Lisl in besserer Verfassung finden, als befürchtet. Über München und Salzburg fahren sie nach Ischl, wo Schnitzler mit S. Fischer verlegerische Maßnahmen zu seinen in knapp zwei Jahren bevorstehenden 50. Geburtstag bespricht. Schnitzler ist gegen eine Edition ausgewählter Werke, fände aber gesammelte Werke in einer wohlfeilen Ausgabe wünschenswert.

Am 5. September sind sie wieder in Wien, wo Kainz im Sanatorium Loew unrettbar seinem Ende zugeht. Julius meint, Kainz spiele eine Rolle, denn er frage nie, klage nicht, erkundige sich nach Pariser Hotels und spreche mit Berger über Repertoirefragen. Schnitzler führt das anfangs auf das Morphium zurück, das man dem Sterbenden zur Linderung seiner Schmerzen gibt, aber als er selbst miterlebt, wie Kainz von seiner Genesung spricht und sich über die Aussichtslosigkeit seines Zustands absolut nicht im klaren zu sein scheint – da weiß er plötzlich, daß Kainz, der Schauspieler par excellence, allen die großartigste Komödie seines Lebens vorspielt: den, „der nicht weiß".

Schnitzler notiert auch das grotesk-tragische Theater, das sich rund um das Totenbett des Mimen abspielt. Die Journalisten belagern den Gang vor dem Sterbezimmer. Einer von ihnen, Felsenburg, beklagt sich bei Schnitzler, er könne sich nicht wegrühren. Denn Moriz Benedikt hätte ihm gedroht, wenn einer die Nachricht von Kainz' Tod früher brächte als die „Neue Freie Presse", sei er entlassen und er, Felsenburg, habe schließlich Frau und Kinder!

Als Schnitzler mit Olga am 20. September aus Frankfurt, wo er der Uraufführung der Oper „Liebelei" beiwohnte, und Wiesbaden nach Wien heimkehrt, liest er in der Zeitung, daß Josef Kainz in der Früh gestorben sei. Schnitzler besucht den Toten, der im Haus des Industriellen Mautner aufgebahrt ist, und sieht dessen erlöstes Gesicht im Sarg. Er hat seinen Hofreiter verloren. Und für Julius Schnitzler hat der Tod des Schauspielers die tragische Folge, daß sein Ruf als Chirurg dadurch so geschädigt wird, daß seine Praxis einige Zeit lang spürbar zurückgeht.

Wegen des Todes von Kainz wird der „Junge Medardus" zurückgestellt, da als Feier zu seinem Gedächtnis ein anderer Abend angesetzt wird.

Aber Ende September laufen die „Medardus"-Proben im Burgtheater auf Hochtouren. Berger selbst führt Regie zusammen mit Hugo Thimig, der, wie aus seinen Tagebüchern unzweifelhaft hervorgeht, für Schnitzler keine besondere Vorliebe hegt. Er hält ihn zusammen mit Salten und Bahr für eine intrigante Clique, und daß die drei Freunde ersucht haben, die ins Elend gekommene Adele Sandrock wieder ins Burgtheater aufzunehmen, konnte von den Burgschauspielern nur entschlossen abgewehrt werden. Auch ist Thimigs Meinung über den „Jungen Medardus" nicht sehr hoch –

er hält ihn für nicht mehr als einen „dramatisierten Kolportage-Roman"[11].

Nun steht Thimig mit dieser Meinung nicht allein. Ungeachtet der schon rein äußeren Größe des Werks ist es in der Gesamtbetrachtung von Schnitzlers Schaffen oft gering eingeschätzt worden. Hier ist der Dichter zum ersten Mal entschlossen in jenes Genre eingetreten, dem er sich gern mehr gewidmet hätte: das historische Drama in der Nachfolge Grillparzers.

Wie man aus den Aufzeichnungen von Schnitzlers Lektüre ermessen kann, hat ihn Historisches stets sehr interessiert, und sein jahrzehntelang gehegter Wunsch, einen „Joseph II" zu schreiben, zeugt von dieser speziellen Neigung. Nun ist aber das Schnitzler-Klischee zwischen „Anatol" und „Weitem Land" so festgefahren, die Erwartung so auf „Seelendrama" ausgerichtet, daß ein historisches Stück – und gar ein so gewaltiges, nur von großen Bühnen überhaupt zu bewältigendes – sofort als „Schinken" und folglich un-schnitzlerisch eingestuft wird.

Um hier der reichen Palette seines Könnens, die man gern so einfärbig darstellt, nicht eine neue Farbe hinzufügen zu müssen, bleibt das Stück oft unbeachtet, und selbst wohlwollende Interpreten sehen darin entlarvtes Heldentum nur als „mageres Ergebnis" im Vergleich zu einer „unmäßig aufgeblähten" Handlung, die nur Schnitzlers „erstaunliche Unsicherheit im Umgang mit historischen Stoffen" zeige, redselig, unproportioniert und ohne innere Notwendigkeit.[12]

Man spielt den Umfang des Werkes gern gegen Schnitzler aus: Daß er hier in einem Vorspiel und fünf Akten im ganzen 17 Szenen in 13 verschiedenen Bühnenbildern benötigt, wird als Mangel an Ökonomie ausgelegt. Aber der Dichter wollte die Fülle, wollte mit Absicht drei Ebenen der Handlung. Er erzählt nicht nur die Geschichte des Medardus Klähr, der (ein wenig dem historischen Friedrich Staps ähnelnd, der ein Attentat auf Napoleon versucht hat) von Rache träumt und so unselig in Liebe verstrickt wird, stets das Gegenteil von dem erreichend, was er plant; er führt auch die stolzen Emigranten, die Valois, vor, die selbst im Wiener Exil noch immer von der glorreichen Heimkehr nach Frankreich träumen; und er widmet schließlich ganz besonderes Augenmerk dem Versuch, viele negative Spielarten des Wiener Bürgers und dessen nicht sehr schmeichelhaft gezeichnetes, sicher aber nicht unrealistisch beobachtetes Verhalten zwischen Opportunismus und Feigheit, Spott und Neugier, Bösartigkeit und Denunziantentum, Angeberei und Verlogenheit zu zeichnen. Der „Junge Medardus" konnte nicht kleiner ausfallen, weil er groß gedacht ist.

Vor dem – notwendigen – Hintergrund einer sogenannten großen Zeit, im von Napoleon eroberten Wien, wächst das, was als fast kleinbürgerliches Drama mit einem Doppelselbstmord aus Liebe beginnt, zum großen politischen Stück. Hier kann Schnitzler so viele der Themen anschneiden, die ihm am Herzen liegen, etwa das leidige „Heldentum", das aus dem Mund des Meisters Eschenbacher so gnadenlos entlarvt und zerlegt wird, wie es Schnitzlers Überzeugung entspricht. Oder wie sich das Verhalten der Menschen unter politischem Druck zum Schlechteren wendet (könnte man nicht Szenen aus dem „Medardus" in ähnlicher Form im Wien des Dritten Reichs denken?). Daß Napoleon nicht persönlich auftritt, macht seine Allgegenwart noch evidenter.

Was für Hugo Thimig die „Kolportage-Geschichte" ist, kann wirklich nur bei vordergründiger Betrachtung als solche erscheinen. Wie Medardus immer wieder zu „heldenhaften" Aktionen ansetzt und mit geradezu grausamer Konsequenz scheitert, das ist von Schnitzler so raffiniert durchgeführt, mischt tragische Elemente so vollkommen mit grotesken, daß man nicht anstehen würde, das Meisterwerk als solches zu erkennen, wäre es nicht von Schnitzler, sondern von Hauptmann oder von einem der Klassiker, kurz, von einem, von dem man dergleichen erwartet.

Er weiß selbst, daß er sich mit einer so vom Schema des üblichen „tragischen Helden" abweichenden Gestalt, wie es der Medardus ist, Mißverständnisse einhandeln muß. Darum hätte er dem Stück auch am liebsten, wie er an Hermann Bahr schreibt, ein Geleitwort folgenden Inhalts beigegeben: „Es ist mir bekannt, daß dieses Stück sehr lang und daß der Medardus ein ausnehmend inkonsequentes Subjekt ist."[13] Aber er kennt auch die Sinnlosigkeit solcher Erklärungen, die nichts bewirken, wenn das Publikum ein Stück nicht nehmen will, wie es ist, nicht verstehen will, wie es der Dichter gemeint hat. Ein Schicksal, das der „Junge Medardus" übrigens bis in die Gegenwart trägt.

Nur ein Haus von den Dimensionen des Burgtheaters ist damals (und wohl auch heute) imstande, ein Stück mit solchem szenischen Aufwand auf die Bühne zu bringen. Berger stürzt sich mit Begeisterung darauf, setzt seine besten Kräfte ein und läßt den Bühnenalltag des Hauses so von den Vorbereitungen für dieses Stück beherrschen, daß bald der Wunsch laut wird, er möge dem Repertoire ähnliche Aufmerksamkeit schenken.

Die Ausstatter leisten Ungeheures, müssen sie doch neben Innenräumen die Bastei, das Glacis und das Schloß Schönbrunn auf die Bühne bringen. Die Verwandlungen können dank der Drehbühne dennoch in Minutenschnelle erfolgen, was bei diesem überlangen Stück besonders wichtig ist. Laut Augenzeugen Thimig hält dann im Endeffekt „viel Augenweide und Abwechslung das Interesse des Publikums fünf Stunden in Atem“[14].

Obwohl man die Kosten der Ausstattung auf 62 000 Kronen gesenkt hat, fehlt es doch an nichts, auch nicht an der Kostümpracht. Teils um die Verwandlungen zu überbrücken, teils um die Stimmung zu verstärken, wird auch reichlich mit Musik gearbeitet, Stücke von Beethoven, Liszt und auch weniger Berühmten werden als Untermalung verwendet, außerdem knallt es aus Kanonen, Flinten und Revolvern. „Man schießt rechts und links, Granätlein explodieren zierlich“[15], spottet Polgar. Aber alles zusammen fügt sich zu einer Aufführung, „wie sie kein zweites Theater der Welt zusammenbringen kann“[16] – eine Auffassung des Regisseurs Thimig, der sich Schnitzler anschließen muß.

Kritisch ist er wie immer mit den Hauptdarstellern: die Nachwuchskräfte Alfred Gerasch und Else Wohlgemuth scheinen ihm für die Darstellung von Medardus und Helene nicht ausreichend, und mit Hedwig Bleibtreu, die ihn als Frau Klähr sehr beeindruckt, erlebt Schnitzler etwas, was wie eine boshafte Schauspieler-Anekdote klingt: Als er sich mit ihr intensiver über ihre Rolle unterhält, muß er feststellen, daß sie den „Jungen Medardus“ noch gar nicht als Ganzes gelesen hat.

Schon nach wenigen Probentagen treten die Längen des Stückes voll zutage, und in Schnitzler wie Berger erwacht der „Publikumsinstinkt“: sie streichen. „Ja, was gestrichen ist, kann nicht durchfallen“, äußert sich Freund Felix Salten „besorgt“ über die gern kolportierte Länge des „Jungen Medardus“, und Schnitzler reagiert höchst unwirsch, da er weiß, daß ein ähnlich „taktvoller“ Scherz einem Werk Saltens gegenüber mit lebenslänglichem Haß bestraft würde. Wie sehr Freiherr von Berger von dem Stück in Anspruch genommen ist, zeigt sich darin, daß er eines Nachts träumt, Schnitzler hätte nicht gestrichen, sondern noch drei Bilder dazugedichtet.

Als die Durchlaufprobe am 21. November 1910 von zehn Uhr vormittags bis halb fünf Uhr nachmittags dauert, will Schnitzler die aufwendige Basteiszene streichen, aber die anderen sind dagegen. Dafür läßt er die letzte Szene mit dem Herzog von Valois weg, worum ihm dann doch wieder leid tut. Die Generalprobe am 23.

dauert von zehn Uhr vormittags bis drei Uhr nachmittags und verläuft über alle Maßen gut. Selbst Schnitzler, stets skeptisch, muß einräumen, daß es eine der besten Vorstellungen ist, die er je gesehen hat. Und die Premiere am Tag darauf bringt dann auch einen Sensationserfolg.

Ungeheures Interesse hatte sich schon vorher abgezeichnet, sogar in den Kartenbüros war kein Sitz zu erhalten gewesen, Schnitzler selbst hat von der Intendanz nur einen Teil der angeforderten Karten bekommen. Alle Prominenz findet sich an diesem 24. November 1910 ein, den letzten Akten wohnt auch der Thronfolger bei. Nur Otto Brahm fehlt zu Schnitzlers Bedauern, denn er arbeitet in Berlin an einer anderen Schnitzler-Premiere – „Anatol".

Schon nach dem Vorspiel des „Jungen Medardus" setzt stürmischer Beifall ein, und Regisseur Thimig erscheint sofort vor dem Vorhang, um im Namen des Dichters zu danken. Schnitzler selbst zeigt sich erstmals nach dem ersten Akt, der lebhafte Zustimmung findet. Der zweite Akt läßt kühler, aber die Basteiszene vor der Pause begeistert. Was anfangs mehr nach einem Achtungserfolg auszusehen schien, wird am Ende echte Begeisterung, die den Dichter geradezu mit Sympathie überschüttet. Nach dem letzten Akt ruft man ihn 30mal. Es ist gewiß einer der glücklichsten Tage seines Lebens, den man bis in die tiefe Nacht beim Sacher feiert.

Auch der nächste Tag bringt keine Ernüchterung, wie es nach Euphorien oft der Fall ist. Die Presseberichte sind gut bis glänzend, Rosenbaum fällt dem Dichter fast um den Hals. S. Fischer meldet, daß die drei ersten Auflagen des Stückes bereits vergriffen seien und daß er fünf neue drucke. Max Burckhards Rezension im „Fremdenblatt" reflektiert so etwas wie Vaterstolz auf den „Liebelei"-Dichter, den schließlich er ins Burgtheater gebracht hat.

Aber auch jene, von denen Schnitzler und seinesgleichen sonst kaum je Zustimmung zu erwarten haben, konnten sich der zwingenden Wirkung von Stück und Aufführung nicht entziehen. So spricht die „Reichspost" von einem „genialen Wurf". Alle, die Schnitzler, wie man ihn bisher kannte – also vor allem als den Schöpfer des „Anatol" und des „Reigen" –, nicht akzeptieren wollten, sehen ihn mit Zufriedenheit auf Grillparzers Spuren, österreichische Geschichtsdramen schreibend, die man auf den ersten Blick für patriotisch halten kann (schließlich soll Napoleon ermordet werden). Daß Schnitzlers Auffassung vom Heldentum keiner genaueren Überprüfung durch Heldentum-Gläubige standhalten würde, geht in der ersten Begeisterung unter.

Als Schnitzler wenige Tage später das Presseecho überblickt, hat er von den „Ariern“ die besten Kritiken, während die „Esoi-Juden“ alles tun, um den Erfolg zu unterschlagen. Ungeachtet dessen ist der Triumph des „Jungen Medardus“ ganz eindeutig – was sich auch sofort in den Kassenrapporten niederschlägt. Das Burgtheater hat ein Zugstück seltenen Kalibers gefunden, und noch bei der sechsten Vorstellung, am 6. Dezember, machen die Agioteure glänzende Geschäfte – für eine Parterreloge verlangen sie 30 Kronen Aufgeld.

Daß dieses Stück 1962, zum 100. Geburtstag Schnitzlers, im Burgtheater, wo es einst der größte Erfolg des Hauses war, nicht mehr reüssieren konnte, lag nicht nur daran, daß man zu dieser Zeit den Geschmack an Historischem weitgehend verloren hatte, sondern auch daran, daß die Inszenierung nicht durch den äußeren Aufwand hindurch zu dem vorzustoßen vermochte, was die inneren Qualitäten des Stückes ausmacht.

Der Riesenerfolg des „Jungen Medardus“ wird unmittelbar von einem weiteren gefolgt. So populär und in aller Munde Schnitzlers „Anatol“ ist – Tatsache bleibt, daß die Einakter noch nie als Zyklus gespielt worden sind. Schnitzler selbst hat zu Beginn des Jahres daran gedacht, aus der Bekanntheit und Beliebtheit seiner Figur Gewinn zu ziehen. Als Oscar Straus, dessen „Cassian“-Vertonung Schnitzler schätzt, an den Dichter mit der Frage einer „Anatol“-Operette herangetreten ist, hat Schnitzler tatsächlich erwogen, die dreiaktige Fassung zu diesem Zweck selbst herzustellen.

Die ist allerdings in den Vorarbeiten steckengeblieben, und Schnitzler ist zweifellos um eine Einnahmequelle gekommen. Aber Geld steckt auch im „Anatol“-Zyklus, der nun, am 3. Dezember 1910, zugleich an Otto Brahms Lessingtheater in Berlin und am Deutschen Volkstheater in Wien seine Uraufführung erlebt. In beiden Städten hält man sich an die Buchausgabe, läßt aber „Denksteine“ und „Agonie“ weg. Der Erfolg ist hier wie dort bedeutend – in Wien unterhält sich der Thronfolger beim „Anatol“ jedenfalls weit besser als beim „Medardus“, und Schnitzler kann mit Genugtuung feststellen, daß Neues und Altes aus seiner Feder in gleicher Weise einschlägt. Dieser Doppelerfolg ist der Auftakt zum Höhepunkt seines Ruhms, der 1911 mit dem „Weiten Land“ kulminieren wird. Dann wird sich die Kurve von Erfolg und Popularität langsam wieder senken.

In Berlin spielt Heinz Monnard – der Brahm nur unzureichend

als Ersatz für Bassermann dient – den Anatol, Emanuel Reicher den Max. Unter den Damen finden die Gabriele in Lina Lossen, die Annie in Mathilde Sussin und die Ilona in Irene Triesch prominente Interpretinnen. Schnitzler vermag den Kritiken nicht recht zu entnehmen, wie Monnard eigentlich gewirkt hat, aber als er die Aufführung bei einem späteren Berlin-Aufenthalt im Februar 1911 sieht, findet er seine Befürchtungen noch übertroffen: Monnard scheint ihm schrecklich, Reicher unerträglich. Die Premierenkritiken, vor allem von Alfred Kerr und Siegfried Jacobsohn, schwärmen besonders von Lina Lossen.

Die Wiener Aufführung, die Schnitzler Brahm gegenüber als „im ganzen famos"[17] bezeichnet, hat in Leopold Kramer, der sich auch als Regisseur bewährt, auf lange Zeit einen Parade-Anatol. Für die fünf Frauenrollen hatte das Deutsche Volkstheater leichter eine erstrangige Besetzung zusammengebracht als das Lessingtheater – da ist Käthe Hannemann (Schnitzlers bevorzugte „Liebelei"-Christine) eine rührende Cora, Hedwig Reinau eine Gabriele mit selbst „süßen" Zügen, Kramers Gattin Josefine Glöckner, eine typische „Volksschauspielerin", die Annie (wohl schon etwas „reif" für die Rolle), Paula Müller eine graziöse Bianca und Elsa Galafres eine chice, aber offenbar gar nicht ordinäre Ilona.

Schnitzler, der sich nach der Premiere im Kreis seiner Schauspieler oftmals verbeugen kann, hat hier sein zweites Erfolgsstück – mögliche Einwände der Kritik reduzieren die Vorliebe des Publikums für diese Einakter nicht. Für Schnitzler mag dieser Triumph den Nachteil haben, daß die alten Klischees aufgewärmt werden, aber das schlägt sich wenigstens in klingender Münze nieder: Am Deutschen Volkstheater wird „Anatol" im ganzen 75mal gezeigt, davon 35mal bis Ende der Spielzeit, bei Otto Brahm kommt der Abend auf 50 Aufführungen, und 1911 nehmen weitere 13 deutsche Bühnen den Zyklus in ihr Repertoire auf.

Damals ist Schnitzler auf allen deutschen Bühnen zu Hause. Als er vom 8. bis 12. Dezember 1910 nach München reist (wo im Jahr darauf Gustav Waldau als Anatol Sensation machen wird), verhandelt er am Hoftheater über die Besetzung des „Weiten Landes" (Albert Steinrück wird hier den Hofreiter spielen) und sieht im Schauspielhaus Mizi Glümer in der Rolle der „Komtesse Mizzi" (weiters stehen noch „Die letzten Masken" und „Literatur" auf dem Programm dieses Einakterabends). Im Hotel „Die vier Jahreszeiten" stellt er sich als Vorleser einem interessierten Publikum – was er seit Jahren immer wieder tut, nur nach Möglichkeit nicht in Wien.

Später soll die „Dichterlesung“ für ihn durchaus noch an Bedeutung gewinnen und sich in ganze Vorlesereisen ausweiten.

Wieder in Wien findet Schnitzler seine beiden Stücke unverändert auf der großen Erfolgswelle. Was den „Jungen Medardus“ betrifft, so steht er vor Abrechnungen, die er nie für möglich gehalten hätte – daß man pro Vorstellung bis zu 8 000 Kronen einnehmen kann!

Anläßlich der Premiere von Karl Schönherrs „Glaube und Heimat“ muß er allerdings wieder die alte, bittere Erfahrung machen, daß man erneut versucht, ihn mit jenem zu „erschlagen“ – als ob sie nicht bei der Verschiedenheit ihrer Kunst nebeneinander Platz hätten. Als Schönherr im Jahr darauf für sein Stück den Grillparzer-Preis erhält, gratuliert Schnitzler herzlich und neidlos und findet sich mit dem Mann, gegen den man ihn immer wieder ausspielen will, in einem Gespräch, wie es Dichter eben führen – über Tantiemen, Direktorengemeinheit und Verlegergeiz. Und immer wieder notiert Schnitzler, wie um sich selbst zu trösten, daß seine eigenen schlimmen Erfahrungen gleichsam nicht ihn persönlich, sondern seine Funktion als erfolgreichen Dichter betreffen: So erzählt ihm Schönherr später, daß auch er in den „Hexenkessel“ Literatur geraten sei und seit dem Erfolg von „Glaube und Heimat“ keine glückliche Stunde mehr gehabt habe.

Für Schnitzler klingt 1910 als Jahr der Höhepunkte aus: Er hat zwar in Josef Kainz einen großen Interpreten verloren, aber er hat seinen geliebten „Jungen Medardus“ am Burgtheater glanzvoll uraufgeführt, den alten „Anatol“ in Wien und Berlin strahlend auferstehen sehen (beides gekoppelt mit jenem finanziellem Erfolg, der ihm bis jetzt versagt geblieben ist), und er hat privat das ideale Haus gefunden, in dem er bis zu seinem Lebensende bleiben wird. Für 1911 zeichnet sich „Das weite Land“ auf dem Horizont ab und für 1912 in Prag ein Schnitzler-Zyklus von zwölf Abenden anläßlich seines 50. Geburtstages.

11. BREITENWIRKUNG
1911

Zu Beginn des Jahres 1911 findet sich Schnitzler wieder in der Situation, aus seinen Plänen das wählen zu müssen, was er als nächstes ausführen will. Träume von Josef Kainz mögen mitspielen, daß er das „Schauspielerstück" mit Titel „Herbot" (später „Große Szene") vornimmt, dessen Zentralfigur ebenso deutlich Kainz darstellt, wie der Berliner Theaterdirektor Falk, der darin vorkommt, den Freund Otto Brahm zum Vorbild hat. Eine Novelle um „Dr. Tenhart" wird später zu „Dr. Gräsler, Badearzt", und dann wendet er sich wieder dem „Professor Bernhardi" zu, den er im Mai und Juni 1910 in einer ersten, vieraktigen Fassung geschrieben, aber dann liegengelassen hat. Immerhin ist er jetzt entschlossen genug, daran weiterzuarbeiten, und greift nach Broschüren seines Vaters, um sich in die Welt des Stückes einzustimmen und um aus der Figur des Professors Inspiration zu gewinnen.

In diesem Jahr 1911 ist Olga Schnitzler nach jahrelangem Gesangsstudium von ihren Lehrern endlich für reif erachtet worden, ein öffentliches Konzert zu geben. Am 5. Februar singt sie im Volksheim vor einem Publikum, das zu drei Vierteln aus Arbeitern besteht. Einige Freunde, darunter Arthur Kaufmann und Leo Vanjung, sind nicht taktvoll genug, um ihr Freundliches zu sagen, und so ist Olga zu Tränen deprimiert. Am gleichen Abend wird bei Schnitzlers der 55. Geburstag von Otto Brahm gefeiert, der nach Wien gekommen ist, um den „Jungen Medardus" und „Glaube und Heimat" zu sehen.

Als Schnitzler am 22. Februar 1911 in Berlin eintrifft (davor hat ihn ein Abstecher zu einer Vorlesung nach Brünn geführt), so geschieht das erstmals nicht ausschließlich in eigener Sache, sondern als Begleiter seiner Gattin, die hier tags darauf einen Liederabend gibt. Begleitet von ihrem Lehrer Robert Gound stellt sich die Neunundzwanzigjährige hier einem – im Gegensatz zu dem im Wiener Volksheim – qualifizierten Publikum, vermag aber nicht zu überzeugen: dem schönen Material ihrer Stimme steht noch kein gleichwertiges Können gegenüber.

Schnitzler selbst hat natürlich in Berlin auch viel zu erledigen, bespricht sich oft mit S. Fischer, sieht die Premiere von Hermann Bahrs „Die Kinder“ und die 40. Vorstellung seines eigenen „Anatol“. Wieder in Wien, vernimmt er von dem großen Erfolg des Stückes in Ungarn und in England, wo es in der Übersetzung von Harley Granville-Barker reüssiert, vor allem das „Farewell Supper“ („Abschiedssouper“).

All die Hochgefühle der letzten Zeit retten Schnitzler nicht davor, nun wieder einmal in schwere hypochondrische Zustände zu verfallen, die mit seinem Gehör zusammenhängen. Periodisch kehren Klagen in seinem Tagebuch wieder, die zeigen, daß das Leiden unaufhaltsam fortschreitet. Musik wird für ihn immer schwieriger zu genießen. Dazu kommt das Wissen, daß seine Krankheit immer schlimmer wird. Auch leidet er unter der Düsterkeit der Wintermonate. Fast immer versinkt er an den Nachmittagen in Zustände der Arbeitsunfähigkeit: Kopfweh, Ermattung, Angstgefühle plagen ihn. Erst gegen sechs Uhr nachmittags fängt für ihn wieder ein menschenwürdiges Dasein an.

Dabei hätte er damals zumindest aus äußeren Gründen Anlaß, sich wohl zu fühlen, denn erstmals ist er in vollem Ausmaß mit den Annehmlichkeiten des Geldverdienens konfrontiert. „Der junge Medardus“ ist das einzige Stück im Burgtheaterrepertoire, das „geht“ und außerdem Spitzeneinnahmen bringt. Am 21. März 1911 findet bereits die 25. Vorstellung statt, ein seltener Rekord. Schnitzler sieht sich die Aufführung an, findet sie nach wie vor gut, den Hauptdarsteller Gerasch besser geworden, Else Wohlgemuth dagegen zu sehr zur Tragödinnenmanier neigend.

Die Arbeit am „Dr. Gräsler“ gerät Schnitzler so mühselig, daß er sich nach etwas anderem umsieht. So liest er Olga am 22. März den „Professor Bernhardi“ vor, und sie reagiert so positiv, daß er sich dem Stück wieder nähert. Jetzt weiß er auch, daß noch ein fünfter Akt fehlt, der nach Verbüßung der Strafe des Professors im Ministerium spielt. Aber noch ist er nicht in der Stimmung, etwas zu vollenden, spielt lieber mit seinen Einfällen, auch mit Aphoristischem, wozu er im Laufe der Jahre mehr und mehr neigt. Auch verliert sich seine früher oft geäußerte Abneigung gegen Theoretisches: Nun hat er das Bedürfnis, immer mehr über Kritik, über Feuilletonisten, Politiker und Literaten niederzuschreiben. So viel Schnitzler aber auch schaffen will – eines hat er jedenfalls nicht geschrieben: den pornographischen Roman „Josefine Mutzenbacher“, für dessen Autor man ihn oder Salten hält. Auch Schnitzler traut ihn Salten zu, und er hat recht damit.

Am 10. April 1911 brechen Schnitzler und Olga zu einer dreiwöchigen Reise auf. Sie fahren zuerst nach Partenkirchen, wo sie wieder die kranke Lisl Steinrück besuchen. Schnitzler gibt ihr im stillen noch zwei oder drei Monate zu leben, irrt sich aber – es sind noch neun Jahre, die sie ihrem Lungenleiden abringt. Über München reisen sie nach Verona, Mailand, Genua, von dort nach Mentone, wo sie am 16. April Aufenthalt nehmen.

Zu den Ausflügen zählt einer nach Monte Carlo, wo der von seiner Spielleidenschaft geheilte Schnitzler im Casino nur 15 Francs verliert und das „Russische Ballett“ sieht. Auch besucht er La Turbie, Nizza mit Cimiez, Cannes und Antibes. Über Bozen treffen sie am 25. April wieder in München ein, wo Schnitzler im Schauspielhaus „Anatol“ mit Gustav Waldau sieht und persönlich den Applaus des Publikums entgegennimmt. Am 3. Mai sind die Schnitzlers wieder in Wien.

Daß 1911 für Schnitzler ein verhältnismäßig unruhiges Jahr ist, in dem er relativ wenig arbeitet, liegt an dem regen gesellschaftlichen Leben. Um ihn sind zu viele Menschen, die ihn zu wenig Sammlung und Arbeit kommen lassen. Dabei sind unter den Leuten, die sich damals neu in seinen Gesichtskreis fügen, einige von Wichtigkeit, vor allem die erste Frau, die ihn im Laufe seiner Ehe beunruhigt und die für ihn fast eine Rolle spielen könnte wie die Erna für den Hofreiter im „Weiten Land“, wenn beide so weit gingen – was sie nicht tun.

Stephi Bachrach ist 24, als Schnitzler sie kennenlernt, Tochter eines schwerreichen Mannes, einer klugen Mama, Schwester einer intelligenten jungen Frau namens Mimi Giustiniani, die geschieden ist. Der Bruder von Genia Bachrach, Max Leitner, ist Bankfachmann und berät Schnitzler, für den das Geldverdienen die üblichen Probleme der Geldanlage mit sich bringt, in finanziellen Dingen.

Damals, als sich Stephi Bachrach schnell in den Kreis fügt, beim Tennisspielen, bei Spaziergängen, zahllosen Einladungen, als sie sich sehr mit Olga anfreundet, weiß jeder, daß der mit Julie verheiratete Jakob Wassermann unsterblich für sie entflammt ist. Er verbirgt das auch weiter gar nicht, und es kommt zu allerlei kompromittierenden Situationen. Schnitzlers Interesse für Stephi wächst erst allmählich, wird aber zu quälender Verliebtheit. Ihr früher Tod durch Selbstmord wird ihn tief treffen, und man geht wohl nicht fehl in der Annahme, diesem Geschöpf, das durch ihren Geist zauberhaft gewirkt haben muß, in mancher seiner späteren Frauengestalten zu begegnen.

Neu im Bekanntenkreis findet sich damals auch die Hofrätin ein: Berta Zuckerkandl[1], Tochter von Moritz Szeps (ebenso berühmt als Chefredakteur des „Neuen Wiener Journals" wie als Freund des Kronprinzen Rudolf), die als Gattin des Anatomen Emil Zuckerkandl im Ärztemilieu ebenso zu Hause ist wie in ihrer Eigenschaft als Journalistin in jenem der Literatur. Ihre Schwester ist die Gattin von Paul Clemenceau (dem Bruder des „Tiger" genannten französischen Politikers), und dadurch sind ihre Beziehungen zu Frankreich ausgezeichnet. Da Schnitzler gerade dort – wie in romanischen Ländern überhaupt – noch relativ unbekannt ist, nimmt er das Angebot der Hofrätin, dort etwas für ihn zu tun, nur zu gern an. Die Freundschaft wird sich später dann auch auf ihren Neffen, Viki Zuckerkandl, Sohn des Urologen Otto Zuckerkandl, erstrecken, damals noch ein frühreifer Schuljunge, später einer von Schnitzlers liebsten Gesprächspartnern. Wie eng dieser Kreis untereinander verbunden ist, erkennt man beispielsweise daran, daß Viki Zuckerkandl später Mimi Giustiniani heiratet.

Am 18. Mai 1911 stirbt Gustav Mahler. Schnitzler hat ihn persönlich nur einmal getroffen, und der Versuch, Olga Schnitzlers Stimme bei ihm prüfen zu lassen, hat bloß dazu geführt, daß Mahler sie an Bruno Walter weiterempfahl. Schnitzler ist über den Tod des Mannes, den er so verehrt hat, sehr erschüttert – nicht nur, daß er ein großer Bewunderer von dessen Musik ist, er spürt auch eine tiefe innere Verwandtschaft zu ihm. Vielleicht ist es die der Juden, die sich so sehr der deutschen Kultur verbunden fühlen?

Später wird übrigens über Berta Zuckerkandl auch Mahlers Witwe Alma in Schnitzlers Kreis treten und Franz Werfel mitbringen, dem der Dichter mehr Zuneigung schenkt als den meisten anderen Schreibern der nächsten Generation. Auch Stefan Zweig, der sich seit einiger Zeit in dem Kreis um Wassermann, Salten und Schnitzler bewegt und ein großer Bewunderer Schnitzlers ist, zählt, fast 20 Jahre jünger als der Dichter, schon zu den Vertretern einer neuen Zeit.

Als seltenen Gast, aber sehr geschätzten Freund begrüßt Schnitzler Heinrich Mann, mit dem er in einem weit herzlicheren Verhältnis steht als mit dessen Bruder Thomas. Mit diesem wechselt er sehr sporadische, gegenseitig hoch und ehrlich anerkennende Briefchen, wenn dem einen ein Werk des anderen zur Kenntnis kommt. Seine Gefühle für Heinrich Mann, den er manchmal für den Bedeutenderen der Brüder zu erachten geneigt ist, sind herzlicher und persönlicher, auch weil sie einander öfter sehen.

In seiner Autobiographie schildert Heinrich Mann Schnitzler als unbedingten Anhänger der Monarchie, als einen, der den Ruhm (zu) sehr liebt, fast als einen österreichischen Raunzer. „Als sein Schwager Albert Steinrück in Wien gastiert hatte", erinnert sich Heinrich Mann später, „erkundigte ich mich, was Schnitzler mache. ‚Er jammert', hieß die Auskunft."[2] Schnitzlers Niedergang traf ihn selbst, nach Manns Schilderung, wehrlos, ratlos. Immerhin, wie Heinrich Mann ihn auch gesehen haben mag – er achtete ihn.

Durch Stephi Bachrach wird Schnitzler auch mit dem Graphiker Ferdinand Schmutzer, der in der Sternwartestraße ihm gegenüber eine Villa bewohnt, bekannt. Schmutzer wird nicht nur Schnitzlers Novelle „Hirtenflöte" illustrieren, sondern auch ein besonders schönes Porträt des Dichters anfertigen.

Gleichfalls in der Umgebung, im sogenannten Cottage, wohnen Paula Schmidl (die Schwester von Julie Wassermann) und ihr Mann Hugo, auch zum engeren Bekanntenkreis zählen nach wie vor die Speidels, die zwei Schwestern Samuely und ihre Gatten, der Sänger Franz Steiner und der Forscher Norbert Jacques, genauso wie Auernheimer und Gattin Irene (seine Affäre mit Mimi Giustiniani wird später etwas Unruhe bringen), wie Siegfried Trebitsch, wie der geliebte Arthur Kaufmann, wie Gustav Schwarzkopf, wie natürlich Richard Beer-Hofmann. Auch mit Bruder Julius und Schwester Gisa besteht der Verkehr gleichsam auf „gesellschaftlicher Ebene". Und während die Erwachsenen alle zusammensitzen, spielen die zahlreichen Kinder im Garten.

Daß der Sommer 1911 für Schnitzler unruhig wird, hängt mit der Krankheit der Mutter zusammen. Louise Schnitzler, die in der letzten Zeit mehr und mehr Anzeichen übertriebener Klatschsucht gezeigt und dabei vor allem gegen Olga intrigiert hat, kommt auch körperlich merklich herunter. Die drei Schnitzler-Geschwister müssen sich nun, auch während ihrer Sommerreisen, die Verantwortung für die Mutter teilen, was bei aller Zuneigung der drei zueinander doch zu Unaufrichtigkeiten in der Familie führt.

Es wird tatsächlich ein zerstückelter Sommer. Was die Arbeit betrifft, so sind in der Pfingstbeilage der „Neuen Freien Presse" Schnitzlers Novelle „Der Mörder", in der Pfingstbeilage der „Zeit" seine „Dreifache Warnung" erschienen. Den „Dr. Gräsler" hat er am 21. Juni beendet und als unmöglichen Strudelteig bezeichnet. An dem „Bernhardi", der nun schon so viele Arbeitsschübe hinter sich hat, arbeitet er anschließend redlicher als bisher. Auch die Novelle „Mutter und Sohn", zwischendurch „Beate Woiwod" genannt, später dann „Frau Beate und ihr Sohn", kommt ihm von Zeit zu Zeit immer wieder in die Hände.

Die Unstetheit der Arbeit geht mit äußerer Unruhe Hand in Hand. Am 24. Juli reist Schnitzler mit Olga ab und nimmt für zwei Tage Aufenthalt im salzburgischen Lueg, wo er Burckhard, Salten und Fischer trifft. Dann schickt er Olga nach Wien zurück und übernimmt am 31. Juli in Innsbruck die Mutter von den Hajeks, die sie bis dahin gehütet haben. Diese fahren nun nach Sils, Schnitzler reist mit der Mutter nach Wien, um von dort mit ihr auf den Semmering zu fahren, wo sich mittlerweile auch Olga eingefunden hat. Als die Mutter wenig später nach Baden bei Wien weiterreist, ist Schnitzler von düsteren Ahnungen gequält.

Auf dem Semmering trifft Schnitzler Moriz Benedikt, dem er erzählt, daß er ein politisches Stück schreibe – und tatsächlich ist der „Professor Bernhardi" Schnitzlers erste Schöpfung, die diese dezidierte Bezeichnung rechtfertigt. Die zufällige Begegnung mit einem Hofrat benützt der Dichter, um diesen zu gleichsam „technischen" Fragen des Stückes, etwa zum Parlamentarismus, zu konsultieren. Er möchte nach Möglichkeit in dieser heiklen Materie keinen Fehler machen. Später weist man ihm zwar dennoch welche nach, aber das tut der Lebensechtheit keinerlei Abbruch. Der fünfte Akt des „Professor Bernhardi", worin Schnitzler in der Person des Hofrat Winkler Burckhard ein Denkmal setzt, wird am 20. August 1911 zum erstenmal vollendet (weitere Arbeitsgänge folgen später).

Am 29. August ist Schnitzler wieder in Wien. Die Mutter wurde inzwischen in das Sanatorium Loew eingeliefert. Dr. Rudi Kaufmann, ein Bekannter noch aus den Marie-Reinhard-Zeiten, ist ihr behandelnder Arzt, aber auch die beiden Ärzte-Söhne und der Arzt-Schwiegersohn sind immer da, ohne allerdings helfen zu können. Schnitzler besucht die Mutter täglich, was ihn seelisch ungemein erschöpft. Er konstatiert, wie gering seine Widerstandskraft eigentlich ist.

Ab September verläuft sein Leben zweigleisig, zwischen dem Burgtheater, wo „Das weite Land" nun ernsthaft vorbereitet wird, und dem Sanatorium, wo die Familie rund um das Sterbebett der Mutter enger zusammenrückt. Zwar erklärt sie immer, es gehe ihr „gut, sehr gut", und erkundigt sich mehrfach nach Arthurs Premiere, aber das Wunder der Genesung, an das sie selbst wenige Tage vor ihrem Ableben noch glauben möchte, findet nicht statt: Louise Schnitzler entschlummert am 9. September 1911 um halb vier Uhr nachmittags im Alter von 74 Jahren. Ihre ganze Familie ist bei ihr. In diesem Augenblick fühlt Schnitzler, daß er sie trotz aller Entfremdung unsagbar geliebt hat.

Anschließend wird der Leichnam in ihre Wohnung in der Frankgasse gebracht. Gespenstisch das Gefühl, als sie alle noch einmal im Salon sitzen, so wie zu den „Familienabenden", und die tote Mutter im Nebenzimmer liegt.

Zwei Tage später, an einem schönen Herbsttag, wird Louise Schnitzler zur letzten Ruhe gebettet. Anschließend treffen einander die Geschwister mit ihren Ehepartnern bei Gisa. Unfaßbar, daß die Mutter fehlt. Noch tagelang, mit Testament und Nachlaß beschäftigt, quält Schnitzler der Gedanke: Nie wieder.

Noch vor der Premiere des „Weiten Landes" erlebt Schnitzler eine andere: Ernst von Dohnanyi, dessen „Schleier der Pierrette" am 22. Jänner 1910 in Dresden erstmals gespielt wurde, hat sich um eine Aufführung seiner von Schnitzler sehr geschätzten Ballett-Pantomime an der Wiener Hofoper bemüht, Direktor Felix von Weingartner hatte jedoch keinerlei Interesse bekundet. Als Schnitzler im März 1911 den neuen Hofoperndirektor Hans Gregor kennenlernt, unterbreitet er ihm sein Lieblingsprojekt, die beiden Schnitzler-Vertonungen, Dohnanyis „Pierrette" zusammen mit Straus' „Cassian", an einem Abend herauszubringen.

Gregor teilt allerdings die etwas herablassende Ansicht Dohnanyis, ein Operettenkomponist wie Oscar Straus gehöre nicht in die Hofoper. Indem Dohnanyi diese Zusammenstellung also erfolgreich abwehrt, begeht er allerdings taktisch einen Fehler: Nur um sein Kurzwerk überhaupt unterzubringen, willigt er ein, die Aufführung quasi als „Lever de rideau" für Enrico Carusos Auftritt als Bajazzo stattfinden zu lassen.

Die Zustände in der Hofoper sind derart, daß weder Schnitzler noch Dohnanyi zur Premiere am 20. September 1911 verständigt werden, angeblich, weil man die Adressen nicht kennt. Bei der Premiere rächt sich die Fehlkalkulation – alle Welt interessiert sich nur für Caruso und kaum für die Pantomime, die man eher als notwendiges Übel zur Streckung des Abends empfindet. Schnitzler, der mit Berta Zuckerkandl die Generalprobe gesehen hat, die Franz Schalk seiner Meinung nach glanzlos dirigierte, muß erleben, wie sein Stück hoffnungslos abfällt. Auch die Kritiken sind entsprechend dumm. Die Pantomime hat ihre Chancen auf einen Erfolg vorläufig verscherzt.

Und doch ist es diese Pantomime, die Schnitzler gerade damals in Berührung mit einer noch relativ neuen Kunstform bringt: dem Film. Das Medium fesselt ihn lebenslang, darum ist er sofort bereit, auf ein Berliner Angebot, den „Schleier der Pierrette" zu verfilmen, positiv zu reagieren. Er verfaßt sogar eine Film-Bearbeitung des Werkes, sein erster praktischer Versuch in diesem Genre.

Das Projekt wird dann doch nicht realisiert, hingegen kommt es 1914 zur Verfilmung der „Liebelei". Es vergehen aber Jahre, bevor 1921 Amerika mit den „Affairs of Anatol" den Startschuß für kontinuierliche Schnitzler-Verfilmungen gibt. Doch ein neues Medium ist vorhanden, und so wie sich die Welt der Schauspieler und Regisseure in den nächsten Jahren durch den Film entscheidend verändert, erweitern sich auch die Möglichkeiten der Dichter. Schnitzler und der Film [3] ist ein nicht allzu umfangreiches, aber doch ergiebiges Kapitel in der Wirkungsgeschichte des Dichters.

Ursprünglich haben sich das Wiener Burgtheater und Otto Brahm entschlossen, „Das weite Land" zum gleichen Termin uraufzuführen. Aber mehr und mehr Bühnen schließen sich dem Angebot des S. Fischer-Theaterverlages an. Am Ende sind es neun, an denen das Werk am 14. Oktober 1911 gleichzeitig in Szene geht – außer den genannten noch das Residenztheater in München, das Deutsche Schauspielhaus in Hamburg, das Deutsche Landestheater in Prag, das Lobe-Theater in Breslau (Uraufführungsort von „Der Schleier der Beatrice"), das Alte Stadttheater in Leipzig, die Schauburg in Hannover und das Stadttheater in Bochum.

Es ist dies ein Ereignis, das in der Theatergeschichte kaum Parallelen hat und das von einer kaum zu übertreffenden Popularität des Dichters Schnitzler im Jahr vor seinem 50. Geburtstag zeugt. Dem großen Rivalen Hauptmann ist es bis dahin erst einmal, 1909, gelungen, mit „Griselda" zugleich an Brahms Berliner Lessingtheater und am Wiener Burgtheater uraufgeführt zu werden. (Dafür wird er auch 1912, gleichfalls in seinem 50. Jahr, den Nobelpreis erhalten, den Schnitzler lebenslang vergeblich erhofft. Und Hauptmanns „Dorothea Angermann“ bringt es 1926 auf 17 Uraufführungsbühnen.)

„Das weite Land“ hat sich auf die Dauer, vor allem nach dem Zweiten Weltkrieg, als eines der meistgespielten Schnitzler-Stücke erwiesen. Sein Reiz besteht aus der Distanz nicht zuletzt darin, daß ein in seiner Fülle faszinierendes Bild der großbürgerlichen Gesellschaft im Wien um 1900 entworfen wird. In einer Welt von Fabrikanten, Bankiers, Offizieren, Ärzten, Hoteliers, Literaten und Schauspielern spielt sich die „Tragikomödie“ des Friedrich Hofreiter ab. Dieser alternde Mann, in vielem ein Ebenbild Schnitzlers, ist Bezugspunkt für alle, erotisch für die Frauen, gesellschaftlich oder auch menschlich für die Männer.

Hofreiter, für den die Liebe nur ein Spiel ist, von dem er nicht genugbekommen kann, ein Spiel, das er auch seiner Frau Genia aufzwingt, verwandelt dieses Spiel in blutigen, tödlichen Ernst, als er den Liebhaber der Gattin tötet – einen Liebhaber, den er ihr fast aufgedrängt hat. Aber er vermag es nicht zu ertragen, daß dieser jünger ist als er. In einer früheren Dialogvariante zu dem Stück heißt es: „Aber glauben Sie, daß ein Mensch von 42 und einer von 24 Freunde sein können? Sehn Sie, das ist nämlich das Unüberbrückbare. Ein König und ein Anarchist, wenn sie beide jung sind. Eine Kokotte und eine anständige Frau, wenn sie beide jung und besonders, wenn sie beide alt sind. Ein deutsch-nationaler Student und ein Zionist . . . ja. Aber einer, der ins Meer hinaussegelt und einer, der in den Hafen fährt – nie.“ [4]

In diesem Stück finden sich zwei der meistzitierten „Aussprüche“, die man allgemein wieder als Meinung Schnitzlers zu deklarieren pflegt, obwohl Dr. von Aigner und Dr. Mauer sie aussprechen. Die Seele sei ein weites Land, weiß ersterer, und viel Widersprüchliches habe zugleich Platz in uns (etwas, was Schnitzler am eigenen Leib schmerzhaft erfahren hat, ohne es deshalb zu billigen oder zur erlaubten Lebensmaxime zu erheben). Und Dr. Mauer fordert, daß die Liebe durchaus als köstliches Spiel betrachtet werden könne – wenn man es ehrlich bis zur Orgie täte. Was Schnitzler aber zeigt, ist eben „dies Ineinander von Zurückhaltung und Frechheit, von feiger Eifersucht und erlogenem Gleichmut – von rasender Leidenschaft und leerer Lust“ [5].

Wenn man, wie es ein Theaterzuschauer von heute tut, keinerlei Bedürfnis verspürt, diese Menschen, voran diesen Hofreiter, deshalb zu verurteilen, dann bleibt die Bewunderung für die technische

Meisterschaft, für die Kunst der Dialoge, der Menschengestaltung, der persönlichen Verflechtungen, der Decouvrierung von Unterbewußtem.

Aber selbst Schnitzlers Freunde können sich angesichts dieses Stückes einer moralischen Wertung nicht enthalten, als wäre Schnitzler (wieder einmal) persönlich dafür verantwortlich zu machen, was seine Gestalten tun. Alfred Kerr findet sogar die Worte vom „wienerischen Brechmittel", Richard Specht nennt es „eine furchtbare Gesellschaft", erkennt aber richtig, daß man Hofreiter eigentlich „nicht grollen kann"[6], so bestrickend hat Schnitzler ihn geschildert.

Und das ist geblieben – die Figur des Hofreiter, die jeweils die größten Schauspieler gelockt hat, die jede Profilierung verträgt, wenn sie von einer großen Persönlichkeit kommt (in unserer Zeit die herrisch-brutalen Züge, die ihm Attila Hörbiger gab, die eiskalte sensible Hintergründigkeit des Helmut Lohner, die verbindliche Gentleman-Fassade eines Karlheinz Böhm, selbst die clowneske Attitüde von John Wood in London). Hofreiter und die anderen, die Welt von gestern, die alles andere war als die „gute alte Zeit", aber doch eine Gesellschaft, die so hochkultiviert und in ihren Empfindungen manieriert ist, daß Schnitzler, ohne es zu wissen, deren notwendigen Untergang im Hintergrund mit dargestellt hat.

Am 15. September 1911 beginnen am Burgtheater die szenischen Proben zum „Weiten Land". Schnitzler, wie immer überkritisch, wenn es um seine Werke geht, findet auf Anhieb die Besetzung der Hauptrollen mit Arnold Korff (der als Hofreiter gegen den Geist von Josef Kainz anspielen muß), Lili Marberg (Genia) und Marie Hofteufel (Erna) im Niveau zu tief, wobei er im Fall Korff nicht recht behält. Wie immer nimmt Schnitzler an den Proben teil, aber Hugo Thimig ist nicht der Regisseur, der einen häufig dazwischenredenden Autor einfach hinnimmt. Auch macht dem Dichter sein schlechtes Gehör bei der Leitung der Proben Schwierigkeiten.

Überhaupt vergiftet einiges die Stimmung: die anonymen Briefe, die Berger beschimpfen, weil er ein Stück des Juden Schnitzler aufführt; Bergers Streit mit den Kritikern, die er von den Generalproben aussperren will, was diese höchst reizbar macht; und die Tatsache, daß Schnitzlers Familie das Stück eigentlich nicht leiden kann. Olga Schnitzler fühlt sich von der Figur der Genia Hofreiter irgendwie persönlich betroffen, und Schwägerin Helene artikuliert die nüchtern-moralischen Bedenken einer Ehefrau, wenn sie Hofreiters so anmutige, kluge und zauberhafte Geliebte Erna schlechtweg für „ein Mistvieh" hält. Stephi Bachrach ist übrigens stolz darauf, daß man diese Rolle für ein gelungenes Porträt von ihr hält, obwohl Schnitzler sie noch gar nicht kannte, als er das Stück schrieb.

Die Proben für „Das weite Land" werden von einem für das Burgtheater tragischen Ereignis überschattet: In der Nacht vom 9. zum 10. Oktober stirbt Ernst Hartmann, der den Dr. von Aigner hätte spielen sollen. Eine Woche davor ist er noch als Marquis von Valois im „Jungen Medardus" auf der Bühne gestanden. Nach Sonnenthal, der im April 1909 verstorben ist, hat Schnitzler den zweiten „Schwarm" seiner Jugend verloren. Als am nächsten Vormittag nach den unerbittlichen Gesetzen des Theaters schon Max Devrient mit dem Rollenbuch in der Hand auf der Probe erscheint, bleibt laut Hugo Thimig kein Auge trocken.

Auf der Kostümprobe am 11. Oktober erkennt Schnitzler zwei Dinge: daß es eine gute Aufführung wird und daß das Episodische im dritten Akt unter dem Niveau des Stückes ist. Obwohl sich in seinen Händen die Werke so leicht in Tragödien verwandeln, hat er doch eine starke komödiantische Begabung, die er in diesem Hotelakt nicht unterdrücken konnte. Bis heute ist es eine Aufgabe der Regisseure geblieben, in diesem Akt zu streichen und zu bremsen, um nicht plötzlich eine unproportionierte Posse das unterschwellig dramatische Geschehen überlagern zu lassen.

Am 14. Oktober 1911 findet die neunfache Uraufführung des „Weiten Landes" statt. Der Wiener Erfolg ist bedeutend. Nach dem ersten Akt verbeugt sich Georg Reimers für den Dichter, von da an erscheint er selbst, im ganzen 24mal. Da „Das weite Land" allerdings nicht ganz so vordergründig und oberflächengefällig wirken kann wie der „Junge Medardus", ist die Stimmung auch nicht ganz so herzlich wie damals. Aber das geistig geforderte, von der „Freiheit des Themas" [7], wie Hugo Thimig es nennt, betroffene Publikum ist dennoch völlig gebannt. Daß Schnitzler übrigens offiziell noch immer ein mehr oder minder unerwünschter Autor ist, daß seine Thematik für das Publikum als zu progressiv angesehen wird, bezeugt die Reaktion eines jungen Erzherzogs: er verschlang „die Vorgänge mit großen Augen", wandte sich „aber stets von der Bühne (ab), wenn der Dichter für den Beifall dankte, und kraulte sich verlegen den sprossenden Bart oder schaute mit dem Glase auf die Galerien. Es durfte ihm ja nicht gefallen." [8]

Die Aufführung ist, nach dem „Jungen Medardus", wieder eine

Glanzleistung des Burgtheaters. Schnitzler sagt zu Thimig: „Die Wiener Blätter werden wohl die Darstellung loben, aber sie werden nicht die Wahrheit sagen, daß nämlich nur das Burgtheater eine so vollendete Leistung zustande bringen kann."[9] Daß sich Arnold Korff (im „Jungen Medardus" der intrigante Wachshuber und als solcher noch nicht der schnitzlersche „Herren"-Typ) mit dieser Aufführung als erstrangiger Schnitzler-Darsteller etabliert, bestätigt Hugo Thimig mit seinem enthusiastischen Urteil: „Korff als Hofreiter ganz vollendet! Einfach, elegant, mit prachtvoller Grundwelle der Leidenschaft, nie den natürlichen Gesprächston aufgebend und aus ihm doch starke tragische Wirkungen transparent aufbauend."[10]

Tags darauf bekommt Schnitzler die Berichte von den anderen Aufführungen. Bei Brahm in Berlin scheint das Stück nicht sonderlich gut aufgenommen worden zu sein, in den anderen deutschen Städten mit Ausnahme von Hamburg auch nur mäßig, in Prag dagegen sehr gut. Die zweite Vorstellung des Burgtheaters ist wieder ausverkauft, und im Theater ist man mit dem Erfolg sehr zufrieden.

Die Kritiken allerdings sind diesmal keineswegs zustimmend. Schnitzler kann gar nicht alle abenteuerlichen Fehlinterpretationen klarstellen, aber was Felix Saltens Annahme betrifft, Hofreiter wandle sich am Ende zum „braven Kindesvater", so bedauert er nur, daß er seinen Helden zum Abschluß nicht „Und nun auf nach Amerika!"[11] ausrufen ließ. Als dann noch die Rezensionen aus Deutschland eintreffen, resigniert Schnitzler, denn die Mehrzahl übertrifft an Idiotie das Erwartete. Doch der Publikumserfolg hält an, auch in Berlin, wo sich die Einnahmen von Mal zu Mal steigern.

Am 30. Oktober 1911 bricht Schnitzler allein auf (Olga hat längere Zeit gekränkelt), um eine Vorlesungsreise damit zu verbinden, wenigstens einige Aufführungen des „Weiten Landes" zu sehen. In Prag hat Direktor Teweles seine Intendanz mit diesem Stück eingeleitet. Schnitzler liest dort vor, unter anderem den „Leutnant Gustl", desgleichen in Dresden. Es erscheint ihm leichte Arbeit, als er dafür 700 Mark Honorar erhält. Von da an geht es nach Berlin, wo er am 2. November „Das weite Land" am Lessingtheater sieht. Der wenig geliebte Heinz Monnard erscheint ihm wieder einmal unmöglich (wie auch schon als Anatol), aber der Beifall ist so stürmisch, daß er sich nach dem vierten Akt verbeugt. Gespräche mit S. Fischer verkünden ihm während dieses Berlin-Aufenthalts übrigens finanziell viel Erfreuliches.

Am 5. November kommt Olga nach, und gemeinsam fahren sie nach Hamburg, wo auch Julius und Helene hinkommen, um hier am 6. November das Stück zu sehen. In den Hauptrollen trifft man alte Bekannte: Robert Nhil, am Deutschen Volkstheater zur Sandrock-Zeit der erste Fedor Denner, spielt den Hofreiter, Marie Elsinger, mit der Schnitzler nach dem Tod von Marie Reinhard ein kurzes Verhältnis hatte, die Genia.

In Hamburg wird übrigens am Schauspielhaus auch der „Schleier der Beatrice" gespielt, und es ist das erste Mal, daß das (in Breslau uraufgeführte, in Wien noch nicht gezeigte) Stück Erfolg hat. Ein dritter Abend im Schauspielhaus gilt dem „Anatol" mit Marie Elsinger als Ilona. Schnitzler dankt für den Beifall und muß über „Abschiedssouper" selbst viel lachen.

Von Hamburg reisen Schnitzler und Olga nach München, wo Albert Steinrück als Hofreiter seinen Schwager Schnitzler enttäuscht. Er scheint ihm einfach zu anders als die darzustellende Figur, und auch für Waldaus Gattin Herta von Hagen als Genia hat er nur die Bezeichnung „altes Theaterroß".

In Wien behauptet sich „Das weite Land" nach wie vor als Kassenerfolg. Schnitzler besucht die Vorstellung am 21. Dezember 1911 noch einmal, um die Zweitbesetzung, Else Wohlgemuth als Genia, zu sehen. Und weil er normalerweise so streng mit sich ist, darf er auch manchmal mit sich zufrieden sein – und sich verkannt und unverstanden fühlen: Denn dieses Stück erscheint ihm selbst gut, und fast empfindet er es als Frechheit, wenn gewisse Leute ihn zu kritisieren wagen.

12. DAS FÜNFZIGSTE JAHR
1912

Im Jänner 1912 ist Schnitzler zweimal auf dem Semmering. Zuerst trifft er S. Fischer und stellt klar, daß er zu seinem 50. Geburtstag nur eine Gesamtausgabe seiner Werke will, keine Auswahl, um nicht den Eindruck der Eigenzensur zu erwecken und damit eine verfrühte Klassifizierung zu bewirken. (Dennoch nimmt er durchaus nicht alles Erschienene in diese Gesammelten Werke auf.) Man einigt sich darauf, daß der erste Teil, die Erzählenden Schriften, rund um den Geburtstag selbst im Mai, die Dramatischen Werke dagegen später erscheinen sollen.

In Fischers Verlag ist es üblich geworden, die Hausautoren zu besonderen Anlässen mit mehr oder minder lobenden Monographien zu bedenken. So wird auch eine zu Schnitzlers Geburtstag erwogen, und er wünscht sich, daß Hermann Bahr über ihn schriebe. Als dieser aus Zeitmangel ablehnen muß, ist Schnitzler die Idee inzwischen so unbehaglich, daß S. Fischer davon absteht. Fischer seinerseits ist es dann, der Schnitzlers Wunsch nach einer Luxusausgabe in kleiner Auflage nicht erfüllen kann. Das vermag er finanziell nicht zu vertreten, wie überhaupt das Tauziehen um Abrechnungen einen großen Teil in den Gesprächen und Briefen der beiden ausmacht.

Schnitzler kann nicht verhindern, daß dennoch Bücher über ihn geschrieben werden (und schon geschrieben worden sind, wie 1904 eine Studie von Hans Landsberg, 1907 eine von Alexander Salkind, 1911 eine sehr konstruierte von Leo Feigl über „Arthur Schnitzler und Wien"). Als ihm eine Broschüre von Josef Ratislav in die Hände gerät, tut er sie als nicht ganz dumm, aber ohne Spur von Talent ab, und wenig später widerfährt auch einem Büchlein von Julius Kapp kein besseres Urteil.

Mit Otto Brahm, den er etwa eine Woche später auf dem Semmering trifft, diskutiert er den Entschluß der deutschen Theaterdirektoren, am 15. Mai nach Möglichkeit ein Stück von Schnitzler zu spielen – so wie am 15. Dezember eines von Hauptmann, beide

Male, um der 50. Geburtstage der Dichter zu gedenken. Brahm, der im persönlichen Verkehr immer wärmer, seelisch wohltuender wird, erwägt zwar – auch brieflich – die Wiederaufnahme von „Zwischenspiel", wobei Bassermann durch Heinz Monnard ersetzt werden soll. Aber es kommt nicht dazu, daß sich der Schnitzler am meisten verbundene Theatermann zum Jubiläum einstellen kann – denn Heinz Monnard erkrankt und stirbt am 11. Juli 1912, erst 39 Jahre alt. Das Lessingtheater wird bei seinem Gastspiel in Wien am 15. Mai 1912 – Hauptmanns „Einsame Menschen" spielen.

Überhaupt ist Brahm, früher doch der eifrigste Schnitzler-Apostel, in bezug auf seinen Dichter etwas ins Hintertreffen geraten. Das liegt weniger am Ermatten seines Elans als am Niedergang seines Theaters, das sich in Berlin neben Reinhardt (zu dem ihm zahlreiche seiner Schauspieler abgewandert sind) und den vielen kommerziell geschickt geführten Häusern von Barnowsky, Meinhard und Bernauer, Robert und anderen nicht mehr so recht behaupten kann. Brahm plant derzeit nur, die vor drei Jahren erfolgreich am Deutschen Volkstheater uraufgeführte „Komtesse Mizzi" in den Spielplan aufzunehmen. Dabei gibt er ihr, nach allerlei dramaturgischem Herumgeschiebe, Schönherrs „Erde" bei, sicher keine allzu glückliche Kombination. Schnitzlers Zustimmung klingt resignierend: „Die gute Komtesse wartet nun schon so lang, daß sie sich vor lauter Müdigkeit auch neben die Erde setzen mag. Wie sich die nach der tiefsinnig kritischen Nomenklatur so angefaulte dekadente Gesellschaft neben Schönherrs knödelfressendem Riesengeschlecht behaupten soll, wird die Zukunft lehren. Ich nehme an, daß Erde den (verdienten) Erfolg haben wird und daß die Leute wegen der Komtesse Mizzi ins Theater gehen werden. So ist allen Teilen geholfen."[1]

Die Einladung Brahms, die beiden Dichter, die von der österreichischen Kritik wie feindliche Brüder behandelt werden, gemeinsam bei der Berliner Premiere vor dem Publikum zu vereinen, bringt Schnitzler und Schönherr im Jänner 1912 einige Male privat zusammen. Schnitzler findet den um fünf Jahre jüngeren, so ehrlich geschätzten Kollegen eigenbrötlerisch, hypochondrisch und verschlossen, seiner Einsamkeit nicht froh werdend. Beide haben gleiche Sorgen (etwa, daß sie von den Theatern die Tantiemen immer zu spät bekommen) und keine Lust, zur Premiere nach Berlin zu fahren. Diese findet also am 30. Jänner 1912 ohne die Anwesenheit der Dichter statt, wobei die „Komtesse Mizzi" Erfolg hat, „Erde" dagegen gar nicht.

Brahm versucht nun hektisch, die Komtesse mit Anatol-Einaktern zu kombinieren, was sich auch nicht bewährt, und kommt dann auf die Premierenzusammenstellung zurück, die plötzlich – Unberechenbarkeit des Theaters! – gefällt. Als „Mizzi" (14. Vorstellung) und „Erde" (11. Vorstellung) es zu einer dauerhaften Verbindung gebracht haben, konstatiert Brahm, daß sich „die Ehe zwischen Knödel und müder Grazie" gefestigt und er „zu früh die Flinte ins jüdisch-tirolische Korn geworfen"[2] hat.

Das Deutsche Volkstheater, durch die Burgtheater-Erfolge von Novitäten Schnitzlers weitgehend ausgeschaltet, greift nun zu älteren Werken des Dichters, der seit dem „Ruf des Lebens" zu den Erfolgsautoren des Hauses gehört. Aber die Idee, die in Buchform vorliegenden Stücke des „Marionetten"-Zyklus aufzuführen (und damit eine Uraufführung des gesamten Zyklus zu bringen), erweist sich nicht als glücklich. Immerhin hat Jarno 1906 den „Großen Wurstel" uraufgeführt, „Der Puppenspieler" ist gleichfalls 1906 bei Brahms Gastspiel gezeigt worden. Nur der „Tapfere Cassian", von Reinhardt uraufgeführt und mittlerweile als Singspiel von Straus vertont, wurde in Wien noch nicht gespielt.

Die drei Stücke (von denen der „Wurstel" technisch überaus kompliziert ist) werden in geradezu unglaublicher Schnelligkeit herausgebracht: Am 29. Jänner ist die erste Probe, am 10. Februar bereits die Premiere, die – es ist dies die erste Erfahrung dieser Art seit längerer Zeit – keineswegs uneingeschränkten Erfolg bringt.

Schnitzler ist diesmal eindeutig ein Opfer der schludrigen Probenarbeit von Leopold Kramer, der selbst auch den Merklin im „Puppenspieler" gibt und für weit schwächer erachtet wird als Bassermann. Den „Tapferen Cassian" hat Kramer richtig als Marionettenspiel inszeniert, die Darsteller hängen wie Figuren an Schnüren, was Schnitzler aber für einen Fehler hält. Und den „Großen Wurstel" hat der Regisseur offenbar gar nicht in den Griff bekommen. Die Kritiker loben die Werke, aber es nützt nichts: Nach nur sechs Vorstellungen verschwindet der Abend aus dem Repertoire.

„Der tapfere Cassian" wird übrigens nun auch in der Vertonung von Oscar Straus in Wien gespielt, fast zugleich mit dem „Schleier der Pierrette" von Dohnanyi, aber wieder nicht zusammen, wie es sich der Dichter wünscht. Die Volkstheater-Schauspielerin Elsa Galafres, Schnitzlers erste Komtesse Mizzi, hat zarte Bande zu dem

Komponisten Ernst von Dohnanyi angeknüpft (den sie später heiratet) und eine Wohltätigkeitsvorstellung der „Pierrette" angeregt.

Am 16. März 1912 wechselt Schnitzler von der Urania, wo die Generalprobe der „Pierrette" stattfindet, zu den „Cassian"-Proben ins Carltheater hinüber. Und dort fragt ihn der Musikkritiker Ludwig Karpath beiläufig, was Burckhard gefehlt habe: So erfährt Schnitzler vom Tod eines Mannes, der ihm fast ein Freund war, der Mann, der ihn ans Burgtheater brachte, als das noch ein Wagnis war, und der seinen Aufstieg ebenso als Rezensent wie als wohlwollender Freund seines Werkes begleitet hat.

Ende März erreichen Schnitzler die Fahnen der „Gesammelten Werke, Erste Abteilung". Für die Erzählenden Schriften liest er nun seine eigenen Werke wieder, manche, wie „Sterben", mit dem der erste Band beginnt, aus der Distanz von Jahrzehnten. Nun urteilt er sich in vieler Hinsicht unbarmherziger ab, als er es von Kritikern je lesen möchte, wenn er „Sterben" etwa als begabtes, aber in tieferem Sinn peinliches Werk ansieht. Hingegen bezeichnet er den „Freiherrn von Leisenbogh" als seine vorzüglichste Novelle, nicht zu Unrecht, was die technische Seite kunstvoll-spannenden Erzählens angeht. Und am Ende des Monats kommt er zu den Fahnen des dritten Bandes, der den Roman „Der Weg ins Freie" umfaßt. Das erste Kapitel erscheint ihm beim neuerlichen Lesen zu unübersichtlich, zu reich an Personen, aber je weiter er mit der Lektüre fortschreitet, um so mehr vertieft sich das Gefühl, daß dieses Buch nicht genügend gewürdigt wird.

Die Feierlichkeiten beginnen damit, daß Ende April in der „Neuen Rundschau" der erste Jubiläumsartikel erscheint. Felix Salten hat ihn geschrieben, und nach Schnitzlers Empfinden enthält er nur die aufgeputzten alten Klischees. Dann allerdings folgen die Freuden – zuerst erreicht Schnitzler der Novellenband „Masken und Wunder", von dem Fischer 10000 Stück aufgelegt hat, und am 5. Mai schickt der Verlag die drei Bände der Erzählenden Schriften mitsamt einem Honorar von 12000 Mark. Fischer hat 6000 Stück davon aufgelegt. Sie kosten in Leinen 10, in Halbleder 13 und in Ganzleder 17 Mark. Bald zeigt sich, daß sich die Auflage ausgezeichnet verkauft, so daß Fischer 1913 und 1914 je weitere 3000 Exemplare herausbringt und bis 1918 bis zum 33. Tausend kommt.

Die Novellen und Erzählungen „Die Hirtenflöte", „Der Tod des

Junggesellen", „Der Mörder", „Der tote Gabriel", „Das Tagebuch der Redegonda" und „Die dreifache Warnung" sind sowohl in dem zweiten Band des Sammelwerkes wie auch in dem Buch „Masken und Wunder" enthalten. Sie stellen Schnitzlers epische Ernte von 1906 bis 1911 dar, die kleineren Produkte aus einer Zeit, in der ihn an Großwerken erst „Der Weg ins Freie", dann die Dramen „Das weite Land" und „Der junge Medardus" beschäftigten. Dementsprechend sind die Erzählungen relativ kurz, während Schnitzler später, gleichzeitig mit seinem Rückzug von der dramatischen Kunst, den längeren Atem für breiter Erzähltes findet: „Dr. Gräsler" und „Frau Beate und ihr Sohn", beides mittlerweile soweit fertig, aber noch nicht ausgefeilt.

Von den sechs unter dem Titel „Masken und Wunder" gesammelten Erzählungen ist die „Hirtenflöte" vielleicht die bedeutendste (wie auch Olga Schnitzler findet). 1909 fertiggestellt, 1911 in der „Neuen Rundschau" erschienen, zählt es zu jenen Werken Schnitzlers, in denen er sich in unwirkliche, mystische, vergangene Welten begibt, um für das, was er zu erzählen beliebt, durch keinerlei Realität behindert zu werden. Dionysia wird von ihrem alten, weisen Gatten Erasmus in die Welt geschickt, damit sie etwas erlebe. Ihr widerfährt so viel, sie steigt in höchste Höhen, durchlebt so tiefstes Leid, daß sie als eine andere zurückkehrt. Keinesfalls aber als solche, die nun, wie Erasmus erwartet hat, in seine Arme flüchtet, um dort Frieden zu finden, sondern als Anklägerin gegen einen „Puppenspieler", der mit ihrer Seele experimentiert hat. Wieder eine von Schnitzlers Frauen-Novellen, für die der Dichter stets von neuem als Meister der Frauenschilderung gepriesen wird.

In zwei Novellen steht der Tod, eines von Schnitzlers zentralen Themen, sogar im Titel: „Der tote Gabriel", geschrieben 1906, erschienen in der „Neuen Freien Presse" 1907, und „Der Tod des Junggesellen", geschrieben 1907, erschienen in der „Österreichischen Rundschau" 1908. Beide Male greifen die Toten in das Dasein der Lebenden hinüber. Im toten Gabriel löst sich das Geflecht von Tod und Eros in Haß auf. Hier hat Schnitzler übrigens nicht nur (wie im „Wort") Peter Altenberg als Anastasius Treuenhof eingebracht, sondern wieder einmal (in der Figur der Wilhelmine) Adele Sandrock ein unverkennbares Denkmal gesetzt. Im „Tod des Junggesellen" zeigt Schnitzler, daß er durchaus auch imstande ist, auf wirkungsvolle Schlußpointen hinzuarbeiten.

Noch bewußter tut er das beim „Mörder", entstanden 1910, erschienen in der „Neuen Freien Presse" 1911, die, wie Biograph

Richard Specht es voll Abscheu ausdrückte, „peinlichste (nicht nur: peinigendste), unangenehmste, ja abstoßendste unter all seinen Dichtungen“ [3]. Die Idee ist auch wirklich grauenvoll – daß sich ein Mann der lästigen Geliebten durch Gift entledigt, aber vorgibt, er hätte sie, von Leidenschaft übermannt, durch körperliche Liebe, die wegen ihres labilen Gesundheitszustandes verboten war, unabsichtlich getötet. Aber bei Schnitzler, dem Moralisten, genießen die Bösen so gut wie nie die Früchte der bösen Tat: Der Mörder bekommt die andere Frau, um derentwillen er es getan hat, nicht, und außerdem ist da einer, den er nicht täuschen konnte und der ihn vor die Pistole fordert.

Bei einem Mann wie Schnitzler, der ein so klarer Geist und so kühler Rationalist ist, verwundert ein gewisser Hang zum Mystizismus immer wieder, wie er sich etwa in dem „Tagebuch der Redegonda“ (geschrieben 1909, erschienen 1911 in den „Süddeutschen Monatsheften“) manifestiert. Hier wird eine Geistererscheinung geschildert, in der ein Toter einem Lebenden eine seltsame Liebesgeschichte erzählt, die die Beteiligten sich nie eingestehen, die aber in geradezu unglaublicher Parallelität verläuft.

„Die dreifache Warnung“ schließlich gehört zu jener Gruppe von Parabeln, in denen Schnitzler im Märchenton so etwas wie allgemeine Wahrheiten verkündet – wobei in diesem Fall eine seltsame Schicksalsgläubigkeit postuliert wird, als hätte der Mensch gar keine Chance zu Aktionen freien Willens und würde von einer undefinierbaren Vorbestimmung auf jeden Fall eingeholt.

Vor dem 15. Mai 1912 und dem Rummel, der in Wien damit verbunden wäre, flüchtet Schnitzler rechtzeitig. Am 10. Mai reist er mit Olga nach Triest, wo sie ein Schiff besteigen, das sie auf die Insel Brioni bringt. Die Insel liegt vor Pula und ist im Privatbesitz der Familie Kupelwieser. Dort erreichen Schnitzler die Jubiläumsartikel der diversen Blätter, dort sieht er sich wegen eines späteren Sommeraufenthalts um.

Von Triest aus begeben sich die Schnitzlers auf das Schiff „Metrovich“. An Bord, Venedig vor sich, verbringt der Dichter seinen 50. Geburtstag. In Venedig findet er weitere Zeitungen vor und trifft Bekannte wie Arthur Kaufmann, Richard Beer-Hofmann und Rainer Maria Rilke, mit dem Schnitzler seit 1892 einen höflichen, sporadischen Briefwechsel pflegt.[4] Ferdinand Schmutzer und seine Gattin bringen Nachrichten von zu Hause. Schmutzer hat

Schnitzlers „Hirtenflöte" mit neun Radierungen versehen; der Dichter findet das Buch, das in einer Auflage von 400 numerierten Exemplaren im Deutsch-Österreichischen Verlag erschienen ist und dessen Einband nach einem Entwurf von Josef Hoffmann von der Wiener Werkstätte hergestellt wurde, bei seiner Rückkehr vor.

Am 23. Mai sind Schnitzler und Olga wieder in Wien. Neben Geschenken sind über 450 Briefe und Telegramme eingetroffen sowie ein ihm gewidmetes Sonderheft der Zeitschrift „Merker". Die Gratulationen und Artikel beschäftigen Schnitzler einige Zeit – so liest er Julius und Helene sowohl die komischsten wie die schönsten Glückwünsche vor. Die Lektüre der über ihn verfaßten Artikel bringt keine bemerkenswerten Erkenntnisse. Als er aber die „Schnitzler-Feier" von Karl Kraus in der „Fackel"[5] liest, ist für ihn der Augenblick gekommen, mit diesem Mann abzurechnen, der ihn seit den Griensteidl-Zeiten mit seiner Gehässigkeit verfolgt.

Am 25. Juni 1912 notiert er allerlei zu einem Aufsatz über Karl Kraus, der alles enthält, was er gegen diesen auf dem Herzen hat. Und wenn es Schnitzler auch nicht ganz gelingt, die hochgezüchtete Perfidie des Karl-Kraus-Stils zu erreichen, so vermag auch er, der Galle voll, zu einigen Tiefschlägen auszuholen. „Man könnte auch gleich ihm (. . .) durch Selbstanzeigen der Welt mitteilen, was für ein hochbegabtes, vortrefflich deutsch schreibendes, tapferes Individuum man vorstellt, und wäre am Ende in der Lage, mit noch bedeutenderen Referenzen zu dienen als der Erfinder dieser Methode", geht er mit Kraus' Gewohnheit ins Gericht, sich selbst zu loben. Haß und Rachsucht sind nach Schnitzlers Überzeugung der Motor dessen, was Kraus bewegt, nicht sittlicher Ernst. Nichts Edles hat ihn zum Kämpfer gemacht, nie hat er sich „gegen irgendeine Macht gewendet, von der ihm wirklich Gefahr droht". Die Galle macht ihn zum Satiriker, und die Motive für sein Verhalten liegen im Kern seines Wesens: „Und dieser Kern ist Niedrigkeit." Dankbar muß Kraus jedem sein, der seine Eitelkeit verletzt, seine Rachsucht aufwühlt, denn diese „begeistern ihn zum Besten, was sein Talent zu geben hat"[6].

Karl Kraus hat diese Notizen Schnitzlers (die Wasser auf seine Mühle gewesen wären) nie zu Gesicht bekommen. Ein spärlicher Briefwechsel zwischen 1892 und 1895 war 1908 kurz aufgelebt, als Kraus wegen der Übersetzungsrechte des „Schleiers der Beatrice" für eine Bekannte anfragte und Schnitzler bei dieser Gelegenheit zum Grillparzer-Preis beglückwünschte. Damals dankte Schnitzler höflich, ohne sich weiter zu rühren. Seine Verbindung mit Kraus blieb und bleibt eine indirekte: Er liest die „Fackel“, in der er immer wieder kleine, böse Seitenhiebe auf sich findet, wenn nicht gar, wie im Fall dieser „Schnitzler-Feier“, einen Großangriff.

Schnitzler sieht Kraus nie wieder, kann aber bei seinem angeborenen Gerechtigkeitssinn später, 1922, bei der Lektüre der „Letzten Tage der Menschheit“ die Bewunderung für diesen Mann, den er so aus tiefster Seele nicht leiden kann, nicht unterdrücken. Ärgern wird er sich über ihn noch öfter, vor allem im Zusammenhang mit dem Tod Altenbergs, als Kraus zur Finanzierung eines Grabsteins einen Brief Schnitzlers versteigern läßt. Nichts, was zwischen den beiden Männern noch geschieht, ist dazu geeignet, das Bild, das Schnitzler 1912 von Kraus zeichnet, zu revidieren. Die Abneigung währt gegenseitig lebenslang.

Karl Kraus hat Schnitzler zu seinem 50. Geburtstag sicherlich das böseste „Geschenk“ gemacht, aber er ist natürlich nicht der einzige. So hält für den Dichter der schlechte Nachgeschmack einige Zeit an, und er kann sich vorstellen, was anläßlich von „Professor Bernhardi“ auf ihn zukommen wird.

Im übrigen verdanken wir Schnitzlers Neigung, alles aufzulisten, eine ausführliche Aufstellung der Stücke, die anläßlich seines Geburtstags an deutschen Theatern gespielt wurden. In Wien zeigen am 15. Mai das Burgtheater „Das weite Land“, das Deutsche Volkstheater (da die „Marionetten“ schon verschwunden sind) die alten Erfolge „Liebelei“ und „Der grüne Kakadu“, das Theater in der Josefstadt als einmalige Vorstellung „Das Vermächtnis“ (mit Hansi Niese) – alles keine Premieren. Neu einstudiert werden an diesem Tag in Berlin an der Volksbühne „Liebelei“ und „Literatur“, am Charlottenburger Schillertheater „Paracelsus“, „Die Gefährtin“ und „Der grüne Kakadu“. Weitere Premieren finden in Karlsruhe, Braunschweig, Graz, Mannheim, Stuttgart, Zürich, Freiburg, Frankfurt und Prag statt, davon dreimal „Das weite Land“, zweimal „Anatol“, einmal „Das Märchen“ (im Prager Schnitzler-Zyklus) und einige Einakter. Schnitzler-Stücke, die schon auf dem Repertoire standen und am 15. Mai, nach Absprache des Bühnenvereins, gespielt wurden, gibt es in Düsseldorf, Frankfurt, München, Dresden, Königsberg, Posen, Altona, Halle, Breslau, Brünn und Hamburg zu sehen. Immerhin ein gewaltiger Ausdruck aktueller Popularität, neben willkommenen Einnahmen auch ein Zeichen dafür, daß die deutschen Bühnen damals am Werk Arthur Schnitzlers nicht vorbeigehen können und auch nicht wollen.

Den Schnitzler-Zyklus in Prag findet der Dichter übrigens

wichtig genug, um am 14. Juni zum zwölften Abend, der Neueinstudierung von „Der einsame Weg", hinzureisen und sich vom Publikum stürmisch akklamieren zu lassen.

Das Stück, mit dem sich Arthur Schnitzler in diesem Jahr 1912 am meisten beschäftigt hat und das nun, nach seinem 50. Geburtstag, so gut wie fertig ist, ist der „Professor Bernhardi". Nachdem er zu Beginn des Jahres die Novelle „Frau Beate und ihr Sohn" fertigdiktiert und das sogenannte „Sommerstück" (später: „Im Spiel der Sommerlüfte") wieder weggelegt hatte, wandte er sich ganz dem „Bernhardi" zu. Am 8. März ist dann der fünfte Akt quasi zu Ende gediehen, aber nachdem er zwischendurch schon positivere Gefühle für das Stück gehegt hat, zweifelt er nun wieder daran. Nach einer Unterbrechung arbeitet er im April dann nicht ohne Hoffnung weiter, und als er es am 26. „in leidlicher Laune" fertigstellt, beschließt er, es entweder ganz wegzulegen oder, falls es Brahm und Olga gefällt, fertigzumachen.

Olga ist beim ersten Hören vor allem von den ersten drei Akten sehr beeindruckt. Als er das Stück Brahm und Olga am 8. Mai vorliest, wirkt der „Professor Bernhardi" außerordentlich amüsant (was durchaus auch das Kriterium einer guten Aufführung des Werkes sein sollte), und Schnitzler ist eigentlich überrascht, daß sich Brahm nicht spontan bereit erklärt, es zu spielen. Aber dieser meint, es müsse zuerst in Österreich gezeigt werden. Und er, dem die „Beatrice" einst zu erotisch war, hat diesmal Bedenken, daß keinerlei erotisches Motiv in dem Stück vorkomme. Der lauen Reaktion ungeachtet, ist Schnitzlers eigener Nachgeschmack gut.

Nachdem er dann noch im vierten Akt an der so schwierigen Szene zwischen Bernhardi und dem Pfarrer gefeilt hat, liest Schnitzler am 30. Mai von halb sechs bis neun Uhr abends mit kleinen Pausen das Stück seinen Freunden vor. Die Wirkung steigert sich von Akt zu Akt. Anwesend sind Arthur Kaufmann, Richard Beer-Hofmann, Leo Vanjung, Gustav Schwarzkopf, der den „Bernhardi" spontan zu Schnitzlers bestem Stück erklärt, und Felix Salten, der wieder die gestörte Beziehung demonstriert: Er meint, ein Jud' solle so etwas nicht schreiben. Schnitzler, der in die Beziehung Bernhardi–Flint etwas von der eigenen Enttäuschung über den Jugendfreund Salten eingebracht hat, erklärt dessen Betroffenheit damit, daß dieser den Zusammenhang genau spürt.

In einem neuerlichen Gespräch mit Brahm erklärt sich dieser nun bereit, das Stück doch zu spielen, aber als sie die Besetzung diskutieren, bekommt Schnitzler Bedenken: Es ist ihm klar, daß Brahm an seinem Lessingtheater (das ab 1914 Viktor Barnowsky übernehmen soll) keine Qualitätsschauspieler mehr hat.

In der Luft hängt außerdem das Verbot des „Bernhardi". Ein politisches Stück, das so brisant und polemisch in die nach wie vor aktuellen Konstellationen in Österreich eingreift, hat natürlich kaum Chancen, die noch immer voll waltende Zensur zu passieren.

Als Schnitzler das Stück am 12. Juni zu Richard Rosenbaum ins Burgtheater bringt, hält er es keinesfalls für wirklich möglich, daß der „Bernhardi" auf diesen Brettern gespielt werden könne. Immerhin hat er in Prag, wo er sich zwei Tage später aufhält, Rosenbaums Glückwunschtelegramm in Händen, worin ihm dieser zu dem großen, kühnen, schönen Stück, wie er es nennt, gratuliert. Ähnlich spontan wird sich Raoul Auernheimer gleich nach der Lektüre zu einem Telegramm veranlaßt fühlen, über dieses „prächtige Stück, das nur Sie schreiben konnten und schreiben mußten"[7].

Auch Bruder Julius, sonst im allgemeinen nicht enthusiastisch, äußert sich positiv über dieses Werk (das ihn natürlich mit Bezug auf den Vater besonders interessieren muß). Nur die Schlußwendung, in der Hofrat Winkler Bernhardi als „grad so ein Viech"[8] bezeichnet, ist ihm unbehaglich (sie gehört zu den unübersetzbarsten Ausdrücken, ebenso wie der „Hopf", der Hofreiter im „Weiten Land" nicht sein will).

Als Schnitzler Rosenbaum im Burgtheater besucht, erfährt er nur, was er schon weiß, nämlich daß das Stück dort selbstverständlich nicht gespielt werden kann. Schnitzler schickt den „Bernhardi" also vorderhand nur an S. Fischer, der noch im selben Jahr die Buchausgabe herausbringt (und bis 1925 damit 25 Auflagen erreicht).

Vom Verlag kommen von der zweiten Junihälfte an die Fahnen für die vier Bände der Theaterstücke. Wieder kann Schnitzler, seine Stücke lesend, vieles überprüfen, den Weg in die Vergangenheit unternehmen. Ende September 1912 bringt S. Fischer dann die vier Dramenbände zum Preis von 12 Mark (Leinen), 16 Mark (Halbleder) beziehungsweise 21 Mark (Ganzleder) heraus. Die Auflage von 5 000 Stück verkauft sich nicht ganz so gut wie die Erzählenden Schriften (Stücke will man nun einmal sehen, nicht lesen), bringen es aber bis 1918 auf insgesamt 18 000 Stück.

Unter den Dramen fehlt übrigens der „Reigen", weil er noch immer vom Wiener Verlag blockiert ist und weil Fischer ihn auch gar nicht riskieren wollte. Er wird sich erst 1931 (!) daran wagen.

Am 20. Juli 1912 reist Schnitzler mit „Frau, Kindern und Fräulein" auf die Insel Brioni. Es ist ein richtiger Urlaub – die Vormittage vergehen mit Baden, im übrigen macht man Ausflüge. Viele Bekannte sind hier – Zuckerkandls, die eine Villa besitzen, Schmidls, der Komponist Julius Bittner, den Schnitzler bei dieser Gelegenheit kennenlernt, der Vater Hofmannsthals. Schnitzler findet die Insel herrlich und freut sich auch an seinen Kindern, vor allem an der kleinen Lili, für die er hier mehr Zeit hat. Nachdem er die Fahnenkorrekturen des „Bernhardi" hinter sich gebracht hat, spielt er wieder ziellos mit mehreren seiner Stoffe herum.

Am 22. August erst, nach einmonatigem Aufenthalt, werden die beiden Kinder heimgeschickt. Schnitzler und Olga reisen nach Triest. Als sie am 24. ihr Hotel betreten, ist der Portier gerade damit beschäftigt, die Todesnachricht von Burgtheaterdirektor Alfred von Berger anzuschlagen. Sie reisen dann über Villach nach Gossensass, wo sie Julius und Helene sowie deren Verwandte, die Altmanns, treffen.

Beide Brüder Schnitzler sind gesundheitlich nicht in bester Verfassung: Julius, damals 47 Jahre alt, leidet an einer Magenkrankheit, Arthur quält sich seit Brioni mit mehreren Furunkeln. Eine Magenattacke zwingt Julius zu früherer Abreise, und Schnitzler und Olga begeben sich über München nach Tutzing, um wie immer die kranke Lisl Steinrück zu besuchen.

Dort trifft Schnitzler auch den von ihm so besonders geschätzten Heinrich Mann, der dann in München, wohin sie anschließend fahren, zu jenen Menschen gehört, mit denen Schnitzler fast täglich zusammen ist. Mann lobt den „Weg ins Freie" und erzählt von seinem neuen Roman, dem „Untertan". Im Bekanntenkreis finden sich neben Albert Steinrück der Dirigent Bruno Walter, der Olga eine Zeitlang unterrichtet hat, Frank Wedekinds Gattin Tilly und natürlich Mizi Glümer, die kaum gealtert ist, aber traurig und schlecht aussieht.

Olga Schnitzler benützt den Münchner Aufenthalt, um mit Agenten über Konzerte zu sprechen, während Schnitzler auch hier im Freundeskreis den „Professor Bernhardi" vorliest. Die Wirkung ist außerordentlich. Am 8. September treffen Schnitzler und Olga in Wien ein, um tags darauf, an deren erstem Todestag, Blumen am Grab von Louise Schnitzler niederzulegen.

Die Krankheit von Julius Schnitzler wird so rapid schlimmer, daß Schnitzler gerade als Arzt schwere Befürchtungen hegen muß. Als Julius am 21. September geröntgt wird und das Ergebnis zuerst alles andere als positiv aussieht – da spürt Schnitzler (vielleicht noch unter dem seelischen Druck des Todes der Mutter), wie sehr er sich um den Bruder, mit dem ihn eine so komplizierte Beziehung verbindet, sorgt: Er empfindet ganz elementare Angst um ihn.

Schon in seiner Jugend hat Schnitzler erkannt, daß er und der jüngere Bruder ganz ungleiche Naturen sind. Julius, als Kind „schlimmer", wird dann im Vergleich zu Arthur der „Brave", der als Student nicht die Nächte im Kaffeehaus verbummelt, sondern zur Freude des Vaters ernst und zielbewußt darauf hinarbeitet, ein großer Arzt zu werden, was ihm auch gelingt. Sein Ruf als Chirurg ist außerordentlich. Da Schnitzler selbst Arzt ist, kann er die Leistungen des Bruders besonders gut beurteilen. Manchmal erscheint ihm der Beruf des Bruders im Vergleich zu seinem im höchsten Sinn anständiger.

In ihren Studentenjahren sind die Brüder einander eher durch gemeinsames Interesse an Pferderennen als durch familiäre Bindung nähergekommen. Julius verhält sich dann in jeder Weise angepaßter als Arthur, heiratet jung und nicht eine Frau wie Olga, die sozusagen niemand ist, sondern eine „Partie", denn Helene Altmann (deren schlicht-naive Spießbürgerlichkeit Schnitzler manchmal zum Lächeln bringt) ist aus einer Familie, die Geld und Ansehen hat. Schnell werden drei Kinder, Hans, Karl und Annie, geboren, von denen Hans (selbst Arzt) und Annie (die den Arzt Ferry Donath heiratet) die Tradition der Familie aufrecht erhalten, während man auf Arthur Schnitzlers Seite beim Künstlerischen bleibt: Sohn Heinrich wird Schauspieler und Regisseur.

Arthur und Julius Schnitzler sind einander herzlich zugetan, haben aber beide Hemmungen, es zu zeigen. Über Allgemeines spricht man vorzüglich, Privates zu offenbaren, das vermögen sie kaum. Auch dürfte Julius, wie manchem seiner Urteile nach zu schließen ist, die im Grunde durchaus „indiskret" zu nennende Schreibweise Arthurs, in der verborgenste Seelenregungen aufgedeckt werden, manchmal peinlich gewesen sein, wenn er sich auch nie zu Aussprüchen versteht wie einst der Vater oder der gemeinsame Schwager Marcus Hajek.

Schnitzler wird diese problematische Bruderbeziehung, die doch neben der zu Sohn Heini seine menschlich-tiefste zu einem Mann ist, später einmal nach direktem Anstoß literarisch gestalten – in der Novelle „Wahn", die ihm dann vermutlich ihres starken autobiographischen Elements wegen so peinlich ist, daß er sie erst mehr als eineinhalb Jahrzehnte nach dem Entstehen (unter dem Titel „Flucht in die Finsternis") veröffentlicht – obwohl Julius in all seinen objektiven Tugenden darin ersteht.

Jedenfalls bedarf es sehr starker, aus dem Rahmen fallender Anstöße, um diese hinter einem Schleier der Konvention herzlich dahinfließende Bruderbeziehung in ihrem vollen Gefühlswert zu aktivieren. Die Angst, Julius könnte an Krebs erkrankt sein, läßt die beiden enger zusammenrücken. Aber die Befürchtung hat sich glücklicherweise als falsch herausgestellt, Julius kann durch Bettruhe wiederhergestellt werden – und sobald er völlig genesen ist, schleicht sich zwischen die Brüder wieder eine Distanz, die sich Schnitzler selbst nicht zu erklären vermag, die aber nicht wegzudiskutieren ist. Sobald es um persönliche Dinge geht, ist ein gewisser Ton der Verlegenheit nicht zu überhören, aber bei neutralen Gesprächsthemen gehen sie ganz locker aus sich heraus wie Freunde – oder Fremde.

Am Burgtheater herrschen nach Bergers Tod zerrüttete Verhältnisse. Schnitzler erfährt alles Neue stets aus erster Hand durch Else Speidel. In Hugo Thimig steht dem Haus allerdings ein Mann zur Verfügung, der seit Jahrzehnten erfolgreich hier wirkt. Naheliegenderweise wird er mit der provisorischen Führung betraut, und Schnitzler hofft, mit Thimig ein ebenso ersprießliches persönliches Verhältnis zu erlangen wie mit Berger. Tatsächlich kommen sie ganz gut miteinander aus, wenn man auch aus dem Ton von Thimigs Tagebüchern doch zu entnehmen meint, daß ihm die letzte Sympathie für den Dichter fehlt.

Thimig ist ein Verfechter strengsten Ensemblegeistes und allergisch gegen Starallüren. So verzichtet er auf ein Engagement von Albert Bassermann, als ihm dessen Forderungen zu unverschämt erscheinen, und duldet auch die Launen eines Arnold Korff nicht. Davon ist Schnitzler nun unmittelbar betroffen, da Korff nach dem Tod von Kainz sein bevorzugter Darsteller sein muß. Und wer soll der Sala sein, falls sich Schnitzlers Lieblingsidee verwirklicht, den „Einsamen Weg" endlich im Burgtheater zu sehen?

Sein aktuellstes Problem kann allerdings vom Burgtheater nicht bewältigt werden, und wie immer in solchen Fällen kommt das allzeit bereite Deutsche Volkstheater zum Zug. Gleich nach seiner Rückkehr reicht Schnitzler Direktor Weisse den „Professor Bernhardi" ein. Der zeigt sich von dem Stück entzückt und nimmt es an. Als gäbe es keine Zensur, wird der Uraufführungstermin für Anfang Dezember 1912 in Aussicht genommen.

Zur gleichen Zeit ist übrigens Viktor Barnowsky mit seinem Kleinen Theater auf Gastspiel in Wien und erzielt einen schönen Erfolg. Schnitzler, der ihn immer mehr als klugen Mann beurteilt, und der weiß, daß Brahm das Stück ohnedies nicht recht will, zeigt es also unverbindlich Barnowsky. Zwei Tage später erklärt dieser sich begeistert bereit, es zu spielen, und ist angeblich auch imstande, es zu besetzen. Am 28. Oktober unterzeichnen sie den Vertrag, der Barnowsky – was damals allerdings noch niemand weiß – die Uraufführung verschafft.

Schnitzler trifft mit Karl Glossy zusammen, dem einzigen Mitglied des für „Professor Bernhardi" eingesetzten Zensurbeirates, der dem Werk gegenüber positiv eingestellt ist. Glossy schildert später in seinem Buch über das Deutsche Volkstheater ausführlich die gesamte „Bernhardi"-Zensur-Affäre, die er ja aus allererster Hand kennt, ohne sich selbst an dieser Stelle als jener Zensurbeirat zu erkennen zu geben, der „dafür" war.[9]

Um seinem Stück jede Chance zu geben, besucht Schnitzler persönlich in der Statthalterei den Zensor, den Grafen Castell, der den „Bernhardi" selbst noch nicht gelesen, aber ein Gutachten in Händen hat, in dem darauf hingewiesen wird, das Stück könne möglicherweise die Ordnung stören. Jedenfalls versichert Castell Schnitzler höchst liebenswürdig, die Angelegenheit würde innerhalb von zehn Tagen erledigt.

Im Volkstheater unterhandelt Schnitzler währenddessen mit Hubert Reusch, der Regie führen, und Ferdinand Onno, der die Titelrolle spielen soll. Onno, der mit Begeisterung bei der Sache ist, wird zu jenen gehören, die sich unermüdlich für das Stück einsetzen. Er wird nach dem Verbot eine Vorlesung veranstalten, um den „Professor Bernhardi" auf diesem Weg einem interessierten Publikum zugänglich zu machen.

Obwohl Schnitzler bereit ist, mit maßvollen Strichen die Wünsche der Zensur zu berücksichtigen, wird das Stück am 25. Oktober verboten. Als diesmal (von den Sozialdemokraten) in Sachen Schnitzler im Parlament interpelliert wird, geschieht das erstmals zu seinen Gunsten, aber das Zensurverbot wird nicht aufgehoben. Für das intellektuelle Österreich, dem die Zensur natürlich ein Dorn im Auge ist, wird der „Bernhardi" nun ein Demonstrationsobjekt, um gegen diese Institution vorzugehen. Das Deutsche Volkstheater wendet sich sogar, wenn auch erfolglos, an das Ministerium des Inneren.

Ungeachtet der Unruhe, die „Professor Bernhardi" in Wien verursacht, laufen in Berlin bei Barnowsky die Vorbereitungen zur Uraufführung. Zwar hat der Berliner Polizeipräsident bezüglich des Verbots bei der Wiener Statthalterei angefragt und folgenden Bescheid bekommen: „Für das Verbot war nicht so sehr die in der Komödie diskutierte religiöse Frage entscheidend, als vielmehr die tendenziöse und entstellende Schilderung hierländischer Verhältnisse."[10] Was natürlich für Deutschland kein Grund ist, das Stück gleichfalls zu verbieten.

Also trifft Schnitzler am 11. November 1912 in Berlin ein, um den Schauspielern des Kleinen Theaters den „Bernhardi" vorzulesen und bei der ersten Arrangierprobe dabeizusein. Das Stück ist gut, stellt Schnitzler dabei wieder fest. Daneben aber dient der Berlinbesuch dazu, Brahm wiederzusehen, der hoffnungslos an Darmkrebs erkrankt ist, was der Arzt Schnitzler mit einem Blick diagnostiziert. Schmerzlich wird ihm bewußt, wie schnell die Zeit vergeht, was er auch angesichts von Berlin feststellt: Wie hat es sich seit seinem ersten Aufenthalt vor knapp einem Vierteljahrhundert im Jahre 1888 verändert! Kein Hotelzimmer ohne Bad und Telefon, die Straßen voll Autos, die Kinos, die Luftschiffe über der Stadt.

In den zehn Tagen, für die Schnitzler wieder nach Wien zurückkehrt, erhält er einen Besuch von Georg Brandes, dann fährt er, diesmal mit Olga, wieder nach Berlin. Otto Brahm scheint seine Krankheit leicht zu nehmen, aber Schnitzler ahnt, daß hier wieder jemand – wie wahrscheinlich schon Josef Kainz – der Welt den Ahnungslosen vorspielt, gewiß die edelste Rolle, um den anderen das eigene Sterben zu erleichtern.

Was den „Professor Bernhardi" betrifft, so ist die Berliner Zensur mehr als großzügig: Zensor Regierungsrat Klotz, den Schnitzler am 27. November 1912 in der Generalprobe trifft, verzichtet schließlich sogar auf den kleinen Strich, den er dem Autor noch abfordern wollte. Tags darauf findet in Anwesenheit von Julius und Helene, die zur Premiere gekommen sind, die Uraufführung des „Professor Bernhardi" mit großem Erfolg statt.

Am Vormittag hat Schnitzler Otto Brahm noch im Sanatorium besucht und ihn nach einer eben durchgeführten Operation bei schlechtem Befinden angetroffen. Nach der Premiere, bei der Feier im Hotel Adlon, erfährt er, daß Brahm quasi während der Vorstellung, um viertel elf Uhr abends, gestorben ist. Seine letzten Zeilen an Schnitzler stammen vom 1. Oktober, sagen Dank für die Buchausgabe der Theaterstücke und enden: „Wie vielen dieser

Werke fühle ich mich auf eine schöne und unvergeßliche Art verbunden!"[11]

Am nächsten Tag ist die im ganzen gute Kritik für „Professor Bernhardi" für Schnitzler völlig von Brahms Tod überschattet. Er besucht die Frau, die am ehesten als dessen „Witwe" gelten kann, Frau Regierungsrat Clara Jonas, die Gattin von Brahms langjährigem Verwaltungsdirektor Paul Jonas, die er in Tränen findet. Tags darauf, am 30. November, ist die zweite Vorstellung von „Professor Bernhardi" ausverkauft, und der Publikumserfolg zeichnet sich ab. Und wieder einen Tag später, am 1. Dezember, trifft Schnitzler in der Urnenhalle ein, um, wie Gerhart Hauptmann später schreibt, „unserem dahingeschiedenen Freunde Brahm in jener dämmrigen Halle Abschiedsworte in den Sarg"[12] nachzurufen. Hauptmann spricht als erster, dann Hans von Hülsen, dann Schnitzler, dann Emanuel Reicher, einer der letzten Schauspieler, der bei Brahm geblieben war (und den er als Professor Bernhardi eingesetzt hätte, falls er das Stück gespielt hätte), und schließlich der alte Mitkämpfer und Schnitzler-Feind Paul Schlenther.

Frei und unbefangen hat Schnitzler seine Abschiedsworte am Sarg gesprochen. Seine Gefühle für Brahm erwachen wieder voll und rein, als er später dessen Briefe liest und erkennt, daß dieser als Mensch, Mann und Freund in Humor, Haltung und Ernst unersetzlich ist. Er wird nie einem Besseren begegnen.

Am gleichen Abend reisen Schnitzler und Olga ab. Auf dem Bahnhof erscheint ein hochgestimmter Barnowsky mit Blumen und erklärt, die Vorstellung sei wieder ausverkauft und die Leute müßten scharenweise weggeschickt werden. Tatsächlich wird „Professor Bernhardi" das Zugstück seines Theaters und bringt es auf über 100 Vorstellungen. Als Schnitzler aber in Wien nach und nach alle Kritiken zu Gesicht bekommt, ringen sie ihm die Erkenntnis ab, daß Politik den Charakter verderbe, Kritik den Verstand.

Über 100 Vorstellungen – das ist selbst in Berlin viel, in einer Stadt, in der sich unmittelbare Betroffenheit durch das Stück ja gar nicht einstellen kann. Denn was diesen „Professor Bernhardi" so wirksam macht, und das unverändert bis in unsere Tage, ist die Erfassung zutiefst österreichischer Zustände. „Bernhardi" ist nur äußerlich ein Ärztestück. Der Ausgangspunkt: der Entschluß des behandelnden Arztes, einer Sterbenden den schönen Tod in Unwissenheit des Endes zu schenken. Daß dieses ärztliche Problem zugleich ein religiöses ist (denn der Priester muß darauf bestehen, ihr das Bewußtsein ihres Sterbens zu vermitteln), daß also zwei echte Interessen kollidieren, ergibt die Spannung des ersten Aktes. Aber das Stück handelt nun in der Folge davon, daß die Frage, um die es geht, nicht auf medizinisch-theologischer Ebene ausgetragen wird, sondern dort, wo sie gar nichts zu tun hat: auf politischer. Der Grund dafür ist in dem damals latenten österreichischen Antisemitismus zu suchen, der keine Gelegenheit auslassen kann, einem Juden etwas anzuhängen – und Professor Bernhardi ist Jude. Außerdem gibt es in der Spitalswelt noch interne machtpolitische Kämpfe. Bernhardi, dem man flugs „Religionsstörung" anhängt, könnte sich von den Folgen dieser Beschuldigung ohne weiteres freikaufen, wenn er mit seinen Gegnern ein wenig „handeln" würde, wenn er einen Posten nicht nach Verdienst, sondern nach Parteizugehörigkeit besetzte und damit den anderen mehr Macht einräumte. Aber für Bernhardi kann nur der Bessere in Frage kommen (wobei man absolut sicher ist, daß er auch dann den Besseren wählen würde, wenn dieser auf der Gegenseite stünde) – und dann erst besinnt sich die Gegenseite auf die „Überzeugungen", auf die angeblich verletzten religiösen Gefühle, die hier so gut in den Kram passen, und beginnt die Hexenjagd auf den Professor. Wenn es erlaubt ist, die Sache so simpel zu formulieren, handelt das Stück letzten Endes davon, daß der Beste nicht in Frieden leben kann, wenn es dem bösen Nachbarn nicht gefällt.

„Gäbe es nicht Strebertum, Parlamentarismus, menschliche Gemeinheit – Politik mit einem Wort"[13], heißt es in dem Stück, das Schnitzlers echten Abscheu vor der Politik bekundet (und möglicherweise erklärt, warum er sich damit bis zum „Weg ins Freie" in seinem Werk kaum befaßt hat). An dieser Stelle wird, wenn die Regie es nicht verhindert, bis heute bei „Bernhardi"-Aufführungen in Österreich stürmisch geklatscht, was nicht verwundert in einem Land, wo Politik und Politiker (was wissenschaftlich erwiesen ist) nicht nur ein geringes, sondern sogar ein ausgesprochen negatives Image haben. Geklatscht wird übrigens in Wien auch meistens, wenn Cyprian sagt: „Zum Volk willst du sprechen? Zu unserer Bevölkerung?"[14], was beweist, daß das Publikum im Theater durchaus bereit ist, sich mit den „Guten" auf der Bühne zu identifizieren (selten sind bei Schnitzler die Fronten so klar geschieden wie in diesem Stück), und daß die Verachtung des einzelnen Wieners für „die Wiener" an sich (eine nicht wegzudiskutierende Eigenschaft) nach wie vor existiert. Schnitzler selbst wußte sich nicht ganz frei davon und hat schließlich zu diesem Thema unter anderem die Volksszenen des „Jungen Medardus“ geschrieben.

Professor Bernhardi als Person hat die mannigfaltigsten Interpretationen gefunden, von der hanebüchenen des Kritikers Marco Brociner, der Bernhardi nach der Wiener Erstaufführung einen Anatol in „Verkaufts mei G'wand, i fahr in Himmel“-Stimmung nennt, bis zur modernen Germanistik, wenn man beispielsweise in ihm ein „Viech“ sieht, weil er ans Jenseits nicht zu glauben vermag, und als ein die „Dornenkrone“ tragendes autonomes Individuum, dessen Intention – Trennung des Privaten vom Allgemeinen – mißlingen muß.[15] Dabei wird Bernhardis dezidierter Wunsch, sich nicht mit der Politik einzulassen, von einigen Interpreten kritisiert (ebenso wie die diesbezügliche Einstellung Schnitzlers).

Nach der Schlußpointe wird das Publikum etwas abrupt entlassen. Was geschieht dann mit Professor Bernhardi? Wer Österreich kennt, dem erscheint es am plausibelsten, daß ein sehr österreichischer Mechanismus in Kraft tritt: Daß nämlich Dinge, um die furchtbar viel Wirbel gemacht wurde, plötzlich verschwinden, als wären sie nie gewesen. Sie werden Professor Bernhardi, nachdem sie ihre Hetzjagd gehabt haben, vielleicht sogar in Ruhe lassen – damals im Österreich der k. u. k. Monarchie. Später gewiß nicht mehr, aber diese Konsequenz kann Schnitzler nicht erahnen. Und nichts in seinen Aufzeichnungen, auch nicht am Ende seines Lebens, 1931, weist darauf hin, daß er etwas von den vollen Konsequenzen des Nationalsozialismus erahnt hätte. Das hätte sogar seine Vorstellungskraft (die in bezug auf das Negative im Menschen recht groß war) überschritten.

Immer wieder wird erwähnt, und Schnitzler bestreitet es auch nicht, daß Bernhardi Pfarrer Reder gegenüber im Unrecht ist. Am großen Gespräch der beiden hat Schnitzler viel gefeilt, und es ist ihm möglicherweise nicht in voller Aussagekraft gelungen. Daß er den Pfarrer zugestehen läßt, Bernhardi hätte von seinem Standpunkt aus auch recht gehabt, daß er ihn einer Versöhnungsgeste für fähig hält, zeugt von Schnitzlers wirklich allumfassender Toleranz (wie er ja selbst gesagt hat, seine Fähigkeit, sich in andere Seelen zu versetzen, ginge fast zu weit), eine Toleranz, die ihn auch seine persönliche Abneigung gegen den Katholizismus überwinden ließ – und das nicht nur aus dramaturgischen Gründen. Entscheidend bleibt für Schnitzler das Faktum, daß Bernhardi, als er den Pfarrer vom Krankenbett zurückhält, als Arzt und nicht als Jude handelt (aber natürlich als nicht gläubiger, nicht katholischer Arzt). Daß seine Feinde in ihm aber den Juden und nicht den Arzt angreifen – darum geht es. Nur darin liegt das Problem.

Daß der „Professor Bernhardi" trotzdem bis heute brisant ist, scheint erst einmal auf die absolute Authentizität zurückzuführen zu sein, mit der hier österreichisches Milieu gezeichnet wird, österreichische Verhaltensweisen, die so festgefahren sind, daß alle politischen Umwälzungen sie nicht berührten. Heute wie einst können sich Beamte, Katholiken und (soweit noch existent?) Antisemiten von dem Stück betroffen fühlen. Auch heute noch mag jemand entrüstet darüber sein (wenn auch vielleich nach den Erfahrungen des Dritten Reiches nicht mehr laut ausgesprochen), was sich dieser präpotente (oder, um im Jargon des Stücks zu bleiben, „präponderante") Jude da herausnimmt – wobei ebenso Bernhardi wie Schnitzler gemeint sein kann. Und die anderen mögen nach wie vor denken: Genau so ist es in Österreich, und es wird sich nicht ändern. Und wehe dem, der diese Unterstellung ausspricht! Der Beweis wurde angetreten, als Piero Rismondo, einer der nobelsten Kritiker Wiens, nach der Wiener Aufführung von 1965 derartige Überlegungen niederschrieb – und seiner Universitätsstellung verlustig ging. Das Ewige in „Professor Bernhardi" ist das Österreichische. Und da anzunehmen ist, daß sich daran nichts ändern wird (ändern kann?), denkt man an die seltsamen Verflechtungen der Politik in diesem Land, benötigt man dieses Stück immer wieder, damit es die Finger auf Wunden lege und zeige, was faul ist im Staate Österreich.

Dieses Jahr 1912, in dem Schnitzler seinen 50. Geburtstag feierte, endet für ihn zweispältig. Erfreulich die Nachricht des Buchhändlers Heller etwa, die „Gesammelten Werke" gingen als Weihnachtsgeschenk vorzüglich, belastend hingegen Olgas immer wachsende Unzufriedenheit, weil ihre Sängerinnenkarriere keine Fortschritte macht.

Latent beunruhigend ist auch die politische Situation. Gespräche im Gesellschaftskreis drehen sich um Kriegsgefahr, und man konstatiert, Börsenschwankungen in diesem Ausmaß noch nicht erlebt zu haben. Ein Opfer der Entwicklung ist die den Schnitzlers so eng befreundete Familie Bachrach geworden. Der Vater, vor kurzem noch sechs Millionen schwer, hat sein ganzes Vermögen an der Börse verloren. Die Nachricht von seinem Selbstmord erreichte Schnitzler in Berlin, drei Tage vor Otto Brahms Tod. Nach seiner Rückkehr findet er die Mutter mit den beiden Töchtern in desolaten

Verhältnissen vor, von einer gnadenhalber überlassenen Rente jener Banken abhängig, mit denen der Vater verbunden war.

„Die Mädeln sollen verdienen", ist die allgemeine Ansicht. Stephi und Mimi stehen vor einer ungewissen Zukunft und sind sicher trübselig gestimmt, als sie am 24. Dezember (mit Arthur Kaufmann, Gustav Schwarzkopf und Frieda Pollak, seit 1909 Schnitzlers Sekretärin) zur „Bescherung" geladen sind. Auch die Silvesterfeier findet diesmal bei Schnitzlers statt und beendet 1912: das Jahr der drei Toten (Burckhard, Berger, Brahm), das Jahr des „Professor Bernhardi", ein Jahr, das Schnitzler viel Kraft gekostet hat. Er wird längere Zeit durch Arbeitsunfähigkeit daran zu tragen haben.

13. IM KAMPF MIT DER ZENSUR 1913 UND 1914

Durch den Berliner Erfolg des „Professor Bernhardi“ bestärkt, sind weder Schnitzler noch das Deutsche Volkstheater bereit, das Verbot des Stückes in Wien als endgültig hinzunehmen. Man bringt einen Rekurs ein, Weisse begibt sich persönlich zu Minister Heinold, und die Angelegenheit schlägt hohe Wellen. Freilich sind durchaus nicht alle auf Schnitzlers Seite. So erzählt ihm Julius, in Ärztekreisen sei die Stimmung gegen das Stück sehr stark. „Gut, daß du schon Professor bist“, sagt Louis Mandl zu Julius, „nach dem Bernhardi wärst du's nicht geworden.“ Immerhin, da sind noch die Freunde: Moriz Benedikt, den Schnitzler im Jänner auf dem Semmering trifft, fragt, was er in der „Neuen Freien Presse“ für das Stück tun könne. Nichts, lehnt Schnitzler dankend ab.

Während in Berlin bereits die 50. Aufführung des „Professor Bernhardi“ läuft, erwägt Weisse eine geschlossene Vorstellung, was eine Lücke im Gesetz darstellt; am 28. Jänner 1913 wird das Verbot jedoch bestätigt. Gleichzeitig kommt aus Berlin die Meldung von der ungebrochenen Zugkraft des Stückes, und Barnowsky lädt Schnitzler vorsorglich jetzt schon zur 100. Vorstellung ein.

Am 1. Februar wird Schnitzler auch die Reaktion auf den „Bernhardi“-Rekurs bekannt: Das Stück setze herab und entstelle, heißt es da. In Österreich ist also im Moment nichts zu wollen. Aber am 7. Februar reist Schnitzler nach München, wo er am gleichen Tag die Generalprobe des Werkes im Schauspielhaus sieht. Tags darauf, bei der Premiere, wird er mit Ovationen überschüttet. Auch bei der zweiten Vorstellung verbeugt er sich – er hat solche Applausstürme persönlich noch nicht erlebt. Im übrigen sind die wenigen Münchner Tage für Schnitzler sehr ausgefüllt: Er hört eine Aufführung von Hofmannsthals und Strauss' „Ariadne auf Naxos“ unter der Leitung von Bruno Walter und sieht eine Picasso-Ausstellung.

Arbeitsmäßig kann sich Schnitzler zu Beginn des Jahres 1913 lange zu nichts entschließen. Schließlich korrigiert er die Novelle „Frau Beate und ihr Sohn" zu Ende, die ihm, als er sie etwa ein Jahr zuvor Olga vorgelesen hat, so schwach vorgekommen ist. Nun bringt er sie am 24. Jänner einem größeren Freundeskreis zur Kenntnis: Beer-Hofmann, Hofmannsthal, Kaufmann, Vanjung, Salten, Wassermann und Schwarzkopf sind anwesend. Anschließend kommt es zu einer lebhaften Diskussion. Das Werk interessiert, findet aber aus ethischen Gründen viel Widerspruch. Die Freunde sind immerhin innerlich genug damit beschäftigt, um später auch im Gespräch unter vier Augen mit Schnitzler die Rede darauf zu bringen, wobei sich besonders Arthur Kaufmann höchst abschwörend äußert. Dennoch läßt Schnitzler die Novelle von Februar bis April in der „Neuen Rundschau" erscheinen.

Nun gehört „Frau Beate" zu jenen Werken, die auch ausgesprochenen Schnitzler-Freunden zuwider sein können. Manchmal, so scheint es, ist seine schonungslose Ehrlichkeit der Mitwelt peinlich, manchmal will sie gar nicht so genau wissen, was in Menschenseelen alles Platz hat. Unter der schönen Fassade der Frau Beate geht ja wirklich viel Abgründiges vor. Was Brahm an „Bernhardi" sozusagen vermißt hat, hier ist es wieder: Diese Erzählung vibriert vor Erotik. Der wirklichkeitsgetreue, Schnitzler selbst so wohlbekannte Rahmen ist das Leben in der Sommerfrische, wo sich kurzfristig viele Beziehungen ergeben, die sich im Alltag wieder mühelos auflösen. Frau Beate geht wohl auf die 40 zu, ist seit fünf Jahren Witwe, weiß, daß sie in ihrem Schauspielergatten eher Hamlet und Cyrano geliebt haben mag als diesen selbst, und ist nun völlig auf ihren siebzehnjährigen Sohn Hugo fixiert. Dessen junger Schulkollege gibt ihr das Gefühl, noch begehrenswert zu sein, und sie läßt sich mit ihm ein. Als sie aber ein Gespräch zwischen ihm und einem anderen jungen Mann belauscht, wird ihr klar, wie unendlich demütigend es ist, das obligate Ferienabenteuer eines Jünglings mit einer reifen Frau darzustellen.

Faszinierend die Verwirrung der Gefühle am Ende, wenn für Beate in der Person Hugos der tote Gatte und der junge Geliebte ineinanderfließen, wenn die Mutter und der verzweifelte Sohn, der selbst aus den Armen einer älteren Geliebten kommt so wie sie aus denen eines Jünglings, sich lebensmüde und liebes- wie todestrunken gemeinsam in den See gleiten lassen, wobei Schnitzler das Inzestmotiv so diskret angedeutet hat wie möglich, ohne daß es aber geleugnet werden könnte.

Es ist verständlich, daß diese „blutschänderische Brunst"[1] für manche Interpreten anfechtbar sein muß, eine Verirrung bedeutet. Wenn man aber aufhört, dem Dichter gleichsam vorzuwerfen, was seine Gestalten fühlen, dann muß man sagen, daß dieses Kreisen um den Eros unendlich delikat und differenziert erzählt ist. Schnitzler läßt hier ohne Scheu und Scham seine Phantasie spielen und ist seinem heiklen Thema, wobei er Lüsternheit und Ernüchterung noch schärfer akzentuiert als früher, voll gewachsen. Im übrigen schildert er diesmal so deutlich Pathologisches, daß es kein Wunder ist, daß sich die Freud-Schüler gerade auf dieses Werk stürzen werden.

Fischer bringt noch im gleichen Jahr die Buchausgabe der Novelle in einer Erstauflage von 12 000 Stück (im ganzen werden es 18 000 bis 1922) heraus.

Ende März 1913 wird die Frage einer geschlossenen Vorstellung von „Professor Bernhardi" durch das Ensemble des Deutschen Volkstheaters wieder aktuell. Der Buchhändler Hugo Heller engagiert sich in vorderster Front für das Unternehmen und sammelt auch die Unterschriften Prominenter, die dafür sind.

Als das Ministerium sich geschickterweise für „inkompetent" erklärt, über eine geschlossene Vorstellung zu entscheiden, bleibt das Risiko allein beim Deutschen Volkstheater. Aber die Aufführung zu wagen, auf daß sie dann möglicherweise vor dem Aufgehen des Vorhangs untersagt wird – dazu ist Weisse nicht bereit. Also müssen jene Wiener, die das Stück auf der Bühne sehen wollen, wie Schnitzler selbst am 16. April nach Budapest fahren, wo Barnowskys Kleines Theater gastiert und eine durchaus gute Presse erhält. Bei dieser Gelegenheit lernt Schnitzler übrigens den Dramatiker Franz Molnár kennen, mit dessen Stück „Teufel" er sich einst nicht anfreunden konnte. Molnár selbst gefällt ihm jedoch durchaus: Der Eindruck ist verlumpt, sentimental, hochstaplerisch und melancholisch, eine interessante Mischung.

Hugo Heller will nun vor den Toren Wiens, in Preßburg, eine Aufführung des „Professor Bernhardi" organisieren und auch für den Transport des Publikums sorgen, aber auch das kommt nicht zustande. Denn auf einen Antrag des „liberaljüdischen Kammerrats" verweigert das Preßburger Theaterkomitee die Aufführung. Hellers persönliche Intervention in Preßburg erreicht nichts, weil man ihm ganz offen sagt, man könne aus „Courtoisie" den Wiener

Behörden gegenüber gar nicht anders, als „Professor Bernhardi" nicht zuzulassen. Wie wahr sei sein Stück, erkennt der Dichter.

Bei dieser Gelegenheit muß sich Schnitzler nicht nur den hämischen Triumph der alten Feinde, der Deutschnationalen und der Christlichsozialen, gefallen lassen, sondern auch den aus den eigenen Reihen. Etwa aus der Feder von Robert Hirschfeld, der die Sakramente gegen ihn verteidigt und vor den Klerikalen kriecht.

Ein Mann hebt das Verdienst von Hirschfeld, den „Schnitzler-Kult" nicht mitzumachen, besonders hervor: der christlichnational eingestellte Max von Millenkovich, der zu Schnitzlers Pech vier Jahre später Burgtheaterdirektor wird. Hirschfeld bekommt seine Attacke auf Schnitzler vorzüglich: Er darf sich als der edle, anständige Jude feiern lassen, der es Schnitzler sozusagen „gibt". Freunde, wie Berta Zuckerkandl, die daraufhin eine Art Erwiderung schreibt, sind in der Minderzahl. Später muß sie sich in ihrer Redaktion sagen lassen: „Haben Sie das nötig?"

Schnitzler kann sich nach einigem Ärger dazu bringen, seine Situation – so sehr es ihn doch bedrückt, im Kreuzfeuer der Attakken zu stehen – weniger persönlich-schmerzlich zu betrachten, sondern den allgemeinen Gesetzmäßigkeiten unterworfen: Seine Erlebnisse empfindet er als die typischen des fünfzigjährigen Künstlers, der viel erreicht hat. Freunde fallen ab, andere, die man gefördert hat, verleumden einen. Schnitzler denkt an Kerr, an Goldmann, an Ehrenstein.

Die Auseinandersetzungen, auf die Schnitzler anspielt, haben sich alle in den letzten Jahren zugetragen – Kerr, der so herabsetzend und verständnislos über „Das weite Land" geschrieben hat; Paul Goldmann, mit dem Schnitzler Ende 1910 schriftlich darüber abgerechnet hat, wie dieser sich privat immer günstig, in seinen Kritiken aber meist übel geäußert hat, und schließlich Albert Ehrenstein, ein Fall für sich, der 1905 als Neunzehnjähriger Schnitzler über den Weg läuft, auf Mitleid spekuliert, Anteilnahme erhält, später deutliche Zeichen von Verfolgungswahn zeigt, dann Anschluß an die Kreise von Polgar und Karl Kraus findet. Ehrenstein dankt Schnitzler seine Bemühungen um ihn, zu denen dieser in keiner Weise verpflichtet war, indem er Kraus Erfundenes aus Schnitzlers Mund erzählt und sich brieflich dumm-frech rechtfertigt, was Schnitzlers Gerechtigkeitssinn viele Stunden mit einer Antwort beschäftigt. Ehrenstein betätigt sich in Zukunft mit Heckenschützen-Angriffen gegen Schnitzler, was der Dichter nur zu den vielen unerfreulichen Erfahrungen eines Dichterlebens legen kann.

Es verwundert nicht, daß Schnitzler in dieser Atmosphäre keinen sehr ersprießlichen 51. Geburtstag feiert. Auch hat sich die Ehekrise so verschärft, daß Olga davon spricht, „durchzugehen". Der Dichter sitzt an diesem Tag auf seinem Balkon, allein, die Luft ist schön, und er weint, ohne sich dessen zu genieren, bittere Tränen. Glücklich vermag er sich nicht zu fühlen. Und in der Folge ist zwischen ihm und Olga immer öfter von Trennung die Rede.

Schnitzler arbeitet wenig, geht oft allein ins Kino, ist von seinen monomanen Zwangsvorstellungen geplagt. In solchen Perioden seines Daseins ist er ganz froh, wenn sich Dritte zwischen ihn und seine Probleme stellen. Er spielt oft Tennis, hat viele Menschen um sich. Albert Bassermann, der damals jede Ensemblebindung aufgegeben hat und zum reisenden Star geworden ist, tritt auf in der Neuen Wiener Bühne in „Puppenspieler", „Die letzten Masken" und „Literatur". Auch Albert Steinrück gastiert in Wien, folglich ist Lisl wieder einmal da. Am 9. Juni – der Zeppelin steht über Wien – wollen Schnitzler und Olga in die Schweiz reisen, werden tags darauf aber von einem Telegramm über eine Scharlach-Erkrankung Heinis zurückgeholt. So muß Schnitzler in Wien bleiben, in einer häuslichen Atmosphäre, die dumpf bis unerträglich ist. Olga und Schnitzler streiten nun über fast alles, und seine Nerven sind in einem so überreizten Zustand, daß er imstande ist, im Kino über eine kitschige Abschiedsszene zu weinen.

Obwohl die finanzielle Situation nun größere Reisen erlauben würde, verbleiben die Schnitzlers in einem gewissen stereotypen Sommerschema, was gewiß mit der Rücksicht auf die kleinen Kinder, wohl aber auch mit dem mangelnden Bedürfnis, miteinander allein zu sein, zu tun hat. In Brioni treffen sie ebenso Bekannte wie in Venedig. In der Schweiz feiern sie ihren zehnten Hochzeitstag, und ein Ausflug nach München hat wie immer private (Lisl) wie berufliche Gründe (diesmal „Der Ruf des Lebens" unter Erich Ziegel an den Kammerspielen, „Liebelei" mit der gealterten Mizi Glümer nun als Frau Binder am Schauspielhaus und Verhandlungen mit Clemens von Franckenstein über den „Einsamen Weg" für das Hoftheater). Am 21. Juli 1913 haben sie Wien verlassen, am 12. September, einen Tag vor Lilis 4. Geburtstag, kehren sie zurück.

„Professor Bernhardi" ist mittlerweile in Deutschland viel gespielt worden. Nach seiner Rückkehr findet Schnitzler zahlreiche Kritiken vor, wobei viele Interpreten in Bernhardi einen Mann sehen wollen, der klein beigibt – was er natürlich ebensowenig tut wie sein Schöpfer. Schnitzler und das Deutsche Volkstheater liegen nach wie vor im Kampf mit der Zensur (der glücklicherweise für ihn der letzte ist). Adolf Weisse sucht über Katharina Schratt den Umweg zum Kaiser. Wenn sich „nur" die Beamten beleidigt fühlen, erklärt dieser, dann könne er etwas dafür tun. Wenn es aber wegen der Klerikalen verboten sei, dann müsse es wohl verboten bleiben.

Immerhin bringt eine Intervention von Frau Schratt die Sache ins Rollen. Nun entschließt sich auch Zensor Castell, für den „Professor Bernhardi" einzutreten. Aber die Gegenseite ist nicht untätig. Der Abgeordnete Bielohlawek, berühmt-berüchtigt geworden durch seine Aussprüche: „Wenn i a Büchl seh', hab' i schon g'fressen" und „Wissenschaft ist, was ein Jud vom anderen abschreibt", polemisiert in einer „Rudolfsheimer Presseversammlung" gegen das Stück. Dabei verteidigt er die Zustände in Österreich gegen die frechen Lügen der Juden. Am Ende ist aber auch die neue Initiative verpufft, und selbst Minister Heinold kann aus Angst vor der Christlichsozialen Partei das Verbot nicht aufheben.

Dem „Professor Bernhardi" ist es einfach nicht bestimmt, vor dem Ende der Monarchie in Wien das Licht der Bühne zu erblicken. Dafür wird die Vertonung der „Liebelei" durch Franz Neumann drei Jahre nach der Uraufführung in Frankfurt nun auch in Wien gespielt. Die Premiere am 14. Oktober 1913 an der Volksoper ist ein großer Erfolg. Und da die Volksoper als christlichsoziales Haus gilt, loben in diesem Fall auch die antisemitischen Blätter.

Am Burgtheater wird nun eine der Lieblingsideen Schnitzlers spruchreif: Endlich soll „Der einsame Weg", wegen Schlenthers Ablehnung hier noch nie gespielt, zur Aufführung kommen. Anstelle des unzuverlässigen Arnold Korff hat Hugo Thimig den (wie sich bald herausstellen wird) ebenso unzuverlässigen Harry Walden engagiert, der den Sala spielen soll. Schnitzler sieht ihn in der Rolle des Cyrano de Bergerac und kann Josef Kainz nicht aus seinem Gedächtnis bannen. Dennoch wird Walden einer der großen Schnitzler-Schauspieler der nächsten Jahre.

Die Proben beginnen am 3. November, und wenn offiziell auch Max Devrient, der selbst den Fichtner spielt, Regie führt, so ist es doch wieder einmal Schnitzler, der als graue Eminenz im Zuschauerraum waltet und seine alte Erkenntnis immer neu bestätigt findet, die Burg sei einfach das einzig mögliche Theater.

Mitten in den Strudel der Intrigen sieht sich Schnitzler hineingezogen, als es nun endgültig darum geht, den neuen Burgtheaterdirektor zu bestellen. Richard Rosenbaum, dem er sehr verbunden ist, strebt die Stellung an, hat als Jude aber natürlich keine Chance. Auch Paul Eger, Schnitzler aus dessen Prager Zeit gut bekannt, bittet den Dichter um Intervention zu seinen Gunsten. Freund Hermann Bahr mischt eifrig mit, aber die ganze Angelegenheit ist so verwickelt, daß selbst Schnitzler erst Monate später erfährt, daß sein doch recht intimer Freund Gustav Schwarzkopf seit April 1913 als „literarischer Beirat" am Burgtheater wirkt. Aus der ganzen Geheimniskrämerei geht Monate später schließlich Hugo Thimig als Sieger hervor, zweifellos zum besten des Hauses.

In diesem zu Ende gehenden Jahr 1913 hat Schnitzler mit Ausnahme der Vollendung von „Frau Beate und ihr Sohn" nichts fertiggestellt. Einiges kam ihm in die Hände, das Schauspielerstück, erst „Herbot" genannt, später „Große Szene"; die Einakter „Bahnhof" (später „Das Bacchusfest") und „Ormin" (später „Die Stunde des Erkennens") – alle drei Stücke werden später von Schnitzler zu dem Einakterzyklus „Komödie der Worte" zusammengefügt; Schnitzler hat die Novelle „Wahn" (später: „Flucht in die Finsternis") begonnen, immer wieder einmal das „Sommerstück" (später: „Im Spiel der Sommerlüfte") hergenommen, bisweilen an sein „Weiher"-Stück (später: „Der Gang zum Weiher") nachgedacht.

All das zeigt, daß das Divergierendste nebeneinander in ihm Platz hat, daß er von einem einzelnen Stoff allein fast nicht mehr zu fesseln ist. Im September fühlt er, daß er in einer ziemlich schweren Störung seiner Schaffenskraft befangen ist, die überwunden werden muß. Seit mehr als einem Jahr hat er keinen definitiven Satz mehr niedergeschrieben. Neben dem „Theaterroman" ist es das Journalistenstück, das sich meldet, und obwohl Berta Zuckerkandl ihm erzählt, in Paris werde „Les deux canards" von Tristan Bernard gespielt, das fast dieselbe Handlung hat, stellt er Ende des Jahres „Fink und Fliederbusch" einmal vorläufig fertig.

Die letzten Tage des Jahres 1913 widmet Schnitzler der Lektüre des Buches „Arthur Schnitzler als Psycholog". Autor ist der Freud-Schüler Theodor Reik, damals erst 25 Jahre alt. Er hat auf sich aufmerksam gemacht, als er in Alfred Kerrs Zeitschrift „Pan" gegen Karl Kraus' perfiden Artikel zu Schnitzlers 50. Geburtstag replizierte. Er hat auch anderes über Schnitzler publiziert und ist vom Dichter mit seiner Idee, ein Buch über ihn aus psychoanalytischer Sicht schreiben zu wollen, mit Sympathie aufgenommen worden.

Schnitzler und die Psychoanalyse ist in einigen Spezialstudien behandelt worden. Schon 1906 hat Sigmund Freud Schnitzler brieflich erklärt, er wundere sich, „woher Sie diese oder jene geheime Kenntnis nehmen könnten, die ich mir durch mühselige Erforschung des Objekts erworben"[2]. Nun hat Schnitzler sich in seiner ärztlichen Vergangenheit damals mit der Psychoanalyse (nicht zuletzt durch viele von ihm verfaßte Buchrezensionen zu diesem Thema) beschäftigt und auch auf die Lektüre von Freuds „Traumdeutung" mit lebhaften Träumen reagiert. Daß in seinen Dramen und Erzählungen immer wieder Motive, seelische Zustände auftauchen, deren genaue Erforschung man Freud verdankt, ist zweifellos nicht auf unmittelbare Kontakte mit Psychoanalytikern zurückzuführen, sondern auf das, was Freud später Schnitzlers „Intuition" nennen wird, die Folge „feiner Selbstwahrnehmung"[3].

Sigmund Freud ist schnell von seiner „Schule" überholt worden, und Schnitzlers Werk ist natürlich besonders ergiebig, um unter dem Gesichtspunkt der praktischen Psychoanalyse betrachtet zu werden. Und dennoch gibt es Gegenstimmen zu der Methode, die Figuren eines Dichters wie lebende Menschen zu behandeln und gleichsam auf die Psychiatercouch zu legen. Schnitzler, der Reik schätzt und immer wieder gern mit ihm persönlich spricht, hält es für einen grundlegenden Fehler der Psychoanalyse, daß sie überinterpretiert. In diesem Sinn schreibt er an Reik: „Über mein Unbewußtes, mein halb Bewußtes wollen wir lieber sagen, weiß ich aber noch immer mehr als Sie, und nach dem Dunkel der Seele gehen mehr Wege, ich fühle es immer stärker, als die Psychoanalytiker sich träumen (oder traumdeuten) lassen. Und gar oft führt ein Pfad noch mitten durch die erhellte Innenwelt, wo sie – und Sie – allzufrüh ins Schattenreich abbiegen zu müssen glauben."[4]

Jedenfalls stärkt Reik mit seinem Buch, das auch im Freundeskreis viel besprochen wird, Schnitzlers latentes Interesse an der Psychoanalyse von neuem, und er findet vor allem die Gespräche mit Reik darüber sehr anregend. In seinem Tagebuch werden mit den Jahren nicht nur die allgemeinen Notizen, sondern auch die Schilderungen seiner Träume (wobei er die Analyse gleich hinzufügt) immer ausführlicher. Der Wissenschaftler, oder, wie er selbst sich am liebsten nennt, der „Naturforscher", nimmt in seinem Wesen doch einen viel breiteren Raum ein, als man angesichts des Dichters im allgemeinen wahrhaben will.

Das Jahr 1914 bringt für Olga Schnitzler zu Beginn wieder einmal eine Enttäuschung – ein Liederabend der Zweiunddreißigjährigen in München bleibt ohne Erfolg – und für Schnitzler den Abschluß längerer Verhandlungen: Im Februar läuft der Film „Liebelei" in Wien an. Es war die dänische Nordisk-Film, die sich um den Stoff beworben hat, und Schnitzler (im Lauf seines Lebens ein immer intensiverer Kinogeher) hat selbst das Drehbuch verfaßt, wobei er sich ebenso gegen Zwischentitel wie gegen die Orchesterbegleitung wehrt. Abgesehen davon, daß die Handlung nun in Dänemark spielt (Kopenhagen ist der unverkennbare Schauplatz), findet Schnitzler es im Ganzen nur einen mäßigen Genuß.

Wie weit man über die Möglichkeiten des Theaters hinausgehen kann, wird ihn später nicht nur dazu bringen, in der Verfilmung des „Jungen Medardus" Napoleon auftreten zu lassen, sondern zeigt sich schon in der „Liebelei", wenn etwa das Duell zwischen Fritz und dem Herrn gezeigt wird. Die Wiener Kritik findet, das Stück komme ohne das Wiener Milieu „nie zur vollen Geltung"[5], aber Schnitzler ist nach der ersten praktischen Erfahrung ganz für die neue Kunst gewonnen und hat auch schon eine (nie realisierte) Filmbearbeitung für seine Novelle „Die Hirtenflöte" verfaßt. Daß es in der Folge erst 1921 („The Affairs of Anatol" in den USA) beziehungsweise 1923 („Der junge Medardus" mit einem von Schnitzler selbst verfaßten Drehbuch) zu weiteren Schnitzler-Verfilmungen kommt, liegt zuerst am Stagnieren der Produktion durch den Krieg und danach nicht an mangelnden Angeboten, sondern an dem Fallenlassen vieler Projekte von seiten der Filmgesellschaften. Ab 1925 wird dann kein Jahr vergehen, ohne daß man Schnitzler zahlreiche seiner Stücke und Novellen zur Verfilmung abkaufen will.

Während Schnitzler mit Olga in München ist, hat am Burgtheater sein Einakter „Literatur" (mit Lili Marberg, Otto Tressler und Albert Heine) Premiere; am 19. Februar folgt „Der einsame Weg", den er plötzlich für überschätzt hält. Bei der Premiere findet er dann den Beifall etwas dünn, aber die Kritiken sind nach eigener Einschätzung in ganz gutem Ton gehalten. Ein sehr guter Kassenerfolg scheint sich anzubahnen, als das Stück am 3. März plötzlich wegen „Erkrankung" von Harry Walden abgesagt wird. Die wüsten Schauergeschichten von Schulden und Selbstmorddrohungen, die dahinterstecken, hat Hugo Thimig in seinem Tagebuch ausführlich aufgezeichnet. Schnitzler fände das, was er von Rosenbaum als seiner direkten Quelle erfährt, menschlich-psychologisch recht interessant, wenn es ihn persönlich finanziell nicht so teuer zu stehen käme, daß der Erfolg des Stücks durch die Launen eines Stars nicht ausgenützt werden kann.

Immer weiter zieht sich die „Professor Bernhardi"-Angelegenheit. Das Stück, das nun schon in New York und Stockholm erfolgreich ist, darf in Wien noch immer nicht gezeigt werden. Als Schnitzler bei einer Vorlesung in Wien (wozu er sich selten herbeiläßt) nicht nur den zweiten Akt des Stückes, sondern auch das Zensurverbot als „Draufgabe" vorliest, hat er stürmischen Erfolg.

Das Deutsche Volkstheater ist wirklich ohne Unterbrechung tätig, in Sachen „Bernhardi" nachzustoßen, neue Striche zu erwägen, und Schnitzler hört am 30. April von Zensor Glossy, den er in Josef Jarnos neu eröffnetem Stadttheater trifft, das Stück sei auf gutem Weg zur Freigabe. Und damit ist die Angelegenheit erledigt. Denn wenig später wird die Weltgeschichte Fragen wie das Zensurverbot des „Professor Bernhardi" um Jahre verschieben – und erst nach dem Zusammenbruch eines Staates lösen.

Der „Professor Bernhardi" hat allerdings ein Nachspiel, das vielleicht wieder einmal mit dem schlechten Gewissen der öffentlichen Stellen zusammenhängt. Schnitzler bekommt den Raimund-Preis – allerdings für ein anderes Stück. Ursprünglich wollten die Juroren, wie Anton Bettelheim Schnitzler in aller Ausführlichkeit erzählt, tatsächlich den „Professor Bernhardi" preiskrönen, aber dann haben sich vor allem die Juden im Komitee (er und der Schriftsteller Julius Bauer) nicht recht getraut – und Hugo Thimig eigentlich auch nicht. Also schwenkte man zum „Jungen Medardus" um (glücklicherweise herrscht damals an großen Schnitzler-Stücken kein Mangel) Und Hugo Thimig hat auch gut daran getan, nichts zu riskieren. Denn während das „Illustrierte Wiener Extrablatt" am 12. April 1914 noch eine Rundfrage nach dem neuen Burgtheaterdirektor startet und man auch, völlig aus der Luft gegriffen, Schnitzlers Namen nennt (der nie im Traum daran gedacht hat), wird Hugo Thimig am selben Abend vom Kaiser definitiv zum Direktor ernannt.

Am 1. Mai 1914 reist Schnitzler mit Olga nach Italien. Nach einigen Tagen in Florenz fahren sie nach Genua, wo sie an Bord des Schiffes „York" gehen und an Schnitzlers 52. Geburtstag in den

Hafen von Algier einlaufen. (In Wien ist es diesmal nur der getreue Jarno, der Schnitzlers Geburtstag Rechnung trägt und an seinem Neuen Wiener Stadttheater wieder einmal mit Hansi Niese „Das Vermächtnis" spielt.) Die Seereise gibt Schnitzler Gelegenheit, allerlei Geschriebenes, darunter die drei Einakter der „Komödie der Worte" und „Fink und Fliederbusch", durchzusehen. Die Reise endet am 23. Mai in Amsterdam und führt sie über München nach Wien.

Am 1. Juni 1914 träumt Arthur Schnitzler, er solle den Thronfolger Franz Ferdinand töten. Am 28. Juni telefoniert Julius, um zu berichten, daß dieser in Sarajewo ermordet worden sei. Die Erschütterung über den Tod des ungeliebten Mannes währt nur kurz. Schnitzler geht bald zur privaten Tagesordnung über – die Novelle „Dr. Gräsler" ist nun endlich fertig, desgleichen die drei Einakter, die er Hugo Thimig zu dessen Freude für das Burgtheater anbietet.

Am 17. Juli 1914 reist Schnitzler in die Schweiz voraus. Am 20. trifft er Olga und die Kinder in Chur. Man glaubt, eine Sommerreise wie in all den anderen Jahren zu unternehmen. Aber als er sechs Wochen später nach Wien zurückkehrt, hat die Welt ein neues Gesicht.

14. „UND EINMAL WIRD DER FRIEDE WIEDERKOMMEN“ 1914–1918

Der Aufenthalt der Familie Schnitzler im schweizerischen Celerina ist von Anfang an von der Eventualität eines österreichisch-serbischen Kriegs überschattet. Manche Gäste werden von ihren Angehörigen aufgefordert, sofort heimzukehren. Auch Schnitzler erhält von seinem Bruder Julius die Nachricht, daß dieser von Grindelwald nach Wien heimfahre (was ihm später viele Schwierigkeiten erspart).

Nach hektischen Kriegs- und wieder Beruhigungsnachrichten erklärt Österreich-Ungarn am 28. Juli 1914 Serbien den Krieg. In denselben Tagen mobilisiert auch Rußland, was eine Vorahnung auf die Dimensionen der Auseinandersetzung gibt. Schnitzler konstatiert rund um sich allgemeine Flucht und allgemeinen Wahnsinn, neigt aber keinesfalls zu panischen Aktionen. Darum bleibt er vorläufig in Celerina, obwohl er sofort in finanzielle Schwierigkeiten gerät: Die Banken schließen, und er erhält kein Geld auf seine Kreditbriefe.

Dennoch ist er imstande, sich für etwas anderes noch mehr zu interessieren als für den Krieg. Ein Brief von Berta Zuckerkandl teilt ihm mit, daß der Nobelpreis für Literatur diesmal an Österreich fallen soll, und zwar zu gleichen Teilen (was es bis dahin noch nicht gegeben hat, später aber einige Male vorkommen wird) an zwei Dichter. Neben Schnitzler ist Altenberg vorgesehen. Nicht nur des Geldes wegen wäre Schnitzler diese Teilung höchst unerwünscht. Zwar legt er in seinem Tagebuch nicht die Gründe dar, aber es scheint klar, daß er sein umfangreiches dramatisches und erzählendes Werk mit dem im Vergleich dazu kleinen und skizzenhaften von Altenberg nicht gleichwertig bewertet sehen will.

Aber der Nobelpreis interessiert ihn sehr: 1912 hat Gerhart Hauptmann ihn erhalten, unter den bisherigen Preisträgern sind Theodor Mommsen, Björnstjerne Björnson, Rudyard Kipling, Selma Lagerlöf, Paul Heyse, Maurice Maeterlinck und Rabindranath

Tagore – kurz, der Stellenwert des Nobelpreises ist die Krönung eines dichterischen Lebenswerkes.

Darum entschließt sich Schnitzler auch zu einem Schritt, der ihm bisher fremd war: Er will etwas für sich tun. Allerdings nur, weil er den Mann, an den er sich wendet, wirklich zu seinen besten, vertrautesten Freunden zählen kann: Georg Brandes. Ihm schreibt er am 3. August 1914, eingedenk der Tatsache, daß „in so aufgewühlter Zeit" sein Anliegen „kaum der Beachtung wert erscheinen" mag; „aber, wir empfinden und erfahren es doch alle immer wieder – auch in so bewegten Epochen fordert die Einzelexistenz von Tag zu Tag ihr Recht."[1] Darum bittet er Brandes, dieser möge für den Fall, daß er gefragt würde, für ihn intervenieren. Denn Schnitzler ist sicher, daß die österreichischen Stellen, an die sich das Nobelpreiskomitee gegebenenfalls wenden würde (die Akademie der Wissenschaften und das Unterrichtsministerium), nach den bisherigen Erfahrungen nicht viel Freundliches über ihn zu sagen wüßten.

Brandes, der den Brief nach zwanzig Tagen erhält, beantwortet ihn mit großer Freundlichkeit, hat aber keinerlei Möglichkeit, etwas zu tun. Auch in Schweden hat derzeit niemand etwas anderes im Sinn als den Krieg, den „schrecklichen Weltkrieg"[2], wie Brandes erschüttert schreibt. 1914 wird der Nobelpreis gar nicht vergeben, 1915 erhält ihn Romain Rolland.

Schnitzlers Entschluß, „in nicht geringer Unruhe" doch in der Schweiz zu bleiben und sich „der Wald-, Wiesen- und Himmelsruhe in diesem schönen Tal"[3] zu erfreuen, kommt bald ins Wanken, als eine Kriegserklärung die andere jagt: 1. August Deutschland an Rußland, 3. August Deutschland an Belgien und Frankreich, 4. August England an Deutschland, 6. August Österreich-Ungarn an Rußland, 11. August Frankreich an Österreich-Ungarn, 12. August England an Österreich-Ungarn.

Am 5. August, nachdem er von der Kriegserklärung Englands an Deutschland in der Zeitung gelesen hat, ist Schnitzler klar, einen ungeheuren Moment der Weltgeschichte zu erleben: Er glaubt, daß der Weltkrieg der Weltruin sein wird.

Am 8. August reist die Familie Schnitzler mit notgedrungen unbezahlter Rechnung von Celerina ab. In Davos muß sich Schnitzler auf dem Konsulat um Passagierscheine bemühen. Sohn Heinrich erlebt seinen zwölften Geburtstag am 9. August mit der Familie in Ragaz, wo rundum in den Hotels schon Soldaten einquartiert werden. Schnitzler fährt nach Buchs und erkundigt sich nach Möglichkeiten der Heimreise – auf jeden Fall will er zurück nach Österreich. In den Tagen, die sie in Ragaz bleiben müssen, bewahrt Schnitzler ausreichend die Nerven, um an seiner „Dr. Gräsler"-Novelle weiterzukorrigieren, denn, wie er an Brandes geschrieben hat: Die Einzelexistenz fordert ihr Recht, und er ist eben Dichter „von Beruf".

Am 15. August reist Schnitzler mit seiner Familie von Ragaz über Buchs nach Feldkirch. Dort holt er von der Bezirkshauptmannschaft die Erlaubnis zur Weiterreise. Tags darauf brauchen sie von Feldkirch nach Innsbruck nicht weniger als vierzehn Stunden. Auf dem Bahnhof herrscht schon das Bild des Krieges – überall Soldaten. Damals ist die erste österreichisch-ungarische Offensive gegen Serbien in Gang. Nach einer Bahnfahrt von 21 Stunden treffen Schnitzler und die Seinen am 19. August in Salzburg ein, wo Theaterdirektor Rainer Simons von dem Dichter gleich ein „patriotisches Stück" will – nicht ahnend, daß Schnitzler nichts ferner liegt als dieses Thema. Am 21. August sind sie endlich in Ischl, wo sie vorläufig bleiben.

Dort treffen auch nach und nach die Freunde ein – Hugo von Hofmannsthal in der Uniform eines Landsturmleutnants, Jakob Wassermann und seine Söhne, Richard Beer-Hofmann und Gattin Paula. In Altaussee halten sich die Bachrachs, Auernheimer und Schnitzlers Sekretärin Frieda Pollak auf. Überall spricht man nur über den Krieg, er scheint das einzige Thema zu sein. Schnitzler verfolgt jedes Detail in den Zeitungen. Besonders erschüttert ihn – noch ist man nicht von täglichen Schreckensmeldungen abgestumpft – die Reiterschlacht bei Jaroslavice in Galizien, wo die 15er Dragoner der k.u.k. Armee gegen die dreifache russische Artillerieüberlegenheit anreiten und untergehen. Am 1. September verläßt die Familie Schnitzler Ischl, am 2. sind sie wieder in Wien, das sie am 17. Juli ahnungslos verlassen haben. In diesen sechs Wochen geriet eine Welt ins Wanken, die man als jene Schnitzlers bezeichnet hat und die sie in vieler Hinsicht auch war.

Die neue Situation bedingt neue Verhaltensweisen und gibt Schnitzler Gelegenheit zu Menschenstudien – etwa wie sich die Menschen zum Krieg stellen, wie schnell sie ihn akzeptieren, wie rasch sie sich an das Unfaßbare gewöhnen – wohl weil es unfaßbar ist. Schon treibt der opportunistische Feuilletonismus volle Blüten:

Schnitzler kommt Hermann Bahrs alberner Gruß an Hofmannsthal vom 16. August zur Kenntis (besonders geschmacklos, weil Hofmannsthal damals gar nicht im Feld ist!): „Ich weiß nur, daß Sie in Waffen sind, lieber Hugo, aber niemand kann mir sagen, wo. So muß ich Ihnen durch die Zeitung schreiben. Vielleicht weht's der liebe Wind an Ihr Wachfeuer . . . Jeder Deutsche, daheim oder im Feld, trägt jetzt Uniform. Das ist das ungeheure Glück dieses Augenblicks."[4]

Bahr ist nicht der einzige, der sich – echt oder berechnend – an der Kriegsbegeisterung beteiligt. Anton Wildgans hat schon im August (verlegt bei jenem Hugo Heller, der sich so für den „Professor Bernhardi" eingesetzt hat) alle Zungen mobilisiert, um den „Tag der großen Rechenschaft" im Gedicht zu verewigen, und auch Hugo von Hofmannsthal wird sich dem Preisen des Krieges ebensowenig widersetzen wie Gerhart Hauptmann oder auch der junge Fritz von Unruh, den Schnitzler persönlich so besonders gern hat. Er fördert den jungen Mann, der ihm als Idealbild des positiven Deutschen erscheint, und findet seine Zuneigung erwidert – und nie enttäuscht. Denn Fritz von Unruh erlebt den glanzvollen Krieg bald am eigenen Leib und kommt damit unschwer zu dessen radikaler Verurteilung.[5]

Leichter ist es jedenfalls vor allem am Beginn „dieser großen Zeit", sein literarisches Scherflein, wie primitiv es auch sein mag, beizutragen – als zu schweigen. Und Schnitzler schweigt. Gewiß, auch er notiert manches zum Krieg. Aber was er, schon ab September 1914, zu dem Thema niederlegt, sind Betrachtungen unter dem Titel „Und einmal wird der Friede wiederkommen" (die erst 1939 aus seinem Nachlaß veröffentlicht werden). Als Moriz Benedikt Schnitzler auffordert, er möge ihm etwas über den Krieg schreiben, antwortet dieser, das ließe sich nicht drucken. Wer hätte damals etwa lesen wollen: „Die Weltgeschichte ist eine Verschwörung der Diplomaten gegen den gesunden Menschenverstand"[6] oder „Das einzige, was dem Krieg eignet, ist die Wunde, die sinnlose Wunde im Körperlichen, und die Feindseligkeit, das heißt die Feindseligkeit zwischen Menschen, die einander als Individuen ohne Haß, ja, vielleicht mit Liebe gegenüberständen."[7]

Obwohl, wie oft festgestellt wurde, der Krieg in Schnitzlers Werken eine größere Rolle spielt, als man sich bewußtmacht – Stücke wie „Der Schleier der Beatrice", „Der Ruf des Lebens" und „Der junge Medardus" sind von der Tatsache eines Krieges unentrinnbar überschattet, und später wird er den Weltkrieg in die

„Komödie der Verführung" einbringen –, will Schnitzler doch den Krieg an sich nicht in einem Kunstwerk verewigen. (In späteren Jahren gilt in einer sogenannten unvollendeten „Kriegsgeschichte" sein Interesse nicht dem Krieg, sondern der Situation einer daheimgebliebenen Frau.)

So sehr er sich aber bis jetzt im allgemeinen gewehrt hat, theoretische Bekenntnisse von sich zu geben (nur über sein Lieblingsthema, die Kritik, hat er viel Kritisches in diesem Sinn niedergeschrieben – und wird es auch in Zukunft noch tun), um so stärker wird nun langsam das Bedürfnis, gleichsam zum Privatgebrauch Dinge, die ihn beschäftigen, auch theoretisch zu formulieren. Das bezieht sich vier Jahre lang in erster Linie auf den Krieg, aber es geht ihm immer wieder und immer mehr um grundsätzliche Probleme.

Noch zu seinen Lebzeiten werden später „Der Geist im Wort und der Geist in der Tat" (1927 bei S. Fischer), gleichsam seine private Philosophie über die Einteilung der Menschen in positive und negative Typen, und das „Buch der Sprüche und Bedenken" (gleichfalls 1927, im Phaidon Verlag), eine Sammlung von Aphorismen zu den mannigfaltigsten Themen, erscheinen. Diese Bücher sind für ihn sehr wichtig, und man kann vielleicht die Theorie aufstellen, daß seine Unlust am Dramatischen – nach eigener Aussage durch den Tod Otto Brahms verursacht –, die mit einem deutlichen Verfall der dramatischen Kraft Hand in Hand geht, den Prosaschriftsteller und Theoretiker („Naturforscher") Schnitzler entschieden wachsen läßt.

In Wien lernt man notgedrungen, mit dem Alltag des Krieges zu leben – mit den Schlachtenmeldungen, den Presselügen hier und dort. Angesichts einer Stephi Bachrach in der Uniform einer Rotkreuzschwester will auch Olga Schnitzler sich in diesem Sinn betätigen, aber Schnitzler duldet es nicht. Ihr bleibt nicht mehr, als zugunsten der Soldaten zu häkeln und ihre Gesangskunst des öfteren bei den immer häufigeren Wohltätigkeitsveranstaltungen vernehmen zu lassen. Im übrigen ist es ihr als Frau außerordentlich peinlich, daß ihr Mann sich nicht, wie die anderen, entweder in irgendeiner Form öffentlich betätigt oder sich zumindest essayistisch zum Krieg äußert. Er lehnt es ab, sich in dilettierende Geschaftelhuberei hineinhetzen zu lassen – das ist Schnitzlers Einstellung dazu. Nichts liegt ihm ferner, als nach außen hin irgendeinen Anschein erwecken zu wollen, aus reinem Formalismus etwas vorzugeben.

In diesen Kriegsjahren wird Schnitzlers Tagebuch zu einer wahren Kuriositäten-Sammlung, weitet sich aber auch manchmal zu Horrorschilderungen aus. Was immer er über den Krieg hört, das ihm besonders prägnant erscheint (und zwar im Sinn der Aufdeckung der Widersinnigkeit des Krieges), wo immer er der Barbarei direkt ins Auge blickt, zeichnet er es auf. Daß eine feine Dame im Lazarett äußert, man möge die jüdischen Soldaten eher sterben lassen als die anderen, notiert er ebenso wie Jakob Wassermanns Überzeugung, der Krieg werde die Lösung der Judenfrage und das Ende des Antisemitismus bringen.

Alle Wertbegriffe sind verdreht – „günstig" scheint es, wie Berta Zuckerkandl berichtet, daß die Offiziere geradezu von Wien an die Front „fliehen" würden, weil die Stimmung dort ausgezeichnet, in der Hauptstadt dagegen so mißmutig und pessimistisch sei. Diese düstere Stimmung senkt sich über den Alltag.

Über die persönlichen Beeinträchtigungen, die der Krieg für alle mit sich bringt, gibt es in Schnitzlers Tagebuch kaum Klagen, aber wie sich die Angst ins Unterbewußtsein senkt, ist stark an seinen Träumen abzulesen. So träumt er etwa, man könnte seine Tochter Lili entführen und als Kriegsgeisel nehmen. Was Schnitzler selbst betrifft, so besteht für ihn momentan keinerlei Gefahr, mit dem Kampfgeschehen konfrontiert zu werden – er ist 52 Jahre alt. 1915 wird das Gerücht auftauchen, daß man auch die Ärzte zwischen 50 und 60 ins Feld rufen wolle – eine Idee, die ihm außerordentlich unangenehm ist (im Gegensatz zu seinem „Leutnant Gustl" hat es ihn nie gereizt, einen Krieg mitzumachen). Schließlich kommt es auch nicht dazu.

Es stellt sich in diesem Zusammenhang allerdings doch die Frage, und sie ist nicht ausreichend zu beantworten, warum sich Schnitzler im Krieg nicht als Arzt zur Verfügung stellt, wo er doch selbst angesichts seines unermüdlich operierenden Bruders sinniert, daß Rettung das Wesentliche des Kriegs sei. In „Professor Bernhardi" stellt der zum Unterrichtsminister avancierte Arzt Flint die Behauptung auf: „Alles kann man aufhören zu sein, Arzt – nie"[8], und zweifellos gilt das auch für Schnitzler. Wenn er auch längst nicht mehr praktiziert (ohne je offiziell seine Praxis aufgegeben zu haben!), so interessiert er sich doch lebenslang für ärztliche Fragen, verfolgt mit Interesse die Arbeit des Bruders, läßt sich in Sanatorien neue Einrichtungen erklären und zeigen, diskutiert etwa mit seinem Schwager Hajek über die Entstehung des Krebs und wundert sich, daß dieser der Bazillen-Theorie zuneigt. Er wäre, sagt ein Graphologe, den seine Schwester in späteren Jahren befragt, ein großer Arzt geworden, wenn er nicht durch etwas anderes von diesem Lebensweg abgekommen wäre.

Wenn Schnitzler also weder als praktizierender Arzt noch als Heldenepen verfassender Dichter und auch nicht in offizieller Position für den Krieg tätig ist, so entzieht er sich nun doch kaum der Bitte nach der Vorlesung seiner Werke. Bloß, was liest er vor? Die gekürzte Fassung seiner Novelle „Die Hirtenflöte", in welcher der Krieg eine so negativ dominierende Rolle spielt, und die Schenkenszene aus dem „Jungen Medardus", wo jegliches Heldentum entthront wird, sind zu Kriegsbeginn durchaus nicht das, was man hören will. Schon damals ist Schnitzler „unzeitgemäß" (was er später noch oft zu hören bekommt). Der Erfolg der Lesung ist also schwach, und Olga erklärt ihrem Gatten dezidiert, er sei mit diesem Programm der Stimmung der Zeit nicht gerecht geworden.

Im Volkstheater hält man es jetzt für opportun, den „Ruf des Lebens" zu spielen, und die Presse lobt auch prompt das „zeitgerechte Bestreben, Stücke zu bringen, in denen Uniformen vorkommen und der Krieg sich thematisch bemerkbar macht"[9]. So wird die Aufführung von 1909 nun am 10. Oktober 1914 zu gegebenem Anlaß wieder aufgefrischt. Davor hat Schnitzler schon versucht, den dritten Akt neu zu schreiben, aber es ist ihm wieder nicht gelungen: Nun beschließt er, es endgültig aufzugeben.

Das Premierenpublikum reagiert nach Schnitzlers Gefühl nur mit leidlicher Stimmung, und es ist ja auch schwer zu übersehen, daß es sich um ein Antikriegsstück handelt. Nur ein Schauspieler der Münchner Kammerspiele wird im Jänner 1915 seine „patriotischen" Konsequenzen ziehen und sich weigern, die Rolle des Albrecht, der sich am deutlichsten gegen den Krieg ausspricht, zu spielen. Schnitzler setzt dem seine durchaus unorthodoxen Ansichten über Patriotismus entgegen: „Für mich ist in Friedens- wie in Kriegszeiten nur der ein Patriot, der die Sache seines Vaterlands fördert, indem er an seinem, ihm zugewiesenen Platz, nach dem Maß seiner Begabung redlich seine Pflicht erfüllt, ohne seine Nachbarn in ihrem gleichen Bemühen durch scheinpatriotische Wichtigtuerei zu behindern – und er bliebe es in meinen Augen selbst dann, wenn ihm die landläufigen Anschauungen über Patriotismus ganz im allgemeinen nicht über jede Kritik erhaben dünkten und wenn er gegen sein eigenes Verlangen im einzelnen bescheidene Einwendungen vorzubringen hätte."[10]

Schnitzler, der vom Burgtheater hören muß, daß man seinen

„Jungen Medardus" unter den neuen Umständen leider nicht wieder aufnehmen kann – ein Stück, in dem die Franzosen vor Wien stehen! –, erlebt die Premiere dieses seines Werkes am 24. Oktober im Lessingtheater in Berlin. Denn Direktor Barnowsky, den er zu Kriegsbeginn in der Schweiz getroffen hatte, war begeistert davon, wie aktuell das Werk durch den Krieg erst geworden ist.

Es ist Schnitzlers erste Auslandsreise seit Kriegsbeginn. Er findet die Stimmung in Berlin weit weniger zuversichtlich als in Wien, nachdem es zuerst umgekehrt gewesen war. Deprimierend, daß jeder, den man trifft, einen Sohn, Schwiegersohn, Gatten oder Verwandten im Feld hat. In den Konzerten und Theatern beherrschen die Verwundeten im Parkett das Bild. Der Krieg ist allgegenwärtig.

Auch im „Jungen Medardus", aber das hilft dem Stück bei der Berliner Kritik nicht. Abgesehen davon, daß es eine matte Vorstellung ist, erlebt Schnitzler nun erstmals, daß man ihn mit dem Argument des Weltkrieges abschiebt. Man habe es ihm sehr verübelt, schreibt er später an Brandes, „daß mein Held sich nicht sofort seinem ursprünglichen Entschluß gemäß aufmacht, um den Napoleon umzubringen, und sich statt dessen fünf Akte lang durch allerlei Privaterlebnisse, die für Kritiker selbstverständlich nicht existieren, von der Ausführung seiner vaterländischen Absicht abhalten läßt"[11].

Damit ist das Zeichen gegeben, um Schnitzler in einer „fast emphatisch zu nennenden Weise" anzugreifen: „Man hat nämlich bei uns (in Deutschland und in Österreich) ein neues kritisches Maß für Kunstwerke entdeckt, den Weltkrieg. Und wie es den Herren gerade paßt, wird man dafür zur Rechenschaft gezogen, daß das betreffende Werk irgendwie an den Krieg erinnert oder daß es das nicht tut."[12] Kein Zweifel, daß die meisten Schöpfungen Schnitzlers diesem neuen Standard nicht entsprechen und in den Orkus mannigfaltiger (und auch wieder moralischer) Verachtung geschleudert werden. Barnowsky setzt den „Jungen Medardus" jedenfalls schon nach zwei Wochen ab.

Wenn Schnitzler schon nicht bereit ist, dem Krieg durch Kriegsthemen Rechnung zu tragen, so bleibt es ihm doch nicht erspart, sich zu fragen, was man in solchen Zeiten veröffentlichen kann. Er weiß, daß die Situation für ihn ideologisch und finanziell nur schlimmer werden kann (und tatsächlich schließt er das Jahr 1914 mit einem Defizit von 15 000 Kronen ab). Als Moriz Benedikt für die „Neue Freie Presse" um die „Große Szene" ersucht, beschließt Schnitzler mit gutem Grund, dem Wunsch nicht nachzukommen – und die Kritiken anläßlich der Uraufführung werden seine schlimmsten Ahnungen bestätigen. Sensibel vermag er die Stimmung der Zeitgenossen zu spüren und sieht düster eine neue Epoche des Philistertums, der Banalität und Heuchelei voraus.

Gerade Schnitzler, der es so standhaft ablehnt, sich zum Krieg zu äußern, trifft es besonders hart, als er von Arthur Kaufmann erfährt (dessen Quelle wiederum Leo Vanjungs russische Freundin Bella Wengerow ist), daß in Rußland ein gefälschtes Interview mit Schnitzler erschienen sei. Darin soll er „die albernsten Dinge über Tolstoj, Anatole France, Shakespeare und Maeterlinck"[13] geäußert haben. Als ihm klar wird, daß trotz der Absurdität der Aussagen viele Leute, vor allem in Rußland, das Interview für echt halten, beschließt er, etwas dagegen zu unternehmen.

Er bittet Stefan Zweig, dessen Antikriegsgesinnung er ebenso kennt wie seine Verbindung zu dem in der Schweiz lebenden Romain Rolland, bei diesem für ihn zu vermitteln. Denn er will seinen Protest nicht nur über Bella, die nach Rußland zurückgekehrt ist, dort bekanntgemacht wissen, sondern auch in der neutralen Schweiz. Also schreibt Schnitzler direkt an Rolland, mit der Frage und Bitte, was wohl zu unternehmen sei: „Der Sinn meiner Auslassungen sollte ungefähr nach jenem Blatt der folgende gewesen sein: daß ich Tolstoj als einen alten Faselhans bezeichne, von Maeterlinck behaupte, daß er seine Bauern schinde, von Anatol France, daß er mich irgendwie bestohlen habe, daß ich endlich die Behauptung aufstelle, Hauptmann sei ein viel größerer Dichter als Shakespeare. Aus Rußland kam auch das dringende Ersuchen an mich, gegen diese Verleumdungen etwas zu unternehmen."[14]

Tatsächlich übersetzt Rolland Schnitzlers Erklärung selbst ins Französische, schreibt ein Vorwort dazu und sorgt dafür, daß sie noch im Dezember im „Journal de Genève" erscheint. Die Stellungnahme wird in einigen Zeitungen nachgedruckt, in Deutschland erscheint sie im Dezember-Heft des „Forum". Schnitzlers bewegte Ausführungen enden so: „. . . später einmal, wenn der Friede wieder da ist, wollen wir uns mit schmerzlichem Staunen erinnern, daß es eine Zeit gab, in der wir genötigt waren, über die Grenzen hinüber einander die Versicherung zuzurufen, daß wir zwar jeder unsere Heimat geliebt haben, daß wir aber trotzdem Gerechtigkeit, Urteil und Dankbarkeit niemals verlernt, daß wir, um es kurz zu sagen, auch in dieser ungeheuren Epoche der Verwirrung niemals gänzlich den Verstand verloren hatten."[15]

Unvermeidlich, daß auch der Protest Schnitzler wieder Angriffe bringt, vor allem von antisemitischer Seite, aber das macht ihm weniger aus. Daß sein Bild für die Russen, die sein Werk so ausdauernd gespielt haben wie wenige Nationen sonst, getrübt sein könnte, beunruhigt ihn viel mehr – und über den Krieg hinaus. 1921 noch wird er an Maxim Gorki die Bitte um kollegiale Hilfe in der Richtigstellung dieser Angelegenheit richten: „Es ist ein wahrhaft peinigender Gedanke für mich, daß es heute noch anständige Leute in Rußland geben sollte, die mich, einen der dankbarsten Bewunderer ihrer großen Dichter, der hirnverbrannten Äußerungen, die in jenem Interview angeführt sind, für fähig halten sollten."[16]

In einer Zeit, da man nur von Leid umgeben ist, vermag sich Schnitzler nicht leicht zum Arbeiten zu entschließen. Wieder feilt er an „Doktor Gräsler", und am 12. Dezember 1914 schließt er an seinem neuen Stehpult die Korrekturen ab. Es gibt ein Photo, das Schnitzler an diesem Pult zeigt – so arbeitet er bis zu seinem Tod, wenn er selbst schreibt. Das Geschriebene wird dann seiner Sekretärin diktiert. (Der Versuch, direkt zu diktieren, bewährt sich nicht. Der Schöpfungsakt bedarf für ihn des Alleinseins und der Handschrift.)

Schnitzler arbeitet an einem seiner Lieblingsthemen, dem „Verführer", und beendet am 30. Dezember 1914 eine Skizze, die er selbst für wirr und gottverlassen hält. Trotz des Krieges, der alles beherrscht – das Nikologeschenk für die Tochter Lili ist sinnigerweise ein verwundeter Krampus und eine Puppe in der Tracht einer Rotkreuzschwester –, versucht er, am 1. Jänner 1915 trotz der trüben Aussichten und mäßigen Zeiten für sich persönlich einen neuen Arbeitsrhythmus zu finden: Er geht sofort nach Tisch an die Arbeit, was dieser und seinen Nerven in gleicher Weise förderlich ist.

In diesem Kriegsjahr 1915 schließt er zuerst am 2. April die zweite Fassung der „Wahnsinnsnovelle" ab, die er dann liegenläßt, und beendet am Tag vor seinem 53. Geburtstag endgültig die Journalistenkomödie „Fink und Fliederbusch", an der er mit wechselndem Elan gearbeitet hat. Dann läßt er auch das liegen, denn alte und neue Themen bemächtigen sich seiner, vor allem die Autobiographie.

Ansätze dazu, einen Lebensbericht zu schreiben, hat es rudimentär schon um die Jahrhundertwende gegeben. Freunde und Bewunderer wie etwa Stefan Zweig reden Schnitzler zu, unbedingt dergleichen niederzulegen. Am 24. Mai 1915 beginnt er systematisch die Arbeit an einer Art von Autobiographie, die dann unter dem Titel „Nachklang" im Tagebuch erwähnt wird. Immer wieder überschnitten von anderen Arbeiten, beginnt er schließlich am 2. Juni als Ergebnis seiner amüsierten Casanova-Lektüre die Novelle, die sich um diesen rankt und „Casanovas Heimfahrt" heißen wird. Am 22. Juli schließt er sie zum ersten Mal ab.

Zentrales Interesse aber gilt der Autobiographie, und durch diese wird Schnitzler, der immer schon gelegentlich (etwa für die Arbeit am „Weg ins Freie") gern alte Briefe und Tagebücher gelesen hat, für sich selbst endgültig zu einer Person von sozusagen historischem Interesse. Auf der Suche nach sich selbst kramt er in Papieren, stöbert seine Jugendwerke auf und vermag an den meisten kein Talent zu entdecken – am ehesten noch dort, wo sie Humor zeigen.

Schnitzler vollendet diese Autobiographie nicht, er kommt – obwohl sie dann, aus dem Nachlaß unter dem Titel „Jugend in Wien" veröffentlicht, ein umfangreiches Buch ergibt – nicht über seine Jugendjahre hinaus. Der Dichter ist in ihm stärker als der Chronist – vielleicht auch deshalb, weil da das Wissen ist, einer Nachwelt, die sich dafür interessiert, schließlich die Tagebücher zu hinterlassen.

Die Autobiographie, wie sie uns heute vorliegt, ist ein Produkt intensiver Tagebuchlektüre und sicher nicht so, wie Schnitzler sie der Öffentlichkeit übergeben hätte: Die Proportionen stimmen nicht. Schwer vorstellbar, daß der Dichter wirklich angenommen haben sollte, der Nachwelt jedes Mädel schuldig zu sein, das er verzeichnet fand und getreulich wiedergibt – es mischt sich in diesen Blättern Wesentliches und Unwesentliches fast unentwirrbar. Natürlich interpretiert er das eigene Leben, geht in vielem über das, was er im Tagebuch notiert hat, hinaus. Aber so, wie Schnitzler beispielsweise Hunderte von Seiten aus dem „Dr. Gräsler" herausgekürzt hat, hätte er – auch ein souveräner Streicher eigener Stücke – zweifellos vieles aus dem Buch wieder herausgenommen, Spreu vom Weizen geschieden.

Schnitzlers fortschreitende Liebe zum Detail, in der Autobiographie vielfach ermüdend, fasziniert allerdings in seinen Tagebüchern. In späteren Jahren gehen sie über die nüchternen Kommentare weit hinaus. Da gibt er, wenn es sich lohnt, Essentielles aus Gesprächen wieder, charakterisiert Menschen, Bücher, Theateraufführungen, Zeitereignisse. Er schreibt (immer ausführlicher) seine Träume nieder, reflektiert seine Ängste, Sorgen, Depressionen, Empörungen. Er ist ehrlich in allem, was er in diesen Blättern niederlegt. Das macht sie, über den eminenten kulturhistorischen Wert hinaus, zum zutiefst menschlichen Dokument.

Bald müssen auch nähere Bekannte und Angehörige ins Feld. Erst Karl, der ältere Sohn von Julius, dann auch Hans, der jüngere. Schnitzler muß es als Glück erachten, daß er mit 54 schon zu alt und Sohn Heini mit 13 Jahren noch zu jung ist, um in die Uniform zu schlüpfen. Ein lieber Nachbar, Hugo Schmidl, muß mit 45 zur Musterung, Richard Rosenbaum, der trotz Schnitzlers Intervention von Hugo Thimig entlassen worden ist, geht an die Front, und als der junge Viki Zuckerkandl ins Feld muß, meint er, es wäre doch schad, wenn er erschossen würde.

All das würde genügen, um einen Menschen innerlich aufzuwühlen, aber mit Schnitzler geschieht damals noch mehr. Er hat sich nämlich, was sich aus winzigen Andeutungen in seinem Tagebuch (und rückblickend aus dem Wissen um Späteres) erkennen läßt, damals endgültig in Stephi Bachrach verliebt.

Diese Achtundzwanzigjährige muß eine der faszinierendsten Frauen seines Lebens gewesen sein – gar nicht schön, ungemein intelligent, von lauterem Charakter und zerrissener Seele, durch Lebensumstände schwer geprüft. Die Liebesbriefe von Jakob Wassermann an sie sind erhalten[17] und geben Zeugnis dafür, daß sie ihn, den verheirateten Mann, nicht erhörte. Damals war sie noch die Tochter aus gutem Haus, die so etwas „nicht tut". Dann begeht ihr Vater, der einstige Millionär, Selbstmord – und erst die neue Situation, die völlige Verarmung, das Bewußtsein, gesellschaftlich niemand mehr zu sein, hat es ihr seelisch ermöglicht, die Geliebte eines Mannes zu werden. Der Erwählte ist der Jurist Rudi Olden.

Nun ist Olden im Krieg, und Schnitzler sieht wachen, wohl eifersüchtigen Auges voraus, daß Stephi dazu bestimmt ist, ein „Opfer" (im weitesten Sinn des Wortes) von Dr. Rudolf Urbantschitsch zu werden, in dessen Spital sie als Krankenschwester tätig ist. Das Lazarett steht vor der Verlegung nach Lemberg. Schnitzler, in Stephi verliebt, ohne daß er es wagen würde, ihr näherzutreten, muß hilflos zusehen, wie sie wegfährt. Der ohnmächtige Zorn des alternden Casanova in der Novelle, der die junge Marcolina aus ihrem freien Willen nicht haben kann, muß mit Schnitzlers Gefühlen verwandt sein.

Wir wissen nicht genau, wieweit Schnitzler in einem Brief Stephi seine Gefühle erklärt – jedenfalls sind sie, bevor sie nach Lemberg abreist, noch zusammen, schwelgen in dem neuen Gefühl, einander „du“ zu sagen, und werden nicht beobachtet, da Olga in Aussee ist. Zweifellos geschieht zwischen ihnen „nichts“, wenn man nur den körperlichen Teil einer Beziehung meint – aber als Stephi weg ist und Schnitzler am 29. Juli nach Ischl fährt, wo dann auch Olga hinkommt, ist sein Herz schwer vor Sehnsucht.

Es ist vielleicht das erste Mal in seinem Leben seit Olga Waissnix, daß Schnitzler auf eine Frau, die ihm etwas bedeutet, verzichten muß. Seine Ehe ist zwar mittlerweile schon sehr schlecht, aber er bricht sie nicht, solange Olga sie noch nicht gebrochen hat. Und Stephi, mit Olga befreundet, hätte deren Vertrauen auch nicht mißbraucht. Sie erzählt ihr sogar einmal von Schnitzlers Brief. Und doch, daß der „Vatter“, wie Schnitzler von seiner Gattin und manchmal auch von Stephi genannt wird (was ihn endgültig in die Rolle des alten Mannes schiebt), und Stephi einander viel bedeuten, steht fest. Bloß ist Schnitzler nicht der einzige Mann, auf den sie diesen ungewöhnlich tiefen Eindruck macht. Immerhin haben außer ihm auch Wassermann und Urbantschitsch sie in Werken verewigt.

In Ischl gibt es wieder einmal ein Ereignis wie in alten Zeiten, als Schnitzler den Freunden Hofmannsthal, Beer-Hofmann und Arthur Kaufmann die „Komödie der Worte“ vorliest. Am Burgtheater hat Schnitzler schon im Mai über die Besetzung verhandelt. Die „Bassermann-Rollen“, wie er die drei Hauptrollen nennt, bekam Harry Walden zugeteilt, der schon bei der Wiederaufnahme von „Das weite Land“ am 15. Juni das Erbe von Arnold Korff angetreten hatte. (Korff übrigens spielt dasselbe Stück dann Ende September 1915 in deutscher Sprache in New York.) Walden für die drei Männerrollen, daran gibt es nichts zu rütteln, aber als die Damen des Hauses beginnen, sich um die Hauptrollen in den drei Einaktern zu streiten, empfindet Schnitzler das plötzlich als seltsam, angesichts der Tatsache, daß nebenbei Weltkrieg ist.

In Ischl, wo die Freunde die Einakter sehr gut aufnehmen, hört Schnitzler übrigens auch von Lili Marberg (sie besucht Schnitzler, um eine Rolle zu bekommen, hat aber Pech und geht leer aus), man spreche von nichts anderm als von seinen neuen Stücken. Kaum ist er wieder in Wien, beschäftigt er sich intensiv damit – es ist schließlich und endlich seine erste Premiere in diesem Jahr. Schnitzler besucht alle Proben und bewundert vor allem Schauspielerin Lotte Medelsky, die die Sophie in der „Großen Szene" spielt.

Wie Schnitzlers Tagebuchaufzeichnungen zeigen, ist er keinesfalls hochgestimmt, nach vier Jahren (seit dem „Weiten Land") erstmals wieder eine Uraufführung am Burgtheater zu erleben. Der Krieg wirft zu schwere Schatten über das private Leben, das zwar weitergeht, aber von Grauen über Grauen, Unrecht über Unrecht, Wahnsinn über Wahnsinn des Kriegsgeschehens beherrscht ist.

Bei der Generalprobe verdirbt ihm Paul Goldmann die Stimmung, der verlegen grüßend an ihm vorbeigeht (die Frage stellt sich Schnitzler immer wieder, ob es eine Freundschaft zwischen Dichter und Kritiker geben kann?). Am 12. Oktober 1915 wird die Uraufführung der „Komödie der Worte", die sich das Burgtheater mit dem Hoftheater in Darmstadt und dem Neuen Theater in Frankfurt am Main teilt, in Wien ein Erfolg. Die „Stunde des Erkennens", in der Hedwig Bleibtreu Waldens Partnerin ist, wirkt spannend, die unwiderstehliche „Große Szene" gefällt ungemein, und Schnitzler verbeugt sich selbst. „Das Bacchusfest" schließlich, mit Else Wohlgemuth, amüsiert zwar, aber der Beifall wird schwächer (verständlich, da nach der „Großen Szene" alles abfallen muß). Thimig scheint zufrieden, und Harry Walden hat, will die Nachwelt den Kritikern glauben, die Aufgabe, drei wirklich völlig verschiedene Menschen auf die Bühne zu stellen, nicht nur mit äußeren Mitteln gemeistert.

Da Schnitzler drei Einakter für einen Schauspieler geschrieben hat, könnte man die „Komödie der Worte" als Virtuosenstück ansehen (und bis zu Leopold Rudolf haben sich große Schauspieler diese Gelegenheit, ihre Vielseitigkeit zu beweisen, nicht entgehen lassen). Im allgemeinen behaupten sich die drei Einakter, obwohl ihr thematischer Zusammenhalt so evident ist, nicht zusammen auf den Spielplänen. Immer wieder wurde die „Große Szene", eine der gelungensten von Schnitzlers heiteren Schöpfungen, herausgelöst und mit seinen anderen Lustspiel-Glanzstücken (meist der „Komtesse Mizzi" oder „Literatur") gespielt. Aber erst im Zusammenhang erweist sich die Meisterschaft, mit der Schnitzler hier die Variationen seiner Themen durchgeführt hat. Dreimal geht es um die Treue zwischen Eheleuten, dreimal um das Spiel, das auch die Nahestehendsten einander vorspielen, dreimal schließlich, wie es im Titel heißt, um Worte, die nicht nur dazu da sind, etwas auszusagen, sondern auch, um etwas zu verhüllen. Dreimal – einmal bitterernst und böse, einmal geradezu hemmungslos überzogen, einmal mit ironischer Heiterkeit.

Natürlich ist „Stunde des Erkennens" als düsterstes der Stücke auch das sprödeste. Unter alten Leuten spielt es, die ihren Groll und Haß jahrzehntelang in sich hineingefressen haben und ihn mit sadistischem Genuß zu gegebener Gelegenheit endlich hervorholen: Die Rache des Dr. Eckold schmeckt bitter.

Der Schauspieler Herbot in der „Großen Szene" gewinnt alle Herzen. Er spielt so virtuos Theater, auch im Leben, daß er manchmal Gefahr läuft, es selbst zu glauben, wenn er von der Perfektion der eigenen Lügen mitgerissen wird. Abgesehen von der Thematik des Stückes hat Schnitzler hier die Figur des Schauspielers an sich (und es war Kainz, an den er dachte) durchleuchtet, verklärt und zugleich durchschaut. Einer, der immer so vollkommen ein anderer zu sein vermag, kann eigentlich keinen „Ich-Kern" haben – sonst wäre er nicht der große Verwandler. (Schon Frau Beate hat unter der Kernlosigkeit ihres Gatten gelitten – und die Köstlichkeit genossen, statt dessen Hamlet oder Cyrano zu lieben.) Ein Mensch ist Herbot nach Aussage seiner Frau nur, wenn er sich entschließt, diesen zu spielen.

Da ist es wieder, das im „Paracelsus" und im „Grünen Kakadu" angerissene Thema – das „Spiel". Nach Eckold, dem Arzt, und Herbot, dem Schauspieler, ist im „Bacchusfest" Staufner, der Dichter, an der Reihe – auch mit seinen Lieblingsfiguren spielt Schnitzler in diesen drei Einaktern. Staufner weiß genau, daß seine Gattin drauf und dran ist, ihn wegen eines unbedeutenden jungen Mannes zu verlassen. Er läßt es nicht zu, indem er sich nicht bereit findet, darüber zu sprechen – Komödie der Worte, die nicht benutzt werden.

In diesen drei Stücken feiert – zum letzten Mal in der ihm so gemäßen Form des Einakters – der virtuose Schnitzler noch einmal Triumphe. Als er nach der Premiere das Burgtheater durch den Bühnenausgang verläßt, vernimmt er die „Hoch-Schnitzler"-Rufe, die er mittlerweile fast gewohnt ist. Auch am nächsten Tag sieht es in der Presse noch ganz nach einem Erfolg aus – Salten, Kalbeck, Ludwig Bauer und Berta Zuckerkandl schreiben nur Positives. Aber bald, sehr bald wird Schnitzler erkennen, daß seine Kunst, wie er sie hier liefert, im Jahr 1915 nicht gefragt ist. Polgar mit seinen matt-lausbübischen Ausführungen ist da nur der Auftakt dafür, was er in deutschen Zeitungen wird lesen müssen. Und nach der Berliner

Aufführung (gegen die ursprünglich – wie in alten Zeiten, aber nicht recht erklärlich – Zensurbedenken bestanden) wird eine Welle der Ablehnung über ihn hereinbrechen, wie er sie seit dem „Ruf des Lebens“ nicht mehr erlebt hat.

Als Schnitzler am 21. Oktober in Berlin eintrifft und gleich zu einer Probe ins Lessingtheater geht, in dem nun nicht mehr Brahm, sondern Barnowsky waltet, muß er nicht ohne Entsetzen feststellen, daß Bassermann aus der „Großen Szene“ eine grobe Posse macht, was er dem Star und seinem Mitspieler Curt Goetz klarmacht.

Bei der Premiere am 23. Oktober wirkt die „Stunde des Erkennens“ nicht zuletzt dank Lina Lossen sehr stark. In der „Großen Szene“ ist Schnitzler unzufrieden mit Else Schiff, Bassermanns Frau, die ihm zu „unbeträchtlich“ ist (als Vilma Flamm steht übrigens Fräulein Sybille Binder auf der Bühne, Tochter jener Helene Herz, die er vor Jahren einmal vielleicht geheiratet hätte . . .), das „Bacchusfest“ schließlich fällt ab. Der Erfolg ist aber groß und wird auch konstatiert, nur Stefan Großmann, einer der alten Feinde aus der Wiener Zeit und Polgar-Welt, versucht dies in seinem Bericht zu verfälschen.

Nach der Münchner Erstaufführung im November (mit seinem Schwager Albert Steinrück in den drei Rollen) und der Hamburger Aufführung im Jänner 1916 wird sich die Situation wiederholen: großer Erfolg beim Publikum, aber Beschimpfungen von seiten der Kritik. Unter den zahlreichen Rezensionen kann eine aus der „Kölnischen Zeitung“ als repräsentativ genommen werden, die sich angesichts der „Komödie der Worte“ die Frage stellt, ob „nicht gerade jene letzten Dokumente eines Wiener Literatentums Beweis dafür seien, daß unser trefflicher Bundesbruder in diesem Weltkrieg auch einer inneren Reformation an Haupt und Gliedern bedarf, um fortan in einer neuen deutschen Weltkultur bestehen zu können . . .“

Die Möglichkeit, daß er es sein könnte, der unrecht hat, erwägt Schnitzler nicht. Daß seine Inhalte (von außen her besehen tatsächlich nichts weiter als drei Ehebrüche) und seine Formen (Salonkonversation, fern von jedem modischen Expressionismus) plötzlich altmodisch und überholt erscheinen müssen, akzeptiert er nicht. Er will an sich, an dem einzigen Maßstab der Qualität gemessen werden, nicht an den neuen Moden, nicht an der großen Zeit, nicht an den Werken anderer.

Indem er auf diese Art er selbst bleibt, isoliert er sich von denjenigen, die nun einmal die neue Form und die neue Zeit zum

Maßstab setzen. Kasimir Edschmid wird Schnitzler später, sozusagen in aller Freundlichkeit, die Maximen der „Jungen" erklären, mit denen Schnitzler nicht angstvoll fraternisiert (lieber versäumt er den Anschluß): „Wir erwarten nicht den Erfolg, wir proklamieren ihn." Und außerdem wird er Schnitzler sagen, wie sehr er sich mit der „Komödie der Worte" geschadet habe. Aber der Dichter weiß, daß er sich bei einer gewissen Clique in den nächsten Jahren durch jedes neue Werk seine Stellung „verschlechtern" würde. Er gibt sich keinerlei Illusionen hin, was sein Festhalten an sich selbst ihn kostet. Und wenn er damals an seinem „Verführer" arbeitet, so beschließt er, sich nicht durch das (leicht berechenbare) Vorauswissen verwirren zu lassen, was die Kritiker darüber schreiben werden.

So ist dieses Beharren in und auf sich, seine Unbeirrbarkeit allem Äußeren gegenüber, Schwäche und Stärke zugleich. Schwäche gegenüber seiner Gegenwart, die er damals (zumindest als Dramatiker) verliert. Stärke gegenüber der Zukunft, die Schnitzlers Werke wieder begreifen kann, unbeeinflußt von Umwelterscheinungen der Entstehungszeit, die längst ebenfalls historisch geworden ist. Schnitzler ist nicht Wassermann, für den es nur einer Novelle bedarf, um mit dem Krieg ins reine zu kommen, wie er es selbst ausdrückt. Schnitzler fühlt nicht einmal die Verlockung, es sich leicht zu machen und sich seinem Heute anzupassen – und wird damit der Dichter von morgen einer Welt von gestern, wie Gerhard Baumann es formuliert hat.

Im Herbst 1915 erweitert sich Schnitzlers Bekanntenkreis um einen Mann, der für ihn von einiger Bedeutung sein wird und den er bis zu dessen Tod im Jahre 1921 regelmäßig besucht. Es handelt sich um den damals siebenundsiebzigjährigen Josef Popper, der, ursprünglich Eisenbahnbeamter, unter dem Namen Popper-Lynkeus vielbeachtete sozialphilosophische Schriften herausgebracht hat. Vor allem seine Idee der allgemeinen „Nährpflicht", die jedem Menschen von Gesetz wegen ein Existenzminimum garantieren sollte, wurde viel diskutiert.

Als Schnitzler im September 1915 Poppers „Aus den Phantasien eines Realisten" zum zweiten Mal liest, ist er weniger beeindruckt als bei der ersten Lektüre und schließt grundsätzliche Erwägungen über Philosophisches daran. Denn vieles Kluge erscheint ihm nun wie Wortgeklingel. Damit erklärt er auch für sich selbst, warum er Dichter sein muß und nie wirklich Theoretiker sein kann.

Trotz dieser Einschränkung besucht Schnitzler Popper, der ganz in der Nähe wohnt, sehr gern. Dr. Fritz Wittels, Arzt und Psychologe, Freud-Schüler und früher befreundet mit Karl Kraus, mit dem er ganz gebrochen hat, seit einiger Zeit auch zum Kreis Schnitzlers zählend, vermittelt die Bekanntschaft. Schnitzler findet Popper eindrucksvoll mit mächtigem, weißhaarigem Kopf. Sie unterhalten sich über alles mögliche, auch über die Vergangenheit, Schnitzlers Vater, die Wolter und Sonnenthal, sie sind sich einig über die falschen Philosophien des Krieges, kurz, sie verstehen einander gleich. Schnitzler wird in der Folge mit Popper Gespräche führen, die er besonders schätzt, weil sie ihn (wie im Fall von Arthur Kaufmann) aus der Inzucht-Welt der Literatur und des Theaters herausführen und einen anderen Bereich seiner breitgestreuten Interessen ansprechen.

Das Jahr 1915 endet für Schnitzler nüchtern, trüb. Er hat an vielem gearbeitet, bunt durcheinander, wenig richtig weitergebracht. Olga und seine Sekretärin Frieda Pollak tadeln ihn wegen seiner „Faulheit“. Im April 1916 entschließt sich Schnitzler, wenigstens im engsten Kreis – das ist Olga – zwei seiner Werke zur Diskussion zu stellen. Zur Vorlesung des „Fink und Fliederbusch“ zieht er auch den alten Freund Gustav Schwarzkopf hinzu, die „Wahnsinnsnovelle“ präsentiert er nur Olga.

Von der Journalistenkomödie „Fink und Fliederbusch“ finden Gattin und Freund besonders den ersten Akt gelungen, müssen ihm aber von der Veröffentlichung des Stücks abraten. Er kann sich damit nur Feinde machen – Schnitzler weiß das wohl. Dennoch vermag er dem möglicherweise praktikablen Vorschlag von Schwarzkopf, einen Roman daraus zu machen (die Satire auf Konkretes wirkt auf dem Papier nie so provokant wie von der Bühne herab), nicht zuzustimmen. Schnitzler betrachtet die Sache als nicht ganz hoffnungslos, meint auch, es wäre schade darum, unternimmt aber im Moment nichts weiter.

Was die „Wahnsinnsnovelle“ betrifft, so macht sie auf Olga einen starken Eindruck, und Schnitzler gibt sie Frieda Pollak zum Abschreiben. Daß er sich zur Veröffentlichung nicht entschließen kann, liegt vielleicht an ihren unmittelbaren autobiographischen Bezügen. Schnitzler hat darin seine eigenen Zwangsvorstellungen, wenn auch dichterisch überhöht und bis zum letalen Ende geführt, eingebracht.

Daß Schnitzler diese beiden Werke nicht veröffentlichen kann, ist vor allem aus materiellen Gründen bedauerlich. Darum greift er auf die Novelle „Dr. Gräsler“ zurück, die er Olga, Stephi und Mimi vorliest. Das ist ein Werk, das man – profan ausgedrückt – zu Geld machen kann. In diesem Sinn wendet er sich, da auf aus Honorar eines Vorabdrucks nicht zu verzichten ist, an das „Berliner Tagblatt“ mit der Frage, ob man die Novelle nicht veröffentlichen wolle, obwohl ihm die Idee von „ein paar Dutzend Dreispaltenfortsetzungen“[18] an sich wenig behagt. Schnitzler bietet Fischer das Werk erst gar nicht an, obwohl dieser in den letzten Jahren sowohl alte wie neue Novellen Schnitzlers und die „Komödie der Worte“ in Buchform verlegt hat. Erst als der Verleger im Dezember 1916 selbst anfragt, spricht Schnitzler von „Dr. Gräsler“, der dann 1917 in Buchform erscheint.

Da Reisen ins Ausland infolge des Krieges nicht in Frage kommen, verbringt Schnitzler den Sommer in Aussee, einem Dichtertreffpunkt, an dem er sich bis jetzt selten eingefunden hat. Er ist nicht frei von nervösen Reaktionen auf diese Umwelt – etwa, wenn Jakob Wassermann, der dort lebt, sich selbst als „riesigen“ Dichter bezeichnet oder wenn plötzlich im Hause Hofmannsthal eine schwärmerisch-katholizierende Stimmung herrscht, für die Schnitzler aus ganzem Herzen nichts übrig hat.

Auch Clara Pollaczek, die Clara Loeb aus dem Bekanntenkreis seiner Jugend, ist hier, Karl Schönherr, der Bankpräsident Dr. von Landesberger und seine interessanten Töchter Lili und Gerty, letztere auch eine begabte Komponistin. Im übrigen hält Wassermann die Umwelt mit seiner Ehegeschichte in Atem – noch mit Julie verheiratet, lebt er bereits mit der noch verehelichten Martha Stroß, Tochter des Dramatikers C. Karlweis und selbst Schriftstellerin, zusammen. Sowohl Julie wie auch Jakob versuchen die Freunde jeweils gegen den anderen einzunehmen, was allgemein peinlich ist. Schnitzler kann Wassermann nur dringend zu Rücksichtnahme und richtigem Benehmen raten, wird aber in nicht allzu ferner Zeit an seiner eigenen Ehe schmerzlich erfahren, wie sinnlos und erschwerend Einmischungen der Umwelt in solchen Dingen sind.

Was die Arbeit betrifft, so hat ihm das Feilen an der „Casanova“-Novelle weitere Lust auf die Figur dieses Mannes gemacht, und er beschließt, ihn zum Helden des Einakters „Die Wiederkehr“ zu wählen, woraus später „Die Schwestern oder Casanova in Spa“ wird. Von Anfang an ist ihm klar, daß dieses Stück in Versen geschrieben werden müsse, auch wenn es ihm schwerfällt.

In diesem Sommer 1916 bleibt Schnitzler ungewöhnlich lang von Wien weg, drei Monate. Im Oktober kehrt er heim und ist von vielerlei betroffen, von den zahlreichen Todesnachrichten, von seinem Ohrenleiden und natürlich von der unsicheren materiellen Lage. Erfolge wie „Könige" von Hans Müller, ein Stück, das noch vor der Uraufführung von 58 (!) Bühnen angenommen ist, kann er, der einst so Vielgespielte, nicht mehr aufweisen. Aber er vermag sich ja auch nicht zu entschließen, ein patriotisches Kolossalgemälde zu schreiben, in dem sich Ludwig von Bayern und Friedrich von Österreich mit großer Geste die deutsche Herrschaft teilen wie in Müllers Stück.

In diesem vielfach so düsteren Winter kann Schnitzler innerlich nur Zeichen seines Abstiegs erkennen. 1912, sein 50. Jahr, erscheint ihm als der Wendepunkt. Nach den positiven Ereignissen von 1910 (Hauskauf, „Der junge Medardus" und „Anatol") und 1911 („Das weite Land", getrübt durch den Tod der Mutter) wurde 1912 der „Professor Bernhardi" zwar ein starker Erfolg, das Jahr brachte aber den Tod von Otto Brahm, auch den von Burckhard und Berger. Der Weltkrieg ließ den Widerstand gegen ihn wachsen, die Freunde von einst wurden lau oder fielen ab, und auch im Verlag Fischer (der Richard Spechts Angebot, ein Buch über Schnitzler zu schreiben, damals kommentarlos ablehnte) vermochte er deutlich Gegenströme zu spüren. Das Ohrenleiden ist immer schlimmer geworden, und, vor allem, die Ehe mit Olga hat sich zunehmend verschlechtert, worauf er auch seine Arbeitsstörungen zurückführt.

Nun, am Ende des Jahres 1916, hat Schnitzler nur die Wahl, all das als Symptome eines Abstiegs zu betrachten – oder darauf zu hoffen, daß es aus der Tiefe dieses Wellentals wieder ein Höhersteigen für ihn gibt. Als Mensch und Dichter will er sich nicht aufgeben. Vielleicht ist die Ehe zu retten, und die Kinder zählen zum Positivsten seines Lebens. Als Dichter setzt er Hoffnungen auf „Casanova" und den „Weiher"-Stoff. Also mobilisiert er wieder seine Kräfte.

Am 15. November 1916 schließt er „Die Wiederkehr" ab und erwägt tags darauf den Titel, der diesem „Casanova"-Stück dann auch bleiben wird: „Die Schwestern". Beendetes läßt er stets liegen, also beginnt er anschließend, trotz des Risikos, „Fink und Fliederbusch" für die Bühne fertigzumachen. Der Entschluß, das Lustspiel aufführen zu lassen, erfolgt genau an jenem Tag, an dem Kaiser Franz Joseph I. stirbt.

Überhaupt kann Schnitzler hoffen, daß 1917 nach dem „leeren" Jahr 1916 – keine Neuerscheinung, weder als Dramatiker noch als Erzähler, höchst spärliche Aufführungen alter Stücke, die ihm zunehmend schlechtere Beurteilungen einbringen – wieder besser wird. Im Februar und März erscheint in 31 Fortsetzungen die Novelle „Dr. Gräsler, Badearzt" im „Berliner Tageblatt". Thematisch kann man das Werk, trotz des ganz anderen Milieus, im Zusammenhang mit „Casanovas Heimfahrt" sehen, denn beide Male geht es um das Altern, geht es darum, wie sich Männer dazu stellen. Im Gegensatz zu Casanova bekommt Gräsler noch einmal seine Chance, aber weil Schnitzler ihn – sicher nicht ohne Absicht – im Grunde als unsympathischen Helden gezeichnet hat, versagt er zweimal an jungen Frauen, die ihm ihre Gefühle anbieten: vor der klugen, aufgeschlossenen Sabine ebenso wie vor der kindlichen, armen Katharina. Man gönnt es ihm fast, daß er am Ende einer berechnenden Person ins Netz geht, mit deren seelischen Qualitäten es so wenig weit her ist wie mit seinen eigenen.

Man meint bisweilen, die Mühseligkeit, mit der Schnitzler an diesem Werk gearbeitet hat, zu spüren. Der „Dr. Gräsler" ist nicht so interessant und aufregend wie die „Frau Beate", er vermag auch nicht durch Erotisches Anstoß zu erregen, obwohl – wenn man Kunstwerke schon nach Maßstäben beurteilt, die man an lebende Menschen anlegt – die Seelenkälte Gräslers weit abstoßender wirkt als Beates sexuelle Not. Eine gewisse Temperamentlosigkeit des Erzählens liegt über dem Werk, das den Leser aber letztlich doch wieder fesselt.

Da es im Frühjahr 1917 nach längerer Zeit wieder eine Schnitzler-Aufführung in Wien gibt, scheint auch auf dem Theater das Tief überwunden. Thimig nimmt am Burgtheater „Zwischenspiel" wieder auf, womit Harry Walden (nun als Erbe von Kainz) nach dem Sala und Hofreiter nun auch den Amadeus Adams darstellen kann. Schnitzler ist nicht besonders glücklich, gerade dieses Stück wiederzusehen, aber man kann damit relativ billig in der Schweiz gastieren, und der Dichter weiß sich bei diesem Gastspiel in der repräsentativen Gesellschaft von Grillparzer, Schönherr und Hofmannsthal, deren Werke neben dem seinen ausgeschickt werden, um in Kriegszeiten für Österreich zu „werben".

Damit ist die Direktionsära Thimig auch schon fast zu Ende. Ein neuer Mann wird gesucht und auf persönliche Intervention von Erzbischof Piffl durchgesetzt: Max von Millenkovich. Schnitzler ist nicht begeistert, denn in seinen Augen ist dieser als Schriftsteller schwach begabt, christlich-germanische-antisemitische Tendenzen zeigend. Schon als Kritiker der „Österreichischen Rundschau" hat er alberne Kritiken über ihn geschrieben. Und da der Vorsitzende des Neuen Deutschen Verbandes für Theaterkultur eben erst behauptet hat, Schnitzler sei so ziemlich allgemein als der gefährlichste Vergifter der deutschen Bühnen anerkannt, so darf die antisemitische Presse nun hoffen, daß im Burgtheater von Millenkovich kein Platz für Schnitzler ist. Man kann sich allerdings täuschen.

Schnitzler feiert seinen 55. Geburtstag um zwei Tage verfrüht, schon am 13. Mai, in Wien. Auf einem Spaziergang mit Arthur Kaufmann fällt ihm die überflüssige Tafel „Park" auf, die ihn zu der Erzählung „Ich"[19] inspiriert. Das Werk, manchmal wie ein Produkt von Kafka anmutend, ist ein kleines Meisterstück über die Entpersönlichung eines Mannes, dem die Beziehung zwischen den Dingen und den Worten, die sie bezeichnen, verlorengeht.

Am selben Tag ist Stephi Bachrach zu Tisch geladen, die schlecht aussieht und irgendwie zerrüttet wirkt. Tags darauf fährt Schnitzler mit Olga nach Salzburg. Am 16. Mai erreicht ihn ein Telegramm von Viki Zuckerkandl: „Stephi heute früh an Veronal-Morphium-Vergiftung gestorben."

Die Erschütterung wird nicht voll wirksam, weil Schnitzler dieses Ende vorausgesehen hat. Sofort kehrt er mit Olga nach Wien zurück, wo sie nach und nach die Einzelheiten der Tragödie erfahren. Stephi hat Rudi Olden wiedergesehen und, zerrissen zwischen ihm und Urbantschitsch, einen ersten Selbstmordversuch unternommen. Der zweite, an Schnitzlers Geburtstag, ist geglückt. Vieles kam zusammen, um ihr die Zukunft aussichtslos erscheinen zu lassen.

Schnitzler ist nicht der einzige, den Stephi bis in die Tiefe seiner Seele anrührte. Nur – die anderen verwinden ihren Verlust leichter: Jakob Wassermann, der sie prompt in seinem Roman „Christian Wahnschaffe" verewigt, Rudolf Urbantschitsch, der einen detailfreudigen Schlüsselroman („Julia") über Stephi und sich selbst verfaßt – und im übrigen ebenso bald heiratet wie Rudi Olden.

Schnitzler gedenkt ihrer den Rest seines Lebens. Es ist nicht zu beweisen, aber anzunehmen, daß sie durch „Casanovas Heimfahrt" als Marcolina schwebt und „Fräulein Else" ihre Züge lieh. Ihr Schicksal selbst hat Schnitzler nie gestaltet, die Novelle „Der Oberstabsarzt", in der er es beabsichtigte, führt er nicht aus. Die

Literaten-Zeiten, da man sich mit Hilfe eines Theaterstückes von Schmerz befreit, sind für ihn vorbei. Die letzten Tragödien seines Lebens (der Tod Stephis, die Trennung von Olga, der Tod Lilis, die problematische Beziehung zu Clara) gestaltet Schnitzler nicht mehr.

Im Herbst ist es Zeit, an die Bühnenkarriere von „Fink und Fliederbusch" zu denken. Der neue Direktor des Deutschen Volkstheaters heißt Karl Wallner, jener Mann, der von Schnitzler einst drei Einakter zu Kompositionszwecken bestellt hat. Zur „Feier des Geburtstags des Kaisers" hat er am 17. August 1917 „Liebelei" angesetzt – womit das Stück, das Franz Joseph einst so mißbilligt hat, etwas mehr als zwei Jahrzehnte später zu jenem offiziellen Repräsentationswerk geworden ist, mit dem man seinen Nachfolger, Kaiser Karl, ehrt.

Trotz diesem spontanen Entgegenkommen denkt Schnitzler für „Fink und Fliederbusch" nicht zu allererst und ausschließlich an das Deutsche Volkstheater. Als er das Stück Viktor Barnowsky vorliest, nimmt dieser es sofort für Berlin an und will Curt Goetz die doppelte Titelrolle, Albert Bassermann den Grafen spielen lassen.

Als Schnitzler in Wien das Werk zu Direktor Wallner ins Volkstheater bringt, bietet ihm dieser unbesehen eine Garantie in gewünschter Höhe, falls er darauf verzichte, es Millenkovich zu zeigen. Obwohl Schnitzler sich gut vorstellen kann, daß seine Chancen am Burgtheater gleich Null sind, geht er nicht darauf ein. Außerdem ist Wallner nach der Lektüre ohnedies tief enttäuscht – ein Schnitzler-Stück und keine Liebesszene! Weiters ist er sicher, die Zensur würde es verbieten, während Schnitzler eher den Eindruck hat, Wallner fürchte sich, es werde nicht verboten – und die Journalisten würden über ihn herfallen. Millenkovich, den Schnitzler im persönlichen Gespräch nicht unsympathisch und über die Klerikalen schimpfend findet, liest das Stück mit Behagen, kann es aber natürlich nicht spielen. So bleibt es Wallner für das Deutsche Volkstheater.

In Partenkirchen, anläßlich eines der zahlreichen Besuche bei Lisl, liest er das Werk Albert Steinrück vor, womit er es auch in München untergebracht hat. Die Uraufführung soll in allen drei Städten zugleich stattfinden. Inzwischen hat auch Max Reinhardt davon vernommen und bekundet telegraphisches Interesse, aber Schnitzler denkt nicht mehr daran, sich darauf einzulassen.

Wie Schnitzler es gerne tut, liest er den Schauspielern des

Volkstheaters sein Stück vor. Sie scheinen sich erst, wie er feststellt, im dritten Akt zu amüsieren. Barnowsky in Berlin hat Schwierigkeiten, da Bassermann, damals immerhin runde 50 Jahre alt, plötzlich den Fliederbusch anstelle des Grafen spielen will. Barnowsky, seinen Stars immer hilflos ausgeliefert (später wird ihn Elisabeth Bergner tyrannisieren), muß nachgeben und die Premiere verschieben. Da auch München den vorgesehenen Termin nicht halten kann, bleibt dem Deuschen Volkstheater die Ehre der alleinigen Uraufführung.

Schon vor der Premiere erregt das Stück allerdings in Journalistenkreisen Aufsehen. Man berät im Presseclub „Concordia", ob man irgendwelche Schritte unternehmen soll, sieht aber dann davon ab. Immerhin hält die „Neue Freie Presse", wie Schnitzler in einem Telephonat erfährt, Demonstrationen während der Premiere für möglich. Aber nichts dergleichen passiert am 14. November. Schnitzler ist zwar über die Aufführung nicht völlig glücklich, denn er findet die „Schmierenluft" in diesem Haus unausrottbar. Aber mit Anton Edthofer in der Titelrolle, Leopold Kramer als Grafen, Karl Forest als Cajetan und Willi Thaller als Styx kommt dann doch ein sehr ordentlicher Abend zustande.

Die Kritiken, die am Tag darauf erscheinen, sind allerdings großteils negativ. Nur wenige Journalisten bringen es, wie etwa Raoul Auernheimer, fertig, nicht persönlich verletzt zu sein und solcher Regung mit dem Impetus abzuhelfen, sich an Schnitzler und dem Stück zu rächen. Die anderen sind wohl zu betroffen, am meisten vom ersten Akt, der in der Redaktion der liberalen Zeitung „Die Gegenwart" spielt. Sind zu viele erkennbar? Der Chefredakteur mit Namen Leuchter, der bei aller Liberalität zwischen dem Wunsch, nur ja niemandem weh zu tun, und einer auflagesteigernden Aggressivität schwankt? Der Theaterkritiker Abendstern (hier ist Schnitzler eine fast Nestroysche Freude an charakterisierenden Namen überkommen), der Galle versprüht und Honig zu Papier bringt? Der rebellische politische Redakteur Füllmann, der letzten Endes unter dem Diktat des Chefs verstummen muß? Oder am Ende gar der dichtende Journalist Cajetan, der seine eigenen Theatererfolge durch selbstverfaßte Rezensionen zu managen sucht? „Darauf, daß gerade die minderwertigsten Journalisten sich anläßlich des ‚Fink und Fliederbusch' am wildesten gebärden würden, mußte ich natürlich ebenso gefaßt sein, wie ich dem Erscheinen des ‚Leutnant Gustl' die Empörung der analogen Elemente unter den Offizieren, beim ‚Bernhardi' die ähnliche Reaktion unter gewissen Ärztegruppen leicht vorherzusehen imstande war. Dabei bin ich in allen diesen Fällen und ganz besonders in meiner sogenannten Journalistenkomödie – ich sage das keineswegs zu meiner Entschuldigung oder zu meinem Lob – als Satiriker so harmlos gewesen als nur möglich", schreibt Schnitzler später an Richard Charmatz.[20]

Aber die Milieustudie (wieder der klassische Fall des so überragenden ersten Aktes, daß alles Weitere abfallen muß!) ist nicht die Hauptsache. Auch die Doppelrolle des jungen Fliederbusch, der sowohl für die liberale Tageszeitung wie für das Wochenblatt „Die elegante Welt" schreibt, ist nur Kontrastfigur für den Mann, an dem Schnitzler seine Erkenntnis: „Schwätzer sind Verbrecher" darstellt. Denn wenn Graf Niederhof im Parlament eine Rede mit entscheidenden politischen Folgen hält, so ist das nicht Ausdruck seiner Überzeugung, sondern bloß „eine Art Fechterkunststück". Hier treibt Schnitzler unter dem Mantel der Satire die Kritik an jenen, die mit Worten wie mit Menschen nur spielen, sehr weit. Noch einmal, wie im „Bernhardi", geißelt er die zynische Frivolität, mit der in Österreich Politik betrieben wird.

Die komische Handlung wird allerdings von Fink/Fliederbusch weitergetrieben und findet keine Lösung, da man sich schließlich nicht mit sich selbst duellieren kann. So steht am Ende eine der tiefen Schnitzlerschen Überzeugungen: „Muß denn alles erledigt werden? – Kann irgend etwas erledigt werden?"[21] So sehr er damit seiner Weltanschauung Ausdruck verleiht – offene Enden dieser Art entsprechen natürlich nicht unbedingt dem Wunsch eines Theaterpublikums nach befriedigender Lösung eines Konflikts.

Bei der Berliner und der Münchner Premiere des Stückes ist Schnitzler nicht anwesend. Diesmal wird er nicht so wütend beschimpft wie nach der „Komödie der Worte". Man betrachtet es eher als groben Undank, daß ein Mann, der so von der Presse verhätschelt worden ist, nun ein solches Stück geschrieben hat.

Ende 1917 kann Schnitzler eine bessere Bilanz ziehen als im Jahr davor: Nach einer Aussprache mit Lisl in Partenkirchen scheint Olga einsichtiger geworden, die Ehe wird etwas harmonischer; über die Entwicklung der Kinder hat Schnitzler allen Grund, glücklich zu sein; der Erfolg des „Dr. Gräsler" war groß, die Kritiken der Buchausgabe so gut, daß er – wie später auch bei „Fräulein Else" – das Gefühl hat, er werde als Erzähler über- und als Dramatiker unterschätzt; jedenfalls hat das Buch genug Geld eingebracht, so daß die Einnahmen überraschend waren und seine Ausgaben trotz erheblicher Teuerungen diese nicht weit überschritten.

Was „Fink und Fliederbusch“ betrifft, so kann er feststellen, daß ihn das Rezensentengewäsch immer weniger kümmert. Mit der Autobiographie ist er bis zum vierten Buch fortgeschritten, fürchtet aber (zu Recht), er würde sie nicht fertigstellen: „Der Gedanke an die Nachwelt beschäftigt mich stark – doch ohne jede Eitelkeit. Als müßt ich zu Freunden reden, die noch nicht geboren sind.“ [22] Und künstlerisch, so hofft er, hätte für ihn mit der „Casanova“-Novelle und dem „Casanova“-Stück eine neue Epoche angehoben.

„Casanovas Heimfahrt“ hat er nun Fischer gegeben, der die Novelle von Juli bis September 1918 in der „Neuen Rundschau“ vorabdrucken und noch im gleichen Jahr als Buchausgabe herausbringen wird. Und das Stück „Die Schwestern oder Casanova in Spa“ liebt Schnitzler selbst so sehr, daß es ihm nicht einmal etwas ausmacht, als die Freunde sich nach der Vorlesung zu keinem Lob aufschwingen können, sondern weit eher moralische Bedenken anmelden.

Überhaupt mögen die Freunde „Casanova“ in beiderlei Gestalt, vor allem in der Novelle, leider nicht. Für Wassermann ist das Werk ein Grund, sich innerlich von Schnitzler zurückzuziehen, und auch Hofmannsthal gibt offen seine Abneigung zu. In Amerika wird Schnitzler mit der Novelle sogar aus sittlichen Gründen Ärgernis erregen – die Gesellschaft zur Bekämpfung des Lasters erhebt Anklage, es kommt auch zu einem Prozeß, aber der (nicht anwesende) Dichter wird freigesprochen, und die Novelle erringt großen Erfolg bei Kritik und Publikum.

Novelle und Stück werden gern zusammen betrachtet, nicht zu Unrecht, sind sie doch aus der Faszination über dieselbe Person und bald hintereinander entstanden. In sich sind sie jedoch völlig verschieden. In der Novelle steht der alte Casanova im Mittelpunkt, der von ohnmächtiger Wut darüber erfüllt ist, mehr Legende als Wirklichkeit zu sein, der sich einfach nicht damit abfinden will, nicht mehr jede Frau haben zu können. Als seine Begierde auf die junge, ungewöhnlich kluge, souveräne Marcolina so groß wird, daß er sich eine Liebesnacht unter falschen Vorspiegelungen erschleicht, muß er, im Augenblick des Erkennens, in ihrem Blick den Abscheu lesen: „Alter Mann!“ [23] Weit intensiver als in „Dr. Gräsler“ hat Schnitzler hier die unendliche Bitterkeit des Alterns eingefangen. Wenn Casanova, so wie Hofreiter, im Duell den jüngeren Rivalen tötet, handelt es sich auch hier um einen Akt der Selbstzerstörung.

Die Novelle läuft langsam, mit vielen retardierenden Schilderungen, hat aber vor allem in den Traumsequenzen und schließlich in der Idee, daß die beiden Männer einander im Duell nackt gegenüberstehen, faszinierende Szenen. Was nützt es, berühmt zu sein? Jungsein ist alles! wird zur beklemmenden Erkenntnis.

In den „Schwestern" darf Casanova jung sein, 32 Jahre, nur – in diesem Stück geht es eigentlich nicht um ihn. Dieses Lustspiel in Versen, drei Akte in einem, ist vielleicht das leichteste, lockerste, am wenigsten hintergründige und letztlich unproblematischste Stück, das Schnitzler geschrieben hat. Milieu und Verse sorgen für die reizvolle Verfremdung des alten Mottos: Sicherheit ist nirgends. Gezeigt wird das am Beispiel von drei emanzipierten Frauen – Anina wie Flaminia begehren Casanova ohne Rücksicht auf ihre Partner und sind nicht bereit, Bräutigam beziehungsweise Gatten Einspruchsrecht auf ihr Leben und ihre Entscheidungen einzuräumen. Teresa hat Casanova verlassen, kehrt nach verschiedenen Abenteuern zurück und verlangt ganz selbstverständlich, von ihm zurückgenommen zu werden.

Wie leicht Schnitzler hier, ganz auf der Seite der Frauen, von den Männern verlangt, daß sie über die körperlichen und seelischen Seitensprünge der Damen hinwegsehen! (Eine Moral, zu der er sich privat nie durchringen kann.) Ein Stück wie dieses, in dem Casanova mehr Begriff und Reizwort für spielerische Lust an der Erotik ist, hat keinen moralischen Boden unter den Füßen, ist in Inhalt und in lockerer Form nur mehr spielerisch, voll Zauber, voll Leichtigkeit. Und Schnitzler ist hier auch einmal seines Handwerks froh. Schließlich sind ihm ja andernorts immer wieder (und bisweilen nicht unberechtigt) Zweifel an seinem technischen Können gekommen.

Daß für ein Stück in Versen, das gleichsam in einer Hofmannsthal-Welt spielt, Hofmannsthal-Regisseur Reinhardt und seine Schauspieler die einzig idealen Interpreten wären, ist Schnitzler klar. Also beschließt er nach langer Zeit, es wieder mit Reinhardt zu versuchen. Dieser äußert sich positiv, hat in Moissi einen geeigneten Hauptdarsteller, aber die Zusammenarbeit klappt auch diesmal nicht. Dafür verärgert Schnitzler Viktor Barnowsky, der meint, ähnlich wie Brahm ein Gewohnheitsrecht auf Schnitzlers Stücke zu haben, und sehr beleidigt auf seine Verdienste um ihn, vor allem die Aufführung des „Jungen Medardus", den Brahm nicht gewagt hat, hinweist.

Aber auch am Burgtheater macht Schnitzler nicht viel bessere Erfahrungen als mit Reinhardt. Als Millenkovich zu Beginn des

Jahres 1918 „Die Schwestern" überreicht bekommt, gibt er sich zwar sehr erfreut, aber es geschieht nichts in dieser Sache. Dafür steht am Burgtheater das Debut von Alexander Girardi bevor. Damit wird der Operettenkomiker endlich in seiner Eigenschaft als größter Volksschauspieler seiner Zeit geadelt. Seine Antrittsrolle ist der „Bauer als Millionär", und schon seine zweite Aufgabe (niemand weiß, daß es die letzte sein wird) der Weiring in Schnitzlers „Liebelei". Zwar gesteht sich Schnitzler bei den Proben im geheimen ein, daß Girardi nicht ganz seinen Erwartungen entspricht, doch findet am 1. März 1918 auf den Brettern des Burgtheaters ein schauspielerisches Ereignis ersten Ranges statt. War Sonnenthal einst der große Herr gewesen, der nicht wirklich zum schlichten Vorstadt-Musikanten herabsteigen konnte, so ist Girardi der geborene Weiring, schlicht, zart, behutsam, gütig und erschütternd. „Schreiben S' mir ein neues Stück", sagt Girardi zu Schnitzler, als dieser ihn in der Garderobe besucht.

Im Zuschauerraum sieht Schnitzler Dr. Urbantschitsch, den Geliebten von Tilly Kutschera, die die Schlager-Mizi spielt. „Hättest du, Gute, geahnt, wie tief sie dich heute begraben – nimmer den Becher mit Gift hättest du gestern geleert" [24], dichtet Schnitzler Stephi Bachrach ins Grab nach (und nimmt es später in die „ungläubigen Distichen" in seinem „Buch der Sprüche und Bedenken" auf). Welche Tragik, daß sich zwei Jahre später (am 27. Juni 1920, dreißigjährig wie Stephi damals) auch Tilly Kutschera wegen Urbantschitsch das Leben nehmen wird. Welche Tragik auch, daß Alexander Girardi sechs Wochen nach der Premiere tot ist.

„Querelles autrichiennes" [25] nennt Peter de Mendelssohn in seinem großen Buch über S. Fischer und seinen Verlag die „Palastrevolution" österreichischer Autoren, die zu Beginn des Jahres 1918 ausbricht und an der Schnitzler nicht unwesentlich beteiligt ist. Es geht um die kriegsbedingte allgemeine Papierknappheit, die Fischer nicht erlaubt, alles zu drucken, was er sollte und möchte. Nicht nur die Österreicher fühlen sich benachteiligt – jeder seiner Autoren ist empört, wenn das Werk eines anderen erscheint und nicht sein eigenes. Schnitzler muß im Februar 1918 erfahren, daß Fischer kein Papier für die Neuauflage seiner Gesammelten Werke hat. Die Papierfrage wird für alle Wiener Fischer-Autoren zu einem Problem, das sie bei jedem Treffen untereinander geradezu zwanghaft behandeln.

Schließlich wird beschlossen, von Fischer die Gründung einer österreichischen Filiale zu verlangen, was diesen nicht eben begeistert. „Ich schwanke noch", lautet S. Fischers Spitzname aus gegebenem Anlaß. Schnitzler versucht bei dem alten Freund Poldi Andrian, der im Ministerium tätig ist, von offizieller Seite Papier zu bekommen, aber auch das klappt nicht. Fischer hat auch wenig Lust, sich von den immer gereizteren Österreichern unter Druck setzen zu lassen. Am 1. Mai versammeln sich bei Hofmannsthal Schnitzler, Auernheimer, Wassermann und Paul Zifferer und fordern Fischer telegraphisch auf, sich persönlich herzubemühen.

Dieser läßt sich sträflich Zeit, wie Schnitzler meint, und kommt erst am 28. Juni nach Wien. Dann beschließt er tatsächlich die Gründung einer Wiener Filiale. In persönlichen Gesprächen kommt es zwischen Fischer und Schnitzler zu Aussprachen, bei welchen sich der Verleger ärgerlich darüber äußert, daß Schnitzler ihm so wenig Vertrauen schenke. Gerade er hätte keinen Grund, sich zu beschweren, und die Wiener Zweigstelle sei nur für ihn gedacht. Schnitzler wahrt seinen Standpunkt und betont seine Stellung nicht ohne Selbstbewußtsein: Fischer habe eben die Verpflichtung, es für ihn zu tun. Denn nicht nur, daß auch er damit sein Geschäft mache – er dürfe nicht ihn, einen der Autoren, an dem er seit 25 Jahren am meisten verdiene und der zum Ruhm seines Verlages beitrage, aus Bequemlichkeit in dieser schweren Zeit um Tausende schädigen. Die Herren scheiden schließlich in einiger Harmonie.

Bis die Wiener Filiale tatsächlich Wirklichkeit wird, hat Schnitzler noch einigen Ärger, aber dann können die „Gesammelten Werke" (5 000 Exemplare für die Erzählenden Schriften und 4 000 für die Theaterstücke) tatsächlich nachgedruckt werden. Durch Kriegsende und Revolution wird das Erscheinen von „Casanovas Heimfahrt" verzögert, aber die teils in Wien, teils in Leipzig gedruckte Auflage von 40 000 Stück reicht bis zu Fischers und Schnitzlers Lebensende. Da die Wiener Filiale bald danach wieder ruht und wenig anderes als Schnitzlers Bücher herausgibt, hat Fischer fast recht behalten mit der Behauptung, er hätte sie nur für ihn ins Leben gerufen.

In diesem Jahr 1918 tritt die seit langem schwelende, aber letztlich immer wieder abgefangene Ehekrise zwischen Arthur und Olga Schnitzler in ein Stadium, aus dem es kein Zurück, sondern nur mehr den geraden Weg zum Ende gibt. Anfang Februar, als

Schnitzler sein Schmerzensstück, den „Gang zum Weiher“, beginnt, verschärft sich die häusliche Atmosphäre. Olga Schnitzler hat bei ihren Gesangsdarbietungen nach wie vor keinerlei große Erfolge, wofür sie in gereizter Stimmung ihren Mann verantwortlich macht, von dem sie sich in bezug auf ihre Karriere im Stich gelassen fühlt. Tatsächlich ist sie für sein Schaffen eine stets anteilnehmende, kluge und konstruktive Begleiterin, deren Urteil er sucht und braucht. Er hingegen läßt sie eben gewähren – und findet ihre Vorwürfe über seine Haltung ungerecht.

Nun ist es für die Nachwelt nicht leicht, Olga Schnitzler als Sängerin zu beurteilen. Sie hat rund zwanzig Jahre ihres Lebens auf eine Karriere verwendet, die nie stattfinden sollte. Sie war ihrer Sache nie sicher, studierte bei zu vielen Lehrern und hatte nie wirklich Erfolg. Sie wurde lange zum Sopran erklärt, während sich ihre Stimme später als Mezzosopran herausstellte. Wenn Schnitzler selbst ihr zutraut, Carmen oder Amneris an einer Bühne von der Größenordnung der Wiener Volksoper zu singen, so hat das sicher etwas zu bedeuten, denn er ist ein großer Musikkenner und steht ihren Leistungen zu kritisch gegenüber, um ihr zu schmeicheln. Im Gegenteil – sie nimmt an seiner Unbarmherzigkeit Anstoß.

Aber Olga Schnitzler ist nicht dafür geschaffen, vor ein Publikum zu treten. Immer wieder wird ihre Befangenheit erwähnt, die es ihr nicht erlaubt, ihre zweifellos vorhandenen Qualitäten im entscheidenden Augenblick zur Geltung zu bringen. Sie hat aber zu viel investiert, um sich mit dem Dasein als Dilettantin zufriedengeben zu wollen – was ihr auch ein recht ausgeprägtes Geltungsbedürfnis verbietet.

Allerdings ist Olga Schnitzler nicht imstande, die Schuld für ihr künstlerisches Versagen bei sich selbst zu suchen. Vielmehr macht sie ihre Beanspruchung als Hausfrau und Mutter ebenso dafür verantwortlich wie die mangelnde Unterstützung durch den Gatten. Dabei ist sie allerdings nicht ganz konsequent. Einerseits hat sie aus Schnitzlers Berühmtheit durchaus Vorteile gezogen – wie hätte sie sonst Gustav Mahler, Bruno Walter und zahlreiche andere Musiker, Sänger, Dirigenten, Komponisten kennengelernt? Andererseits findet sie, daß Schnitzlers Name sie belaste, und tatsächlich machen ihr in Wien hämische Neugier und Klatschsucht als „Frau Arthur Schnitzler“ jeden Auftritt schwer. Allerdings kann es ihr dann wieder passieren, daß dort, wo niemand sie kennt, auch kein Mensch in ihr Konzert geht (wie es im Jänner 1914 in Regensburg der Fall war, wo nur drei Eintrittskarten verkauft wurden).

Damals fühlt sich Olga Schnitzler von ihrem Gatten ebenso unterdrückt wie ihre Freundin Alma einst von Gustav Mahler, der nicht erlauben wollte, daß auch sie komponiert. Im April 1918, als Olga mit großer Geste ihre Existenz verflucht, verbohrt sie sich in die Idee, mit Berta Zuckerkandl in die Schweiz zu reisen. Dort will sie als „Unbekannte" konzertieren, was Schnitzler mitten im Krieg für Wahnsinn hält. Auch findet er den Scherz ein wenig kostspielig. „Also du hältst alles, was in mir in der letzten Zeit vorgeht, für Laune!" wirft sie ihm vor.

In der Person der Hofrätin wird erstmals eine dritte Person in die Krise einbezogen, und wie gut sie es mit den beiden auch meinen mag, so schadet sie doch beträchtlich. Denn sie ist nicht diskret, und nun setzt sich jenes Karussell des Tratsches in Bewegung, das jedes Wort verdreht, die Atmosphäre weiter vergiftet und das Ende womöglich noch beschleunigt. Olga beschuldigt den Gatten nun vor Dritten der Tyrannei und Besitzsucht, er sie der Unzufriedenheit, Rechthaberei und der Zwangsvorstellung, daß er an ihrer Erfolglosigkeit schuld sei. Olga, überreizt bis zur Hysterie, weint und tobt, und Versöhnungen sind nur mehr äußerlich. Wie klug ist sie doch, findet er, wenn es um objektive Dinge geht, und wie hoffnungslos, wenn ihre persönlichen Belange zur Sprache kommen. Er analysiert es als typischen Fall von Monomanie.

Seit Olga von Schnitzlers innerer Bindung zu Stephi weiß, meint sie auch, dem Gatten nichts mehr schuldig zu sein. Sie ist nun 36 Jahre alt und nach 15 Jahren Ehe bereit dafür, sich gefühlsmäßig anderwärts zu binden. Es sieht eine Zeitlang danach aus, als wäre Burgschauspieler Werner Schott der Erwählte, aber am 9. Mai 1918 kommt erstmals der junge Komponist Wilhelm Groß in Schnitzlers Haus. Er ist es dann, an den sich Olga eng genug anschließt, um Schnitzler zu veranlassen, sich innerlich völlig von seiner Ehe zu distanzieren.

Kurz vor seinem 56. Geburtstag sieht Schnitzler wieder eines seiner Werke auf der Bühne: Albert Bassermann gastiert mit der „Gefährtin" und der „Komödie der Worte" an der Volksbühne, und Schnitzler findet den Star großartig, noch viel besser als in Berlin. Am 24. Juni ist Schnitzler dann im Tempel Trauzeuge, als Viki Zuckerkandl, den er liebt wie einen Sohn, Stephis Schwester Mimi heiratet, die um 15 Jahre älter ist als er. Ob er sie wohl heiraten sollte, hat Viki den älteren Freund gefragt – wegen des Altersunterschieds. Schnitzler einigt sich mit ihm, daß alle menschlichen Beziehungen, insbesondere die erotischen, so unsicher sind, daß es auf ein Element der Unsicherheit mehr nicht ankomme. Und wie recht er behält: Man kann nichts voraussehen. Die Ehe zwischen Viki und Mimi Zuckerkandl hält bis zu deren Lebensende. Bald nach Mimis Tod in den fünfziger Jahren stirbt auch Viki.

Diesen Sommer 1918 verreisen die Schnitzlers nicht. Der Dichter quält sich täglich mit ein paar Versen zum „Weiher", mehr gelingt ihm fast nie, oder er schreibt an seiner Autobiographie. Am 19. Juli fährt Olga zu Lisl nach Partenkirchen. Schnitzler und sie scheiden leidlich voneinander. Olga behauptet brieflich, sie brauche ihre innere und äußere Freiheit. Schnitzler, schon damals zur Trennung entschlossen, bietet sie ihr an. Kaum kommt er am 27. August nach Partenkirchen, gibt es schlimme Diskussionen. Olga erklärt, sie wolle nicht nach Wien zurück, was ihm nur recht ist.

Im übrigen trifft Schnitzler Heinrich Mann, dem er die „Schwestern" vorliest, und Richard Strauss, der sich dafür interessiert, ob das Stück wohl ein Libretto für ihn abgeben könnte. Dann reist er, doch mit Olga, die ihre Beschlüsse oft zu ändern beliebt, nach Wien zurück. Am 12. September, dem Vorabend von Lilis neuntem Geburtstag, sind sie wieder da.

Am Burgtheater wurde Millenkovich inzwischen als Direktor abgelöst. Unter dem Generalintendanten Leopold von Andrian wirken nun Max Devrient, Andrians Protegé Robert Michel und Hermann Bahr als Triumvirat an der Spitze der Burg. Schnitzler hat Bahr, der in den letzten Jahren in Salzburg gelebt hat, seit 1913 nicht gesehen und mit ihm nur sporadisch brieflichen Kontakt gepflegt. Bahrs Wendung zum Katholizismus, von der er vielfach vernommen hat, muß ihm natürlich suspekt sein. Das erste, was er von dem Freund hört, ist, daß man Schönherrs „Weibsteufel" schon aus dem Spielplan genommen hätte – man müsse schließlich Rücksicht auf den Kardinal nehmen. Und so ist es auch Bahrs erste Amtshandlung am Burgtheater, „Die Schwestern" abzulehnen, weil sie natürlich in ihrer moralischen Haltung nicht entsprechen.

„Die Schwestern" haben auch weiterhin kein Glück. Baron Franckenstein in München bedauert, das „reizende Lustspiel" nicht geben zu können, weil er fürchtet, es könnte Anstoß erregen. Er hätte ihnen wohl einen tugendhaften Casanova liefern sollen! ärgert sich Schnitzler. In Wien bringt er das Stück ins Deutsche Volkstheater, wo nun Alfred Bernau Direktor ist. Dieser nimmt es an und wird es ebensowenig spielen wie Reinhardt in Berlin.

Schnitzlers letzte Theaterstücke haben bei den Direktoren kein Glück mehr, nicht zu seinen Lebzeiten – und auch nachher nicht. Nur die alten Werke halten sich, etwa „Das weite Land", das mit dem zurückgekehrten Arnold Korff im Oktober 1918 wieder am Burgtheater gezeigt wird. Schnitzler findet die Vorstellung ziemlich verschlampt. Gut erscheint ihm eigentlich nur der Darsteller des Bankiers Natter, Albert Heine. Wenig später wird dieser Direktor des Burgtheaters sein und endlich, endlich „Die Schwestern" uraufführen.

Der Weltkrieg neigt sich seinem Ende zu. Der Bundesstaat, den keiner will, wird konstituiert. Alle Gespräche münden enervierend in die Erwartung von Revolutions- und Plünderungsmöglichkeiten. Aber so wie sich Schnitzler den ganzen Krieg hindurch nicht entschließen konnte, den deutschen Bündnispartner zu beschimpfen (in seinen Kriegsaufzeichnungen hat er viel Wehmütiges und Verständnisvolles über die Deutschen niedergelegt), so stimmt er auch jetzt in den allgemeinen Haß nicht ein, nachdem Kaiser Karl am 26. Oktober das Bündnis löst. Als er Schlimmes von den Deutschen hört, wägt er in seiner objektiv nüchternen Art ab, ob die anderen im Feindesland wohl besser gehaust hätten. Und als er wenig später den Roman „Der Untertan" des von ihm so geschätzten Heinrich Mann liest, findet er das Buch zwar außerordentlich, aber zu einseitig und haßerfüllt. Schließlich meint er, die Politik um Poincaré sei eine mindestens so scheußliche Sache gewesen wie die um Wilhelm. Und er kann sich auch nicht entschließen, den von Rudolf Steiner verfaßten Aufruf an Woodrow Wilson zu unterzeichnen, in dem für die Kriegskatastrophe nur Deutschlands Mentalität verantwortlich gemacht wurde. Solchen Vereinfachungen vermag sich Schnitzler nicht anzuschließen.

In der Nacht vom 30. zum 31. Oktober 1918 wird die erste deutsch-österreichische Regierungekonstituiert, und schon am 31. ruft Alfred Bernau Schnitzler mit der Neuigkeit an, daß die Zensur so gut wie aufgehoben sei. Er will so bald wie möglich den „Professor Bernhardi" spielen. Daß Weltkrieg und Revolution stattfinden mußten, damit diese Aufführung in Wien möglich wird, findet Schnitzler etwas kostspielig.

15. EINE EHE ZERBRICHT
1918–1921

Am 3. November 1918, dem Tag des Waffenstillstands, konferiert Schnitzler im Volkstheater mit Direktor Bernau und Regisseur Rosenthal über die Besetzung des „Professor Bernhardi". Josefine Kramer-Glöckner sucht ihn auf, um im Namen ihres Mannes – Leopold Kramer ist neuernannter Direktor des Prager Landestheaters – um das Stück zu bitten. Auch Hans Ziegler, der Direktor der Volksbühne, erscheint und will den „Bernhardi". Und noch ein Stück scheint mit dem Ende der Zensur plötzlich möglich: Geradezu lawinenartig werden wenig später die Anfragen nach einer Aufführung des „Reigen" einsetzen. Schnitzler lehnt immer wieder ab, denn er wünscht nicht, die Situation auszunützen.

Bei Schnitzler daheim hat außer ihm niemand die Nerven, sich mit Theaterfragen auseinanderzusetzen. Gattin Olga ist angesichts der allgemeinen Unsicherheit völlig konfus, packt die Koffer, will einmal zu ihrer Schwägerin ziehen, einmal ins Ausland flüchten, da sie eine Plünderung im Villenviertel fürchtet. Sie ist nicht die einzige: Julie Wassermann vergräbt vorsorglich ihr Silber, während ihr nicht mehr bei ihr wohnender Gatte mit Schnitzler seelenruhig über seinen, Wassermanns, neuen Roman „Christian Wahnschaffe" konferiert.

Die Lage beruhigt sich langsam, aber Schnitzler hat keine Freude an dem „Umsturz": Staatsformen bedeuteten nichts, findet er, denn er kann nur auf Menschen Hoffnungen setzen. Und dieselben, die den Kaiser bejubelt haben, rufen nun „Hoch die Republik". Am 12. November 1918 wird ebendiese Republik proklamiert. Die „Rote Garde", die Schießereien provoziert (zwei Tote und 40 Verletzte sind das Ergebnis), ist für Schnitzler ein Bastard aus Wiener Strizzitum und jüdisch-dogmatisch-bösartiger Aktivisten-Wirrköpferei. Er resümiert, daß ein welthistorischer Tag in der Nähe nicht sehr großartig aussieht.

Noch spielen die Theater. Am 18. November findet am Deutschen Volkstheater die erste „Bernhardi"-Probe statt. Am 22. gibt es in den Kammerspielen eine Neueinstudierung des „Anatol". Anfang Dezember wird von Tag zu Tag eine Katastrophe erwartet, und die Theater schließen dann auch. Am 11. Dezember probt man wieder, ohne zu wissen, wann gespielt werden darf. Für den 13. hat man die Wiedereröffnung der Theater erwartet, sie wird verschoben. Am 19. Dezember wird für Samstage und Sonntage Spielbewilligung erlassen. Während der Hauptprobe des „Professor Bernhardi" kommt die polizeiliche Verständigung, daß Anhänger der „Reichspost" Krawalle planten. Karl Schönherr besucht Schnitzler und rät ihm freundschaftlich, einiges zu streichen, vor allem alles, was mit „klerikal" zusammenhängt. Schnitzler bedankt sich und denkt nicht daran, es zu tun.

Am 21. Dezember 1918 findet die Wiedereröffnung des Deutschen Volkstheaters mit der österreichischen Erstaufführung des „Professor Bernhardi" statt. Es gibt keinerlei Widerspruch, im Gegenteil: Der Beifall ist geradezu demonstrativ stürmisch, die Wirkung enorm. Schnitzler ist mit der Darstellung sehr zufrieden, und er wird dieses Lob auch Alfred Bernau, der selbst den Bernhardi verkörpert, und Hans Homma, der ein grandioser Ebenwald ist, schriftlich ausdrücken.

Der „Volkstheater-Preis", der Schnitzler im Herbst 1920 für dieses Stück verliehen wird, krönt dann die Beziehung des Dichters zu einem Theater, das für ihn immer nur Lückenbüßer war, wenn das Burgtheater ihn nicht spielen konnte, das aber dennoch – vom „Märchen" bis später zum „Reigen" – viele Taten in seinem Dienste setzt.

Die politischen Gespräche des Jahres 1919 drehen sich um den „Anschluß". Schnitzler hat weder in seinem Tagebuch noch in seinen Briefen unmißverständlich ausgedrückt, wie er dazu steht. Bei Berta Zuckerkandl trifft er Monsieur Huguenin, ein Mitglied der französischen Wirtschaftskommission. Auf die Frage nach dem Anschluß entgegnet ihm Schnitzler mit der Frage, was Deutschösterreich tun sollte? Er ist überzeugt, daß sich dieser Monarchie-Rest allein wirtschaftlich nicht halten kann.

Auch äußert Schnitzler offen sein Erstaunen über das Verhalten der Entente den besiegten Deutschen gegenüber. Und daß Wilson mit fabelhafter Ignoranz über Deutschland und Österreich zu Gericht sitzt, kann er gleichfalls nicht umhin festzustellen. Er hält es für kaum möglich, in der Verachtung der Politik zu weit zu gehen. Womit er ja nur an seine schon in „Professor Bernhardi" niedergelegten Erkenntnisse anschließt. Was die Idee einer Neutralisierung, „Helvetisierung", Deutschösterreichs angeht, so tut Schnitzler den wahrhaft prophetischen Ausspruch, es würde nun vielleicht ein Reich von Künstlern und Kellnern.

In diesem Deutschösterreich der Nachkriegszeit sind die Lebensbedingungen sehr hart. Es ist wahrer Freundschaftsdienst, wenn Schnitzler Gustav Schwarzkopf, der nun nicht mehr am Burgtheater arbeitet, Erbsen und Bohnen bringt, um dessen ärgsten Hunger zu stillen. Und es ist durchaus im Stil der Zeit, daß Verleger nicht nur Geld, sondern auch Nahrungsmittel anbieten. Schnitzlers Ausgaben von 1918 haben über 170 000 Kronen ausgemacht, denen zwar gute Einnahmen gegenüberstehen, die aber unter den gegebenen Umständen nichts mehr bedeuten: Die Kosten steigen dauernd und nehmen schon wenig später inflationären Charakter an.

Kein Wunder, daß Schnitzler angesichts von Hunger, Geldentwertung und völliger politischer Unsicherheit mit Abscheu auf die Phrase von der „Diktatur des Proletariats" reagiert. Gattin Olga, die schon seinerzeit für die begeisterten Kriegsphrasen weit zugänglicher war als er, beklagt seine Unfähigkeit zum Enthusiasmus. Er hingegen glaubt nicht, daß Menschen besser werden könnten.

Die Freunde allerdings finden sich in der neuen Republik ganz gut zurecht. Hugo von Hofmannsthal ist rührig bemüht, eine neu zu schaffende Kunstamtsstelle zu bekleiden. Jakob Wassermann will – genau wie seine von ihm getrennte Gattin Julie – eine Zeitschrift gründen. Felix Salten geht eifrig auf die Jagd – wenn auch nicht mehr, wie in Monarchie-Zeiten, mit Mitgliedern des Kaiserhauses, wofür er früher bekannt war. Und Hermann Bahr sitzt weiterhin im Burgtheater und verärgert Schnitzler durch seine würdelose Spielplangestaltung, wenn er etwa französische Possen einsetzt, um dem Sieger zu gefallen.

Der neue Direktor Albert Heine bringt dann immerhin im April 1919 „Jaakobs Traum", das von Schnitzler so bewunderte Stück seines Freundes Richard Beer-Hofmann. Schnitzler selbst muß noch warten, eine Wiederaufnahme des „Jungen Medardus" wird wegen Drehbühnenschwierigkeiten dilatorisch behandelt. „Liebelei" und „Zwischenspiel" stehen manchmal als Repertoirevorstellungen am Spielplan, die „Liebelei" am 19. Jänner 1919 zum 50. Mal seit der Uraufführung von 1895.

Was die Weltanschauungen betrifft, in denen Schnitzler unerschütterlich ist, so will ihm Felix Salten erklären, warum er für einen mäßigen Bolschewismus ist, während Franz Werfel (Alma Mahler hat den jungen Dichter, ihren Geliebten und späteren Mann, in Schnitzlers Kreis gebracht) direkt für den Kommunismus plädiert. Was Schnitzler von kommunistischen Versammlungen hört, bringt ihn allerdings zu der Überzeugung, daß es sich dabei um ein Gemisch von literarischen Judenbuben, Raubgesindel und Idioten handeln dürfte.

Daß Schnitzler keine Lust hat, sich dieser Gegenwart als Dichter zu stellen, verwundert bei seiner Einstellung nicht. Im Gegenteil – er versinkt geradezu in der Lektüre seiner Tagebücher, beschäftigt sich mit seiner Autobiographie (neben dem „Weiher", mit dem er langsam, sehr langsam weiterkommt) und überlegt schließlich, ob er die Zeit von 1889 an (soweit kommt er mit der Autobiographie, und weiter wird er sie nicht führen) nicht doch in seinem „Theaterroman" verarbeiten soll. Wozu hätte man seine Vergangenheit, meint er, wenn man nicht manchmal darin leben könnte! Und davon macht er mehr und mehr Gebrauch.

Trotz seiner Flucht vor einer politisch verschweinten Welt wählt Schnitzler am 16. Februar bei den Wahlen zur verfassunggebenden Nationalversammlung die Sozialdemokraten (was er auch zu Kaisers Zeiten immer getan hat), obwohl sie ihm nicht unbedingt sympathisch sind, aber doch das kleinere Übel darstellen. Schnitzler glaubt dabei gar nicht an einen Sieg der Sozialdemokraten, die jedoch mit 40,76 Prozent der Stimmen als Sieger gegenüber den Christlichsozialen und den Deutsch-Bürgerlichen hervorgehen.

Schnitzler, der sich in seiner Jugend so gut wie gar nicht für Politik interessiert hat, verfolgt nun die neue Entwicklung wachen Auges und mit wachsendem Abscheu. Die Friedensbedingungen von Versailles für Deutschland findet er ebenso ungeheuerlich wie jene von Saint-Germain für Österreich. Auch alle Repräsentanten der neuen Kunst, die im Strome der neuen Politik emporgeschwemmt werden, sind ihm zutiefst zuwider – wobei sich seine Abneigung nicht nur gegen Scharlatane richtet, sondern auch gegen Künstler, die von der Nachwelt mittlerweile ihre Gloriole bekommen haben. So wie Schnitzler, der Bewunderer Mahlers, einst die Musik Arnold Schönbergs nicht verstehen wollte, so findet er nun die Werke von Alban Berg und Anton von Webern talentlos und läppisch, während er Strawinsky und Bartók sehr schätzt. Dabei hat Schnitzlers Ablehnung der modernen Komponisten nichts mit seinem Alter zu tun – George Szell, der später weltberühmte

Dirigent, etwa gleichaltrig mit Schnitzlers Sohn Heini, will von dieser Art von Musik gleichfalls überhaupt nichts wissen.

Auf literarischem Gebiet findet er seinen Namen in einer Angelegenheit mißbraucht, mit der er nichts zu tun haben kann und will. Es geht um ein Protesttelegramm, das eine Handvoll Wiener Literaten am 10. Juni 1919 in der Zeitung veröffentlicht hat und worin gegen die Verurteilung des Kommunisten Ernst Toller Stellung genommen wird. Toller war 1918 Vorstandsmitglied des Zentralrats der Arbeiter-, Bauern- und Soldatenräte Deutschlands gewesen und ist nun, Anfang Juni, nach Zusammenbruch der Bayerischen Räterepublik, durch das Standgericht zu fünf Jahren Festungshaft verurteilt worden.

Schnitzler, der prinzipiell Aufrufe, welcher Art auch immer, meist gar nicht und wenn, dann nur mit Zögern, unterzeichnet, verfaßt eine Verwahrung gegen den Mißbrauch seines Namens. Tatsächlich stellt sich später heraus, daß der Schauspieler Alexander Moissi, damals begeisterter Kommunist, Schnitzlers Namen ungefragt unter dieses Telegramm gesetzt hat. Die politischen Tätigkeiten vieler junger Literaten findet er in dem Gemisch von Opportunismus, Snobismus, Verlogenheit und Schamlosigkeit nur widerlich.

Gespräche über den Marxismus führt Schnitzler damals vor allem mit Popper-Lynkeus, der von den jungen Roten geradezu belagert wird, damit sie ihn als einen der Ihren proklamieren können, und mit Arthur Kaufmann. Die Unsinnigkeit des Marxismus scheint Schnitzler gerade in bezug auf geistige Arbeit evident, da ja nur teilbar ist, was man messen kann, und der „Einfall“ das absolut Unmeßbare darstellt.

So wie er die Politik und einen Großteil der Kunst dieser Zeit ablehnt, zieht Schnitzler auch gegen den Expressionismus ins Feld. Unerträglich ist ihm vor allem die Deklamation von Menschenliebe aus haßerfüllten Herzen.

Aus solcher Umwelt ist die Flucht ins Privatleben verständlich. Gewisse Menschen schließen sich enger zusammen. Alma Mahler und Franz Werfel (der sich seinen Kommunismus bald wieder überlegt) gehören jetzt zum engsten Bekanntenkreis der Schnitzlers, in dem sich nun auffallend viele Musiker finden.

Voran ist da besagter Wilhelm Groß, mit dem Olga viel korrepetiert und bei dem sie auch privates Verständnis findet. Der Dirigent Bruno Walter ist oft zu Gast. Professor Robert, bei dem Heini

Schnitzler später Klavierunterricht nimmt, bringt den jungen George Szell mit, den Schnitzler hochschätzt und den seine kleine Tochter Lili geradezu anbetet, und Rudolf Serkin, der später als Pianist Weltruhm erlangt. Zu den „musikalischen Tees" bei Schnitzlers finden sich, in bunter Mischung, auch mehrere Mitglieder der Familie Zuckerkandl ein (Viki steht vor einer Laufbahn als Dirigent), der Komponist Egon Wellesz, der Dirigent Oskar Fried, der Pianist Paul Weingarten, der Kammersänger Franz Steiner, manchmal auch Franz Schreker. Felix Salten, Richard Specht und Nachbar Ferdinand Schmutzer sind oft hier, Egon Friedell kommt bisweilen (mit oder ohne seine Freundin Lina Loos, die in Schnitzlers Altenberg-Stück „Das Wort" verewigt ist). Angesichts der vielen Leute möchte der Dichter bisweilen mehr allein und doch weniger einsam sein.

Die private Beziehung zu Olga spiegelt ein Traum wider, in dem sie ihm vorauseilt, auf eine andere Tram, und er sie aus den Augen verliert. Womit sich der Traumgott in seiner Symbolik nicht viel Mühe genommen hat. Während Schnitzlers Bruder Julius am 7. Juli 1919 seine silberne Hochzeit feiert, sind die Zustände zwischen Arthur und Olga zu diesem Zeitpunkt schon so gut wie unleidlich. Seine Arbeit am „Gang zum Weiher" stagniert durch die totale Unfähigkeit zur Konzentration, die sich aus den Familienverhältnissen ergibt. Auseinandersetzungen, die Schnitzler immer ausführlicher im Tagebuch notiert, kreisen mehr und mehr darum, daß Olga sich von ihrem Gatten lösen will, um sich als Künstlerin selbst zu verwirklichen. Als sie aus dem Haus in der Sternwartestraße ausziehen will, vermutet Schnitzlers Sekretärin Frieda Pollak, daß es einen anderen Mann geben müsse, denn daß Olga rein ideologisch so weitgehende Konsequenzen zieht, sei nicht anzunehmen. Damals nimmt Schnitzler, obwohl Groß dauernd im Haus verkehrt, noch an, daß „er" ein Mensch sei, den er nicht kenne. Hier ist er eher objektiv interessiert als persönlich.

Im August fährt Schnitzler nach Reichenau, wo sich Olga schon seit einiger Zeit aufhält, hier besucht er erstmals Alma Mahler in ihrer Villa auf dem Kreuzberg mit dem großen Kokoschka-Fresko über dem Kamin, und hier lernt er die Frau kennen, die in den nächsten Jahren für ihn von großer Wichtigkeit sein wird: die damals dreißigjährige Vilma Lichtenstern, Frau des Urologen Dr. Franz Lichtenstern.

In dieser Gegend findet Schnitzler 33 Jahre nach Olga Waissnix wieder eine Frau, die ihn versteht, mit der er auch über persönliche

Probleme reden kann. Zwischen Schnitzler und Vilma, die von Olga eifersüchtig als „Katzerl"-Typ bezeichnet wird, herrschen auch starke erotische Spannungen, und nach seiner Scheidung wird ganz Wien eine Ehe der beiden erwarten. Aber sie werden nicht die Energie haben, ihre sehr verliebte Freundschaft in eine feste Bindung umzuwandeln. In diesem Stadium von Schnitzlers Leben, da ihm seine Ehe unter den Händen zerbricht, ist Vilma Lichtenstern jedoch für ihn eine seelische Hilfe.

Als Olga am 23. August 1919 abfährt, um auf eine Konzertreise zu gehen (wahrlich kein Vergnügen in diesen Zeiten), fühlt Schnitzler einen so tiefen Schmerz, daß von „Schuld" (der Außenstehende weiß, daß diese bei beiden lag) nicht mehr die Rede sein kann, nur mehr von „Schicksal". Solches hat er gefühlt, als er von Olga Waissnix Abschied nehmen mußte; als Mizi Glümer nach Wiesbaden gefahren war und er wußte: vorbei; als Marie Reinhard starb, vielmehr, als er begriff, sie ist nicht mehr. Wieder weiß er, daß es kein Zurück mehr gibt, daß ein Kapitel seines Privatlebens abgeschlossen ist. Doch an dieser Trennung wird er, im Gegensatz zu den anderen, bis an sein Lebensende leiden. Nun sitzt er einsam auf einer Bank im Türkenschanzpark, ein Siebenundfünfzigjähriger, der vor sich hinweint.

Der einsame Schnitzler fährt für ein paar Tage nach Reichenau, um bei Vilma Lichtenstern Trost zu suchen. Als er mit ihr spazierengeht, begegnet er einem ergrauten Charles Waissnix. Und die uralte Baronin Vetsera geistert hexenhaft auf ihrem Fahrrad durch die Herbstlandschaft. Wie sollte einem angesichts solcher Begegnungen nicht die Unheimlichkeit des Lebens gespenstisch klarwerden?

Ist es tröstlich, daß es gerade zu dieser Zeit auch im Privatleben der Freunde ein reges Auf und Ab gibt? Otto Zuckerkandl hat sich zur Empörung aller scheiden lassen, um die Pianistin Grete Gelbard zu heiraten. Richard Specht versucht seine Frau Wera Schapira (sie hat als Pianistin früher gelegentlich mit Olga konzertiert) loszuwerden, weil er ein neues Liebesglück gefunden hat (das auch nicht halten wird). Der geschiedene Ehemann von Wassermanns Frau Martha heiratet Lili Landesberger, eine der Töchter des Bankpräsidenten, und Schnitzler kann nicht umhin, anläßlich ihrer Hochzeit im Tagebuch des köstlichen Buffets mit französischem Champagner zu gedenken – was in der Zeit, wo man kaum das Nötigste hat, immerhin ein Ereignis darstellt. Die andere Landesberger-Tochter, Gerty, setzt eine Heirat mit dem Literaten Emil Alphons Rheinhardt durch, die aber auch mit einer Scheidung enden wird. Und alle erkundigen sich – mehr oder weniger heimlich –, wie die Sache mit Olga, die kurzfristig wieder heimgekommen ist, weitergehen soll.

Hohe Wogen schlägt der Klatsch um die Schnitzler-Ehe, als Olga den Fehler macht, sich Alma Mahler anzuvertrauen, die zusammen mit Berta Zuckerkandl eine große Informationsbörse über Privates in ihren Kreisen unterhält. Nun wissen wirklich alle alles – auch Schnitzler muß jetzt erkennen, daß der Mann, um den es geht, Wilhelm Groß ist.

Am 13. Oktober 1919 reist Olga wieder ab – von einem Mißerfolg zum anderen. In Salzburg kommen nur 40 Leute in ihren Liederabend. In München und Frankfurt sind die Kritiken miserabel. Sie will nicht glauben, daß die Schuld bei ihr liegt. Franz Schreker, so meint sie, intrigiere gegen seinen einstigen Schüler Groß, von dem er sich der Ereignisse wegen losgesagt hätte. Und wieder kehrt sie, gegen Schnitzlers Willen, nach Wien zurück.

Schnitzler-Vorstellungen in Wien sind sporadisch geworden, mit Ausnahme des „Professor Bernhardi", der schon kurz nach Schnitzlers 57. Geburtstag die 50. Aufführung erlebt hat. Das Volkstheater versucht wieder den „Ruf des Lebens", das Stadttheater „Freiwild". Dem Dichter aber geht es vor allem um seine „Schwestern". Inmitten der Not an Heizmaterial und Nahrungsmitteln (das Heizen kostet ihn jetzt zwischen 150 und 200 Kronen täglich) sucht Schnitzler am Deutschen Volkstheater die Aufführung durchzusetzen. Während er mit Bernau darüber verhandelt, wann man zu proben beginnen könne, sprechen die anderen über Plünderungen, Mord und Anarchie – und sie lachen über dieses tolle Nebeneinander von Elend, Grauen und Theater.

Aber Schnitzler ist sich mit Bernau so uneinig, daß es zu keinem Entschluß kommt. Da greift Felix Salten ein. Er, der vom revolutionären Standpunkt zu einem reaktionären umgeschwenkt hat (in Anwesenheit von Thomas Mann leistet er sich bei Schnitzler große Tiraden und möchte die ganze Regierung – Renner, Seitz, Bauer etc. – an die Wand stellen lassen), erklärt, das Stück gehöre ins Burgtheater, und bringt es Albert Heine. Dieser ist entzückt, und da Bernau „Die Schwestern" nur zu gern wieder hergibt, kann das Werk am Burgtheater seine Uraufführung erleben.

Die Premiere am 26. März 1920 zeigt allerdings, daß die Zeit der stürmischen Schnitzler-Erfolge vorbei ist. Schnitzler sieht die Aufführung in einer Loge, in Gesellschaft von Heini, Julius und dessen

Gattin Helene – Olga ist wieder einmal verreist. Die drei Akte werden ohne Pause gespielt. Das Publikum nimmt zunehmend Anteil an dem Stück. Die Besetzung gefällt Schnitzler, wie er ja nie aufhören kann, das Burgtheater mehr als alle anderen Bühnen zu lieben. Otto Tressler spielt den Casanova, Rosa Albach-Retty die Flaminia. Schnitzler folgt seiner Neigung, seinen Stücken manchmal von der „anderen Seite" her beizuwohnen, und verbringt den dritten Akt hinter der Bühne. Zum Schluß wird er zehnmal, nicht übermäßig stürmisch, aber beharrlich vor den Vorhang gerufen. Dennoch hat er nicht den Eindruck eines starken Erfolges, da er unbestechlich ist, nie bereit, sich selbst etwas in die Tasche zu lügen.

Tatsächlich wird das Stück, die Neueinstudierung von 1923 eingeschlossen, im ganzen nur 24mal gespielt, um später nie wieder aufzutauchen. Auch in unserer Zeit nicht. Die Schnitzler-Renaissance geht beharrlich daran vorüber (während Hofmannsthals Casanova-Stück, „Cristinas Heimreise", gelegentlich hervorgeholt wird). Sind es die Verse, die auch den – weit schwierigeren – „Gang zum Weiher" von der Bühne fernhalten? Im Fall der „Schwestern" ist die Sprache für Schnitzlers Verhältnisse (der im Versmaß, wie er selbst wußte, nicht erstrangig war) locker, gewandt, anmutig, durchaus nicht zu schwer für das Stück. Im besten Sinn „vom Blatt" gespielt, ohne Regieexperimente, mit hochkarätigen Schauspielern, könnte dieses Werk mit Hofmannsthals Milieu und Schnitzlers Geist immerhin ein reizvolles Theatervergnügen abgeben.

Nachdem das Jahr 1919 für das Ehepaar Schnitzler in frostiger Atmosphäre zu Ende gegangen ist (ein Weihnachtsgeschenk von Damenhand an Schnitzler hat Olga belehrt, daß es inzwischen neben Vilma Lichtenstern noch eine andere, weniger platonische Beziehung in seinem Leben gibt, die allerdings von geringer Bedeutung ist), bleibt die Ehe weiterhin schlecht. Olga erklärt, sie habe keine Lust, praktischen Strindberg durchzumachen, und reist am 16. März 1920 zu ihrer todkranken Schwester Lisl nach Partenkirchen. Es ist das zweite Sterbelager dieses Jahres – seltsam, wie viele Menschen in Schnitzlers Umkreis damals sterben. Zuerst am 21. Februar 1920 Lili Stroß-Landesberger, die innerhalb weniger Tage von einer Grippe hinweggerafft wird (Olga verliert in ihr die beste Freundin seit Stephi); Lilis Vater folgt ihr im Jahr darauf. Am 19. März 1920 stirbt Moriz Benedikt, der Schnitzler so verbundene Chefredakteur der „Neuen Freien Presse". Glücklicherweise findet Schnitzler in dessen Sohn und Nachfolger Ernst einen ähnlich treuen Verehrer seiner Kunst.

Am 7. April 1920 stirbt nach „langem, schweren Leiden" – die Phrase ist hier wirklich angebracht – die Schwägerin Lisl Steinrück, die eine wichtige Rolle in Schnitzlers Leben gespielt hat. Bis zuletzt hat sie versucht, zwischen Schnitzler und Olga, deren Fehler sie nur zu gut kannte, zu vermitteln, jedoch vergeblich. Wie bedeutend sie in ihrem Kreis in Partenkirchen war, kann man in den Erinnerungen von Max Krell nachlesen, der oft im „Haus Steinrück" zu Gast war und dem geistigen „Salon", dem die kranke Lisl dort vorstand, schöne Worte des Verstehens geschenkt hat.[1] Da die Krankheit Lisls Karriere als Schauspielerin unterbrochen hat (Kasimir Edschmid meinte, aus ihr wäre eine Art Elisabeth Bergner geworden) und sie auch nichts Geschriebenes hinterlassen hat, fällt sie nach ihrem Tod der Vergessenheit anheim, obwohl ihre überragende geistige Bedeutung ganz außer Zweifel steht und sie, wie Freunde überzeugt waren, das Format einer Rahel Varnhagen gehabt hat.[2]

Am 12. April 1920 erhält Schnitzler die Nachricht, daß sein Jugendfreund Eugen Deimel, den er in seiner Autobiographie ausführlich schildert, in Amerika gestorben ist. Der letzte Kontakt hatte sich im Weltkrieg ergeben, als ein Brief Schnitzlers an ihn, einigermaßen entstellt, als Zeugnis über die Verhältnisse in Europa in einer amerikanischen Zeitschrift erschienen war. Noch im Jänner sind Pakete mit Zucker und Schokolade von Deimel aus Amerika eingetroffen, um die Hungersnot in der alten Heimat für die Freunde zu lindern.

Olga, die nun Stephi, Lili und Lisl verloren hat (Schnitzler ahnt, daß Alma Mahler als Freundin nicht der richtige Ersatz ist), reist im August 1920 nach Salzburg, um mit Anna Bahr-Mildenburg, Bahrs Gattin, der berühmten Opernsängerin, über ein gemeinsames Studium zu sprechen. Sie begehrt für ihre Ehe nichts als ein reinliches Ende, und auch Schnitzler wünscht sich nichts anderes. Scheidungen sind damals keine Seltenheit (selbst in Schnitzlers nächster Familie ist Margot, die Adoptivtochter Gisa Hajeks, von ihrem Mann geschieden worden), und auch die Kinder können die Schnitzlers nicht von diesem Schritt zurückhalten. Dabei geht es nicht mehr um den achtzehnjährigen Heini, der schon beginnt, ein eigenes Leben zu führen, sondern um die elfjährige Lili, die Schnitzler nicht hergibt. Sie muß nun büßen, daß ihre Mutter nicht dafür geschaffen war, wie Gerty von Hofmannsthal, Paula Beer-Hofmann oder Otti Salten ein stilles, zufriedenes Leben im Schatten des

Gatten zu führen. Schnitzler beneidet selbst Richard Strauss um seine allseits belächelte Gattin Pauline, die ihm immerhin ein behagliches Heim und seelische Stabilität schenkt. Das war für Olga keine Aufgabe. Worum es ihr nun geht, ist, selbst jemand zu sein. Aber sie ist keine Anna Mildenburg, die einem Gatten wie Hermann Bahr mühelos als ebenbürtig gegenübersteht. Sie ist nicht zur Künstlerin geboren.

Die Tragik der Olga Schnitzler besteht darin, daß sie ihr eigenes Leben zerstört, indem sie Schnitzler verläßt. Aber sie rettet damit seines. Zumindest ermöglicht sie ihm, zu seiner Arbeitskraft, die ihn so verlassen hat (schlimmstes Beispiel: „Der Gang zum Weiher"), zurückzufinden. Das mag der Grund sein, daß er ihr immer wieder die Rückkehr verbietet, auch als sie darum bittet. Denn Wilhelm Groß ist für die Enddreißigerin nur ein – wenn auch vielleicht notwendiges – Abenteuer. Noch vor der von Schnitzler rücksichtslos durchgesetzten Scheidung stellt sich heraus, daß die Musik die beiden nicht fürs Leben bindet. Als Olga 1921 als geschiedene Frau heimatlos dasteht, ihr Zuhause und ihre Tochter, ihre Stellung und ihre Sicherheit verloren hat, ist sie 39 – und das in einer Zeit, da 40 für Frauen ein reifes Alter darstellte.

Es mutet in diesem Zusammenhang seltsam an, daß Schnitzler die Tragödie dieser Ehe nie gestaltet hat, daß sie allein in den Blättern seines Tagebuchs aufgehoben (und dort als Geschichte von ungeheurer, tiefgreifender Schmerzlichkeit nachzulesen) ist. Nur in der „Traumnovelle" gibt es einen erlebten Augenblick – Eltern, die sich in einem gemeinsamen Blick über dem geliebten Kind finden. Was Rudolf und Albine hier fühlen, ist eine Erfahrung, die Schnitzler und Olga noch machen, als ihre Ehe schon total zerrüttet ist. Weil sie aber beide so sehr an diesem Kind, an Lili, hängen, wird die Trennung noch erschwert.

Dieses Jahr 1920 kann für Schnitzler schon aufgrund der äußeren Umstände nicht ergiebig sein. Er arbeitet unendlich langsam weiter am „Gang zum Weiher", liest seine eigene Autobiographie, verfaßt für den „Jungen Medardus" angesichts eines Filmangebots ein Drehbuch und hofft bei dieser Gelegenheit, mit den Möglichkeiten des Films auch den „Ruf des Lebens" zu retten. Aber obwohl er längere Zeit daran arbeitet, realisiert sich die Verfilmung nicht.

Vier Tage nach seinem 58. Geburtstag, den er in höchst melancholischer Stimmung verbringt, sieht Schnitzler seinen Sohn Heini erstmals auf der Bühne. Noch nicht achtzehnjährig unternimmt dieser im Rahmen einer Liebhaberaufführung der „Freien Jugend-Bühne, Wien" in „Der gemütliche Kommissär" von Courteline die ersten Schritte auf die Bretter, die für ihn die Zukunft bedeuten. Obwohl Schnitzler prinzipiell viel Verständnis für diese Berufswahl hat, gestattet er dem Sohn doch nicht, im Volkstheater zu statieren, um nicht die Matura zu gefährden. Heinrich Schnitzler fällt – worauf er lebenslang stolz ist – in Mathematik durch, schafft es aber im zweiten Anlauf.

Im Sommer 1920 lassen die ersten Salzburger Festspiele, an denen Freund Hugo so prominent beteiligt ist, den allem Gesellschaftlichen abholden Schnitzler gänzlich unberührt. Er beginnt den Roman „Sohn", den er 1918 stehenließ, von neuem, läßt ihn aber wieder liegen – und erst 1927 wird „Therese" daraus. So hat er Mitte 1920 kaum Einkünfte und muß sich mehr denn je um finanzielle Probleme sorgen. Noch herrscht genügend Hunger, um dankbar zu sein, wenn Gustaf Linden – jener Theaterdirektor, der Schnitzlers bedeutenden Ruhm in Schweden pflegt – aus Stockholm Mehl, Schokolade und Kerzen schickt. Alles wird unverhältnismäßig teurer. Ein Anzug beispielsweise kostet zwischen 16000 und 20000 Kronen. Nur Filmhonorare halten damit Schritt, und wenn es auch noch immer Mode ist, sich verächtlich über die neue Kunst zu äußern, so kann Schnitzler damals doch ohne Film nicht auskommen: Die 4000 Dollar, die er für die Filmrechte des „Anatol" aus Amerika bekommt, machen fast zwei Millionen Kronen aus – also ungefähr das, was er in 25 Jahren mit allen seinen Sachen zusammen in der Welt bekommen hat. „Man verdient am Ende Summen, die einem vor 5, vor 2 Jahren noch utopisch erschienen wären – und überlegt sich doch, muß sich überlegen, ob man sich einen neuen Anzug machen lassen soll"[3], schreibt er an Dora Michaelis nach Berlin.

Seinem Freund Georg Brandes schildert Schnitzler die Situation so: „Daß keiner von uns auf dem gleichen Fuß wie vor dem Krieg oder auch noch 1916/17 leben kann, ist selbstverständlich; ich habe neulich berechnet, daß ich, wenn ich z. B. meine Existenz nach der von 1914 einrichten wollte – 1½–2 Millionen Kronen (als Jahresausgabe) brauchte – und wie ich es anstellen sollte, zu Schiff von Florenz nach Amsterdam zu gelangen (wie ich es im Mai 1914 getan) –, das wird mir auch wenn ich noch eine halbe Million zulege, keiner sagen können."[4]

Er erwähnt, wie wichtig die Valuta aus Aufführungen in Holland, Schweden und Dänemark für ihn sind, desgleichen die amerikanischen Angebote. Und doch ist Schnitzler dankbar dafür, daß er und seine Freunde in jeder Beziehung von dem Schlimmsten verschont geblieben sind: „Wir alle sind eigentlich, wenn man's recht bedenkt – bisher – über die Unbilden der Zeit ganz leidlich weggekommen – was fingen wir Menschen ohne unsere bewunderungswürdige und etwas beschämende Akkomodationsfähigkeit an?"[5]

Schon 1919 hat es von offizieller Seite Bemühungen gegeben, die Urheberrechtsfrage gesetzlich zu lösen. Zu diesem Anlaß war Schnitzler mit Schönherr, Julius Bittner, Oscar Straus und dem Anwalt Altmann zum Unterrichtsminister gebeten worden (wobei sich Schnitzler klar wurde, erstmals die Räume zu betreten, in denen der fünfte Akt des „Professor Bernhardi" spielt). Damals wurde eine Autorengesellschaft ins Leben gerufen, die seither laufend Sitzungen abhält. „Es handelt sich eben darum", schreibt Schnitzler an Heinrich Mann, „das Urheberrecht nach allen Seiten hin zu reformieren, das wird am Ende nur auf internationalem Weg möglich sein."[6] Bis zu seinem Tod wird Schnitzler, der lebenslang geistig so viel Bestohlene, zahllose Briefe zu diesem Thema schreiben.

Da er so akkurat versucht, Honorare einzutreiben, die ihm das sogenannte „feindliche Ausland" schuldig geblieben ist, entsteht das Gerücht, Schnitzler sei in finanzieller Not; mehr noch, in der „New York Times" vom 20. Juni 1920 ist in einer Notiz zu lesen, er sei am Verhungern. Worauf ihn aus Amerika ein Brief mit dem freundlichen Anerbieten erreicht, eine Sammlung für ihn einzuleiten. Da dankt er mit dem Hinweis, „daß ich aber gewiß unter den österreichischen Schriftstellern zu den gut-, ja verhältnismäßig bestgestellten gehöre".[7]

Das hindert ihn jedoch nicht daran, dem Verlag Fischer alle Abrechnungsdifferenzen gnadenlos nachzurechnen und gegen die „konstante Herabsetzung der perzentuellen Gewinnbeteiligungen"[8] zu protestieren. Auch nimmt er jede Gelegenheit wahr, in Urheberrechtsfragen aktiv zu werden. Als im April 1921 Schauspieler des Moskauer Künstlertheaters in Wien gastieren und ihm von zahlreichen Aufführungen seiner Stücke in ganz Rußland erzählen, wofür er nie ein Honorar gesehen hat, benützt er die Gelegenheit, in dieser Sache Maxim Gorkis Frau Anna Andrejewna, die Kommissarin des Ressorts für dramatische Arbeiten ist, in dieser Sache einen Brief zukommen zu lassen (den wiederum Olga Knipper, Anton Tschechows Gattin, besorgt).

Die Geschäftskorrespondenz nimmt in den folgenden Jahren lawinenartigen Charakter an und kostet Schnitzler unendlich viel Zeit und Aufwand. Da er aber eine ausgeprägte bürokratische Ader hat (wofür auch das immerwährende Ordnen, Auflisten und Exzerpieren seiner Werke spricht), entledigt er sich dieser Dinge mit ungeheurer Akkuratesse. Es ist keinesfalls Geldgier, die ihn immer wieder so sehr auch um relativ lächerliche Summen kämpfen läßt, sondern sein starker Gerechtigkeitssinn, der auch negativ auszuarten vermag (etwa in dem deutlich rachsüchtigen Verhalten Olga gegenüber – das er selbst registriert und bisweilen bedauert).

Immerhin – die finanzielle Seite bessert sich. Schon Mitte des folgenden Jahres kann Schnitzler angesichts von Filmanträgen, Theateraufführungen und Buchverkäufen feststellen, daß seine Einnahmen ins Ungeahnte wachsen. Inflation und das Heraufdämmern einer neuen Zeit, deren Signale nicht zuletzt angesichts der „Reigen"-Skandale unüberhörbar zu vernehmen sind, sollen jedoch dafür sorgen, daß es nicht dabei bleibt.

„Reigen" ist das Werk, das ab Herbst 1920 das ganze Jahr 1921 Schnitzlers Leben durchzieht. Dennoch sind die Skandale um die Aufführungen des „Reigen" dermaßen ein Komplex für sich, daß sie, der Chronologie ungeachtet, herausgelöst und in einem eigenen Kapitel betrachtet werden sollen.

Olga Schnitzler reist am 29. Jänner 1921 wieder einmal von Wien ab, zwei Tage vor der „Reigen"-Premiere, ihren Gatten damit in einer besonders schlimmen Situation allein lassend. Für Schnitzler ist die Scheidung eine beschlossene Sache, die er mit seinem Anwalt bespricht. Bei Einvernehmlichkeit, so erfährt er, seien keine Schwierigkeiten zu erwarten.

Schnitzler gibt sich damals, was alle erstaunt, betont vergnügt und lebhaft, ist viel unter Menschen und stellt fest, daß kaum jemand nach Olga fragt. Paula Schmidl, die sich schüchtern einmal erkundigt, ist die Ausnahme – für alle anderen ist die „durchgegangene" Gattin gestorben, und es bedarf schon der direkten, unbekümmerten Art von Pauline Strauss, um ihn lauthals zu fragen, wo denn eigentlich seine Frau sei.

Was die finanziellen Abmachungen betrifft, so zeigt sich Schnitzler nicht nur jetzt, sondern den Rest seines Lebens Olga gegenüber ausgesprochen großzügig. Der Gedanke, daß sie Not leiden könnte, ist ihm unerträglich, wenn er es auch später, in für ihn schwereren Zeiten, als Ungerechtigkeit empfindet, daß sie von ihm eine sichere Rente erhält, während er mit den größten Schwierigkeiten zu kämpfen hat. Damals jedoch, im März 1921, bietet er ihr für die nächsten zwölf Monate 240 000 Kronen, das sind 2 000 Mark monatlich, an – eine noble Lösung. Obwohl er zu diesem Zeitpunkt schon von einer gemeinsamen Freundin, Lucy von Jacobi, bei der Olga in München wohnt, hört, daß Olga ganz gern nach Wien zurückkäme, begibt er sich zum Rabbiner Dr. Feuchtwang und trägt ihm den Fall vor. Dieser empfiehlt, die Scheidung der Einfachheit halber in München abzuwickeln.

Und so geschieht es auch. Am 6. Mai 1921 treten sie zu dem vorgeschriebenen Versöhnungsversuch vor den Rabbiner in München, bekommen ein Zeugnis ausgestellt, daß alles vergeblich gewesen sei, und können nach einer Zahlung von zwei Mark wieder gehen. Schnitzler kehrt nach Wien zurück, träumt in der Nacht zu seinem 59. Geburtstag, Olga sei tot, ist beim Erwachen froh, daß es nicht wahr ist, und kommt im Juni wieder nach München, zur endgültigen Scheidung.

Am 26. Juni stehen sie wieder vor dem Rabbiner. Schnitzler läßt nach altem Ritual den Scheidebrief in Olgas erhobene Hände fallen. Dann gehen sie ins Hotel „Vier Jahreszeiten" und essen miteinander. Er konnte nicht anders handeln. Er weiß, das es vielleicht edel gewesen wäre, sie zurückzuholen, aber er kann nicht. Er ist eher befreit, daß alles vorüber ist.

Dennoch ist seine Beziehung zu Olga nicht abgetan. Bis zu Schnitzlers Ende bleibt sie, anderer Bindungen ungeachtet, die wichtigste Frau in seinem Leben. Ihre Tragik ist, er spürt es, tiefgreifender als die seine. Ihm bleiben die Kinder, das gewohnte Heim, die Freunde, die Arbeit. Sie hat alles verloren, den Gesang, den sie nie mehr richtig betreibt, Wilhelm Groß, mit dem es zum Zeitpunkt der Scheidung schon fast zu Ende ist. Sie wird sich in eine Aktivität nach der anderen stürzen, hat aber – was nicht ihre Schuld ist – nichts Richtiges gelernt. So werden ihre Geschäfte, etwa der Versuch, mit Antiquitäten zu handeln, Fehlschläge, und Schnitzler kann ihre Schulden zahlen. Nie mehr bleibt sie längere Zeit an einem Ort, unstet zieht sie umher. Es ist das tragische Leben einer Frau, die im Grunde nichts mit sich anzufangen weiß und das Dasein nur erträgt, indem sie sich in Lebenslügen über ihre Bedeutung einspinnt. Darum fühlt sie sich auch im George-Kreis um

Friedrich Gundolf eine Zeitlang so wohl, aber auch hier ist ihres Bleibens nicht von Dauer. Aus Schnitzlers Nähe verbannt – er würgt alle ihre Versuche, zu ihm zurückzukehren, gnadenlos ab –, hat ihr Dasein den Sinn verloren.

Dabei reißt der Kontakt mit dem Exgatten nie ab. Schon durch Lili ergeben sich Berührungspunkte, gemeinsame Urlaube – wenn nicht im selben Hotel, so doch im selben Ort –, reger Briefwechsel. Nach wie vor braucht er ihr Urteil, und nie wird er aufhören, sich nach der Olga von einst zu sehnen. Da er aber bei allen Begegnungen, die immer in Auseinandersetzungen ausarten, erkennt, wie recht er daran tat, sich von ihr zu trennen, wie unvereinbar ihre Charaktere geworden sind, bleiben seine Gefühle für sie ambivalent.

Olga Schnitzler hat jedenfalls den Takt, die breite Öffentlichkeit aus der Ehetragödie herauszuhalten. Und das ist durchaus nicht selbstverständlich. Als im analogen Fall Julie Speyer von ihrem Gatten Jakob Wassermann endgültig den Abschied erhält, reagiert sie ihren Zorn in dem unverkennbaren Schlüsselroman „Das unsterbliche Herz" ab, worauf ihr Wassermann, auch nicht faul, in seinem Roman „Joseph Kherkhovens dritte Existenz" in der Figur der Ganna ein schauerliches Denkmal setzt. Furchtbar ist die Rache der Literaten.

Olga Schnitzler dagegen wird erst Jahrzehnte nach Schnitzlers Tod zur Feder greifen und ihr „Spiegelbild der Freundschaft" schreiben, das Hans Weigel herausgibt, ein Meisterwerk der Diskretion, in dem sie selbst völlig zurücktritt und auch jeden Hauch des Privaten, der zu intim wäre, ausspart. Olga Schnitzler selbst wäre wohl einen Roman wert gewesen, eine „moralische" Geschichte über den Hochmut, den sie am Ende fast zu teuer bezahlen mußte. Denn in dem wirklich mörderischen Kampf, den die beiden geführt haben (erst wenn die Tagebücher zur Gänze veröffentlicht sind, wird man ihn ganz ermessen können), hat er gesiegt, indem er ein Ende machte, bevor sie ihn zerstören konnte.

In dieser privat so unendlich schweren Zeit seines Lebens beendet Schnitzler am 11. Juni 1921 nach einer Arbeitszeit von zweieinhalb Jahren den „Gang zum Weiher". In seinem Haus, das ihm nun sehr leer vorkommt, bleibt er nicht lang, geht den Sommer über nach Altaussee, wo er wieder in seinen Plänen wühlt und plötzlich eine Novelle „Else", die er vielleicht in der „Gustl"-Technik schreiben möchte, in ihm lebendig wird: Damit kündigt sich sein nächstes

Meisterwerk an, aber wie immer bei ihm bedarf es noch längerer Zeit, bis es so weit ist.

In diesem Sommer 1921 trifft er in Salzburg zufällig Max Reinhardt, in Berchtesgaden S. Fischer (der seinen Verlag nur mit Hilfe von Anilin-Aktien gerettet hat), in München Olga und Lili, die den Sommer in Possenhofen verbracht haben. Schnitzler stellt einem Zusammensein von Mutter und Tochter fast nie etwas in den Weg, um das Kind vor Konflikten zu bewahren (was ihm natürlich nicht gelingt). Sein erstes Zusammentreffen mit Olga seit der Scheidung ist voll von Feindseligkeit. Lebensgrauen, wie er es nennt, überfällt Schnitzler auch, als er Albert Steinrück besucht und dort dessen neue Gattin Lizzie kennenlernt, die im Fauteuil unter einem Bild der so schnell verschmerzten toten Lisl sitzt.

Als er, mit strapazierten Nerven, wieder in Wien ist, notiert er in seinem Tagebuch allmorgendliche Weinkrämpfe. Er weiß, daß nur die Arbeit ihn retten kann, aber für den biographischen „Theaterroman" hat er nicht die Kraft. Dafür beginnt er die „Doppelnovelle", aus der später die „Traumnovelle" wird. Vieles liegt damals als Keim in ihm, aber im Moment ist er nicht imstande, es auszuführen.

Gegen Ende des Jahres 1921 findet in Schnitzlers Abwesenheit der „Reigen"-Prozeß in Berlin statt. Und zu dieser Zeit empfindet er erstmals, was „Weltruhm" heißt. Filmangebote langen in großer Zahl aus Amerika, Skandinavien und Deutschland ein. Er wird weltweit übersetzt, bis ins Japanische. Er erhält Einladungen zu Vorlesungstourneen und zur Teilnahme an seinen Premieren. Eine wahre Unzahl von Besuchern bricht über ihn herein, und viele tragen sich an, seine Rechte – vor allem in Amerika – wahrzunehmen. Der Zeitpunkt ist endgültig für ihn gekommen, da ein erfolgreicher Dichter ein „Betrieb" wird, und Schnitzler steht der Idee einer „Vermarktung" seines Werkes keineswegs negativ gegenüber. Die geschäftigen zwanziger Jahre sind da, und sie sind für ihn, kurzfristig, fette Jahre.

Kein Zweifel, daß die „Reigen"-Skandale zu seiner Popularität beigetragen haben. Die Periode der Schnitzler-Hochkonjunktur, in der in Amerika der „Anatol"- und in Deutschland der „Medardus"-Film herauskommen, reicht etwa bis 1924, bis „Fräulein Else". Rund um seinen „Sechziger", 1922, scheint für den Dichter Arthur Schnitzler (wenn schon nicht für den Menschen) wieder vieles gut zu sein.

16. „REIGEN": CHRONOLOGIE EINES SKANDALS 1920–1922

„Reigen" ist jenes Stück, von dem Arthur Schnitzler selbst erklärt hat, „daß es mir leid täte, wenn ich in meinem Leben nichts anderes geschrieben hätte als dieses Buch, daß ich es aber unter den ungefähr zwei Dutzend, die erschienen sind, keineswegs missen möchte, sowohl um meinet- als um der deutschen Literatur willen"[1].

Aufführungen des „Reigen" wurden vor Beendigung des Weltkrieges vereinzelt versucht und riefen meist die Polizei auf den Plan. In Ungarn und Rußland ist das Stück jedenfalls schon gespielt worden, als bald nach dem Krieg die Angebote und der Druck auf Schnitzler so stark werden, daß er sich nicht weiter dagegen stellen kann. Aber erst, als Max Reinhardt sich der Sache annehmen will, ein Mann, der für Schnitzler die Garantie für geschmackvolle Realisierung des Werkes zu bieten scheint, ist der Dichter bereit, einer Aufführung näherzutreten.

Die „Reigen"-Aufführungen und die daran anschließenden Skandale entwickeln sich mit solcher Folgerichtigkeit, daß die chronologische Darstellung die angemessenste Form scheint, um sie darzustellen.

26. Oktober 1920

Im Hotel Bristol bespricht sich Schnitzler mit Felix Hollaender, der Reinhardts Bühnen und damit die „Reigen"-Aufführungen übernommen hat, über Termin und Besetzung von „Reigen" und die „Schwestern" (denn der Dichter hofft, sein Lieblingsstück mit dem Zugeständnis des „Reigen" koppeln zu können – eine Rechnung, die nicht aufgeht).

11. November 1920

Schnitzler schreibt an Dora Michaelis in Berlin, daß er nicht daran denke, zur Premiere zu kommen. Er hat übrigens von allen Seiten glänzende Angebote für „Reigen“, und „keiner hält es für möglich, daß die ganze Angelegenheit schiefgehen könnte. Ich stehe all dem mit erheblicher Gleichgültigkeit gegenüber; darüber, daß ich einen eventuellen materiellen Erfolg den künstlerischen Qualitäten des Reigens nur zum geringsten Teil zu danken haben würde, bin ich mir klar.“ [2]

22. November 1920
Dora Michaelis hat Besorgnis geäußert, ob eine Aufführung des „Reigen“ Schnitzler nicht schaden könnte. Er antwortet ihr, „daß ein Teil der Kritik, der größere, den Reigen und bei dieser Gelegenheit mich als Gesamterscheinung schlecht behandeln wird – ist zweifellos; – ja, ich bestreite nicht, daß einer oder der andre von diesen Herren es aus Überzeugung tun, oder sich zum mindesten einbilden werden, daß seine künstlerische oder sittliche Entrüstung echt sei“ [3]. Jedenfalls denke er nicht daran, zurückzuweichen, besonders, da sowohl in Berlin wie auch in Wien, wo er das Stück endgültig Direktor Bernau für die Kammerspiele des Deutschen Volkstheaters überlassen hat, die Regiefrage gelöst sei. „Natürlich können die Szenen ins Rohe, Unerträgliche, Gemeine gespielt werden und gewiß wird diese Gefahr nicht auf jeder Bühne zu vermeiden sein; – aber rein materiell gesehen ist schon Schlimmeres auf dem Theater versucht worden –; und zählen Sie doch einmal nach –, über wie vielen Gedankenstrichen –, selbst in klassischen Stücken der Vorhang schon gefallen ist! . . . Allerdings, daß er dann gleich wieder aufgeht, ist das Vertrackte im Reigen; – aber das ist ja eben das Stück.“ [4] Auch daß eine Aufführung des „Reigen“ die alten Klischees und Gewohnheiten beleben kann, seine Stücke allein aufs Erotische zu durchschnüffeln, weiß er. Und dennoch ist er nun entschlossen, den „Reigen“ auf den Bühnen sich durchkämpfen zu lassen.

23. Dezember 1920
„Reigen“ ist von Felix Hollaender zu der Schauspielerin Gertrude Eysoldt, Direktorin des Kleinen Schauspielhauses, übergegangen und hat dort Premiere. Zwar wird ihr das Aufführungsverbot nachmittags zugestellt, aber die mutige Dame tritt abends vor das Publikum, erklärt die Sachlage – und läßt spielen. Selbst die angedrohte Haftstrafe, sagt sie, könne sie nicht daran hindern, ihre Pflicht Arthur Schnitzler gegenüber zu erfüllen, auf dem man die

Anschuldigung nicht sitzenlassen dürfe, ein unsittlicher Schriftsteller zu sein. Die Aufführung geht ohne Zwischenfall in Szene, die Gedankenstriche werden durch das Fallen des Vorhangs markiert. Am Schluß gibt es demonstrativen Beifall, für den die Direktoren, Gertrude Eysoldt und Maximilian Sladek, gleichfalls danken.

24. Dezember 1920

In Berlin zieht die Hochschule für Musik, in deren Räumen das Kleine Schauspielhaus liegt und die für den Einspruch gegen die Aufführung verantwortlich war, diesen wieder zurück. Der Einspruch war übrigens nolens volens von deren Direktor Franz Schreker, der mit Schnitzler persönlich seit jeher sehr gut steht, unterzeichnet. Nun hat man sich überzeugt, daß die Vorstellung keinen unsittlichen Charakter trägt.

30. Dezember 1920

Schnitzler verfaßt einen langen Brief an Prof. Richter vom Preußischen Kultusministerium, der ihm seinerseits – offenbar mitschuldig an dem Verbot – sehr nett geschrieben hat. Darin rekapituliert Schnitzler die Geschichte des „Reigen“ von seiner Entstehung an und erklärt detailliert, wie es zur Aufführung kam. Darin legt er weiters auch seine Meinung über Pornographie dar, die er glaubt, mit ziemlicher Sicherheit von echten Kunstwerken abgrenzen zu können.[5]

31. Dezember 1920

„Reigen“ hat an den Hamburger Kammerspielen Premiere.

3. Jänner 1921

In Berlin hebt die 6. Zivilkammer des Landesgerichts III die einstweilige Verfügung gegen den „Reigen“ auf und nennt die Aufführung des Stücks in der Begründung „eine sittliche Tat“[6].

4. Jänner 1921

In den Wiener Kammerspielen beginnen die Proben zu „Reigen“ in Schnitzlers Anwesenheit, der wieder inoffiziell als Regisseur fungiert. In Berlin wird über den Einspruch von Eysoldt/Sladek gegen die einstweilige Verfügung vor Gericht verhandelt.

6. Jänner 1921
In Berlin wird der „Reigen“ vom Gericht freigegeben.

11. Jänner 1921
Das „Neue Wiener Journal“ druckt das abwertende „Gutachten“ von Maximilian Harden über den „Reigen“, das in der „Zukunft“ erschienen ist, vollinhaltlich ab. Darin bezeichnet Harden Schnitzler als Angehörigen einer „Literatenplejade (. . .), die von der Gunst einer ihr durch manche Interessenssträhne verbündeten Rezensentenzunft mit Lob aufgepäppelt und deren übelster Blähung noch bescheinigt wurde, daß sie nach Ambrosia dufte“. Auch behauptet er, Reinhardt habe sich von dem Stück zurückgezogen.

14. Jänner 1921
Auf eine Anfrage des Bürgermeisters von Wien, Jakob Reumann, antwortet Schnitzler brieflich, er hätte gegen eine Aufführung des „Reigen“ in den Kammerspielen nichts einzuwenden.

22. Jänner 1921
„Reigen“ hat im Schauspielhaus München und im Kleinen Theater Leipzig Premiere. In Leipzig müssen Kartenbesitzer eine Erklärung unterschreiben, daß sie die Aufführung freiwillig besuchen, gegen den Inhalt der Szenen keine Einwendungen erheben und die Karten nur für sich verwenden oder an gleichgesinnte Personen, nicht unter 18 Jahren, weitergeben.

Probenberichte aus Wien melden, mit welch „ungemeiner Sorgfalt“ hier in Schnitzlers Anwesenheit gearbeitet würde: „Er spricht auf den Proben die Dialoge selbst, gibt den Tonfall der einzelnen Worte, ihr Tempo, und ist um die geringste Nuance bemüht, die der Atmosphäre des Ganzen dienlich sein könnte.“ [7]

27. Jänner 1921
Die Wiener Zeitungen melden, daß sämtliche Sitze für die Premiere von Schnitzlers „Reigen“ am 1. Februar durch Voranmeldung vergriffen seien.

28. Jänner 1921
So völlig, wie man glauben sollte, ist die Zensur noch nicht abgeschafft. Darum erscheinen an diesem Tag auch die Mitglieder

des Zensurbeirats, der von MA 55 der Gemeinde Wien eigens für dieses Stück bestellt worden ist, vollständig bei der Probe in den Kammerspielen. Ihr Urteil fällt positiv aus.

29. Jänner 1921
„Reigen“ ist Wiens Zeitungen so gut wie täglich einen Bericht oder auch nur eine Notiz wert. An diesem Tag berichtet das „Neue Wiener Journal“ eine Anekdote von den Proben: „Wie jedem der beschäftigten Künstler gab Schnitzler auch Herrn Iwald, der den Ehegatten spielte, kleine Anweisungen, wie dies und jenes zu machen wäre. Herr Iwald folgte jedoch seinen eigenen Intentionen. Darauf meinte Dr. Schulbaur, der Regisseur der Vorstellung, zu Iwald: ‚Schnitzler muß es ja wissen, er hat doch den Reigen geschrieben.‘ – ‚Aber vor 25 Jahren‘, antwortete Herr Iwald.“

An diesem Tag findet die erste Generalprobe des „Reigen“ statt.

30. Jänner 1921
Die zweite Generalprobe, die zugunsten der „Kinderhilfsaktion“ bei einem Eintrittspreis von 1 000 Kronen pro Karte stattfindet, ist ungeschickterweise vormittags um halb elf angesetzt und folglich fast leer.

Im „Neuen Wiener Journal“ erscheint eine „Berichtigung“. Ein paar Worte zum Gutachten Maximilian Hardens über den „Reigen“, worin Schnitzler vor allem klarstellt, daß Max Reinhardts Wunsch, das Stück zu spielen, für ihn das auslösende Element war, die Aufführung zu gestatten.

1. Februar 1921
Schon am Premierentag beginnt die Hetze „Schluß mit den Reigen-Aufführungen“, wobei sich die „Reichspost“ besonders auszeichnet. Die Bischöfe richten im „Fastenhirtenbrief“ indirekte Angriffe gegen den „Reigen“. In das Ballbuch der „Concordia“ schreibt Julius Bauer:

„Das Unbeschreibliche
Schreibt der Poet
Das Ewig-Leibliche
Hundertmal geht.
Prüde und Bängliche,
Verdammt nur die Kritzler!
Alles Verfängliche
Sublimiert Schnitzler.“

Abends hat „Reigen“ in den Wiener Kammerspielen Premiere. Das Publikum erwartet das Ereignis mit der Feierlichkeit, die man sonst einer Klassikeraufführung entgegenbringt, und taut erst langsam auf. „Die an den Abend geknüpften Erwartungen fanden lediglich in einigen, zum Teil sehr anerkennenswerten Dekolletés im Publikum Ausdruck“, notiert das „Neue Wiener Journal“, während die „Reichspost“ das Publikum als „schnaufende Dickwänste mit ihrem weiblichen Anhange, der den Namen der deutschen Frau schändet“, beschimpft und prophezeit, diese würden sich nun „allabendlich ihre im wüsten Sinnentaumel erschlafften Nerven aufkitzeln lassen“. Denn „geile, pornographische Literatur“ wie der „Reigen“ zöge natürlich völligen Sittenverfall nach sich.

2. Februar 1921
Die Kritiken rezensieren die Aufführung je nach der Parteilinie ihres Blattes. Raoul Auernheimer erklärt in der „Neuen Freien Presse“, die Aufführung unterstreiche den Geschmack und die künstlerische Feinheit des Werkes.

4. Februar 1921
In Berlin hat Prof. Dr. Brunner, Beamter der Zentralpolizeistelle zur Bekämpfung unzüchtiger Schriften, zusammen mit Oberregierungsrat von Glasenapp, Leiter der Theaterabteilung des Polizeipräsidiums und früherer Zensor, den „Reigen“ besucht und schon während der Vorstellung stärkstes Mißfallen geäußert. Nun gibt er einen Bericht ab, in dem er die Aufführung als „schwerstes Ärgernis“ [8] bezeichnet.

5. Februar 1921
Das „Neue Wiener Journal“ repliziert die Erwiderung, die Maximilian Harden im „Berliner Tageblatt“ seinerseits auf Schnitzlers „Berichtigung“ erscheinen ließ und nennt diese das „glatte Auskneifen“ eines „alten Wortegauklers“.

In München kommt es an diesem Tag anläßlich der „Reigen“-Aufführung zu einem Zwischenfall, wobei „Schweinerei, Saustall, Gemeinheit, Unverschämtheit, Frechheit“ gerufen wird. Da ein Teil des Publikums faule Eier und Stinkbomben bei sich hat, ist es klar, daß der Protest nicht spontan, sondern vorgeplant worden ist. Die herbeigerufene Polizei räumt das Haus. Tags darauf werden weitere Aufführungen des „Reigen“ polizeilich verboten.

7. Februar 1921
Nachdem in Wien bisher alle „Reigen"-Aufführungen in Ruhe verlaufen sind, kommt es an diesem Abend (die Zeitungen meldeten die Münchner Vorfälle!) zu den ersten Störungsversuchen. Etwa zwanzig Jugendliche stürmen während der Vorstellung das Foyer des Theaters und demonstrieren lautstark gegen Dichter, Stück und Publikum. Die Zuschauer bewahren Ruhe, aber die Vorstellung wird in der vorletzten Szene abgebrochen. Sechs junge Leute werden verhaftet. Sie gehören durchwegs der Deutschen Volkspartei an. Einer der Verhafteten äußert gegenüber der „Wiener Allgemeinen Zeitung": „Ich kenne das Stück nicht, ich habe keine Aufführung gesehen und habe auch das Buch nicht gelesen. Nur eine Kritik habe ich gelesen. Auch die anderen fünf Herren kennen das Stück nicht. Ein Kollege hat uns erzählt, was drinnen vorgeht. In unserer Zeit, wo die Moral und alles ganz herunter ist, wollen wir, daß das Theater eine Bildungsstätte ist. Weil wir eine idealistische Auffassung vom Theater haben." Weiters versichert er: „Wir werden weiter demonstrieren, auch andere Gruppen werden die Aufführung des Stücks stören. So viel ich weiß, wird auch die ‚Reichspost' etwas veranstalten . . . und ich hab auch gehört, daß eine Massenversammlung und eine Massenkundgebung gegen den ‚Reigen' geplant ist. Was sie in München durchgesetzt haben, werden wir in Wien auch treffen."

9. Februar 1921
Das Innenministerium ersucht sowohl den Bürgermeister wie den Polizeipräsidenten, die „Reigen"-Aufführungen aus Gründen der öffentlichen Sicherheit zu verbieten. Schober erklärt, dazu sei nur die Landesregierung kompetent. Bürgermeister Reumann gibt als Landeshauptmann von Wien keine Stellungnahme ab.

10. Februar 1921
Innenminister Glanz legt nahe – es ist nicht klar, ob der Landesregierung oder dem Polizeipräsidium –, die „Reigen"-Aufführungen zu verbieten.

11. Februar 1921
Im Parlament kommt es zu einer Interpellation der Sozialdemokraten gegen das beabsichtigte Verbot des „Reigen". Die Abgeordneten gehen handgreiflich aufeinander los. Polizeipräsident Schober

erklärt, das Stück sei freigegeben, daran halte er sich. In dem Kompetenzstreit beschließt die Bundesregierung nun, das Verbot auszusprechen, nachdem sich die Landesregierung in der Person von Bürgermeister Reumann geweigert hat, dieses an das Theater weiterzugeben. Direktor Bernau behauptet, er habe kein Verbot erhalten, und will weiterspielen.

12. Februar 1921
Die Bundesregierung erhebt vor dem Verfassungsgerichtshof Klage gegen Bürgermeister Reumann.

Die „Reichspost" widmet die ersten drei Seiten ihres Blattes einem Hetzartikel unter dem Titel: „Der Reigen um die Latrine."

Arthur Schnitzlers Stellungnahme ist in einem Brief an Stefan Großmann enthalten: „Was soll ich dazu sagen? Ich käme mir unsäglich komisch vor, wollte ich mit den Herren Kunschak oder Seipel oder mit dem Schusterlehrling polemisieren, der das Theater stürmt mit dem begeisterten Ruf: Nieder mit den Sozialdemokraten! (Es kann übrigens auch ein stud. med. gewesen sein oder ein Tapezierergehilfe – wobei meine Sympathie immerhin noch mehr bei dem Tapezierergehilfen ist als bei den Herren Seipel und Kuntschak.) Ich habe ja schon einige ähnliche Sachen erlebt, wenn auch in bescheideneren Dimensionen. Erinnern Sie sich noch an den ‚Leutnant Gustl' und den ‚Professor Bernhardi'. Nach einigen Jahren blieb von all dem Lärm nichts weiter übrig als die Bücher, die ich geschrieben, und eine dunkle Erinnerung an die Blamage meiner Gegner. In diesem Fall wird es nicht anders sein."[9]

Die Aufführungen des „Reigen" gehen weiter.

13. Februar 1921
In Wien kommt es zu einer Straßendemonstration, bei welcher „Pfui Judenpack" gerufen wird.

Auf der Hauptversammlung des Volksbundes der Katholiken Österreichs erklärt Abgeordneter Ignaz Seipel, das sittliche Empfinden des bodenständigen christlichen Volkes wurde fortgesetzt auf das schwerste durch die Aufführung eines Schmutzstückes aus der Feder eines jüdischen Autors verletzt. Rund 300 Personen ziehen anschließend zu den Kammerspielen, insultieren die Theaterbesucher, die hineinwollen, und johlen, man schände ihre Weiber und „Nieder mit dem Reigen". Sie werden von der Polizei vertrieben. Schnitzler ist im Theater und warnt Bernau davor, das Stück allzu oft anzusetzen.

Mitte Februar 1921
In den Hamburger Kammerspielen kommt es zu angekündigten Demonstrationen gegen den „Reigen". Obwohl Direktor Ziegel das Publikum warnt, gibt es in der vierten Szene Geheule und Gepfeife.

14. Februar 1921
In Wien gestaltet sich der Vorverkauf für die nächste Woche so lebhaft, daß die Polizei den Verkehr in der Passage zum Theater regeln muß.
„Deutsch-arische Vereinigungen" finden sich zu einer Protestversammlung.

15. Februar 1921
Die Zeitungen kündigen an, daß „Reigen" ab dem nächsten Tag täglich zweimal, als Abend- und als Nachtvorstellung gegeben wird. Bernau reagiert auf den Boom also spontan, obwohl er die briefliche Drohung erhält, erschossen zu werden.

16. Februar 1921
Schnitzler kommt ahnungslos in die Abendvorstellung der Kammerspiele, als diese eben gesprengt wird. Stinkbomben werden geworfen, Theaterbesucher verprügelt und verjagt, Sitzplätze demoliert – und all das kaltblütig und planmäßig. Die Polizei setzt Wasserwerfer gegen die Demonstranten ein, 20 Leute werden arretiert. Schnitzler, den niemand erkennt, hat das Gefühl, wie ein Traumwandler durch den Tumult zu wandeln. Für ihn ist dieser Abend ein Unikum in der Theatergeschichte. Die angesetzte Nachtvorstellung wird abgesagt.

17. Februar 1921
Aufgrund der Vorkommnisse des vergangenen Abends untersagt die Polizei weitere Aufführungen des „Reigen". Bernau erhält diesen von Schober unterzeichneten Erlaß und überlegt sofort mit Schnitzler, ob er nicht geschlossene Vorstellungen veranstalten könnte. Klerikale und antisemtische Blätter nehmen die Vorfälle mit lebhaftester Befriedigung zur Kenntnis, die anderen bezeichnen sie als eine Schande.

18. Februar 1921

In einem Gespräch mit Schober stellt Reumann fest, er wolle sich nicht zu dem Verbot äußern. Direktor Bernau steht es frei, einen Rekurs einzubringen, nach welchem Reumann dann über Fortführung der Aufführungen entscheiden würde. Um dem Bürgermeister nicht zu ermöglichen, sich gegen den Erlaß des Polizeipräsidenten zu stellen, wird Bernau und Schnitzler nahegelegt, auf weitere Aufführungen von sich aus zu verzichten. Schnitzler denkt nicht daran, weil er es für prinzipiell falsch hält, dem Terror zu weichen.

19. Februar 1921

Das „Neue Wiener Journal" veröffentlicht eine Satire auf den „Reigen"-Skandal.

In der Nacht davor wurde das Fenster der Buchhandlung Heller auf dem Bauernmarkt zertrümmert, in dem Exemplare des „Reigen" ausgestellt waren. Am Tatort bleibt die „Tatwaffe", ein in eine klerikale Zeitung eingewickelter Ziegelstein, zurück.

20. Februar 1921

Bernau bringt den „Reigen"-Rekurs ein und stürzt die Regierung damit in einen offenen Kompetenzkonflikt: die (christlichsoziale) Bundesregierung verbietet, die (sozialdemokratische) Landesregierung erlaubt.

21. Februar 1921

Die Zeitungen melden, daß die Klage der Bundesregierung gegen Landeshauptmann Reumann schon am 18. dem Verfassungsgerichtshof überreicht wurde.

In einem Brief an Tilla Durieux ist Schnitzler trotz aller Erfahrungen der letzten Tage von der Richtigkeit des Entschlusses überzeugt, daß er den „Reigen" spielen ließ.[10]

22. Februar 1921

In Berlin kommt es während der Aufführung des „Reigen" zu einer angekündigten Demonstration. Die Polizei greift ein und verhaftet die Stinkbomben-Werfer. Nach einer größeren Lüftungspause wird weitergespielt.

25. Februar 1921
„Reigen" wird in Prag gespielt, nachdem man zuerst wegen des Wiener Verbots gezögert hat.

Die Zeitungen melden, daß die Verhandlung gegen Reumann vor dem Verfassungsgerichtshof in der zweiten Märzhälfte stattfinden werde. (Der Termin wurde später verschoben.)

28. Februar 1921
Der Verwaltungsgerichtshof spricht Reumann frei, was allerdings noch nichts mit dem ausstehenden Beschluß des Verfassungsgerichtshofs zu tun hat. Bernau allerdings will daraufhin weitere Schritte zur Wiederaufnahme des „Reigen" unternehmen.

26. März 1921
Im Theater in der Josefstadt wird eine „Reigen"-Parodie unter dem Titel „Der Rosen-Rote-Reigen" gespielt.

26. April 1921
Wiens Bürgermeister Jakob Reumann steht unter der Beschuldigung, „der in Form eines Ersuchens gekleideten ersten Weisung des Bundesminister Glanz keine Folge geleistet zu haben", als Angeklagter vor dem Verfassungsgerichtshof.

27. April 1921
Am zweiten Verhandlungstag erklärt die Verteidigung des Bürgermeisters, daß es sich bei der Weisung nur um einen guten Rat, nicht aber um einen verbindlichen Verwaltungsakt gehandelt habe.

29. April 1921
Bürgermeister Reumann wird freigesprochen – wegen eines Formfehlers: Die Weisung des Bundesministeriums hatte keine Unterschrift getragen.

22. Juni 1921
In Berlin läßt die 6. Strafkammer den Direktoren des Kleinen Schauspielhauses einen Beschluß zugehen, in dem es heißt, der

Rhythmus der während des Fallens des Vorhangs gespielten Musik gäbe „Beischlafbewegungen" wieder. „Reigen" sei abzusetzen. Die Direktion läßt jedoch weiterspielen.

September 1921
Bei der „Reigen"-Premiere in Hannover kommt es zu Protesten katholischer Vereine. Dennoch finden die Vorstellungen statt.

5. November 1921
In Berlin beginnt eine sechstägige Verhandlung[11] gegen Direktion und Darsteller des Kleinen Schauspielhauses Berlin. Am ersten Tag werden Gertrud Eysoldt, Maximilian Sladek, der Regisseur Hubert Reusch und die angeklagten Schauspieler verhört, desgleichen erste Zeugen.

8. November 1921
Am zweiten Verhandlungstag äußern sich Zeugen unter anderem über „die innere Hohlheit und Seelenlosigkeit", den „rohen sinnlichen Genuß", der im „Reigen" zur Darstellung gebracht werde. Aussagen klären auch, daß die am Skandal vom 22. Februar Beteiligten vom Sachverständigen Dr. Brunner zur Teilnahme aufgefordert worden waren und die Karten von ihm bezahlt bekamen.

10. November 1921
Am dritten Verhandlungstag sind zum Teil auch Zeugen geladen, deren sittliches Empfinden durch die Aufführung des „Reigen" nicht verletzt worden ist. Als Sachverständige sind unter anderem Alfred Kerr, Ludwig Fulda, Felix Hollaender und Herbert Ihering hinzugezogen.

12. November 1921
Am vierten Verhandlungstag wird untersucht, ob „Reigen" aus reiner Geldgier gespielt worden sei. Als Sachverständige kommen unter anderem Arthur Eloesser, Emil Orlik und auch Reigen-Gegner Nummer eins, Dr. Brunner, zu Wort.

15. November 1921
Am fünften Verhandlungstag hat die längste Zeit Dr. Brunner das Wort, der bestreitet, das ganze Verfahren vor Gericht initiiert zu haben. Schließlich folgt die meisterhafte Verteidigungsrede von Rechtsanwalt Dr. Wolfgang Heine.

18. November 1921
Der Prozeß endet mit Freispruch für alle Angeklagten.

30. November 1921
In Wien wird eine neuerliche Aufführung des „Reigen" bewilligt.

Anfang Februar 1922
„Reigen" wird in Paris gespielt. Henri Bidon, führender Theaterkritiker der Stadt, nennt das Stück ein „Meisterwerk"[12].

8. Februar 1922
Das „Neue Wiener Journal" veröffentlicht den Briefwechsel zwischen Schnitzler und Alfred Bernau, aus dem hervorgeht, daß der Dichter von der Wiederaufnahme des Stückes, die im Jänner gestattet worden ist, nicht angetan ist. Sein Protest, der sich vor allem gegen die unzureichende Sicherheit des Publikums richtet, nützt nichts.

7. März 1922
„Reigen" wird in den Kammerspielen unter gewaltigem Polizeischutz bei der Premiere wieder in den Spielplan aufgenommen und findet in der Folge kaum Beachtung in der Presse und wenig auf seiten der aktiven Gegner. Die letzte Vorstellung findet am 30. Juni 1922 statt.

Nach all den Vorkommnissen ist Schnitzler des „Reigens" müde. Er beauftragt den Fischer-Verlag, keine Aufführungen mehr zu gestatten, und er ändert diese seine Meinung zeit seines Lebens nicht mehr. Natürlich kann er nicht alle Aufführungen verhindern – in New York beispielsweise wird das Stück zu seinen Lebzeiten noch dreimal gespielt, gleichfalls mit einem Prozeß belegt und 1930 „freigesprochen".

Heinrich Schnitzler, überzeugt, daß sich am bösen Willen der Menschen, im „Reigen" einfach eine Schweinerei sehen zu wollen, nichts geändert hat, bewahrt den Wunsch seines Vaters bis über dessen Tod hinaus. Dank seiner Autorität gelingt es ihm, „Reigen"-Aufführungen im deutschen Sprachraum total, im Ausland weitgehend zu unterbinden. Trotzdem kommt das Stück gegen Heinrich Schnitzlers ausdrücklichen Wunsch 1952 in Stockholm auf die Bühne, auch in den USA oder Italien sind einzelne Aufführungen nicht zu verhindern. Über die französischen Rechte, die Schnitzler seiner Übersetzerin vermacht hat, werden zahlreiche Verfilmungen möglich, keine davon wirklich gut, wobei es noch 1967 in Italien passiert, daß nicht nur Regisseur Roger Vadim für seine „Reigen"-Verfilmung vor Gericht muß, sondern man auch posthum den Autor anklagt!

50 Jahre nach dem Tod des Vaters gestattet Heinrich Schnitzler dem „Reigen" den Weg auf die Bühne. Trotz allem, was man bislang schon auf Theaterbrettern gesehen hat, ist es aber noch immer fraglich, ob dem Stück nun Gerechtigkeit widerfahren wird. Und was Wien betrifft, so könnte diese Stadt Gelegenheit haben, sich angesichts des Urteils von Ernest Bornemann zu bewähren, der im 50. Todesjahr Schnitzlers in einem Artikel über Sigmund Freud niederschrieb, was für das Wien Schnitzlers gewiß Gültigkeit hatte – „Es gibt kaum eine andere Stadt, die sexuelle Freizügigkeit so anstandslos toleriert wie Wien – wenn nur eine Bedingung erfüllt wird: daß man nie darüber redet" und „Sittlich reden und unsittlich leben – das ist in Wien bis zum heutigen Tage nicht nur erlaubt, sondern gehört zum guten Ton."[13] In diesem Sinn wäre der „Reigen" ein aktuelles Stück.

17. DAS SECHZIGSTE JAHR
1922

Im Jahr 1922 übersteigen Schnitzlers Einnahmen bei weitem die Ausgaben: 10 bis 11 Millionen Einnahmen stehen 4 Millionen Ausgaben gegenüber (wobei sich die Millionenbeträge daraus erklären, daß die Preise bis um das 2 000fache gestiegen sind).

Der nicht zuletzt durch den „Reigen" verursachte finanzielle Höhepunkt geht auch mit einem Höhepunkt des Ruhms Hand in Hand. Als nun bald Sechzigjähriger ist Schnitzler für seine Mitwelt in steigendem Maße Gegenstand wissenschaftlicher Betrachtung, nun nicht nur in Artikeln, sondern mehr und mehr auch in Büchern. Daß von ihm – vor allem auf novellistischem Gebiet – noch so viel Meisterliches aussteht, ist ja nicht vorherzusehen.

Im März, als der „Reigen" wiederaufgenommen wird, kündigt ihm sein Stubenmädchen auf Befehl ihres Verehrers, weil dieser annimmt, in Schnitzlers Haus gehe es zu wie im „Reigen" – man beurteilt ihn aber auch seriöser: Josef Körners Buch „Arthur Schnitzlers Gestalten und Probleme" erscheint. Schnitzler bringt den Erkenntnissen des in Prag lehrenden Professors zwiespältige Gefühle entgegen, findet aber gewissermaßen Interesse an sich selbst. Allerdings scheint ihm Körners Schlußkapitel im Vergleich zu allem vorher Ausgeführten herabsetzend, und darauf spricht er den Autor bei einer persönlichen Begegnung auch an. Dieser erklärt, er habe befürchtet, in seiner großen Verehrung für Schnitzler zu enthusiastisch zu werden, und seine Darstellung darum gedämpft. Aber das ist es wohl nicht allein. Später wird Schnitzler mit Körner noch tiefgreifende Auseinandersetzungen über dessen Urteile zum Spätwerk des Dichters haben, in denen Schnitzler durchaus Mißgunst festzustellen glaubt.[1]

Aus Angst, in irgendwelche offiziellen Festlichkeiten zu geraten, beschließt Schnitzler, zu seinem 60. Geburtstag zu verreisen – wie er es schon bei seinem 50. gehalten hat. Die zahlreichen Vorlesungsangebote bieten willkommene Gelegenheit dazu. Daß er zunächst eines nach Holland annimmt, liegt zum Teil an Frau Berthe Brevée, die Schnitzler im Sommer 1921 in Altaussee kennengelernt hat. Die holländische Schauspielerin, jugendliche Mutter dreier Töchter (die älteste ist damals 16), ist nicht sehr glücklich mit einem Arzt verheiratet. Sie ist eine große Verehrerin von Schnitzlers Werk, für das sie sich in Holland sehr einsetzt, und zweifellos ist ihr der Dichter auch privat nicht gleichgültig.

Am 19. April reist Schnitzler über München, wo er Olga wiedersieht, nach Holland. In Arnheim steigt Frau Brevée zu, die ihn die ganze Reise hindurch betreut und als Zelebrität in jeder Stadt mit den Honoratioren bekannt macht. Schnitzler hält Vorlesungen in Rotterdam, Haag, Amsterdam und benützt den Aufenthalt, Städte und Museen mit dem ihm eigenen starken Interesse zu besichtigen. Am Ende kann er von dem angenehmen, auch finanziell ergiebigen Aufenthalt die Gewißheit mitnehmen, in Holland ein höchst populärer Dichter zu sein.

Von dort fährt er nach Berlin, wo er am Residenztheater „Das weite Land", wieder einmal mit Korff in der Hauptrolle, sieht. Nach Jahren begegnet er Adele Sandrock, die ihm um den Hals fällt. Am 15. Mai, seinem 60. Geburstag, ist er allein in Nürnberg. Vielleicht zelebriert er die in ihrer tragischen Einsamkeit bedrükkende Situation sogar ein wenig, denn er spaziert allein durch die Stadt, hängt Erinnerungen nach und schreibt, des Datums wegen, viele Ansichtskarten. Am 19. Mai ist er wieder in Wien, wo er Briefe, Telegramme, eine Luxus-Ausgabe des „Reigen" und ein schön illustriertes, ihm gewidmetes Sonderheft der Zeitschrift „Moderne Welt" vorfindet.

Das Burgtheater, nun unter der Direktion von Anton Wildgans, hat den „Jungen Medardus" zu Schnitzlers Geburtstag wieder auf den Spielplan gesetzt, und nur eine Protestversammlung gegen die Aufführung auch dieses Stückes zeigt wieder, daß noch lange nicht alles in Ordnung ist. Bedenkt er aber, daß japanische Schriftsteller für die Übersetzungsrechte seiner Werke 40 000 Mark zahlen, daß in Tokio zum Anlaß seines Geburtstages sogar eine Schnitzler-Feier stattfindet, daß der amerikanische Verleger Scofield Thayer, der in seiner Zeitschrift „The Dial" 1920 schon „Blumen" („Flowers") und 1921 „Die griechische Tänzerin" („The Greek Dancer") veröffentlicht hat, nun auch „Dr. Gräsler" und im Jahr darauf den „Freiherrn von Leisenbogh" erwirbt, dann kann ihn dieser Weltruhm schon erfreuen.. S. Fischer ergänzt die Gesammelten Werke um zwei Bände: Den „Erzählenden Schriften" wird Band 4 (mit „Frau Beate", „Dr. Gräsler" und „Casanovas Heimfahrt"), den Dramatischen Werken Band 5 (mit „Professor Bernhardi", „Komödie der Worte", „Fink und Fliederbusch", „Die Schwestern") hinzugefügt.

Als Nachlese zum Berliner „Reigen"-Skandal wird Schnitzler wenig später das unendlich aufschlußreiche Werk, das der Verteidiger Wolfgang Heine darüber veröffentlicht hat[2], in Händen halten, und Ende des Jahres 1922 schickt man ihm nicht nur aus New York „Casanovas Homecoming", er darf auch seine Werke schon in der japanischen Übersetzung bewundern.

Unter den Glückwünschen zu Schnitzlers Geburtstag ist auch ein Brief, der zu den meistzitierten der Schnitzler-Literatur wird – jener von Sigmund Freud, in dem dieser von der „Doppelgängerscheu" spricht, mit der er zu motivieren sucht, warum er in all den Jahren, da man doch gemeinsam in Wien lebt, da jeder auf seine Weise letztlich den gleichen Kampf auszufechten hat, nie eine Annäherung an den Dichter gesucht hat. Freud, der Schnitzler gleichsam als Dichter-Bruder im Geist begrüßt, erkennt in ihm auch den „Naturforscher": „Ja, im Grunde Ihres Wesens sind Sie ein psychologischer Tiefenforscher, so ehrlich, unparteiisch und unerschrocken wie nur je einer war."[3] Und er analysiert ganz richtig, daß Schnitzler ohne diesen Wesenszug weit mehr ein Dichter „nach dem Wunsch der Menge" gewesen wäre.

Schnitzlers Dank auf den Brief hat eine Einladung zur Folge – am 16. Juni ist Schnitzler bei Freud zum Nachtmahl, und er liest auch mit Interesse die Vorlesungen, die dieser ihm mitgibt. Als sie einander im Sommer in Salzburg wieder treffen, sprechen sie von ihrer Arbeit, Freud erzählt von „Ich" und „Es", Schnitzler von seinen Träumen. Aber bei aller Bewunderung kann sich Schnitzler doch des Eindrucks der Monomanie in Freuds Betrachtungsweise nicht erwehren. Er wirkt auf ihn anziehend, er hätte gute Lust, sich mit Freud über sich selbst und sein Schaffen zu unterhalten, aber dann weicht er dem Gespräch mit dem „Psychiater" doch aus.

So gut sie sich also im persönlichen Gespräch verstehen, so reißt der Verkehr wieder ab, von zufälligen Begegnungen abgesehen, und das Wort „Scheu" dürfte in diesem Zusammenhang von beiden Seiten her angebracht sein.

Zu Schnitzlers Geburtstag sind nach Körners Werk noch weitere Bücher über ihn erschienen. In der Reihe „Schneiders Bühnenführer" bringt Julius Kappstein ein Büchlein über ihn heraus, das Schnitzler recht gelungen findet. Weit weniger entzückt ist er über das ausführliche Buch, das sein Jugendfreund Richard Specht über ihn geschrieben hat. So unwillig Schnitzler ist, auf Anfragen über seine Werke zu antworten (wenn etwas der Erklärung bedürfe, sei es mißlungen, meint er), so hilfreich ist er gegenüber den Wissenschaftlern, die über ihn schreiben. So hat er Specht mit sehr viel Material versorgt (wie er es später mit Schinnerer und Liptzin tun wird).

Das Ergebnis von Spechts Buch enttäuscht ihn in der Unausgewogenheit von Enthusiasmus und Widerstand, vor allem aber in der Kritikergewohnheit, die „wertlosen" Menschen, die Schnitzler schildere, moralisch abzuurteilen. Auch stören ihn kleine Taktlosigkeiten und Hinweise auf allzu Privates.

Stefan Zweig, der in der „Neuen Rundschau" über Schnitzler geschrieben hat und dessen Feuilleton dem Dichter viel besser gefällt, liefert allerdings das Schlagwort, das ihm nun, anläßlich seines 60. Geburtstags, endgültig anhaftet: Das von der „versunkenen Welt". Zwei Jahre später wird er in einem mittlerweile immer wieder zitierten Brief an Jakob Wassermann darauf eingehen und niederlegen, was aus seiner Sicht dazu zu sagen ist. Manches daran mag vielleicht anfechtbar erscheinen, aber jedenfalls muß es als überlegte Entscheidung eines großen Dichters gewertet werden, der sich seine Themen nicht auf- und seine Werke nicht abzwingen läßt:

„Was ist abgetan, abgeschlossen, zum Tode verurteilt? Wer hat verurteilt? Wann soll das Urteil vollzogen werden? Dieses Wort von der abgetanen oder versunkenen Welt – ach wie oft habe ich es in der letzten Zeit zu lesen bekommen – erinnert mich so sehr an jenes andere, von der großen Zeit, das ebenso suggestiv und ebenso trügerisch vor noch nicht einem Jahrzehnt unsere Ohren umschwirrt hat. Es war damals keine große Zeit, und die angeblich versunkene und abgetane Welt ist genauso lebendig und vorhanden, als sie es jemals war. In den einzelnen Menschen hat sich nicht die geringste Veränderung vollzogen, nichts anderes ist geschehen, als daß verschiedene Hemmungen weggeräumt sind und daß alle Bübereien und Schurkereien mit einem verhältnismäßig geringeren Risiko in jeder Hinsicht, sowohl materiell als ethisch genommen, verübt werden können, als es früher der Fall war. Überdies redet man etwas mehr und etwas ungescheuter als früher vom Essen und vom Geld.

Sind etwa die Typen, um nicht zu sagen die Individuen, vom Erdboden verschwunden, die ich geschildert habe und wie ich hoffe noch einzige Zeit hindurch zu schildern mir erlauben werde? . . . Eine gewisse soziale Umschichtung bei uns in Österreich in höchst bescheidenem Maße – hat sich vielleicht vollzogen; aber wo ist in Wirklichkeit ein Zusammenbruch, wo andererseits eine Einkehr, wo die geringste Wandlung im ideellen Sinn zu bemerken? . . .

Nur eines noch. Wenn es selbst eine ‚abgetane' Welt wäre – wäre sie dann darum ein minder würdiges Objekt für den Dichter? Wenn er Menschen, Geschehnisse von 1789, von 1520 gestalten und schildern darf, gerade hinsichtlich der Menschen von 1914 oder 1920 sollte es ihm verwehrt sein? Die Kritik hat das mit der Kirche gemein, daß es sie immer wieder juckt, Dogmen zu schaffen, die logisch eigentlich jeder Begründung entbehren. Sie tut es eigentlich nicht so sehr darum, um die jederzeit Glaubensbereiten noch dümmer zu machen, als vielmehr ihr Mütchen an denen zu kühlen, die sich gegen das Dogma versündigt haben. Ob eine Welt abgetan ist, mag am Ende der Historiker entscheiden, ob sie angefault ist, der Ethiker, ob sie den Untergang verdient, – nun, sagen wir – der liebe Gott; unseres Amtes ist es, das Gegenwärtige zu bewahren, das Versunkene heraufzubeschwören und das Zukünftige – aber ich will nicht um des Rhythmus willen eine Beiläufigkeit sagen."[4]

Wie nahe das Zukünftige aber schon ist, erlebt Schnitzler wenig später, als er eine kurze Vorlesungsreise nach Graz unternimmt. Schon vorher erfährt er, daß von christlichsozialer Seite Demonstrationen gegen ihn geplant seien, was ihn allerdings völlig kalt läßt. Bei seiner Vorlesung kommt es zu schrillen Pfiffen, und die Polizei sieht sich genötigt, die Anti-Schnitzler-Demonstranten mit Gewalt zu entfernen. Tags darauf allerdings liest er ungestört, und wieder einen Tag später muß er sich bei einer Aufführung der „Lebendigen Stunden" im Stadttheater zwanzigmal verbeugen. So ist dies alles noch „harmlos", verglichen mit dem, was er noch im selben Jahr in Teplitz erleben wird, verglichen auch mit den Antisemitendemonstrationen, die 1926 dort stattfinden werden. „Wie hat sich die Atmosphäre seit 3, 4 Jahren verschlechtert", wird Schnitzler dann an seinen Sohn schreiben. „Im Juni 22 konnte ich dort noch ungehindert lesen, und der einzige Hausschlüsselpfeifer wurde hinausgeworfen. Heute käme ich aus dem köstlichen Städtchen kaum lebendig heraus."[5]

Im Juni 1922 ist es nach mannigfaltigen Verhandlungen und Vorbereitungen soweit, daß der „Medardus"-Film gedreht wird. Da Schnitzler lebhaftes Interesse daran bekundet, nehmen sich die Leute der Sascha-Film auch viel Mühe mit ihm und beziehen ihn immer in die Besprechungen ein. Trotz Mitarbeit am Drehbuch (zusammen mit Ladislaus Vajda) kann er nicht verhindern, daß es seiner Meinung nach unerträglichsten Kitsch enthält. Was das Auftreten Napoleons auf der Leinwand betrifft, das im Stück so ängstlich vermieden wird, so hält Schnitzler es in einem Interview für „selbstverständlich, daß der Film auf Napoleon nicht verzichten konnte und durfte"[6].

Bei dieser Gelegenheit versucht er auch, aus seiner damaligen Sicht zu erläutern, wie er die Möglichkeiten der Kunstform Film sieht: „Will man das sogenannte Filmstück mit einer schon bestehenden Kunstform vergleichen, so ist die Verwandtschaft mit Roman und Novelle viel auffälliger als die mit dem Drama. In gewissem Sinn und einigermaßen oberflächlich ausgedrückt, ist das Filmstück eigentlich nichts anderes als ein illustrierter Roman. Aber in je höherem Maße das illustrative Element die textliche Begleitung überwiegt, um so eher glaube ich, wird es irgendein dem Film immanentes Kunstgesetz zu erfüllen in der Lage sein, das zu formulieren ich mich allerdings nicht getrauen würde."[7]

Der Film hat damals seine eigenen Stars, die nicht unbedingt vom Theater herkommen müssen – so spielt Michael Varkonyi den Medardus. Von „wirklichen" Schnitzler-Schauspielern ist nur Volkstheaterstar Ferdinand Onno als Marquis von Valois dabei. Auch Heinrich Schnitzler erhält als Freund des Medardus eine kleine Rolle, die aber dann der Schere zum Opfer fällt.

Schnitzler besichtigt mit Interesse das Terrain der „Sascha-Film" am Laaerberg, wo der Film – ebenso wie in der Lobau, in Aspern und Schönbrunn – gedreht wird, und lernt dabei diese sonderbare Welt der neuen Kunst in ihrer Mischung von Phantastik, Energie, Hochstapelei, Fleiß, Verschmiertheit, Zeitvertrödelung und Parvenütum kennen. Als man ihm im Oktober die ersten Szenen des Films vorführt, ist er immerhin angenehm überrascht.

Während der „Medardus"-Film gedreht wird, kommen auch Berichte vom Erfolg des „Anatol"-Films in Amerika. Schnitzler wird ihn im Jahr darauf in Stockholm sehen und „unfaßbar blöd" finden: Darin ist Anatol „ein düstrer verheirateter Mädchenretter, der sich immer blamiert"[8]. Aber dessenungeachtet bringt der Streifen Geld, und gerade ausländisches Geld wird in dieser Zeit immer wichtiger. Die maßlosen Teuerungen sind das Gespräch der Stunde. Bei Schnitzler äußert sich die Entwicklung in einer seltsamen Art von Kaufmanie, die durch die rapide fortschreitende Geldentwertung aber tatsächlich gerechtfertigt ist – eine Ware, die man besitzt, muß am nächsten Tag nicht um das Vielfache des bezahlten Preises erworben werden. Bedenkt man, daß 100 Schweizer Franken im Jahr 1919 noch 567 Kronen wert waren und nun, im Jahre 1922, nicht weniger als 360 000, wird dieser katastrophale Verfall deutlich. Im Juli 1922 wird die Notenbank mit einem Aktienkapital von 30 Millionen Goldkronen errichtet, was zusammen mit der Völkerbundanleihe vom Oktober 1922 zur Stabilisierung des Geldes beitragen soll. Aber erst die ab 1925 wirksame Schillingwährung wird der Inflation langsam Einhalt gebieten.

Durch die Auslandshonorare kann sich Schnitzler einigermaßen behaupten. Aber die Angriffe seiner Gegner, die an seinem Ruhm nagen, werden auch ihre finanziellen Folgen nach sich ziehen. Der kommende Abstieg seines Ruhms hat seine ökonomischen Folgen im Leben eines Mannes, der seinen großbürgerlichen Lebensstil durch die Scheidung auf zwei, später durch Lilis Heirat kurzfristig auf drei Haushalte überträgt.

Ende Juli 1922 fährt Schnitzler, der am 14. sein „Verführer"-Stück zu einem vorläufigen Ende gebracht hat, nach München, wo er Olga und die Kinder trifft. Kaum ist er mit ihr allein, beginnen die zwanghaften Auseinandersetzungen. Er weiß sehr gut, daß hinter all ihren Klagen, auch denen über ihre angegriffene Gesundheit, nur der eine Wunsch steht: Sie möchte wieder zu Hause sein. Aber das kann er ihr nicht erfüllen, obwohl ihr Leid ihn bedrückt. Und doch bleiben beide starr.

Im Herbst denkt Schnitzler dann, nach wie vor vom „Verführer" okkupiert, doch wieder an Novellistisches, die Doppelnovelle, die monologische Novelle „Fräulein Else". Und auch der Stoff der „Frau des Richters", bis dahin in dramatischer Form erwogen, wird nun als Novelle begonnen.

Die Arbeit hilft ihm über vielerlei hinweg – über Haushaltsprobleme, die sich durch das Dasein ohne Gattin ergeben, über die innere Einsamkeit, die durch Plaudereien mit Vilma Lichtenstern und durch seine kleine Liebschaft nicht wirklich vertrieben werden kann. Vielleicht hält es ihn auch darum nicht in Wien. Schon nach seiner Holland-Vorlesungstournee handelt er für das nächste Jahr eine Skandinavienreise aus. Dichter reisen damals viel, Wassermann etwa nach Amerika; dazu kann sich Schnitzler allerdings nicht entschließen.

Er unternimmt vom 24. Oktober bis zum 4. November eine kleine Vorlesungsfahrt in die Tschechoslowakei. In Brünn sieht er eine Probe zum „Grünen Kakadu" und eine Aufführung von „Literatur" und „Die letzten Masken", in Prag trifft er Werfel und Körner. Über Aussig und Reichenberg kommt er nach Teplitz, wo es bei seiner Vorlesung am 3. November zu einem Skandal kommt.

Die Störung ist von Hakenkreuzlern organisiert. Ein Zwischenruf fordert ihn auf, „Reigen" zu lesen, ein Teil des Publikums versucht, durch Räuspern und Scharren seine Lesung zu sabotieren, die anderen ermuntern ihn, sich nicht stören zu lassen. Als man versucht, die Demonstranten aus dem Saal zu weisen, kommt es zu Auseinandersetzungen und Tätlichkeiten, schließlich zu einem Höllenlärm.

An Heinrich Mann schreibt Schnitzler später darüber: „Mich persönlich berührte es eigentlich nicht stark. Ich beschaute mir die Gesichter der Skandalmacher, sie erschienen mir wohlbekannt. Vor mehr als dreißig Jahren habe ich genau die gleichen gesehen, als im medizinischen Unterstützungsverein die ersten antisemitischen Vorstöße erfolgten; – Komparserie der Weltgeschichte, kaum Individuen, der liebe Gott nimmt sich nicht die Mühe, diese Figuren neu zu erschaffen, es treten doch immer dieselben auf. Nur das Rabarber, das sie rufen, wechselt. Und auch die Gummiknüttel sind eine Konzession an den Fortschritt der Zeit."[9]

Als er in Wien dann die Zeitungsberichte über den Vorfall liest, erschüttert ihn das weiter gar nicht – anstelle des politischen Problems notiert er das private: In einer Zeitung wird er der „greise" Dichter genannt. Nun muß er wohl daran glauben.

Ja, er ist alt geworden, der Sechzigjährige, er selbst merkt es weniger als die Freunde. Schon drei Jahre davor hat Hugo von Hofmannsthal an Richard Beer-Hofmann geschrieben: „Arthur's Bild stand sehr lebhaft vor mir – ich fühlte mit Trauer sein – gerade sein – Älterwerden, die nicht willkommene Einsamkeit, in die er hineinwandert, die kühlere Luft um ihn, den Schwerhörigen."[10]

18. DER LETZTE GROSSE ERFOLG: „FRÄULEIN ELSE“ 1923 UND 1924

Am 1. Jänner 1923 hält der sechzigjährige Schnitzler, wie er es bisweilen gern an markanten Daten tut, Rückschau. Er muß sich eingestehen, im Vorjahr nichts abgeschlossen zu haben, obwohl „Der Gang zum Weiher“ und „Die Komödie der Verführung“ auf dem Weg der Fertigstellung sind. Drei Novellen sind begonnen, „Die Frau des Richters“, die noch als „Doppelnovelle“ figurierende „Traumnovelle“, und die „Monolognovelle“ um „Fräulein Else“. Seine Arbeitslust ist erheblich, die Arbeitskraft dagegen wenig gestiegen. Dennoch glaubt er hoffen zu können, daß es vielleicht ein wenig aufwärts gehe.

Was sein Privatleben betrifft, so erkennt er, viel Zeit auf Beziehungen zu verschwenden, von denen ihn keine wirklich befriedigt. Der Klatsch bringt ihn sowohl mit Vilma Lichtenstern wie mit Berthe Brevée zusammen, aber beide sind verheiratete Frauen, und er hat in tiefster Seele keine Kraft mehr für Komplikationen allzu privater Natur.

Olga beschließt rund um ihren 42. Geburtstag, ihre Kofferexistenz zu beenden und mit einer Freundin zusammen ein Haus in Baden-Baden zu kaufen. Schnitzler kann nicht umhin, sich über die Selbstverständlichkeit zu ärgern, mit der sie annimmt, daß er alles bezahlt. Die Antisemiten lassen es sich übrigens nicht nehmen, den Hauskauf der Exfrau dem Dichter als Verbrechen anzulasten. So heißt es in der „Warnsdorfer Zeitung“: „Der Schweineliterat Arthur Schnitzler, dessen Reigen-Aufführungen seinerzeit in Wien durch einen Volkssturm vereitelt wurden, hat sich in Baden-Baden ein Haus erworben. Während das deutsche Volk darbt und verelendet, lassen seine Henker und Vergifter es sich wohlergehen.“

Sohn Heini führt mit seinen 21 Jahren natürlich sein eigenes Leben, und der Vater hat nicht die Absicht, sich einzumischen. Seine Tochter Lili liebt er abgöttisch und sorgt dafür, daß sie alles hat (so darf sie diesen Winter erstmals Schilaufen gehen), aber sie ist kein einfaches Kind. Ihre Lehrer sind bei all ihrer Intelligenz nicht mit ihren Leistungen zufrieden, und Schnitzler spürt sehr wohl, daß die Scheidung ihre Labilität gesteigert hat.

Angesichts dieser Situation ist Schnitzler bereit für eine Gemeinschaft, wie sie ihm Clara Katharina Pollaczek bieten kann. Ihre Liaison beginnt im Februar 1923, in ihren Armen wird er neuneinhalb Jahre später sterben. Schnitzler kennt die um 13 Jahre jüngere, damals achtundvierzigjährige, sehr attraktive Dame seit ihrer Jugend, seit sie ihm als Clara Loeb mit blitzenden Augen über den Weg gelaufen ist.

Aus der Familie Loeb, der Clara entstammt, sind fast lauter „Künstler" hervorgegangen, ohne daß es einer von ihnen zu wirklicher Berühmtheit gebracht hätte. Clara hat achtzehnjährig mit „Mimi" genannten Szenen eine Talentprobe abgelegt und schreibt weiter, früher aus Zeitvertreib mit innerer Berufung, jetzt für ihren Lebensunterhalt. Auch ihre Schwester Anna Epstein schreibt, beide veröffentlichen Novellen und Romane in Zeitschriften. Ihr Bruder Ferry Loeb ist Maler und Mitglied des „Hagenbunds", und nur Bruder Otto Loeb ist Anwalt – und Schnitzlers Leidensgenosse, schwerhörig wie dieser, dem Dichter immer wieder den Versuch mit seinem Hörapparat anbietend.

Clara ist in manchem die ideale Gefährtin für Schnitzler: innerlich unabhängig (sie war schon vor dem Selbstmord des Gatten von ihm geschieden), die beiden Söhne fast erwachsen, selbständig, intellektuell hochstehend. Da sie selbst schreibt, kann er mit ihr über seine Werke sprechen wie mit keiner Frau seit Olga, wenn er auch Olgas Urteil jenem Claras lebenslang vorziehen wird. Ihr Französisch ist so exzellent, daß ihre Übersetzung von „Fräulein Else" unverändert in Frankreich erscheinen kann. Ihr Fleiß, ihre Zähigkeit im Erarbeiten ihrer Romane, Novellen und Stücke beeindrucken Schnitzler stets von neuem.

Daß diese Beziehung dennoch auf die Dauer eine schlechte, gegen Ende zu katastrophale wird, liegt daran, daß Schnitzler Clara nie genug lieben wird, um einzusehen, daß sie an der Situation der Dauergeliebten, die weiter für ihn überhaupt keine Rolle spielt, keinen Gefallen finden kann. Was er ihr soziales Streben nennt, ist der begreifliche Wunsch, Frau Schnitzler zu sein, wenn sie mit dem Mann schon seelisch, geistig und körperlich verbunden ist. Daß sie nie die einzige Frau in seinem Leben ist, daß stets mehrere andere Beziehungen auf anderer Ebene (ganz abgesehen von Olga) laufen, verschweigt er ihr – aber das ist schon die einzige Rücksicht, die er walten läßt. Wie in seiner Jugend möchte er eine Beziehung ohne Pflichten und Verantwortung.

Clara liebt Schnitzler, aber sie ist kein unerfahrenes junges Mädchen. Sie betrachtet ihn mit so hartem, kritischem Blick, daß man bei der Lektüre ihrer Tagebücher bisweilen erschrickt. Ihre Aufzeichnungen sind aber als Parallellektüre zu denen Schnitzlers natürlich höchst aufschlußreich. Im Grunde ist Clara wie Olga: Sie sieht die Dinge nicht grundsätzlich wie Schnitzler, sondern besteht auf ihrer eigenen Auffassung. Bloß – sie hält an seiner Seite durch. Olga mußte ihr Leben ohne Schnitzler versuchen, da sie es vorher noch nicht gelebt hatte. Clara hat ihre Erfahrungen an Ehe und sonstigen Beziehungen bereits hinter sich, sie kann sich Schnitzler widmen. Glücklich wird sie dabei nicht. Denn er verlangt, daß sie sich fügt – oder er verzichtet. Da Clara ihn stärker liebt, ist sie die Unterlegene. Sie kämpft auf mehr oder weniger hohem Niveau einen Kampf, der besonders tragisch ist, weil sie ihn nicht gewinnen kann.[1]

Schnitzler, der erst die „Doppelnovelle", dann die „Frau des Richters" vorläufig abgeschlossen hat, begibt sich im Mai auf die geplante Vortragsreise nach Skandinavien. Er reist über Berlin nach Kopenhagen, besucht Georg Brandes und verbringt seinen 61. Geburtstag in der dänischen Hauptstadt, wobei er abends im Königlichen Theater seinen Einakter „Große Szene" sieht. Von der Loge aus dankt er für die Ovationen.

Am 17. Mai 1922 kommt Schnitzler in Stockholm an, wo ihn der Verfechter seines nordischen Theaterruhms, Direktor Gustaf Linden, empfängt.[2] Seit 1896 die „Liebelei" in Stockholm gespielt wurde, hat in Schweden eine lebhafte, aktive Schnitzler-Rezeption stattgefunden, und mit Ausnahme von „Der einsame Weg" und „Reigen" sind alle seiner bedeutenden Stücke gespielt worden. Auch „Der Weg ins Freie" und einige der großen Novellen sind auf schwedisch erschienen. Schnitzler ist also hier bekannt, fast berühmt, und um seine Ankunft in Stockholm gibt es großes Aufsehen. Er wird, den Bahnhof verlassend, gefilmt und kann sich ein paar Tage später selbst im Kino sehen. Im Kleinen Theater wird „Liebelei" gespielt, sehr anständig, wie er findet, und die vielen Menschen, die sich um ihn bemühen, bestätigen seinen hier noch völlig intakten Ruhm.

Da er in Kopenhagen und Stockholm nur je eine Lesung hält,

haben die Tage im Norden für ihn fast den Charakter einer informativen Vergnügungsreise, die ihm den Alltag auf das angenehmste unterbricht. Auch konstatiert er, aus der Inflation kommend, wie wohltuend die „kleinen Ziffern“ [3] auf ihn wirken.

In Wien freilich merkt er, wie allein er ist, da fehlt ihm plötzlich Olga, und etwas wie Witwermelancholie schleicht sich in sein Gemüt. Im Juni fährt er dann mit Lili zu Olga nach Baden-Baden, findet ihr Haus entzückend, lernt Professor Arthur Salz und den Philosophen Max Scheler aus Olgas Kreis kennen und empfindet, als er wieder abreist, das ewige Abschiednehmen doch bedrückend. Auf der Heimreise erregt sein Name beim Zollbeamten den wissenden Kommentar: „Ah, Glaube und Heimat.“

In Wien hält er es nicht lange aus. Am 3. August 1923 ist er in Salzburg, wo er auf Vermittlung von Stefan Zweig Romain Rolland kennenlernt. So sehr er das Bedürfnis hat, diesem für seine Vermittlung im Krieg zu danken, so wenig kommt es – zu seinem Bedauern – in den zwei Tagen zu einem guten Gespräch. Wieder in Baden-Baden, erlebt er dann den Zusammenbruch der Mark-Währung (ein Dollar wird auf die Summe von 4,2 Billionen (!) Mark steigen). Bevor durch die Einführung der Rentenmark die Währung einigermaßen stabilisiert wird, kommt es zu grotesken Situationen – so zahlt Schnitzler am 6. August 1923 in Baden-Baden im Restaurant für vier Personen eineinhalb Millionen Mark, zwei Tage später zwei Millionen Mark (mit Scheck, weil er nicht so viel Bargeld bei sich hat). Wenige Tage später kostet das Hotel etwa 50 Millionen pro Tag, und im September zahlt Schnitzler in Konstanz am Bodensee, wo er mit Olga und Lili eine Jause nimmt, 10 Millionen.

Noch ist der Wahnsinn nicht vorbei. Im Herbst wird Fischers Abrechnung gar auf mehr als 5 Milliarden Mark lauten, deren Realwert dem von 20 oder 30 Pfennig in früherer Zeit entspricht. Schnitzler regt daraufhin die Verrechnung in Goldmark an, denn es wird nach seiner Meinung „den Gepflogenheiten des geschäftlichen Verkehrs sehr zustatten kommen, wenn endlich die vielen Nullen aus den Verrechnungen verschwinden“ [4].

Im Sommer macht Clara Pollaczek erstmals ihre Rechte als Geliebte geltend, sie darf ihren Urlaub in Schnitzlers Nähe (er in Celerina, in demselben Hotel, wo er den Kriegsausbruch erlebte, sie in Pontresina) verbringen. Im Herbst in Wien findet er seine drei Novellen zwar nach wie vor unfertig, hat aber Lust genug, eine vierte zu schreiben: Unter dem vorläufigen Titel „Bezahlt“ beginnt er am 29. September das spätere „Spiel im Morgengrauen“.

Im Oktober 1923 kommt dann der im Vorjahr gedrehte Film „Der junge Medardus" heraus, ein Ereignis, dem die „Neue Freie Presse" eine ganze Seite (unter anderem mit einem Interview Schnitzlers) widmet.[5] Im Sommer hat er noch einiges an den Zwischentiteln geändert, weil er fand, daß „Napoleon ganz besonders läppische Dinge (gedichtet von Vajda und Kertesz) in den Mund gelegt werden"[6]. Auch hat er noch Änderungen in einigen Szenen verlangt, die ihm ganz mißlungen erschienen, etwa die Ermordung der Prinzessin oder die Begegnung Medardus–Napoleon. Als Schnitzler nun das Endprodukt zusammen mit seinen Kindern sieht, gefällt es ihm sehr gut, nur der Schluß scheint ihm verhudelt.

Natürlich wünscht die Sascha-Filmgesellschaft, den Film auch ins Ausland zu verkaufen (was bei einem Stummfilm ja noch keinerlei Probleme der Synchronisation mit sich bringt), aber die diversen Forderungen sind Schnitzler einfach zu dumm. Die Franzosen verlangen, daß Napoleon Medardus begnadigt und dieser nicht hingerichtet wird, was den Sinn des Stückes ebenso verändern würde wie die Forderung der Amerikaner, Medardus und Helene müßten heiraten – unter dem Sternenbanner! Schnitzlers eigener Wunsch dagegen ist, daß der letzte Schrifteinschub lauten möge: „Medardus Klähr ist tot, und die Weltgeschichte geht weiter".

Schnitzler, der dann noch Ärger mit den Tantiemen hat, da sich die Sascha mit der Zahlung Zeit läßt, ist mit dem dritten Filmprojekt nach einem seiner Werke endgültig in das Geschäft eingestiegen. In rascher Folge kommen wenige Jahre später die Stummfilme „Liebelei" (1927), „Freiwild" (1928) und „Fräulein Else" (1929) als deutsche Produktionen heraus, „Daybreak" („Spiel im Morgengrauen") folgt 1931 als amerikanischer Tonfilm. Nach seinem Tod werden „Liebelei" und vor allem „Reigen" mehrfach verfilmt.

Schnitzler selbst kann sein permanentes Interesse an der Kunstform Film übrigens nicht besser demonstrieren als damit, daß er 1924 bei der Filmgesellschaft Vita eine Konsulentenstelle annimmt und eine Zeitlang tatsächlich Filmmanuskripte begutachtet. Eine seiner letzten Arbeiten vor seinem Tod wird der Entwurf für einen Kriminalfilm sein.

Gegen Ende des Jahres 1923 resümiert Schnitzler, daß es ihm eigentlich nicht gut geht. Immer schwerer wird es für ihn, etwas wirklich zu vollenden. Sein Ohr (die Schwerhörigkeit ist nun in einem Zustand, wo es in seinem Kopf ununterbrochen zwitschert wie in einem Vogelkäfig) macht ihm ebenso zu schaffen wie seine Bitterkeit gegen Olga, die er nicht bezähmen kann. Die Unfähigkeit seiner Haushälterin Hermine Simandt, genannt Wucki, belastet ihn zusätzlich mit Problemen, seine Einnahmen sinken. Und vor allem fühlt er sich unendlich einsam, trotz der vielen Menschen um ihn. Kein Tag vergeht, ohne daß er Besuche macht oder empfängt, und es ist erstaunlich, was er diesbezüglich alles in seinem Leben unterbringt. Allerdings scheint ihm seine Existenz eher überfüllt als ausgefüllt.

Dazu kommen die Schwierigkeiten mit der Tochter. Zu Beginn des Jahres 1924 beginnt Lili, die nie ein einfaches Wesen war, noch nicht fünfzehnjährig immer mehr zum Problemkind zu werden. Eines Tages kehrt sie mit kurzem Haar und einer abenteuerlichen Geschichte vom Friseur heim – man hätte ihr ohne ihr Wissen ihren schönen Zopf abgeschnitten. Obwohl Schnitzler weiß, daß sie kurze Haare tragen wollte, glaubt er ihr, einerseits, weil die Haushälterin Wucki bei der Szene zugegen ist (die sich von dem intelligenten Kind laufend übertölpeln läßt), andererseits, weil er sich nicht vorstellen kann, daß seine geliebte Tochter lüge. Er bringt die Sache sogar bei der Polizei zur Anzeige und würde sie weiterverfolgen, wenn die Beamten dort nicht außerstande wären, dem Kind zu glauben. Jahre später erst gesteht sie dem Vater, den Schwindel selbst inszeniert zu haben.

Dieser Fall bleibt nicht der einzige. Ein Kleid für Lili kommt an – sie muß zugeben, es selbst gekauft und Olga gebeten zu haben, dafür einzustehen. Dann wieder erschwindelt sie sich eine Einladung zu einer Mädchengesellschaft, zu der sie nicht gebeten war. Im Sommer beunruhigt sie Schnitzler durch ihren Schlankheitswahn, der im Jahr darauf solche Formen annimmt, daß er sie zu einer Art Mastkur ins Cottagesanatorium bringen muß.

Schnitzler als psychoanalytisch engagierter Arzt diagnostiziert diese Symptome als leichten Fall von Hebephrenie und ist nicht übermäßig besorgt. Immerhin muß er jetzt einsehen, daß sie nicht mehr das Kind von einst ist, das ihn durch anmutiges Aussehen, zauberhaftes Wesen und altklugen Reiz damals noch weitgehend problemlos gefesselt hat. Nun zeigen sich schwere pubertäre Störungen, die nicht zuletzt aus der Spannung der schwierigen Familiensituation erwachsen. Es ist zweifellos schlechtes Gewissen dem Kind gegenüber, das Schnitzler jene Strenge verbietet, die er sonst so unerbittlich an den Tag legen kann.

Doch damals kann Schnitzler, der seiner Tochter mit Vaterstolz in jener Tanzschule Crombé zusieht, in die er einst selbst gegangen ist, noch die Hoffnung nähren, daß diese kindliche Krise vorübergehend ist: Entzückt ihn doch vor allem die unbändige Lebensfreude, die sie an den Tag legt.

Der Tatsache, der „greise Dichter" zu sein, begegnet Schnitzler nun immer wieder, und er empfindet sie schmerzlich. 1923 hat man ihn, obwohl er es dreimal abgelehnt hat, zum Ehrenpräsidenten des PEN-Clubs gemacht, und wenn er nun nicht umhinkann, bei offiziellen Gelegenheiten aufzutreten, spürt er betreten die Stellung, die er aufgrund seines Alters einnimmt. Als beispielsweise der PEN-Club ein Diner für den französischen Dichter Geraldy gibt und dieser ihn mit großer Geste umarmt und küßt, hat Schnitzler das Gefühl, in den Boden versinken zu müssen.

Tatsache ist aber, daß das Alter Schnitzler nicht an Hoch- und Höchstleistungen auf epischem Gebiet hindert. Was das dramatische betrifft, so ist der „Verführer" so weit, daß er ihn Freunden vorliest, dem Burgtheaterdirektor Franz Herterich sendet und den ersten Akt am 20. April 1924 in der Osterbeilage der „Neuen Freien Presse" erscheinen läßt. Die Buchausgabe bleibt wieder S. Fischer.

Vier Novellen hat Schnitzler in Arbeit, außerdem beschäftigt er sich seit mehreren Jahren mit einer Art von philosophischem Werk, eine „Graphik" über das Reich des Geistes, das ihm mit den Aphorismen, an denen er viel schreibt und feilt, fast ebenso wichtig ist wie die Prosa – wenn nicht noch wichtiger.

Nach einer kurzen Reise zu Olga nach Baden-Baden und nach Salzburg, wo er Heinrich Mann und Stefan Zweig trifft, kehrt Schnitzler in sein leeres Haus in der Sternwartestraße zurück und liest Clara am 9. Juli 1924 die Novelle „Fräulein Else" vor, die er am 5. Juni vollendet hat. Beiden kommt gleichzeitig die Idee, daß man sie eigentlich als Monolog auf der Bühne darstellen könnte. Tags darauf trifft Schnitzler mit Paul Zsolnay zusammen, den er vor etwa einem Jahr bei Felix Salten kennengelernt hat. Zsolnay hat mittlerweile ambitioniert einen Verlag aufgebaut und als erstes Buch Franz Werfels „Verdi" herausgebracht. Einen Autor wie Schnitzler zu gewinnen, wäre für einen aufstrebenden Verleger natürlich sensationell. Zwei Fakten gereichen ihm zum Vorteil – Schnitzlers laufende Verstimmung über S. Fischer, der aus Gründen der Geschäftslage die Tantiemen immer wieder gesenkt hat und bei dem sich Schnitzler nicht ausreichend gewürdigt und betreut fühlt, und die Tatsache, daß Zsolnay bereit ist, einen Vorschuß in Schweizer Franken zu zahlen. Also schließt Schnitzler am 14. Juli mit ihm die Buchausgabe von „Fräulein Else“ ab.

Seine finanzielle Lage hat sich so besorgniserregend verschlimmert, daß er sich nun manchmal bei den Gefühlen seiner Anfangsjahre wiederfindet: neugierig, wie das weitergehen soll. Tatsächlich werden es in den nächsten Jahren die vier Novellen dieser Zeit sein, die durch Vorabdrucke und Buchausgaben die wichtigsten Ausgaben des täglichen Lebens decken.

Schnitzlers traditionelle Sommerreise führt ihn wieder mit Clara in die Schweiz, wo die Geliebte dann allerdings mißgelaunt der Exgattin weichen muß. Schnitzler bleibt in Celerina, Olga ist mit den Kindern in Zuoz, wo sich unter anderen auch Dora Michaelis und Frau Dernburg aus Berlin einfinden, bei der Heinrich Schnitzler ab Herbst wohnen wird – er ist als Schauspieler an das Berliner Staatstheater zu Leopold Jessner engagiert.

In Celerina trifft Schnitzler dann am 18. August 1924 S. Fischer, und es kommt zu einer wieder einmal fälligen Auseinandersetzung zwischen Dichter und Verleger, die einander aber – bei allen Differenzen, die teils in Schnitzlers Überempfindlichkeit begründet liegen – persönlich genügend schätzen, um tags darauf in echter Herzlichkeit zu scheiden. Immerhin haben sie einander entschieden, aber eben doch freundschaftlich, erklärt, was sie einander vorzuwerfen haben. Fischer findet den Ton in Schnitzlers Briefen verletzend (und tatsächlich neigt dieser, wenn man ihn reizt, zu beträchtlichem Sarkasmus), und er erklärt ihm auch, daß ihn sein Mißtrauen gegen Theaterdirektoren geschäftlich schädige (weil man um einen als „schwierig“ bekannten Autor natürlich lieber einen Bogen macht). Schnitzler wiederum betont, was völlig glaubhaft ist, daß es ihm immer weniger aufs Geldverdienen als aufs Rechtbehalten ankommt.

Nach Aufenthalten in Luzern (hier ist er ein paar Tage mit Clara beisammen) und Lugano, wo er Hermann Hesse kennenlernt, trifft Schnitzler in Zürich Olga und Lili und kehrt mit der Tochter nach Wien zurück, entschlossen, nun auch die Probleme mit der Haushälterin zu regeln. „Wucki“ kommt mit den Anforderungen des Haushalts nicht zurecht. Als sie tränenreich gehen muß, ergreift Schnitzler ihr Schicksal so sehr, daß er es in „Therese“, seinem zweiten großen Roman, gestaltet – natürlich breit ausgesponnen, weit vom Original entfernt. Und doch, in ihrer Person hat er einmal die „soziale Frage“ direkt vor Augen, das Schicksal einer Gesellschaftsschicht, die er sonst nur peripher betrachtet hat und die dann einmal in den Mittelpunkt seines Interesses rückt.

Als neue Haushälterin wird ein Fräulein Soltau engagiert, und Olga muß, wenn sie nach Wien kommt – sicher auch, um zu sehen, ob die Position der Hausfrau nicht erneut durch sie zu besetzen wäre –, in einer Pension wohnen und unverrichteterdinge wieder abreisen.

Am 11. September 1924 beginnen am Burgtheater die Proben zur „Komödie der Verführung". Als Regisseur des Abends fungiert Hans Brahm, ein Neffe des unvergessenen Otto Brahm, auf den Schnitzler seine Sympathien überträgt und in dem er auch außerhalb der Proben einen anregenden Gesprächspartner findet. Im Lauf der Arbeit werden einige Umbesetzungen nötig, nicht alles verläuft harmonisch, und Herterich kann seine Autorität als Direktor oft nicht anders als durch Schreien kundtun.

Nach der Generalprobe hat Schnitzler den Eindruck, dieses Stück sei bei allen Schwächen das eigentümlichste, das er geschaffen hat. Und diesem Urteil kann man auch heute nur zustimmen. Denn in einem Ausmaß, wie es etwa eine Inszenierung von Hansgünther Heyme im Jänner 1980 in Stuttgart bewiesen hat, ist die „Komödie der Verführung" Schnitzlers am wenigsten realistisches Stück. Je mehr man von einer konkreten Umwelt absieht, um so deutlicher werden die irrealen, auf moderne Art märchenhaften Züge dieses Werkes, das Konstellationen zeigt statt Wirklichkeit.

Max der Verführer, der durch das Stück geht, ist der untergehende Mann schlechthin, einer, den keine der Frauen mehr braucht, sondern bestenfalls nur noch gebraucht. Die Figur, um die sich einst alles drehte, die allen Glanz ausstrahlte, an der die Frauen scheiterten, der „Verführer" – er ist überflüssig geworden. Die drei unsentimentalen, ganz selbstverständlich emanzipierten Frauen sind frei: Aurelie wählt lächelnd den Tod, Judith geht fröhlich ins Ungewisse, Seraphine braucht keinen Vater für ihr Kind. Max hat eine Nacht mit Aurelie, Judith schickt ihn nach einer Nacht weg, und mit Seraphine erlebt er auch nicht mehr – die Frauen gleiten von einem Abenteuer ins andere und bleiben sich selbst treu. Die Männer scheitern. „Ja, wo kommen sie überhaupt alle her? Und wo verschwinden sie hin? – Und sind am Ende gar nicht dagewesen"[7], sagt Aurelie über sie.

Auch die magische Zahl Drei kommt vielfach vor – drei Akte,

davon der mittlere dreigeteilt, jeder der drei Frauen eine Szene. Drei Verehrer sind es, die Aurelie erwartet. Überall stößt man auf Strukturen – nirgends sonst hat Schnitzler um soviel mehr demonstriert als gestaltet. Und doch macht gerade das den kühlen Reiz des Werkes aus, das noch mehr als ein halbes Jahrhundert nach seinem Erscheinen so faszinierend „modern" wirkt. Und nirgends trägt die Vorkriegsgesellschaft, die Schnitzler im letzten Akt in den Ersten Weltkrieg hineinschreiten läßt, so gespenstisch-groteske Züge des Untergangs wie hier. Es ist wahrhaftig, gemessen an Schnitzlers bisherigen dramatischen Schöpfungen, sein eigentümlichstes Werk.

Die Uraufführung am 11. Oktober 1924 findet dann auch nicht das Verständnis des Publikums. Der erste Akt scheint zu gefallen, nach dem zweiten verbeugt sich Schnitzler selbst siebenmal unter stürmischem Beifall, aber nach dem dritten tröpfelt der Applaus geringer – es ist wohl zu pessimistisch, wenn ein Liebespaar in den Tod geht, eine Frau stolz ihrer Karriere als Kurtisane entgegenschreitet, die andere den unnötigen Liebhaber endgültig stehenläßt und ganz zum Schluß sich ein alter Mann lüstern einem jungen, nixenhaften Mädchen nähert. Es reicht für knappe drei Verbeugungen des Dichters.

An der Besetzung ist bemerkenswert, daß das Burgtheater in Raoul Aslan, der den Falkenir spielt, wieder einmal einen „großen Herrn" hat, und Georg Reimers als Kammersänger Eligius Fenz findet Schnitzler so großartig, daß er es später noch in einem Geburtstagsbrief herausstreicht. Viel mehr ist auch darstellerisch zu dem Achtungserfolg, der es dann auf 22 Vorstellungen bringt, nicht zu sagen. Das Werk selbst, unter Aristokraten, Geldleuten und Künstlern spielend (nur Seraphine ist eine Art süßes Mädel von früher, wenn auch unendlich emanzipierter), findet des Milieus wegen wieder viele Anfechtungen. Hat man Schnitzler früher die Ehebruchsgeschichten oder die Frivolität nicht verziehen, sind es jetzt die Aristokraten, die man nicht sehen will. Für den neuen Ton des Werkes hat die Kritik – noch – kein Ohr.

Der mangelnde Erfolg der „Komödie der Verführung" läuft parallel mit einem ungewöhnlich großen: „Fräulein Else" erscheint in der Oktobernummer der „Neuen Rundschau" und Ende November als Buch. Nicht nur Raoul Auernheimer greift spontan zur Feder, um Schnitzler zu sagen, daß er diese Novelle zu dessen größten Meisterwerken[8] rechnet. Schnitzler erhält dafür allgemein so viel Lob, daß er es fast für übertrieben hält. Der Erfolg schlägt sich aber zum Glück auch im Verkauf nieder: Die Auflage erreicht 1924 die 25 000 und klettert bis 1929 auf 70 000. Die französische Übersetzung, von Clara besorgt, erscheint 1926, die englische 1930 in New York und London. 1929 kommt der Film, und nach Schnitzlers Tod dramatisiert Ernst Lothar das Werk, allerdings nicht den Monolog erhaltend, sondern als konventionelles Theaterstück.

Die Berühmtheit von „Fräulein Else" erklärt sich leicht aus der Qualität. Es ist nach „Leutnant Gustl" die zweite Monolognovelle Schnitzlers, und sie teilt mit der ersten die ungeheure Spontaneität, die Lebendigkeit, die Spannung. Fast unglaublich, wie sich ein mehr als Sechzigjähriger hier in die intimsten Gedanken eines „hochgemuten" jungen Mädchens einfühlt, deren Überlegungen von der in ihrem Alter selbstverständlichen Beschäftigung mit der Sexualität zu todernsten Problemen umgelenkt wird. Ungeheuerlich ist das Verlangen des finanziell ruinierten Vaters, sie möge einen berüchtigten alten Lebemann um Geld bitten, weil er sich selbstverständlich denken muß, was dieser dafür verlangt. Die Schilderung, wie sich bei Else Angst, Panik und Erregung überlagern, ist eine der Meisterleistungen der deutschsprachigen Prosa überhaupt.

Das Motiv, daß eine Frau sich im Freien einem Mann nackt zeigt, muß übrigens irgendwie mit Stephi Bachrach zusammenhängen, denn auch in dem Schlüsselroman von Urbantschitsch über Stephi („Julia") kommt es vor. Später, nach dem Selbstmord von Schnitzlers Tochter Lili, wird man immer wieder mutmaßen, die Novelle stünde damit im Zusammenhang, und man wird auch ein Porträt der exaltierten Tochter darin suchen. Aber mit Sicherheit hat Schnitzler dabei nicht an Lili gedacht, die ja damals noch ein Kind ist, sondern an Stephi, die ihm – bevor sie Rudi Oldens Geliebte wurde – oft die seelische Unsicherheit ihrer Jungfräulichkeit anvertraute. Und vielleicht erinnert sich Schnitzler auch an eine Bekannte seiner Jugend, die auch Else, Else Singer, hieß und die ihm erzählte, wie sie bei ihrem Selbstmordversuch noch die erleuchteten Fenster an sich vorbeifliegen sah, als sie sich in die Tiefe stürzte. „Ich fliege ... ich träume ... ich schlafe ... ich träu ... träu – ich flie ..."[9], sind Fräulein Elses letzte Gedanken, bevor sie mit Hilfe von Veronal aus dem Leben gleitet.

Max Krell hat Schnitzler später besucht und von diesem – es muß erwähnt werden – durchaus andere Motive genannt erhalten, die zum Entstehen von „Fräulein Else" geführt haben sollen – eigene Schulden in der Jugendzeit, eine Frau in einer Gesellschaft, deren

Rückendekolleté so betörend war, daß sie ihm wie nackt erschien, ein alter Mann, der zynisch dabei zusah. Man hat keinerlei Grund, die Aussagen von Max Krell zu bezweifeln.[10] Und doch – wenn Schnitzler mit der schönen, „hochgemuten" Else, deren Vater sich ruiniert und die durch Selbstmord endet, der Nachwelt eine Ahnung von Stephi Bachrach vermitteln wollte, wäre ihr die Unsterblichkeit sicherer als durch den „Julia"-Roman, den Urbantschitsch über sie geschrieben hat.

Da Schnitzler selbst aber nichts davon hielt, daß die Umwelt in seinen Schöpfungen stets die Modelle sucht, sei ihm das Schlußwort diesbezüglich überlassen: „Selbstverständlich wird man Züge des ‚Fräulein Else' bei manchen Wesen wiederfinden, die man gekannt hat, und ich selbst könnte mehr als ein weibliches Geschöpf nennen, von dem ich für die Figur der ‚Else' zum Teil bewußt, zum Teil unbewußt, Züge geborgt habe."[11]

19. LILI
1925–1928

Als Arthur Schnitzler am 7. Jänner 1925 wieder zu einer Vorlesungsreise aufbricht, ist erstmals Lili dabei. In Stuttgart hört sie ihn öffentlich lesen. Auf dem Programm steht unter anderem die „Große Szene“, die er selbst für einen der besten Einakter der Weltliteratur hält und gern verfilmt haben möchte. Schnitzler, der Lili dann an Olga übergibt, mit der sie ins Engadin fährt, liest in Freiburg, Basel, Bern, St. Gallen und Zürich und erhält ausgezeichnete Kritiken, als wäre er ein Schauspieler: „Meine Vorlesekunst wird sehr hoch eingeschätzt; ich habe tatsächlich was zugelernt (seit Holland und Skandinavien) – wann nur?“[1] schreibt er an Clara. Am Ende ist er recht heiser und überanstrengt, aber die Züricher Vorlesung bringt ihm 1 030 Franken ein, was ihn veranlaßt, nicht abzusagen – doch diese schamvolle Art, Geld zu verdienen, verfolgt ihn bis in seine Träume. In St. Moritz trifft er dann Olga und Lili, mit der er am 2. Februar nach Wien heimkehrt.

Dort erwartet ihn eine Aufführung des „Anatol“ am Theater in der Josefstadt, das nun Max Reinhardt leitet (nachdem alle Versuche seiner Freunde, ihm das Burgtheater zu verschaffen, gescheitert sind – Juden haben es dort nie zu Direktorenehren gebracht). Schnitzler ist zwar nicht entzückt, gerade das alte Stück wiederzusehen, findet auch Gustav Waldau für den Anatol zu alt, aber immerhin scheint dieser, will man den Kritiken glauben, die Rolle durch einen Anstrich von Melancholie und Introvertiertheit vertieft und den Lustspielszenen damit einen mehr dichterischen Anstrich gegeben zu haben.

Schnitzler, den es, je älter er wird, um so weniger in Wien hält, reist im März 1925 nach Berlin, das für ihn nun einen neuen, nicht nur geschäftlichen, sondern auch privaten Stellenwert bekommen hat: Von nun an besucht er seinen dort lebenden und arbeitenden Sohn. Immerhin ist Berlin auch für ihn beruflich wichtig – hier ist nicht nur der S. Fischer, sondern auch der Ullstein-Verlag, dessen

Mitarbeiter Paul Wiegler bereits Vorgespräche mit Schnitzler aufgenommen hat. „Bei aller Sympathie (wenn diese nicht durch literarische und menschliche Einflüsse bewölkt wird)“ [2], wie Schnitzler an Olga schreibt, fühlt er sich an Fischer nicht genügend gebunden, um nicht die Novelle „Die Frau des Richters“ für die „Vossische Zeitung“ als Vorabdruck und die Buchausgabe für den zu Ullstein gehörenden Propyläen-Verlag abzuschließen.

Auch werden in Berlin viele von Schnitzlers alten Stücken gespielt, wobei es im September 1924 bei der Aufführung von „Der einsame Weg“ zu einem unliebsamen Zwischenfall gekommen ist: Zwei junge Männer taten während der Vorstellung überaus lautstark kund, es sei ihnen unbegreiflich, wie man solchen „Schund“ spielen könne.[3] Es handelte sich um Bert Brecht und Arnolt Bronnen.

Diesmal kann Schnitzler, 32 Jahre nach der Wiener Uraufführung, am Lessingtheater die deutsche Erstaufführung seines „Märchens“ sehen. Das heißt, er schenkt sich die Premiere am 14. März und sieht sich an diesem Abend lieber Werner Krauss und Sohn Heinrich (singend und foxtrottend) in „Charleys Tante“ an. Zwei Tage später begibt er sich unerkannt in eine Vorstellung des „Märchen“, wobei er argwöhnt, die beiden Sitze, die Heini um je 20 Mark gekauft hat, seien die einzigen, für die bezahlt worden sei. Ungeachtet der kläglichen Aufführung steht er doch nach wie vor zu dem Stück, dessen psychologische Komponente der Problematik er gar nicht veraltet findet.

Neben seinem Sohn ist der wichtigste Mensch, den Schnitzler in Berlin trifft, Elisabeth Bergner. Er bewundert diese Schauspielerin seit langem, würde sie sich sehnlich als Darstellerin seiner Beatrice wünschen und nimmt mit ihr ein Gespräch auf, das ihn jahrelang in Atem halten wird, ohne daß je etwas daraus würde: über eine szenische Darstellung von „Fräulein Else“.

In Wien erlebt Schnitzler den um ein Vierteljahrhundert verspäteten Einzug seiner „Beatrice“ in das Burgtheater. Direktor Herterich hat mehrfach nach dem Stück gefragt, aber Schnitzler, dem es innerlich fremd geworden ist, konnte aus Ermangelung einer geeigneten Hauptdarstellerin immer ablehnen. Nun aber ist die junge Hilde Wagener da, und Schnitzler muß zusagen. Geradezu begeistert erklärt er sich zu Strichen bereit, denn diese Renaissancewelt ist ihm selbst ganz fremd geworden.

Diesmal geht er auch selten zu den Proben und findet die

Aufführung dann ohne Leuchtkraft. Die Kritiken stehen der Ehrenrettung des Stückes – man sieht es in Wien immerhin zum ersten Mal – durchaus positiv gegenüber, aber trotz des historischen Milieus ist dem „Schleier der Beatrice" kein ähnlicher Erfolg beschieden wie etwa dem „Jungen Medardus". Nach 12 Vorstellungen verschwindet es auf Nimmerwiedersehen vom Spielplan, und selbst 50 Jahre nach dem Tod des Dichters hat sich keiner mehr des Stückes erbarmt.

Während eines kurzen Aufenthalts in Baden-Baden – er bringt Lili zu Olga – kann er der Exgattin die „Traumnovelle" vorlesen, die gleichfalls in einem Ullstein-Blatt („Die Dame") vorabgedruckt werden soll, während S. Fischer, nachdem ihm schon zwei große Novellen des Dichters entgangen sind, sich die Buchausgabe sichert. So erscheinen also in diesem Jahr zwei seiner Prosawerke, wobei er von der „Frau des Richters" selbst sagt, daß darin „von meiner Eigenart wenig zu spüren"[4] sei. Und so ist es auch. Das liegt nicht nur an der historischen Verfremdung, die das Werk etwa Ende des 18. Jahrhunderts (es wird nie genau fixiert) in einer deutschen Kleinstadt des Herzogtums Sigmaringen spielen läßt. Es dauert auch seine Zeit, bis die Handlung von dem aufrührerischen Tobias Klenk zu dessen Freund, dem Richter Adalbert Wogelein, führt und bis das von Schnitzler oft behandelte Problem jener Frau des Richters angeschnitten wird, die bitter erkennen muß, was für ein schäbiger Charakter ihr Gatte ist. Sie flüchtet sich in die Arme des edlen Herzogs, der den Idealismus seiner Jugend bald zugunsten der durchaus üblichen Korruption ablegt. Und indem am Ende alle resignieren und das falsche Verhalten als das einzig mögliche hinnehmen, geht von dieser Geschichte ein Duft von herbem Pessimismus aus.

Wesentlich typischer für das, was man von Schnitzler erwartet, ist die „Traumnovelle", nicht umsonst als „Doppelnovelle" konzipiert, weil sie das Erleben von Ehemann und Ehefrau parallel führt, Schnitzler aber auch hier nicht bereit ist, der „Wirklichkeit", mit der Fridolin konfrontiert wird, größeren Stellenwert einzuräumen als den Träumen seiner Gattin Albertine. In dieser Hinsicht hat sich seine Weltanschauung seit dem bewußten „Schleier der Beatrice", wo die Heldin wegen eines geträumten Betrugs verstoßen wird, nicht geändert. In diesem Werk, das überdies ungemein spannend zu lesen ist (was bei Schnitzler keineswegs stets der Fall sein muß, da bei ihm manchmal die Lustlosigkeit an einem Stoff durchaus formale Schwächen zur Folge hat), erlebt Fridolin im Rahmen einer geheimen erotischen Gesellschaft, in der maskierte Frauen nackt umherschweben, die Rettung durch eine von ihnen, kann diese aber im Alltag nicht wiederfinden. Albertine wiederum träumt Betrug mit einem namenlosen Partner und Fridolins Tod, dem sie ungerührt zusieht. Und erst nachdem beide durch die Hemmungslosigkeit des Erlebens – er in Wirklichkeit, sie im Traum – dunkle Triebe befriedigt haben, scheint es wieder möglich, in eine Art „normalen“ bürgerlichen Lebens und Zusammenlebens zurückzufinden.

Die „Traumnovelle“ ist nicht nur ein anerkanntes Meisterwerk aus Schnitzlers Feder, sie ist auch erfolgreich. Seltsam, wie schnell sich dergleichen klärt. Während Ullstein von der im Grunde weit weniger interessanten „Frau des Richters“ nie mehr herausbringen kann als die Erstauflage von 10 000 Stück, muß Fischer zu 25 000 Exemplaren von 1926 im darauffolgenden Jahr weitere 5 000 nachdrucken.

Im Sommer 1925, den Schnitzler zwischen Olga und Clara pendelnd verbringt, gelingt es ihm endlich, den „Gang zum Weiher“ zu vollenden. Mit Olga um Lili rivalisierend (sie will des Kindes wegen nach Wien zurück, er ist strikt dagegen), kehrt er enerviert nach Wien heim, wo es ihn nicht lange hält: Am 11. Oktober sitzt er schon wieder im Zug nach Berlin. Die „Liebelei“-Aufführung im Schillertheater vereinigt hier am schönsten Berufliches und Privates, spielt Sohn Heinrich doch die Rolle des Theodor.

Der endlich fertiggestellte „Gang zum Weiher“ ist nun am Burgtheater eingereicht und soll sich nach manchem glücklosen Schnitzler-Stück als das glückloseste erweisen. Weder Burgtheaterdirektor Herterich noch Leopold Jessner, mit dem er in Berlin darüber verhandelt hat, lassen von sich hören. Das Verhalten der Direktoren scheint seit Schlenthers Zeiten nicht besser geworden, auch wenn es um einen mittlerweile tatsächlich weltberühmten Dichter wie Schnitzler geht. Aber auch die Freunde, denen er das Stück vorliest, vermögen nicht den geringsten Enthusiasmus dafür aufzubringen, und Elisabeth Bergner wird später die Meinung vieler artikulieren, wenn sie sagt: „Schnitzler, ich mag Ihren ‚Gang zum Weiher‘ nicht.“

Außer Schnitzler mag ihn keiner, vor allem kein Direktor, und es ist auch nicht leicht, dieses Stück zu mögen. Vielleicht liefert

Schnitzler selbst die Erklärung dazu, wenn er meint, man spüre, unter welch krisenhaften Bedingungen es entstanden sei. Tatsächlich hat er sich in der schwersten Zeit mit Olga täglich kaum mehr als ein paar Verse abzuzwingen vermocht. Und so holpert das Stück, die Sprache fließt nicht, die Formulierungen sind durchaus nicht immer klar und poetisch zugleich, vieles ist dunkel und verworren, selbst beim Lesen (wie erst auf der Bühne), und bisweilen brechen ermüdende „Arien" aus. Manches könnte, bekäme man es rhetorisch noch so glanzvoll vorgetragen, leicht Gefahr laufen, in leeres Gerede zu versanden.

So stellt sich die Sprache zwischen Publikum (Leser) und ein Stück, das den alten Schnitzler thematisch durchaus nicht abgeklärt, sondern von kompliziertem Pessimismus zeigt. Der politische Teil des Werkes rund um die Person des Kanzlers wiederholt seine Skepsis bezüglich Vaterland, Krieg und Frieden, die private Handlung zwischen Sylvester Thorn und Leonilda reflektiert noch einmal bitter die Unvereinbarkeit von Jugend und Alter. Die Sprödigkeit des Stückes macht es fast unspielbar und läßt alle außer Schnitzler davor zurückscheuen.

Gespielt werden nach wie vor die alten Werke, darunter im November 1925 am Volkstheater „Der einsame Weg" mit Albert Bassermann, der selbst eine gekürzte, vieraktige Fassung des Stückes hergestellt hat, von Schnitzler notgedrungen gebilligt. Übrigens ist der Abend trotz des Stars kein Erfolg, und Schnitzler selbst, wieder einmal sein unbarmherzigster Kritiker, empfindet gegen das durchgehende Moll des Werkes einen gewissen Widerstand – nicht zum erstenmal.

Das Vorbild jener Irene Herms, die von Else Bassermann hier nach Schnitzlers Urteil ohne Duft gespielt wird, stirbt wenige Tage später: Erschüttert empfängt Schnitzler die Todesnachricht von Mizi Glümer. Nie hat er den Kontakt zu ihr abreißen lassen, nie hat er vergessen, was er für sie empfunden hat. Er hat ihr trauriges, erfolgloses Leben mitverfolgt, er hat bisweilen eingegriffen, wenn es ihr und ihrer Schwester, der allzeit getreuen Gusti, zu schlecht gegangen ist. Ihre Ehe mit dem Regisseur Paul Martin wurde nicht glücklich, ihre Karriere versandete im Mittelmaß. Ein Leben, dessen größtes „Verdienst" es war – wenn diese fast frivol anmutende Literaten-Interpretation erlaubt ist –, Schnitzlers Dichtertum entscheidend gefördert zu haben. Durch das Leid um sie ist er gereift. Sie ist gewiß nicht, wie in den Zeitungen zu lesen, die Schlager-Mizi in der „Liebelei" wie vielmehr Heinrich Bermanns unsichtbar bleibende Geliebte im „Weg ins Freie" und vor allem aber die Irene Herms im „Einsamen Weg". Ihr Tod erschüttert, durchwühlt Schnitzler wie seit langem nichts mehr.

Schon im Februar 1926 ist Schnitzler wieder in Berlin. Er hat Lili mitgenommen, die er nun, da sie aus der Schule ist, so wenig wie möglich von seiner Seite läßt. Anlaß des Berlin-Aufenthalts ist eine Doppelvorlesung im Reichstagsgebäude: Zuerst liest Elisabeth Bergner „Fräulein Else", dann Schnitzler „Leutnant Gustl". Anschließend kommt es bei einem Empfang beim Oberbürgermeister zu einer für Schnitzler peinlichen Szene. denn bei den Ansprachen behandeln die Politiker auch tagespolitische Fragen, etwa den „Anschluß", und erwarten von Schnitzler eine Stellungnahme. Dieser, nicht darauf vorbereitet, antwortet notgedrungen höchst ungeschickt. Wir wissen nicht, in welche Richtung seine Worte gingen, denn in dieser Zeit ist das in Kriegs- und Nachkriegsjahren so rege Interesse an der Tagespolitik wieder aus seinem Tagebuch gewichen. Dafür ist neben dem Rückzug aufs Private auch die Besinnung aufs Grundsätzliche erfolgt, wie seine damals entstehenden theoretischen Werke beweisen.

Überhaupt ist er in Berlin diesmal aus vielen Gründen nicht zufrieden. Olga (die ihr Haus in Baden-Baden verkauft hat) lebt jetzt da, und sie macht ihn wie immer nervös. Barnowsky muß seinen Spielplan nach Elisabeth Bergners Wünschen ausrichten, und trotz ihres immer wieder beteuerten und sicher ehrlichen Interesses an der Bühnenaufführung von „Fräulein Else" ist Schnitzler doch klar, daß ihre Entschlüsse nicht zuverlässig sind. Eine Reihe von Filmverhandlungen bleibt erfolglos. Fischer mag den Titel „Traumnovelle" nicht (und möglicherweise bedauert der von Zsolnay und Ullstein belagerte Dichter, wieder zu seinem Verleger zurückgekehrt zu sein). Wieder in Wien, konstatiert er, diesmal kein gutes Nachgefühl von Berlin zu haben, denn seine Sensibilität schlägt immer leicht in Empfindlichkeit um.

Schon am 15. April verreist Schnitzler wieder. Zusammen mit Lili unternimmt er eine ausgedehnte Seereise und bleibt mehr als einen Monat von Wien fort. Die neuen Eindrücke finden in keinem seiner Werke Niederschlag. Von Triest fahren sie über Patras (Griechenland), Palermo, Neapel, Gibraltar nach Lissabon, von wo sie sich auf einem anderen Schiff nach Gran Canaria begeben. In Las Palmas wird Schnitzler, der sonst seine Reisen vorzüglich vorzubereiten pflegt, Opfer mangelnder Dispositionen – sie finden kein Schiff, das sie, wie geplant, nach Madeira bringt.

Einige Tage bleiben Schnitzler und Lili in der tropisch-exotischen Welt von Gran Canaria, die für ihn Dekoration für die Seele ist. Die Rückfahrt erfolgt über Hamburg, von dort nach Berlin, wo sie Olga und Heini treffen.

Hier versucht er, das Filmsujet zur „Großen Szene", das amerikanische Filmleute abgelehnt haben, über einen Agenten dem berühmten Schauspieler Conrad Veidt zukommen zu lassen. Lili, die für diesen ganz außerordentlich schwärmt, ergreift selbst die Initiative, ruft ihn an und arrangiert ein Zusammentreffen. Sie ist am meisten enttäuscht, als Veidt den Entwurf als nicht filmgemäß ablehnt.

Bevor Schnitzler im Juli seine Sommerreise in die Schweiz antritt, kann er das fertige „Diagramm", sein geliebtes theoretisches Hauptwerk, an Fischer schicken. „Spiel im Morgengrauen" und „Therese" nimmt er in den Sommer mit. Nachdem Olga und Lili, mit denen er zuerst zusammen ist, nach Venedig abgereist sind, darf Clara an seiner Seite sein. Für sie werden diese Schweizer Tage, wie aus ihrem Tagebuch hervorgeht, nicht ganz ungetrübt. Sie leidet unter seiner Gewohnheit, oft stundenlang nicht zu sprechen, und er ist ihr, bei allem erotischen Einverständnis, das dieser Beziehung in seinen Augen so viel Jugend gibt, nicht warm und herzlich genug. Immerhin macht er ihr Komplimente über ihr Aussehen und vertraut ihr seine geheimen Seelenregungen (etwa über das Absinken seiner Stellung in der Welt oder über seine Schaffensprobleme) an.

In Wien findet Schnitzler das „Diagramm" von Fischer ohne ein Wort des Dankes angenommen. („Seit wann beschäftigen Sie sich mit Philosophie?" wird ihm der Verleger bloß dazu sagen.) Aus Venedig kommen Briefe, die von einem gewissen Arnoldo Cappellini erzählen, und schon scheint es eine ausgemachte Sache, daß dieser junge faschistische Offizier aus einer alten italienischen Familie, früherer Gardeoffizier, ein schöner Mann mit ritterlichem Benehmen, für Lili der Erwählte ihres Lebens ist. „Sie wird sich kaum einen bürgerlichen Menschen wählen und lieber in ein minder leichtes, abenteuerliches Schicksal gehen. Sie ist meine Tochter", schreibt Olga mit jenem Hang von Großartigkeit, den Schnitzler so schlecht an ihr verträgt.

Als Lili aus Venedig zurückkommt, scheint sie fest entschlossen, auf Kosten des Vaters zwischen den beiden Städten hin- und herzupendeln, was Schnitzler nicht billigen kann. Auch Olga trifft in Wien ein, und es ist durchaus möglich, daß Lilis Wunsch, zu

Arnoldo zu gehen, einer Flucht gleichkommt, um aus dem Spannungsfeld der um sie rivalisierenden Eltern zu entkommen. Was ihre Zukunftsaussichten betrifft, so denkt sie schon längere Zeit daran, Filmschauspielerin zu werden. Jugendbilder zeigen sie damals als ein außerordentlich hübsches Mädchen, mit großen dunklen Augen und schwarzem Haar – sicher ein „Filmgesicht". Später, verheiratet, sieht sie bald älter aus als ihre Jahre, schminkt und kleidet sich wie eine Dreißigerin, und das letzte Foto, wenige Tage vor ihrem Tod von Kasimir Edschmid auf dem Lido aufgenommen, stellt sie im Badeanzug dar, kaum einer Achtzehnjährigen ähnelnd, gezeichnet durch ihr hektisches Gefühlsleben, das sie vermutlich in ihren frühen Tod getrieben hat.

Da Schnitzler Lili nichts abschlagen kann, geht er nicht nur mit ihr zu Probeaufnahmen, die wenig erfolgversprechend ausfallen, er gestattet auch, daß sie zu Weihnachten mit Olga nach Venedig fährt, um bei Arnoldo zu sein. Als selbstloser Vater akzeptiert er die Trennung und ist zufrieden, „daß Lili jetzt schöne Tage und ein großes Gefühl erlebt" [5]. Er selbst fährt über Weihnachten zu Heini nach Berlin.

In der „Berliner Illustrirten Zeitung" läuft damals seit 5. Dezember 1926 (bis 9. Jänner 1927) in Fortsetzungen Schnitzlers Erzählung „Spiel im Morgengrauen". Es ist ein Ullstein-Blatt, und Schnitzler ist hocherfreut, daß die Verhandlungen mit Karl Lahm, dem Wiener Vertreter von Ullstein, finanziell höchst günstig ausfallen. Die Buchausgabe übernimmt jedoch wieder S. Fischer.

Mitten in den wilden zwanziger Jahren kehrt Schnitzler thematisch in die Welt der Leutnants und der süßen Mädel zurück, nur ist die Gangart schärfer, der Tonfall härter geworden. Jetzt geht es um Rache, geht es darum, daß eine einst verlassene und gedemütigte Frau durchaus nicht daran gestorben, sondern eine erfolgreiche Geschäftsfrau geworden ist, in deren Hand es liegt, einen Leutnant mit Spielschulden zu retten oder dem Tod, den er sich aus Gründen der Ehre geben muß, zu überantworten. So wie der Leutnant das Mädel von einst für eine Nacht bezahlt hat, so wirft sie ihm jetzt den Liebeslohn hin.

Leopoldine, die nach der Demütigung von einst ein „freier Mensch" geworden ist, „von niemandem abhängig, wie – ein Mann" [6], ist bestimmt keine sympathische Figur, aber man versteht sie, denkt man sie sich als „Rächerin" nicht nur ihres, sondern auch des Schicksals vieler anderer Schnitzler-Frauen. Wie hart und entschlossen, wie unweiblich muß eine Frau werden, wenn sie sich durchsetzen will – in diesem Sinn ist sie ein Gegenpol zu Schnitzlers Romanheldin Therese, die es nicht schafft, der Rolle des Opfers zu entkommen und zu werden „wie – ein Mann".

Das andere Werk Schnitzlers, das wenig später (Anfang 1927) erscheint, ist dann sein „Diagramm", betitelt „Der Geist im Wort und der Geist in der Tat". Tatsächlich versucht Schnitzler, der ein so undogmatischer Denker ist, hier die Menschen in ein von ihm erdachtes Ordnungssystem zu bringen. Dabei arbeitet er antithetisch, indem er (sogar in einer Zeichnung) Gegenpole einander gegenüberstellt, so daß jede Art des geistig oder manuell tätigen Menschen einen positiven und einen negativen Aspekt hat. Das Gegenteil des Dichters wäre dann der Literat, des Staatsmanns der Politiker, des Priesters der Pfaffe, des Historikers der Journalist, des Philosophen der Sophist. Als Gegenpol für den Propheten findet er den „Tückebold". Waren das die Antipoden vom „Geist im Wort", so lauten die Antipoden vom „Geist in der Tat" Held und Schwindler, Feldherr und Diktator, Seefahrer und Abenteurer, Naturforscher und Quacksalber, Brückenbauer und Spekulant. Schnitzler hat lange an den Antithesen gefeilt.

Im Text, der zu dem „Diagramm" gehört, führt Schnitzler dann aus, daß es keine reinen Typen gibt, daß die positiven wie auch die negativen mitunter als ihr Gegenteil erscheinen können, daß jeder von ihnen sich auch Verhaltensformen des Gegenpols zu eigen machen kann. Und trotz der fließenden Übergänge ist dieses Buch, das Schnitzler selbst so unendlich wichtig ist, für ihn gleichsam der Versuch, weltanschaulich Boden unter den Füßen zu gewinnen. Er, der nie urteilt, unterscheidet letztlich doch zwischen Gut und Böse, allen Einschränkungen ungeachtet. Viki Zuckerkandl nennt in seiner Besprechung des Buches dieses ein Ergebnis der „Leidenschaft des Menschenforschers", der immer genauso mächtig in Schnitzler ist wie der Menschengestalter. Und weil er selbst sich immer als „Naturforscher" versteht, kann man dieser Interpretation, warum Schnitzler plötzlich „theoretisiert", wohl zustimmen.

Die Reaktionen auf das „Diagramm" sind allgemein so lebhaft, daß Schnitzler sich über das Schweigen von Beer-Hofmann wundert (Salten erklärt vorsichtshalber gleich, er hätte es noch nicht gelesen). Manche, wie Siegfried Trebitsch, können nicht umhin, sich selbst einzuordnen zu versuchen. Julius Bauer prophezeit Schnitzler Widerspruch, und Friedrich Gundolf schreibt ihm auch tatsächlich ablehnend. Mit Raoul Auernheimer, der wirklich ein anhänglicher, freundschaftlicher Bewunderer ist, führt Schnitzler wiederum ein fruchtbares Gespräch darüber.

Im Jänner 1927 sind Olga und Lili aus Venedig zurückgekehrt, im März erscheint neben Heini, der aus Berlin kommt, auch Arnoldo, der künftige Schwiegersohn. Schnitzler, der sich mit ihm auf französisch unterhält, gewinnt gleich einen positiven Eindruck von ihm. Arnoldos Bekenntnis zum Faschismus ist glaubensstark, unpathetisch und stößt Schnitzler keinesfalls ab. Seine Bedenken gegen die Heirat haben nichts mit dem Mann, sondern nur mit der Frage der Finanzen (Arnoldo ist so gut wie unbemittelt) und der Entfernung zu tun. Schnitzler ist klar, daß er das junge Paar wird häufig unterstützen müssen, ist aber dazu bereit, denn Arnoldos freies, unaffektiertes, uneitles Wesen nimmt ihn für den künftigen Schwiegersohn ein: Er findet ihn nicht so strahlend, wie er Olga und Lili erscheint, glaubt aber an dessen vornehme Seele.

Im April kommt Schnitzler dann Lilis Wunsch nach, mit ihr nach Venedig zu reisen. Nachdem er mit dem jungen Paar Wohnungen besichtigt hat, mietet er schließlich eine in der Nähe von Alma Mahlers Haus. Einer der großen Eindrücke dieser Reise ist für ihn übrigens, daß er erstmals ein „Luftschiff" auch von innen besichtigt und es aufsteigen sieht. Es ist für ihn ein wahrhaft ergreifender Anblick, der ihn zu der Erkenntnis bringt, man staune nicht genug auf dieser Welt.

Die Heirat findet dann ohne weitere Verzögerung statt. Am 30. Juni 1927 heiratet die siebzehnjährige Lili Schnitzler in einer unfeierlichen Zeremonie im Wiener Rathaus den siebenunddreißigjährigen Italiener Arnoldo Cappellini. Auf eine kirchliche Zeremonie legt niemand wert, besonders da sich Arnoldos Vater als Katholik gegen die Heirat mit einer Jüdin ausgesprochen hat. Am gleichen Tag noch reisen Lili und Arnoldo nach Venedig, Olga und Heini folgen ihnen wenige Tage später. Nun ist Schnitzler wieder einmal ganz allein.

Er ist es wirklich, denn kurz davor ist seine Seelenfreundin Vilma Lichtenstern bei einem Autounfall, den ihr Gatte verursacht hat, gestorben. „Ich habe eine wirkliche, wohl meine beste Freundin mit ihr verloren, und ich bin heute eigentlich noch nicht so weit, das Unglück ganz zu fassen" [7], schrieb er damals. Und im Februar 1927 war der Mann verstorben, den Schnitzler trotz der räumlichen

Distanz, in der sie lebten, seinen besten Freund genannt hatte: Georg Brandes. Über ihn hatte er noch an Olga geschrieben, er sei „der einzige Freund meines Lebens, neben Brahm, der mir Treue gewahrt hat; – in jenem hohen Sinne, für den Details überhaupt nicht gelten. Die andern, auch die besten, die liebsten – auch die, die mich, wagen wir das Wort, liebten oder geliebt haben – waren oder sind entweder von Überheblichkeiten oder von kleinen Tücken nicht frei“ [8].

Im Juli 1927 tritt Österreich wieder in eine turbulente innenpolitische Epoche. Schnitzler schreibt Lili seine Empörung über den Freispruch der „Frontkämpfer“ [9] von Schattendorf. Am 15. Juli, dem Tag danach, marschieren streikende Arbeiter zum Justizpalast, der wenig später in Flammen steht. Schnitzler steht auf dem Dachboden seines Hauses und sieht den Brand, ist allerdings nicht nach Gebühr erschüttert. Nach den Erlebnissen der Kriegs- und Nachkriegszeit gibt es kaum mehr etwas, das er nicht für möglich hält.

Schnitzler beendet seine Sommerreise, die ihn diesmal nach Südtirol geführt hat, bei dem jungen Paar in Venedig. Kaum ist er in ihrer netten kleinen Wohnung, kommt schon Finanzielles zur Sprache. Die Ausgaben nehmen kein Ende, auch pflegen die beiden einen feudalen Lebensstil (Schnitzler sieht die Tochter erstmals hoch zu Roß), den sie sich im Grunde nicht leisten können. Schnitzler ist sich bewußt, daß er ohne Filmeinkünfte nicht über die nächsten Jahre kommen könnte.

Er bleibt bis zu Lilis 18. Geburtstag in Venedig. Zwei Tage später fliegt er nach Wien zurück – es ist seine erste Flugreise. Die Strecke Wien–Venedig dauert in der kleinen, sechs Passagiere fassenden Maschine zwei Stunden; eine Dame liest währenddessen „Spiel im Morgengrauen“. In Wien empfängt ihn Clara, an deren Gesellschaft ihm nicht viel liegt. Wenig später kommt Olga nach Wien, diesmal fest entschlossen, wieder bei dem total vereinsamten Exgatten einzuziehen, und übelster Laune, als ihr dies nicht gelingt.

Im September 1927 läuft nun schon die zweite „Liebelei“-Verfilmung in Wien an. Schnitzler findet sie widerlich, was nicht verwundert, wenn man in einer Kritik liest, daß sie in die zwanziger Jahre transponiert worden ist – mit Stilmitteln wie Bar, Jazz, Bubikopf und kniefreier Mode [10]. Der Film ist im Dezember des Vorjahres gedreht worden, und Schnitzler war schon damals dagegen, daß man aus dem Frühlingsstück ein Winterstück machte. Aber ob ihm der Film gefällt oder nicht – er hat keine Wahl, er braucht Geld. Richard Hirschfeld von der Poetic-Film, der „Fräulein Else" für Elisabeth Bergner erwirbt, macht dem Dichter Komplimente über seine juristischen und geschäftsmännischen Fähigkeiten, weil dieser mittlerweile das zähe Verhandeln in der Branche gelernt hat.

Aus finanziellen Gründen versucht Schnitzler auch, den endlich vollendeten Roman „Therese", der bei Fischer schon für die Buchausgabe gedruckt wird, dem Ullstein-Verlag für einen Vorabdruck anzubieten, aber Max Krell lehnt ihn als zu wenig spannend und zu pessimistisch ab. Auch das „Berliner Tageblatt", das erst um Einsendung ersucht, sieht dann, wenn auch von dem Werk erschüttert, von einem Vorabdruck ab.

Die Winterreise nach Berlin zu Heini wird diesmal vorverlegt, da zu Weihnachten Lili und Arnoldo nach Wien kommen. In Berlin ist Schnitzler von Filmangeboten nur so umschwirrt und nimmt auch einen Tag lang an den Dreharbeiten zu „Freiwild" in den Ateliers der Hegewald-Film teil. Was Lili und Arnoldo betrifft, so ist er glücklich, die beiden bei sich in Wien zu haben, wenn ihn auch die Lebensweise der Tochter – zuviel Nikotin und zuviel Kaffee – beunruhigt.

Noch im Dezember 1927 erscheint von Schnitzler das zweite „theoretische" Buch, das er im Lauf eines Jahres vorlegt. Der Wiener Phaidon-Verlag hat sich sehr für das „Buch der Sprüche und Bedenken" interessiert. Schon vor dem Erscheinen sind 2000 Exemplare vorbestellt, mehr als vom „Diagramm" je verkauft wurden. Und tatsächlich macht es Schnitzler seinen Lesern darin – zumindest auf den ersten Blick – leichter. In Sprüchen, Versen, in Aphorismen und Reflexionen schreibt er darin viel Einsichtiges über Rationales und Irrationales, über Religiöses und Psychologisches, darunter auch viel Prägnantes und leicht Zitierbares.

Gleich am 1. Jänner 1928 stellt sich Richard Specht mit einem langen und bewundernden Artikel im „Neuen Wiener Journal" ein. Richard Beer-Hofmann will sich nicht noch einmal der Mißachtung schuldig machen und bekundet telephonisch seine Zustimmung. Die Reaktionen der Freunde sind lebhaft. Ludwig Fulda äußert sich gegen Schnitzlers Glauben an die Willensfreiheit, Tochter Lili will opportunistisch eine Verteidigung des Faschismus aus dem Buch lesen, und viele ärgern sich darüber, wie Schnitzler feststellt, aus Betroffenheit.

„Die Kunst ist lang, und kurz, immer kürzer, ist unser Leben", schreibt Schnitzler am 11. Jänner 1928 an Olga, und vier Tage später: „Wie meinte doch der berühmte Hofreiter: ‚Mit 40 sollte man jung werden – da hätt man was davon.' – Wie erst mit 65!"[11]

Plötzlich hat Schnitzler das Gefühl, er müsse noch sehr viel tun. Da ist das Stück „Zug der Schatten", das er skizzenhaft abschließt, das „Wort", das er von neuem hernimmt, um es gleichfalls provisorisch fertigzubringen, dann überarbeitet er das „Spiel der Sommerlüfte", als müsse jeder der Pläne, an denen er einst gearbeitet hat, nun vollendet werden. Auch an der Novelle „Der Sekundant" schreibt er. Und schließlich will er sich an den „Theaterroman" machen.

Vorher aber steht noch eine große Reise auf dem Programm, zu der er Lili und Arnoldo einlädt. Als er auf der Bank das Reisegeld abholt, empfindet er durchaus die Unsicherheit seiner Situation – er erhält drei Haushalte, besitzt gerade noch so viel, als er im Vorjahr verbraucht hat, und hat das „Therese"-Honorar schon vor Erscheinen des Buches ausgegeben. Er nimmt folglich ein amerikanisches Filmangebot für „Spiel im Morgengrauen" an, das ihm einen relativ hohen Betrag sichern soll.

Am 13. April trifft Schnitzler in Triest ein, am 14. kommen Lili und Arnoldo aus Venedig, und gemeinsam gehen sie an Bord des Schiffes „Stella d'Italia". Die Fahrt geht nach Korfu, durch den Kanal von Korinth nach Athen, von dort nach Konstantinopel (wo Schnitzler die Blaue Moschee für die Hagia Sofia hält und erst über seinen Irrtum aufgeklärt werden muß), von dort nach Rhodos, nach Ragusa und zurück nach Venedig, wo sie am 30. April landen. Es ist für Schnitzler wunderbar, Lili zu beobachten, die für ihn die schönste Frau an Bord ist. Als am 21. April eine patriotische Feier zu Mussolinis Geburtstag stattfindet, erscheint das junge Paar in Schwarz, Arnoldo in Stiefeln und Schwarzhemd, Lili aussehend „wie eine Herzogin oder wie die Mutter der Grachen"[12], wie er an Olga schreibt. Wer ahnt damals, daß jener Mussolini, den sie feiern, an Hitlers Seite treten wird und daß Arnoldo dann mit einer jüdischen Frau, lebte sie noch, in arge Schwierigkeiten käme?

In Venedig stellt Schnitzler fest, daß der Alltag des jungen Paares nicht ganz rosig verläuft. Dann fliegt er wieder nach Wien, und der Eindruck ist diesmal vielleicht noch größer als beim ersten Mal. Er fand den Flug köstlich, schreibt er an Alma Mahler. „Und nie hab ich geahnt, daß die Luft so viel Löcher hat (sonst merkt man sie nämlich nicht)."[13]

Mittlerweile ist „Therese" im Verlag S. Fischer mit einer Erstauflage von 30 000 Exemplaren erschienen. Eine der ersten Kritiken stammt von Raoul Auernheimer, der das Buch einen „Gouvernantenroman" nennt und sich auch wegen anderer Urteile von Schnitzler zurechtweisen lassen muß. Die immer wieder konstatierte Monotonie der Handlung ist nur eine scheinbare. Thereses grauer, freudloser Alltag fließt in vielen kleinen Kapiteln (im ganzen 106) dahin, offenbar gleichförmig erzählt, ohne Höhepunkt, fast ohne verdichtete Szenen, in denen es je zu Rede und Gegenrede käme. Man erlebt den Abstieg einer Frau der Mittelklasse, durch äußere Umstände verarmt, seelisch einsam durch die Lieblosigkeit rings um sie, schwer bestraft für ihre Sehnsucht nach ein bißchen menschlicher Zuneigung. Besonders meisterhaft sind zwei Aspekte getroffen: die ambivalenten Gefühle ihrem unehelichen Sohn gegenüber, der eine verhaßte Last ist, die ihr das Leben erschwert – aber daneben immer wieder das Aufwallen einer elementaren Mütterlichkeit, Zärtlichkeit, des Mitleids mit dem Zukurzgekommenen. Und zweitens die Schilderung bürgerlicher Haushalte, von der Schäbigkeit jener, die am Rande ihrer Möglichkeiten leben und am Essen für die Gouvernante sparen, bis zum gedankenlosen Reichtum, der mit menschlicher Armut Hand in Hand geht.

Gegen Ende, etwa als Therese Thilde Wohlschein und deren Vater begegnet, gewinnt die Erzählung Lebendigkeit, Spannung, ja sogar Dramatik, und die stets gleichbleibende Tragik in Thereses Leben bekommt mit Wohlscheins Tod, der sie ihrer letzten Lebenschance beraubt, einen starken Akzent. Wie folgerichtig der Tod Thereses aus der Hand des Sohnes schließlich kommt, ist aus der meisterhaften Schilderung dieses Franz erklärt. Gleichsam mit Thereses Augen (denn nur aus ihrer Perspektive ist alles erzählt) erlebt man sein Abrutschen in die Kriminalität mit, unabänderlich, ohne daß man wüßte, wie es zu verhindern sei.

Am erschütterndsten aber ist Thereses Schuldlosigkeit. Die Tochter des Offiziers und der Aristokratin, in deren Labilität Schnitzler den unaufhaltsamen Abstieg der Nachkommen dokumentiert hat, ist ein tief anständiger Mensch, sieht man davon ab, daß sie sich unehelich hingibt, was nur deshalb als „Schuld" angesehen wird, weil sie nicht geschickt genug darüber hinwegtaktiert. Sie ist überhaupt nicht geschickt, diese Therese, sie schafft den Sprung in die Bürgerlichkeit nicht, sie wird immer nur benützt, sie ist wahrhaft ein Opfer der sozialen Gegebenheiten und der seelischen Rohheit ihrer Mitmenschen. Und um dieses „sozialen" Anstrichs willen wird das Buch auch gelobt, nach Schnitzlers Meinung sogar überschätzt.

Immerhin ist nicht zu übersehen, daß Schnitzler in „Therese“ von einem Grundsatz abgeht, den er bisher immer verfolgt und in der Formulierung „Zuerst den Hunger abgetan – dann fangen die Probleme an“[14] präzisiert hat. Bisher hat es in Schnitzlers Werken überhaupt keine Rolle gespielt, ob jemand Geld hatte oder nicht – die meisten hatten es. Und wenn die Christine in der „Liebelei“ auch so arm ist, daß sie Noten kopieren muß, so ist doch das nicht ihr essentielles Problem. Bei „Therese“ aber akzeptiert Schnitzler, daß es für einen Menschen eine elementare, alles andere überschattende Frage sein kann, ob jemand Geld hat. Weil sie arm ist, muß Therese ihr Kind zu primitiven Leuten aufs Land geben, wo Franzl als Produkt des Milieus kaum Chancen hat, der schiefen Bahn zu entgehen. Weil sie arm ist, muß sie eine Stellung nach der anderen annehmen, ungefragt, ob es ihr paßt oder nicht.

Man kann gewiß nicht sagen, Schnitzler habe sich in „Therese“ zu neuen Erkenntnissen durchgerungen, denn es ist kaum anzunehmen, daß er sich vorher sozialer Problematik nicht bewußt war. Aber er hat sie erstmals voll als gestaltenswert akzeptiert.

Der Erfolg im Buchhandel ist jedenfalls groß, noch im gleichen Jahr erscheint der Roman in der Übersetzung in Amerika, und der hysterische Ausbruch von Julie Wassermann, die Thereses schriftstellernde, Schundromane verfassende Mutter Julie Fabiani für ihr Ebenbild hält, ist nur eine kleine Marginalie.

Am 1. Juli 1928 fordert der Schriftsteller Ernst Lothar Schnitzler auf, er möge unbedingt an einer Enquete über das „Schmutz- und Schundgesetz“ teilnehmen – offenbar hält man ihn für einen Fachmann. Da jener Ignaz Seipel, der angesichts des „Reigen“ so heftig Stellung gegen ihn bezogen hat, nun als Bundeskanzler dazu einlädt, ist Schnitzler nicht gerade geneigt, hier mitzumachen. Aber da Lothar behauptet, es hinge nur von Schnitzler ab, ob man das Gesetz fallenließe, begibt sich Schnitzler am 8. Juni 1928 ins Ministerium, wo die Sitzung stattfindet, der unter anderem auch Beer-Hofmann, Auernheimer, für die Komponisten Julius Bittner und wortführend Ernst Lothar beiwohnen. Schnitzler liest die Antworten vor, die er 1905 auf eine Rundfrage zu dem Thema über Schmutzliteratur gegeben hat, worin er unter anderem sagt, wichtiger als die Bekämpfung von Schmutzliteratur (wobei „so oft

Heuchelei, politische Ranküne und gelegentliche Beschränktheit das große Wort führen"[15]) sei Aufklärung, Hygiene, Einsicht und Gerechtigkeit. Seipel antwortet, zwischen ihnen beiden lägen Welten, findet sich aber mit dem „Gegner" sehr herzlich in einem Privatgespräch über die Qualitäten von Julius Schnitzler zusammen.

Schnitzler, von der „Neuen Freien Presse" um eine Stellungnahme gebeten, schickt seine Rede, die am 10. Juni dort erscheint. Die Enquete selbst endet ohne konkretes Ergebnis, löst sich aber sozusagen in Wohlgefallen auf. Für Schnitzler ist der Problemkreis jedenfalls immer noch von persönlichem Interesse, da er mit Fischer seit Jahren über die Annahme des „Reigen" verhandelt – und der Verleger noch immer zögert.

In Venedig spitzen sich die Probleme zu. Das junge Ehepaar Cappellini kommt rundum mit dem Geld nicht aus und hegt die abenteuerlichsten Pläne, zusammen zum Film zu gehen. Auch sind sie in einen Prozeß mit dem Hausherrn verstrickt, wobei sie überhaupt nicht recht zu haben scheinen – „Sehr vernünftig scheinen unsere beiden Venezianer Kinder nicht vorgegangen zu sein"[16], schreibt Schnitzler an Olga. Bei aller Liebe zu Lili sieht er doch ihre Unbesonnenheit genau.

Aber alle Sorgen, die sich auf die Realitäten des täglichen Lebens beziehen, werden gegenstandslos, als Schnitzler am 26. Juli 1928 ein Telegramm erhält, Lili sei zwar nicht schwer krank, wünsche aber seine Anwesenheit. Tief erschüttert, ahnungsvoll, bereitet sich Schnitzler auf die Reise vor, als Dora Michaelis aus Berlin telephoniert, Olga habe ein Telegramm von Alma Mahlers Tochter Anna erhalten, sie möge wegen einer schweren Erkrankung Lilis sofort kommen.

Als Schnitzler tags darauf zum Flughafen kommt, ist Olga, eben aus Berlin eingetroffen, schon da. Während des Fluges nach Venedig empfinden sie wenig Hoffnung. Noch bevor Arnoldo, der sie dort erwartet, es ausspricht, wissen sie es: Lili ist tot. Olga fährt ins Spital, um sie noch einmal zu sehen, Schnitzler ist dazu nicht imstande.

So wie Schnitzler in einem Brief an Clara den Verlauf der Tragödie darstellt, hatten Arnoldo und Lili am 25. Juli abends einen unbeträchtlichen Wortwechsel, der jedoch bald wieder beendet war. Es war neun Uhr abends, sie wollten noch ein wenig spazierengehen, Lili war zum Ausgehen angezogen. Sie zog sich für ein paar Augenblicke ins Badezimmer zurück: „ein Schuß; – sie hat mit Arnoldos Pistole sich ins Herz geschossen“[17].

Anfangs scheint die Wunde leicht. Sie kommt ins Spital, überzeugt, daß sie wieder gesund wird. Am 26. Juli um sechs Uhr früh wird sie operiert. Am Nachmittag verschlimmert sich ihr Zustand, sie bekommt hohes Fieber und stirbt um halb elf Uhr nachts. „Jeder Satz, den ich beginnen will, zerbricht an seiner Unzulänglichkeit, und das Wort Schmerz ist lächerlich geworden, denn nun weiß ich, daß ich das erste Mal erlebe, was Gott damit gemeint hat.“ Er muß erst begreifen, was das bedeutet: „Fort ist sie – mit ihren 18 Jahren, aus der Welt – dieses himmlische, einzige Wesen – nie, nie kommt sie wieder – und aus der Tiefe dieser Verzweiflung gibt es kein Hinauf.“[18]

20. FINALE
1928–1931

Lili Cappellini wird am 29. Juli 1928 im jüdischen Teil des Friedhofs am Lido begraben. Am 31. fliegt die Familie nach Wien, auch Arnoldo, gegen den vor allem Alma Mahler schwere Vorbehalte hat. Als sie am 7. August vom Semmering kommt, um zu kondolieren, trifft sie „einen gelben erloschenen Greis und eine schwarzgekleidete Mutter. (. . .) Der schöne düstere Schwiegersohn sprach unausgesetzt, als hätte er eine Schuld zu vertuschen. Bald sprach er französisch, bald italienisch und tat mit vielen Gesten und Ausrufungen sein Unheil kund. (. . .) Der hagere Colleoni-Schwiegersohn ist mir recht rätselhaft. Er spricht fortwährend. Mag sein, daß das seine Art zu trauern ist. Cappellini konnte das Alibi einer glücklichen Ehe bis zum jetzigen Moment erbringen – trotzdem kann ich es nicht fassen, daß Lili Schnitzler mit diesem Fremdsten aller Fremden wirklich glücklich gewesen sein soll.“ [1]

Almas Mißtrauen wird von Schnitzler nicht geteilt. Gewiß, er hat nur die Augenzeugenschilderung des Schwiegersohns über den Hergang der Tat, aber er glaubt ihm. Es war vermutlich auch kein Selbstmord in dem Sinn, daß Lili geplant hätte, sich umzubringen. Es war spontan, unüberlegt, „in der nächsten Minute schon wär's nicht geschehen“ [2]. Aber was ändert es, ob Unfall, ob Selbstmord? Die quälende Frage „Warum?“ kann selbst Schnitzler, der sie so gut gekannt hat, nicht beantworten.

Lilis Tagebücher (in denen übrigens bis zur letzten Eintragung am 23. Juli nichts anderes zum Audruck kommt als geradezu hemmungslose Lebenslust) bereiten Schnitzler in den folgenden Wochen tiefe Erschütterung. Und da sind auch die Träume, die ihn auf subtilste Art quälen. Er träumt, er wisse Lilis Tod voraus und wolle ihn vergeblich verhindern; träumt, daß er sich von Sigmund Freud den Schmerz um Lilis Tod wegnehmen lassen will; träumt, er träume, Lili plane einen Selbstmord, er erwacht, ist glücklich, daß es nur ein Traum war – und da fällt ihm ein, daß es geschehen ist.

Und der Schmerz ebbt nicht ab, er wird schlimmer. Am 26. August 1928 ist der 25. Hochzeitstag von Arthur und Olga Schnitzler. Das geschiedene Paar weint gemeinsam um die tote Tochter. Alle finden, sie sollten wieder zusammenziehen – aber Schnitzler läßt sich nicht von der Sentimentalität hinreißen, anzunehmen, Olga könnte sich ändern. Sie bleibt in Berlin.

Es ist bewundernswert, wie der Sechsundsechzigjährige sich aufrecht hält. „Ich habe den besten Willen, mein Leben mit möglichst viel Sinn weiterzuführen", schreibt er am 31. August 1928 an Clara. Er arbeitet weiter, er meistert den Alltag. Und doch stimmt gewissermaßen, was er am 3. Oktober 1929 in sein Tagebuch schreibt: „Mit jenem Julitag war mein Leben doch zu Ende. Die andern wissens nicht – und manchmal ich selber auch nicht."[3] Arthur Schnitzler hat nach Lilis Tod noch dreieinviertel Jahre vor sich.

Am 20. Juli 1928, kurz vor Lilis Ende, hat Schnitzler erstmals den Besuch eines damals siebenunddreißigjährigen Amerikaners erhalten. Gäste aus den Vereinigten Staaten sind für ihn zu dieser Zeit alltäglich – keine Woche vergehe ohne bis zu dreien davon, schreibt er an Olga.[4] Aber Otto P. Schinnerer wird einer der wichtigsten von ihnen. Der Pastorensohn, Professor an der Columbia University, der die „Traumnovelle" übersetzt hat, ist entschlossen, ein Buch über Schnitzler zu schreiben. Da der Dichter ihm vertraut und bereit ist, ihm Einblick in sein ungeheures Archiv zu gewähren, kann Schinnerer, in unmittelbarem Kontakt mit der authentischen Information, in den nächsten Jahren wissenschaftlich vieles aufarbeiten. Allein durch die Auffindung von Material, das den Schnitzler-Forschern nach dem Krieg schwer zugänglich sein wird, leistet er hervorragende Basisarbeit. Zweifellos ist es Schnitzlers Intention, daß Schinnerer vor allem die unerfreulichen Affären – „Leutnant Gustl", „Beatrice", „Grüner Kakadu", „Reigen" – darstellt. Später wird auch der Amerikaner Sol Liptzin in ähnlicher Weise Schnitzlers Vertrauen erwerben (sehr zu Schinnerers Mißvergnügen) und vor allem stoffgeschichtlich aufschlußreich etwa die komplizierten Entstehungsgeschichten von „Der einsame Weg", „Professor Bernhardi" und „Das weite Land" darstellen, abgesehen von dem Buch, das er über den Dichter schreibt.

Schnitzler ist zwar im allgemeinen von Sekundärliteratur über ihn nicht begeistert. „Warum lesen Sie Bücher über mich?" schreibt er einer Dame aus England. „Ich wüßte nicht, was Sie aus solchen

Veröffentlichungen Neues über mich erfahren könnten. Selbstverständlich sind schon manche kluge Artikel und Kritiken über mich geschrieben worden, aber es sollte Ihnen doch nur auf meine Werke ankommen und nicht darauf, was darüber geschrieben worden ist."[5]

Als Schinnerer Schnitzler den Artikel bringt, den er über dessen frühe Werke geschrieben hat, meint dieser, es bleibe ihm immer sonderbar, sich so historisch genommen zu sehen, aber wie sehr er selbst das schließlich auch tut, zeigt sich nicht nur in der Autobiographie (auch wenn er sie nicht fertigstellt), sondern auch in der Akribie, mit der er Tagebuch führt (und die eigenen Tagebücher immer wieder liest), an der Sorgfalt, mit der er Geschriebenes aus eigener Hand, etwa Entwürfe zu Werken, aufhebt. Der Wunsch, sich zu bewahren, aufzubewahren durch geschriebene Dokumente, war immer schon stark in ihm.

Nach Lilis Tod zieht es Schnitzler mehr und mehr zu seinem Sohn, und dieser lebt in Berlin. Dort ist er im Oktober, dort ist er auch zu Weihnachten 1928, weil er niemanden mehr bei sich zum „Bescheren" hat.

In den Berliner Tagen wird das „Fräulein-Else"-Projekt wieder sehr lebendig. Elisabeth Bergner hat den Film abgedreht, ohne sich von der Rolle erlöst zu fühlen. Monatelang wird Schnitzler sich mit der Bühnenfassung beschäftigen, deren Realisierung dann an der Bergner scheitert, weil sie ihre Entschlüsse ständig ändert. „Etwas weniger Herzlichkeit und etwas mehr Verläßlichkeit wär' mir auf allen Seiten lieber – schon wegen der leichteren Kontrollierbarkeit"[6], meint Schnitzler. Als es dann endgültig doch nicht klappt, ist er Elisabeth Bergner übrigens durchaus nicht böse, sondern nach wie vor resignierend von ihrem Charme besiegt.

Die Bühnenfassung von „Fräulein Else" hätte der Versuch sein sollen, den Monolog im Schnitzlerschen Wortlaut auf die Bühne zu bringen. Das ist nicht geschehen, obwohl Schnitzler schon im März 1929 deshalb wieder nach Berlin reist, um mit Oskar Strnad über das Bühnenbild zu verhandeln. Bei dieser Gelegenheit sieht er auch den „Else"-Film, in dem ihn die Bergner außerordentlich beeindruckt. Aber auf der Bühne wird er sie nie in dieser Rolle erleben.

Am 9. Mai 1929 hat Schnitzler einen Wadenkrampf, der bis zur Lähmung und dem Versagen der Beine führt. „Zufällig" kommt

Julius vorbei, den Schnitzlers Sekretärin Frieda Pollak herbeigerufen hat. Am nächsten Tag erscheint auch Ferry Donath. Dieser junge Arzt, mit Julius' Tochter Annie verheiratet, wird Schnitzler nun bis zu dessen Tod behandeln, ohne den alten Mann, dessen Wohlbefinden möglicherweise auch durch seine zu starke Korpulenz beeinträchtigt ist, allzusehr mit Behandlungen zu quälen oder mit Diagnosen zu ängstigen. Bis zuletzt wird er Schnitzler, der – wie viele Hypochonder – doch nicht an den wahren Ernst seiner Beschwerden glaubt, sobald sich wirkliche Symptome zeigen, so weit wie möglich beruhigen und nicht aus seinem normalen Lebensrhythmus herausholen.

Jetzt altert Schnitzler auch äußerlich sehr. Hat Clara bis dahin nur von Zeit zu Zeit sein schlechtes Aussehen und seine depressiven Zustände konstatiert, so versteigt sie sich nun zu der Charakteristik, er sei ein „armes, altes, trauriges Männchen“ [7]. Freilich muß sich der totale Zusammenbruch seiner privaten Lebensumstände angesichts der glücklichen Familie seines Bruders, die sich in dieser Krisensituation geradezu rührend um ihn schart, besonders hart treffen. Und als Annie Donath mit ihrer kleinen Tochter Trude Schnitzler besucht, da weiß er schmerzlich, daß er sich wohl eine andere Wiege in seinem Garten vorgestellt hätte.

Übrigens ist auch Gisa, seine Schwester, nicht glücklich geworden, weder in ihrer Ehe mit Hajek noch mit ihrer zweimal unglücklich verheirateten Adoptivtochter Margot. In Krisen sind die Geschwister jedoch immer füreinander da. Bald nach Schnitzlers Geburtstag kommt auch Arnoldo auf Besuch, desgleichen Olga, aber die Familientreffen sind kurz, jeder geht wieder in eine andere Richtung.

Viele aus Schnitzlers Umkreis sind in dieser Zeit gestorben – der Nachbar Ferdinand Schmutzer, der Kollege Hermann Sudermann, Minnie Benedict, seine „Else Ehrenberg“, Schwager Albert Steinrück. Am 11. Juni ist wieder einmal, nach längerer Zeit, Hugo von Hofmannsthal bei Schnitzler zu Tisch. Er spricht mit großer Sympathie von den Werken des Freundes, sie unterhalten sich über mancherlei. Am 15. Juli erfährt Schnitzler telephonisch, daß Hofmannsthals ältester Sohn Franz sich erschossen hat. Tags darauf hört er: „Hugo gestern, vor dem Leichenbegängnis seines Sohnes, vom Schlag gerührt – Abends 7 gestorben. – Eine halbe Stunde vorher hatte ich ihm geschrieben.“ [8]

Tags darauf fährt Schnitzler mit Richard Beer-Hofmann nach Rodaun. Beide bringen Blumen aus ihren Gärten. Hugos Sohn

Raimund erzählt Schnitzler, er hätte mit seinem Vater kurz vor dessen Ableben davon gesprochen, was Schnitzler einst über den Tod gesagt habe ... „Er war der merkwürdigste Mensch und wahrscheinlich der größte Dichter, dem ich je begegnet bin, und auch in Entfernungen war ich ihm nah – wie in Entfremdungen vertraut“ [9], schreibt Schnitzler an Olga. Der Tod hebt alle kleinlichen Einschränkungen auf, unter denen die Lebenden leiden.

Am 9. August 1929 – es ist Heinis 27. Geburtstag – arbeitet Schnitzler wieder einmal an seinem Stück „Im Spiel der Sommerlüfte“. Schon im Februar hat er es Clara vorgelesen und gemeint, die Russen könnten es spielen. Dann fand er den dritten Akt nach einer Vorlesung vor Olga und Heini so schlecht, daß er ihn vernichtete. Aber nun ist er nicht unzufrieden und schickt das Stück an Fischer.

Nach einem Sommer, teils mit Clara, teils mit Olga verbracht, trägt Schnitzler das „Spiel der Sommerlüfte“ ins Burgtheater, aber dort will man plötzlich doch lieber den „Gang zum Weiher“ spielen. Das Theater in der Josefstadt wäre für Schnitzler nur in Zusammenhang mit den Reinhardt-Bühnen in Berlin interessant, aber Reinhardt liest das Stück nicht einmal. Also bleibt das Volkstheater, wo sich Alexander Moissi mit Vehemenz dafür einsetzt. „Als ich zwei Akte gelesen hatte, ging ich ans Telephon und rief Dr. Beer an. Ich sagte ihm, das Stück müsse nicht bald, sondern sofort gespielt werden“ [10], schildert er die Sache in einem Interview. Und Rudolf Beer, der neue Volkstheaterdirektor nach Bernau, ist gern dazu bereit. Die Sache entwickelt sich nun sehr schnell. Am 15. November hat Schnitzler Beer das Stück offiziell übergeben, am 25. beginnen die Proben.

Die Darstellerin der Gusti ist die junge Luise Ullrich, die später in ihren Erinnerungen von den Proben berichtet: „Schnitzler war auf allen Proben. Seine nachdenklichen Augen verfolgten jede Geste von uns, jeden Schritt.“ [11] Wenn sie von ihm als „Der Frauenarzt (!) Schnitzler“ spricht, „bekannt als triebhafter, erotischer Mensch“ (!), so tut sie es gewiß nicht, um den Dichter posthum zu diffamieren, sondern gibt nur wieder, was man ihr erzählt hat – ein interessantes Indiz dafür, daß Schnitzler im Privatleben so sehr zum Erotomanen gestempelt war, daß ihn dieses Klischee bis ins höchste Alter verfolgt. Er soll, laut Luise Ullrich, den Schauspielern erklärt haben, sein Stück handle vom Problem des Zölibats. Schnitzler „sagte, daß er gerade über dieses Problem sein ganzes Leben nachgedacht habe. Über die Kraft der Entsagung. Und daß der schmale und dornige Pfad der einzige Pfad sei zum Glück, war die Erkenntnis kurz vor seinem Tod." Dies zu zitieren, bedeutet nicht so sehr, die sicher ehrlich gemachte Aussage für glaubhaft zu halten, als die Zweifelhaftigkeit von Erinnerungen der Zeitgenossen darzulegen. Denn durchaus nicht alles von dem, was Luise Ullrich da berichtet, kann stimmen.

Nachdem „Im Spiel der Sommerlüfte" bei den Proben recht gut auf Schnitzler gewirkt hat, findet am 21. Dezember 1929 am Volkstheater die Uraufführung statt. Nach dem zweiten und dritten Akt wird Schnitzler oft und stürmisch gerufen. Beer strahlt und Moissi gefällt seinen Anbetern.

Aber nicht alle Kritiker lieben Moissi, und längst lieben nicht mehr alle Schnitzler. „Die Kritik war im großen und ganzen freundlich", schreibt Schnitzler an Schinnerer. „Immerhin bekam ich immer wieder die versunkene Welt an den Kopf geschmissen und habe erfahren, daß es in Österreich nicht nur keine Leutnants, sondern offenbar auch keine Bildhauer, Schauspielerinnen, Gymnasiasten, Kapläne und Sommerlüfte gibt. Die Leute sind wahrhaftig von einer infernalischen Dummheit. Eine nennenswerte Bühnenlaufbahn dürfte dem Stück nicht beschieden sein."[12]

Und so ist es auch. Man kann dieses „Spiel der Sommerlüfte" im Zusammenhang mit dem von Schnitzler nicht vollendeten „Zug der Schatten" sehen. Beide Male steigt der Dichter, und diesen Einwand darf man Kritikern am Ende der zwanziger Jahre nicht unbedingt verübeln, tief in seine eigene Vergangenheit hinab, in eine Welt, die damals tatsächlich nicht mehr existiert. Wie bei Tschechow, wie bei Turgenjew, bewegen sich die Menschen, die sich da in den Sommerlüften in einem niederösterreichischen Dorf zu Ende des Jahrhunderts ihren Sommerflirts hingeben, gleichsam hinter Schleiern. Die Bildhauersgattin fühlt sich seltsam zum Kaplan hingezogen, der Gymnasiast erlebt die Verwirrungen der ersten Liebe an seiner jungen hübschen, ein bißchen frivolen Kusine, mehr geschieht auch schon nicht, nichts Dramatisches, das einen in Atem hielte wie im „Weiten Land", Stimmung ist alles.

Im „Zug der Schatten", in dem als Selbstzitat eine Aufführung von Schnitzlers Stück „Das Märchen" erwähnt wird, treten die bekannten Figuren auf – die unglückliche Liebe zwischen der jungen Schauspielerin und dem jungen Arzt, die Diva, in der noch einmal die Sandrock unverkennbar ist. Auch „Das Wort" will Schnitzler vollenden mit den Figuren von Altenberg, Lina Loos, Burckhard und dem Kaffeehaus als Ort, wo sich das Literatenleben abspielt. Die Novelle „Der Sekundant“, die er in diesen Jahren schreibt, führt zurück in die Welt der Duelle, und der „Theaterroman“ wäre überhaupt in vielem seine eigene Geschichte geworden, mit der Figur des Vaters und mit einer Abrechnung mit Jugendfreund Felix Salten. Es ist, als ob das Langzeitgedächtnis den alten Arthur Schnitzler dazu motivierte, nur mehr Werke zu schreiben, in denen er die Welt seiner Jugend heraufbeschwört. In einer Zeit, als deren Emblem schon die ersten Hakenkreuze auftauchen, nahen sich ihm noch einmal die schwankenden Gestalten seiner Vergangenheit.

Das Jahr 1930 bringt für Arthur Schnitzler keine Aufführung eines neuen Werkes, auf dem Buchmarkt erscheint nur das „Spiel der Sommerlüfte“ bei S. Fischer. Die noch einmal gehegte Hoffnung auf den Nobelpreis erfüllt sich nicht (er geht an Sinclair Lewis). Im Volkstheater sieht das Publikum der 99. Vorstellung des „Professor Bernhardi“ einen neuen Hauptdarsteller: Fritz Kortner. Schnitzlers Bücher verkaufen sich schlecht. Der Aufforderung des Schauspielers Rudolf Schildkraut, zur „Anatol“-Premiere nach New York zu kommen, leistet er keine Folge, dafür lernt er bei seiner Herbstreise nach Berlin seine Schwiegertochter kennen: Heinrich Schnitzler hat die Schauspielerin Ruth Albu geheiratet. Er sieht die ersten Tonfilme und findet sie unleidlich.

Nach Ende der Direktionszeit Herterich (der immerhin den „Schleier der Beatrice“, die „Komtesse Mizzi“ und den „Puppenspieler“ erstmals ans Burgtheater gebracht hat) ist ab Juli 1930 zum zweiten Mal der Dichter Anton Wildgans Direktor des Hauses. Und er entledigt sich der Ehrenschuld, den „Gang zum Weiher“ zu spielen. Werner Krauss, den Schnitzler so lang für die Rolle des Kanzlers erträumt hatte, war nicht einmal bereit, das Stück zu lesen; nun aber ist in Ewald Balser, der sich schon als „Puppenspieler“ bewährt hat, der richtige Schauspieler gefunden. Am 19. Jänner 1931 beginnen die Proben.

Stil und Geist des Burgtheaters bewähren sich wieder einmal. „Es ist doch eine absolut andre Atmosphäre hier als auf andern Bühnen“, schreibt Schnitzler an seinen Sohn. „Tradition ist nicht nur Schlamperei – sondern auch Ordnung und Respekt.“[13] Die Schauspieler sind von ihren Rollen sehr angetan. Schnitzler ist wie immer kritisch: Ferdinand Onno tremoliert den Sylvester Thorn nach seiner Meinung ein wenig zu sehr. An Ewald Balser setzt er nur aus, daß er als Kanzler zu wenig „stammbaumle"[14]. Else Wohlgemuth hat sich nur ungern zur Tantenrolle der Anselma überreden lassen, und Ebba Johannsen ist ihm ein wenig zu reizlos für die rätselhafte Leonilda.

Fred Hennings, den Schnitzler in der Partie des jungen Konrad als einzigen der Besetzung ideal findet, berichtet sehr anschaulich von den Proben: „Ich kannte Arthur Schnitzler schon von früher her und hatte in vielen seiner Stücke gespielt. Ich verehre ihn sehr, aber auch er schien mich gut leiden zu können. Während der Proben zu seinem ‚Gang zum Weiher' erlaubte es ihm seine Schwerhörigkeit nicht mehr, das Spiel vom Parkett aus zu verfolgen. Angespannt, das eine Ohr in seine Handmuschel gebettet, stand er an einem der äußersten Enden der Rampe und achtete auf jedes Wort. Nach meinem Abgang in das Feld eilte er mir einmal nach, drückte mir die Hand und bat mich, gütig lächelnd, im Felde nicht, wie von ihm vorgeschrieben, zu fallen, sondern mich für die weiteren Vorstellungen am Leben zu erhalten."[15]

Die Uraufführung am 14. Februar 1931 wird ein Achtungserfolg, aber die Zeitungen wissen, was sie dem greisen Dichter schuldig sind, und gehen in ihrem Lob für das Stück teilweise bis zum Enthusiasmus. Es ist, als ob sie ahnten, daß sie ihre Elogen zu seinem 70. Geburtstag nicht mehr schreiben müßten.

Am 23. Februar 1931 fügt Arthur Schnitzler seinem Testament, das er am 16. August 1918 aufgesetzt und seitdem nicht geändert, sondern nur 1924 durch die Bestimmung, seine Tagebücher seien sofort nach seinem Tode abzuschreiben, ergänzt hat, einen Zusatz an. Es geht wohl in diesem Augenblick gar nicht so sehr darum, daß er sonderlich an den Tod denkt – dieses Wissen war in seiner Jugend und noch in seinen mittleren Jahren weit stärker in ihm als nun im Alter. Als Kind von sieben oder acht Jahren ist er eines Nachts vor Todesgrauen erwacht, weil ihn das Bewußtsein, daß man sterben müsse, so entsetzt hat. Nun, da der Tod nach allen natürlichen Gesetzen näherrückt, läßt er Angst und Verzweiflung über die Unabänderlichkeit nicht an sich heran. Da er nicht religiös ist, besteht für ihn auch keinerlei Veranlassung, sich diesbezüglich damit zu beschäftigen. So wie er mit fortschreitendem Alter wieder viel weniger über sein Ohrenleiden klagt (obwohl es sich nicht gebessert hat und seine Schwerhörigkeit zu Gerüchten, er sei völlig taub, geführt hat) – so will der Mann, dessen Werk vom „Wissen um das Ende" geprägt ist, selbst nach dem Tod der Tochter sein eigenes

Leben nicht durch die Beschäftigung mit dem eigenen Tod beeinträchtigen.

Nein, wenn Schnitzler am 23. Februar 1931 einen Zusatz an sein Testament anbringt, so geht es darum, seiner Übersetzerin Suzanne Clauser den materiellen Erlös aus allen französischen Rechten seines Werkes zu sichern, was er als „geringes Zeichen“[16] seiner Dankbarkeit bezeichnet.

Im Mai 1931 erscheint in der „Vossischen Zeitung“, im Juni/Juli 1931 im „Neuen Wiener Tagblatt“ die Novelle „Flucht in die Finsternis“, die Schnitzler schon während des Krieges geschrieben hat („Wahn“) und die er erst jetzt veröffentlicht. Im Herbst folgt die Buchausgabe bei S. Fischer. Es ist das letzte Werk, dessen Erscheinen er noch erlebt.

Am 13. Mai reist Schnitzler auf den Semmering, um dort allein seinen 69. Geburtstag zu verbringen, dann hat er die Freude, Sohn Heinrich, der am Volkstheater inszeniert, längere Zeit in Wien zu haben. Es gehört zu den Tragödien in Schnitzlers Leben, daß er nur die Scheidung des Sohnes, nicht aber dessen glückliche zweite Ehe und die daraus entstammenden Söhne Peter und Michael erlebt. Dafür aber bleibt es ihm auch erspart, jene Entwicklungen in ihrem vollen Ausmaß zu erleiden, die sich vor seinem Tod abzuzeichnen beginnen. Der Name Hitler kommt bei ihm nur einmal, in Klammer, vor: S. Fischer hat „Reigen“ wieder einmal „wegen Kalkulation (und Hitler)“[17] verschoben, schreibt er an Olga.

Schnitzlers Gesundheitszustand verschlechtert sich nun zusehends. Schon im Jänner 1931 hat Ferry Donath Clara darauf vorbereitet, daß Schnitzler nicht mehr lange zu leben habe. Er sieht „gespensterhaft schlecht“[18] aus, will sich aber nicht zu gesünderem Leben (Einschränkungen bei starkem Tee, schwarzem Kaffee und Havannas) entschließen. Neue Medikamente, die Ferry Donath ihm im Juni verschreibt, verursachen ihm Übelkeit, die Auseinandersetzungen mit Clara werden immer schlimmer. Wenn er nun in seinen Tagebüchern von 1893 liest, daß er sich damals „altern“ fühlte, erschrickt er über den Übermut der Jugend – denn jetzt erst weiß er, was Altern ist.

Im August 1931 fährt Schnitzler nach Gmunden, wo er zum letzten Mal Olga, Heini und Arnoldo trifft. Olga Schnitzler hat das Wiedersehen beschrieben: „Da sah ich ihn von weitem kommen, ohne Hut – die Hände auf dem Rücken, das graue, lockere Haar, vom Wind aufwärts geweht – die Stirn, die Augen, der ganze schöne Kopf schien himmelwärts zu streben – der Körper, schwer geworden, gleichsam kleiner, sah aus, als wüchse er in die Erde. Das sah so erschütternd aus, daß ich weinte und, vor ihm stehend, seine Hand nahm und küßte."[19] Damals hat Olga das Gefühl, daß sie ausgekämpft hätten – endlich. Aber es ist zu spät. „Ich hasse Abschiednehmen", sagt Schnitzler zu Olga, als sie abreist.

Eine der letzten Aufregungen seines Lebens ist der Selbstmordversuch von Clara Pollaczek. Sie hat nun die Gewißheit erhalten, daß es in Schnitzlers Dasein seit zwei Jahren eine Frau gibt, die ihm weit mehr bedeutet als sie. Die tiefen, teilweise sogar noch jugendlich-stürmisch bewegten Empfindungen für diese sind es, die dem Dichter trotz Lilis Tod seine letzten Jahre noch lebenswert erscheinen lassen. Clara, die so wenig bedankte, treue Gefährtin, bleibt dennoch bis zum Ende an seiner Seite. Ihr Sohn Karl, der selbst Arzt ist, rettet ihr das Leben. Die Beziehung geht weiter und ist in den letzten Wochen seltsam entspannt – als spürten beide, daß es nicht mehr darauf ankommt.

Bis zuletzt hat Schnitzler versucht, den dritten Akt des „Rufs des Lebens" zu retten – vergeblich. Er schreibt den Entwurf für einen Kriminalfilm, denn Kinobesuche mehrmals in der Woche sind in den letzten Jahren zu seiner Gewohnheit geworden (vielleicht auch, weil der Stummfilm seinen Hörschwierigkeiten entgegenkommt). Finanzielle Sorgen melden sich, aber sie erreichen ihn nicht mehr.

Schnitzler führt bis zum 19. Oktober 1931 sein Tagebuch. Die letzte Eintragung lautet: „Begann Friedells Kulturgeschichte 3. Band zu lesen."

Seit Wochen schreibt er seine eigene Krankengeschichte im Tagebuch nieder, konstatiert labiles Befinden, stetes Krankheitsgefühl, Übelkeit, Herzarhythmien, Beklemmungen, Mißbefinden, das zur traurigen Gewohnheit wird, Angstgefühle, einmal Parakinese (Bewegungsstörungen). Relativ oft sucht er Ferry Donath in der Herzstation auf, läßt sich untersuchen und nicht ungern beruhigen. Sein normales Leben führt er trotz gesundheitlicher Beeinträchtigungen mit bewundernswerter Disziplin weiter.

Am Morgen des 21. Oktober 1931 telephoniert Arthur Schnitzler mit Clara Pollaczek und erklärt, er fühle sich nicht wohl. Um zwölf Uhr mittags erreicht Clara ein verstörter Anruf von Frieda Pollak, die Schnitzler bewußtlos vorgefunden hat. Nach Aussage des

Dienstmädchens war er zuvor nur beim Postkasten. Clara eilt zu ihm – Arthur Schnitzler erwacht nicht mehr. Was sein Professor Bernhardi (vergeblich) seiner Patientin schenken wollte, ist ihm zuteil geworden: Er hat seinen Tod nicht „erlebt". Clara ist bei ihm: „Ich hielt seinen Kopf in meinen Händen, bis zu seinem letzten Atemzug." [20]

Arthur Schnitzler stirbt am 21. Oktober 1931 zwischen sechs und sieben Uhr abends in Wien, in seinem Haus in der Sternwartestraße Nr. 71, an den Folgen einer Gehirnblutung.

NACHWORT

Wenn man die Lebensgeschichte eines Menschen schreibt, so ist es legitim, mit seiner Geburt zu beginnen und mit seinem Tod zu enden. In diesem Fall kann das gar nicht anders sein, denn das, was man guten Gewissens „das zweite Leben des Arthur Schnitzler" nennen darf, würde ein Buch von nochmals demselben Umfang füllen.

Er starb, als er schon tot war, tot für die meisten, außer ein paar wenigen, die schon damals überzeitlich zu denken vermochten und wußten, daß er eine konstante Größe der österreichischen Literatur war. Für die anderen starb nur ein Name den Werken nach, die nicht mehr interessierten, und die Zeitläufe sorgten dafür, daß es so blieb. Lange so blieb.

Nach dem Zweiten Weltkrieg setzte die Rehabilitierung Schnitzlers nur zögernd ein. Erst um den 100. Geburtstag war er plötzlich, wie schlagartig, wieder im Bewußtsein. Die Wiederentdeckung Arthur Schnitzlers für unsere Zeit mußte notgedrungen mit einer Neuwertung Hand in Hand gehen, deren Mühseligkeit zeigte, wie beharrlich Klischees zu haften mögen. Wieder – „Anatol" und das „süße Mädel", „Liebelei" und der filmverzerrte „Reigen". Dann trat das „Weite Land" seinen Siegeszug an. Doch der Rahmen von „Liebe, Spiel und Tod" blieb eng. Wie brachte man den „Leutnant Gustl" und „Fräulein Else", den „Einsamen Weg", „Fink und Fliederbusch" und „Sterben", den „Grünen Kakadu" und „Therese" in Zusammenhang? Und wohin mit dem „Jungen Medardus" oder gar dem „Schleier der Beatrice"? Große Arbeit war zu tun und wurde geleistet im Sinn des Dichters, der schon 1913 geschrieben hatte, der „Professor Bernhardi" sei „ebenso ‚Schnitzlerisch' als der ‚Anatol' und gewissermaßen noch etwas mehr – man wird sich eben entschließen müssen, den Begriff Arthur Schnitzler etwas weiter zu fassen . . ."[1]

Diese erste zusammenhängende Darstellung über Arthur Schnitzler, die den zahlreichen, zum großteil exzellenten Einzeluntersuchungen über Einzelaspekte seines Schaffens viel verdankt, möchte zeigen, daß hier ein Mensch und sein Werk vor der Nachwelt zu bestehen vermögen.

Wien, März 1980 – Mai 1981 Dr. Renate Wagner-Wesemann

LITERATURANGABEN

I. WERKE

Die Erzählenden Schriften. 2 Bände. Frankfurt 1961

Die Dramatischen Werke. 2 Bände. Frankfurt 1961

Aphorismen und Betrachtungen. Hrsg. von Robert O. Weiss. Frankfurt 1967

Entworfenes und Verworfenes. Aus dem Nachlaß hrsg. von Reinhard Urbach. Frankfurt 1977

Das Wort. Tragikomödie in fünf Akten. Fragment. Hrsg. von Kurt Bergel. Frankfurt 1966

Zug der Schatten. Drama in neun Bildern (unvollendet). Hrsg. von Françoise Derré. Frankfurt 1970

Ritterlichkeit. Fragment aus dem Nachlaß. Hrsg. von Rena R. Schlein. Bonn 1975

Frühe Gedichte. Hrsg. von Herbert Lederer. Berlin 1969

Roman-Fragment. Hrsg. von Reinhard Urbach. In: Literatur und Kritik 13, April 1967, S. 135–183

Jugend in Wien. Eine Autobiographie. Hrsg. von Therese Nickl und Heinrich Schnitzler. Wien–München–Zürich 1968, Neuausgabe 1981

II. BRIEFE

Briefe Schnitzlers an bzw. Schnitzlers Briefwechsel mit:

Raoul Auernheimer: The Correspondence of Arthur Schnitzler and Raoul Auernheimer with Raoul Auernheimer's Aphorisms. Hrsg. von Donald G. Daviau und Jorn B. Johns. Chapel Hill 1972

Hermann Bahr: The Letters of Arthur Schnitzler to Hermann Bahr. Hrsg. von Donald G. Daviau. Chapel Hill 1978

Otto Brahm: Der Briefwechsel Arthur Schnitzler – Otto Brahm. Hrsg. von Oskar Seidlin. Tübingen 1975

Georg Brandes: Georg Brandes und Arthur Schnitzler. Ein Briefwechsel. Hrsg. von Kurt Bergel. Bern 1956

Sigmund Freud: Sigmund Freud. Briefe an Arthur Schnitzler. Hrsg. von Heinrich Schnitzler. In: Die Neue Rundschau 66, 1955, S. 95–106

Hugo von Hofmannsthal: Hugo von Hofmannsthal – Arthur Schnitzler. Briefwechsel. Hrsg. von Therese Nickl und Heinrich Schnitzler. Frankfurt 1964

Josef Körner: Arthur Schnitzler. Briefe an Josef Körner. In: Literatur und Kritik 12, März 1967, S. 79–87

Karl Kraus: Karl Kraus und Arthur Schnitzler. Eine Dokumentation von Reinhard Urbach. In: Literatur und Kritik 49, Oktober 1970, S. 513–530

Thomas Mann: Arthur Schnitzler – Thomas Mann: Briefe. Hrsg. von Hertha Krotkoff. In: Modern Austrian Literature 7, I/II, 1974, S. 1–33

Franz Nabl: Arthur Schnitzler – Franz Nabl. Briefwechsel. Hrsg. von Reinhard Urbach. In: Studium Generale 24, 1971, S. 1256–1270
Theodor Reik: Vier unveröffentlichte Briefe Arthur Schnitzlers an den Psychoanalytiker Theodor Reik. Hrsg. von Bernd Urban. In: Modern Austrian Literature 10, III/IV, 1975, S. 236–247
Marie Reinhard: Arthur Schnitzler an Marie Reinhard (1896). Hrsg. von Therese Nickl. In: Modern Austrian Literature 10, III/IV, 1977, S. 23–68
Max Reinhardt: Der Briefwechsel Arthur Schnitzlers mit Max Reinhardt und dessen Mitarbeitern. Hrsg. von Renate Wagner. Salzburg 1971
Rainer Maria Rilke: Rainer Maria Rilke und Arthur Schnitzler. Ihr Briefwechsel. Mit Anmerkungen versehen und veröffentlicht von Heinrich Schnitzler. In: Wort und Wahrheit 13, 1958, S. 283–298
Adele Sandrock: Dilly. Adele Sandrock und Arthur Schnitzler. Geschichte einer Liebe in Briefen, Bildern und Dokumenten. Hrsg. von Renate Wagner. Wien 1975
Richard Schaukal: Arthur Schnitzler – Richard Schaukal. Briefwechsel (1900–1902). Hrsg. von Reinhard Urbach. In: Modern Austrian Literature 8, III/IV, 1975, S. 15–42
Fritz von Unruh: Der Briefwechsel Fritz von Unruhs mit Arthur Schnitzler. Hrsg. von Ulrich K. Goldsmith. In: Modern Austrian Literature 10, III/IV, 1977, S. 69–127
Olga Waissnix: Arthur Schnitzler – Olga Waissnix. Liebe, die starb vor der Zeit. Ein Briefwechsel. Hrsg. von Therese Nickl und Heinrich Schnitzler. Wien–München–Zürich 1970, Neuausgabe 1981

Weiteres:
Arthur Schnitzler: Briefe 1875–1912. Hrsg. von Heinrich Schnitzler und Therese Nickl. Frankfurt 1981
Arthur Schnitzler: Briefe 1913–1931. Hrsg. von Peter M. Braunwarth, Richard Miklin, Susanne Pertlik. Frankfurt 1984
Arthur Schnitzler: Briefe über das Theater. In: Forum III, 34, Oktober 1956, S. 366–369
Arthur Schnitzler: Briefe zur Politik. In: Neues Forum XV, 178, Oktober 1968, S. 677–680
Briefe zum Reigen. Hrsg. von Reinhard Urbach. In: Ver Sacrum. Neue Hefte für Kunst und Literatur. 1974

III. NACHLASS UND TAGEBÜCHER

Eine Übersicht über das Nachlaßmaterial findet sich in dem Buch:

Gerhard Neumann/Jutta Müller, Der Nachlaß Arthur Schnitzlers. Verzeichnis des im Schnitzler-Archiv der Universität Freiburg i. Br. befindlichen Materials. Mit einem Vorwort von Gerhart Baumann und einem Nachwort von Heinrich Schnitzler: Verzeichnis des in Wien vorhandenen Nachlaßmaterials. München 1969

Die Tagebücher von Arthur Schnitzler werden von der Österreichischen Akademie der Wissenschaften ediert. Laut Bescheid der Akademie durften bedauerlicherweise in diesem Buch daraus keinerlei bisher noch unveröffentlichte Passagen zitiert werden.

Arthur Schnitzler: Tagebuch 1879–1931. Hrsg. von d. Komm. f. literarische Gebrauchsformen d. Österreichischen Akademie der Wissenschaften. Wien 1981 ff.
Tagebuch 1909–1912. Wien 1981;
Tagebuch 1913–1916. Wien 1983

Professor Heinrich Schnitzler gestattete uneingeschränkt die Benutzung des im Nachlaß befindlichen, noch nicht herausgegebenen Materials (Briefe, autobiographische Aufzeichnungen, Werknotizen, Entwürfe etc.).

IV. SEKUNDÄRLITERATUR

Es werden hier nur jene Werke angeführt, deren Erkenntnisse unmittelbar in dieses Buch eingeflossen sind. Darüber hinausgehende interpretierende Sekundärliteratur zum Werk Arthur Schnitzlers ist in den Bibliographien über Arthur Schnitzler nachzuschlagen:

Richard H. Allen: An Annotated Arthur Schnitzler Bibliography. Editions and Criticism in German, French and English. 1879–1965. The University of North Carolina Press 1966
Giuseppe Farese: Arthur Schnitzler alle luce della critica recente (1966–1970). In: Studi germanici (nuova serie) IX 1–2. 1971, S. 234–268
Jeffrey B. Berlin: An Annotated Arthur Schnitzler Bibliography 1965–1977. München 1978

Adler, Gusti: . . . aber vergessen Sie nicht die chinesischen Nachtigallen. Erinnerungen an Max Reinhardt. München–Wien 1980
Anatols Jahre. Ausstellungskatalog des Historischen Museums der Stadt Wien. Wien 1981
Auclères, Dominique: Arthur Schnitzler tel que je l'ai connu. In: Journal of the International Arthur Schnitzler Research Association (=JIASRA) 2, 1963, S. 4–32
Auernheimer, Raoul: Das Wirtshaus zur verlorenen Zeit. Wien 1948
Bahr, Hermann: Tagebuch. Berlin 1909
Bahr, Hermann: Glückwunsch. In: Der Merker III/9, Mai 1912, S. 334
Bahr, Hermann: Liebe der Lebenden. Tagebücher 1921–1923. Hildesheim o. J.
Bahr, Hermann: Kritiken. Hrsg. von Heinz Kindermann. Wien 1963
Baumann, Gerhart: Arthur Schnitzler. Die Welt von gestern eines Dichters von morgen. Frankfurt/Main 1965
Berger, Alfred von: Studien und Kritiken. 2. Aufl. Leipzig 1900
Elon, Amos: Morgen in Jerusalem. Theodor Herzl. Wien–München–Zürich 1975
Farese, Giuseppe: Individuo e società nel romanzo Der Weg ins Freie di Arthur Schnitzler. Rom 1969
Fritsche, Alfred: Dekadenz im Werk Arthur Schnitzlers. Bern–Frankfurt 1974
Fritz, Walter: Arthur Schnitzler und der Film. In: JIASRA V, 1966, S. 11–52
Glossy, Karl: Vierzig Jahre Deutsches Volkstheater. Wien o. J. (1929)
Gorgone, Georg (= Rudolf Urbantschitsch): Julia. Wien 1926
Grögl, Gertraud: Arthur Schnitzlers Entwicklung zum doctor poeta. In: Jahresbericht 1969/70 des Bundesgymnasiums Wien 8 (Piaristen-Gymnasium), S. 9–18
Großmann, Stefan: Ich war begeistert. Berlin 1931
Gutt, Barbara: Emanzipation bei Arthur Schnitzler. Berlin 1978
Hanel, Hermine: Die Geschichte meiner Jugend. Leipzig 1930

Hätte ich das Kino! Katalog Nr. 27 des Schiller-Nationalmuseums. Marbach 1976
Heine, Wolfgang: Der Kampf um den Reigen. Berlin 1922
Hennings, Fred: Heimat Burgtheater. 2 Bände. Wien 1972
Heresch, Elisabeth: Arthur Schnitzler in Rußland. In: Modern Austrian Literature 10, III/IV, 1977. S. 169–178
Hofmannsthal, Hugo von – Beer-Hofmann, Richard: Briefwechsel. Hrsg. von Eugene Weber. Frankfurt 1972
Janz, Rolf-Peter/Laermann, Klaus: Arthur Schnitzler. Zur Diagnose des Wiener Bürgertums im Fin de siècle. Stuttgart 1977
Jugend in Wien. Katalog Nr. 24 des Schiller-Nationalmuseums. Marbach 1974
Just, Gottfried: Ironie und Sentimentalität in den erzählenden Dichtungen Arthur Schnitzlers. Berlin 1968
Kainz, Friedrich: Arthur Schnitzler und Karl Schönherr. In: Deutsch-Österreichische Literaturgeschichte, Band IV. Wien 1937, S. 1745–1781
Kerr, Alfred: Die Welt im Drama. Köln–Berlin 1954, 2. Auflage, 1964
Kilian, Klaus: Die Komödien Arthur Schnitzlers. Düsseldorf 1972
Kleindel, Walter: Österreich. Daten zur Geschichte und Kultur. Wien–Heidelberg 1978
Kohn, Hans: Karl Kraus – Arthur Schnitzler – Otto Weininger. Aus dem jüdischen Wien der Jahrhundertwende. Tübingen 1962
Körner, Josef: Arthur Schnitzlers Gestalten und Probleme. Zürich–Leipzig–Wien 1921
Körner, Josef: Arthur Schnitzlers Spätwerk. In: Preußische Jahrbücher 208/I, 1927, S. 53–83; 208/II, 1927, S. 153–163
Kosch, Wilhelm: Deutsches Theaterlexikon. Klagenfurt und Wien 1953
Kraus, Karl: Die demolirte Litteratur. Mit einem Nachwort hrsg. von Dieter Kimpel. Reihe Deutsche Satiren, Band 4. Steinbach/Gießen 1972
Krell, Max: Das alles gab es einmal. Reinbek 1965
Lederer, Herbert: Arthur Schnitzler before Anatol. In: Germanic Review XXXV/4, Dezember 1961, S. 269–281
Lesky, Erna: Die Wiener medizinische Schule im 19. Jahrhundert. Graz–Köln 1964
Liptzin, Sol: The Genesis of Schnitzler's „Der einsame Weg". In: Journal of English and German Philology 30/III, Juli 1931, S. 392–404
Liptzin, Sol: The Genesis of Schnitzlers „Professor Bernhardi". In: Philological Quarterly 10, 1931, S. 348–355
Liptzin, Sol: The Genesis of Schnitzler's „Das weite Land". In: Publications of the Modern Language Association (= PMLA) 46/III, September 1931, S. 860–866
Liptzin, Sol: Arthur Schnitzler. New York 1932
Mahler-Werfel, Alma: Mein Leben. Frankfurt 1963
Mann, Heinrich: Ein Zeitalter wird besichtigt. Reinbek 1976
Marcuse, Ludwig: Obszön. Geschichte einer Entrüstung. München 1962
Maurus-Fontana, Oskar: Arthur Schnitzler. In: Große Österreicher. Neue österreichische Biographie ab 1815, Band XIV. Wien 1960, S. 29–36
Melchinger, Christa: Illusion und Wirklichkeit im dramatischen Werk Arthur Schnitzlers. Heidelberg 1968
Mendelssohn, Peter de: S. Fischer und sein Verlag. Frankfurt 1970
Offermanns, Ernst L.: Arthur Schnitzler, Anatol. Berlin 1964
Offermanns, Ernst L.: Arthur Schnitzler. Das Komödienwerk als Kritik des Impressionismus. München 1973

Polgar, Alfred: Sperrsitz. Wien 1980
Pollaczek, Clara Katharina: Arthur Schnitzler und ich. Unveröffentlichtes Manuskript. Wiener Stadtbibliothek
Reichert, Herbert W. und Salinger, Herman, Hrsg.: Studies in Arthur Schnitzler. The University of North Carolina Press. 1963
Reik, Theodor: Arthur Schnitzler als Psycholog. Minden 1913
Rey, William H.: Arthur Schnitzler und ich. Das Vermächtnis der Clara Katharina Pollaczek. In: Germanic Review 41, 1960, S. 120–133
Rey, William H.: War Schnitzler Impressionist? In: JIASRA 3/II, Herbst 1964, S. 15–32
Rey, William H.: Arthur Schnitzler. Die späte Prosa als Gipfel seines Schaffens. Berlin 1968
Rieder, Heinz: Arthur Schnitzler. Das dramatische Werk. Wien 1973
Riedmüller, Kurt: Felix Salten als Mensch, Dichter und Kritiker. Diss. Wien 1949
Scheible, Hartmut: Arthur Schnitzler in Selbstzeugnissen und Bilddokumenten. Reinbek 1976
Scheible, Hartmut: Arthur Schnitzler und die Aufklärung. München 1977
Schinnerer, Otto P: The Early Works of Arthur Schnitzler. In: Germanic Review IV/2, April 1929, S. 153–197
Schinnerer, Otto P.: The literary apprenticeship of Arthur Schnitzler. In: Germanic Review 5, 1930, S. 58–82
Schinnerer, Otto P.: Schnitzler and the Military Censorship. Unpublished correspondence. In: Germanic Review V/3. Juli 1930, S. 238–246
Schinnerer, Otto P.: The suppression of Schnitzler's „Der grüne Kakadu" by the Burgtheater. Unpublished correspondence. In: Germanic Review IV/2, April 1931, S. 183–192
Schinnerer, Otto P.: Schnitzler's „Der Schleier der Beatrice". In: Germanic Review VII/3, Juli 1932, S. 263–279
Schinnerer, Otto P.: Arthur Schnitzlers Nachlaß. In: Germanic Review 8, 1933, S. 114–124
Schnitzler, Arthur: Hugo von Hofmannsthal. Charakteristik aus den Tagebüchern. Hrsg. von Bernd Urban und Werner Volke. Freiburg im Breisgau 1975
Schnitzler, Arthur: Materialien zur Ausstellung der Wiener Festwochen. Katalog. Wien 1981
Schnitzler, Heinrich/Brandstätter, Christian/Urbach, Reinhard: Arthur Schnitzler. Sein Leben. Sein Werk. Seine Zeit. Frankfurt 1981
Schnitzler, Olga: Spiegelbild der Freundschaft. Salzburg 1962
Schnitzler, Olga: Handschriftliche Aufzeichnungen über ihre letzte Begegnung mit Arthur Schnitzler. Im Privatbesitz von Hans Weigel
Schuhmacher, Horst: Leopold Andrian. Wien 1967
Selling, Gunter: Die Einakter und Einakterzyklen Arthur Schnitzlers. Amsterdam 1975
Simon, Ernst: Arthur Schnitzlers Shylock. In: Entscheidung zum Judentum. Frankfurt 1979, S. 276–282
Sonnenthal, Adolf von: Briefwechsel. Nach den Originalen hrsg. von Hermine von Sonnenthal. 2 Bände. Stuttgart und Berlin 1912
Specht, Richard: Arthur Schnitzler. Der Dichter und sein Werk. Eine Studie. Berlin 1922
Thimig, Hugo: Hugo Thimig erzählt. Hrsg. von Franz Hadamowsky. Graz–Köln 1962

Trebitsch, Siegfried: Chronik eines Lebens. Zürich 1951
Ullrich, Luise: Komm auf die Schaukel, Luise. Percha 1973
Urbach, Reinhard: Arthur Schnitzler. Velber 1968
Urbach, Reinhardt: Schnitzler-Kommentar zu den erzählenden Schriften und dramatischen Werken. München 1974
Urban, Bernd: Arthur Schnitzler und Sigmund Freud. Aus den Anfängen des „Doppelgängers". In: Germanisch-Romanische-Monatsschrift, Neue Folge 24, 1974, S. 193–223
Vogel, Margot Elfving: Schnitzler in Schweden. Zur Rezeption seiner Werke. Uppsala 1979
Wagner, Renate/Vacha, Brigitte: Wiener Schnitzler-Aufführungen 1891–1970. München 1971
Wagner, Renate: Die Schwägerin. Elisabeth Steinrück, geb. Gussmann, Olga Schnitzlers Schwester. In: Modern Austrian Literature 10, III/IV, 1977, S. 169 bis 178
Wagner, Renate: Frauen um Arthur Schnitzler. Wien–München 1980
Walton, Sarah Luverne: Arthur Schnitzler on the New York Stage. Ann Arbor, Michigan, 1966
Wassermann, Jakob: Geliebtes Herz. Briefe von Jakob Wassermann. Hrsg. von August Beranek. Wien 1948
Wassermann, Jakob: Mein Weg als Deutscher und Jude. Berlin 1921
Wassermann, Jakob: Erinnerungen an Arthur Schnitzler. In: Die Neue Rundschau, Jänner 1932, S. 5–13
Wehr, Gerhard: Der deutsche Jude. Martin Buber. München 1977
Weigel, Hans: Die große Vergeblichkeit. Zum 100. Geburtstag Arthur Schnitzlers. In: Neue Deutsche Hefte 88, Juli/August 1962, S. 25–43
Weigel, Hans: Karl Kraus. Wien–Frankfurt–Zürich 1968
Weinzierl, Ulrich: Er war Zeuge. Alfred Polgar. Wien 1978
Zuckerkandl, Berta: Österreich intim. Frankfurt–Berlin–Wien 1971
Zuckerkandl, Victor: Der Geist im Wort und der Geist in der Tat. In: Die Neue Rundschau 38/1, S. 423–426
Zweig, Stefan: Die Welt von gestern. Berlin 1965

ANMERKUNGEN

1. DER SOHN DES BERÜHMTEN

[1] Arthur Schnitzler, Jugend in Wien. Eine Autobiographie. Hrsg. von Therese Nickl und Heinrich Schnitzler. Wien–München–Zürich 1968, Neuausgabe 1981, S. 13

[2] „Werke–Schicksale–Autobiographisches", Nachlaß, Mappe 177

[3] ebenda

[4] Erna Lesky, Die Wiener medizinische Schule im 19. Jahrhundert. Graz–Köln 1964, S. 418

[5] ebenda

[6] Jugend in Wien, a. a. O., S. 326

[7] Vgl. dazu: Gertraud Grögl, Arthur Schnitzlers Entwicklung zum doctor poeta. In: Jahresbericht 1969/70 des Bundesgymnasiums Wien 8 (Piaristen-Gymnasium), S. 9–18. Zitat: S. 12

[8] Schnitzlers „Theaterroman", gelegentlich auch als „Wurstel"-Roman im Tagebuch geführt, wurde als „Roman-Fragment" von Reinhard Urbach in Literatur und Kritik 13 (April 1967, S. 135–183) veröffentlicht. Zitat: S. 137/138

[9] Vgl. dazu beispielsweise Hartmut Scheible, Arthur Schnitzler in Selbstzeugnissen und Bilddokumenten. Reinbek 1976, S. 13

[10] An Johann Schnitzler, vermutlich zum 10. 4. 1872

[11] Zitiert in: Gusti Adler, . . . aber vergessen Sie nicht die chinesischen Nachtigallen. Erinnerungen an Max Reinhardt. München–Wien 1980, S. 24

[12] Zitiert in: Gerhard Wehr, Der deutsche Jude. Martin Buber. München 1977, S. 41

[13] „Rom in Brand" ist abgedruckt in: Herbert Lederer, Arthur Schnitzler before Anatol (In: Germanic Review XXXV/4, Dezember 1961, S. 272). Lederer hat auch Arthur Schnitzler, Frühe Gedichte (Berlin 1969) herausgegeben, in denen die meisten lyrischen Arbeiten des Dichters gesammelt sind

[14] Otto P. Schinnerer nennt in seiner Arbeit: The early works of Arthur Schnitzler (In: Germanic Review IV/2, April 1929, S. 153–197) „Nacht im Gasteiner Tal" eine direkte Lenau-Kopie. Zitat: S. 157

[15] Jugend in Wien, a. a. O., S. 65

2. „WARTE, KERL, ICH MUSS DIR NOCH AUF DEN GRUND KOMMEN!"

[1] Jugend in Wien, a. a. O., S. 92

[2] In: Frühe Gedichte. Hrsg. von Herbert Lederer, a. a. O., S. 20. Und in: Entworfenes und Verworfenes. Aus dem Nachlaß hrsg. von Reinhard Urbach. Frankfurt 1977, S. 7

[3] In: Frühe Gedichte, a. a. O., S. 18
[4] In: Die Dramatischen Werke I, Frankfurt 1961, S. 765
[5] Jugend in Wien, a. a. O., S. 326
[6] Jugend in Wien, a. a. O., S. 156
[7] Herbert Lederer in: Arthur Schnitzler before Anatol (a. a. O., S. 275/276) vertritt diese Theorie
[8] W. H. Rey, War Schnitzler Impressionist? Eine Analyse seines unveröffentlichten Jugendwerkes „Ägidius". In: JIASRA 3/II, Herbst 1964, S. 15–32
[9] ebenda, S. 30
[10] Tagebuch 2. 1. 1880. Zitiert in: Hartmut Scheible, Arthur Schnitzler und die Aufklärung. München 1977, S. 28
[11] In: Die Dramatischen Werke II, Frankfurt 1961, S. 250
[12] Tagebuch 17. 5. 1880. Zitiert in: Scheible, Arthur Schnitzler und die Aufklärung, a. a. O., S. 29
[13] Nachlaß, Mappe 177
[14] ebenda
[15] Jugend in Wien, a. a. O., S. 326
[16] In: Die Dramatischen Werke I, a. a. O., S. 222
[17] Jugend in Wien, a. a. O., S. 160
[18] ebenda, S. 163
[19] In: Die Dramatischen Werke II, a. a. O., S. 311
[20] Jugend in Wien, a. a. O., S. 184
[21] ebenda, S. 191
[22] Tagebuch 7. 5. 1885. Zitiert in: Scheible, Arthur Schnitzler und die Aufklärung, a. a. O., S. 30
[23] ebenda, S. 31
[24] Jugend in Wien, a. a. O., S. 192

3. DER „ARZT AM SCHEIDEWEG"

[1] Tagebuch 12. 4. 1886. Zitiert in: Renate Wagner, Frauen um Arthur Schnitzler. Wien–München 1980, S. 46
[2] Tagebuch 1. 5. 1886. Zitiert in: Scheible, Arthur Schnitzler und die Aufklärung, a. a. O., S. 32
[3] Jugend in Wien, a. a. O., S. 282
[4] An Olga Waissnix. In: Arthur Schnitzler und Olga Waissnix, Liebe, die starb vor der Zeit. Ein Briefwechsel. Hrsg. von Therese Nickl und Heinrich Schnitzler. Wien–München–Zürich 1970, Neuausgabe 1981, S. 122
[5] ebenda, S. 124
[6] ebenda, S. 130
[7] ebenda, S. 151
[8] Jugend in Wien, a. a. O., S. 310
[9] Vgl. dazu: Peter de Mendelssohn, S. Fischer und sein Verlag. Frankfurt 1970, S. 84
[10] Jugend in Wien, a. a. O., S. 313
[11] ebenda, S. 315
[12] ebenda, S. 315
[13] ebenda, S. 318
[14] An Olga Waissnix, a. a. O., S. 120

[15] ebenda, S. 165
[16] Jugend in Wien, a. a. O., S. 320
[17] Hermann Bahr, Liebe der Lebenden. Tagebücher 1921–1923. Band I., Hildesheim o. J., S. 15
[18] Tagebuch 5. 2. 1891. Zitiert in: Arthur Schnitzler, Hugo von Hofmannsthal. Charakteristik aus den Tagebüchern. Hrsg. von Bernd Urban und Werner Volke. Freiburg im Breisgau 1975, S. 16
[19] Vgl. Kurt Riedmüller, Felix Salten als Mensch, Dichter und Kritiker. Diss. Wien 1949, S. 10
[20] An Olga Waissnix, a. a. O., S. 254
[21] ebenda, S. 215
[22] ebenda, S. 221
[23] Vgl. Die Dramatischen Werke I, a. a. O., S. 29
[24] An Adolf von Sonnenthal, 19. 12. 1892. In: Adolf von Sonnenthals Briefwechsel. Nach den Originalen hrsg. von Hermine von Sonnenthal. Band II. Stuttgart und Berlin 1912, S. 113
[25] An Olga Waissnix, a. a. O., S. 224
[26] An Hugo von Hofmannsthal. In: Hugo von Hofmannsthal – Arthur Schnitzler. Briefwechsel. Hrsg. von Therese Nickl und Heinrich Schnitzler. Frankfurt 1964, S. 25
[27] Tagebuch 8. Oktober 1891. Zitiert in: Hartmut Scheible, Arthur Schnitzler in Selbstzeugnissen und Bilddokumenten. a. a. O., S. 40
[28] Arthur Schnitzler, Hugo von Hofmannsthal. Charakteristik aus den Tagebüchern, a. a. O.
[29] Glückwunsch. Von Hermann Bahr. In: Der Merker, III/9, Mai 1912, S. 334
[30] Tagebuch 28. 10. 1894. Zitiert in: Reinhard Urbach, Schnitzler-Kommentar zu den Erzählenden Schriften und Dramatischen Werken. München 1974, S. 25
[31] Zitiert in: The Letters of Arthur Schnitzler to Hermann Bahr. Hrsg. von Donald G. Daviau. Chapel Hill 1978, S. 2
[32] Tagebuch 23. 4. 1893. Zitiert in: Wagner, Frauen um Arthur Schnitzler, a. a. O., S. 88
[33] Familie. Schauspiel in drei Akten. In: Entworfenes und Verworfenes, a. a. O., S. 79 ff. Zitat: S. 86/87
[34] Zitiert in: Arthur Schnitzler, Anatol. Hrsg. von Ernst L. Offermanns. Berlin 1964, S. 184
[35] Hofmannsthal, Hugo von – Beer-Hofmann, Richard: Briefwechsel. Hrsg. von Eugene Weber. Frankfurt 1972, S. 26

4. VOM ERSTEN SKANDAL ZUM ERSTEN ERFOLG

[1] Ausführlich dargestellt ist diese Beziehung in: Dilly. Adele Sandrock und Arthur Schnitzler. Geschichte einer Liebe in Briefen, Bildern und Dokumenten. Hrsg. von Renate Wagner. Wien 1975
[2] An Olga Waissnix, a. a. O., S. 282
[3] ebenda
[4] Renate Wagner/Brigitte Vacha, Wiener Schnitzler-Aufführungen 1891–1970. München 1971, S. 92
[5] Richard Specht, Arthur Schnitzler. Der Dichter und sein Werk. Eine Studie. Berlin 1922, S. 84 ff.
[6] Olga Schnitzler, Spiegelbild der Freundschaft. Salzburg 1962, S. 25

[7] In: Die Dramatischen Werke I, a. a. O., S. 205

[8] Peter de Mendelssohn (a. a. O.) hat in seinem Monumentalwerk: S. Fischer und sein Verlag über den S. Fischer-Verlag die Beziehung Schnitzlers zu Fischer ausführlich dokumentiert und viele Briefe des Dichters abgedruckt

[9] Mendelssohn, S. Fischer und sein Verlag, a. a. O., S. 202

[10] ebenda, S. 204

[11] Tagebuch 5. 11. 1894. Zitiert in: Urbach, Schnitzler-Kommentar, a. a. O., S. 149

[12] Tagebuch 21. 1. 1895. Zitiert in: Dilly, a. a. O., S. 234

[13] Tagebuch 29. 1. 1895. Zitiert in: Dilly, a. a. O., S. 243

[14] Zeugnis dieser wirklich einmaligen Beziehung legt der Briefwechsel der beiden Männer ab: Der Briefwechsel Arthur Schnitzler – Otto Brahm. Hrsg. von Oskar Seidlin. Tübingen 1975

[15] Tagebuch 17. 2. 1895. Zitiert in: Dilly, a. a. O., S. 257 ff.

[16] Alfred von Berger, Studien und Kritiken. 2. Aufl. Leipzig 1900, S. 188 ff.

[17] Hermann Bahr, Kritiken. Hrsg. von Heinz Kindermann. Wien 1963, S. 186

[18] In: Die Dramatischen Werke I, a. a. O., S. 252

[19] Olga Schnitzler, Spiegelbild der Freundschaft, a. a. O., S. 17

[20] Tagebuch 8. 11. 1895. Zitiert in: Urbach, Schnitzler-Kommentar, a. a. O., S. 150

[21] Mendelssohn, S. Fischer und sein Verlag, a. a. O., S. 207. Alfred Kerrs Aufsatz: Arthur Schnitzler erschien im März 1896 in der „Neuen Deutschen Rundschau"

[22] Vgl. dazu: Elisabeth Heresch, Arthur Schnitzler in Rußland. In: Modern Austrian Literature 10, III/IV, 1977, S. 169–178

[23] Vgl. dazu: Sarah Luverne Walton, Arthur Schnitzler on the New York Stage. Ann Arbor, Michigan, 1966

5. RUND UM DAS BURGTHEATER

[1] Arthur Schnitzler an Marie Reinhard (1896). Hrsg. von Therese Nickl. In: Modern Austrian Literature 10, III/IV, 1977, S. 23–68

[2] ebenda, S. 43

[3] ebenda, S. 43

[4] Der Briefwechsel Georg Brandes – Arthur Schnitzler, hrsg. von Kurt Bergel (Bern 1956), dokumentiert die Beziehung dieser beiden Männer

[5] An Marie Reinhard, a. a. O., S. 60

[6] ebenda

[7] Tagebuch 25. 8. 1896. Zitiert in: Heinrich Schnitzler/Christian Brandstätter/Reinhard Urbach, Arthur Schnitzler. Sein Leben. Sein Werk. Seine Zeit. Frankfurt 1981, S. 72

[8] Vgl. dazu: Klaus Laermann, Zur Sozialgeschichte des Duells. In: Rolf-Peter Janz/Klaus Laermann, Arthur Schnitzler. Zur Diagnose des Wiener Bürgertums im Fin de siècle. Stuttgart 1977, S. 131 ff.

[9] In: Die Dramatischen Werke I, a. a. O., S. 300

[10] An Marie Reinhard, a. a. O., S. 49

[11] In: Entworfenes und Verworfenes, a. a. O., S. 323

[12] Tagebuch 19. 5. 1896. Zitiert in: Urbach, Schnitzler-Kommentar, a. a. O., S. 30

[13] Zitiert bei Offermanns, Anatol, a. a. O., S. 156

[14] Der Briefwechsel Arthur Schnitzler – Otto Brahm, a. a. O., S. 30

[15] Tagebuch 1. 12. 1896. Zitiert in: Karl Kraus und Arthur Schnitzler. Eine Dokumentation von Reinhard Urbach. In: Literatur und Kritik 49, Oktober 1970, S. 523
[16] In: Karl Kraus, Die demolirte Litteratur. Mit einem Nachwort herausgegeben von Dieter Kimpel. Reihe Deutsche Satiren, Band 4. Steinbach/Gießen 1972, S. 19
[17] Diese wurden von Giuseppe Farese in Individuo e società nel romanzo Der Weg ins Freie di Arthur Schnitzler (Rom 1969) veröffentlicht
[18] Zitiert in: Urbach, Schnitzler-Kommentar, a. a. O., S. 155
[19] Georg Brandes und Arthur Schnitzler, Ein Briefwechsel, a. a. O., S. 68
[20] Zitiert in: Urbach, Schnitzler-Kommentar, a. a. O., S. 158
[21] Zitiert in: Urbach, Schnitzler-Kommentar, a. a. O., S. 163
[22] In: Die Dramatischen Werke I, a. a. O., S. 464
[23] Zitiert in: Urbach, Schnitzler-Kommentar, a. a. O., S. 162
[24] In: Die Dramatischen Werke I, a. a. O., S. 498

6. „IN DEN FURCHTBAR TRAURIGEN TAGEN ..."

[1] Der Briefwechsel Arthur Schnitzler – Otto Brahm, a. a. O., S. 71
[2] Hugo von Hofmannsthal – Arthur Schnitzler. Briefwechsel, a. a. O., S. 120
[3] Hartmut Scheible, Arthur Schnitzler in Selbstzeugnissen, a. a. O., S. 71
[4] In: Die Dramatischen Werke I, a. a. O., S. 576
[5] Hermann Bahr, Kritiken, a. a. O., S. 195
[6] Zitate zur „Grünen Kakadu"-Affäre stammen aus: Otto P. Schinnerer, The suppression of Schnitzler's „Der grüne Kakadu" by the Burgtheater. Unpublished correspondence. In: Germanic Review VI/2, April 1931, S. 183–192
[7] ebenda
[8] Olga Schnitzler, Spiegelbild der Freundschaft, a. a. O., S. 25
[9] Hermine Hanel, Die Geschichte meiner Jugend. Leipzig 1930. S. 196
[10] Die Fackel, Heft 6, Ende Mai 1899, S. 28
[11] Vgl. dazu: Otto P. Schinnerer, Schnitzler's „Der Schleier der Beatrice". In: Germanic Review VII/3, Juli 1932, S. 263–279
[12] Wagner/Vacha, Wiener Schnitzler-Aufführungen, a. a. O., S. 34
[13] ebenda, S. 34
[14] ebenda, S. 36
[15] ebenda, S. 35
[16] Die Fackel, Heft 53, Mitte September 1900, S. 1 ff.
[17] Jakob Wassermann, Erinnerungen an Arthur Schnitzler. In: Die Neue Rundschau, Jänner 1932, S. 5–13
[18] ebenda
[19] ebenda
[20] An Louise Schnitzler, Juni 1901
[21] Zitate nach: Otto P. Schinnerer, Schnitzler and the Military Censorship. Unpublished correspondence. In: Germanic Review V/3, Juli 1930, S. 238–246
[22] An Olga Gussmann, 27. 3. 1901. Die Autorin dankt Hans Weigel, daß er ihr aus dem Besitz von Olga Schnitzler die Abschrift von Arthur Schnitzlers Briefen an sie zur Verfügung gestellt hat
[23] An Olga, 27. 3. 1901
[24] An Olga, 31. 3. 1901

[25] An Olga, 1. 4. 1901
[26] An Olga, 9. 4. 1901
[27] ebenda
[28] Jakob Wassermann, Erinnerungen an Arthur Schnitzler, a. a. O., S. 10
[29] An Olga, 5. 4. 1901
[30] An Olga, 4. 11. 1901
[31] ebenda
[32] An Olga, 4. 4. 1901
[33] ebenda
[34] An Olga, 14. 4. 1901
[35] ebenda
[36] An Olga, 12. 4. 1901
[37] An Olga, 15. 4. 1901
[38] An Olga, 16. 5. 1901
[39] The Letters of Arthur Schnitzler to Hermann Bahr, a. a. O., S. 68–69

7. DIE „UMBRUCHSPHASE"

[1] Der Briefwechsel Arthur Schnitzler – Otto Brahm, a. a. O., S. 203. Vgl. dazu auch: Gunter Selling, Die Einakter und Einakterzyklen Arthur Schnitzlers. Amsterdam 1975
[2] Wilhelm Kosch, Deutsches Theaterlexikon. Band I. Klagenfurt und Wien 1953, S. 81
[3] An Olga Gussmann, 31. 12. 1901
[4] Der Briefwechsel Arthur Schnitzler – Otto Brahm, a. a. O., S. 115
[5] Siegfried Trebitsch hat unter dem Titel: Chronik eines Lebens (Zürich 1951) Memoiren hinterlassen, die sich in bezug auf Arthur Schnitzler allerdings als nicht sehr ergiebig erwiesen haben
[6] Der Briefwechsel Arthur Schnitzler – Otto Brahm, a. a. O., S. 131
[7] An Olga, 26. 2. 1903
[8] An Olga, 24. 2. 1903
[9] An Olga, 26. 2. 1903
[10] An Olga, 25. 2. 1903
[11] Vgl. dazu: Wagner/Vacha, Wiener Schnitzler-Aufführungen, a. a. O., S. 96
[12] Dilly, a. a. O., S. 298
[13] Wagner/Vacha, Wiener Schnitzler-Aufführungen, a. a. O., S. 96
[14] Die Fackel, Heft 133, Mitte März 1903, S. 4 ff.
[15] Mendelssohn, S. Fischer und sein Verlag, a. a. O., S. 440
[16] Hugo von Hofmannsthal – Arthur Schnitzler. Briefwechsel, a. a. O., S. 167
[17] The Letters of Arthur Schnitzler to Hermann Bahr, a. a. O., S. 81
[18] ebenda
[19] Sol Liptzin, The Genesis of Schnitzler's „Der einsame Weg". In: Journal of English and German Philology 30/III, Juli 1931, S. 392–404
[20] ebenda, S. 393
[21] An Olga, 15. 4. 1901
[22] Wassermann, Erinnerungen an Arthur Schnitzler, a. a. O., S. 8
[23] Nachlaß-Aufzeichnungen zu: Der einsame Weg, Mappe 177
[24] Vgl. dazu: Ernst L. Offermanns, Arthur Schnitzler. Das Komödienwerk als Kritik des Impressionismus. München 1973, S. 14

[25] Der Briefwechsel Arthur Schnitzler – Otto Brahm, a. a. O., S. 152
[26] ebenda, S. 151
[27] ebenda, S. 153
[28] An Olga, 5. 2. 1904

8. ZWISCHEN ZWEI STÜHLEN

[1] Tagebuch 27. 12. 1905. Zitiert in: Schnitzler, Hugo von Hofmannsthal. Charakteristik aus den Tagebüchern, a. a. O., S. 29
[2] Amos Elon hat die Herzl-Charakteristiken in seiner Herzl-Biographie: Morgen in Jerusalem (Wien–München–Zürich 1975) ausführlich benützt
[3] Charakteristiken, Nachlaß, Mappe 188
[4] ebenda
[5] In: Die Erzählenden Schriften I. Frankfurt 1961, S. 657
[6] Josef Körner, Arthur Schnitzlers Gestalten und Probleme. Zürich–Leipzig–Wien 1921, S. 204/205
[7] In: Die Erzählenden Schriften I, a. a. O., S. 755
[8] Hans Kohn, Karl Kraus – Arthur Schnitzler – Otto Weininger. Aus dem jüdischen Wien der Jahrhundertwende. Tübingen 1962, S. 24
[9] In: Aphorismen und Betrachtungen. Hrsg. von Robert O. Weiss. Frankfurt 1967, S. 231
[10] Der Briefwechsel Arthur Schnitzler – Otto Brahm, a. a. O., S. 160
[11] Ritterlichkeit. Fragment aus dem Nachlaß. Hrsg. von Rena R. Schlein. Bonn 1975
[12] Der Einakter: Das Haus Delorme wurde von Schnitzler nie in seine Gesammelten Werke aufgenommen. Heute in: Entworfenes und Verworfenes, a. a. O., S. 349
[13] Der Briefwechsel Arthur Schnitzler – Otto Brahm, a. a. O., S. 140
[14] An Olga Schnitzler, 13. 11. 1904
[15] ebenda
[16] Der Briefwechsel Arthur Schnitzler – Otto Brahm, a. a. O., S. 171
[17] An Olga, 14. 11. 1904
[18] An Olga, 15. 11. 1904
[19] An Olga, 19. 11. 1904
[20] Details zur Delorme-Affäre in: Der Briefwechsel Arthur Schnitzlers mit Max Reinhardt und dessen Mitarbeitern. Hrsg. von Renate Wagner. Salzburg 1971, S. 18 ff. und S. 42 ff.
[21] 24. Februar 1979, Akademietheater Wien
[22] An Olga, 18. 11. 1904
[23] An Olga, 19. 11. 1904
[24] ebenda
[25] ebenda
[26] An Olga, 15. 11. 1904
[27] ebenda
[28] Tagebuch 12. 10. 1905. Zitiert in: Urbach, Schnitzler-Kommentar, a. a. O., S. 179
[29] Ulrich Weinzierl hat in dem Buch: Er war Zeuge, Alfred Polgar (Wien 1978) in dem Kapitel „Polgar und Schnitzler" (S. 25 ff.) diese zwiespältige Beziehung dargestellt

30 Alfred Polgar, Sperrsitz. Wien 1980, S. 13
31 Tagebuch 11. 7. 1908. Zitiert in: Weinzierl, a. a. O., S. 28
32 Richard Specht, Arthur Schnitzler, a. a. O., S. 259
33 Der Briefwechsel Arthur Schnitzler – Otto Brahm, a. a. O., S. 203

9. DER WEG INS FREIE

1 In: Die Dramatischen Werke I, a. a. O., S. 894
2 Der Briefwechsel Arthur Schnitzler – Otto Brahm, a. a. O., S. 233
3 ebenda, S. 236
4 Stefan Großmann, Ich war begeistert. Berlin 1931, S. 109
5 Olga Schnitzler, Spiegelbild der Freundschaft, a. a. O., S. 37
6 Entworfenes und Verworfenes, a. a. O., S. 320
7 ebenda
8 Stefan Zweig, Die Welt von gestern. Berlin 1965, S. 98
9 Vgl. dazu: Raoul Auernheimer, Das Wirtshaus zur verlorenen Zeit. Wien 1948, S. 78 ff.
10 Mendelssohn, S. Fischer und sein Verlag, a. a. O., S. 463
11 ebenda, S. 464
12 The Correspondence of Arthur Schnitzler and Raoul Auernheimer with Raoul Auernheimer's Aphorisms. Hrsg. von Donald G. Daviau und Jorn B. Johns. Chapel Hill 1972, S. 31
13 Herman Bahr, Tagebuch. Berlin 1909, S. 205 ff.
14 Jakob Wassermann, Erinnerungen an Arthur Schnitzler, a. a. O., S. 9
15 Tagebuch 6. 6. 1908. Zitiert in: Schnitzler, Hofmannsthal. Charakteristik aus den Tagebüchern, a. a. O., S. 33
16 Tagebuch 25. 7. 1908. Zitiert: ebenda, S. 33
17 Tagebuch 30. 10. 1909. Zitiert: ebenda, S. 34
18 Hugo von Hofmannsthal – Arthur Schnitzler. Briefwechsel, a. a. O., S. 259
19 Georg Brandes und Arthur Schnitzler. Ein Briefwechsel, a. a. O., S. 95
20 ebenda

10. DER ERFOLGSDRAMATIKER

1 Jugend in Wien, a. a. O., S. 272
2 Wagner/Vacha, Wiener Schnitzler-Aufführungen, a. a. O., S. 66
3 ebenda, S. 66
4 ebenda, S. 69
5 ebenda, S. 69
6 Der Briefwechsel Arthur Schnitzlers mit Max Reinhardt, a. a. O., S. 73 ff.
7 Der Briefwechsel Arthur Schnitzler – Otto Brahm, a. a. O., S. 301
8 ebenda, S. 302
9 Hugo Thimig erzählt. Hrsg. von Franz Hadamowsky. Graz–Köln 1962, S. 191
10 Der Briefwechsel Arthur Schnitzler – Otto Brahm, a. a. O., S. 305
11 Hugo Thimig erzählt, a. a. O., S. 184
12 Scheible, Arthur Schnitzler in Selbstzeugnissen und Bilddokumenten, a. a. O., S. 98
13 The Letters of Arthur Schnitzler to Hermann Bahr, a. a. O., S. 107
14 Hugo Thimig erzählt, a. a. O., S. 194

15 Wagner/Vacha, Wiener Schnitzler-Aufführungen, a. a. O., S. 80
16 Hugo Thimig erzählt, a. a. O., S. 194
17 Der Briefwechsel Arthur Schnitzler – Otto Brahm, a. a. O., S. 315

11. BREITENWIRKUNG

1 Die Erinnerungen von Berta Zuckerkandl, Österreich intim (Frankfurt–Berlin–Wien 1971) bringen zwar vieles über Arthur Schnitzler, sind aber als authentische Quelle nicht zu benützen, da viele ihrer Behauptungen einem Vergleich mit Schnitzlers Tagebüchern nicht standgehalten haben
2 Heinrich Mann, Ein Zeitalter wird besichtigt. Reinbek 1976, S. 163 ff.
3 Über: Arthur Schnitzler und der Film gibt es eine ausführliche Spezialstudie von Walter Fritz. In: JIASRA V, 1966, S. 11–52
4 Vgl. dazu: Sol Liptzin, The Genesis of Schnitzler's „Das weite Land". In: PMLA 46/III, September 1931, S. 860–866
5 In: Die Dramatischen Werke II, a. a. O., S. 307–308
6 Specht, Arthur Schnitzler, a. a. O., S. 314
7 Hugo Thimig erzählt, a. a. O., S. 201
8 ebenda
9 ebenda
10 ebenda
11 Nachahmenswerter Entschluß eines Wiener Autors. Zitiert in: Burgtheater, 1980–1981, Planungen, Heft 2, S. 17

12. DAS FÜNFZIGSTE JAHR

1 Der Briefwechsel Arthur Schnitzler – Otto Brahm, a. a. O., S. 334
2 ebenda, S. 341
3 Specht, Arthur Schnitzler, a. a. O., S. 279
4 Rainer Maria Rilke und Arthur Schnitzler. Ihr Briefwechsel. Mit Anmerkungen versehen und veröffentlicht von Heinrich Schnitzler. In: Wort und Wahrheit 13, 1958, S. 283–298
5 Die Fackel, Heft 351, 21. 6. 1912, S. 77 ff.
6 Karl Kraus. In: Aphorismen und Betrachtungen, a. a. O., S. 475 ff.
7 The Correspondence of Arthur Schnitzler and Raoul Auernheimer, a. a. O., S. 41
8 In: Die Dramatischen Werke II, a. a. O., S. 463
9 Vgl. dazu: Karl Glossy, Vierzig Jahre Deutsches Volkstheater. Wien o. J. (1929), S. 221 ff.
10 Wagner/Vacha, Wiener Schnitzler-Aufführungen, a. a. O., S. 107
11 Der Briefwechsel Arthur Schnitzler – Otto Brahm, a. a. O., S. 350
12 Mendelssohn, S. Fischer und sein Verlag, a. a. O., S. 606
13 In: Die Dramatischen Werke II, a. a. O., S. 417
14 In: Die Dramatischen Werke II, a. a. O., S. 422
15 Scheible, Schnitzler in Selbstzeugnissen, a. a. O., S. 106

13. IM KAMPF MIT DER ZENSUR

1 Specht, Arthur Schnitzler, a. a. O., S. 333 -
2 Vgl. dazu: Sigmund Freud. Briefe an Arthur Schnitzler. Hrsg. von Heinrich Schnitzler. In: Die Neue Rundschau 66, 1955, S. 95

[3] ebenda, S. 97
[4] Vgl. dazu: Vier unveröffentlichte Briefe Arthur Schnitzlers an den Psychoanalytiker Theodor Reik. Hrsg. von Bernd Urban. In: Modern Austrian Literature 8, III/IV 1975, S. 236–247
[5] Zitiert bei Fritz, a. a. O., S. 16

14. „UND EINMAL WIRD DER FRIEDE WIEDERKOMMEN"

[1] Georg Brandes und Arthur Schnitzler. Ein Briefwechsel, a. a. O., S. 108
[2] ebenda, S. 108
[3] ebenda, S. 109
[4] Zitiert bei: Hans Weigel, Auch das war vorgestern. Unvollständige Bestandsaufnahme literarischer Kriegsverbrechen in Österreich und Deutschland zu Beginn des Ersten Weltkrieges. Noch nicht erschienen.
[5] Vgl. dazu: Der Briefwechsel Fritz von Unruhs mit Arthur Schnitzler. Hrsg. von Ulrich K. Goldsmith. In: Modern Austrian Literature 10, III/IV, 1977, S. 69 bis 127
[6] In: Aphorismen und Betrachtungen, a. a. O., S. 200
[7] ebenda
[8] In: Die Dramatischen Werke II, a. a. O., S. 450
[9] Wagner/Vacha, Wiener Schnitzler-Aufführungen, a. a. O., S. 108
[10] Brief an Dr. Fromm, 24. 1. 1915
[11] Georg Brandes und Arthur Schnitzler. Ein Briefwechsel, a. a. O., S. 117
[12] ebenda, S. 117
[13] ebenda, S. 120
[14] An Romain Rolland, 14. 12. 1914
[15] Zitiert in: Georg Brandes und Arthur Schnitzler. Ein Briefwechsel, a. a. O., S. 207/208
[16] Brief an Maxim Gorki, 18. 4. 1921
[17] Geliebtes Herz, Briefe von Jakob Wassermann. Hrsg. von August Beranek. Wien 1948
[18] Mendelssohn, S. Fischer und sein Verlag, a. a. O., S. 725
[19] In: Entworfenes und Verworfenes, a. a. O., S. 442
[20] Brief an Richard Charmatz, 12. 12. 1917
[21] In: Die Dramatischen Werke II, a. a. O., S. 649
[22] Tagebuch 25. 12. 1917. Zitiert in: Schnitzler/Brandstätter/Urbach. Arthur Schnitzler. Sein Leben. Sein Werk. Seine Zeit, a. a. O., S. 117
[23] In: Die Erzählenden Schriften II. Frankfurt 1961, S. 310
[24] In: Aphorismen und Betrachtungen, a. a. O., S. 16
[25] Mendelssohn, S. Fischer und sein Verlag, a. a. O., S. 770

15. EINE EHE ZERBRICHT

[1] Vgl. dazu: Max Krell, Das alles gab es einmal. Reinbek 1965, S. 50 ff.
[2] Über Lisl Steinrück vgl.: Renate Wagner, Die Schwägerin. Elisabeth Steinrück, geb. Gussmann, Olga Schnitzlers Schwester. In: Modern Austrian Literature 10, III/IV, 1977, S. 169–178
[3] An Dora Michaelis. In: Briefe zum Reigen. Hrsg. von Reinhard Urbach. In: Ver Sacrum. Neue Hefte für Kunst und Literatur. 1974

[4] Georg Brandes und Arthur Schnitzler. Ein Briefwechsel, a. a. O., S. 129
[5] ebenda, S. 131
[6] An Heinrich Mann, 18. 11. 1920
[7] Brief an Mr. Loving, 8. 5. 1920
[8] Brief an S. Fischer, 5. 7. 1920

16. „REIGEN“: CHRONOLOGIE EINES SKANDALS

[1] Brief an Herrn Endel, 23. 10. 1920
[2] In: Briefe zum Reigen, a. a. O.
[3] ebenda
[4] ebenda
[5] ebenda
[6] Vgl. Wolfgang Heine, Der Kampf und den Reigen. Vollständiger Bericht über die sechstägige Verhandlung gegen Direktion und Darsteller des Kleinen Schauspielhauses Berlin. Berlin 1922, S. 8
[7] Neues Wiener Journal, 22. 1. 1921
[8] Heine, Der Kampf um den Reigen, a. a. O., S. 8
[9] Wagner/Vacha, Wiener Schnitzler-Aufführungen, a. a. O., S. 118
[10] In: Arthur Schnitzler, Briefe über das Theater. In: Forum III, 34, Okt. 1956, S. 368
[11] Die Berliner Verhandlung ist im Wortlaut in Wolfgang Heines Buch: Der Kampf um den Reigen, a. a. O., enthalten.
[12] Bericht der Neuen Freien Presse vom 10. 2. 1922
[13] Profil Nr. 18, 1981

17. DAS SECHZIGSTE JAHR

[1] Vgl. dazu: Josef Körner, Arthur Schnitzlers Spätwerk. In: Preußische Jahrbücher 208/I, 1927, Seite 53–83 und II, Seite 153–163. Dazu: Arthur Schnitzler, Briefe an Josef Körner. In: Literatur und Kritik, März 1967.
[2] Wolfgang Heine: Der Kampf um den Reigen. Vollständiger Bericht über die sechstägige Verhandlung gegen Direktion und Darsteller des Kleinen Schauspielhauses Berlin, Berlin 1922
[3] Sigmund Freud. Briefe an Arthur Schnitzler, a. a. O., S. 97
[4] An Jakob Wassermann, 3. 11. 1924
[5] An Heinrich Schnitzler, 22. 2. 1926
[6] Neue Freie Presse, 5. 10. 1923
[7] ebenda
[8] An Heinrich Schnitzler, 20. 5. 1923
[9] An Heinrich Mann, 28. 12. 1922
[10] Hofmannsthal, Hugo von – Beer-Hofmann, Richard: Briefwechsel, a. a. O., S. 165

18. DER LETZTE GROSSE ERFOLG: „FRÄULEIN ELSE“

[1] William H. Rey wird in seinem Artikel: Arthur Schnitzler und ich. Das Vermächtnis der Clara Katharina Pollaczek (In: Germanic Review 41, 1966,

S. 120–133) dieser Beziehung nicht gerecht, da er völlig einseitig Schnitzlers Partei ergreift.

[2] Vgl. dazu: Margot Elfving Vogel, Schnitzler in Schweden. Zur Rezeption seiner Werke. Uppsala 1979

[3] An Olga Schnitzler, 19. 5. 1923

[4] An S. Fischer, 8. 11. 1923

[5] Neue Freie Presse, 5. Oktober 1923

[6] An Heinrich Schnitzler, 18. 7. 1923

[7] In: Die Dramatischen Werke II, a. a. O., S. 897

[8] The Correspondence of Arthur Schnitzler and Raoul Auernheimer, a. a. O., S. 54

[9] In: Die Erzählenden Schriften II, a. a. O., S. 381

[10] Max Krell, a. a. O., S. 122 ff.

[11] Brief an G. Nobel, 21. 2. 1925. Abgedruckt im Arthur Schnitzler-Sonderheft des Theaters in der Josefstadt. 1981, S. 20

19. LILI

[1] An Clara Katharina Pollaczek, 18. 1. 1925

[2] An Olga Schnitzler, 15. 4. 1925

[3] Wiener Sonn- und Montagszeitung, 29. 9. 1924

[4] Tagebuch 21. 6. 1924. Zitiert in Urbach, Schnitzler-Kommentar, a. a. O., S. 132

[5] An Olga Schnitzler, 29. 12. 1926

[6] In: Die Erzählenden Schriften II, a. a. O., S. 570. Victor Zuckerkandl, Der Geist im Wort und der Geist in der Tat. In: Die Neue Rundschau 38/1, S. 423–426

[7] An Heinrich Schnitzler, 6. 6. 1927

[8] An Olga Schnitzler, 6. 1. 1926

[9] An Lilli Cappellini, 22. 7. 1927

[10] Vgl. dazu: Neue Freie Presse, 24. 9. 1927

[11] An Olga Schnitzler, 15. 1. 1928

[12] An Olga Schnitzler, 21. 4. 1928

[13] An Alma Mahler, 4. 5. 1928

[14] In: Buch der Sprüche und Bedenken. In: Aphorismen und Betrachtungen, a. a. O., S. 16

[15] In: Aphorismen und Betrachtungen, a. a. O., S. 315

[16] An Olga Schnitzler, 22. 7. 1928

[17] An Clara Katharina Pollaczek, 28. 7. 1928

[18] ebenda

20. FINALE

[1] Alma Mahler-Werfel, Mein Leben. Frankfurt 1963. S. 165–166

[2] An Clara Katharina Pollaczek, 28. 7. 1928

[3] Tagebuch 3. 10. 1929. Zitiert in: Scheible, Schnitzler in Selbstzeugnissen, a. a. O., S. 127

[4] An Olga Schnitzler, 13. 7. 1928
[5] Brief an Miß Cohen, 5. 12. 1929
[6] An Heinrich Schnitzler, 15. 2. 1929
[7] Clara Katharina Pollaczek, Arthur Schnitzler und ich. Unveröffentlichtes Manuskript. Wiener Stadtbibliothek. Tagebuchaufzeichnung vom 9. 6. 1929
[8] Tagebuch 16. 7. 1929. Zitiert in: Schnitzler, Hugo von Hofmannsthal. Charakteristik, a. a. O., S. 8
[9] An Olga Schnitzler, 20. 7. 1929
[10] Wagner/Vacha, Wiener Schnitzler-Aufführungen, a. a. O., S. 139
[11] Luise Ullrich, Komm auf die Schaukel, Luise. Percha 1973, S. 60–61
[12] An Otto P. Schinnerer, 27. 12. 1929
[13] An Heinrich Schnitzler, 21. 1. 1931
[14] ebenda
[15] Fred Hennings, Heimat Burgtheater, 2. Band. Wien 1972, S. 109
[16] Arthur Schnitzlers Testament ist in dem Buch: Gerhard Neumann/Jutta Müller, Der Nachlaß Arthur Schnitzlers. Verzeichnis des im Schnitzler-Archiv der Universität Freiburg i. Br. befindlichen Materials. Mit einem Vorwort von Gerhart Baumann und einem Anhang von Heinrich Schnitzler: Verzeichnis des in Wien vorhandenen Nachlaßmaterials (München 1969) abgedruckt
[17] An Olga Schnitzler, 14. 1. 1931.
[18] Clara Katharina Pollaczek, Arthur Schnitzler und ich, a. a. O., Tagebuchaufzeichnung vom 22. 1. 1931
[19] Handschriftliche Aufzeichnung von Olga Schnitzler, die auf Anregung von Hans Weigel entstanden ist, sich in dessen Besitz befindet und der Autorin freundlicherweise zur Verfügung gestellt wurde
[20] Clara Katharina Pollaczek, Arthur Schnitzler und ich, a. a. O., Tagebuchaufzeichnung vom 21. 10. 1931

NACHWORT

[1] Brief an Robert Rosse, 17. 12. 1913

PERSONENREGISTER

Bitte umblättern:

auf den nächsten Seiten informieren wir Sie über weitere interessante Fischer Taschenbücher.

ARTHUR SCHNITZLER

Das dramatische Werk

Taschenbuchausgabe in acht Bänden

BAND 1

Alkandi's Lied - Anatol - Anatols Größenwahn - Das Märchen
Die überspannte Person - Halbzwei - Liebelei

BAND 2

Freiwild - Reigen - Das Vermächtnis - Paracelsus
Die Gefährtin

BAND 3

Der grüne Kakadu - Der Schleier der Beatrice - Silvesternacht
Lebendige Stunden

BAND 4

Der einsame Weg - Marionetten - Zwischenspiel
Der Ruf des Lebens

BAND 5

Komtesse Mizzi oder Der Familientag
Die Verwandlungen des Pierrot - Der tapfere Kassian (Singspiel)
Der junge Medardus

BAND 6

Das weite Land - Der Schleier der Pierrette
Professor Bernhardi

BAND 7

Komödie der Worte - Fink und Fliederbusch
Die Schwestern oder Casanova in Spa

BAND 8

Der Gang zum Weiher - Komödie der Verführung
Im Spiel der Sommerlüfte

FISCHER TASCHENBUCH VERLAG

fi 199/1

ARTHUR SCHNITZLER

Das erzählerische Werk

Taschenbuchausgabe in sieben Bänden

BAND 1

Welch eine Melodie – Er wartet auf den vazierenden Gott
Amerika – Erbschaft – Mein Freund Ypsilon
Der Fürst ist im Haus – Der Andere – Reichtum – Der Sohn
Die drei Elixiere – Die Braut – Sterben – Die kleine Komödie
Komödiantinnen – Blumen – Der Witwer – Ein Abschied
Der Empfindsame – Die Frau des Weisen

BAND 2

Der Ehrentag – Die Toten schweigen – Um eine Stunde
Die Nächste – Andreas Thameyers letzter Brief
Frau Berta Garlan – Ein Erfolg – Leutnant Gustl
Der blinde Geronimo und sein Bruder – Legende
Wohltaten, still und rein gegeben – Die grüne Krawatte

BAND 3

Die Fremde – Exzentrik – Die griechische Tänzerin
Die Weissagung – Das Schicksal des Freiherrn von Leisenbogh
Das neue Lied – Der tote Gabriel – Geschichte eines Genies
Der Tod des Junggesellen – Die Hirtenflöte
Die dreifache Warnung – Das Tagebuch der Redegonda
Der Mörder – Frau Beate und ihr Sohn
Doktor Gräsler, Badearzt

BAND 4

Der Weg ins Freie

BAND 5

Der letzte Brief eines Literaten – Casanovas Heimfahrt
Flucht in die Finsternis – Fräulein Else

BAND 6

Die Frau des Richters – Traumnovelle – Spiel im Morgengrauen
Boxeraufstand – Abenteuernovelle – Der Sekundant

BAND 7

Therese

FISCHER TASCHENBUCH VERLAG

fi 200/1

Joseph Fouché
Bildnis eines politischen Menschen
288 Seiten, Leinen

Ungeduld des Herzens
Roman
456 Seiten, Leinen

Die Welt von Gestern
Erinnerungen eines Europäers
496 Seiten, Leinen

Der Kampf mit dem Dämon
Hölderlin · Kleist · Nietzsche
286 Seiten, Leinen

Drei Dichter ihres Lebens
Casanova · Stendhal · Tolstoi
318 Seiten, Leinen

Drei Meister
Balzac · Dickens · Dostojewski
198 Seiten, Leinen

Sternstunden der Menschheit
Zwölf historische Miniaturen
252 Seiten, Leinen

Verwirrung der Gehühle
Erzählungen
373 Seiten, Leinen

Magellan
Der Mann und seine Tat
318 Seiten und 36 Seiten Bildteil, Leinen

Die schlaflose Welt
Aufsätze und Vorträge aus den Jahren 1909–1941
299 Seiten, Leinen

Begegnungen mit Büchern
Aufsätze und Einleitungen aus den Jahren 1902–1939
248 Seiten, Leinen

Rhythmen
Nachdichtungen ausgewählter Lyrik von
Emile Verhaeren, Charles Baudelaire und Paul Verlaine
233 Seiten, Leinen

S. Fischer

fi 189/1b